रामराज्य

कहाँ है लोकतन्त्र

रामराज्य

कहाँ है लोकतन्त्र

शरणकुमार लिंबाले

अनुवाद

सुनीता डागा

वाणी प्रकाशन

वाणी प्रकाशन

4695, 21-ए, दरियागंज, नयी दिल्ली 110 002

फ़ोन : +91 11 23273167 फ़ैक्स : +91 11 23275710

शाखाएँ

अशोक राजपथ, पटना 800 004, बिहार

कॉफ़ी हाउस कैम्पस, महात्मा गांधी मार्ग, इलाहाबाद 211 001, उत्तर प्रदेश

महात्मा गांधी अन्तरराष्ट्रीय हिन्दी विश्वविद्यालय, वर्धा 442 001, महाराष्ट्र

सुल्तानिया रोड, मोतिया पार्क, भोपाल 462 001, मध्य प्रदेश

www.vaniprakashan.com
marketing@vaniprakashan.in
sales@vaniprakashan.in

Ramrajya
by Sharankumar Limbale
Translated by Sunita Daga

ISBN : 978-93-5518-328-6
Novel

पेपरबैक प्रथम संस्करण 2022

मूल्य : ₹ 495

आर टेक ऑफ़सेट प्रिंटर्स, दिल्ली-110 032 में मुद्रित

वाणी प्रकाशन का लोगो मक़बूल फ़िदा हुसेन की कूची से

हे राम !

लेखक की ओर से

दंगल, उपल्या, हिन्दू, बहुजन, झुंड, ओ, सनातन इन उपन्यासों के पश्चात 'रामराज्य' उपन्यास सामने आया है। कश्मीर के कठुआ में आठ वर्ष की नाबालिग लड़की आसिफा बानो को बेहोशी की दवा पिलाकर उसके साथ मन्दिर में दुष्कर्म किया गया। इस घटना से मैं एक अथाह पीड़ा से भर गया। उसी उद्विग्नता ने इस उपन्यास को जन्म दिया। महज़ चार माह में मैंने यह उपन्यास लिखकर ख़त्म किया। बिना बहुत कुछ सोचते हुए, जो-जो बात मेरे मन को उद्वेलित करती गयी, मैं लिखता गया। मन की क्षुब्धता किसी धारा-सी काग़ज़ पर उतरती गयी। हालाँकि इस उपन्यास के शीर्षक को लेकर मैं बहुत समय तक पसोपेश में रहा। फिर लगा कि 'रामराज्य' ठीक है। यद्यपि पाठक जान लें कि इसका 'रामायण' से कोई सम्बन्ध नहीं है। इस उपन्यास के सभी पात्र, घटनाएँ और कथावस्तु पूर्णतया काल्पनिक है। कृपया कोई व्यक्ति, समाज, संघटन अथवा संस्था, ख़ुद को इससे जोड़कर न देखे। किसी को बदनाम करने हेतु या किसी बहसबाज़ी की मंशा से मैंने कभी लिखा नहीं है। मेरा लिखा हुआ जीवन की मेरी अपनी अनुभूतियों का लेखाजोखा है। मैंने हर समय समता, आज़ादी, बन्धुता और न्याय के पक्ष में लिखा है। यह उपन्यास भी इन्हीं मूल्यों का समर्थन करता है। मेरी हर कृति किसी अन्याय व अत्याचार का दस्तावेज़ बनकर उभरी है।

यह कोई राम-रावण की कथा नहीं है। आज भी वनवास में जी रहे लोगों की यह रामायण है। यह पग-पग पर सामने आती हुई दाहक समाज की कथा है। आज़ादी मिली परन्तु किसे मिली?

अभी भी यहाँ का भय ख़त्म नहीं हुआ है। यह लोकतन्त्र धर्म, जाति, भ्रष्टाचार और अपराध से जकड़ा हुआ है। फिर दलित समाज तो पूर्णतया हाशिये पर है। प्रभु रामचन्द्र ने बारह वर्ष का वनवास सहा। दलित हज़ारों वर्षों से यह वनवास भोग रहे हैं। उनका वनवास कब ख़त्म होगा? जिसके दुःखों को हर समय उपेक्षा झेलनी पड़ी उस हाशिये पर धकेले गये इन्सान की यह कहानी है। देश को आज़ादी मिले पचहत्तर वर्ष बीत गये। हमारा लोकतन्त्र विश्व का सबसे बड़ा लोकतन्त्र कहलाता है। मैंने इस देश की आज़ादी और लोकतन्त्र पर अभिमान महसूस किया है।

परन्तु हाशिये पर खड़ा इन्सान इस आज़ादी और लोकतन्त्र के स्वाद को कभी चख नहीं पाया। सत्ता की बागडोर महज़ कुछ परिवारों के हाथों में सीमित है। कुछ परिवार उद्योगों की बागडोर थामे हुए हैं। सिनेमा-जगत में भी यह परिवारवाद दिखाई देता है। संगीत-जगत में भी अलग-अलग घराने अपनी-अपनी प्रतिष्ठा को लेकर चलते हैं। इस देश की आज़ादी और लोकतन्त्र ने मुझे हर बार व्यग्र किया है और इन्हें लेकर अक्सर मुझे फ़िक्र होती रहती है। हाशिये पर धकेले गये लोगों का क्या होगा? कई-कई वर्षों तक एक ही व्यक्ति सत्ता पर अपना अंकुश बनाये रखता है। मुझे इसे लेकर बेचैनी होती है। जनता द्वारा, जनता के लिए, जनता का शासन, लोकतन्त्र की यह परिभाषा पढ़कर कभी किसी समय मुझे एक सुखद अनुभूति होती थी। लेकिन आज सोचता हूँ क्या यह सच है?

क्या वास्तव में हमारे शासक लोगों द्वारा चुने गये होते हैं? क्या वास्तव में लोग वोट डालते हैं? चुनावी राजनीति के समीकरण में जाति, अपराध, भ्रष्टाचार और धर्म का बोलबाला चलता है। उसे अनदेखा नहीं किया जा सकता है। लोगों के प्रतिनिधि क्या वास्तव में लोगों के प्रतिनिधि होते हैं या राजनीतिक दलों के प्रतिनिधि होते हैं? उम्मीदवार का टिकट काटते समय क्या मानदंड तय होते हैं? नेताओं को अपने-अपने परिवार और रिश्तेदारों की चिन्ता होती है। अगर संसद में ही प्रश्न उठाने के लिए पैसों का लेन-देन होता है तब साधारण जनता के प्रश्नों को कौन समझेगा? राजनीति एक व्यवसाय बनकर रह गयी है। सत्ता को धन्धा मानकर अगर लोग राजनीति में आते हैं तब लोकतन्त्र और आज़ादी की चिन्ता होना स्वाभाविक है। यह उपन्यास इसी चिन्ता की एक वजह है। उसमें भी दलित हर समय मेरी फ़िक्र के केन्द्र में रहा है। इस फ़िक्र का यह एक दस्तावेज़ है।

गरीब इन्सान फिर चाहे वह दलित हो या सवर्ण उसके जीने-मरने की समस्याएँ दिन-ब-दिन भीषण होने लगी हैं। इन्सान के बुनियादी हक़ और समस्याओं का निराकरण होना चाहिए। आख़िर कब तक लोगों की आँखों में धूल झोंककर आज़ादी और लोकतन्त्र को गिरवी रखा जायेगा? यह केवल मेरी चिन्ता का विषय नहीं है। हर एक की चिन्ता का विषय है। इसलिए मुझे लगता है कि हर एक को मेरी यह उद्विग्नता विचलित करेगी। मेरे मित्र श्रीधर अम्भोरे जी ने इस किताब के लिए चित्र दिए है। उनका आभार।

-शरणकुमार लिंबाले

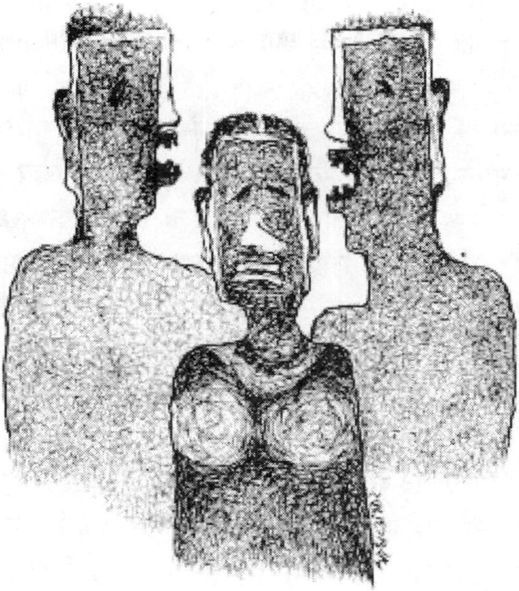

जिला सम्बलपुर। राज्य का सबसे पिछड़ा तथा अविकसित इलाक़ा। अकाल, ग़रीबी की मार, बँधुआ-मज़दूरी और आपराधिक गतिविधियों से भरा। इस नज़रिये से देखो तो गंगाखेड़ तालुके की हालत ठीकठाक ही कही जायेगी। हवेली की वजह से गुनहगारी पर रोक लगी हुई थी यहाँ पर। संग्राम पाटिल का दबदबा खेत-खलिहानों से लेकर पूरे गाँव-जवार पर देखा जा सकता था। संग्राम पाटिल की तीन पत्नियाँ थीं। तीनों पत्नियों से उनकी कुल बारह सन्तानें पैदा हुईं। पाटिल की सम्पति का बँटवारा हुआ तो उनके बेटे धुरन्धरराव के हिस्से में जाम्भुलगाँव की हवेली और सात सौ एकड़ ज़मीन आयी। चूँकि हवेली उनके हिस्से आयी, ज़मीन का हिस्सा उन्हें कम ही मिला।

धुरन्धरराव के तीन जगहों पर तीन आवास थे। एक मकान ज़िले के स्थान, सम्बलपुर में था। काठेवाडी चौराहे पर स्थित सत्यम अपार्टमेंट में एक फ़्लैट था, जहाँ पर उनकी तीसरी पत्नी पंचशीला के रहने की व्यवस्था थी। उसके तीन बेटे और दो बेटियाँ थीं। दूसरी पत्नी तक्षशीला तालुके के गंगाखेड़ क़स्बे में रहती थी, जहाँ के शिवाजी चौक में सिंहगड नाम से एक बंगला खड़ा था। उसके दो बेटे तथा दो बेटियाँ थीं। पहली पत्नी चारुशीला जाम्भुलगाँव की हवेली में रहती थी।

उसका एक बेटा था, हितेन्द्र और सायली व शर्वरी नामक दो बेटियाँ। बेटा इलाहाबाद यूनिवर्सिटी में क़ानून की पढ़ाई कर रहा था। दोनों बेटियाँ ब्याह करके ससुराल चली गयी थीं।

चारुशीला के साथ उसकी विधवा बहन और एक अपाहिज भाई रहता था। हवेली में नौकर-चाकरों की कोई कमी नहीं थी। धुरन्धरराव बारी-बारी से हर जगह पर रहते थे; लेकिन मन उनका हवेली पर ही लगा रहता। पुश्तैनी शानो-शौकत को बिसारने के लिए वे कतई तैयार न थे। घोड़े और तलवार के बिना ऐसा महसूस करते जैसे मूँछें मुँड़वा बैठे हैं। उनके शरीर पर हवेली के सारे तमगे जड़े रहते थे। इससे गाँव में रौब-रुतबा बना हुआ था। हालाँकि शहर में कोई नहीं पूछता था। आज़ादी क्या मिली, भुक्खड़-फटीचर भी सीना तानकर चलने लगे थे।

महाजनी धुरन्धरराव के ख़ून में रच-बस चुकी थी। घोड़े की हिनहिनाहट न सुनो तब तक खाना हजम नहीं होता था। आजकल उनका डेरा हवेली पर ही लगा हुआ था। तलवार की तरह नुकीली मूँछें, घोड़े की तरह छाती और तोप की तरह चेहरा, रौबीला व्यक्तित्व था। दबंगयी ऐसी कि किसी रास्ते से निकलो तो रास्ता खुला हो जाता। आज़ादी आयी पर नाममात्र के लिए। व्यवस्था वहीं थी, बस उसने अपना चोला बदला हुआ था, जिसे आप लोकतन्त्र कह सकते हैं। हवेली की खिदमत में रात्रि में धन्या और दिन में टिपडु नामक चाकर लगे रहते। जब धुरन्धरराव का मुकाम हवेली पर होता, धन्या को दम लेने भर की भी फुर्सत नहीं रहती। साहब की जीहुज़ूरी में जी-जान से जुटा रहता।

धुरन्धरराव दीवानखाने में बैठे हुए थे। रम का पहला पेग पेट में जा चुका था। नशे ने अपना असर दिखाना शुरू कर दिया था।

"क्यूँ बे, अभी तक आयी नहीं?" भवों को तानकर उन्होंने धन्या से पूछा।

"देखता हूँ हुज़ूर। आती ही होगी। मैं नीचे जाकर पता करवाता हूँ।" धन्या ने सकपकाते हुए कहा।

"कब तक आवेगी? सोने के बाद? किसी काम के नहीं हो।" उन्होंने गरजते हुए धन्या से कहा। ग़ुस्से से उनके होंठ घोड़े की टाप की मानिंद फुनफुना उठे।

"रायबा ख़ुद लेकर आनेवाला है हुज़ूर। कहा था उससे, बहुत देर मत करना। होगा रास्ते में ही।" धन्या ने दबी ज़ुबान से कहा।

‘‘जाओ फिर, नीचे जाकर रुको। आते ही ऊपर चले आना।’’ घोड़े को एड़ लगाने जैसी आवाज़ गूँजी।

धन्या शीघ्रता से दीवानखाने से निकल गया। नीचे उतरकर पीछे के किवाड़ से बाहर चला आया।

अँधेरा ऐसा गहराया था कि दूर-दूर तक कुछ नज़र नहीं आ रहा था। झकोरती हवा की तरह उसकी नज़रें अँधेरे को भेदने लगी। पर सिवा जुगनुओं के कुछ नज़र नहीं आया। चाँद अभी उगने को था। हवा के झोंकों से हवेली के परिसर के पेड़ सरसरा रहे थे। उनकी टहनियाँ ऐसे नज़र आ रही थीं जैसे घोड़ों की गर्दनें हों। धन्या ने अपनी पूरी उम्र हवेली पर गुज़ार दी थी। रात उसे स्त्री की जाँघों की तरह प्रतीत होती। वह अँधेरे में आँखें गाड़े खड़ा रहा। उसने मन्दा से कई मर्तबा जतलाकर कहा था। पैरों से घुँघरुओं को उतारते हुए मन्दा ने भी तो ‘जी जी’ कहते हुए हामी भरी थी।

मन्दा की बेटी रम्भा को पहली माहवारी आयी थी। जीवन की पहली माहवारी, जिस पर सबसे पहले रायबा का ध्यान गया था। उसी ने उसके घाघरे पर धब्बा देखा। पीछे की तरफ़ दाग दिखाई दिया तो उसने फुसफुसाते हुए मन्दा से कहा, ‘‘रम्भा सयानी हो चुकी है!’’ मन्दा का चेहरा खिल उठा।

‘‘बिटिया की नथ उतारनी होगी। अच्छी बोली के बिना हाँ नहीं भरनेवाली हूँ मैं!’’ मन्दा ने उछाह से भरकर पासा फेंका।

‘‘मैं हवेली पर जाकर आता हूँ।’’ रायबा लपककर उठा।

‘‘हाँ, और कहियो पाटिल से कि पूरा चन्द्रहार लेकर रहेंगे! बिना उसके नहीं मानेंगे। कहना उनसे, सौ टंच खाँटी सोना भेंट करेगी मन्दा।’’ मन्दा ने रायबा के कहे को ज़ोर दिया।

रायबा हवेली पहुँचा। नीची गर्दन किये खड़ा रहा। धुरन्धरराव की बाँछें खिल उठी थीं।

‘‘किसी से बोली हुई है?’’ उन्होंने मूँछों को ऐंठते हुए पूछा।

‘‘मन्दा ने आपसे बात करने के लिए भेजा है जी। चन्द्रहार माँगा है।’’ रायबा ने खीसें निपोरकर कहा।

‘‘कौन-सा दिन चल रहा है आज?’’

‘‘पहला ही दिन है जी।’’

‘‘मेरे रुतबे को भूलना न होगा। समझे?’’

"पाँचवें दिन का स्नान होते ही तुरन्त हाज़िर करता हूँ हुज़ूर!"

"क्या मन्दा को मुझ पर भरोसा नहीं है?"

"नथ उतारनी है, इसलिए कहा होगा जी।"

धन्या आँखों में प्राण लिए खड़ा रास्ता देख रहा था। रायबा का कोई नामोनिशान नहीं था। चिन्ता और गुस्से से वह तिनक गया।

मन्दा ने ही रम्भा को कपड़ा बाँधा और कपड़ा लेना सिखाया। पाँच दिन वह घर पर ही थी। उसे बाहर निकलने नहीं दिया था। हर दिन मन्दा ने उसे अच्छे से नहलाया-धुलाया। शरीर पर चन्दन और हल्दी का उबटन घिस-घिसकर मला। "पाटिल नथ उतारनेवाले हैं तेरी। भला मानुस मिला है। चन्द्रहार देनेवाले हैं। तुम्हारा अंग देखकर पिघल जायेंगे।" मन्दा बेटी की सुन्दरता की बलैयाँ लेते नहीं थक रही थी। रम्भा सुन रही थी। वह जैसे एक नये अनुभव से गुज़र रही थी। एक दबी-दबी सी लहर उसकी देह को सिहरा गयी।

"लाज औरत का गहना होता है। औरत को चाहिए कि वह लजाये। मर्दों की भाँति होना क्या अच्छा होता है? मरद का मान रखना चाहिए। उसका मन जीतना ज़रूरी है। उसे अपने वश में रखना आना चाहिए। ऐसा जादू चलाओ कि वह बावरा हो जाये। हर पल अपने क़ाबू में रहे। इसलिए अपनी बातों से, अदाओं से उसे लुभाना ज़रूरी है। शरीर तो सभी के पास होता है रम्भा। ध्यान में रखियो मेरी बात!" मन्दा रम्भा को दुनियादारी की बातें सिखा रही थी। रम्भा का अंग-अंग खिल उठा था। पूरी देह से महमह महक उठी थी।

रायबा रम्भा को लेकर हवेली की ओर निकल चुका था। एक नये अनुभव के लिए वह भी आतुर हो उठी थी। उसकी देह का पोर-पोर जैसे उछाल मार रहा था। रायबा आगे और वह उसके पीछे-पीछे चल रही थी। घुमावदार मोड़ों से गुज़रता रास्ता। सावधानी से पड़ते क़दम। चाँद चोर की तरह बादलों की ओट में मुँह छुपाता भागता हुआ और रात्रि उन्मत्त व्यभिचारी स्त्री की तरह उफान पर थी। घरों की रोशनियाँ बुझ चुकी थी। बन्द दरवाज़ों के पीछे टोले गहरी नींद में डूबे हुए थे। सन्नाटा सनसना रहा था। सुनसान गली-मोहल्लों की नीरवता को भंग करती हुई कुत्तों के भौंकने की आवाज़ और झिल्ली-झींगुरों के शोर से अँधेरा गहमा हुआ था। दूर से अभी भी ढोलक की गमक सुनाई दे रही थी। तभी आसमान से तारा इस तरह से टूटकर गिरा जैसे पाजेब का कोई घुंघरू टूटकर गिर पड़ा हो।

‘कुछ असुभ होनेवाला है!’ रायबा बुदबुदाया। उसका दिमाग़ खौलते तेल की कड़ाही की तरह था। रम्भा को सावचेत करते हुए उसने कहा, “नीचे देखकर चलो रम्भा। ध्यान से! अँधेरा है। ठोकर लग सकती है। सम्भलकर! रात में जगना है तुम्हें।”

रम्भा के कानों में लावणी के बोल सुनाई दे रहे थे। माँ के कहे शब्द उसके कानों में अभी भी शहद घोल रहे थे– “तुम्हारी देह नाज़ुक है– सिंदूरी, दुधिया गोरी। नज़र ना लगे किसी की” कहते हुए मन्दा ने उँगली से अपनी आँखों की कोर से काजल निकाला और उसके गाल पर टिका दिया था। पहली बार घर से बाहर जा रही थी रम्भा। उसकी आँखों में सितारे झिलमिला रहे थे। बेटी की महकती देह देखकर मन्दा निहाल हो गयी थी। खिलती कली की तरह रम्भा की देह दमक रही थी। वह फूल बन चुकी थी। आज कोई इस देह को छुएगा यह सोचकर एक अजीब-सी सिहरन से वह हुलस गयी। आज कोई उसे सूँघनेवाला था। आलिंगन में भरनेवाला था। उसके अंग-अंग से उठती हिलोरों को शान्त करनेवाला था। कुछ असमंजस से घिरी, कुछ बुझी हुई-सी वह आगे क़दम बढ़ा रही थी। रायबा हड़बड़ाहट से भरा हुआ था। खौलते तेल में हाथ डालकर पैसा निकालो तो हाथ जल जाता है, कुछ इस तरह से उसके मन की भी हालत थी। रम्भा रायबा के डग से डग मिलाकर चल रही थी। लबालब बहकर बहती नदी की तरह उसका मन निर्बाध बह रहा था। हवेली को उसने कई बार दूर से ही देखा था। आज उसके भीतर प्रवेश करने की कल्पना मात्र से उसका मन मोर की तरह थिरक उठा। हवेली, वहाँ का घोड़ा, तलवार, तोप और मूँछें इन सब को एक साथ अपने जेहन में उतारने का वह यत्न करने लगी। आज उसकी देह का उत्सव सजनेवाला था। एक अधूरापन मिटकर वह आज पूर्णांगिनी बनने जा रही थी। आसमान से मुट्ठीभर सितारों को लेकर उनसे धूमकेतु बनाने की एक भोली इच्छा से वह भर उठी। एक बार ढोलकीवाले ने उसके उरोज को ज़ोर से मरोड़ा था। पीड़ा से उसकी आँखें भर आयी थीं। पूरी देह से जैसे चींटियाँ रेंगने लगी थी। उसने माँ से नहीं कहा था इसके बारे में।

आज फिर से आँखें भर आयेंगी।
पूरे अंग से चींटियाँ रेंगने लगेंगी।
मैं चींटियों के सामने शक्कर रखूँगी।
चींटियाँ मेरी शक्कर चखेंगी।
आज फिर से आँखें भर आयेंगी।
देह गीली होगी।

माँ की नथ उतारी गयी थी तब भी रायबा ने ही बोली लगाई थी। यह बात माँ ने ही उसे बताई थी। माँ को भरोसा था रायबा पर। रायबा उसे नहीं बल्कि उसकी माँ का अटूट भरोसा लिए हुए जा रहा था। रायबा के मन पर भी भारी बोझ-सा था। जैसे कोई ख़ज़ाना साथ लिए हुए जा रहा हो। शायद उसके मन में लुटेरों के आने का खटका लगा हुआ था।

रम्भा ने चाँदनी का झूला बनाया, एक लम्बी पेंग भरी और मानो पग से वह चाँद को स्पर्श कर आयी। उसकी देह से पूनम का उजाला छितर गया। मन जुगनू की तरह ललछौंह आभा से दमक उठा।

भलरी गली आयी तो यकायक जन्या ने रायबा का रास्ता रोक लिया। उसके कन्धे पर कुल्हाड़ी थी। जन्या अर्थात जनार्दन, धन्या का छोटा भाई। एक ठहाका भरते हुए उसने अचानक रम्भा का हाथ पकड़ लिया। उसकी हथेली पसीने से लथपथ थी। रम्भा अपना हाथ छुड़ाने की कोशिश करने लगी। रायबा अचकचा गया। परन्तु अगले ही पल उसने ख़ुद को सँभाला और आगे बढ़कर रम्भा के सामने तनकर खड़ा हो गया। रम्भा रुआँसी हो गयी थी। जन्या लगातार रायबा पर कुल्हाड़ी उगेर रहा था। रायबा ने हाथ जोड़े और वह गिड़गिड़ाने लगा। पर जन्या ठना हुआ था आख़िर में दोनों एक-दूजे से भिड़ गये। दोनों को गुत्थमगुत्था देखा तो गली के कुत्ते भौंकने लगे। रायबा सकते में आ गया था।

''क्या मैं दिखाई नहीं दे रहा हूँ तुम्हें? मुझे लाँघकर आगे जाने की हिम्मत कैसे हुई तुम्हारी? क्या आँखें फूट गयी हैं?'' जन्या ने गरजती आवाज़ से घुड़का।

''हवेली से बुलावा आया है।'' रायबा ने हिम्मत बटोरकर कहा।

क्षण भर के लिए जन्या सोच में पड़ गया। कुत्तों के लगातार भौंकने की रिरियाहट सुनकर दयाराम ने खिड़की खोलकर बाहर झाँका। खिड़की से खटका उठा तो जन्या के हाथ से रम्भा की कलाई फिसल गयी और वह भलरी गली के अँधेरे में गुम हो गया। रायबा ने राहत की साँस ली। कुछ क्षण तो रुका रहा फिर तेज़ी से हवेली की दिशा में बढ़ गया। रम्भा अभी भी सहमी हुई थी। जन्या ने भले ही उसका हाथ छोड़ दिया था लेकिन उसकी मज़बूत पकड़ वह अपनी कलाई पर अभी भी महसूस कर रही थी– मैं क्या हूँ? केवल एक भक्ष्य। हर कोई यहाँ पर शिकार की तलाश में छुपा बैठा है। हवेली पर जाने के बाद मेरे साथ क्या होगा? पाटिल की कितनी जीभें होंगी। नथ उतारने पर हर दिन बोली लगेगी। मेरी बोली लगी। माँ की, आजी की, पड़-आजी की सभी की बोली लगी।

आनेवाले के सामने पैर पसारो। उसकी नज़र पड़ते ही घुँघरुओं की तरह खनको। हारमोनियम के सुरों की तरह उसके आगोश में छितर जाओ।

रायबा हवेली के पिछले दरवाज़े तक पहुँचा। इस दरवाज़े पर वह आज तक कई बार आ चुका है। चिर-परिचित है यह दरवाज़ा उसके लिए। धन्या उसकी बॉट जोहता बाहर ही खड़ा था। रायबा को देखते ही उसका मुँह इस तरह खुला जैसे किसी गुफा का मुँह खुलता है, ''कितनी बेर लगा दी तुमने? क्या बौरा गया है?'' उसकी आवाज़ से गुस्सा फूट रहा था। रायबा ने मुँह बिदकाकर कहा, ''हम तो बखत पर निकले थे। तुम्हारे भाई ने ही रास्ता अटकाया। वह अड़ गया था। छोरी का हाथ पकड़ लिया। हमारी तो जान ही निकल गयी थी।'' रायबा का जवाब सुनकर धन्या का मुँह लटक गया। उसने रम्भा की ओर देखा। वह चम्पा के पेड़ की नाईं खड़ी थी। उसने इशारे से रम्भा से अपने पीछे-पीछे आने के लिए कहा और उसे लेकर पिछले किवाड़ से भीतर गुम हो गया। किवाड़ ज़रा-सा चरमराया। ऊपर जाकर धन्या ने दीवानखाने का दरवाज़ा धकेला और रम्भा को लिए हुए भीतर घुस गया। धुरन्धरराव तनिक आगे की ओर हुए और उन्होंने अपने हाथ का पेग धन्या के हवाले कर दिया। धन्या बाहर निकल आया। उसने धीरे से दरवाज़ा उढ़का दिया। भीतर से कुण्डी लगाने की आवाज़ आयी। दरवाज़े पर खड़े-खड़े ही उसने एक ही घूँट में हाथ का पेग खाली कर दिया और वह सीढ़ियों से उतर गया। साहब के हँसने की आवाज़ बहुत देर तक उसके कानों में गूँजती रही।

धुरन्धरराव और मैं एक ही जात के हैं। वे ज़मींदार, मैं चाकर हूँ। उनके पास हवेली, ज़मीन-जायदाद, नौकर-चाकर, घोड़ा-गाड़ी, तोप-तलवार सब कुछ हैं। मेरे पास कोई माल जाल नहीं है। उनकी तीन-तीन औरतें हैं एक मैं हूँ कि एक स्त्री को पालने-पोसने में ही मर-खप रहा हूँ। अपनी जात का एक आदमी धनवान है और मेरा जीवन उसके इर्दगिर्द है, मेरे यही धनभाग हैं। जात का आदमी! किसी आत्मीय भाव से भरा धन्या पिछले किवाड़ से बाहर आ गया। देखा कि रायबा ने फूँस-पताई इकट्ठा कर अँगीठी सुलगा ली है। नदी का कलकल बहता पानी रात्रि की नीरवता में एक नाद पैदा कर रहा था। आसमान में दूधिया चाँद निकल आया था।

''क्या देर होने से नाराज़ थे हुज़ुर?'' रायबा की आवाज़ में चिन्ता थी।

धन्या ने अँगीठी में कुकड़े डालते हुए कहा, ''आग जला दी तुमने। अच्छा किया। नहीं, कुछ नहीं बोले मालिक। लड़की को देखकर शान्त हो गये।'' धन्या आँच से कुछ दूरी पर आलथी-पालथी मारकर बैठ गया।

"इधर से नाग सरसराता गुज़रता रहता है। हाथ भर लम्बा है। बित्ता-बित्ता बाल उगे हुए हैं उसके माथे पर। लेकिन आज तक किसी को डँसा नहीं है। कहते हैं कि हवेली का पुरातन पुरुष है। हुज़ूर ने देखा है।" धन्या आग तापने लगा।

"गनीमत कि तुम्हारे भाई ने रास्ता छोड़ दिया।" रायबा अभी भी उखड़ा हुआ था। जन्या की बात निकलते ही धन्या तमक गया। लावे की भाँति शब्द उसके मुँह से उबल पड़े, "उस निरलज को तो फाँसी होनी चाहिए थी। बाबा ने उसे छुड़वाने की ख़ातिर क्या-क्या नहीं किया? सब कुछ बेंचबॉच डाला। एक आदमी के पीछे सारा घर दाँव पर लगा दिया लेकिन उसे इस बात की बित्ता भर भी परवाह नहीं है। निकम्मा कहीं का! कन्धे पर कुल्हाड़ी लिए शहंशाह बना फिरता है। मैं हवेली पर रात का दिन करता रहता हूँ। और वह रात में मेरी घरवाली का हाथ पकड़कर उसे तंग करता है। नीच कहीं का! वह बेचारी गरीब गाय की तरह है। दो बच्चे हैं। उसे कैसे छोड़ दूँ? इसका ब्याह भी तो होता नहीं है। ख़ूनी है। कौन अपनी बेटी ब्याहेगा ऐसे हत्यारे से? हर बखत उसका माथा भड़का हुआ होता है। मुझे भी झापड़ मारने से नहीं कतराया वह! कौन मुँह लगे उससे?" धन्या मन की भड़ास निकाल रहा था। रायबा ने चतुराई से बातों का सिरा मोड़ते हुए पूछा–

"यह हवेली पर का झंडा बदला हुआ नज़र आता है!"

"फिरंगियों का झंडा निकालकर तिरंगा लगाया है।"

"फिरंगियों को किसलिए निकाला?"

"सुराज आ गया है। तुम्हें नहीं मालूम? "

"कब आया? किसे मिला?"

"अपना देश आज़ाद हो गया है भैया।"

"मतलब क्या हुआ है?"

"अरे भई, झंडा बदल गया है न!"

"फिरंगियों का झंडा था तब भी यह हवेली थी। हवेली में पाटिल थे। पाटिल का घोड़ा था। तलवार थी, ढाल थी। सत्ता थी। अब तीन रंगों का झंडा आ गया है। अब भी हवेली है। पाटिल है। उनका घोड़ा है। तलवार है। ढाल है। सत्ता है। अपना क्या है? चूल्हे के लिए जलावन नहीं है। आज़ादी क्या चूल्हे में डालकर बालनी होगी?"

"धीरे बोलो, हवेली के गधे के कान हैं।"

“मेरी क्या औकात है भला? जो मिला, उसकी ड्योढ़ी पर जाकर मुँह मारते रहो! आज़ादी मेरी चौखट पर आकर कब खड़ी होगी? मुझे ठाह नहीं है। तुम्हें ठाह होगी तो कहना।”

तभी हवेली के पिछले दरवाज़े से कुछ खड़का। धन्या चौंक गया। रायबा चौकन्ना हो गया। उन्होंने देखा कि रम्भा शरीर पर साड़ी लपेटे हुए भागी आ रही है। वह बुरी तरह से हाँफ रही थी। रायबा असमंजस में पड़ गया “क्या हुआ?” उसने तपाक से पूछा। रम्भा घबराई हुई थी। धन्या उसकी तरफ़ देखकर बुदबुदाया, “साहब ने बहुत जल्दी निपटा दिया! ” रायबा गम्भीर हो गया था।

रम्भा रुआँसी-सी खड़ी रही। फिर उसने जो कहा वह सबके होश उड़ानेवाला था– “मेरी कोई ग़लती नहीं थी। मुझे उनके सामने खड़ा किया। मैं नीची गर्दन किये खड़ी थी। वे नशे में थे। मुँह से बदबू आ रही थी। उन्होंने मेरा हाथ पकड़कर मुझे पलँग पर बिठाया। मुझे ख़ुद से चिपकाया। मैं चुप रही। उन्होंने मेरी ठुड्डी पकड़ी। मेरा मुँह अपनी ओर खींचा। आँखों में आँखें डालकर देखा। मैंने भी उनकी आँखों में देखा। वो जो करना चाहते थे, उन्हें करने दिया। उन्होंने गालों को चिकोटी काटी। मैंने ऐसे ही कह दिया, “आप मेरे पिता की उम्र के हैं!” वे खीझ गये। मैंने उनकी उम्र का ज़िकर किया था। उनके गुस्से को शान्त करने के लिए मैंने उनका हाथ अपने हाथ में लिया। उन्होंने मेरी चोली की गाँठ खोली। मैं हँस पड़ी। फिर वे उठे, पानी लिया और साथ में कुछ गोलियाँ निगल ली। मुझसे कहने लगे, “ताक़त की गोलियाँ हैं। अब मज़ा आयेगा!”और मुझे अपने निकट खींच लिया। मैं उनके सामने सकुचाई बैठी थी। उन्होंने कहा, “लेट जाओ।” मैं दीवार की तरफ़ मुँह करते हुए लेट गयी। वे गुस्सा हो गये कहने लगे, “मेरी तरफ़ मुँह करो।” मैंने उनकी ओर मुँह किया। वे पास बैठ गये। मेरी जाँघों पर हाथ घुमाने लगे। मेरा शरीर सिहर गया। वे चुपचाप मेरे सामने बैठे रहे। शान्त पोखर की तरह! मेरे शरीर से हिलोरें उठ रही थीं। वे मेरे पास आकर लेट गये। मैं उनके पास खिसक गयी। सोच लिया कि जो होना है एकबारगी हो जाने दो। मैंने अपने पैरों से उनके पैरों को छुआ। उन्होंने कोई हलचल नहीं की। मेरा अंग जल रहा था। आख़िर मैं ही उनसे लिपट गयी। उनकी तरफ़ देखा। उनकी आँखें घूम रही थी। होंठ अजीब तरह से हिलने लगे। मैं उठ बैठी। उन्हें हिलाया। उनका शरीर ठंडा पड़ा हुआ था। गर्दन अकड़ गयी थी। मैं घबड़ा गयी। उनका शरीर मुझे लाश की नाईं दिखने लगा। फिर मैंने ज़मीन पर पड़ी साड़ी उठाकर लपेट ली और भागकर नीचे चली आयी।

मैं जो कह रही हूँ, उसका हर शब्द सच्चा है। मेरी कुछ भी गलती नहीं है।'' रम्भा का गला सूख रहा था।

धन्या के मानो प्राण उड़ गये। बदहवास-सा वह हवेली की तरफ़ भागा। कोई चट्टान ढह जाये वैसे रायबा जगह पर ही धँस गया। रम्भा ने उसकी तरफ़ पीठ की और साड़ी पहन ली। बालों का ज़ुड़ा बाँधा। रायबा ने उसकी तरफ़ देखा। वह उफ़ान के पश्चात की शान्त नदी की तरह नज़र आ रही थी।

धन्या हवेली में जाकर तेज़ी से बाहर आया। वह थर-थर काँप रहा था। उसे जैसे काठ मार गया था। अचानक उसकी रुलाई फूट पड़ी।

''लाश नंगी पड़ी है। उसे ऐसे नहीं रख सकते हैं। कपड़े चढ़ाने होंगे। यह मेरे अकेले के बस का नहीं है।'' उसने रोते हुए ही कहा। रायबा सकपका गया। ''यह छोड़कर, मुझसे जो चाहे करवा लीजिए।'' वह रिरिराया। धन्या ने उसकी गर्दन पकड़ी और उसे घसीटते हुए चलने लगा। दोनों हवेली के भीतर गये। पिछला दरवाज़ा धड़ाम की आवाज़ के साथ दीवार से टकराया। रम्भा चौंक गयी। वह भयभीत होकर हवेली की तरफ़ देखने लगी। उसे हवेली गेंडे की मानिंद नज़र आयी। हवेली के ऊपर से काले-सफ़ेद बादल गुज़र रहे थे। उसे लगा, इस विशाल हवेली के सामने अपनी क्या बिसात है? जन्या ने अपना हाथ पकड़ा। पाटिल ने हाथ पकड़ा। कोई भी आगे बढ़कर अपना हाथ पकड़ सकता है। किसी को कोई भय नहीं, कोई संकोच नहीं। अपनी मर्ज़ी का तो सवाल ही नहीं है। कोई कहेगा, कपड़े उतारो, मुझे अपने कपड़े उतारने होंगे। उसने टाँगें उठा दीं तो बिना मन के हँसना होगा। हँसना होगा, लजाना होगा। मैं तो लाश के साथ भी सो गयी थी। अगर लाश ने मेरे अंग पर अपनी टाँगें पसार दी होतीं? क्या मैं समझ पाती? उसके हवाले हो जाती। निकलते समय सौगात माँगती! हाथों को फैलाती! लाश क्या रखती मेरे हाथों पर? उसकी मौत या उसकी अतृप्त इच्छा? रम्भा की स्थिति तेज़ आँधी में बिखरते सूखे पत्तों की तरह हो चली थी। उसकी नथ मृत आत्मा बनी हुई हवेली की दीवार पर बैठे उल्लू की तरह टँगी थी। अँगीठी बुझ चुकी थी। उससे उठते धुएँ से उसकी आँखें चर-चर हो जल उठीं।

चमगादड़-सी वह स्वयं से ही उलटी लटकी हुई थी। लाश को पाजामा पहनाया गया होगा। कमीज़ पहनाई होगी। गद्दे पर लिटाकर ढक दिया होगा। परन्तु घोड़े की गर्दन की तरह दिखाई देती उन जाँघों को कैसे भूलना होगा? दो चक्कों पर खड़े तोप की तरह दीखता वह अंग? उसे कैसे भूलना होगा? पेड़ पर परिन्दे ने ज़ोर से चीख भरी।

कई घरों के टोले का गाँव है यह। अपनी गर्दनों को नीची किये जीते हैं लोग यहाँ पर। सभी ने अपने-आपको एक पाठ पढ़ाया हुआ है, आतंक के ख़िलाफ मुँह नहीं खोलना है। इसी में सभी की भलाई और सुरक्षा है। ख़िलाफ़ जाने का मतलब विनाश का आरम्भ, यह यहाँ की परजा पक्का भाँप चुकी है। लोग भयावह भय का एक प्रशान्त स्वरूप है। सूरज उगता है, लोग जगते हैं। सूरज ढलता है, लोग सो जाते हैं। दो जून पेट में खाना धकेलना और आँखें मूँदकर चुपचाप नींद के अधीन हो जाना, यही यहाँ के लोगों के जीवन की परिपाटी है। सभी को आतंक के साये तले जीने की आदत हो चुकी है। या यह कहो यह यहाँ के जीवन की अनिवार्य शर्त है। हवेली ने करवट भी बदली तो प्राण हलक में आ जाते हैं लोगों के! लोगों के पास केवल हाथ है, निशस्त्र-निहत्थे! वे केवल खटने के लिए और जोड़ने के लिए हैं। और आतंक के कहाँ हाथ होते हैं। हाथ की जगह हथियार होते हैं। लोग हथियारों से भयभीत होते हैं। हवेली में तलवारें हैं। तोपें हैं। हवेली घड़ियाल की मानिंद है। घड़ियाल के जबड़े का नाम ही आज़ादी है। रम्भा घड़ियाल के पेट से बाहर निकल आयी थी।

रायबा और धन्या हवेली से बाहर आये। रम्भा ने कातर दृष्टि से उनकी तरफ़ देखा। दोनों हिंस्त्र पशु के जबड़े में फँसे भक्ष्य की नाईं दिखाई दे रहे थे। धन्या भय से थरथराता हुआ यही सोच रहा था कि लोगों से क्या कहना होगा, जिससे उन्हें भरोसा हो। हवेली किसी डायन के चेहरे की मानिंद दिख रही थी।

अचानक धन्या हिचकियाँ दे-देकर रोने लगा, ''दिन उगने को है। हवेली पर लोगों का ताँता लग जायेगा। उनको क्या बतायेंगे? बाईसाहब को कैसे समझायेंगे? यह कैसी बिपदा आन पड़ी है! कैसा कहर टूटा है! लोग भरोसा नहीं करेंगे।''

''जो हुआ वही कहेंगे।'' रायबा ने खीझकर कहा।

''तुम्हारा ठीक है भई! तुम्हें क्या फ़र्क़ पड़ता है? तुम्हें कौन जानता है? लेकिन साहब के नाम की बड़ी साख है यहाँ पर। सारा इलाक़ा उन्हें जानता है। उनको मानता है। जिस हालत में यह मौत हुई है, उसे कैसे उजागर कर सकते हैं? राम राम, बड़ी छीछालेदर मच जायेगी। इतना आसान नहीं है यह सब।'' धन्या लगातार रोये जा रहा था। उस पर कड़ी बीती थी।

''जो हुआ वही बताना होगा। भले ही मुझे फाँसी पर चढ़ा दें। मुझे कोई परवाह नहीं है। हवेलीवालों को जो तय करना है, करने दो। साँच को कोई आँच नहीं है!'' यकायक रम्भा ने दृढ़ता से कहा।

"हाँ, बाईसाहब से कुछ छुपा नहीं सकते। सच तो कहना ही होगा।" धन्या फ़ैसने सला किया।

पेड़ पर परिन्दा चहका। धन्या को कुछ राहत महसूस हुई।

"तुम दोनों को आज की रात यही पर रुकना होगा। जो होता है, हो जाये एकबारगी! देखा जायेगा। सवेरा हो जाने दो।" धन्या सावधानीपूर्वक कहने लगा।

"सुबह तक रुकना ठीक नहीं होगा। अभी जगाओ उन्हें। यह कालरात्रि है।" रायबा ने ज़ोर देकर कहा।

बुझे स्वर में धन्या ने कहा, "वे सब जानती हैं। कुछ छुपा हुआ नहीं है उनसे। कई दिन बीत गये, मालिक और बाईसाहब साथ में सोये नहीं हैं। मैं जानता हूँ। बाईसाहब ने ही मना किया हुआ था। अब शरीर साथ नहीं देता है। साहब ने मुझे भंडारकवठा गाँव पठाया था। आठ-दस साल की दो-तीन लड़कियों का इन्तज़ाम करने के लिए कहे थे। मैं उनके भाई से कहकर आया था। हफ़्तेभर में आनेवाली हैं और यह अनर्थ घटा है। कैसे उबरेंगे अब इससे? जब राजा ही चल बसा। अब राज्य का कैसा सोच-विचार?" धन्या की आवाज़ में पीड़ा थी। पेड़ों पर परिन्दों की चहचहाहट शुरू हो गयी थी।

रायबा और रम्भा सीढ़ियों पर रुके रहे। धन्या सीढ़ियाँ चढ़कर ऊपर गया। चारुशीला सुरीली आवाज़ में पोथी-पठन कर रही थी। उन्हें पदचाप सुनाई दी। देखा कि दरवाज़े पर धन्या खड़ा है। बाईसाहब को आवाज़ देने की हिम्मत वह जुटा नहीं पाया था। दम साधे वैसे ही खड़ा रहा। चारुशीला पोथी हाथ में उठाये हुए दरवाज़े तक चली आयी। भेदती नज़र से उन्होंने धन्या की तरफ़ देखा। बालाजी मन्दिर में अलसुबह होनेवाली आरती के बोल गूँजने लगे थे। पौ फटने को थी।

"क्या बात है?" चारुशीला ने पूछा।

"साहब हम सबको छोड़कर चले गये।" धन्या ने कहा और दहाड़ मारकर रो पड़ा।

चारुशीला ने सुना तो सन्न रह गयीं। उनकी गम्भीर मुद्रा कफ़न की तरह फक्क हो गयी। सायास उन्होंने अपने-आप को सँभाला। हाथ की पोथी को एक तरफ़ रखा। फिर धन्या से कहा, "चलो!" और वे शीघ्रता से दरवाज़े से बाहर निकल गयी। धन्या लपककर उनके साथ हो लिया। उनकी नज़र रम्भा और रायबा पर पड़ी। लेकिन उन्हें साफ़ अनदेखा कर वे आगे बढ़ गयी। उनकी पलकें आँसुओं से भीग गयी थीं। होठ फड़फड़ा रहे थे। गला रुँध गया था। घर के मुखिया के अचानक इस तरह से चल बसने से मानो, छाती पर पत्थर पड़ गया था।

वे दीवानखाने की ओर बढ़ गयी। रम्भा और रायबा चपचाप पिछले दरवाज़े से हवेली से बाहर निकल गये।

रम्भा पगलाई-सी हवेली के बाहर खड़ी थीं। अन्यमनस्क! निष्पर्ण! उसके मन की झालरें सजने से पूर्व ही कुम्हला गयी थीं। उसे लगा था कि देह से फुहारें उड़ेंगी। लेकिन ऐसा कुछ नहीं हुआ था। दूध उफने बर्तन की तरह उसकी दशा हो गयी थी। वह किसी गढ़ही की तरह नज़र आ रही थी। रिक्त, गहरी! उसकी देह पर पाटिल के लिजलिजे स्पर्श रेंग रहे थे। गुमसुम-सी वह ख़ुद में खो गयी। रायबा विमूढ़-सा खड़ा था।

तभी उन्हें धन्या नज़र आया। हवेली से निकलकर वह तेज़ी से उनके पास पहुँचा।

"जो मैं कह रहा हूँ, ध्यान से सुनो। जैसा बाईसाहब ने कहा है, वही कहने जा रहा हूँ। अब जो यहाँ सुना जायेगा, वही लोगों तक जायेगा। समझे?" धन्या की आवाज़ में कठोरता थी। रम्भा और रायबा साँस खींचे, चुप साधे सुनने लगे।

"धुरन्धरराव पाटिल दिल का दौरा पड़ने से गुज़रे हैं। सुना तुमने?" धन्या ने अपने हाथों को हिलाते हुए चेतावनी भरे स्वर में कहा। उसकी आवाज़ में दृढ़ता थी। फिर तेज़ी से वह पिछले दरवाज़े से भीतर चला गया।

परिन्दों का कलरव बढ़ने लगा था। सुबह का झुटपुटा निकल आया था। रायबा और रम्भा लौटने लगे। हवेली के मुख्य द्वार पर उन्हें टिपडु खड़ा नज़र आया। प्रवेशद्वार खोलने का समय हो चुका था। टिपडु ने रायबा और रम्भा को जाते हुए देखा। तमाशा की लड़की हवेली पर आनेवाली है, इसका उसे अन्देशा था। रम्भा बोझिल क़दमों से आगे बढ़ रही थी। मस्तिष्क में पाटिल के लाश की बदबू फ़ैल रही थी। कल की रात्रि उस पर गाज की तरह गिरी थी। ऐसे लग रहा था, मानो कोई दिमाग़ में कीलें ठोंक रहा हो।

उन्होंने गालों की चिकोटी काटी तो हँसना होगा।

उन्होंने चोली की गाँठ को छुआ तो छाती के उभार को और अधिक उभारना होगा।

उन्होंने जाँघों पर हाथ घुमाया तो टाँगों को फैला देना होगा।

किसलिए यह सवाल करना मना है।

क्यूँकि यही चलते आ रहा है।

'चारुशीला पाटिल हमारी विधायक हैं। गाँव में उनकी गाड़ी दिखती है तो पहले उनको रास्ता देना होगा। पहला हक़ हवेली का है।' चारुशीला पाटिल की कार को देखते ही जन्या की निष्ठाएँ उछाल मारने लगीं। ''ड्राइवर हॉर्न बजा रहा है फिर भी यह मादरचोद रास्ता नहीं दे रहा है। क्या इसे विधायक की गाड़ी नज़र नहीं आ रही है? जिनावरों को किनारे काहे नाहीं ले रहा है यह? ये हवेली की तोहमत है।'' जन्या ज़ोर-ज़ोर से चिल्ला कर सुरा को गरियाने लगा।

सुरा ने विधायक की गाड़ी देखी तो हड़बड़ा गया और अपनी भैंसों को सड़क के किनारे मोड़ने का यत्न करने लगा। लेकिन भैंसें थीं कि उससे सँभाली नहीं जा रही थीं। इधर ड्राइवर लगातार हॉर्न दे रहा था। जन्या ने देखा तो वह हुमककर भागता हुआ गया। उसने कुल्हाड़ी को उगेरा और भैंसों को रास्ते के किनारे हाँकने लगा। कुछ ही देर में रास्ता खुला हो गया। विधायक की गाड़ी धूल-मिट्टी उड़ाती हवेली की तरफ़ निकल गयी। जन्या का मन उमँग गया, 'मैंने रास्ता खुला करने में मदद की। विधायक मैडम ने देखा नहीं पर उनके ड्राइवर की नज़र पड़ी है मुझ पर। अगर वह जान गया होगा कि मैं हवेली की इज़्जत करता हूँ तो धनभाग मेरे! यह पुन्न पूरे जीवन काम आयेगा। मैं धन्या का भाई हूँ, यह जानती है विधायक मैडम।'

जन्या की बाँछें खिल उठीं। हवेली के प्रति अपनी निष्ठा ज़ाहिर करने का उसे औसर मिला था। ख़ुशी से वह फूला नहीं समा रहा था।

इसी तरंग में उसने सुरा की पीठ पर कुल्हाड़ी का हत्था भाँजा और उसे गरियाने लगा। सुरा रुआँसा हो गया। जन्या को ताव आ गया। उसने सुरा के पैरों में अपने पैर उलझा दिये और उसे नीचे गिरा दिया। फिर उसकी गर्दन पर अपना पाँव जमाकर खड़ा हो गया। विधायक की गाड़ी देखकर जमा तमाशबीनों ने अब जन्या की ओर रुख कर लिया। जन्या ने और किसी वजह से उत्पात मचाया होता तो शायद लोग बीच-बचाव के लिए आगे आ जाते; लेकिन वह हवेली के नाम की आड़ में उद्दण्डता पर उतर आया था। जन्या के ख़िलाफ़ जाने के माने हवेली के ख़िलाफ़ बलवा! जन्या की दबंगयी चुपचाप देखने के सिवा उनके पास कोई चारा नहीं था।

''मैं पाटिल की हवेली का बाघ हूँ!'' जन्या ने ज़ोर से दहाड़ भरी और यकायक सुरा को लतियाना शुरू कर दिया। फिर उससे कहा, ''उठ भड़ुए!'' उसने सुरा को उठने दिया और फिर से उसके कूल्हे पर ज़ोरदार लात जमा दी। सुरा गिरता-सँभलता जैसे-तैसे मवेशियों की तरफ़ भाग खड़ा हुआ। जानवरों को लिए हुए नदी की ओर निकला था सो चुपचाप नदी की दिशा में बढ़ गया। उसके मवेशी आगे निकल चुके थे। सुरा को जन्या के चंगुल से बचते देख लोगों ने राहत की साँस ली। जन्या कुल्हाड़ी घुमाते हुए निकल गया।

विधायक चारुशीला पाटिल गाँव आयी हुई हैं। धुरन्धरराव के गुज़रने के बाद उन्होंने हवेली छोड़ दी और वे गंगाखेड़ रहने चली गयी थीं। धुरन्धरराव चल बसे तो पार्टी ने चारुशीला पाटिल को उम्मीदवारी दे दी। वे बहुमत के साथ चुनकर आ गयी। सम्बलपुर ज़िले की वे एकमात्र महिला विधायक होने का गौरव लिए हुए थीं। माह-दो माह में हवेली पर चली आतीं। कभी उसी दिन लौट जातीं। कभी एक-दो दिन के लिए रुक जातीं। जब रुकतीं तब खेत पर चक्कर लगा आतीं। विधायक की गाड़ी आते ही जाम्भुलगाँव में ख़ूब रौनक छा जाती। घर-घर में सभी की ज़ुबान पर विधायक मैडम की ही बात रहती।

सुरा के साथ हुई मारपीट की ख़बर उसके घरवालों तक पहुँची तो उसका पिता बाबुराव हाथ में लठ घुमाये घर से निकल पड़ा। उसके साथ लाठियाँ-कुल्हाड़ियाँ लिए हुए सुरा के भाई-भतीजों ने भी ख़ूब मोर्चा सँभाला। वह तो अच्छा हुआ कि जन्या निकल चुका था, इसलिए बखेड़ा बढ़ा नहीं।

वरना ख़ूब सिर-फुटौवल होती। बाबुराव खासा बफराया हुआ था, उसके पीछे उसके भाईबन्द तने हुए थे! बाबुराव ने ऊँची आवाज़ में तमतमाकर कहा, ''वोट माँगने की बारी आती है, तब हाथ फैलाये आ जाते हैं। वोट लेने के बाद चूतियागिरी करते हैं। क्या भैंसें जानती हैं कि कौन विधायक है, कौन नेता है? वे तो ढोर-डंगर हैं लेकिन क्या अब इन्सान भी घास चरने लगे हैं? हवेली के नाम पर कोई गुंडई करेगा तो सहेंगे नहीं हम! कहे देते हैं। विधायक या उनके ड्राइवर ने हाथ उगारा होता छोरे पर तो बात अलग होती! सह लेते हम। हमने कोई चूड़ियाँ नहीं पहन रखी हैं।'' बाबुराव का तन-बदन सुलग रहा था।

कुछ देर पहले भीड़ जन्या के इर्दगिर्द जमा थी। उसकी बातों का असर लोगों पर अभी तक बना हुआ था। जन्या की बातें बेजा तो न थीं। हवेली की अबाधित सत्ता को कैसे कोई चुनौती दे सकता है। विधायक निर्वाचन क्षेत्र का राजा होता है। इन रास्तों पर पहला हक़ राजा का होता है। राजा का समय बहुमूल्य है भैया। वे मालिक हैं। क्या साधारण परजा को इतनी समझ नहीं होनी चाहिए! जिसे हवेली का रुतबा नहीं समझ आया वह ज़रूर कुत्ते की मौत मरेगा! तब हवेली कतई आड़े नहीं आयेगी। हवेली के आश्रय में जीनेवाला झुण्ड तुरन्त खड़ा हो जायेगा। उत्पात मचाकर सभी का जीना मुहाल कर देगा। देखनेवाले सहम गये। हवेली की दहशत से हर कोई वाक़िफ़ था।

बाबुराव ग़ुस्से से फुँफकार रहा था। बेटे को नीचे गिराकर उस पर कुल्हाड़ी उगेरने की बात से वह बुरी तरह से भन्ना गया था। आज अगर जन्या उसके हाथ में आ जाता तो उसके टुकड़े-टुकड़े होना पक्का तय था। सुरा के भड़के हुए चाचा भी बवाल पर उतर आये थे। बाबुराव ने हवेली की दिशा में कुल्हाड़ी ऊँची की और ललकार दी, ''आज मेरे छोरे को कुछ हो जाता तो यही पर सबको गाड़ देता मैं। खोद डालता हवेली को। मैं किसी से दबता नहीं हूँ।'' बाबुराव के तेवर देखकर लोग ख़ासे प्रभावित हो उठे। उन्हें लगा, जैसे कोई उनकी ही ज़ुबान बोल रहा है। मस्तिष्क पर चढ़ा बरसों का धूल-गुब्बारा हट रहा है। लेकिन किसी में इतना साहस नहीं था कि आगे बढ़कर बाबुराव के पक्ष में बात करे। आग की लपटों में घिरे इन्सान को दूर से ही देखते रहे। वैसे सभी मूक दर्शक बने बाबुराव को ताकते रहे। असमंजस से घिरे सभी जहाँ की तहाँ जमे थे।

बाबुराव को मवेशियों के पीछे चल रहा सुरा नज़र आया। वह गद्गद हो उठा। उसने सुरा को आवाज़ दी और पुकारता हुआ उसके पीछे दौड़ा। बेटे पर उसका नेह उमड़-उमड़कर छलक रहा था। उसकी आकुलता देखी तो लोग बाग़-बाग़ हो लिये। देखा? ये होती है प्रेम की ताक़त! ऐसी ताक़त कि इन्सान को उफनती ऊर्जा प्रदान कर दे! तमाशबीन मिट्टी के ढूह की भाँति खड़े थे।

तमाशाइयों का क्या। वे तो बेवजह भीड़ का हिस्सा होते हैं। न किसी काम के न धाम के। भीड़ का हिस्सा बनने में क्या कोई प्रयास करना पड़ता है? जो दिखता है, लोग देखते हैं। जो सुनाई देता है, सुनते हैं। लेकिन भीड़ कोई गवाह थोड़े ही होती है। वह तो केवल देखने में विश्वास करती है। आपका साथ भला किसलिए देने लगी? भीड़ में शामिल दर्शक बड़े जड़ होते हैं। बखत आने पर सहजता से मुकर जाते हैं। आँखों को मूँद लेते हैं। कानों को बन्द कर लेते हैं। सच्चाई से उनका क्या लेना-देना? भीड़ को हटाइये, उन पर लाठियाँ भाँजिये वह टस से मस नहीं होगी। देखना उसका स्वभाव-धर्म होता है। तमाशबीनों को हटाइए, वे कहेंगे 'यह सार्वजनिक रास्ता है। आप हमें रोक नहीं सकते।' उनसे पूछिये, 'क्या गवाही दोगे?' वे कहेंगे, "ना बाबा, हमें ऐसी बातों में मत उलझाओ। आप जानें और वो!" गवाह बन भी गये तो कभी भी मुकर सकते हैं। बिक जायेंगे। तमाशाइयों की कोई साख होती है क्या? उनसे पूछिये, "कौन सच्चा था; जन्या या बाबुराव? क्या सच्चा था; विधायक की कार या सुरा के मवेशी?" वे कहेंगे, "नहीं पता जी!" अन्धड़ की तरह होते हैं तमाशबीन। बाबुराव के जाते ही धूल की तरह छँट गये; जो दो-चार बचे रहे, चूड़ामण तेली की दुकान के सामने ताश की बाज़ी लगाकर बैठ गये।

चूड़ामण तेली की दुकान का उद्घाटन चारुशीला पाटिल के हाथों ही हुआ था। सालभर अच्छी चली दुकान। फिर बाद में कोल्हू बन्द हो गया। विधायक ने गाँव में जो-जो शुरू किया था, एक-एक कर सभी ने दम तोड़ दिया। गाँव में धुरन्धरराव पाटिल के नाम से पाठशाला खोली गयी। स्कूल की इमारत का ठौर-ठिकाना नहीं है। स्कूल बालाजी मन्दिर में लगता है। बिजली लायी गयी; हमेशा गुल रहती है। सड़क बनायी; पहली बारिश में ही बह गयी। सड़क पर गड्ढ़े बन गये; कभी नहीं भरे। ज़ोरशोर से राशन की दुकान खोली गयी। पर धान कभी नसीब नहीं हुआ। हर साल हनुमान के मन्दिर के लियी चौतरा बनाने की योजना बनती है। अभी तक अधर में लटकी हुई है। गाँव में कभी योजनाएँ नहीं आयीं।

विधायक की कार ज़रूर नियमितता से आती रही। विधायक की गाड़ी देखकर लोग हुलस जाते हैं– गाँव का जाने दो जी, ईश्वर का चौतरा बनना ज़रूरी है भई। अब चौतरे की बात आयी-गयी हो जायेगी। हाँ, अगले चुनाव के वक़्त फिर से उठेगी। मन्दिर के पास बड़ी पटिया लाकर पटक दी गयी है। बच्चे उस पर कूदते रहते हैं। कोई यह नहीं पूछता कि किसलिए पटिया डाली गयी है। बच्चे खेलते-कूदते रहते हैं। चलो, यही सही!

चूड़ामण के दुकान के सामने ताश की बाज़ी पूरे ज़ोरों पर थी। नित्य की भाँति चरवाहे बाला महार का पुकारा सुनाई दिया, ''मवेशियों को खोल दो जीऽऽऽ...!'' बाला के पुकार के साथ धीरे-धीरे बाड़ों-गोठानों से मवेशियों के झुण्ड रास्ते पर आने लगे। चराई के लिए लोग अपने मवेशियों को खूँटों से छोड़ने लगे। बाला महार उमंग से भरा हाँका दे-देकर मवेशियों को हाँकने लगा, 'हुर्रर हुआऽऽहूँ!' उसकी आवाज़ ने ताश खेलनेवाली चौकड़ी का ध्यान खींचा। हाथ में लाठी और कन्धे पर कम्बल डाले बाला मवेशियों के पीछे दौड़ रहा था। सड़क मवेशियों से अट गयी थी। बाला के हाँकारे की आवाज़ से परिवेश गमक उठा था।

''देखो, मूँछें तो देखो! साला महार है, पर मूँछें रखेगा मराठा की तरह!''

''भड़ुए ने मूँछें को बाँक दिया हुआ है!''

''मूँछें रखने भर से कोई मराठा हो जाता है?''

''महार है। क्या नीच कौम को यह शोभा देता है?''

''सबक सिखाना होगा स्साले को!''

''ये लोग अपनी औकात में काहे नहीं रहते हैं?''

दयाराम अपनी गाय लिए चला आया। गाय दोहने में उसे देरी हो गयी थी। बाला ने उसके हाथ से गाय की नकेल ले ली और एक बार फिर से हाँका दिया, 'मवेशियों को छोड़ो जीऽऽऽ हुआऽऽहूं हुर्रर!' चूड़ामण तेली का बैल सयाजी की गाय के पीछे-पीछे हो लिया। भैंसें अपनी मस्ती में दुलकती चलने लगीं। दयाराम की गाय का बछड़ा पूँछ ऊपर किये हुए इधर-उधर कुलाँचे भरता हुआ दुड़कने लगा। बाला कन्धे पर के कम्बल को सँभालता हुआ मवेशियों के पीछे-पीछे दौड़ने लगा।

चारों अभी भी बाला को लेकर अटके हुए थे। मवेशी सीवान से बाहर हो लिए थे। रामकृष्ण महन्त हवेली की तरफ़ निकले हुए थे। तुका ने अपने अंग को मरोड़ा और कहा–

‘‘महार ने मूँछें रखी हैं, ऊपर से बाँक भी दिया है। क्या किसी ने इस बात पर गौर नहीं किया है?’’

‘‘मैं भी शिवाजी महाराज की तरह दाढ़ी-मूँछें रखना चाहता हूँ। लेकिन दाढ़ी है कि साली बढ़ती ही नहीं है।’’

‘‘भाड़ में जायें तुम्हारी दाढ़ी-मूँछें! महार की बात करो।’’

‘‘महार मराठा की तरह मूँछें नहीं रख सकता। यह ठीक नहीं है। मूँछें पर ताव देने का हक़ केवल हमारा बनता है।’’

‘‘यह बात जन्या के कानों में डालनी होगी।’’

‘‘जन्या की काहे ज़रूरत है? बाला महार को घुड़काकर नीचे लिटाओ और छाँट डालो मूँछें को! कितनी देर लगती है?’’

‘‘हम कोई नाई हैं?’’

‘‘सवाल मूँछ छाँटने का नहीं है। आगे से कोई ऐसी धृष्ठता नहीं करे। हेकड़ी उतारना ज़रूरी है।’’

‘‘सोलह आने सच बात कही है तुमने।’’

‘‘साला, इस महार को यह चाव कैसे सूझा होगा?’’

‘‘उसमें कोई बड़ी बात नहीं है। इन नीच जातियों को ऊँची क़ौम की नक़ल करने का शौक चर्राया हुआ रहता है।’’

‘‘साला, उस पर फबती भी बहुत हैं मूँछें!’’

‘‘अरे भई, मूँछें मर्दानगी की निशानी होती हैं। मूँछ से इन्सान मरद दिखाई देता है।’’

‘‘मूँछें रखने में हर्ज नहीं है। सभी रखते हैं। लेकिन हमारी तरह? ये कोई बात हुई?’’

‘‘जन्या से कहते हैं। सूरा को लतियाया वैसे ही इस महार को लतियाना होगा।’’

‘‘बन्द कीजिए ताश। चलो, जन्या से मिलते हैं।’’

‘‘अभी कहाँ पर हेरेंगे उसे?’’

‘‘सीधे हवेली पहुँचते हैं।’’

‘‘इतनी छोटी-सी बात के लिए हवेली?’’

‘‘जो चीज़ नाख़ून से टूटे उसके लिए कुल्हाड़ी की क्या ज़रूरत है?’’

‘‘मूँछ के लिए आदमी को ख़त्म कर देना? एक बार सोच लो।’’

‘‘फालतू में अड़ंगा मत लगाओ।’’

‘‘आदमी को नहीं ख़त्म कर रहे हैं हम। वह महार है। महार को भी नहीं ख़त्म कर रहे हैं। हमारी साख को मटियामेट करने वाले को सबक सिखा रहे हैं। सवाल हमारी साख का है। महारों की टोले में कई महार हैं। उन्हें कहाँ लतिया रहे हैं? जो अपनी औकात भूल रहा है, उसे लतिया रहे हैं। मूँछें बड़ी नहीं हैं। महार के मन में यह ऊँची जात की तरह रहने का जो गुमान कुलबुला रहा है न, उसे कुचल रहे हैं। ऐसा महार व्यवस्था के लिए अड़चन बन सकता है।’’

चारों ने फटाफट ताश की बाज़ी समेट ली और एक साथ उठ खड़े हुए। वशा का पाद निकला तो उसकी आवाज़ से सभी खिखियाने लगे। यशा ने ताश के पत्तों की गड्डी बना ली और जेब में रख ली। दिलीप ने होठों के बीच दबाकर रखी खैनी की गोली को उँगली से बाहर निकाल फेंका। तुका, वशा, यशा और दिलीप की चौकड़ी ने चूड़ामण तेली की दुकान से जन्या के घर का रास्ता पकड़ा।

‘‘अभी भी सोच लो। महार की मूँछें मामूली बात है। पर जन्या को सँभालना आसान नहीं होगा। उसकी मदद लेना भारी पड़ सकता है।’’

‘‘मुँहपैलई मत करो।’’

‘‘जन्या हमारे लिए आफत बन सकता है।’’

‘‘जन्या मत कहो। जनार्दन जी कहो।’’

चारों चल रहे थे। उनके पैरों में अद्भुत बल का संचार हुआ था। दिमाग़ में ज़हरीला कीड़ा कुलबुला रहा था। नीचली जमात के आदमी को कैसा रहन-सहन अपनाना होगा, क्या खाना-पीना होगा इसके पक्के मानक उनके पास थे। ऊँची जात के लोगों के रहन-सहन और खानपान के विषय में वे पूर्णतया मौन थे। ऊँची जात के लोग अपनी मर्ज़ी के मालिक होते हैं, यह ठोस जवाब उनके पास मौजूद था। नीचली जात को ऊपरी जात को लेकर कोई रार-तकरार नहीं करनी चाहिए। नीचली जातियों की क़ानूनी सुरक्षा के वे सख़्त खिलाफ़ थे। एॅट्रासिटी क़ानून को ख़ारिज कर देना चाहिए। इसकी आड़ में ख़ूब मनमानी चलती है इनकी! ऊँची जाति के लोगों पर ये नीच जातियों के लोग झूठे मुक़दमे दायर करते हैं। फिर ऊँची जाति वालों को ख़ामख़ाह भुगतना पड़ता है, यह उनका रटारटाया तर्क था। वे ऐसा कतई नहीं सोचते थे कि वे नीचली जातियों पर जुल्म करते हैं और कोई ऐसा करता है तो उसके ख़िलाफ कार्रवाई होनी चाहिए। नीचली जातियों पर ज़ोर-ज़बरदस्ती ना हो इसलिए एॅट्रासिटी क़ानून बना है। उसका सख़्ती से पालन होना चाहिए,

वे ऐसा बिल्कुल नहीं सोचते थे। नीच क़ौम के आदमी को मूँछें को बाँक देने का हक़ नहीं है। उसके ऐसे करने से हमारी भावनाओं को ठेस पहुँचती है; उनका दृष्टिकोण बड़ा साफ़ था। तुका सबसे आगे था। उसके पीछे यशा, वशा और दिलीप। सभी धनगर गली की तरफ़ मुड़े। गली के मुहाने पर ही उन्हें जन्या नज़र आया। उन्होंने उसे घेर लिया। पहले तो जन्या सिटपिटा गया। क्या सुरा के साथ बखेड़ा हुआ, इसी से उसे घेरा गया है? फिर वह चौकन्ना हो गया। चेहरे पर उग्र भाव उभर आये। चारों ने जन्या को रोका।

जन्या ने उन चारों को कई मर्तबा देखा हुआ था। उनमें से एक-दो के साथ कभी बतला भी चुका था। फिर भी वह सतर्क हो गया। उसे यह तो पता चल चुका था कि सुरा के भाईबन्द लाठी-कुल्हाड़ियों के साथ आये थे। लेकिन अब ये चारों क्यूँ आये हैं? आज ही क्यूँ आये हैं? मेरे पास ही किसलिए आये हैं? एक साथ कई सवाल उसके जेहन में उभरे। वह सकपका गया। उसने भैरवनाथ की हत्या की थी, कुछ नहीं बिगड़ा था। जेल से वह सही-सलामत छूट आया था। उसका बाल भी बाँका नहीं हुआ था। लेकिन आज सुरा की गर्दन पर पाँव रखा। क्या अब की बार मामला गड़बड़ा गया है? वह कुछ हक्का-बक्का रह गया। क्या सुरा की गर्दन पर पाँव धरने से यह चमत्कार हुआ है! जन्या अपने बर्ताव के भयावह सत्य से वाक़िफ़ हो रहा था। परन्तु दूसरे ही क्षण उसे लगा कि हवेली का आश्रय लिया। क्या इस वजह से लोगों का उसकी तरफ़ देखने का नज़रिया बदल गया है? इस विचार से वह रोमांचित हो उठा। उसकी बाँछें खिल गयीं।

चारों उसे लिए बालाजी मन्दिर की ओर निकल रहे थे। तभी सामने से सयाजी आता दिखाई दिया। जन्या का चेहरा कठोर हो गया। सयाजी ने देखा तो चुपचाप रास्ता नाप लिया। लेकिन उसका माथा ठनक गया। यह मुस्टंड कन्धे पर कुल्हाड़ी लिए डोलता रहता है। कोई कुत्ता भी इसे पूछता नहीं है। लेकिन आज उसके आगे-पीछे ये चार लोग क्या कर रहे हैं। क्या लौंडों की टोली बनाकर घूम रहा है? यह ठीक नहीं है। सयाजी परेशान हो उठा, 'यह उलटी दिशा में बहती हवा है। सत्ता सज्जनों का संग क्यूँ चाहने लगी? वह दुर्जनों के आश्रय तले ही टिकती है। जन्या के सिर पर हवेली का हाथ है।' यह सोचकर सयाजी कुढ़ गया। उसके मन में जन्या को लेकर कोई रोष नहीं था। उसका सारा गुस्सा हवेली पर उतर रहा था। जन्या के साथ घूमनेवाले उन चारों पर उसका रोष उमड़ रहा था। गर्दन नीची किये वह तेज़ी से धनगर गली से निकल गया। जन्या के दिखाई देने से वह भिनक गया था।

वे चारों जन्या को साथ लिए बालाजी मन्दिर पहुँचे। मन्दिर के अहाते में बेल का पेड़ था। सभी उसक़े नीचे बैठ गये। आते-जाते लोगों ने चारों को जन्या के साथ देखा तो उनके माथें पर बल पड़ गये। लोगों को जन्या की कुल्हाड़ी से अधिक उसके पीछे मँडराते वे चारों अधिक ख़तरनाक लगे। मन्दिर के अहाते में कोई बूढ़ा ऊँघ रहा था। जन्या की आवाज़ से बूढ़े की नींद में खलल पड़ा। उसकी भवें तन गयीं। जन्या ने उसे घूरकर देखा और कड़कती आवाज़ में घुड़का, ''क्यों बुढ़े, घर नहीं है, जो मन्दिर में लगे हो? यह क्या सोने का बखत है। चलो, फूटो यहाँ से।'' बूढ़ा बगल में पोटली दबोचे चुपचाप निकल गया।

''कहो, क्या कहना चाहते हो?''

''बाला महार ने मराठों की तरह मूँछें रखी है!''

''तो? इसमें तुम्हारे बाप का क्या जाता है?''

''वह मूँछों पर ताव देता है!''

''फिर?''

''हमें लगता है, सबक सिखाना होगा।''

''मसलन क्या करना होगा?''

''हम उसे रोककर उसकी मूँछें छाँट सकते हैं। उसे धमकाकर मूँछें निकलवाना भी बड़ा आसान है। लेकिन पूरे गाँव को समझना होगा। महारों के टोले को समझना होगा। आगे से कोई ऐसी मूँछें रखने का साहस न करे!''

बेल के पेड़ पर बैठे बन्दर चिंचियाने लगे। उनके टहनियों के फाँदने से टहनियाँ हिल-डुल रही थीं। सभी का ध्यान बन्दरों की ओर गया। बन्दरों के चिंचियाने से चिलचिलाती दोपहरी का सन्नाटा भंग हुआ। उसी समय चूड़ामण तेली मन्दिर में जाता हुआ दिखाई दिया।

''यह सब मुझे किसलिए सुना रहे हो?''

''और किससे कहेंगे? हमारी कोई सुनता है?''

''तुम सभी मुझे काम सौंपकर चले जाओगे। कल कोई और आयेगा। मुझसे कुछ कह जायेगा। तब क्या उनका भी सुनना होगा? तुम लोग साथ दो तो बात को आगे बढ़ाने से लाभ। मैं अकेला काहे इस पचड़े में पड़ूँ ? सभी मुझे ही गुंडा, मवाली समझेंगे। तड़ीपार करने के लिए पुलिस के पास शिकायत ले जायेगें। मैं तो गया न काम से? किस-किससे निपटता रहूँगा भैया! तुमने देखा नहीं, आज सुबह सुरा को केवल धमकाया तो उसका बाप और भाईबन्द दौड़े चले आये।

न...न... मैं अकेला कितना बैर मोल ले सकता हूँ? तुम सभी साथ आओ तो बात और है। चार लोग साथ होंगे तो कोई कुछ नहीं बोलेगा। किसी से फालतू उलझना भी नहीं होगा और लोगों में भी ठंड बनी रहेगी। पंच में परमेश्वर बसता है भैया!''

''हम तुम्हारे साथ-साथ रहेंगे।'' चारों ने एक सुर में कहा।

बेल के पेड़ पर बन्दर टहनियाँ फाँदते रहें। सूखे पत्ते झड़कर झरझराने लगे। चूड़ामण तेली मन्दिर से बाहर निकला उसी समय जन्या ने देखा कि कोई ब्याहता स्त्री मन्दिर में जा रही है। उसने उस स्त्री को पहले कभी नहीं देखा था। उसे देखते ही जन्या की आँखें झप्प से चमक उठीं। उस सुघड़ देह की गठन, गोरा रंग, नाज़ुक काया, क़दम-क़दम पर छलकता सौष्ठव! जन्या हतप्रभ रह गया। उसके बदले हावभाव ने चारों को चौंका दिया। जन्या के भीतर बन्दरों ने उत्पात मचाना शुरू कर दिया। उसका शरीर टहनियों की तरह सरसराने लगा।

''कौन है बे ये?''

''मदने मास्टर जी की घरवाली है।''

''कौन मदने मास्टर जी?''

''विधायक जी के स्कूल के मदने मास्टर जी। धुरन्धरराव पाठशाला में पढ़ाते हैं। मदने मास्टर जी। हेडमास्टर हैं स्कूल के।''

''इससे पहले तो कभी दिखाई नहीं दी।''

''कभी घर से बाहर निकलती ही नहीं है। हमारे पड़ोस में ही रहते हैं ये। उनके घर पर स्कूल के लड़के पानी भरने आते हैं। लड़कियाँ उनके घर के कपड़े-बासन करती हैं। मदने मास्टर जी अपनी घरवाली को बाहर निकलने नहीं देते हैं हाँ, मन्दिर के लिए मना नहीं करते हैं। यह अच्छा है, मन्दिर के सामने बैठो तो नयनों को सुन्दर मुखड़ों के दर्शन का सुख तो मिल जाता है।''

''ऐसी औरत मुझे मिले तो मैं कई मनौतियाँ रखने के लिए तैयार हूँ।''

जन्या की देह झनझना उठी। वासना का ऐसा आवेग उठा कि वह छटपटाकर रह गया। अपना जीवन उसे जेल की दीवारों की भाँति उचाट-सा प्रतीत होने लगा। जीवन का भग्न अकेलापन जैसे कचोटने लगा। औरतों के लिए उसकी आँखों में हर समय भूख दिखाई देती थी। उसकी आँखें, आँखें कहाँ थीं। आँखों की जगह पर शिश्न था!

''नाम क्या है बे इसका?''

''मदने मैडम।''

"क्या तुम्हारे घर के पास रहती है?"

"हाँ, पड़ोस में।"

"कहाँ पर है तुम्हारा घर?"

"धनगर गली की पीछेवाली गली में। महादेव शिंपी के घर से सटकर। मैं केशव शिंपी का बड़ा बेटा वसन्त हूँ। सभी मुझे वशा कहते हैं।"

"मैं जानता हूँ तुम्हारे पिता को। तुम केशव के बेटे हो? अच्छा अच्छा! और तुम कहाँ रहते हो?"

" कासार गली में।"

"तुम्हें देखा है मैंने कई बार। लेकिन नाम नहीं जानता था।"

"दिलीप कासार।"

"और तुम्हारा?"

"मैं यशा। यशवन्त टिंगरे। बबलू टिंगरे का छोटा बेटा। मेरा बड़ा भाई फ़ौज में भर्ती हुआ है। सरपंच जी मेरे चाचा हैं।"

"जानता हूँ मैं। नाम नहीं पता था।"

"और तुम?"

"मैं तुकाराम सांगले। डिप्टी सरपंच जी मेरे मामा हैं।"

"तुम उस लँगड़े सांगले के कौन लगते हो?"

"मैं उसका भाई हूँ।"

"ठीक है, ठीक है! अच्छा, तुम सभी मुझे जन्या ही कहो। आज से हमारी जन्या गैंग हुई। बाला महार की हेकड़ी उतारनी है न, ठीक है। तुम सब इसके लिए कोई योजना बनाओ। क्या करना होगा, कब और कैसे करना होगा? जगह कौन-सी होगी? सबक सिखाना यानी कि ठीक क्या करना होगा? और हर एक की क्या भूमिका होगी? उसे सही ढंग से कैसे निभाना होगा, सब तय करो। पहले हर चीज़ की पड़ताल करो। फिर मेरे पास आना। कुछ कम-ज़्यादा होगा तो मैं जोड़ दूँगा। तुम सभी को तैयारी करनी होगी। काम पर लगना होगा। चलो, निकलो अब।"

चारों उठ गये और बन्दरों की मानिंद निकल गये। जन्या बेल के पेड़ से टिका हुआ बैठा रहा। बन्दरों को देखकर आसपास के बच्चे दौड़कर आये और ऊधम मचाने लगे। जन्या उन पर बिफरा तो सहमकर वे कुछ देर के लिए वहाँ से हट गये। जन्या को कुछ सुरसुरी-सी महसूस हुई। देखा कि देह पर मकौड़े रेंग रहे हैं। झट से उठ खड़ा हुआ, कपड़ों को झटकाया और मन्दिर की ओर बढ़ गया।

दिमाग़ उसका कुलबुला रहा था, "जब चार लोग मेरे साथ उठते-बैठते हैं तो मुझे कुल्हाड़ी की क्या ज़रूरत है? कुल्हाड़ी लोगों को डराने के लिए थी। अब लोगों में डर कायम हो चुका है। मेरा ख़ूब दबदबा चलता है गाँव में। अब कुल्हाड़ी को फेंक देना होगा। कुल्हाड़ी देखकर लोग दूर भागते हैं। फिर मदने मास्टर जी की घरवाली कैसे निकट आयेगी?" जन्या सोच में डूब गया। उसने मूर्ति के सामने हाथ जोड़े। उसका मन रिक्त था। उसमें कोई माँग नहीं थी। उसे केवल पुलिस के डंडे की दे-मार कुटाई की याद परेशान करती थी। पुलिस ने एक दफा उल्टा लटकाकर बेरहमी से उसकी ऐसी पिटाई की थी कि आह-ऊह भी न कर सका था। चूलें-चूलें ढीली हो गयी थीं। अभी भी हड्डियाँ दुखती है। उसका जीवन किसी जेल की तरह था। उसे मदने मास्टर जी की घरवाली की याद सताने लगी। आँखों के सामने उस रमणी की कोमल काया खड़ी हो गयी। फिर से पूरी देह में एक झनझनाहट-सी हुई। दुबारा वह ईश्वर की मूर्ति के सामने हाथ जोड़कर खड़ा हो गया। आँखें मूँद लीं। आँखों के सामने मदने मास्टर जी की घरवाली की छवि को उभारा और पूरे मन से ईश्वर से अर्ज़ी करते हुए वह बुदबुदा उठा, 'हे ईश्वर, मुझे वह मिल जाये।' उसके सुनसान जीवन में मानो कोई सितारा जगमगा उठा था। कमर तक लटकते वे काले केश, बालों में टँगा गजरा, हवा से उड़ती लटें, सीधी निकाली हुई माँग, सब कुछ उसकी नज़रों में धंस गया था। उस ख़ूबसूरत देह का जादू उसके मन पर चढ़कर बोलने लगा। बौराया हुआ-सा वह मन्दिर की परिक्रमा लगाने लगा।

इधर मन्दिर के अहाते में बच्चे उत्पात पर उतर आये थे। उन्होंने बन्दरों पर पत्थर बरसाने शुरू कर दिये। बन्दर पेड़ों से धमाधम कूद पड़े और गाँव की दिशा में दौड़ने लगे। बच्चों की टोली उनका पीछा करते हुए गाँव की ओर निकल गयी। मन्दिर का इलाका शान्त हो गया। यह शान्ति बड़ी सुकूनदायक थी। जन्या ने फिर एक बार मूर्ति के सामने अपना माथा टेक दिया।

मन्दिर की सीढ़ियाँ उतरकर जब वह नीचे आया तब मन उसका आसमान में उमड़े बादल की भाँति उमड़-घुमड़ रहा था। उसके जेहन में एक के पीछे एक बचपन की स्मृतियाँ उभरने लगीं– घर के अहाते का वह पेड़ जिस पर एक बन्दर बैठा था। उसने बन्दर पर पत्थर का निशाना लगाया था, जो सीधे जा लगा था। बन्दर धड़ाम से पेड़ से ऐसे नीचे गिरा कि वह घबरा गया था। फिर लोगों ने उसे पकड़कर उसके हाथ-पाँव बाँध दिये थे और उसे कुएँ के भीतर उल्टा लटका दिया था। वह डफारता-चिल्लाता रहा। एक दफा मित्रों के साथ महाजन के खेत में गया था।

खेत की मूँगफलियाँ चुरा रहा था कि रखवालदार ने उसे धर दबोचा। उसके मित्र भाग खड़े हुए थे और वह अकेला गिरफ़्त में आ गया था। फिर रखवालदार ने उसे टहनी की बेंत से पीट-पीटकर हरा-नीला कर दिया था। एक बार उसने दयाराम की बड़ी बहन को छेड़ा था। दयाराम के चाचा ने उसकी जमकर ठुकाई की थी। आये दिन उसकी किसी-न-किसी से ठनी हुई रहती थी। उसकी उत्पाती हरकतों से परेशान लोग उसे आवारा लफंगा कहकर गरियाते। हर समय उसके दिमाग़ में गरमी चढ़ी रहती थी। भैरवनाथ ने उसे माँ की गाली दी। उसके सिर पर ख़ून सवार हो गया। खेत के मेंड़ पर ले जाकर उसकी ऐसी धुनाई की कि भैरवनाथ ने वहीं पर दम तोड़ दिया था। मेंड़ पर शुरू हुई लड़ाई हत्या में तब्दील हो गयी थी। उसे जेल हुई। फिर भी वह अपनी करतूतों से बाज नहीं आया था।

काके ने मन्दिर में प्रवेश किया तो वह मन्दिर के अहाते से बाहर निकल गया और घर की तरफ़ चल पड़ा। आज उसे अपनी कुल्हाड़ी बोझ-सी लग रही थी। पहाड़ी-खाइयों से चट्टानें धराशायी होती रहें वैसे उसका मन दरक कर बिखर-बिखर जा रहा था।

जन्या ने बीच बाज़ार में सुरा को नीचे पटककर उसकी गर्दन पर अपना पैर रखा था। अब यही बात उसे खाये जा रही थी। सोच-सोचकर वह परेशान हो रहा था। तलुवों को हुआ सुरा की गर्दन का वह मुलायम स्पर्श उसे याद आने लगा। आँखों के सामने सुरा की आँखों से रिसती निश्छलता उभर आयी। सुरा ने कोई प्रतिरोध नहीं किया था। जन्या का मन भारी हो उठा। पैर बोझिल होने लगे। बालाजी मन्दिर को काटते हुए वह गाँव के कुएँ की तरफ़ चल पड़ा। इसी कुएँ में उसे उल्टा लटकाया गया था। रास्ते में उसे दयाराम दिखाई दिया। उसे दयाराम की बड़ी बहन का स्मरण हुआ। पहले प्रसव में ही वह चल बसी थी। जन्या के मन पर अतीत की घटनाएँ मधुमक्खियों की छत्ते की तरह लदी हुई थीं। रास्ते में कोई पुराना खड्ड था। हफ़्ता हो गया वह वैसे ही था। उसने सँभलकर क़दम आगे बढ़ाये और आगे निकल गया। धनगर गली लाँघते समय रास्ते में उसे दुर्गा दिखाई दी। उसने जन्या को देखा और नज़रें बचाकर निकल गयी। जन्या का मन द्रवित हो गया। उसने दुर्गा के पति भैरवनाथ की हत्या की थी।

जन्या घर पहुँचा तब उसका भाई धन्या घर पर ही था। वह हवेली में रात की चाकरी में लगा रहता सो दिन में घर में ही रहता। जन्या को आज दोपहर में ही घर आता देख धन्या अचरज में पड़ गया। जन्या आँगन के दरवाज़े से भीतर आया।

दरवाज़े के समीप बड़ा-सा पत्थर पड़ा था। उसने कुल्हाड़ी उठाई और पत्थर पर दे मारी। कुल्हाड़ी का फाल निकलकर नीचे गिर गया। जन्या ने हत्था उठाया और जलाऊ लकड़ियों के ढेर पर फेंक दिया और फाल को आले में रख दिया। धन्या आँखें चिहारे उसे देखता रहा। वह मूँगफ़लियाँ छीलकर खा रहा था। उसने जन्या से पूछा, ''क्या हुआ रे?''

''मुझे कुल्हाड़ी नहीं चाहिए।''

''कुल्हाड़ी लेकर घूमने से नुक़सान होता होगा!'' धन्या ने फ़ब्ती कसी।

''कुछ लोग निकट आते हैं। कुछ दूर हो जाते हैं।''

''जिन्हें पास आना होता है वे ही पास आते हैं। दूर जाने वाले पास नहीं आते हैं।''

''मेरा दिमाग़ मत खाओ। मूँगफलियाँ खाओ।''

''जीम लो! बेसन रोटी गरम है।''

''जीमता हूँ।''

जन्या ने हाथ-पैर धोये और धन्या के पास आकर बैठ गया। धन्या की घरवाली जीजा थाली परोसकर ले आयी। बेसन, रोटी, लहसुन की चटनी, अचार, प्याज से भरी थाली देखकर जन्या की जीभ पनिया गयी। धन्या ने मुट्ठीभर मूँगफलियाँ उसकी थाली में डाल दीं। जन्या जीमने लगा। जीजा बर्तन माँजने बैठ गयी। धन्या का मूँगफली खाना जारी था। बीच-बीच में वह छिली हुई कुछ मूँगफलियों को जन्या की थाली में डाल देता। लेकिन जन्या का ध्यान कहीं और था। सुरा की गर्दन पर पैर रखा और जैसे जीवन ही बदल गया। एक-एक कौर के साथ वह विचारों में डूबा जा रहा था। ऐसे कि धाँस लग गयी। धन्या ने पानी का गिलास उसके हाथ में देते हुए कहा, ''लो, पानी पी लो! ध्यान कहाँ है तुम्हारा ? खाने पर ध्यान दो।''

जन्या कुछ नहीं बोला।

''सुरा को पीटकर अच्छा नहीं किया तुमने। तुम जब जेहल में थे तब बाबुराव ने हमारी बहुत मदद की थी। जाओ, जाकर उनसे माफ़ी माँगो। तुम्हारा किया-धरा बिल्कुल ठीक नहीं था।'' मूँगफलियों छीलते हुए धन्या ने कहा।

जन्या चुपचाप बैठा रहा। लेकिन वह शान्ति तूफान से पहले की शान्ति थी! उसने एक ही घूँट में पानी का गिलास मसोक लिया और एक लम्बी डकार ली।

धन्या ने फिर से कहना शुरू किया, ''बहुत हो गयी तुम्हारी मुस्टैंडी जन्या! अब तो सँभल जाओ। तुम्हें बीच में पड़ने की क्या ज़रूरत थी? जो कुछ हुआ था,

बाईसाहब देख लेती। उन्हें कुछ लगता तो वे ख़ुद अपने ड्राइवर से कह देती। तुमने बैठे-ठाले झमेला खड़ा कर दिया।''

''बाईसाहब शान्त स्वभाव की है इसलिए क्या मनमानी करनी होगी? आज अगर धुरन्धरराव होते तब समझ आती इन सालों को। जिसका जो मान-सम्मान है, क्या वह देना न होगा?''

''सुरा नादान है। एक थप्पड़ रसीद देना था। गर्दन पर पैर देकर धमकाना ग़लत है जन्या। मैं इसे ठीक नहीं समझता हूँ।''

''मैं भी पछता रहा हूँ दद्दा।''

''ठीक है। दो-तीन दिन गुज़र जाने दो। उनका ग़ुस्सा ठंडा हो जायेगा। तब बात कर लेना उससे।''

''अब तो बात बिगड़ गयी। दुबारा कैसे ठीक कर सकते हैं? जो हो गया सो हो गया।''

''तुम्हें सलाह देना मेरा काम था सो मैंने कह दिया।''

''बच्चे कहाँ हैं?''

''खेल रहे हैं बाहर।''

''मैं उन्हें लेकर जाता हूँ।''

''कहाँ ?''

''मदने मास्टर जी के घर पर। उनकी पढ़ाई कैसी चल रही है, पूछताछ कर आता हूँ।''

''अच्छी बात है। चले जाओ। कम-से-कम बच्चे तो अच्छी राह पर चलें।'' धन्या बुदबुदाया।

जन्या दाँतों को कुरेदता हुआ घर से बाहर निकल गया। आज उसके हाथ में कुल्हाड़ी नहीं थी। उसमें आये इस बदलाव से धन्या भौचक्का रह गया। जन्या और भी अधिक धूर्त और काँइयाँ नज़र आ रहा था।

घर के सामने खेलते हुए भतीजों को जन्या ने जब आवाज़ दी तो रामदेव और नामदेव दौड़कर आये और उससे लिपट गये। उन्हें लेकर वह मदने मास्टर जी के घर की तरफ़ निकल गया। बच्चे भी ख़ुशी-ख़ुशी साथ हो लिये। रास्ते आते-जाते लोग जन्या को विस्मय से देख रहे थे। लेकिन वह अपनी ही धुन में मगन चला जा रहा था। वह पूरी तरह से मदने मास्टर जी की घरवाली के विचारों में खोया हुआ था। उसकी छवि जन्या की देह में झनझनाहट और मन में तूफ़ान उठा रही थी।

उसके भीतर की इस हलचल से दुनिया अनजान थी। बल्कि उसे बिना कुल्हाड़ी के देखकर लोग अचरज से भरे जा रहे थे। लेकिन जन्या के मन-मस्तिष्क में केवल मदने मैडम छायी हुई थी। उसका कपार, कपार पर का कुमकुम, माथे पर बिखरी लटें, उसकी कमानदार भवें उसकी नज़रों के सामने से हट नहीं रहे थे। उसका छरहरा-सुडौल बदन, बदन से लिपटी साड़ी, उसकी मदमस्त चाल हर चीज़ उसे बावला बनाये जा रही थी।

महादेव शिम्पी के घर का पता जन्या जानता था। उसने धनगर गली लाँघी। रामा और नामा उसके आगे कूदते-फाँदते चल रहे थे। जन्या मन-ही-मन मुस्कुरा रहा था। कुल्हाड़ी के हत्थे की भाँति वह सीधा और तनकर चल रहा था। यकायक उसे सामने से सुरा आता हुआ दिखाई दिया। उसका कलेजा धक से रह गया। बिना कुछ सोचे उसने सुरा को आवाज़ दी, 'सुरेश, अरे ओ सुरेश।' उसकी आवाज़ सुनते ही सुरा ठिठका और अगले ही पल नौ दो ग्यारह हो गया। जन्या हतप्रभ-सा उसकी पीठ देखता रहा। तभी एक बन्दर कूदता हुआ धनगर गली की तरफ़ गया। बन्दर देखकर बच्चे ख़ुशी से उछल पड़े और वहीं पर अटक गये। जन्या ने उन्हें खींचा और आगे बढ़ लिया।

जब जन्या मदने मास्टर जी के घर के निकट पहुँचा उसे मदने मैडम बाहर ही खड़ी नज़र आयी। वह धुले हुए कपड़े रस्सी पर डाल रही थी। जन्या को वह बादलों की ओट से झाँकते दूज के चाँद-सी नज़र आयी ! रामा और नामा के चेहरे सफ़ेद बादलों की तरह और जन्या की नज़र बरसाती हवा की तरह! वह मदने मास्टर जी के घर के ठीक सामने जाकर खड़ा हो गया। बिजली गिरने से कोई पेड़ जल जाये, उसकी हालत भी कुछ ऐसी ही थी।

"मदने मास्टर जी हैं घर पर?" उसने आवाज़ लगाई।

"सुनते हो, बाहर कोई आया है।" मदने मैडम ने बाहर से ही पति को आवाज़ दी।

"कौन है? क्या काम है?" मदने मास्टर जी ने भीतर से ही पूछा।

मदने मैडम ने जन्या को साफ़ अनदेखा किया हुआ था। जन्या उसे अपलक निहार रहा था। मदने मास्टर जी बाहर आये। सामने जन्या खड़ा था। उन्होंने अपनी आँखें मलीं और दुबारा देखा। कुल्हाड़ी लेकर घूमनेवाले हत्यारे जन्या को उन्होंने कई बार देखा था। उसे यूँ अपने दरवाज़े पर देखकर उनका माथा ठनका, 'यह आफत मेरे दरवाज़े पर?'

‘‘क्या काम है?’’ उन्होंने हड़बड़ाकर पूछा।

‘‘मैं इन बच्चों का चाचा हूँ। इनकी पढ़ाई को लेकर बात करनी थी।’’ जन्या ने कहा।

‘‘मैं इन बच्चों को पढ़ाता नहीं हूँ।’’ मदने मास्टर जी ने तल्खी से कहा।

‘‘फिर कौन पढ़ाता है?’’ जन्या ने पूछा।

‘‘शहाणे सर पढ़ाते हैं। जाकर उनसे पूछो।’’ मदने मास्टर जी ने रुखाई से कहा।

‘‘मुझे आपसे मिलना था।’’ जन्या खड़ा रहा।

‘‘मैं अभी विधायक मैडम का भाषण लिख रहा हूँ। समय नहीं है।’’ मदने मास्टर जी ने उसे रफादफा करना चाहा।

जन्या का मन झप्प से बुझ गया। रामा और नामा उड़ती तितली के पीछे भाग रहे थे। मदने मैडम अभी भी कपड़े सुखा रही थी। जन्या की नीयत को भाँपना मदने मास्टर जी के लिए आसान था! जन्या भन्ना गया। उसे कुछ सूझ नहीं रहा था। ज़ख्मी परिन्दे की तरह वह छटपटा उठा। खीझकर वह लौटने को ही था, तभी अकस्मात कुछ घटा। मदने मैडम चिल्ला उठी थी, ‘‘साँप! साँप निकला है। जल्दी से बाहर आइये।’’ वह बेहद घबराई हुई थी। मदने मास्टर जी ने लपककर उसे एक तरफ़ खींच लिया। सामने एक साँप अलस्त पड़ा था। शायद अभी-अभी किसी जानवर को निगल चुका था। मदने मैडम की आवाज़ सुनते ही जन्या भागा-भागा चला आया। पहले तो उसने आँखें फाड़कर साँप को देखा फिर पलक झपकते ही उसे जगह पर ही कुचल दिया। मदने मैडम थरथराती हुई पूरा घटनाक्रम देख रही थी। जन्या ने साँप को उठाया और चुपचाप दूर ले जाकर उसे फेंक आया।

‘‘जनार्दन जी, आपने मदद की। बहुत आभार आपका।’’ मदने मास्टर जी ने कहा। उनके कठोर चेहरे पर कृतज्ञता के भाव उभर आये थे। आवाज़ में एक नरमी-सी उभर आयी थी। जन्या के होठों पर एक शरारतपूर्ण मुस्कान उभरी। सन्तोष से भरा वह रामा और नामा को लेकर चला गया।

जन्या ने पहली बार किसी साँप को मारा था। अपनी मरदानगी दिखाने का उसे अच्छा अवसर मिल चुका था। जो इन्सान को मार सकता है, उसके लिए साँप को कुचलना कोई बड़ी बात तो नहीं थी! मदने मास्टर जी को मैंने संकट से बचाया इसलिए मुझसे मीठी बात की। वरना तो वे मुझे हकालने के लिए उतावले थे। अच्छा हुआ मौक़े पर साँप निकल आया। इससे मदने मैडम को निधरक देख पाया।

मदने मैडम की नज़रों में उस भयावह संकट से बचने के बाद जो भाव उभरे थे, जन्या ने उन्हें अपनी पलकों में भर लिया था। हालाँकि मदने मास्टर जी की आँखों से जो निकला था वह किसी विषैले साँप के ज़हर से कम नहीं था। जन्या विचारों में डूबा चला रहा था। मदने मास्टर जी को किसी संकट में फँसना होगा। बिना उसके मुझे मौक़ा नहीं मिलेगा। उन्हें किसी बिपदा में डालना होगा। तभी उन्हें सबक सिखाया जा सकता है। ऐसी स्थिति में मदने मैडम ज़रूर मदद के लिए आवाज़ देगी। उसकी गुहार सुनते ही मैं दौड़ा चला जाऊँगा। उसका हाथ थाम लूँगा। यही रास्ता है। जन्या की हिटलिस्ट तैयार हो गयी थी। ऊपर बाला महार, उसके नीचे मदने मास्टर जी!

भलरी गली में उसे दयाराम खड़ा नज़र आया। दयाराम ने उसे देखा तो आवाज़ देकर रोक लिया। रामा और नामा घर की राह दौड़ पड़े। दयाराम के चेहरे से ऐसा लगा, मानो वह कोई भेद की बात साझा करने जा रहा हो। जन्या सोच में पड़ गया। दयाराम उसके समीप आया और फुसफुसाकर कहने लगा, "तुम्हें पता चला? सुरा के चाचा तुम्हारी तकरार लेकर हवेली पर गये थे। विधायक मैडम से कई बातें की हैं। तुम्हारे ख़िलाफ़ बहुत कुछ उगेला गया है! तुम मैडम का नाम लेकर उनकी बदनामी कर रहे हो। हवेली का डर दिखाकर ग़रीबों के साथ ज़ोर जुलम कर रहे हो। और भी कुछ अंट-शंट! देखो, मेरा नाम मत लेना। लेकिन सुना है कि मैडम तुमसे बहुत नाराज़ है। किसी भी समय तुम्हें हवेली से बुलावा आ सकता है। पूछताछ हो सकती है। इससे पहले यही अच्छा होगा कि तुम ख़ुद ही चले जाओ और अपनी सफ़ाई दे डालो। इसी में तुम्हारी भलाई है। देखो जन्या, तुम मेरे निकट के हो इसलिए कह रहा हूँ। वरना मुझे क्या गरज पड़ी है कि मैं इस परपंच में पड़ूँ? आगे तुम्हारी मर्ज़ी।" यकायक जन्या के मन पर बोझ-सा लद गया। उसे कतई नहीं लगा था कि बाबुराव सीधे हवेली पर जा धमकेगा। भौचक-सा वह जगह पर ही खड़ा रह गया। जन्या को सहमा हुआ देखा तो दयाराम को जैसे ताव आ गया, "तुम्हें पता है गाँव में क्या बातें हो रही हैं? लोग कह रहे हैं कि तुमने इस डर से अपनी कुल्हाड़ी फेंक दी कि बाबुराव तुम्हारी तकरार लेकर हवेली पर गया है। तुम इसलिए मदने मास्टर जी के दरवाज़े पर नाक रगड़ रहे थे कि विधायक मैडम के सामने अपनी सफ़ाई दे सको। और तो और सुरा को तुमने पहली बार 'सुरेश' कहकर पुकारा। हर कोई समझ रहा है कि तुम डर गये हो। तुमने आफत मोल ले ली है जन्या, अब भुगतो!" दयाराम अपनी रौ में बेझिझक बोले जा रहा था।

जन्या सकपका गया। रिरियाकर उसने कहा, "अरे भई, मैंने तो हवेली के हित में सब किया था। मैं हवेली के ख़िलाफ़ गद्दारी कैसे कर सकता हूँ? मेरे भाई ने अपनी पूरी उम्र हवेली की चाकरी में गुज़ार दी है। हम हवेली का नमक खाकर जिन्दगी बसर कर रहे हैं।" जन्या बेचैन हो उठा। उसके चेहरे की रंगत उड़ गयी। आँखें भर आयीं। गला सूखने लगा। अचानक वह खाँसने लगा। दयाराम ने उसका ढाढ़स बँधाने के अन्दाज़ में कहा, "हाँ हाँ! तो मैं क्या जानता नहीं हूँ? मैंने तो बस यही सोचकर बतला दिया कि तुम भी जान सको कि गाँव में तुम्हारे बारे में क्या-क्या अंट-शंट फैलाया जा रहा है। बस इतना ही। वरना मुझे क्या करना है। मेरी तुमसे कोई दुश्मनी थोड़े ही है! तुम्हें सावचेत करना था सो कर दिया! सुनना है तो सुनो। वरना मैं अपनी राह तू अपनी राह!" आत्मीयता से भरकर दयाराम ने अपनी बात पूरी की। "मैं किसी से डरता नहीं हूँ!" यकायक जन्या ने उद्दण्ड़ता से कहा। दयाराम ने उसे सचेत करते हुए कहा, "नीची आवाज़ में बात करो जन्या! कोई सुन लेगा।" जन्या ने वहाँ से निकलने में ही भलाई समझी।

"मवेशियों के लिए रास्ता छोड़ो भैया! हुर्र आऽऽऽ" बाला महार का पुकारा सुनाई दिया। चराई के लिए गये मवेशी बसेरों की तरफ़ लौट रहे थे। जानवरों के सींगों से होती हुई गोधूली की वेला गाँव में उतरने लगी थी। हुमकते हुए जानवरों का झुंड देखकर जन्या रास्ते के किनारे हो गया। मवेशी के खुरों से उड़ती धूल से सारा परिवेश अटा हुआ था। तभी भूरे और काले साँड़ बीच सड़क आपस में टकरा गये। एक-दूसरे से सींग भिड़ाये दोनों आपस में ऐसे उलझे कि सभी जहाँ थे वहीं रुक गये। जन्या भी उनकी गुत्थमगुत्थ देखता हुआ खड़ा हो गया। भूरा साँड़ काले साँड़ से बौड़ाया हुआ जूझ रहा था। दोनों अड़े हुए थे। बाला महार ने देखा तो दौड़ता हुआ चला आया। उसने काले साँड़ को लाठी से खोंचा। उसकी पूँछ को मरोड़ा और दोनों को अलग किया। भूरा साँड़ पूँछ उड़ता हुआ भाग खड़ा हुआ। बाला महार ने फिर से हाँका दिया। मवेशियों के गले में बँधी घंटियों से उपजता नाद, खुरों की आवाज़ें, उनका रम्भाना इन सबसे रास्ता गमक गया था। जानवर झुंड से एक-के-पीछे-एक आगे बढ़ रहे थे। काली गाय, भूरी गाय, सफेद गाय, बूँदों-बूँदों वाली गाय, चन्द्री गाय, दयाराम की लँगड़ी गाय, गायों के बछड़े, भैंसे, साँड़, बछिए, दुधारू मवेशियों के दूध से भरे थन, मवेशियों से अटी सड़क, मवेशियों को पूरी तन्मयता से हाँकता बाला महार। जन्या रास्ते किनारे खड़ा सब कुछ देख रहा था। उसने बाला की मूँछें को ध्यानपूर्वक देखा।

बाला ने मूँछें रखी हुई थीं। ऊपर से बाँक भी दिया हुआ था। मूँछें उसकी किसी जानवर के सींग की नाईं दिखाई दे रही थीं। इन्हीं मूँछों की वजह से आज बाला महार की जान पर बन आयी थी। किसी महार का ऐसी रौबीली मूँछें रखना सवर्णों को चुनौती देने से कम नहीं था। इस सबसे गाफ़िल बाला मवेशियों को लेकर आगे बढ़ गया तो जन्या ने भी घर की राह पकड़ ली। उसे बाला की मूँछों में कोई बात नज़र आ रही थी। उसकी मूँछ व्यवस्था के प्रतिरोध में खड़ी तलवार है। उसकी मूँछों की ऐसी बनावट उसके चेहरे को एक अक्खड़पन प्रदान करती है। ऐसी मूँछें की वजह से वह लाचारी नज़र नहीं आती है, जो किसी महार के चेहरे पर ज़रूरी है। वह असहायता नज़र नहीं आती है, जिसका होना ज़रूरी है। इसीलिए उसकी मूँछें सभी की आँखों की किरकिरी बन चुकी हैं। यह ठीक नहीं है। महार को चाहिए कि वह अपनी औकात में रहें। मराठों की तरह मूँछें रखना मराठों का अपमान है। क्या यह शोभा देता है? जन्या गम्भीर हो गया। हवेली और महार की मूँछें उसके मगज़ में चढ़ गयी थीं। वह बड़ा उद्विग्न हो गया। बीच-बीच में आती मदने मैडम की स्मृति ज़रूर उसके कलेजे में ठंडक पहुँचाने का काम कर रही थी। बाबुराव ने हवेली जाकर उसके ख़िलाफ़ जो कांड किया है, उसे दद्दा के कान पर डालना होगा। वे ही इसका उपाय कर सकते हैं। सोच में डूबा बड़े-बड़े डग भरता हुआ वह तेज़ी से घर की तरफ़ बढ़ा। विधायक मैडम की गाड़ी का रास्ता रोके खड़े सुरा के वे मवेशी, गाँववालों की आँखों को खटकती उसकी कुल्हाड़ी, बालाजी मन्दिर के बेल के पेड़ पर ऊधम मचाते आवारा बन्दर, मदने मास्टर जी के घर के ओसारे से निकला साँप, काले और भूरे साँड़ों की भिडन्त, बाला की मूँछें, उसके दिमाग़ में जैसे सब कुछ गड्डमड्ड हो रहा था। विचारों में खोया जब घर पहुँचा तो धन्या को उसने घर पर ही पाया। उसे सुकून-सा महसूस हुआ। रामा और नामा छुपाछुपी खेल रहे थे।

जन्या जाकर धन्या के समीप बैठ गया। जीजा रसोई में व्यस्त थी। धन्या ने जन्या की तरफ़ देखा। किसी रास्ता भटके मुसाफ़िर की तरह वह दिखाई दे रहा था। बहुत देर तक चुपचाप बैठा रहा तो धन्या ने ही बात छेड़ी।

"कैसे चल रही है बच्चों की पढाई? क्या कहा मदने मास्टर जी ने?"

"दद्दा, तुम बाबुराव की बहुत तारीफ़ करते थे न। उसने हवेली पर जाकर मेरे खिलाफ़ ज़हर उगला है। विधायक मैडम के सामने अंट-शंट बकवास की है मेरे बारे में!" बिफरा हुआ जन्या सीधे मुद्दे पर आ गया।

“अरे भई, मैडम जी को कई लोग मिलने आते हैं। वे एक कान से सुनती हैं, दूसरे कान से निकाल देती हैं।” धन्या ने उसकी बात को बढ़ावा नहीं दिया।

“लेकिन अब मेरा क्या होगा?”

“मुझसे ज़रूर बात करेंगी वे। मैं निपट लूँगा। तुम फिकर ना करो।” धन्या ने कहा।

“मैं सोच रहा हूँ दद्दा कि मैं ही हवेली चला जाता हूँ। अपना पक्ष रख देता हूँ।”

“मैडम ऐसे किसी से मिलती-जुलती नहीं हैं। वे बाबुराव से भी नहीं मिली होंगी। तुम लोगों को परेशान करते रहो। इससे लोग तंग आकर मैडम के पैरों में जाकर गिरेंगे। अरे भई, मैडम चाहती ही है कि लोग उनके क़दमों में जाकर गिरते रहें। अब तुम्हारी वजह से लोग उनकी शरण में जाते हैं, तो तुम्हारी तो बन ही आयेगी न! तुम उनके निकट हो जाओगे। फिकर मत करो।” धन्या ने कहा।

“देखो, मुझसे ज़रूर पूछेंगी वे। मैं सँभाल लूँगा। तुम नाहक परेशान होते हो। मैं हूँ ना!” धन्या ने प्यार से कहा।

“तुम्हें यह सब बहुत सरल लग रहा है दद्दा। पर मेरी तो जान साँसत में फँसी है।” जन्या की आवाज़ में परेशानी थी।

“जान तो मेरी निकलनी चाहिए नालायक। तुम्हारी वजह से मैं मुसीबत में आ सकता हूँ। समझे तुम? मेरी गृहस्थी, घर-घरहट सब दाँव पर लग जायेंगे। तुम्हारा क्या है? तुम ठहरे मनमौजी साँड़! जो मनमानी करो क्या फ़र्क़ पड़ता है!” धन्या ने मुँह बिसूरकर कहा।

“मैं घर छोड़कर चला जाता हूँ।” जन्या रुआँसा हो गया।

“जब तक मैं ज़िन्दा हूँ कहीं जाने की ज़रूरत नहीं है तुम्हें। तुम अगर दो-तीन ख़ून और भी कर दो। घरबार बेचकर तुम्हें बचाकर ले आऊँगा। काहे चिन्ता करते हो।” धन्या ने कहा।

“मतलब तुम चाहते हो कि मैं और ख़ून खराबा करता रहूँ!” जन्या ने तिनक कर कहा।

“मैं अपने मुँह से किसलिए कहूँ! सारा गाँव यही कहता है। सुना है कि, तुम बाला महार की जान लेने के फिराक में हो!” धन्या ने तंज़ कसते हुए कहा।

तभी बन्दर ने टीन के छप्पर पर छलाँग लगाई। टीन से ज़ोर का खड़का उठा तो जन्या तमतमाकर उठा। बन्दर छप्पर पर जाकर बैठ गया था और बच्चे हुल्लड़बाज़ी

पर उतर आये थे, 'बाला, बाला हिक्क, हिक्क!' करते हुए उन्होंने बन्दर पर पत्थर फेंकने शुरू कर दिये थे। जन्या फनफनाता घर से बाहर आया और बच्चों पर बरस पड़ा। बन्दर छप्पर से उतरकर भागा तो बच्चों की टोली भी उसका पीछा करती हुई भाग खड़ी हुई।

जन्या अच्छा-ख़ासा झुँझला गया था। चारों ने चुगली की है। तभी बवाल मचा है। इन सालों के पेट में पानी पचता नहीं है। इसी से यह हवा का रुख बदला हुआ है। यह अच्छा नहीं हुआ। सोचकर चारों पर उसका रोष उमड़ आया।

भीतर जाकर वह फिर से धन्या के पास जाकर बैठ गया। उसे लगा, वह बड़ी आफत में घिर चुका है। धन्या इत्मिनान से बीड़ी फूँक रहा था। जन्या समझ नहीं पा रहा था कि क्या बात करें। बहुत देर तक वह चुप बैठा रहा। बच्चे छुपाछुपी खेल रहे थे। रामा उसके पीछे जाकर छुप गया। नामा उसे ढूँढ़ने लगा। जब रामा दिखाई दिया दोनों हँसते हुए फुदकने लगे।

''अरे, बाहर जाकर खेलो! तनिक शान्ति से बैठने दो।'' धन्या बच्चों पर झल्लाया। तभी दरवाज़े पर किसी की आहट हुई। दोनों ने देखा कि दरवाज़े पर बाबुराब खड़ा है। जन्या के पैरों तले से ज़मीन खिसक गयी। बाबुराव आकर धन्या के पास बैठ गया।

''मैं ही कुछ देर में आपके पास आनेवाला था जी।'' धन्या ने बुझे स्वर में कहा।

''रात-पाली है तुम्हारी। तुम्हारा हवेली पर जाने का समय हो चुका है न।'' बाबुराव ने कहा।

''जन्या से भारी ग़लती हुई है जी। मैंने फटकारा है उसे। आप भी माफ़ कर दो। अपना मन बड़ा करना बाबुराव जी। मैं आपसे माफ़ी माँगता हूँ।'' धन्या ने नम आवाज़ में कहा।

''नहीं भई, जन्या का पूरा हक़ बनता है कि सुरा से कुछ ग़लती हुई है तो उसका कान पकड़े। अगर विधायक मैडम भड़क जाती तो? लेने के देने नहीं पड़ जाते! मैं गया था हवेली पर। मैडम से छिमा माँग ली है मैंने। कहा उनसे कि 'मेरा सुरा अभी नादान है। उसे छिमा कर दीजिए।' अच्छा हुआ कि मैडम जी मान गयी। बात को बहुत बढ़ाया नहीं उन्होंने। मैं तो इसलिए तुम्हारे पास आया हूँ कि लोग कहीं लगा-बुझा ना दें कि मैंने हवेली पर जाकर जन्या की तकरार की है। बैठे-बिठाये हम दोनों के मन में मैल ज़मा हो जाये! '' बाबुराव ने कहा।

जन्या ने सुना तो हैरान हो गया। यकायक वह फफक-फफककर रो पड़ा और बाबुराव के क़दमों में बिछ गया–

"बाबुरावजी, मुझे माफ़ कर दीजिए। मैंने सुरा के गर्दन पर पाँव रखा। मैं बौरा गया था। अपना आपा खो बैठा। एक बारगी तो मन में आया था कि सुरा पर कुल्हाड़ी चला दूँ। मेरी मति जो मारी गयी थी। अच्छा हुआ कि सँभल गया वरना न जाने क्या अनहोनी कर बैठता। एक घोर गुनाह का बोझ उम्रभर ढोना पड़ता मुझे। पता नहीं क्या सूझी, पीछे हट गया। शायद सुरा ने कोई प्रतिरोध नहीं किया। शान्ति रखी उसने। इसी वजह से मेरा ग़ुस्सा क़ाबू में रहा होगा। मुझे बहुत पछतावा हो रहा है।"

जन्या का इस तरह से क़बूलना बेहद डरावना था। क्षण भर के लिए बाबुराब थर्रा गया। जन्या को इस तरह से बिसूरता देख सभी स्तब्ध हो गये। जीजा भी हाथ का काम छोड़कर बाहर आ गयी। जन्या के मन का बाँध जैसे फूट पड़ा था। भीतर की हलचल बाहर उभरने लगी तो दरवाज़े पर बैठे-ठालों की भीड़ जमा हो गयी। धन्या सकपका गया। तपाक से उठा और दरवाज़े पर जाकर उसने जैसे सफ़ाई देते हुए कहा, "अरे भई जाइए, घर की बात है। कुछ नहीं हुआ है। माँ-बाप की याद आ गयी, इसलिए रो रहा है। जाइए, जाइए, भीड़ मत लगाइए।"

"धन्या, मुझे लगता है, अब तुम्हें जन्या का ब्याह कर देना चाहिए। एक बार गृहस्थी के खूँटे से बँध जायेगा तो सँभल जायेगा।" बाबुराव ने कहा।

"सो तो है। हमने भी कई जगह हाथ-पैर मारे। लेकिन यह जेहल भोगकर आया है। कोई भला इसे अपनी बेटी क्यूँ देगा? अब आप ही कुछ कीजिए बाबुराव जी।" धन्या ने कहा।

"मेरी नज़र में एक लड़की है। भंडारकवठा के काले परिवार में रिश्ता हो सकता है। तुम कहो तो बात चला दूँ?" बाबुराव ने कहा।

"लेकिन अक्करमाशी नहीं चलेगी। छियानवे कुल की चाहिए।" धन्या ने कहा।

अब तक जन्या काफ़ी हद तक सँभल चुका था। जीजा पानी का लोटा लेकर आयी और उसके हाथ में थमा गयी। जन्या ने ज़ोर-ज़ोर से मुँह पर पानी के थपेड़े मारे। रोने से उसकी आँखें सूज गयी थीं। मुँह लाल हो चुका था। जीजा ने सभी के लिए चाय बनाई। रामा और नामा काग़ज़ी तलवारें लेकर नाच रहे थे। बच्चों को देखा तो यकायक जन्या का मन स्नेह से भीग गया। उसने रामा को समीप बुलाया

और जेब से पेन निकालकर उसके होंठों पर मूँछें रँगने लगा। नामा भी भागते हुए आया और मूँछों के लिए मचलने लगा। जन्या ने उसके चेहरे पर भी मूँछें रंग दीं। दोनों बच्चे फिर से तलवारों से खेलने लगे। जन्या को हँसी आ गयी। बाबुराव ने चाय ख़त्म की। सुपारी का टुकड़ा मुँह में डाला तो जीजा ने कहा, ''रोटी खाकर ही जाइये। अभी बैंगन छौंक देती हूँ।'' 'और कभी भाभी' कहते हुए बाबुराव ने मना किया और जाने के लिए उठ खड़ा हो गया। धन्या उसे दरवाज़े तक छोड़ आया।

बाबुराव ने विदा ली और घर की तरफ़ निक़ल पड़ा। चलते हुए भलरी गली के मुँहाने पहुँचा तो देखा कि सामने से तेज़ी से सयाजी आ रहा है। उसे देखकर बाबुराव ठिठक गया। सयाजी महार गली की तरफ़ निकला था। कुछ देर वह रुका और कहने लगा, ''आजकल मेरी गाय है कि दुहने ही नहीं देती है। थन को हाथ लगाओ तो दुलत्ती मारना शुरू कर देती है। कल तो पूरा लोटा ही उलट दिया उसने। मुझे लगता है कि ज़रूर कोई उसे चोरी-छिपे दुहता होगा। यही पता करवाने के लिए बाला महार के पास जा रहा हूँ।'' बाबुराव ने गर्दन हिलाकर बात का समर्थन किया। फिर उसे लगा कि कुछ तो कहना चाहिए, सो कहने लगा, ''हाँ हाँ! पूछताछ करनी चाहिए। इससे पता चल जाता है। जाओ भाई, पता करवाओ। मेरी गाय का दूध भी सूख गया है। सील में आयी है। दीना के खेत पर ले जाना होगा। पर बखत ही नहीं मिलता है। कुछ-न-कुछ काम निकलता ही रहता है।''

सयाजी महार टोले की तरफ़ निकल गया।

महार टोले की ओर निकलता रास्ता जगह-जगह पर कचरे के गड्ढों से अटा हुआ था। महारों के बच्चे कूड़े के ढेर के पास खड़े मटरगश्ती कर रहे थे। गड्ढे बारिश के पानी से भरे हुए थे। बच्चे सतह पर तैरते मेड़कों पर कंकड़-ढेले फेंकते। उनकी मार से मेड़क पानी के भीतर छुप जाते, कुछ देर बाद दुबारा सतह पर लौट आते। बच्चे पानी पर तैरते मेड़कों को देख-देख तालियाँ पीटते। फिर उनकी टर्राने की आवाज़ की राह देखते। सयाजी वहाँ से गुज़रा तो उसने डपटकर बच्चों से कहा, ''निकलो मुओ, यहाँ से। गड्ढे में गिर पड़ोगे।'' बच्चे भाग खड़े हुए; सयाजी के दूर जाते ही दुबारा आकर खड़े हो गये। पानी में डूबते-तैरते मेड़कों से बच्चों का मन खूब बहल रहा था। उन्होंने सयाजी को भी इस भाँति देखा, जैसे मेड़कों को देख रहे थे। सयाजी सराय के सामने से होता हुआ निकल गया।

जब बाला महार के घर के सामने पहुँचा, बाला घर के आँगन में बैठा जीम रहा था। सयाजी को देखा तो उसने थाली परे रख दी और झट से खड़ा हो गया।

सयाजी भरा हुआ था ही। छूटते ही बाला पर बरस पड़ा, ''बाला, गाय की पीठ पर मार के निशान उभर आये हैं। क्या तुमने मेरी गाय को ठोंका है? गूँगे जानवर को कोई इस तरह से ठोंकता है? हम अपने मवेशी चराने के लिए तुम्हारे हवाले करते हैं। उन्हें इस तरह ठोंकने के लिए नहीं। और आजकल गाय दूध भी नहीं दे रही है। क्या कोई चोरी से मेरी गाय का दूध निकाल रहा है? देखो बाला, मैं तुम्हें चेताने आया हूँ। अगर सच सामने आया तो मेरे जितना बुरा कोई नहीं होगा। समझाय देता हूँ! '' बाला इस सबके लिए तैयार नहीं था सो बुरी तरह से सकपका गया। सयाजी का शक और गहरा गया। उसने फिर से बाला को धमकाया, ''सच्ची सच्ची बताओ, बाला, कौन मेरी गाय का दूध चुरा रहा है? आज मैं खरी-खरी करने आया हूँ। सच उगलवाकर ही यहाँ से जाऊँगा मैं। हज़ारों बार तुम्हें जताया है कि मवेशियों को मंकी हील की तरफ़ मत लेके जाया करो। जानवर क्या वहाँ के पत्थर-ढेले खायेंगे? जानवरों को नदी के किनारे क्यूँ नहीं लेकर जाते हो? दूध नहीं दे रहे हैं। किस बात की चरवाही लेते हो? बड़ी मनमानी चला रखी है तुमने। बताओ, कौन मेरी गाय का दूध लेकर जाता है? आज बिना सच जाने मैं यहाँ से हटनेवाला नहीं हूँ। कहे देता हूँ।'' सयाजी ने ऐसे आड़े हाथों लिया कि बाला महार असहाय-सा जगह पर ही जम गया। फिर रुआँसा होकर कहने लगा, ''मैं थोड़े ही गाय दुहता हूँ जी।'' सयाजी ने उसे धमकाते हुए पूछा, ''फिर कौन दुहता है साले? बताओ, उसका नाम। गाय दूध क्यों नहीं दे रही है? थन को हाथ लगाओ तो दुलत्ती मारती है?'' बाला अचकचा गया। घबराकर उसने कहा ''बताता हूँ, बताता हूँ जी लेकिन मेरा नाम मत लेना मालिक। मैंने बहुत मना किया, लेकिन वे सुनते नहीं है। मुझे मारने चले आते हैं।''

सयाजी चिल्लाया, ''बताओ, उसका नाम।''

''जी...जी...महन्त! वे ही दुहते हैं गाय को। कहते हैं, मन्दिर में भगवान की मूर्ति पर चढ़ाने ले जाता हूँ दूध। मैं बापड़ा गरीब। भला मेरी क्या बिसात? उनकी चुगली कैसे कर सकता था मैं ? मेरी तो दुर्गत हो जाती। बस आप समझ जाइए मालिक।'' बाला ने एक साँस में बात ख़त्म की और हाथ जोड़े खड़ा रह गया।

रामकृष्ण महन्त का नाम सुनकर सयाजी को जैसे लकवा मार गया। बाहर चल रही इस गहमागहमी को सुनकर बाला की घरवाली चांगी रसोई से द्वार पर आकर दो-तीन बार झाँक गयी। बच्चे उसके पढ़ाई में व्यस्त थे। सयाजी ने बाला के घर की तरफ़ सरसरी नज़र डाली। उसे घर के कोने में ताम्बे का घड़ा दिखाई दिया।

"क्या महन्त मेरी गाय को दुहते हैं? राम राम! गाँववालों से यह सब कहना होगा। वरना लोगों को सच का पता कैसे चलेगा?" सयाजी उद्विग्न हो गया। महार टोले से निकलकर वह बाहर चला आया। महन्त गाय दुहते हैं यह सुनकर वह रोष से भर गया था। रामकृष्ण महन्त कभी उसके भाई भैरवनाथ के मित्र हुआ करते थे। भैरवनाथ ज़िन्दा था तब उसके घर पर महन्त का आना-जाना लगा रहता था। कभी खाने पर भी रुक जाया करते थे। भैरवनाथ की हत्या के पश्चात भी वे आते रहे। लेकिन दुर्गा उन्हें लेकर शिकायत से भरी रहती। उनकी नज़र में कुछ था जिसे दुर्गा भाँप गयी थी। फिर सयाजी ने भी उनका घर आना बन्द करवा दिया था। वैसे भी सयाजी को उनका घर आना कभी नहीं सुहाया था।

सोच में डूबा सयाजी कुम्हार गली के आगे से निकला। तभी देखा कि सामने से ख़ुद महन्त चले आ रहे हैं। नाम लो और शैतान हाज़िर! सयाजी हड़बड़ा गया। वह कुछ कहे इससे पहले महन्त ने उसका रास्ता रोक लिया और शुरू हो गये, "सुनो सयाजी, कोई तुमसे कुछ कहे इससे पहले मैं ही तुम्हें बता देता हूँ कि अनुष्ठान की ख़ातिर मैं तुम्हारी गाय का दूध निकालता हूँ। अब साक्षात् ईश्वर के लिए दूध निकाला जा रहा है भई! बड़े भाग लेकर आयी है तुम्हारी गैया! देखना, बड़ा पुन्न लगेगा तुम्हें। ख़ूब बरकत बनी रहेगी।" उन्होंने एक दम में अपनी बात ख़त्म की और बरबस मुस्कुराने लगे। न जाने क्यूँ सयाजी के मन पर का बोझ हट गया। लगा, मन का सारा कलुष बह गया है फिर उससे कुछ कहा नहीं गया। बस एक बुझी-बुझी-सी हँसी चेहरे पर उभर आयी। उन्होंने ख़ुद होकर बात कबूली है, चलो ठीक है यह सोचते हुए वह बाला के प्रति भी कुछ आश्वस्त हो गया और बिना कुछ कहे आगे बढ़ गया।

घर पहुँचा और आँगन में बिछी चारपाई पर बैठ गया। बैठे-बैठे वहीं पर लेटकर सुस्ताने लगा। दुर्गा रसोई में लगी थी। जानवर जुगाली कर रहे थे। कुत्ते पड़े-पड़े ऊँघ रहे थे। आसमान की ओर टकटकी लगाये हुए सयाजी वैसे ही पड़ा रहा। आसमान साफ़ था। कहीं पर एकाध तारा उग आया था। अब थोड़ी देर में सारा आसमान सितारों से गमक उठेगा। कहते हैं कि मृत आत्मा आसमान में जाकर तारा बन जाती है। इतने तारे, इतनी आत्माएँ! इनमें से भैरवनाथ की आत्मा कौन-सी होगी? किस तारे में बसी होगी? दुर्गा बाहर आयी, आटे से उसके हाथ सने थे। "खाना कब खाओगे?" उसने पूछा। आवाज़ में एक फ़िकर-सी थी।

"पहले बच्चों को खिला दो। तुम्हारा निबट जाये, फिर खा लूँगा।" सयाजी ने कहा।

"सुबह भी आपने ठीक से खाया नहीं। परोस दूँ? खा लीजिए।" दुर्गा ने पुन: आग्रह किया।

"कहा न, बाद में खा लूँगा।" सयाजी ने झुँझलाकर कहा। दुर्गा चुपचाप भीतर चली गयी। धुन्धुआते चूल्हे से निकलता हुआ धुआँ रसोईघर से अब पूरे आँगन में फैलने लगा था। भीतर से रोटी थापने की आवाज़ आने लगी। सयाजी उठकर बैठ गया। काकी के घर से धुआँ बाहर आ रहा था। वह भी रसोई बना रही होंगी। अचानक उसे याद आया, बाला के घर गया तब बाला की घरवाली खाना पका रही थी। बीच-बीच में बाहर आकर झाँक भी रही थी। सयाजी को बाला के घर में रखा ताम्बे का घड़ा याद आया। चांगी ने उसे अच्छी तरह से घास-पोंछकर उजलाकर रखा हुआ था। सयाजी सोच में पड़ गया। महारों के घरों के बर्तन मिट्टी के होते हैं, फिर बाला के घर में ताम्बे का घड़ा कैसे आया? ताम्बे का घड़ा बतरावै ऐसा हक़ नहीं है महार को! सयाजी का चित्त भटक रहा था। दुर्गा ने बाहर आकर उसके सामने सेंकी हुई मूँगफलियों की तश्तरी रख दी। तश्तरी लेकर वह मूँगफलियों खाने लगा।

दुर्गा उसके बड़े भाई भैरवनाथ की पत्नी है। बड़ी बहन की बेटी। भैरवनाथ ने अपनी बहन की बड़ी बेटी से विवाह किया था। खेत की ज़मीन को लेकर जो ख़ूनखराबा हुआ उसमें वह जन्या के हाथों मारा गया। विधवा भावज के कोई सन्तान नहीं थी। सयाजी ने उससे ब्याह कर लिया। बड़ी बहन ने ही पहल करते हुए यह लग्न करवाया था। दुर्गा से उसे दो बेटे हुए, गणेश और केशव।

दोनों बच्चे खाना खाकर बाहर आ गये। खाने में शायद मिर्च अधिक पड़ गयी थी जिससे दोनों के होंठ अभी भी जल रहे थे। पानी से गीले हुए होंठों से वे अभी भी 'हूँ हाँड़ करते हुए मिर्च से उठी चुरचुराहट कम करने में लगे थे। "खा लिया खाना?" सयाजी ने बच्चों से पूछा। बच्चों ने गर्दन हिलाकर हामी भर दी और सयाजी के पास आकर खाट पर बैठ गये।

"अपने घर के पास बन्दर आया था।" गणेश ने उत्साह से भरकर कहा।

"इसने बन्दर पर पत्थर फेंका था बाबा।" केशव ने शिकायत करते हुए कहा। सयाजी दोनों को मूँगफलियाँ छीलकर देने लगा। "क्या रात में भी बन्दर आयेगा?" गणेश ने कुतूहल से भरकर पूछा।

"नहीं आयेगा। रात में पेड़ पर सोयेगा।" सयाजी ने बच्चे की उत्सुकता का जवाब दिया। तभी केशव ने पूछा–

"पेड़ पर ही सो गया तो नीचे गिर नहीं जायेगा?" केशव के इस कठिन सवाल पर सयाजी की हँसी निकल आयी।

दुर्गा रसोईघर का काम निपटाकर बाहर आयी। उसके हाथ गीले थे। आँचल से उसने अपना चेहरा पोंछा। चूल्हे के पास बैठने से वह पसीने से तरबतर हो गयी थी। सयाजी उठा और नाँद में चारा-पानी रख आया। "कब से प्यासे थे!" वह बुदबुदाया।

"क्या कहा बाला महार ने?" दुर्गा ने आते ही मुख्य बात छेड़ दी।

"मैंने सीधे-सीधे पूछा उससे। कह रहा था, बालकृष्ण महन्त गाय दुहते हैं।" सुनते ही जैसे दुर्गा के तन-बदन में आग लग गयी। उसने तड़ाक से कहा, "वह मक्कार हमारे पीछे हाथ धोकर पड़ा हुआ है।" दुर्गा की आवाज़ में तिरस्कार भरा था।

"महन्त मिले थे रास्ते में। कहने लगे कि ईश्वर के अभिषेक के लिए दूध निकालता हूँ। उन्होंने ख़ुद होकर क़बूला। इसलिए फिर मैंने कुछ नहीं कहा।" सयाजी ने धीमे से कहा।

"लुच्चा कहीं का! क़बूल किया। तुम्हारे भाई को भी नहीं समझ में आया वह।" दुर्गा ने घृणा से भरकर कहा तो सयाजी ने बात को विराम देते हुए कहा, "खाना परोस दो दुर्गा।" सयाजी ने बात काट दी थी। दुर्गा समझ गयी। उठकर भीतर चली गयी।

खाना निपटाकर दोनों आँगन में बैठ गये। जानवर अलस्त भाव से जुगाली कर रहे थे। बच्चे खेलते-खेलते चारपाई पर ही सो गये थे। तभी कहीं से एक चमगादड़ उड़ता हुआ आया। शायद रास्ता भटक गया था। दुर्गा ने उसे हटका तो वह उड़कर थोड़ी दूर चला गया और दुबारा आँगन में चला आया। कई बार ऐसा हुआ। आख़िरकार दुर्गा ने लाठी ली और किसी तरह से उसे ओसारे से बाहर किया।

अँधेरा घिर आते ही हवेली के पीछे की झाड़ियों में से चमगादड़ के झुंड उड़ते रहते थे। उनकी आवाज़ से गाँव का परिवेश गूँज उठता। रास्ता भटका इक्का-दुक्का चमगादड़ किसी राह भटके बच्चे की तरह अकेला ही उड़ता रहता। कभी किसी घर की छत पर चला जाता। सुबह होते ही फिर से अपने गन्तव्य पर चला जाता और पेड़ पर लटक जाता। पेड़ों को फूल और फलों की अपेक्षा चमगादड़

ही अधिक लदे हुए दिखाई देते। ''अच्छा किया, तुमने उसे उड़ा दिया। चमगादड़ का बच्चा था। उड़ गया अच्छा हुआ, वरना बिल्ली के निशाने लग जाता'' सयाजी को काके के घर के पास मरे पड़े चमगादड़ की याद हो आयी। ऐसे पड़ा हुआ था जैसे ज़मीन पर पंख फैलाकर बैठा हुआ हो।

सयाजी के आँगन से उड़ता हुआ चमगादड़ धन्या के घर की तरफ़ उड़ गया। धन्या हवेली के लिए निकल चुका था। जन्या बिछावन लगा रहा था। उसने चमगादड़ को देखा। चमगादड़ उसके सिर के इर्दगिर्द चक्कर काटने लगा। जन्या ने मुँह से 'हास-हुस्स' करके उसे उड़ाने की चेष्टा की तो उड़कर चला गया। 'कहीं चमगादड़ के रूप में भैरवनाथ की आत्मा न हो!' वह इस कल्पना से थर्रा गया। यह आजकल अक्सर होता रहता है। जन्या ने भैरवनाथ की गर्दन पर कुल्हाड़ी से वार करना चाहा था। लेकिन ग़लती से उसका वार उसके चेहरे पर जा लगा था। उसका नीचे का जबड़ा टूटकर नीचे की ओर लटक गया था। उसमें से ताज़े खून के फौव्वारे उठ रहे थे। ऊपर के दाँत ऊपर रह गये थे, नीचे के दाँत नीचे! भैरव गिरकर ढेर हो गया था। जन्या ने दूसरा वार उसकी गर्दन पर किया था। उसकी लाश याद आते ही जन्या की कई रातों की नींद उड़ जाती है। शायद आज की रात भी उस पर भारी पड़नेवाली थी!

अलस्सुबह कभी तो उसकी आँख लगी थी। धन्या की आवाज़ से ही उसकी नींद टूटी। दरवाज़े पर वे चारों खड़े थे। आँखों को मलता हुआ जन्या बाहर आया। उन चारों को देखकर उसकी रही-सही नींद भी उड़ गयी। उसने कन्धे पर गमछा डाला। हाथ में लोटा लिया, चूल्हे से कोयले का टुकड़ा लिया और कोयले को चबाते हुए वह बाहर निकल आया। कोयले से दाँत माँजने लगा। चारों प्रतीक्षारत दरवाज़े पर ही खड़े थे। उसने कहा, ''चलो, नदी की ओर। मैं स्नान कर लूँगा।'' वह आगे निकला तो वे चारों उसके पीछे-पीछे चल दिये। दुर्गा कपड़े धोकर आ रही थी। उसने तुका को देखा। तुका की माँ उसकी सहेली थी। उसने तुका को हटका, ''कहाँ जा रहे हो तुका?''

''कही नहीं मौसी! बस यही पर...'' तुका ने टालते हुए कहा।

''घर जाओ, वरना तुम्हारी माँ से कह दूँगी।'' दुर्गा ने तल्खी से कहा।

''मैं कहीं नहीं जा रहा हूँ मौसी।'' तुका ने जैसे सफ़ाई दी।

''देखो तुका, अच्छी संगत में रहा करो। ये लच्छन अच्छे नहीं हैं। माँ-बाप का नाम मिट्टी में मिल जाये, ऐसा कुछ ना करो।'' दुर्गा ने उससे कहा।

"तुम भी न मौसी! " तुका हँस दिया।

"देख रही हूँ मैं, तुम्हारे पग भटक रहे हैं।" दुर्गा ने कहा।

तुका बिना कुछ कहे जन्या के पीछे चलने लगा। दुर्गा को बहुत अखरा। तुका ने लम्बे-लम्बे डग भरे और वह जन्या के साथ हो लिया। चारों जन्या के अगल-बगल होकर चल रहे थे। जन्या कोयले से दाँत माँज रहा था। बीच-बीच में रास्ते पर थूक रहा था। यशा उससे सटकर चलने लगा। फिर फुसफुसाकर उसने कहा, "गाँव का माहौल बहुत गन्दला रहा है। सयाजी गाँववालों के कान भर रहा है। उसी की लगाई-बुझाई से गाँववाले खुसुरफुसुर कर रहे हैं कि महन्त चोरी-छिपे हमारी गायों को दोहते हैं। पूरे गाँव में यह बात फ़ैल चुकी है। अभी तक तो कोई कुछ बोला नहीं है। महन्त के सामने किसकी मजाल है जो मुँह खोले?" यशा बात को मिर्च-मसाला लगाने में माहिर था।

"सयाजी को कैसे पता चला?" जन्या ने पूछा।

"बाला महार! और कौन होगा?" यशा ने दो टूक कहा।

"बाला महार की इतनी हिम्मत?" जन्या ने कहा।

"उसे कहना ही पड़ा होगा जी। वह मवेशियों को सँभालता है। जानवरों का दूध कम हो गया तो सभी उससे ही पूछेंगे न! वह कोई फोगट में तो काम करता नहीं है। जवाब तो उसे देना ही होगा। बात कितने दीनों तक दबी रहती? " यशा उछाह से भरा था।

जन्या ध्यान से सारी बातें सुन रहा था। वह विचारों में डूब गया, 'यह बाला जितना दिखता है उतना सरल नहीं है। उसने चिंगारी डालने का काम किया है। उसी ने रामकृष्ण महन्त का नाम लेकर उनको बदनाम किया है। देवता आदमी के ख़िलाफ ऐसी बातें बनाना बाला को क्या शोभा देता है? मूँछों को ऐंठकर चलता है स्साला। महन्त की बदनामी करता है। सिर चढ़ गया है भड़ुआ!' जन्या के मन-मस्तिष्क में फिर से तूफ़ान घिरने लगा। उसका चेहरा लावारिस लाश की भाँति दिखने लगा। ठंडा, सर्द! चारों उसके इर्द-गिर्द मँडरा रहे थे।

"तुम बैठो पटिया पर। मैं नहाकर आता हूँ।" जन्या ने कहा।

"मैं भी आता हूँ।" तुका ने कहा।

"मैं हगने जा रहा हूँ।" जन्या ने कहा।

"मैं भी आता हूँ।" तुका ने फिर कहा।

"पानी का लोटा कहाँ है तुम्हारा?" जन्या ने पूछा।

"अपने लोटे का आधा पानी बचा लेना।" तुका ने कहा।

"चलो फिर।" जन्या ने कहा।

"हम भी आते हैं। रेती पर बैठ जायेंगे।" यशा ने कहा।

सीना नदी अपनी धीमी गति से बह रही थी। उसके तट पर गाँव अपनी दिनचर्या में जगने लगा था। काकी कपड़े धो रही थी। सुरा भैंसों को रगड़-रगड़कर चमका रहा था। दयाराम स्नान निबटाकर बाहर आ रहा था। धानी नदी से मेमनों को लेकर जा रही थी। यशा, वशा और दिलीप रेती पर बिछ गये। धनगरों के बच्चे मछलियाँ पकड़ने में तल्लीन थे। उन्होंने देखा, महन्त नदी लाँघकर गाँव की ओर जा रहे हैं। बगुले मछलियों की तलाश में ध्यानमग्न थे। कभी कोई मछली दिखती झट से लपक लेते। दीना की बेटी धुले हुए कपड़ों को रेती पर सुखा रही थी। दिलीप का भाई उसे बुलाने आ गया तो वह घर चला गया। यशा पानी में कंकड़-ढेले फेंकता हुआ यूँही बैठा रहा। कहीं से टिटिहरी आयी और कलपती हुई चली गयी।

"यशा, तुम्हारे चाचा सरपंच हैं। उनसे कहकर कहीं पर नौकरी दिला दो भई! मैं पाँच लाख भी देने को तैयार हूँ। उनकी तो कई लोगों से जान-पहचान है।" वशा ने अचानक मिन्नत करते हुए यशा से कहा।

"अरे भई, वे अपने बच्चों तक को नौकरी पर नहीं लगाते। हम किस झाड़ की पत्ती हैं?" यशा ने खीझते हुए कहा।

"क्या नेताओं को नहीं चाहिए कि वह अपनी जाति के लोगों का ध्यान रखे?" वशा जाति से लिपट गया।

"ऐसा हुआ होता तो अभी तक सभी मराठों को नौकरियाँ न लग चुकी होतीं? ग्रामपंचायतें मराठों के अधीन हैं। जिला परिषद मराठों के अधीन है। नगरपालिकाएँ, पंचायत समितियाँ, मराठों के अधीन। महानगरपालिकाएँ, शक्कर कारख़ाने सब कुछ तो मराठों के अधीन हैं। मन्त्री, मुख्यमन्त्री मराठा है। नेता बड़े होते जाते हैं। मालामाल बनते जाते हैं। बचे हुए मराठों के हिस्से में क्या है? 'जय भवानी जय शिवाजी' बस इसी जै-जैकार तक सिमट जाते हैं! इसके आगे कुछ नहीं?" यशा कडुवाहट से भर गया।

"पढ़-लिखकर भी कोई लाभ नहीं।" वशा ने निराशा से भरकर कहा।

"हमारे नेतागण कहते फिरते हैं कि यह महाराष्ट्र फुले, शाहू, अम्बेडकर का है और हम? केवल 'जय भवानी जय शिवाजी' का घोष करते हुए तलवारें घुमाते रहे। यही पर सारा पेंच है!" यशा ने मन की भड़ास निकाली।

"महार आगे बढ़ रहे हैं और हम पीछे जा रहे हैं।" वशा की आवाज़ में कुढ़न और खीझ थी।

तुका निबटकर आ चुका था। उसने लोटा माँजकर रख दिया। जन्या पानी में उतर गया और कछुए की भाँति धार में लेट गया। कौवे की तरह जैसे-तैसे नहाकर वह बाहर आ गया। पीठ भी पूरी तरह भीगी नहीं थी। गीला जाँघिया देह से चिपका हुआ था।

"ख़त्म किये देते हैं बाला को। सबक मिल जायेगा स्साले को!" वशा उग्रता से उठ खड़ा हुआ।

"उँह, उँह! यही पर तो ग़लती खा रहे हो। भावनाओं में बहकर उसे ठोंक दोगे। फिर क्या होगा? लोग तुम्हारे ख़िलाफ़ चले जायेंगे। तुम्हारे ख़िलाफ़ गवाही दे देंगे। तब क्या करोगे? पहले बाला महार के ख़िलाफ़ माहौल तैयार करो। फिर उसे ख़त्म करो। लोग तुम्हें सिर पर उठा लेंगे। कोई तुम्हारे ख़िलाफ़ मुँह तक नहीं खोलेगा।" जन्या की आँखें चमक उठीं।

"बात में दम है!" तुका ने कहा।

"तुम चार हो। हर दिन एक पाँच लोगों को भड़कायेगा। यानी कि हर दिन बीस लोग उसके ख़िलाफ़ जा सकते हैं। वे बीस अन्य पाँच लोगों के कान भरेंगे। सौ लोगों तक बात पहुँची की नहीं? महन्त की दूध चुराने की बात पीछे पड़ जायेगी। लोगों का ध्यान महार की मूँछें पर जायेगा। बस, यही करना है हम लोगों को। हफ़्ता लगें, दो हफ़्ते लगें। माह लगे। कोई जल्दी नहीं है। बाला महार के ख़िलाफ़ पूरा गाँव खड़ा हो जाये। तभी हमारी योजना सफल होगी।" जन्या ने भेद भरी मुस्कराहट से कहा।

"हम काम पर लग जाते हैं।" यशा ने उमंग से भरकर कहा।

"बहुत आसान है यह।" वशा उत्तेजना से भर गया।

"वो देखो, गोपा महार आ रहा है। हमारा पहला शिकार! जाओ, पहले उसे फुसलाओ। एक महार के कान पर बात जायेगी, समझिये कि पूरे महार टोले में बात फ़ैल गयी। एक धनगर से कहिये, वह पूरी धनगर गली को भड़काने के काम आयेगा। उसे गोपा मत कहना। आदर के साथ गोपीचंद कहियो। समझो कि महार फँस गया।" जन्या ने मुस्कुराते हुए कहा। उसने नब्ज़ पकड़ ली थी।

"क्या सभी को जाना होगा?" वशा ने पूछा।

“नहीं। एक ही काफ़ी है। यशा, तुम जाओ। उसे बरगलाने की कोशिश करो। महार टोले तक जाना पड़ा तो भी ठीक है।” जन्या ने कठोर होकर कहा।

यशा शीघ्रता से गोपा की दिशा में लपका। जन्या, तुका और वशा धीमे-धीमे क़दमों से वहाँ से आगे बढ़ने लगे। जन्या के दिमाग़ से फौवारे उड़ने लगे थे। गाँव के सीवान पर बन्दर बैठा हुआ था। कौवों की काँव-काँव से परिवेश गमक उठा। जन्या छलाँग लगाकर हनुमान के चौतरे पर बैठ गया। उसके पीछे-पीछे वशा और तुका भी छलाँग लगाकर बैठ गये। तुका पटिये पर पाँव रखता हुआ सँभलते हुए आगे आया।

“कितने दिन हो गये हैं इस पटिया को डाला हुआ है यहाँ पर। क्या करनेवाले हैं इस पत्थर का ?” तुका ने सवाल किया।

“हमें क्या लेना-देना है। यह हवेली का विषय है। हवेली देख लेगी।” जन्या ने रुखाई से कहा।

“बहुत दीनों से पड़ी हुई है पटिया यहाँ पर।” वशा ने कहा।

“तुम्हें क्या तकलीफ़ है?” जन्या ने पूछा।

“तकलीफ़ नहीं है, बस ऐसी ही जिज्ञासा है!” तुका ने कहा।

“हनुमान की मूर्ति गढ़नी है। लेकिन अभी तक कोई अच्छा मूर्तिकार नहीं मिला है।” जन्या ने कहा।

“इतने वर्षों में नहीं मिला?” तुका ने पूछा।

“एक बार चुनावों का ऐलान हो जाने दो। फिर देखो, कैसे मूर्तिकार मिलता है। मूर्ति गढ़ी जाती है। झैंयक-झैंयक गाना-बाजा होगा! धूमधाम से प्रतिष्ठापना होगी!।” वशा ने तंज़ कसा।

“तुम स्साले, बड़े काँइयाँ क़िस्म के हो!” जन्या ने मुस्कुराते हुए कहा।

“कई सालों से केवल गप सुन रहे हैं। हनुमान का चौतरा खड़ा होगा। कब होगा, कैसे होगा कोई नहीं जानता! बड़े-से पाषाण को सेन्दुर थोपकर बिछा दिया। चौतरा खड़ा हो जाना चाहिए था अब तक। मूर्ति गढ़कर उसकी प्रतिष्ठापना हो जानी चाहिए थी। ईश्वर के काम में इतनी ढिलाई होगी तो इन्सानों के काम कब और कैसे होगे?” वशा ने तल्खी से कहा।

“देखो, तुम हवेली के ख़िलाफ़ आग उगल रहे हो।” जन्या ने चेतावनी दी।

“मैं हवेली के ख़िलाफ़ नहीं हूँ। काम के बारे में कह रहा हूँ। नाहक गलतफ़हमी मत पालो।” वशा ने नाराज़गी से कहा।

‘‘वशा ठीक ही कह रहा है। चार भली चीज़ें हो जायें गाँव में ऐसा लगना कोई बुरी बात तो नहीं है।’’ तुका ने वशा की बात को बढ़ावा देते हुए कहा।

‘‘आज धुरन्धरराव होते तो सारे काम ठिकाने लग जाते। विधायक मैडम राजनीति जानती नहीं हैं। वे नयी हैं अभी।’’ जन्या ने जैसे सफ़ाई दी।

‘यथा राजा तथा प्रजा!’’ तुका ने कहा।

‘‘अब राजा रानी की कोख से पैदा नहीं होगा। वोट-पेटी से पैदा होगा।’’ वशा ने कहा।

‘‘लोगों को भी अपने वोट की ताक़त को समझना होगा।’’ तुका ने कहा।

तभी सामने से यशा कूदता-छलाँगें लगाता हुआ आता दिखाई दिया। वह बेहद उल्लसित था। सभी उत्सुकता से तन गये। यशा के चेहरे से पता चल रहा था कि काम हो चुका है। पर सभी उसके मुँह से सुनने के लिए उत्सुक थे। जन्या ने लपककर पूछा, ‘‘क्या हुआ बे?’’

‘‘हो गया!’’ केवल एक ही शब्द में वशा ने बात ख़त्म की तो तुका उखड़ गया। उसने झुँझलाते हुए कहा, ‘‘अबे, पूरी कथा सुनाओ, क्या-क्या हुआ।’’

यशा इत्मिनान से बैठ गया और सुनाने लगा, ‘‘कुछ नहीं यार। मैं गोपा महार के पीछे गया और उसे आवाज़ दी, ‘गोपीचंद!’ सुनते ही महार संकोच से भर गया और मुझे देखकर जगह पर ही रुक गया। मैं उसके समीप गया और बस शुरू हो गया, ‘बाला महार पूरे गाँव का माहौल गँदला रहा है। महन्त पर लांछन लगाना क्या अच्छी बात है? अब तो बात हवेली तक पहुँच चुकी है। बाला के हाथों घोर पाप हुआ है। महन्त के ख़िलाफ़ बातें बनाओगे तो बहुत भुगतना पड़ सकता है भैया। देवताओं का परकोप होगा। गाँव में महामारी फैलेगी। महन्त बहुत ही नाराज़ है। उनके श्राप को जानते नहीं हो? अकाल, बाढ़, बीमारियाँ...क्या-क्या न करवायें उनका श्राप! बप्पा रे! बाला की वजह से पूरा गाँव घोर संकट में पड़ चुका है।’ गोपा महार ने सुना। फिर क्या, हवेली तक बात पहुँचने की ख़बर से घबड़ा गया। कहने लगा, ‘शीघ्र ही पंचायत बिठाता हूँ। बाला को न्यात के बाहर करना होगा!’ अब गोपा यह सब महार टोले से कहेगा। कुछ न हुआ तो कम-से-कम अपनी घरवाली से कहेगा। उसकी घरवाली से बात आस-पड़ोस में ख़ूब फैलेगी। पूरे महार टोले में फैल ही गयी समझो। चिंगारी पड़ चुकी है। बस अब आग का इन्तज़ार है यारो!’’ यशा का उछाह ढुल-ढुल जा रहा था।

"देखना, अब आग धू-धू जलकर कैसे ऊपर उठती है!" जन्या ने खड़े होकर कहा। तुका ने आवेश से भरकर यशा को बाहुपाश में कस लिया।

"तुका, अब तुम कल जाकर महन्त से मिलो। उनसे कहना कि हम उनके साथ खड़े हैं। मैं ख़ुद जाकर कहूँगा तो शायद बात बनेगी नहीं। लेकिन तुम मेरे नाम का जिकर ज़रूर करियों। महन्त को अपनी योजना के बारे में पता होना चाहिए।" जन्या ने योजना को आगे बढ़ाते हुए तुका को नयी ज़िम्मेदारी सौंपी।

अगले दिन तुका मठ में पहुँचा। सुबह की आरती हो चुकी थी। आरती में शामिल बूढ़े-बुजुर्ग अपने-अपने घरों को लौट गये थे। महन्त इत्मीनान से झूले पर बैठे हुए थे। तुका ने आगे बढ़कर उनके पैरों पर अपना माथा टिका दिया–

"पाय लागु महन्त!" महन्त सँभलकर बैठ गये। उन्होंने तुका की तरफ़ सवालिया नज़रों से देखा।

तुका ने मुँह खोला, "महन्त, सुना है कि बाला महार और सयाजी आपके ख़िलाफ़ जहर उगल रहे हैं। बाला कहता फिर रहा है कि आप ही गायों का दूध चुराते हैं। राम राम! सयाजी कह रहा है कि आपने ख़ुद उसके सामने यह सब क़बूला है। बप्पा रे! हम जानते हैं जी, यह सारी लगाई-बुझाई उस बाला की है। हम उसे छोड़ेंगे नहीं महन्त! पूरा सबक सिखाकर ही दम लेंगे जी! इस काम में जन्या हमारी पूरी मदद कर रहा है। हिन्दुओं के साधु सन्तों को बदनाम करने की साजिश? छी: छी:! लेकिन हमारे रहते यह कभी नहीं हो सकता। आप धर्म की सेवा में लगे हुए हो। गृहस्थी का त्याग किये हुए यहाँ मठ में रहकर साधुओं जैसा जीवन बिता रहे हो। क्या यह किसी से छिपा हुआ है? हम सभी आपके साथ खड़े हैं जी। जन्या जो कहेगा, हम करेंगे। यह सब आपको भी पता हो इसलिए बताने आया हूँ महन्त। बस, आपका आशीर्वाद चाहते हैं जी।" तुका एक साँस में सब कह गया।

महन्त ने सुना तो उनके चेहरे पर सन्तोष के भाव उभर आये। धर्म और गुनहगारी साथ-साथ चले, तब सांस्कृतिक क्रान्ति होने में बहुत देर नहीं लगती है। महन्त ने मन-ही-मन जन्या को ख़ूब आशीर्वाद दिया। वह अपने पक्ष में खड़ा है, यह सुनकर उनमें साहस का संचार हुआ। जन्या और सयाजी एक-दूजे के ख़ून के प्यासे थे। जन्या ने सयाजी के भाई की हत्या की थी। महन्त के हाथ अनायास ही नया अस्त्र लग चुका था। काँटे से काँटा निकले इससे अच्छा क्या होगा। तपाक से वे उठ खड़े हुए। जल्द से जल्द जन्या को मिलना होगा। उससे मिलकर आभार प्रकट करना होगा। उसे सावचेत भी करना होगा।

नदी लाँघकर रामकृष्ण महन्त ने गाँव में प्रवेश किया। आज वे गाँव में बखत से पहले ही पहुँच गये थे। बच्चे स्कूल के लिए निकल रहे थे। चूड़ामण तेली हनुमान की परिक्रमा लगा रहा था। काकी पानी भरने के लिए निकली हुई थी। बन्दरों का झुंड नित्य की भाँति हनुमान के मन्दिर पर बैठा हुआ था। नया कुछ नहीं था। दूर कहीं से बाला महार का हाँका सुनाई दे रहा था। महन्त जाप की माला फेरते हुए आगे बढ़े। उन्हें सामने से मदने मास्टर जी आते हुए दिखाई दिये। मदने मास्टर जी ने उन्हें प्रणाम किया और आगे हो लिये। भामा मातंग जोगवा माँगती हुई घर-घर घूम रही थी। धानी बकरियों को चराने के लिए निकली थी। महन्त ने बालाजी मन्दिर का रास्ता पार किया और कुएँ को काटते हुए भलरी गली की तरफ़ मुड़ गये। दयाराम अपने बैलों को लिए हुए खेत पर जा रहा था। लेकिन उसने महन्त की तरफ़ देखा नहीं और ना ही झुककर उनके दर्शन लिये। महन्त के माथे पर बल पड़ गये।

जब महन्त धन्या के दरवाज़े पर पहुँचे, रामा और नामा स्कूल के लिए तैयार होकर निकल रहे थे। महन्त को देखकर बच्चों ने प्रणाम किया। जीजा ने भी उन्हें देखा तो शीघ्रता से आगे बढ़कर अपना शीश नवा दिया। जन्या अभी तक बिस्तर में था। महन्त की आवाज़ आयी तो झट से उठ बैठा और जाकर उनके चरणों में बिछ गया।

धन्या अभी-अभी रात की पाली ख़त्म कर घर आया हुआ था। आज टिपडु को आने में देरी हुई थी। हवेली पर विधायक मैडम आयी हुई थी। इसलिए उसे घर आने में देरी हुई थी। सुबह-सुबह महन्त को अपने द्वार पर देखा तो वह पुलक से भर गया।

"जाओ कुल्ला कर आओ। मुँह से बदबू आ रही है।" महन्त ने कुछ रुष्ट होकर जन्या से कहा। जन्या तेज़ी से नहानघर में चला गया। कुल्ले किये, हाथ-मुँह धोये और बाहर चला आया। आकर पुनः महन्त के चरणों में बैठ गया। जीजा ने सभी के लिए चाय बनाई। "मैं चाय नहीं पीता हूँ। दूध दो।" महन्त की वाणी में अधिकार का पुट था। धन्या ने पलटकर पूछा, "पहले तो बहुत चाय पीते थे।" "पहले पीता था लेकिन अब छोड़ चुका हूँ।" महन्त ने जैसे सफ़ाई देते हुए कहा। महन्त और धन्या के बीच कभी ख़ासी मित्रता थी। महन्त तब धुरन्धरराव की मालिश किया करता था। धन्या पास बैठा हुआ देखता रहता।

जीजा दूध लेकर आयी। महन्त कुछ सँभलकर बैठ गये और उन्होंने मुद्दे की बात छेड़ दी, ''देखो भई, मैं तो ईश्वर का सेवक हूँ। मेरे नाम में राम और कृष्ण दोनों ही हैं। भगवान कृष्ण ने ग्वालों की गोपियों का रास्ता रोका। उनका दही-दूध चुराया। मैंने भी वही किया। गायों को दुहा और दूध निकाला। दूध का बेपार थोड़े ही किया है। राम राम! लोगों के मन में अब पहले जैसा भगति-भाव नहीं रहा जी। ईश्वर से दूर हुए जा रहे हैं। ऐसा ही चलता रहा तो समझियो, इस धरती का नाश अवश्य होना है!'' महन्त के भीतर बहुत कुछ उबल रहा था। जन्या चाय की चुस्कियाँ लेते हुए कहने लगा, ''मेरे भी कानों पर आयी है यह बात। लेकिन आप चिन्ता मत करो महन्त।'' जन्या ने किसी नेता के अन्दाज़ में कहा तो महन्त तिनक गये, ''जो ईश्वर की पूजा-आराधना में लगे हैं, ऐसे संतन को ही हानि पहुँचाओगे तब इस समाज का क्या होगा?'' धन्या शान्ति से सुन रहा था।

''इसे रोकना होगा। और यह तुम ही कर सकते हो। वरना इस बात को मुझे हवेली तक ले जाना होगा।'' महन्त ने चेतावनी भरे स्वर में कहा।

''बाला महार को उस सयाजी ने सिर चढ़ाया हुआ है। वरना महार में इतनी हिम्मत?'' धन्या ने अपनी राय रखी।

''पूरा किया-धरा उस सयाजी का ही है। उसे ऐसी बात फैलानी नहीं चाहिए थी। लेकिन सयाजी के कान किसने भरे? बाला महार ने ही न! वो ही इस सब की जड़ है।'' जन्या ने तल्खी से भरकर कहा।

''जन्या सही कह रहा है। सयाजी गया था महार टोले में पड़ताल करने के लिए। रास्ते में उसे बाबुराव मिला था। मुझे बाबुराव ने ही बताया था। मैं बात को बढ़ाना नहीं चाहता था। इसलिए आगे बढ़कर मैंने सयाजी को सब सच बता दिया। कह दिया उसे कि अभिषेक की ख़ातिर दूध निकालता हूँ। लेकिन यह बात वहीं पर ख़त्म हो जानी चाहिए थी।'' महन्त के स्वर में कटुता थी।

महन्त जाने के लिए उठ खड़े हुए। धन्या उन्हें दरवाज़े तक पहुँचाने गया। महाराज को विदा दी और लौटकर भीतर गया। महन्त चलकर घर आये हैं इस बात को लेकर वह तरंग पर था।

''आज यह अपनी गरज से हमारे दरवाज़े पर चला आया है। तुम इसकी बातों में मत आना जन्या। यह दोगला साँप है। समझे?'' धन्या ने ग़ुस्से से भरकर कहा।

''समय के साथ इन्सान बदल जाते हैं दद्दा। तुम नाहक चिन्ता करते हो'' जन्या ने उसके कहे को बहुत गम्भीरता से नहीं लिया।

धन्या को उसकी बेफिक्री से बड़ा रोष हुआ। अपनी बात दुहराते हुए उसने तल्खी से कहा, ''तुम जेहल में थे तब इसने हमारे घर पर हमला किया था। तब सयाजी इसके साथ में था। इसने बाबा की गर्दन पर लोहे का छड़ रखा था। तभी से बाबा बीमार रहने लगे थे। उनकी गर्दन हमेशा चिलकती रहती। आख़िर उसी में वे चल बसे। मैंने उनकी पीड़ा को नज़दीक से देखा है जन्या। इस पाखंडी से दूर रहने में ही हमारी भलाई है।'' धन्या जन्या को समझाने की चेष्टा कर रहा था।

इतनी देर से जीजा चुपचाप सुन रही थी। वह भी सम्भाषण में उतर आयी, ''मैं तो उस निगोड़े को पानी तक नहीं पूछनेवाली थी। लेकिन तुम उससे घुलमुल बात करने लगे इसलिए मैंने चाय बनाई।'' जीजा ने महन्त को कोसना शुरू कर दिया।

''आज वह अपनी गरज से चलकर घर आया है। सयाजी को वह फूटी आँख नहीं सुहाता है। लुच्चे की आँख मँडराया करती थी सयाजी की घरवाली पर। सयाजी ताड़ गया था। इसलिए सयाजी ने अपने घर के दरवाज़े इसके लिए बन्द कर दिये। अब यह कहीं हमारे गले की आफत न बन जाये। उसे मिलना है तो बाहर के बाहर ही मिला करो। घर पर लाने की ज़रूरत नहीं है। समझे?'' धन्या ने खरी-खरी सुना दी। जन्या ने भी उसका कहा शान्ति से सुना। उसे अपनी भूल समझ में आ गयी थी। नीची आवाज़ किये उसने कहा, ''समझ गया दद्दा!''

भामा मातंग दरवाज़े पर खड़ी थी। उसने अम्बा माता के नाम से जोगवा के लिए पुकारा दिया तो जीजा ने डिब्बे में से मुट्ठी भर आटा निकाला और उसकी छबड़ी में डाल दिया। भामा ने उसके माथे पर चुटकी भर रौली टीका दी, आशीर्वाद के कुछ बोल बुदबुदाये व आगे बढ़ गयी। रामा और नामा स्कूल से जल्दी ही लौट आये थे। बच्चों को असमय घर आते देख धन्या को अचरज हुआ। वह कुछ पूछे इससे पहले रामा ख़ुशी से चिल्लाया, ''बाघ आया रे ऽऽऽ बाघ!'' उसके पीछे-पीछे नामा ने भी छलाँग लगाई, ''बाघ आया है बप्पा ऽऽऽ''। धन्या आगे बढ़ा और दोनों बच्चों को गोद में उठाकर उसने कौतुक से कहा, ''हाँ हाँ! मेरे बाघ आये हैं ऽऽऽ!'' जीजा बुहारी लगा रही थी। उसने भी नामा को गोद में उठा लिया। रामा ने चिल्लाकर कहा, ''बाबा, गाँव में बाघ आया है। देशपाण्डे सर के पिता बता रहे थे।'' जन्या ने चौंककर पूछा, ''क्या कहा रामा?'' रामा ने कहा, ''हाँ चाचा, गाँव में बाघ आया है। अब घर में ही रहना है।'' सभी चौंक गये। जन्या सोच में पड़ गया। 'क्या बाला महार की बात पीछे पड़ जाये इसलिए किसी ने यह गप्प उड़ाई है!'

वह गम्भीर हो गया। उसे लगा कि कहीं उसके सारे किये-कराये पर पानी ना फिर जाये। अब लोग इसी बात की चर्चा करेंगे। अब बाला की बात कोई नहीं करेगा। सभी के मुँह में अब बाघ की बात होगी। बाघ कहीं बाला महार पर भारी न पड़ जाये।

जन्या तेज़ी से घर से बाहर निकल गया। मदने मास्टर जी से मिलकर सच क्या है, जानना होगा। उसे अपनी योजना खटाई में पड़ती हुई नज़र आ रही थी। वह बेचैन हो उठा।

बाला महार ने नित्य की भाँति हाँका लगाया। बाड़ों से मवेशी छोड़े जा रहे थे। बाला की आवाज़ में कोई फ़र्क़ नहीं था। जानवरों के रम्भाने में कोई फ़र्क़ नहीं था। जानवरों के गले में टँगी घंटियों का नाद भी उसी तरह था। उनके खुरों की आवाज़ें भी रोज़ जैसी ही थीं। सबकुछ यथावत था। तभी बाला मवेशियों के पीछे से इस तरह से सामने आया, जैसे जंगल से बाघ सामने आ खड़ा हो। पल भर के लिए जन्या भी सिहर गया। बाला अपनी तरंग में था। उसने मूँछों को बाँक दिया हुआ था; आवाज़ में वहीं बुलन्दी थी। जन्या को बाला महार की मस्ती से जलन हुई। अपने दुःख पर जैसे घिन आने लगी। रास्ते में उसे काके मिला। वह चिन्ता में दिखाई दे रहा था।

''बन्दर गाँव छोड़कर जाने लगे हैं।'' काके ने कहा।

''सुना है कि गाँव में बाघ आया है!'' जन्या ने कहा।

''हाँ, कह तो रहे हैं।'' काके ने कहा।

''क्या ख़बर सच है?'' जन्या ने पूछा।

''अभी तक तो किसने देखा यह पता नहीं चला है। पड़ताल करनी होगी।'' काके ने कहा।

जन्या काके से और अधिक बात नहीं करना चाहता था। वह मदने मास्टर जी के घर की तरफ़ मुड़ गया। रास्ते में महादेव शिम्पी मिला। उसे टालकर वह आगे हो लिया। धनगर गली में से गुज़रते हुए यकायक काली बिल्ली ने रास्ता काटा। जन्या ठिठक गया, ''बुरा सगुन हुआ है!'' वह बुदबुदाया। कबूतर गली से कबूतरों को छाज़ों से नीचे उतारने की अलग-अलग आवाज़ें आ रही थीं। जन्या मदने मास्टर जी के घर पहुँचा। मदने मास्टर जी घर पर ही थे। जन्या दरवाज़े पर जाकर खड़ा हो गया और उसने आवाज़ दी।

''क्या चाहिए?'' जन्या को देखते ही मदने मास्टर जी की त्यौरियों पर बल पड़ गये।

‘‘सुना है कि गाँव में बाघ आया है। क्या सच है?’’ जन्या ने पूछा।

‘‘अब बातें हो रही हैं तो आया ही होगा।’’ मदने मास्टर जी ने रुखाई से कहा।

‘‘आप उनके नाम बताइए।’’ जन्या ने कहा।

‘‘किसने देखा है, मैं नहीं जानता। ख़बर उड़ी इसलिए बच्चों को सावचेत रहने के लिए कह दिया।’’ मदने मास्टर जी ने दो टूक कहा।

‘‘मुझे भी बच्चों से ही पता चला। ख़बर पक्की है क्या इसकी पड़ताल करने आया हूँ।’’ जन्या ने कहा।

‘‘पक्की ख़बर तो गाँव में ही किसी से मिल सकती है।’’ मदने मास्टर जी ने बात को ख़त्म करना चाहा।

‘‘मैडम कहाँ पर है?’’ जन्या ने इधर-उधर ताककर पूछा।

‘‘उनसे क्या काम है?’’ मदने मास्टर जी ने पलटकर पूछा।

‘‘नहीं दिखाई दे रही हैं इसलिए पूछा जी।’’ जन्या ने कहा।

‘‘किसी की निजी बातों में दखल देना ठीक नहीं है।’’ मदने मास्टर जी ने रुष्ट होकर कहा।

‘‘अच्छा, आपका भाषण हो गया लिखकर?’’ जन्या ढीठ बना खड़ा रहा।

‘‘कौन-सा भाषण?’’ मदने मास्टर जी ने कहा।

‘‘विधायक मैडम का जी!’’ जन्या ने कहा।

‘‘इससे तुम्हारा क्या लेना-देना?’’ मदने मास्टर जी ने कहा।

‘‘बस, ऐसे ही पूछा जी।’’ जन्या ने कहा।

‘‘मुझे ऐसी बेजा बातें पसन्द नहीं हैं।’’ मदने मास्टर जी ने झुँझलाकर कहा।

‘‘क्या मैं आपको बेजा लगता हूँ।’’ जन्या ने धृष्टता से पूछा।

बिना कुछ कहे मदने मास्टर जी ने दरवाज़ा ओढ़ लिया। जन्या मन मसोसकर रह गया। उसे लगा कि ऐसी बात कहनी नहीं चाहिए थी। फिर अचानक उसे साँप मारने की घटना याद हो आयी। मरा हुआ साँप देखने हेतु वह उधर गया जिधर उसने साँप को मारा था। साँप को चींटियाँ लगी हुई थीं। तभी उसे खिड़की के समीप खड़ी मदने मैडम नज़र आयी। मदने मैडम भी उधर ही देख रही थी। वह ठिठक गया। फिर मदने मैडम की ओर देखकर हठात मुस्कुराने लगा। मदने मैडम ने चिल्लाकर कहा, ‘‘दूर, दूर फेंकिए उसे। दुर्गन्ध उठेगी।’’ जन्या ने साँप को पूँछ की तरफ़ से पकड़ा और दूर फेंक दिया। मदने मैडम ने खिड़की बन्द कर दी।

जन्या पुनः घर के दरवाज़े पर जाकर खड़ा हो गया। उसने फिर से आवाज़ दी। मदने मास्टर जी ने दरवाज़ा खोला।

''अब क्या है?'' उन्होंने उकताकर पूछा।

''मेरे हाथ पर जल डालिए। साँप को उठाकर दूर जो फेंका है।''

मदने मास्टर जी को झुँझलाहट हुई। लेकिन क्या करते। भीतर जाकर उन्होंने पानी का लोटा लिया और बाहर आकर जन्या के हाथों पर उड़ेल दिया। जन्या ने हाथ धोये। मदने मैडम भीतर ही थी। जन्या की नज़रें लगातार दरवाज़े की तरफ़ ही टिकी हुई थीं। मदने मास्टर जी ने फिर से दरवाज़ा उढ़का लिया। जन्या खिसियाया-सा वहाँ से निकल गया। वह जैसे बौरा गया था। अनायास ही उसके मुँह से निकला, 'साँप को स्साले के घर में डालना होगा!' गर्दन नीची किये हुए वह आगे बढ़ा और हनुमान के चौतरे की तरफ़ निकल गया।

गाँव में हर तरफ़ बाघ की ही चर्चा थी। नदी पर से पानी के घड़े लेकर आती स्त्रियाँ आपस में बतिया रही थीं–

''सच्ची ही होगी ख़बर।''

''दो साल पहले दिखा था बाघ!''

''नदी के पार बन्दरों का अहाता है। मंकी हील की तरफ़ से ही आया होगा बाघ। देख लेना, ख़बर साँची निकलेगी!''

जन्या की मंशा पर पानी फिर रहा था। वह निराश हो चुका था। उसकी दशा भी किसी ज़ख्मी बाघ की तरह हो रही थी। जब हनुमान के चौतरे के पास पहुँचा तो देखा कि यशा, वशा, तुका और दिलीप पहले से ही मौजूद थे। ताश की बाज़ी जमी हुई थी। उन चारों को देखा तो उसे कुछ सान्त्वना मिली। तप्त हृदय में जैसे कुछ ठंडक-सी महसूस हुई। बिच्छू की नाई भागता हुआ वह चौतरे की तरफ़ लपका।

''तुका, तुमने क्या कहा था महन्त से। महन्त घर पर आये थे।'' जन्या ने आते ही पूछा।

''कह दिया उनसे सब। लेकिन उनका सारा गुस्सा सयाजी पर ही उमड़ा हुआ था।'' तुका ने कहा।

''सयाजी को काहे को बीच में ले आते हैं? वह तो मवेशी चराने नहीं जाता है।'' जन्या को बात जँची नहीं।

''वे वैसे भी सयाजी के प्रति भरे हुए हैं।'' तुका ने कहा।

"उसकी वजह भी उनका ही किया-धरा है। उन्होंने मन्दिर के रास्ते पर भैरवनाथ की घरवाली दुर्गा को रोका था। दुर्गा ने शिकायत की तो सयाजी ने महन्त के लिए अपने घर का दरवाज़ा बन्द कर दिया। उसी से उखड़े हुए हैं महन्त।" जन्या ने कहा।

"अभी तो बाघ की ही चर्चा है चारों ओर। बाला महार के मसले का क्या हुआ?" वशा ने पूछा।

"कुछ दिन गुज़र जाने दो। यह हलचल थम जायेगी तब देखेंगे।" जन्या ने कहा।

"कोई कहता है कि बाघ नदी किनारे दिखाई दिया। कोई कहता है कि भैरोबा के नाले की तरफ़ दिखाई दिया। यह भी सुना है कि सीवान की तरफ़ नज़र आया है। लोगों को डराने की ख़ातिर ख़ामख़ाँ बातें फैलाई जा रही हैं और कुछ नहीं।" यशा ने कहा।

पूरा गाँव बाघ की चर्चा से गहमा गया था– 'बाघ पूँछ उठाये भाग खड़ा हुआ। बहुत बड़ा है भैया! उसे पीछे से देखा गया है। हमलावर है। संझा के धुँधलके में दिखाई दिया था नदी किनारे। रेती पर उसके पंजों के निशान हैं। बाघ कभी भी हमला कर सकता है। सावचेत रहना होगा बप्पा! अब रात में ओसारे में सोना ख़तरे से ख़ाली नहीं है। किसी को नींद में दबोच ले और पता भी न चले! बाघ की पकड़ का कोई सोच सकते हैं भला! ऐसे गर्दन दबोच ले कि प्राण लेकर ही छोड़े। हर हाल में ख़त्म करना होगा बाघ को। आज धुरन्धरराव होते तो मजाल थी कि बाघ बच जाये? वे ज़रूर बाघ की शिकार करते। पता है, बाघ मरा हुआ जानवर नहीं खाता है। उसे ज़िन्दा भक्ष्य चाहिए। ताज़ा-ताज़ा गोश्त! बाघ है तब तो उसकी मादा बाघिन भी होगी भैया। बाघ के बच्चे भी होंगे। बाघ जंगल का राजा है!' लोग बातें करते हुए थक नहीं रहे थे। आपस में फुसफुसाकर बतिया रहे थे। एक भय की काली परछाईं पूरे गाँव पर छायी हुई थी– 'बच्चों का बहुत ध्यान रखना होगा अब। सावचेत रहियो, जानवर की नज़र उन पर ना पड़े। रात्रि में अकेले मत घूमा करो भाई! हाथ में डंडा-लठ रखा करो। अकेले ना ही रहो तो अच्छा है। दो-तीन लोग साथ में होगे तो कम-से-कम हो हल्ला मचा कर आदमियों को तो इकट्ठा कर सकते हैं। मौत का डर नहीं है भैया! मौत के बाद ऐसा ना हो कि लाश भी घरवालों को नसीब ना हो! बस यही फिकर है!' जितने मुँह उतनी बातें! आख़िर बाघ का गाँव में आना किसी बड़ी विपदा से कम नहीं था।

बाला ने मवेशियों के साथ गाँव में प्रवेश किया। मवेशियों के क़दमों से जैसे हिंसक पशु की कोई अदृश्य भयावह परछाईं भी गाँव में उतर आयी। कहीं कुछ खटका भी उठता तो लोग-बाग़ सहमकर इधर-उधर देखने लगे थे। शाम होते ही गाँव के रास्ते उचाट होने लगे। बाघ के हमले की आशंका से हर कोई घिरा हुआ था। लेकिन महन्त बेफिक्र होकर घूम रहे थे। उन्हें भला किस बात का भय! वे बाघ को कुत्ता बना सकते हैं। कुत्ते को बिल्ली में बदल सकते हैं। लोग कहते हैं, महन्त ने चूड़ामण तेली की माँ पर मंतर-तंतर किया था और उसे काली कुतिया बना दिया था। वह घर से लापता हो गयी थी। उसके बाद एक काली कुतिया बराबर मठ के बाहर बैठी पायी जाने लगी थी। एक माह के पश्चात् चूड़ामण की माँ घर लौटी और मठ के बाहर की काली कुतिया ग़ायब हो गयी। सारा गाँव महन्त से दहलता है।

मवेशी अपने-अपने बाड़ों में लौट रहे थे। सयाजी का घर आया। उसकी भैंसों ने घर का रुख कर लिया। लेकिन जब भूरी गाय नहीं दिखाई दी तो बाला चौंक गया। उसने चारों ओर नज़र घुमाई। भूरी गाय कहीं पर नहीं थी। क्या गाय भटक गयी थी? बाला के कलेज़े में भय की एक चिलक-सी उठी और वह सन्न रह गया। जैसे होश उड़ गये! घबडाकर वह थरथर काँपने लगा। हाथ-पैर उसके लटपटाने लगे।

सयाजी की गाय को बाघ उठाकर ले गया यह बात गाँव में आग की तरह फ़ैल गयी। सयाजी पहले तो सन्न रह गया। फिर तमतमाया, जला-भुना उठा और आस्तीन चढ़ाये महार टोले की तरफ़ निकल पड़ा। उसे हर हाल में जवाबदेही चाहिए थी। लेकिन जब बाला के दुआरे पर पहुँचा तब क्रोध उसका जैसे ठंडा पड़ गया। देखा कि बाला की घरवाली चांगी छाती पीट-पीटकर दहाड़ मार रही है और बाला हाथ में लाठी और कंदील लिए खड़ा गाय की तलाश में निकलने को तैयार है। सयाजी को देखते ही वह सहमकर थरथरा उठा, ''मालिक, चिन्ता मत कीजिये। मैं देखकर आता हूँ। शायद रास्ता भटक गयी है आपकी भूरी गाय।'' सयाजी के लिए कहने के लिए कुछ न रहा। उल्टे बाला इतनी रात गये गाय की तलाश में जा रहा है, इसे लेकर उसके मन में भय-सा जाग उठा।

''बेचारी अँधेरे में भटक रही होगी।'' भारी मन से बाला ने कहा।

''बाला, मेरी गाय को लेकर आओ। बिना गाय के आने की सोचना भी मत। मुझे हर हाल में मेरी गाय चाहिए। समझे?'' कड़कती आवाज़ में सयाजी ने बाला को चेताया।

"आप चिन्ता मत कीजिए मालिक। मैं भूरी को ले हर हाल में ले आऊँगा।" बाला का गला रुँध आया था। इधर चांगी लगातार रोये जा रही थी। विलाप उसका रुके नहीं रुक रहा था। मेंढ़क मेढ़क

बाला अँधेरे को रौंदते हुए मंकी हील की दिशा में चल पड़ा। रातभर वह भटकता रहा। खेत-खलिहान, अमराई, चरागाह, केकताड़ का बन कहाँ-कहाँ नहीं छान मारा। उसके हाँकारे से अँधेरा कँपकँपा उठा। झाड़ियों में दुबके बैठे खरगोश छलाँग लगाकर इधर-उधर होने लगे। सियारों की हुआँ-हुआँ की आवाज़ें शान्त हो गयी। रास्ते पर के मेढ़क गड्ढों में जाकर छुप गये। बाला गला फाड़-फाड़कर भूरी को आवाज़ दे रहा था। बीतते प्रहर के साथ रात्रि के प्रहर घटते जा रहे थे। उसे विश्वास था कि कहीं से तो भूरी का रम्भाना सुनाई देगा। कहीं पर तो वह नज़र आयेगी। रात भर वह भटकता रहा और जब भोर हुए थकाहारा ख़ाली हाथ लौट आया, हलक उसका सूख गया था। हाथ में धरी लालटेन बुझ चुकी थी। आँखें भारी हो रही थीं। शरीर में जैसे प्राण न थे। चांगी सारी रात उसकी बाट जोहती जगी पड़ी हुई थी। एक क्षण के लिए भी उसकी आँख नहीं लगी थी।

घर में पाँव रखते ही बाला के सब्र का बाँध फूट पड़ा और वह भोकार मारकर रोने लगा। चांगी उसे देख़ती हुई जड़-सी बैठी रही। बच्चे नींद से जग गये थे। पिता को यूँ रोते देख दोनों बच्चे भी रोने लगे। दुःख से सारा घर कराह उठा।

मवेशियों को चराने का बखत हो चुका था। "मवेशियों को छोड़ दो जीऽऽऽ" सयाजी के कान पर पुकारा पड़ा। वह चौंक गया। यह तो किसी स्त्री की आवाज़ थी! सयाजी झट से उठा; उसने देखा कि बाला की जगह आज चांगी हाँका दे रही थी। बाला उसके पीछे-पीछे चल रहा था। लोग जानवरों को खूँटों से छोड़ने लगे।

सयाजी झल्ला उठा, 'इस बाला ने मेरा बड़ा नुक़सान कर दिया है!' वह रह-रहकर बाला को कोस रहा था– 'महार दरिद्री है। मेरी गाय की क़ीमत क्या चुकता करेगा। गाय को सँभाला नहीं गया उससे ठीक से।' सयाजी बुरी तरह से झुँझला गया था, 'आख़िर क्या हुआ होगा भूरी के साथ? अगर बाघ उसे उठाकर ले गया है तो उसका कलेवर तो मिलना चाहिए। क्या एक से अधिक बाघ है? कैसे पता लगायें? भूरी की बदौलत यह घर फलता-फूलता रहा। उसके दूध से सारा ख़र्चा निकल जाता था।' भूरी की याद से सयाजी की आह निकल आयी। उससे जुड़ी हर बात– चारा खिलाना, पानी पिलाना, ममता से उसकी पीठ सहलाना, उसको दोहना,

उसका रम्भाना सब उसकी आँखों के सामने से घूम गया। भूरी के बिना बाड़ा उचाट लग रहा था। भूरा बछड़ा भी रह-रहकर आर्त स्वर में रँभा रहा था।

''कभी ऐसा नहीं हुआ कि भूरी रास्ता भूली हो! क्या सचमुच बाघ उठाकर ले गया हमारी गैया को?'' दुर्गा ने मन की आशंका प्रकट की। ''हमारी ही गैया कैसे लापता हुई?'' सयाजी ने सन्देह व्यक्त किया। उसे कुछ सूझ नहीं रहा था। दुर्गा ने सुबह से चूल्हा नहीं जलाया था। गणेश और केशव को स्कूल भेजने की भी सुध नहीं थी किसी को। पूरे घर पर जैसे मातम छाया हुआ था। सुबह से ही पास-पड़ोस वाले एक-एक कर उसके दुआरे आते-जाते रहे। गाय को लेकर जमकर बातें हो रही थीं। लोग सहानुभूति प्रकट करते और निकल जाते। हर किसी के मुँह पर बाघ की बात थी। लोग डरे हुए थे। भूरी गाय के अचानक ग़ायब हो जाने से लोगों की चिन्ता बढ़ गयी थी।

तभी सयाजी को दरवाज़े पर दीना दिखाई दिया। दीना उसका निकट का मित्र था। बाल-बच्चों को लेकर वह खेत में रहता था। बुरहानपुर के रास्ते पर उसका खेत था।

''कितने में छोड़ी गैया?'' दीना ने आते ही पूछा।

''कौन-सी गैया?'' सयाजी ने पूछा।

'' तुम्हारी भूरी गैया। कितने में हुआ सौदा?'' दीना ने पूछा।

''क्या कह रहे हो दीना? मैंने भूरी का सौदा किया?'' सयाजी चौंक गया।

''फिर कसाई कैसे खींचकर ले गया?'' दीना ने कहा।

''कौन कसाई? क्या कह रहे हो दीना?'' सयाजी की आँखें लिलार से सट गयी।

''झूठ काहे बोलूँगा। बुरहानपुर के कसाई को देखा है तुम्हारी गाय को लेकर जाते हुए। इसलिए पूछने चला आया।'' दीना ने कहा।

''तुम सच कह रहे हो दीना?'' सयाजी तपाक से उठ खड़ा हुआ।

''लो, मैं काहे झूठ बोलूँगा। मज़ाक़ नहीं कर रहा हूँ भाई। मैंने अपनी आँखों से खेत की मेंड़ पर से कसाई को गाय लेकर जाते हुए देखा था। मेरी आँखें धोखा नहीं खा सकतीं। तीसरा पहर था। मुझे लगा कि तुमने गाय को बेच दिया होगा। मैं भी अपनी गाय बेचने की सोच रहा था। सोचा कि तुम्हें अच्छी-खासी क़ीमत मिली होगी, इसलिए पूछने चला आया। क्यूँ भाई, हुआ क्या है?'' दीना ने आशंका से पूछा।

“कसाई ऐसे-कैसे मेरी गाय ले जा सकता है? किसने भूरी को कसाई के हाथों बेचा? ज़रूर यह बाला महार की करतूत होगी। मैं अभी बुरहानपुर जाकर कसाई से मिलता हूँ। मुझे तुरन्त निकलना होगा। वरना गाय को काट डालेगा वह। वो ही अब बताएगा कि किसका यह सब किया-धरा है। अच्छा हुआ दीना। तुम चले आये। बड़ा उपकार हुआ भाई तुम्हारा।” सयाजी का गला रुँध गया।

“यह तो बड़ी बेजा बात है। ऐसे कैसे कोई किस की गाय परभारे बेच सकता है? लोगों की हिम्मत तो देखिये। हद हो गयी!” दीना ने तल्खी से कहा।

“दिनकर भैया, कल रात से खाना नहीं खाया है हमने। एक निवाला तक नहीं उतरा है गले के नीचे। पूरी रात जागकर कटी है। हमें तो ऐसा ही जान पड़ा कि बाघ ही उठा ले गया है हमारी गैया को।” दुर्गा ने डबडबायी आँखों से कहा।

“थैले में कुछ मूँगफलियाँ डाल दो। रास्ते में खा लूँगा।” सयाजी ने दुर्गा से कहा।

“रात की रोटी पड़ी है। डाल देती हूँ। प्याज-मिर्च के साथ खा लियो।” दुर्गा ने कहा।

“जल्दी करो दुर्गा।” सयाजी ने अधीर होकर कहा।

दुर्गा तेज़ी से घर के भीतर गयी। सयाजी बहुत परेशान था।

“मैं तो कल आ रहा था। अच्छा हुआ, आज ही चला आया। अच्छा भाई, अब मैं चलता हूँ। दयाराम से भी मिलना था। उसे भी अपनी गाय बेचनी है।” दीना ने कहा।

“अच्छा किया दीना। सही बखत पर आये तुम! समझ ही नहीं पा रहा था कि क्या करें। अब देखता हूँ एक-एक को!” सयाजी बिफरा हुआ था। “मेरे बच्चों ने एक निवाला तक नहीं तोड़ा। गैया पर जान छिड़कते हैं। आज स्कूल भी नहीं गये। घर में रात से चूल्हा जला नहीं है। ऐसे लग रहा है कि घर का आदमी चल बसा है।” सयाजी ने आहत होकर कहा।

“गैया को बचा लो ईश्वर, तुम्हारे चरणों में माथा टेकती हूँ।” दुर्गा ने मन्दिर की दिशा में हाथ जोड़ते माथा नवाया। सयाजी ने उसके हाथ से थैला लिया और वह तेज़ी से घर के बाहर निकल गया। बुरहानपुर का रास्ता पकड़ते हुए उसने लम्बे-लम्बे डग भरने शुरू कर दिये।

पूरे रास्ते भर सयाजी के मन में कई तरह के दाँवपेंच घुमड़ रहे थे। पूछूँगा कसाई से कि किसने उसे मेरी गाय बेची थी। पहले तो उसे पुचकारना होगा।

नहीं माना तो घूँसों से बात करनी होगी। गैया को हर हाल में लेकर आना होगा। सयाजी के दिमाग़ में विचारों के बादल उमड़-घुमड़ कर गर्जन कर रहे थे। वह टक्कर के लिए निकले बौराए साँड़ की भाँति चल रहा था 'बाला महार को मैंने कभी कोई कमी नहीं की। उसके बुरे समय में मदद की। बचाखुचा सब देता रहा। होली-दीवाली दी। समय पर चरवाही दी। फिर बाला ने किसलिए मुझसे बैर निकाला है? क्या नहीं किया उसके लिए? और मेरी ही जड़ खोदने पर आमादा हो गया? अब तो उसे पैरों की जूती के पास भी नहीं फटकने दूँगा।' सयाजी प्रक्षुब्ध हो उठा था। गैया की याद में वह छटपटा उठा। आँखें भर आयीं। उसके क़दम और भी अधिक तेज़ी से पड़ने लगे। किसी भी हालत में भूरी को बचाना होगा। इस विचार में उसने ऐसी दुलकी ली कि सीधे कसाई गली में ही जाकर रुका।

जब वह कसाई गली में पहुँचा, कासिम कसाई मांस बेचने में व्यस्त था। इमली के पेड़ से कटे हुए जानवरों के धड़ टँगे थे। पेड़ पर बैठे कौवों ने काँव-काँव कर जैसे आसमान को सिर पर उठा लिया था। चील लगातार चक्कर काट रही थी। कसाई के आगे लकड़ी का लट्ठा, तराजू, तौलने के पत्थर, दराँती आदि पड़े हुए थे। कासिम मांस काट रहा था और तौल-तौलकर ग्राहकों से सौदा करने में व्यस्त था। मांस के सौदे से वहाँ का माहौल खासा गहमा हुआ था। सयाजी ने यह सब देखा तो उसके हाथ-पाँव लटलट काँपने लगे। कासिम मांस बेचने में मग्न था। आज सुबह ही उसने भूरी गाय को काट डाला था! गाय का चमड़ा एक तरफ़ सूखने की लिए रखा हुआ था।

सयाजी कासिम के सामने जाकर खड़ा हो गया। कासिम को लगा कि कोई ग्राहक है। कासिम के हाथ में धारदार दराँती देखकर सयाजी का क्रोध फुस्स हो गया। मांस के टुकड़े, हड्डियाँ, ख़ून, चर्बी इन सबको देखकर उसकी देह में सिहरन-सी जगी। और जैसे ही उसे एक तरफ़ गाय की कटी मुंडी दिखाई दी, कलेजा उसका हलक को आ गया। यह तो भूरी है! उसे लगा, वह किसी भी समय पछाड़ मारकर रो देगा। बड़े प्रयास से उसने अपने-आपको सँभाला और कासिम से बात करने लगा। ग्राहक उन दोनों को देखते खड़े रहे।

"तुमने मेरी गाय काट दी। यह अच्छा नहीं किया कासिम। तुमने गुनाह किया है।" घुटी-घुटी आवाज़ में सयाजी ने कहा।

"मैंने गाय को ख़रीदा है। मेरे पास जानवरों के कागजात हैं। कोई गुनाह नहीं किया है मियाँ।" कासिम ने बेपरवाही से कहा।

“किसने बेची थी तुम्हें गाय?” सयाजी ने रुँधे कंठ से पूछा।

“महन्त ने! गिनकर पूरे पैसे दिये थे उन्हें।” कासिम ने उग्रता से कहा।

“क्या?” सयाजी को जैसे साँप सूँघ गया। वह एक़दम से पीछे हट गया। स्तब्ध-विमूढ़-सा जैसे जम-सा गया।

सयाजी की जुबान जैसे गूँगी हो गयी। लगा, पैरों के नीचे से ज़मीन खिसकती जा रही है। आसपास खड़े कुत्ते उसे देखकर भौंकने लगे। ग्राहक भी उसकी तरफ़ अजीब नज़र से देखने लगे। सयाजी को कुछ समझ में नहीं आया। चुपचाप वहाँ से निकल गया। उसे लगा कि ज़ोर से दहाड़ मारकर रो पड़े। लेकिन रुलाई जैसे कंठ में ही दबी रह गयी। जब लौटने लगा, रास्ते किनारे उसे कोई गाय नज़र आयी। उसने थैले में हाथ डाला, रोटी निकाली और गाय को खिला दी। छलछलाती आँखों से वह काफ़ी देर तक उसे सहलाता रहा। फिर झुककर प्रणाम किया और आगे बढ़ गया। लौटते समय जैसे शरीर में उसके प्राण न थे। हाथ-पैर पस्त हो गये थे। दिमाग़ घूम गया था। गाँव के रास्ते पर उसे बबलू की बैलगाड़ी दिखाई दी। उसने जैसे-तैसे उसे रोका और बेदम-सा बैलगाड़ी में बैठ गया। बैठते ही थकन के मारे उसकी आँखें मुँद गयी। थोड़ी ही देर में नींद ने उसे अपनी गिरफ़्त में ले लिया।

सयाजी को ऐसी नींद लगी कि सपने में चला गया। स्वप्न में उसने देखा कि वह कासिम कसाई बन गया है। फिर महन्त आये और उन्होंने उसके साथ बाघ का सौदा किया है। वह बाघ को लेकर निकला है। बीच रास्ते बाघ ने ऐसी दहाड़ मारी कि वह डरकर भागने लगा है। बच्चों ने उसे पकड़ लिया है और वे उसे स्कूल की तरफ़ ले जा रहे हैं। फिर उसने अपने आप को मदने मास्टर जी के सामने पाया। बच्चे ऊधम मचाते हुए उसकी शिकायत कर रहे हैं, ‘मदने मास्टर जी, यह स्कूल से नागा करता है। हम इसे पकड़कर ले आये हैं।’ मदने मास्टर जी उसे छड़ी से पीटने लगते हैं। सयाजी चिल्ला उठता है, ‘बचाओ, बचाओ!’ फिर उसे दुर्गा दिखाई देती है। वह मदने मास्टर जी का हाथ पकड़कर उन्हें रोकती है और कहती है कि “आप इन्हें किसलिए पीट रहे हैं। अगर हिम्मत है तो जन्या को पीटकर बताइये।” अचानक मदने मास्टर जी रोने लग जाते हैं। सयाजी उन्हें क्लास से बाहर निकाल देता है और ख़ुद बच्चों को पढ़ाने लग जाता है। लेकिन वह कुछ पढ़ा नहीं पा रहा है। तभी क्लास से बाहर बाघ दिखाई देता है। बच्चे भाग खड़े होते हैं। वह भी भागने लगता है। भागते हुए बालाजी मन्दिर में घुस जाता है। मन्दिर में कीर्तन चल रहा है।

तबलावादक गायब है इसलिए वह तबला बजाने लगता है। भजन गानेवाले उसे देखकर ठठाकर हँस पड़ते हैं...।

सयाजी की नींद खुल गयी। उसने आँखें खोलकर देखा तो जाम्भुलगाँव अभी दूर था। दुबारा उसने आँखें मुँद लीं। फिर से स्वप्न उसकी आँखों में उतर आया - उसे हवेली पर बुलाया गया है। वह विधायक मैडम की मालिश कर रहा है। उनकी पीठ की मालिश कर रहा है। विधायक मैडम झुँझलाकर कहती है, "पेट की मालिश करो।" विधायक मैडम का पेट देखकर उसे हँसी आती है। मैडम उसे लात मारकर दुत्कार देती है। अब वह बन्दर बन चुका है और उछलते हुए कूद लगा रहा है। बच्चे उसके पीछे पड़ गये हैं। वह पेड़ पर चढ़ जाता है। बच्चे उस पर पत्थर-ढेले फेंकने लग जाते हैं। वह एक घर की छत से दूसरे घर की छत पर कूदता हुआ अपने घर के आँगन में पहुँचता है। वहाँ पर उसे खूँटे से भूरी गाय बँधी हुई नज़र आती है। भूरा बछड़ा उसके थन से दूध पी रहा है। गाय देखकर वह ख़ुशी से भर जाता है।

दुबारा आँख खुली तो गाँव आ चुका था। गाड़ीवान ने बैलगाड़ी रोक दी। वह हनुमान के चौतरे के समीप उतर गया। स्वप्न भूलकर घर की राह पकड़ ली।

सयाजी अपनी ही धुन में चला जा रहा था। अचानक सामने से शोर और गहमागहमी सुनाई दी। उसने देखा कि रास्ते में अच्छी-खासी भीड़ जुटी है। आगे बढ़कर कुछ सुध ली। देखा कि गोपा महार के बेटे दीपा को बुरी तरह से पीटा जा रहा है। यशा, वशा और सुरा की टोली उस पर लात-घूँसे चला रही है। दीपा चिल्ला रहा था। रो-रोकर वह माफ़ी की गुहार लगा रहा था। लेकिन उन चारों पर जैसे ख़ून सवार था। उन्होंने दीपा को नीचे गिराया। तुका ने गरजते हुए कहा "स्साले, दो कौड़ी के महार, गले में सोने की माला पहनकर घूमता है। इतनी अकड़? हम पर अमीरी झाड़ता है? गले में काला धागा बाँधने की जगह सोना बाँधकर ऐंठते हो? इस भडुए को आज उसकी औकात दिखानी ही होगी। मारो स्साले को!" सभी दीपा पर टूट पड़े। तमाशाई बनी भीड़ साँप-गरुड़ की बाज़ी की नाईं दीपा की मौत का तमाशा देख रही थी। सुरा ने दीपा को उठाकर नीचे पटका। वशा ने उसके पेट पर जमकर लात-घूँसे चलाये। यशा ने पट्टे से उसकी गर्दन पर वार किये। फिर यकायक तुका ने रास्ते पर का पत्थर उठाया और बिना कुछ सोचे उसके सीने पर दे मारा। यह अन्तिम प्रहार था। धीरे-धीरे दीपा का आक्रोश थम गया। उसकी हलचल रुक गयी। वह अचेत होता चला गया और कब उसके प्राण-पखेरू उड़

गये पता ही नहीं चला। तुका फिर भी उन्माद से भरा था। वह लगातार उसकी लाश पर लातें चला रहा था। सयाजी कुछ देर तक ठिठका रहा और रास्ते के बगल से निकल गया। उसने दूजा रास्ता पकड़ा और घर की तरफ़ हो लिया।

जब घर पहुँचा मवेशी चरकर आ चुके थे। जानवरों को खूँटे से बाँधकर दुर्गा उसकी बाट जोहती देहरी में ही बैठी हुई थी। सयाजी को देखा तो वह झट से उठ खड़ी हुई। भीतर जाकर पानी का लोटा ले आयी और पति के हाथ में थमा दिया। सयाजी ने मुँह पर पानी के छींटे मारे और चारपाई पर बैठ गया। दुर्गा उत्कंठा से भरी उसके चेहरे को ताकने लगी।

''क्या हुआ?'' दुर्गा ने पूछा।

''विधायक मैडम जी आयी थी।'' सयाजी ने कहा।

''कहाँ पर?'' दुर्गा कुछ समझ नहीं पायी।

''स्वप्न में!'' सयाजी ने कहा।

''भूरी का क्या हुआ?'' दुर्गा ने अधीर होकर पूछा।

''कसाई ने काट डाला उसे।'' सयाजी ने कहा तो दुर्गा जैसे सन-सी रह गयी। वह वही पर धँस गयी। फिर तो उसकी ऐसी रुलाई फूटी कि पास-पड़ोस की औरतें जमा हो गयीं। सयाजी सिर थामे बैठा रहा। फिर जैसे तन में प्राण न हो ऐसी आवाज़ में उसने कहा, ''हमारी गैया को कोई बाघ-वाघ नहीं उठाकर ले गया है। रामकृष्ण महन्त ने कसाई को बेच डाला मेरी भूरी को!'' सुनकर वहाँ पर जमा औरतों को जैसे काठ मार गया। फिर बात को जैसे सुना ही नहीं इस तरह सभी एक-एक कर वहाँ से खिसक गयीं।

सयाजी दुर्गा की तरफ़ मुड़ा और उससे कहने लगा, ''रो मत दुर्गा! अगर ऐसे रोओगी तो लोग जमा हो जायेंगे। नाहक बातें बनायेंगे।'' वह भी जैसे समझदारी से भरी हुई-सी उठ खड़ी हुई और चुपचाप भीतर चली गयी। सयाजी निष्प्राण बना चारपाई पर बैठ गया। ''जिसने जान ली है उसे कोई नहीं कुछ कहता है। सभी उससे डरते हैं। जो जान छिड़कता है उस बाला को सभी प्रताड़ित करते हैं!'' उसके भीतर न जाने क्या उमड़ने-घुमड़ने लगा। मन में करुणा जगने लगी। इन्सानियत के भावों ने उसे भीतर-बाहर से कोमल बना दिया। आँखों में आँसू उभर आये। उसे लगा कि तुरन्त बाला से मिलना चाहिए। उसके कान पर यह बात डालनी होगी। उसे सावचेत करना होगा। बेचारा नाहक ही भूरी को ढूँढ़ता हुआ अपनी जान गला रहा है। मैंने बिना वजह उस पर शक किया।

सयाजी ग्लानि और पछतावे से भरा हुआ बैठा रहा। बच्चे अनाथों की भाँति आँगन में गुमसुम बने बैठे रहे।

दुर्गा उसके लिए चाय बनाकर ले आयी। फिर भीतर जाकर उसने चूल्हे में आग जला दी। चाय पीकर सयाजी बाला के घर जाने के लिए उठ खड़ा हुआ। वह बहुत थका हुआ था, लेकिन बाला को वह हर हालत में मिलना चाहता था।

रास्ते में उसने देखा कि पास-पड़ोस की स्त्रियाँ जमघट बनाकर खुसर-पुसर बतिया रही हैं– "हें, क्या सयाजी का दिमाग़ घूम गया है? लगता है, बौरा गया है। महन्त के बारे में ऐसी बातें? राम राम!" लेकिन सयाजी को आता हुआ देख सभी सावचेत हो गयी। एक ने होशियारी से बातों का सिरा मोड़ते हुए कहा, "चलो री, बालाजी मन्दिर जाना है कि नहीं? काके बाजा अच्छा बजाने लगा है।" औरतें चंट थीं। सयाजी बिना कुछ कहे गर्दन नीची किये आगे निकल गया। उसके दूर होते ही सभी फिर से अपने रंग में आ गयी, "आजकल इसका महार टोले में आना-जाना बढ़ गया है। लगता है, बाला की घरवाली पर तबियत लहरा गयी है। बाला की लुगाई नाकनक्श में कम थोड़े ही है।" औरतें ठिठोली पर उतर आयी थी। सयाजी ने उन्हें अनसुना कर दिया और आगे बढ़ गया।

जब वह महार टोले में पहुँचा उसने देखा कि वहाँ का माहौल बड़ा गरमाया हुआ है। चारों ओर से उठते शोर से टोला गहमा उठा था। दीपा की लाश को टोले में लाया गया था। सभी चीख-चीखकर बातें कर रहे थे। दीपा की मौत की बात सुनकर सयाजी को गहरा सदमा लगा। महार आक्रोश से भरे हुए थे।

"दिनदहाड़े मार दिया दीपा को। पुलिस में रपट लिखवाओ। केस ठोको उन पर। उन्हें सज़ा होनी ही चाहिए।"

"दीपा का भी पूरा दोस था। क्या कोई गले में ऐसे सोना पहन कर घूमता है? छाती को खुला रखकर घूमोगे तो गाँव वालों की नज़र में चुभोगे नहीं? गाँव की मर्ज़ी के ख़िलाफ़ जाना ठीक बात नहीं है। जैसा करोगे वैसा ही भुगतोगे।"

"गले में सोना पहना। बस, इत्ती-सी बात पर ख़त्म कर देना होगा? यह सरासर ज़्यादती है काका।"

"महार को चाहिए कि वह गले में काला धागा बाँधे। यही रिवाज़ है।"

"अगर गाँव में रहना है तो गाँव से बैर अच्छा नहीं। गाँवदारी का शिकार होना पड़ेगा। सभी का अनाज-पानी बन्द हो जायेगा। जीना बेहाल हो जायेगा भैया!

गाँव से निकाला भी हो सकता है। एक महार की गलती से पूरी टोले को भुगतना होगा। किधर जायेंगे हम लोग?''

''सोलह आने सच कहा भाई! दीपा से भारी गलती हुई। उसे उसकी सज़ा मिल गयी। अब चुपचाप लाश को माटी दो और क़िस्से को ख़त्म करो। कह देना कि साँप ने डसा था सो मर गया। गाँव से बिगाड़ करना यानी मुसीबत मोल लेना है।''

''क्या बिगाड़ के डर से चुप रहेंगे दद्दा? आज एक को मारा है। कल किसी और की बारी आ सकती है। अब क़ानून हमारे हक़ में है। पुलिस में रपट लिखवाकर रहेंगे।''

''क़ानून-वानून कुछ नहीं होता है। पुलिस क्या कर लेगी? जन्या ने सरेआम कुल्हाड़ी से भैरो का धड़ अलग कर दिया था। क्या हुआ? साफ़ बचकर निकल आया। कौन हमारे हक़ में बात करेगा ? साँप की पूँछ पर पैर रखने में अपना ही नुक़सान है। गाँव से ना ही उलझो तो ठीक है।''

''अपने-आप पर क़ाबू रखो छोरो! बलवा ठीक नहीं है। हमने पूरी उम्र भोगा है। ख़ूब मार-पिटाई सही है। हमारी औरतों पर जुलुम होते देखा है। किसी का झोपड़ा फूँक दिया। किसी का खेत छीन लिया। यह नया थोड़े ही है। पीढ़ियों से हम पर अनाचार होता रहा है। हमारे करम में ही लिखा हुआ है यह सब। किस से अपना दुखड़ा रोये? नसीब का खेल है। उन लोगों से लगना ठीक नहीं है। उठो, दीपा की लाश को मिट्टी देने की तैयारी करो। गोपा का एक बेटा मर गया। दूजा भी तो है। बात बढ़ेगी तो उसकी भी जान आफत में पड़ सकती है। सोचो-समझो। हमने अपने बाल यूँही सफ़ेद नहीं किये हैं। गाँव मक्कार है। लोग काँइयाँ हैं। उनसे ना ही उलझो तो अच्छा है। मैं हाथ जोड़ता हूँ तुम सबके आगे।''

''जुलम सहना ग़लत है काका। जुलम के ख़िलाफ़ खड़ा होना होगा। जो होगा, देखा जायेगा। कितने दिन ऐसे डर-डरकर रहेंगे?''

''यही हमारे हित में है छोरो। मेरी सुनो, किरिया-कर्म की तैयारी करो।''

महारों की पंचायत उठ गयी। सभी की राय से यही तय हुआ कि जल्द से जल्द दीपा का दाह-संस्कार निबटा दिया जाये। सभी गोपा के घर की तरफ़ जाने के लिए निकले। बाला ने अपने घर का रुख किया तभी उसके कानों पर सयाजी की आवाज़ आयी। क्षण भर के लिए वह थर्रा गया। फिर रुक गया। अचानक सयाजी को लगा कि महन्त का नाम लेना ठीक नहीं होगा। उसने बाला से कहा, ''बाला, भूरी को ढूँढ़ना बन्द कर दो। गैया को बाघ उठा ले गया है। मैंने पंडत से बात की।

उसने पंचांग खोलकर बताया है। मैं गया था बुरहानपुर के पंडत के पास। अब बाघ के ख़िलाफ़ कैसी तकरार? कल तुम घर पर आ जाना और बछवे को लेकर चले जाना। उसे देखता हूँ तो भूरी की याद आती है। उसे अपने पास रखो। अब तुम ही उसकी देखभाल करो।'' सयाजी का गला रुँध आया था। उसने बड़ी सफ़ाई के साथ महन्त का नाम छुपा लिया था। आखिर में यही उसके हित में था। बेशक वह इतनी दुनियादारी जानता था। बाला ने भी गर्दन हिलाकर हामी भर दी। तभी दीपा की माँ भागी दहाड़ मार-मारकर रोने लगी। उसके आक्रोश से पूरी टोले काँप उठी।

''दीपा को साँप ने डसा है। चल बसा बेचारा। उसकी मिट्टी पर जाना होगा। कल आता हूँ। आपका बड़ा उपकार है मालिक। कैसे इससे उरिन हो पाऊँगा।'' बाला ने गद्गद होकर कहा और घर की तरफ़ मुड़ गया। सयाजी वहीं से घर के लिए लौट गया।

रास्ते भर सयाजी महारों के विषय में सोचता रहा। उसे लगा कि महार घुट-घुटकर जी रहे हैं। अगर प्रतिरोध की सामर्थ्य ना हो तो जुलम सहन करने की आदत डालनी पड़ती है। इस जुलम की धार कहीं चीरकर ना रख दे, जीवन का रस सोख न ले इसलिए जुलम को करम जैसा चिकना-चुपड़ा नाम देना पड़ता है। नसीब पर सबकुछ छोड़ देनेवाले अपने विवेक का क़त्ल कर देते हैं। सयाजी उद्विग्न हो गया। 'क्या वे महार हैं इसलिए उनपर जुलम हो रहा है? नहीं, ऐसा नहीं है। मेरे साथ क्या हुआ? मैं गरीब मराठा हूँ। कुणबी हूँ। कितनी आसानी से मेरी गाय को भी कसाई को बेच दिया गया। जुलम दुबले आदमी पर होता है। दुबला, असहाय आदमी शोषण का सार्वजनिक केन्द्र होता है।' विचारों में डूबा सयाजी घर की तरफ़ बढ़ रहा था। दीपा की सरेआम हत्या से अन्याय का भीषण हिंसक रूप उसकी समझ में आने लगा था। महन्त की जगह उसने बाघ का नाम लिया था। बाघ एक इन्सान को ख़त्म करता है; इन्सान पूरे वंश का सफाया कर सकता है। मनुष्य से बड़ा कोई हिंसक नहीं है। इसीलिए तो वह डर गया। महन्त का नाम ज़ुबान पर नहीं ला पाया। ज़ुबान को जैसे ताला जड़ गया था। रास्ते में उसे दयाराम मिला। दयाराम ने उसे रोका। इधर-उधर देखा और कहा, ''सुनो सयाजी, तुम्हारी समझदारी इसी में है कि तुम चुप ही रहो। महन्त के ख़िलाफ़ कुछ भी ऐसा-वैसा ना कहो। तुम मेरे निकट के हो इसलिए कह रहा हूँ। महन्त हवेली का पिछलग्गू है। हवेली के तलुवे चाटता है।'' सयाजी आक्रोश से भरा हुआ था ही, तिनक कर उसने कहा, ''नेता चापलूसों पर राज करते हैं और चापलूस हम पर!''

"इसे ही लोकतन्त्र कहते हैं मेरे भाई।" दयाराम ने तंज़ कसा।

"जो तुम कहते हो वही करूँगा। वही करना होगा।" सयाजी ने दयाराम को सैल्यूट ठोका और तिलमिलाता हुआ घर की तरफ़ निकल गया।

आज़ादी के क्या मायने हैं? दीपा महार का गले में सोना पहनना या महार का मराठों की तरह मूँछें रखना? या महन्त के डर से दुम दबाकर भाग जाना? कई-कई सवालों से घिरा सयाजी घर पहुँचा। इधर दुर्गा भी परेशान थी। चील जब घोंसले के इर्दगिर्द चक्कर काँटने लगती है तब पंछी की जो हालत होती है, इसी अवस्था से वह गुज़र रही थी। दुर्गा को जो भय सता रहा था, वही भय गौतम की माँ भागी को भी साल रहा था। दोनों किसी अज्ञात भय के नीचे कुचल-सी गयी थीं। कितनी निर्ममता से दीपा को मार दिया गया था। किसी ने कुछ नहीं कहा। महन्त ने सयाजी की गाय को कसाई के हाथों बेच दिया। लोग दबी ज़ुबान में बात करने लगे थे। गोमाता को कसाई को बेचना महापातक है। लोग बहस कर रहे थे। जन्या और उसकी चौकड़ी का सिरदर्द बढ़ गया था।

चारों ने गोपा महार का रास्ता रोका हुआ था। गोपा अडिग खड़ा था। उसका मज़बूत डीलडौल पाषाण की नाईं कठोर प्रतीत हो रहा था। गोपा का तनकर सीधे खड़ा रहना उन चारों को चुभ गया। महार चुप बैठा है, विनती-चिरौरी नहीं कर रहा है यह देखकर चारों अचम्भे में पड़ गये। गोपा का घृष्टता से खड़े रहना उन्हें किसी चुनौती से कम नहीं लगा। रास्ते जाते आदमी को बिलावजह अड़ंगा लगाना, उसे धमकाना अपने ही गले की फाँस बन सकता है, पहली बार इस विचार ने यशा के मन को छुआ।

"हमने दीपा को नहीं मारा। वह उसकी मौत से मरा है। पुलिस में तकरार की तो हमसे बुरा कोई नहीं होगा। कोई रार नहीं चाहिए। ध्यान रखियो।" यशा ने धमकाया।

"हम काहे तकरार करेंगे मालिक।" गोपा ने कहा।

"इस गाँव में रहना है तो गर्दन नीची कर रहना होगा। कोई अकड़ नहीं चलेगी। ध्यान रहे, चुप रहना होगा। नज़रें नीची रहें। आवाज़ नीची रहे। वरना दीपा की जो दुर्गत हुई, समझे?" वशा ने कहा।

"मेरे बेटे की हत्या कर दी गयी सरेआम। उसका क्या अपराध था?" गोपा ने रुँधे गले से पूछा।

"हत्या नहीं हुई। दंड दिया गया है।" तुका ने गुर्राकर कहा।

''गले में सोने का ताबीज़ पहना इसलिए मार डाला? वह तो नकली था। खरा सोना भी नहीं था।'' गोपा की रुलाई फूट पड़ी।

''सवाल करते हो? सवाल पसन्द नहीं है हमें। कहे देते हैं। महारों को चाहिए कि गले में काला धागा बाँधकर चलें। क्या भूल गये? हमें चुनौती दोगे तो यही होगा। बहुत गर्मी ना दिखाओ। नीच जाति के हो, अपनी औकात में रहो।'' तुका ने गुर्राकर कहा।

''नया ख़ून है मालिक। छोरे जवान हो रहे हैं।'' गोपा ने घुटी आवाज़ में कहा।

''धर्म की रक्षा के लिए हम हैं। धर्म की रक्षा हमारा काम है। गाँव के ख़िलाफ़ जाने की इतनी जुर्रत? कह देना अपने छोरों से। अपनी हद में रहें, वरना बहुत महँगा पड़ सकता है।'' अब की बार दिलीप ने मुँह खोला।

''तुम बहुत टेस ना दिखाओ गोपा। गाँव में मातंग टोला भी है हमारी खिदमत के लिए। साँप का मुँह कुचलना हमें ख़ूब आता है। दीपा के बाद अब बाला महार की बारी है। तुम चाहो तो तुम्हारी बारी पहले आ सकती है।'' वशा ने मुस्कुराकर कहा।

''महार का पहला धर्म है कि वह ईमानदार बना रहे। महार वह है, जो गर्दन नीची कर काम करे। उठ कहने से उठे, बैठ कहने से बैठ जाये!'' यशा ने तनकर कहा।

गोपा उनके पैरों में बिछ गया। जन्या ने उसे रास्ता दे दिया तो वह दुम दबाकर भागते कुत्ते की नाईं निकल गया। जन्या ने तिनक कर कहा, ''यह गाँव स्साला चुतिया गया है। महारों को सिर चढ़ाकर रखा हुआ है। सभी हिजड़े बने बैठे हैं। क्या हमीं ने ज़िम्मा लिया है कि सब को सबक सिखाते फिरें? उस मास्टर को विधायक मैडम का भाषण लिखने के अलावा कोई काम नहीं। पढ़ाता-वढ़ाता भी है या नहीं? कौन पूछेगा? हनुमान के चौतरे का क्या हुआ? कब से पटिया लाकर रखी हुई है। साल हो गया। लेकिन आगे क्या? गाँव में बाघ आ चुका है। क्या किया जा रहा है? उधर वह बाला महार मूँछें रखे अकड़ता फिरता है। उसका क्या? महन्त को नाहक परेशान किया जा रहा है। उसका क्या? क्या सब की चिन्ता हमें ही पालनी होगी? यहाँ स्साले सभी नामरद बनकर बैठे हैं। इस गाँव से मुझे अब कोई उम्मीद नहीं रही।'' जन्या का ग़ुस्सा सातवें आसमान पर चढ़ने लगा था। आज उसने हवेली पर भी सवाल खड़े किये थे। इसलिए चारों दुविधा में पड़ गये।

तुका ने बात का सिरा मोड़ कर कहा, ‘‘चलो, महन्त के पास चलते हैं।’’ दिलीप और वशा ने काम का बहाना किया और वहाँ से चलते बने। जन्या ने पूछा, ‘‘क्या वे अभी मठ पर होंगे? ’’

‘‘चलो, देख आते हैं। क्या हर्ज है? वैसे भी यहाँ हमें कौन-सा ज़रूरी काम है।’’

एक बार मठ में जाओ तो आधा दिन निकल जाता है, यह कहते हुए दिलीप और वशा ने मना कर दिया और वहाँ से चलते बने। जन्या और तुका ने मठ का रुख कर लिया। यशा चौतरे पर बैठा रह। तुका जन्या के साथ इतराता हुआ अपनी रौ में चल रहा था। नदी की तरफ़ आवाज़ाही करनेवाले लोगों ने दोनों को देखा तो उनकी त्यौरियों पर बल पड़ गये। जन्या और तुका अपनी मस्ती में चल रहे थे।

‘‘गाँव में सबसे सुन्दर औरत कौन है?’’ जन्या ने चटक आवाज़ से पूछा।

‘‘दुर्गा।’’ तुका ने उत्साह से भरकर कहा।

‘‘मदने मास्टर जी की घरनी के बारे में क्या ख़याल है?’’ जन्या रोमांचित हो उठा।

‘‘उसका रंग गोरा है। नाज़ुक है। लेकिन सुन्दरता में दुर्गा आगे है।’’ तुका मुस्कुराया।

‘‘वह मुझे घास भी नहीं डालती है।’’ जन्या ने कहा।

‘‘लड़कियों में दीना की बेटी बहुत सुन्दर है। दयाराम की बेटी भी कम नहीं है। सभी स्कूल जाती हैं। स्कूल के रास्ते पर रुको तो सभी दिख जाती हैं। मातंग की धानी भी ललछौंही है। वह मेमने चराने जाती है। महार की कानी भी ग़ज़ब की है। घर पर ही रहती है। छोटे भाइयों को सँभालती है।’’ तुका उत्तेजना से भर गया था।

‘‘बड़ा चटखारेदार ख़ज़ाना है बे तेरे पास!’’ जन्या ने उसे छेड़ते हुए कहा।

‘‘औरतों को देखना सुख से भर देता है मुझे।’’ तुका ने गहरी साँस लेकर कहा।

‘‘ कोई पटी या नहीं अभी तक?’’ जन्या ने ठिठोली की।

‘‘अभी तक तो नहीं। लेकिन नयन-सुख मिल जाता है।’’ तुका ने खींसें निपोर कर कहा।

‘‘देखना, दयाराम की बेटी बड़ी होने पर बहुत सुन्दर दिखेगी।’’ जन्या ने कहा।

‘‘उसकी अपेक्षा महारों की कानी लचीली है।’’ तुका को जैसे गुदगुदी हो रही थी।

दोनों ने नदी को लाँघा। नंगे पैरों को रेती गुदगुदा रही थी। महारों के घाट पर कोई नहीं था। धनगरों का पनघट भी सूना पड़ा था। गाँव के पनघट पर चूड़ामण तेली की घरवाली तारी कपड़े धो रही थी। महादेव शिम्पी की घरवाली शान्ति पानी के कलसे ढो रही थी। शान्ति अच्छा गाती थी। गाँव की भजन-मण्डली की वह मुख्य गायिका थी।

''शान्ति और काके का चक्कर चल रहा है। काके बाजा अच्छा बजा लेता है। शान्ति गाती है। दोनों की साँठ-गाँठ है लोग बातें करते हैं।'' तुका मज़े लेकर सुना रहा था।

''बहुत जानता है बे तू!'' जन्या मुस्कुराया।

''काके और काकी के बीच रोज़ खींचातानी चलती रहती है। इसलिए पता चल जाता है।'' तुका ने कहा।

''काके अपनी गृहस्थी को अपने हाथों से फूँक रहा है। अपनी लुगाई को छोड़कर किसी दूजी लुगाई के पीछे भागना ठीक नहीं है।'' जन्या ने कहा।

''दीना और दयाराम की छोरियाँ सहेलियाँ हैं। दोनों खिलाड़ी हैं। एक वेटलिफ्टर है, दूजी भाला फेंकती है। पढ़ाई भी दोनों मिलकर करती हैं। मेरे घर के सामने से ही होकर गुज़रती हैं।'' तुका ने जानकारी में इज़ाफ़ा किया।

''लाइन देती है या नहीं?'' जन्या ने छेड़ते हुए पूछा।

''कविता कुछ हँसोड़ है। कभी-कभार बात कर लेती है। मज़ाक़ भी कर लेती है। लेकिन शीला घुनी है। बातचीत तो बहुत दूर की बात, देखते ही मुँह फेर लेती है।'' तुका ने कहा।

''यह शीला दयाराम की बेटी है न? मैं जानता हूँ उसे। नीचे देखकर चलती है। ज़रा भी इधर-उधर नहीं।'' जन्या ने कहा।

''अच्छी खिलाड़ी है। वेटलिफ्टिंग में अव्वल आयी है। पढ़ाई में भी अच्छी है।'' तुका ने कहा।

तुका और जन्या तराई से होते हुए मठ की तरफ़ बढ़े। मठ में पहुँचे तो पाया कि महन्त कहीं बाहर गये हुए हैं।

महन्त के कानों पर सयाजी की धृष्टता आ चुकी थी। वह उसी से मिलने उसके घर गये हुए थे। महन्त को सयाजी के आँगन में देखा तो पास-पड़ोसवालों के कान खड़े हो गये। आज तो भैया मुफ़्त का तमाशा देखने को मिल जायेगा! अब महन्त सयाजी को ख़ूब आड़े हाथों लेंगे। पडोसी उमंग से भर गये।

ताकझाँक के बहाने ख़ूब आवाज़ाही होने लगी। अब उन्हें महन्त के बाहर आने का इन्तज़ार था। एक बार महन्त के दर्शन हो जायें तो फिर अपने-अपने घरों में चलें!

लेकिन किसे पता कि इधर गंगा विपरीत दिशा में बह रही है। महन्त सयाजी के सामने सफ़ाई देने में जुटे हुए थे– ''साथ-साथ पले-बढ़े हैं हम सयाजी। इस घर का नमक खाये हैं! यही पर खेले-कूदे हैं। क्या तुम सब भूल गये? कभी एक ही थाली में खाना खाये हैं हम।''

''मेरे मन में तुम्हारे लिए कोई कलुष नहीं है।'' सयाजी ने दो टूक कहा।

''तुम्हारी गाय को कोई बाघ-वाघ नहीं उठाये हैं। बुरहानपुर के कसाई ने काट डाली तुम्हारी गाय। हम क्या जानते नहीं हैं। ईश्वर के सेवक हैं। तुम्हें नेम-धर्म, ईश्वर में विश्वास न होगा भैया, लेकिन हम तो उसके बनाये रास्ते पर चलते हैं। अब लोग मेरा नाम उछालेंगे, कसाई को बहला-फुसलाकर मेरा नाम आगे करेंगे। इसका मतलब जानते हो? तुम्हारे मेरे बीच दीवार खड़ी की जा रही है। बात को समझो सयाजी। मेरा कलेजा तो दुःख से फटा जा रहा है राम राम! '' महन्त ने कहा।

''कसाई को किसने गाय बेची?'' सयाजी ने पलटकर पूछा तो महन्त सकपका गये, ''मैं ख़ुद इसकी पड़ताल करूँगा चुप नहीं बैठनेवाला हूँ। आख़िर सच्चाई कब तक छुप सकती है।''

''मेरे मन में कोई खार नहीं है।'' सयाजी ने उठते हुए बात को ख़त्म करना चाहा।

''सारा गाँव कहता है कि मैं हवेली के आश्रय से बड़ा हुआ हूँ। लेकिन मैं लोगों से कहता हूँ, न, न! मुझे तो सयाजी की माई ने बड़ा किया है जी!'' महन्त ने अज़ीज़ी से कहा।

महन्त का काम हो गया था। सयाजी के घर से वे बाइज्जत निकल गये। दुर्गा भरी हुई थी। उनके जाते ही वह झल्ला उठी, ''यह कलमुँहा कपट से भरा है। पहले हमारे घर में ताकझाँक करता रहा। तुम्हारे भाई का क़त्ल होने के बाद इस मुँहजले की पूरी नज़र थी मुझ पर। मैं मठ जाती थी। जन्या को फाँसी हो इसलिए मैंने बिना नागा किये पूजापाठ किये। व्रत रखे। जन्या छूटकर आ गया तो मैंने मठ जाना बन्द कर दिया। मठ जाती थी तब एक बार इस कपटी ने मेरा हाथ पकड़ लिया था। उसके मन की खोट क्या मैं जानती नहीं? यह तुम्हारा भी घात करेगा एक दिन ध्यान में रखियो! '' दुर्गा ग़ुस्से से भरी हुई थी। उसका बस चलता तो महन्त का मुँह नोच लेती। लेकिन महन्त चुपचाप खिसक लिए थे।

महन्त को सयाजी के घर के बाहर पड़ा देखा तो आसपास जमा औरतें लपकती हुई चली आयीं। सभी ने माथे पर आँचल धरा और श्रद्धा से भरी उनके चरणों में झुक गयी। महन्त ने आशीर्वाद के लिए अपने हाथ उठाये और आवाज़ में मिठास भरकर कहा, ''मठ में आया करो आरती के लिए!'' महादेव शिम्पी की घरवाली शान्ति बहुत भावुक हो उठी थी। कहने लगी, ''घर-गृहस्थी से फ़ुरसत कहाँ मिलती है महन्त! बच्चों की देखभाल, चारा-सानी, खेती-बाड़ी के काम। क्या करें। आप ही आते रहिएगा!''

महन्त ने झोले से मिश्री निकाली और औरतों के हाथों पर धर दी। औरतों ने प्रसाद समझकर भगति-भाव से मिश्री को ग्रहण कर लिया। महन्त आगे हो लिये। रास्ते में उन्हें मदने मास्टर जी आते हुए दिखाई दिये। मदने मास्टर जी ने उन्हें प्रणाम किया और एक ओर खड़े हो गये। ''कैसे हो मदने मास्टर जी? बच्चों के सामने मेरा जिकर करते रहियो! बच्चों पर अच्छे संस्कार होना ज़रूरी है।'' मदने मास्टर जी ने तपाक से गर्दन हिलाते हुए हामी भर दी। महन्त ने ख़ुशी से भर खींसें निपोरीं और कहा, ''बच्चों के मन में बाघ के प्रति डर पैदा करो। देखना, सभी का रास्तों पर छुट्टा घूमना बन्द हो जायेगा। बाघ के डर से घर में दुबके रहेंगे। ख़ूब मन लगाकर पढ़ाई करेंगे।'' महन्त अपना ज्ञान बघार रहे थे। उन्हें अपने घर के सामने देखा तो दिलीप भी दौड़ा-दौड़ा चला आया। महन्त के दर्शन लिए और एक ओर खड़ा हो गया।

''जन्या और तुका आपसे ही मिलने मठ गये हैं महन्त!'' दिलीप ने कहा।

''मैं जानता हूँ सब! मेरी अन्तर्दृष्टि में सब साफ़ है!'' महन्त ने कहा।

''ऐसे कैसे?'' दिलीप ने पूछ ही लिया।

''अरे भाई, महन्त सर्वज्ञानी हैं। वे महन्त हैं। ईश्वर के कृपापात्र हैं। सब जानते हैं!'' मदने मास्टर जी ने श्रद्धा से नतमस्तक होकर कहा।

''किसकी मृत्यु कब और कैसे होनेवाली है, जमीन के भीतर कहाँ पर जल है, कहाँ नहीं है, अगले वर्ष अकाल पड़ेगा या बारिश होगी, सब बता सकता हूँ मैं। मठ के बाग़ में आम का पेड़ है। उस पेड़ के आम खाने से बाँझ स्त्रियाँ भी बच्चे जनने लगती हैं। मेरे मंतर से लोगो की बीमारियाँ चुटकी भर में भाग जाती हैं। सब मेरे हाथ का परताप है। बाक़ी कुछ नहीं।'' महन्त ने कहा।

''चलता हूँ महन्त'' कहकर मदने मास्टर जी निकल लिये। दिलीप हालाँकि सोच में डूबा खड़ा रहा। यह महन्त जैसा दिखाई देता है, वैसा नहीं है। इस विचार ने जैसे उसे कुछ महसूस करवाया।

लेकिन महन्त हँसते हुए सीवान की तरफ़ बढ़ लिए थे। उन्होंने मठ का रास्ता पकड़ लिया था। अपनी ही सोच में डूबे वे चल रहे थे कि यकायक उन्हें सामने से कुछ पुलिसकर्मी आते हुए दिखाई दिये। वे चौंक गये। पुलिस की नज़रों ने उन्हें हेर लिया था। वे सोच ही रहे थे कि आगे बढ़ें या पीछे लौट जायें, पुलिस ने उन्हें आ घेरा। उनके चेहरे की रंगत उड़ गयी। पुलिस की पैनी नज़र को टालना आसान नहीं था। वे तीन थे। तीनों ने उन्हें घेर लिया। महन्त बुरी तरह से सकपका गये।

"क्यूँ महन्त, डर गये! भागना चाहते थे।" एक पुलिसवाले ने मुस्कुराकर कहा।

"मैं महन्त हूँ। मठ सँभालता हूँ। कोई चोर नहीं हूँ।" महन्त ने बिदककर कहा।

"अच्छा! चोर नहीं हो? फिर क्या हो?" दूसरे की खनकती आवाज़ उभरी।

"मैं मठाधीश हूँ।" महन्त ने ज़ोर देकर कहा।

"मठाधीश हो या और कुछ। हमें तो इनाम से मतलब है।" तीसरे ने गरजते हुए कहा।

"कैसा इनाम?" महन्त ने पूछा।

"देखो, मेरा नाम बाजीराव है। यह चिमाजीराव और यह है तानाजीराव। हम तीनों को इनाम चाहिए। वरना तुम जानते नहीं हो कि कभी भी गिरफ़्तार हो सकते हो। हमें ख़बर लग चुकी है कि तुमने क्या किया है। हमारे पास तुम्हारी गिरफ़्तारी का आदेश है।" एक पुलिसकर्मी ने घुड़कते हुए कहा।

"जो चाहिए वो ले लो साब। लेकिन भरे बाज़ार में इस तरह से इज़्ज़त तो मत उछालो!" महन्त रुआँसे हो गये।

"भरे बाज़ार मुँह पर कालिख पोतकर तुम्हें घुमा भी सकते हैं। समझते क्या हो? अपनी खैरियत चाहते हो तो हमसे ऐसा-वैसा कुछ न करवाओ। पता है न..." पहले ने कहा।

"नहीं नहीं। पता है!" महन्त रिरियाने लगे थे।

"हम पड़ताल करने आये हैं। तुम्हारे ख़िलाफ़ शिकायत दर्ज हुई है। पूरी तैयारी के साथ आये हैं। एक-एक की कलाई खोल सकते हैं! जो चाहे कर सकते हैं। बता दे?" दूसरे ने कहा।

"हजूर, सभी बातें क्या यही रास्ते पर ही करनी होंगी?" महन्त ने हिम्मत जुटाकर कहा।

“फिर? कहाँ पर करनी होंगी महन्त? तुम्हीं कहो। कह दो, कह दो! डरो मत। समय नहीं है हमारे पास। जो पता है, जल्दी-जल्दी उगल दो। हम चेहरे से सूँघ लेते हैं। नज़र को पढ़ सकते हैं। उज्जड़ गँवार नहीं हैं। पुलिसवाले हैं। ऊपर से आदेश लेकर आये हैं। डंडे का स्वाद पता है?”

“मैं आपको सब देता हूँ। लेकिन आवाज़ नीची रखो।” महन्त घबड़ा गये।

“सब से क्या मतलब है?” पुलिसकर्मी ने पूछा।

“जो चाहोगे सब दूँगा।” महन्त ने कहा।

“तुम्हारे पास जो है सब दोगे?” पुलिसकर्मी की बांछें खिल गयी।

“हाँ हाँ सब दूँगा।” महन्त के लिए कोई चारा नहीं था।

“सब लेंगे तभी यहाँ से हटेंगे। वरना हथकड़ी तैयार है।”

“नहीं नहीं हथकड़ी नहीं मालिक। सब देने को तैयार तो हूँ।” महन्त ने कहा।

“खाली हाथ नहीं जा सकते हैं। आदेश है।”

“क्यूँ बदनामी करने पर तुले हो हजूर? कह तो रहा हूँ। लोग-बाग़ देखेंगे तो मिट्टी पलीद हो जायेगी।” महन्त ने गिड़गिड़ाते हुए कहा।

“कौन तुम्हारी बदनामी कर रहा है। ज़रा हम भी तो सुनें।” पुलिसवाले का रुख बदला।

“सयाजी मेरे पीछे पड़ा हुआ है। उसी ने शिकायत की होगी। मैं महन्त हूँ। सब जानता हूँ।”

“सयाजी ने किसलिए शिकायत की होगी?” पुलिसवाले ने पूछा।

“वह मेरी बदनामी करता है।” महन्त ने कहा।

“देखो, पूरा मामला समझाओ। हमें रिपोर्ट तैयार करनी होगी। करना पड़ा तो सब करेंगे। सयाजी को भी गिरफ़्तार कर सकते हैं। पुलिसवाले हैं। हथकड़ी ठोंक कर ले जायेंगे।” पुलिसवाले ने कहा।

“इस सयाजी ने मुझे बहुत सताया हैं।” महन्त को आशा की किरण नज़र आयी।

“बहुत यानी कितना? क्यूँ सताया? किस तरह से सताया? कब? कहाँ पर? सब कुछ बताना होगा। बिना बताये सच की तह तक नहीं जा सकते। हम सच जानने के लिए ही आये हैं। किसी से डरते नहीं हैं। पुलिसकर्मी हैं। अपने अधिकारों को जानते हैं। समय पर उनका उपयोग करना भी जानते हैं। तुम समझदार मालूम होते हो। तुम्हें पता होना चाहिए।”

“मैं सारी स्टोरी सुनाता हूँ।” महन्त ने लपक कर कहा।

“सुनाता हूँ का क्या मतलब? सुनाना होगा। एहसान थोड़े ही कर रहे हो। पुलिसी डंडे का मतलब जानते हो न? उसके बारे में शायद पता नहीं है तुम्हें।” पुलिसकर्मी ने झुंझलाकर कहा।

“पता है मुझे।” महन्त कम नहीं थे।

“स्टोरी शुरू कीजिए महन्त!” दूजे ने कहा।

“मैं इस सयाजी के घर ही पला-बढ़ा हूँ। मेरी माँ विधवा थी। सयाजी की माँ और मेरी माँ एक ही गाँव की थीं। दोनों में बहनापा था। सयाजी के भाई का क़त्ल हुआ। उसकी घरवाली दुर्गा का मठ में आना-जाना लगा रहता था बस, सयाजी ने उसके नाम के साथ मेरा नाम जोड़ दिया और मेरी इज़्ज़त धूल में मिला दी। इसलिए अब अच्छे घरों की स्त्रियाँ मठ में आती नहीं हैं। सयाजी अपनी भावज से, इस दुर्गा से ब्याह करना चाहता था। दोनों का ब्याह हुआ। लेकिन मठ का बहुत नुक़सान किया उसने। मैं अनुष्ठान के लिए उसकी गाय दोहता था। बिना पानी का खालिस दूध मिले, इसी भाव से मैंने उसकी गाय का दूध निकाला जी। अभिषेक के लिए पानी मिलाया दूध कैसे चलेगा? सयाजी ने फिर मेरे नाम को उछाला– ‘महन्त गायों का दूध चुराता है।’ लोग मेरी तरफ़ अजीब नज़रों से देखते हैं। सयाजी की गाय को बाला महार ने कसाई के हाथों बेचा। लेकिन सयाजी मुझ पर सन्देह करता है। फिर से मेरी बदनामी हुई है। पूरा नास्तिक है।” महन्त एक साँस में बोल गये।

“जब धुआँ निकलता है तो समझो कि कहीं न कहीं आग लगी हुई है! इसमें कुछ सार होगा। हम जाँच करेंगे। पता लगा लेंगे।” पुलिसवाले ने बेफिक्री से कहा।

“गाय बेचकर जो पैसे मिले थे, मैं आपके हवाले कर देता हूँ जी।” महन्त के मुँह से निकल गया।

“ये हुई न बात! ये है हमारे काम की बात। माल सामने रखो। गाय को कसाई को बेचो या बाघ के हवाले करो। हमें कोई लेना-देना नहीं है। हमें पैसों से मतलब है। ऊपर भी तो पहुँचाने होते हैं! हमारे ऊपर भी कोई बैठा है। जल्दी करो। समय नहीं है हमारे पास।” तीसरे पुलिसवाले ने कड़कती आवाज़ में कहा।

“मैं मठ में जाकर ले आता हूँ। तब तक रुकना होगा।” महन्त ने कहा।

“हम साथ में आते हैं। तलाशी लेना है।” पुलिस ने धमकाते हुए कहा।

महन्त पुलिस की धमकी से ऐसे काँप उठे कि पसीना-पसीना हो गये। पुलिस उन्हें साथ लिए मठ पहुँची। पुलिसकर्मी जल्दबाज़ी मचा रहे थे। महन्त ने अलमारी से नोट निकाले और उनके हाथों पर धर दिये। पुलिस ने उन्हें हाथोहाथ दबोच लिया और शीघ्रता से वह बाहर निकल गयी। जाते हुए कहा, ''अभी बहुत सारे काम करने हैं। आगे से सँभलकर रहना। एक बार माफ़ किया है। अगली बार कोई माफ़ी नहीं है। समझे?।'' और पलक झपकते ही वे सभी नौ -दो ग्यारह हो गये। महन्त की जैसे जान-में-जान आयी। मट की सीढ़ियों पर बैठकर उन्होंने राहत की साँस ली। चेहरे पर सन्तोष के भाव उभरे कि 'चलो, जान बची लाखों पाये!'

'दीपा महार को जान से मार डाला। पुलिस नहीं आयी। गाय को मारा, तुरन्त पुलिस हाज़िर!' महन्त अचरज में डूबे सोच रहे थे। 'महार की जान से गाय की जान का अधिक मोल है।' बुदबुदाते हुए उन्होंने उबासी ली।

तभी देखा कि जन्या और तुका सामने खड़े हैं। महन्त ने अपने-आपको सँभाला।

''हम तो कब से आये हुए थे महन्त! आप गाँव में गये हुए थे तो कुछ बेर अमराई में बिताय दिये।'' तुका ने उलसित होकर कहा।

''बहुत छान मारा कि एकाध तो आम हाथ लगे। चरवाहों को देखे हो? सालों ने एक आम तक नहीं छोड़ा है। बहुत मुश्किल से एक आम मिला। पत्तों के पीछे छुपा बैठा था।'' जन्या ने खींसें निपोरकर कहा। दोनों महन्त के समीप एक सीढ़ी पर बैठ गये।

''हम पेड़ पर चढ़कर आम ढूँढ़ रहे थे महन्त। तभी वहाँ से कुछ बहुरूपिये गुज़र रहे थे। उन्होंने हमें पेड़ से नीचे उतरने के लिए कहते हुए ऐसा धमकाया कि पूछो मत, ''आम चुरा रहे हो? चलो पुलिस थाने!' तुका ने नक़ल करते हुए कहा।

''क्या?'' महन्त की भंवें लिलार से सट गयी।

जन्या मुस्कुरा उठा, ''कुछ नहीं महन्त! जेहल में रहकर आया हूँ। पुलिस अपनी वर्दी में ना हो तो तुरन्त सूँघ लेता हूँ मैं। ये बभूचक असली थोड़े ही होते हैं। पुलिस की वर्दी में घूमते हैं। स्वाँग धरकर लोगों को डराते-धमकाते हैं और इनाम ऐंठते हैं। मैंने जैसे ही कहा कि जेल काटकर आया हूँ तो उड़नछू हो गये साले!'' जन्या ने बेफिक्री से कहा। ''मैं तो डर गया था भैया'' तुका ने हँसते-हँसते कबूला। महन्त के मन में खटका उठा, ''क्या वे तीन लोग थे?'' तुका ने उत्साह से भरपूर होकर पूछा, ''हाँ हाँ, क्या आपका भी पाला पड़ा है उनसे?''

महन्त के चेहरे की रंगत उड़ी हुई थी। लेकिन दबी ज़ुबान में इतना ही कह पाये, "हाँ, मैंने देखा उन्हें यहाँ से जाते हुए।" महन्त बात को छुपा गये। लेकिन वे बुरी तरह से ठगे गये थे। बहुरूपिये बड़ी आसानी से उन्हें उल्लू बनाकर फरार हो गये थे। उनका चेहरा लटक गया।

"आप नहीं थे तो हमने सोचा कि कुछ देर टहल ले। पहले कितना हरा-भरा होता था यहाँ पर। अब देखो तो, कैसा उचाट-सा लग रहा है।" जन्या ने कहा।

"ढोर-ढंगर चरने के लिए आ जाते हैं। कोई नहीं सुनता है। मवेशी छुट्टे घूमते हैं। कहने जाओ तो चरवाहे बखेड़ा खड़ा कर देते हैं। देखो तो, सारी हरियाली चट कर गये। झाड़-झंखाड़ तक ख़त्म हो गये हैं। मठ के प्रांगण में कैसे सुन्दर पौधे लगाये थे। सारे सफाचट हो गये। भेड़-बकरियाँ भी ले आते हैं। कोई नहीं सुनता है। किस-किससे बहस करें!" महन्त पहले ही दुखी थे, अब रुष्ट हो गये थे।

"मैं इससे पहले आया था तब मठ का परिसर कितना सुहावना लगता था। बड़ा मन लगता था। अब सब निचाट-सा लगता है। कोई पखेरू भी पर नहीं मारता है अब इधर!" जन्या ने फिर दोहराया।

"सुबह-शाम जो आरती होती है, बस उतनी ही चहलपहल बनी रहती है। आरती होते ही सब निकल लेते हैं। कोई नहीं फटकता है अब इधर। मेरी बदनामी से मठ को काफ़ी नुक़सान हुआ है। कैसी अनरीत है ये! लोगों के मन से ईश्वर का डर कम होता जा रहा है। राम राम!" महन्त ने नाराज़ होकर कहा।

"मन्दिर क्या है जी, पेट भरने का स्थान है। मन्दिर के भीतर पुजारी पैसे लेता है, मन्दिर के बाहर भिखारी लेते हैं!" तुका ने जुमला कस दिया।

"लोग मन की शान्ति के लिए मन्दिर में आते हैं।" महन्त ने प्रतिवाद किया।

"वो देखो, आ गयी बकरी। तुका, हकालो इस बकरी को। मेमनों ने तो ऐसा ऊधम मचाया हुआ है कि पूछो मत। राम राम!" महन्त झुँझला गये थे।

तुका उठकर उधर लपक लिया। जन्या और महन्त मठ को लेकर बातें करने लगे। "सोचता हूँ, इस बार जात्रा का आयोजन कर ले।" महन्त ने मन की बात कही। जन्या ने उनके समर्थन में गर्दन हिला दी। जन्या महन्त को हर हाल में खुश रखना चाहता था। तुका ने बकरी को पकड़ा तो वह 'में में' कर मिमियाने लगी। तुका ने उसके पिछले पैरों को उठाया और नीचे झुककर उसका थन निचोड़ने लगा। थन से दूध की धारा फूट पड़ी। उसने मुँह आगे कर मुँह में भर ली।

“विधायक मैडम अगला चुनाव नहीं लड़ेगी।” महन्त कह रहे थे।

“क्या कहा? यह तो बड़ी गोपनीय बात कह दी आपने! इससे हवेली की सत्ता ख़त्म हो जायेगी।” जन्या परेशान हो उठा।

“नहीं, नहीं ऐसी बात नहीं है। सत्ता हवेली में ही रहेगी। विधायक मैडम ने अब की बार पार्टी-प्रमुख से बेटे को टिकट देने की विनती की है। सुना है कि पार्टी के लिए वे फंडिंग भी कर रही हैं। अगले चुनाव में तालुके को नया नेतृत्व प्राप्त होगा।” महन्त ने विश्वास से भरकर कहा।

“बेटे को टिकट मिला तो अगले तीस-चालीस वर्षों तक हवेली की सत्ता को कोई नहीं भेद सकेगा। देखना, वे ही चुनकर आयेंगे। तब तक बेटे का बेटा तैयार हो जायेगा। पीढ़ियों तक यह परिवार लोगों पर राज करेगा।” जन्या ने हवेली के प्रति श्रद्धा से भरकर कहा।

“युवाओं को अवसर देना होगा, ऐसा कहती है विधायक मैडम। लेकिन क्या युवा उनके ही घर में हैं? युवा के नाम पर अपने बच्चों को सत्ता में लाने की योजना है यह!” जन्या ने भेद भरी मुस्कराहट से कहा।

तुका बकरी के दूध का मज़ा ले रहा था। जन्या तुका की ओर ही देख रहा था, ‘बड़ा करामाती है यह तुका!’ वह बुदबुदाया। तभी अपने मेमने को ढूँढ़ती हुई धानी वहाँ पर दौड़ती हुई चली आयी। उसने दूर से ही मेमने की तरफ़ लाठी फेंककर मारी। मेमना तुका के हाथ से छूट गया और भाग खड़ा हुआ। तुका धानी को देखकर मुस्कुराने लगा। धानी ग़ुस्से से भरी थी। वह मेमने की तरफ़ लपकी तभी तुका ने धानी के पैरों में अपने पैर उलझा दिये। धानी गिरते-गिरते बची। तुका ठठाकर हँस पड़ा। धानी तमतमा गयी। उसके मुँह से ऐसी गालियाँ निकलीं कि तुका की हँसी ग़ायब हो गयी। वह क्षुब्ध हो उठा। धानी के पास जाकर वह उसे गुदगुदी करने लगा। धानी ने उसे तिरस्कार से देखा और उसके मुँह पर थूक दिया। तुका ने उसे पीछे से कसकर पकड़ा और उसे गोल-गोल घुमाने लगा। धानी ने छूटने की कोशिश की। तुका उसके गालों को चूमने लगा। धानी बिफर उठी। उसने फिर से तुका पर गालियों की बौछार कर दी। तुका ग़ुस्से से भर गया। अगले ही पल उसने धानी को उठा लिया और उसे झाड़ियों के बीच ले गया। तभी जन्या की नज़र तुका की ओर गयी। महन्त का जी बहरूपियों की वजह से खट्टा हो गया था। वे मुँह लटकाये बैठे हुए थे। जन्या लगातार तुका की हरकतें देख रहा था।

तुका ने धानी को ज़मीन पर गिरा दिया। धानी ने उठकर भागने की कोशिश की। तुका उसके ऊपर चढ़ गया और उसने धानी के दोनों हाथों को कसकर पकड़ लिया। उसे धानी की देह की गर्माहट महसूस हुई। वासना से उसका शरीर जल उठा। धानी की मुलायम देह से शरीर में चींटियाँ-सी रेंगने लगीं। धानी केवल बारह-तेरह वर्ष की थी। पूरी ताक़त लगाकर उसने तुका के चंगुल से छूटने का यत्न किया। लेकिन तुका ने आक्रामकता के साथ धानी को जकड़ रखा था। उसने अपना पाजामा उतारा। धानी के लहँगे को ऊपर किया। उसकी टाँगों को अपनी जाँघों के बीच ले लिया। धानी छटपटा रही थी। लेकिन प्रति पल उसका विरोध कमज़ोर पड़ता जा रहा था। तुका ने उसका मुँह बन्द कर दिया। उसके बालों को कसकर पकड़ लिया। धानी की गर्दन तिरछी हो चली थी। तुका उन्माद से पागल हो चुका था। धानी के कूल्हों पर उसका शरीर रगड़ खाने लगा।

तभी जन्या उठा। उसने इधर-उधर देखा और झाड़ियों की तरफ़ बढ़ने लगा। वहाँ पहुँचकर उसने जो देखा, उससे वह सन्न रह गया। आँखें चौड़ी हो गयीं। तुका ने धानी की टाँगों को ऊपर किया हुआ था। जन्या ने उन नंगी टाँगों को देखा। तुका के नंगे कूल्हे देखे। तुका हिंस्त्र श्वापद की नाईं दिखाई दे रहा था। वासना के प्रचंड आवेग से उसका शरीर हिलोरें ले रहा था। धानी को उसने बेहद मज़बूती से पकड़कर रखा था। धानी रोती-कलपती रही। लेकिन तुका उफ़ान पर था। जन्या वहीं खड़ा था। लेकिन तुका उससे बेखबर पूरी तरह धानी की देह में डूब चुका था।

सामने जो हो रहा था, उसे देखकर जन्या के होश उड़ गये। उसके शरीर के पोर-पोर में वासना उफ़ान मारने लगी। उसकी भूखी नज़रें धानी की नंगी देह पर फिसल-फिसलकर उसकी क्षुधा को अधीर किये जा रही थीं। तुका की देह की बेलगाम क्रियाओं से धानी की देह दुलक रही थी। तभी महन्त भी दौड़े चले आये। सामने जो दिखा उससे उनके पैरों तले ज़मीन खिसक गयी। "अरे छोड़ो, छोड़ो उसे! क्या कर रहे हो सालो? मठ की बदनामी होगी। मुझ पर लांछन आयेगा। उठो, छोड़ दो उसे।" महन्त ने चिल्लाकर कहा। लेकिन जन्या ने इशारे से उन्हें चुप रहने के लिए कहा। महन्त वहीं पर रुक गये। तुका के जीवन का यह पहला अनुभव था। यह अवसर उसे अचानक मिला था। देह में उठते इस बवंडर में लहराता वह फिसल-फिसल रहा था। महन्त मूढ़ से खड़े थे। उनकी देह में एक-के पीछे-एक हिलोरें उठने लगीं। कुछ देर में तुका तृप्त होकर निढाल-सा अलग हो गया।

वह पसीने से लथपथ था। तभी जन्या ने शीघ्रता से आगे बढ़कर धानी की देह पर कब्ज़ा जमा लिया। धानी लगातार कलप रही थी। तुका आगे बढ़ा और उसने धानी को पुनः कसकर पकड़ लिया। जन्या ने उसकी टाँगों को ऊपर उठाया।

''अरे सालो, लोगों को पता चला तो क्या होगा?'' महन्त ने रिरियाते हुए सवाल किया। ''लोगों को कुछ पता नहीं चलेगा महन्त।'' तुका ने कहा। जन्या की देह धानी की देह से रगड़ खा रही थी। वह आवेग से भरा हुआ उस पर सवार था। धानी विलाप कर रही थी। तुका ने पाजामा पहन लिया।

महन्त का पोर-पोर झनकने लगा था। लेकिन वासना के आवेग के साथ एक भय की भावना ने उन्हें रोक रखा था। उन्होंने तुका की तरफ़ देखा। वह अपना मुँह पोंछ रहा था। उसके चेहरे पर थकान थी। अब तक धानी में प्रतिकार करने की सामर्थ्य पूरी तरह से ख़त्म हो चुकी थी। जन्या ने उसकी देह पर पूरा नियंत्रण पा लिया था। वह बिलख रही थी। बीच में ही उसकी आवाज़ उभरती, 'छोड़ो मुझे।' उसकी याचना, प्रतिकार सब ठंडे हुए जा रहे थे। जन्या शान्ति से उसके ऊपर चढ़ा हुआ था। महन्त अपलक जन्या की नंगी देह को देख रहे थे। तुका मुस्कुरा रहा था। 'आराम से होने दो। कोई नहीं आयेगा। मैं हूँ।' कहते हुए तुका ने जन्या के आवेग और उत्साह में वृद्धि कर दी। महन्त की मति गुंग हो गयी थी। महाप्रलय के उफ़ान मारते तेज़ प्रवाह में डूबते पाषाण की भाँति वे खड़े-डूबते रहे।

दूर-दूर तक निर्जन-सा था। मेमने घास चबाते हुए झाड़ियों के बीच चल रहे थे। मवेशी इत्मीनान से चर रहे थे। चरवाहे कहीं नज़र नहीं आ रहे थे। हवा थिर थी। पेड़-पौधे थिर थे। सारा परिसर थिर था। मठ का ईश्वर मीठी नींद सोये हुए था।

जन्या की नग्न देह की झाँय-झाँय देखकर महन्त पर नशा-सा चढ़ रहा था। बदन में चींटियाँ-सी रेंगने लगीं। ललचाई नज़रों से वह दूर से ही धानी की देह को पीने लगे। कुछ देर बाद जन्या अलग हो गया। तुका धानी को पकड़े हुए था। वह हिचकियाँ दे-देकर कलप रही थी। जन्या ने कपड़े पहन लिए। फिर ठंडी आवाज़ में कहा, ''इसका सिर पत्थर से कुचल दो!'' तुका ने तुरन्त पास में पड़े पत्थर को उठा लिया। तभी महन्त आगे बढ़े। ''अरे भई, मुझे करने दो। फिर सिर कुचलना। मैंने क्या बिगाड़ा है? मुझे भी मज़े लेने दो।'' महन्त ने खींसें निपोरकर कहा। तुका ने हँसते हुए पत्थर नीचे फेंक दिया। महन्त लपककर धानी की तरफ़ बढ़े। धानी में कुछ प्रतिरोध-सा जगा। महन्त क्रुद्ध हो उठे। जन्या ने पाजामा पहन लिया था और वह महन्त के पास आकर रुका हुआ था। तुका ने दुबारा धानी को जमीन पर गिरा दिया।

महन्त ने उसे अपने नीचे ले लिया। तुका और जन्या हाँफते हुए महन्त को देखकर ठठाकर हँस पड़े। उनकी हँसी में धानी का रुदन विलीन हो गया।

महन्त ने जल्दी निबटा दिया। अब तुका ने पत्थर उठा लिया। महन्त धानी को पकड़े हुए बैठे थे। धानी भयावह रूप से घबरा उठी। वह तुका की तरफ़ असहायता से देखने लगी। रो-रोकर वह गुहार लगाये जा रही थी। यकायक महन्त चिल्लाये, "तुका, इसे छोड़ दो। मैं इसे सँभाल लूँगा। ये अब मेरी ज़िम्मेदारी है। इसे मठ में रख लूँगा। किसी की नज़र ना पड़ने दूँगा। मेरा विश्वास करो।" महन्त चिरौरी पर उतर आये थे।

"पुलिस आ जायेगी महन्त!" तुका चिल्लाया।

"दो दिन रहने दो। फिर देखेंगे।" महन्त ने धीमी आवाज़ में कहा।

"तुम बहरूपियों से डरते हो। बुजदिल हो। पुलिस को देखोगे तो सारा बक दोगे। लड़की मातंग समाज की है। एॅट्रासिटी लग जायेगी। जीवन भर जेल में सड़ना होगा। यह जोखिम नहीं मोल ले सकते हैं, तुका आगे बढ़ो।" जन्या चिल्लाया।

"कम-से-कम आज की रात रहने दो भई।" महन्त ने फिर से आग्रह किया।

"ठीक है। लेकिन याद रहें, सब का हिस्सा रहेगा। लेकिन ज़िम्मेदारी तुम्हारी रहेगी। हमें इस आफत से दूर ही रखना। समझे?" जन्या ने कठोरता से स्पष्ट किया।

"आज की रात रहने दो। कल जो चाहो कर लेना।" महन्त ने उन्हें भरोसा दिया।

महन्त ने धानी का हाथ पकड़कर उसे उठाया। वह उठ खड़ी हुई। महन्त ने उसे पकड़कर भंडार-गृह के पास ले जाना चाहा। उसने इनकार कर दिया तो वे उसे घसीटने लगे। तुका ने निर्गुन्डी के पेड़ से एक टहनी तोड़ी, उसके पत्ते निकाले और बेंत बनाकर धानी की पीठ पर वह सपासप वार करने लगा। वह रोती-चिल्लाती महन्त के पीछे दौड़ी। महन्त उसे भंडार-गृह तक ले गये। उन्होंने धानी को भीतर धकेल दिया और बाहर से कुण्डी लगा दी।

"कोरी है छोरी। मज़ा आ गया। अब गलती हो ही गयी है तब डर काहे का। रहने देते हैं। अगर लगा कि ख़तरा हो सकता है, तब भी सबूत मिटाने में क्या देर लगती है?" महन्त ने तुका और जन्या को समझाया। धानी की दो उँगलियाँ दरवाज़े की दरार से बाहर आयी हुई थीं। "महन्त, इस लड़की पर नज़र रखियो।"

जन्या ने कड़कती आवाज़ में कहा। ''फिकर ना करो। उसे बेहोशी की दवा दे दूँगा। सो जायेगी। सीधा रात में ही जगेगी।'' महन्त ने मुस्कुराकर कहा।

तुका और जन्या ने गाँव का रास्ता पकड़ लिया। तराई से होते हुए वे नीचे की तरफ़ आये। नदी बह रही थी। दोनों ने हाथ-पाँव धोये। हाथ धोते समय तुका ने देखा कि हाथों पर जगह-जगह पर धानी के नाखूनों की खरोंचें उभरी हैं। वह रोमांचित हो गया और चटकारे ले लेकर उस अनुभव का बखान करने लग गया। जन्या को उसकी बातें गुदगुदा रही थीं। सुरा नदी के पानी में भैंसों को साफ़ कर रहा था। उसे देख दोनों कतराकर आगे निकल गये। उन्होंने नदी को लाँघा और गाँव की तरफ़ मुड़ गये। तुका का पोर-पोर बज रहा था।

दोनों हनुमान के चौतरे के पास रुक गये और पटिया पर जाकर आराम से बैठ गये। तुका दाँतों को कुरेदने लगा । जन्या कान साफ़ करने में मग्न हो गया। कोई भैंस जैसे पानी में डूबी रहती है, दोनों कई देर तक उसी याद में डूबे रहे। जन्या की अवस्था उज्जड कुएँ की नाईं हो रही थी। उसे याद आया, एक बार वह मित्र से मिलने भंडारकवठा गया हुआ था। मित्र घर पर नहीं था। उसकी घरवाली दरवाज़े पर बैठी हुई थी। जन्या को देखकर वह खिलखिला उठी थी। जन्या समझ नहीं पाया था। वह भीतर गयी। जन्या भी उसके पीछे-पीछे चला गया था और फिर उसने दरवाज़ा लगा लिया था। कान में तीली जाने से वह खाँसने लगा। खाँसने से आँखों में पानी आ गया। दाँतों को कुरेदने से तुका के मसूड़ों में से खून आने लगा था। उसने थूक के साथ ख़ून बाहर फेंका। उसे रह-रहकर धानी के नग्न अंग याद आने लगे। नमक लगाई कैरी की फाँकों-सी उसकी याद मुँह में पानी भरने लगी।

जन्या ने कान का मैल साफ़ किया। उँगली डालकर कान खुजलाया। उसके सामने दयाराम की घरवाली की देह उभर आयी। उसने एक बार उसकी कलाई पकड़ ली थी। उस समय उसके गाल पर जो झन्नाटेदार झापड़ पड़ा था, वह आज तक भूला नहीं था! लेकिन दयाराम की घरवाली ने घर में कुछ नहीं कहा था। तब से वह उसके द्वार के आसपास भी फटका नहीं था।

सुरा नदी पर से भैंसों को लेकर लौट रहा था। धुली-धुलाई गीली-काली भैंसें धूप की सौम्य किरणों से चमचमा रही थीं। साँझ का झुटपुटा गहराने लगा था। सुरा ने घर की राह पकड़ ली। स्कूल से बच्चे अपने घरों की ओर निकल रहे थे। डिप्टी सरपंच की बेटी तानी, दयाराम की बेटी शीला और दिनकर की बेटी कविता तीनों गलबाँही डाले स्कूल से घर की तरफ़ लौट रही थीं।

तीनों एक ही कक्षा में पढ़ती थीं। कविता मुखर थी। धानी उन तीनों के ही बराबर की थी। क़द-काठी में कविता जैसी। छात्र घरों में लौट गये थे। चरने के लिए गये मवेशी भी लौट रहे थे। तुका उठ खड़ा हुआ। उसने अंग को मरोड़ा और शरीर से आलस झटकने की चेष्टा की। तभी दूर से बाला का हाँका सुनाई दिया। उसके साथ-साथ मवेशियों के झुंड नज़र आने लगे। मवेशियों का रँभाना, खुरों की आवाज़, गले में टँगी घंटियों का नाद इन सबसे गाँव की सड़क गहमा उठी। परिसर धूल से अँट गया।

जानवरों ने सीवान से गाँव में प्रवेश किया। काले-भूरे साँड़ हमेशा की तरह आपस में उलझ पड़े। बाला अपनी लाठी उठाये भागा। उसकी मूँछें नदारद थी। बाला ने भूरे साँड़ के पीठ पर ज़ोर से लाठी जमाई। टक्कर छोड़कर दोनों साँड़ गाँव की तरफ़ भाग खड़े हुए। बाला के हाँक़ा से परिवेश पुनः दुमदुमा उठा, ''मवेशी आ गये जी...'' जानवर एक-एक कर अपने-अपने बाड़ों में लौटने लगे।

धानी की बकरियाँ भी चरकर लौट रही थीं। मेमने मातंगवाड़ी की दिशा में बढ़ गये। यह नित्य का था। लेकिन नित्य की भाँति आज मेमनों के पीछे धानी नहीं थी। तुका मेमनों की तरफ़ भेड़िये की नाईं देख रहा था। वह सोचने लगा, 'मेमनों के लौटने पर धानी नज़र नहीं आयेगी। उसके घर में कोहराम मच जायेगा। धानी महन्त की क़ैद में है।' जन्या धानी के ख़्यालों में खोया हुआ था। हिचकियाँ देकर रोती धानी उसे याद आ रही थी। उसकी नाजुक काया पुनः उसकी नज़रों के सामने खड़ी हो गयी। वीर्य को स्खलित करते हुए एकाग्र हुआ अपना मन और थिर बन चुका शरीर उसे याद हो आया। उसका शरीर तन गया था, वह चिल्ला उठी थी!

'महन्त क्या कर रहे होंगे? घर लौटे या दुबारा मठ पर चला जाये? किसी को भनक तो नहीं पड़ी होगी? दुबारा जेहल काटने ना पड़ जाये।' यकायक जन्या को अपने मन पर एक बोझ-सा महसूस हुआ। लेकिन तुका का मन तरंग पर था। उसे जैसे पर फूटे थे।

''अब आगे क्या करना होगा?'' जन्या परेशान था।

''क्या दोबारा मठ की ओर चला जायें?'' मुस्कुराते हुए तुका ने कहा।

''नहीं। घर लौटते हैं।'' जन्या ने रुखाई से कहा।

''कुछ देर रुकते हैं। धानी के घरवालों की थाह लेनी होगी। वे ज़रूर उसे ढूँढ़ने जायेंगे। कहीं धानी उनकी नज़रों में न आ जाये। महन्त से लापरवाही ना हो जाये!'' तुका आशंका से भर गया।

"वह हमसे अधिक डरा हुआ है।" जन्या ने कहा।

"स्साला, इस झंझट को ख़तम ही कर देना था। नाहक फिकर हो गयी।" तुका ने झुँझलाकर कहा।

"वह देखो, धानी की माँ जा रही है। मठ की ओर चली गयी तो आफत हो जायेगी।" जन्या आशंकित हो गया।

"पता नहीं महन्त क्या कर रहे होगे।" तुका ने कहा।

धानी की माँ भामा नदी की दिशा में बढ़ चुकी थी। नदी के तट पर पहुँचकर वह कुछ देर तक वहाँ रुकी रही। फिर नदी में उतर गयी। पानी का कलकल निनाद निरन्तर सुनाई दे रहा था। नदी के पात्र में आसमान उतरा हुआ था। धारा में चाँद लहरा रहा था। भामा ने नदी को पार किया। वह बहुत घबराई हुई थी। उसकी आँखें लगातार धानी को ढूँढ़ रही थी। 'धानी, धानी कहाँ हो तुम?' उसकी आवाज़ की गूँज से तराई में फैला अँधेरा और गहरा गया।

भामा जगह-जगह पर रुककर तराई में देख रही थी। धानी को लगातार पुकारती हुई आगे बढ़ रही थी। वह अमराई में पहुँची। उसने फिर से धानी को हाँक लगाई। आम के पेड़ स्तब्ध-थिर खड़े थे। भामा ने अमराई का कोना-कतरा छान मारा। लेकिन धानी नज़र नहीं आयी। उसके सब्र का बाँध टूटता जा रहा था। अचानक उसकी रुलाई फूट पड़ी। रोती-बिलखती हुई वह तेज़ी से मठ की दिशा में बढ़ी। चाँदनी के प्रकाश में मठ का गुम्बद साफ़ नज़र आ रहा था। भामा जैसे अपने होशोहवास खो बैठी थी। चलते हुए यकायक उसे पैरों के पास कुछ महसूस हुआ। नीचे झुककर देखा तो पैर से साँप लिपटा हुआ था। घबराकर उसने पैरों को झटका। धप्प की आवाज़ के साथ साँप सामने आकर गिरा और सरसराता हुआ झाड़ियों में विलीन हो गया। भामा थर्राकर एक क्षण के लिए जम-सी गयी।

मठ में पहुँची तब उसने महन्त को सीढ़ियों पर बैठे हुए पाया।

भामा की आवाज़ महन्त सुन चुके थे। वे सावचेत हो गये थे। भांडार-गृह में जाकर उन्होंने धानी के पैरों को फिर से मज़बूती से बाँधा। उसके मुँह में कपड़ा ठूँसा और भंडार-गृह को बाहर से ताला लगाकर वे इत्मिनान से सीढ़ियों पर आकर बैठ गये थे। भामा महन्त के समीप जाकर खड़ी हो गयी। लेकिन महन्त ने उसे साफ़ अनदेखा कर दिया।

"महन्त, क्या आपने मेरी धानी को इधर आते हुए देखा है?" भामा ने कलपते हुए पूछा।

“मठ में अछूतों के आने पर रोक है। जानती नहीं हो?” महन्त हहुआ उठे।

“धानी कहीं दिखाई नहीं दे रही है। अभी तक घर नहीं लौटी है।” भामा का गला रुँध गया था।

“मैंने धानी को देखा नहीं। मैं ईश्वर को देखता हूँ।” महन्त ने दो टूक कहा।

“महन्त बताइए, मेरी धानी कहाँ होगी? आप तो देवता हैं।” हाथ जोड़ते हुए भामा बिलख पड़ी।

“अगर कोई पाप किया है तो कैसे मिलेगी। हाँ अगर पुन्न का काम किया हो तो कल तक घर लौट आयेगी। चिन्ता मत करो। ईश्वर है!” महन्त ने कहा।

भामा लौटने के लिए मुड़ गयी। महन्त ने राहत की साँस ली। डर और आशंका के मारे भामा का मुँह अब कलेजे को आने लगा था। पानी में डूबे जहाज़ की नाईं गाँव अँधेरे में डूब चुका था। बिजली नहीं थी। लेकिन छितरी हुई चाँदनी के उजाले में रास्ता सूझ रहा था। भामा नदी की दिशा में आगे बढ़ी। उसकी चीख-पुकार ने रात्रि को और भी डरावना बना दिया था। रात्रिकालीन कीड़ों की आवाज़ से अँधेरा और भी गहमा गया था।

कहाँ है धानी? क्या उसे बाघ उठाकर ले गया है? किसी ने उसे मार दिया है? या उसने अपनी जान दे दी ? क्या वह रास्ता भूल गयी है? किसी साँप ने डस लिया? कोई उसे भगाकर ले गया है? कहाँ है धानी? अब लोगों से क्या कहना होगा?

अब तक पूरे गाँव में ख़बर फ़ैल चुकी थी। सयाजी की गाय चली गयी। अब मातंग की धानी लापता हो गयी। सारे गाँव में एक अजीब सकता छा गया।

धानी के घर से नींद कोसों दूर थी। रात भर भामा विलाप करती रही। मुँहअँधेरे ही घर के सामने भीड़ इकट्ठा हो गयी । आते-जाते लोग, पास-पड़ोसवाले सभी धानी को लेकर दुःख और चिन्ता से भरे थे। धानी के घर पर पहाड़ टूट पड़ा था।

कल धानी के माता-पिता मेमने का सौदा करने के वास्ते बुरहानपुर के हाट गये थे। जाते-जाते उन्होंने धानी से कहा था कि बकरियों को तराई में चराकर ले आवें। दोपहर में धानी बकरियों को लेकर निकल गयी थी। बकरियाँ चरकर आ गयी थीं। लेकिन धानी कहाँ थी? धानी का क्या हुआ कुछ पता नहीं चला था। धानी की माँ ने तराई, नदी का तट, अमराई, मठ कुछ भी न छोड़ा था। चप्पा-चप्पा छान मारा था। जन्या और तुका धानी के घर के इर्दगिर्द टहलकर टोह ले रहे थे। जन्या ने दबी ज़ुबान में कहा, “शायद बाघ उठाकर ले गया हो।”

"वन-अधिकारियों को इत्तला कीजिये। सयाजी की गाय मारी गयी। धानी लापता हो गयी। कुछ करना होगा।"

तुका ने निःसंकोच अपनी राय रखते हुए कहा। किसी ने उनके कहे पर बहुत ध्यान नहीं दिया।

"अरे भई, रिश्तेदारों को इत्तला किया है या नहीं? नहीं किया हो तो ज़रूर करियो। हो सकता है, धानी किसी के पास चली गयी हो।" जन्या ने दुबारा कहा। फिर भी कोई कुछ बोला नहीं। भामा के आँसू थमने का नाम नहीं ले रहे थे। धानी के छोटे भाई-बहन सहमे हुए माँ से लिपटे बैठे थे। मेमने खूँटे से बाँध दिये गये थे। लोगों का ताँता कम होने का नाम नहीं ले रहा था। शान्ति आकर गयी। मदने मास्टर जी आकर पूछताछ कर चले गये। गोपा महार चला आया। डिप्टी सरपंच आकर चले गये। पड़ोसन चाय बनाकर ले आयी। हर कोई दुखियारी माँ को ढाढ़स बँधाने में जुटा था। तरह-तरह की बातों से टोले का माहौल गरमा उठा था–

"रंग-रूप से अच्छी थी छोरी। हाथ आयी छोरी को उठा ले गया कोई। किसने बैर निकाला होगा?"

"लोगों की नीयत का कोई भरोसा नहीं रहा जी अब। राम राम!"

"किस पर भरोसा रखें और किस पर नहीं?"

"कल बहुरूपिये आये थे गाँव में। गली-मुहल्लों की खाक छान रहे थे। क्या वे तो नहीं होंगे?"

"महन्त से कहकर पंचांग खुलवाइए। वे ही बता सकते हैं। अन्तर्यामी हैं महन्त!"

"कहा है उन्होंने कि आज संझा तक आ जायेगी।"

"फिर कोई फिकर नहीं। महन्त का कहा सच होएगा ही जी। उनके बचन खाली नहीं जायेंगे।"

"महन्त के चरणों में लाख-लाख परणाम!"

जन्या और तुका मठ की तरफ़ निकल गयें। दोनों कुछ आशंकित हो रहे थे। उन्होंने देखा कि किस तरह से पूरे गाँव में खलबली मची हुई है। दोनों इस तरह से चल रहे थे जैसे कोई भेड़िया शिकार की खोज में चल पड़ता है। तुका ने कौतुक से भरकर कहा, 'धानी के नाख़ूनों की खरोंचों से दर्द हो रहा है!" लेकिन जन्या को अब कुछ सुहा नहीं रहा था। उसका नशा उतर चुका था। वह कोर्ट-कचहरी, पुलिस की मार, जेल सबसे वाक़िफ़ था। ठण्डी आवाज़ में उसने कहा, "धानी को ज़िन्दा रखना ख़तरे से ख़ाली नहीं है।" दोनों तराई से होकर आगे बढ़ रहे थे

चरवाहों की आवाज़ों से परिवेश गूँज उठा था। तराई के दोनों ओर से मवेशी चर रहे थे। तेज़ हवा के झोंको की साँय-साँय की आवाज़ से नदी का परिसर गहमा उठा था।

महन्त मठ की सीढ़ियों पर बैठे हुए पैरों के नाख़ून निकाल रहे थे।

"लोग धानी को ढूँढ़ रहे हैं। पहले वे नदी-कुओं में तलाश करेंगे कि शायद लाश ऊपर आये। जंगल-खाइयों में देखेंगे कि कहीं किसी जानवर ने खाकर छोड़ न दिया हो। पेड़ों पर देखेंगे कि शायद लाश टँगी हो। बन्द घरों, दरवाज़ों को खोलकर तलाशी ले सकते हैं कि कहीं छुपाकर तो नहीं रखा गया है। पुलिस अपने ढंग से अलग तलाशी लेगी।" जन्या सहमा हुआ था।

"यह जोखिम भरा हो सकता है।" महन्त भी अब चिन्ता से घिरने लगे।

"सभी की ज़ुबान पर एक ही बात है कि धानी मेमनों को तराई की ओर चराने गयी थी। वहीं पर ढूँढ़िये, वहीं पर मिलेगी।" तुका ने मौन तोड़ते हुए कहा। जन्या ने "ज़ाहिर सी बात है।" कहते हुए तुका के कहे को ज़ोर दिया।

"लोगों का सोचना सही है। लेकिन यथार्थ नहीं है। गुनहगार हमेशा उलटे क़दमों से चलता है। वह आयी थी इधर लेकिन मिलेगी अलग जगह पर।" महन्त ने आँखें सिकोड़कर कहा।

"वो देखो, मदने मास्टर जी आते हुए दिखाई दे रहे हैं। साथ में दयाराम और गोपा महार भी हैं। हम ओट में हो जाते हैं। आप बात कीजिए। ज़रूर धानी की तलाश में आ रहे हैं।" जन्या ने तेज़ी से उठते हुए कहा।

"तुम लोग जाओ पीछे की तरफ़।" महन्त ने सकपकाते हुए कहा।

जन्या और तुका फ़ौरन पिछवाड़े की ओर चले गये और झाड़ियों में दुबक गये। यकायक जन्या चिल्लाया–

"इधर देखो तुका, धानी को यही पर सुलाया था। ये देखो, उसे सुलाने के निशान बने हुए हैं यहाँ पर। अच्छा हुआ, हम यहाँ चले आये। इस निशान को तुरन्त मिटाना होगा। उन्हें सन्देह हो सकता है।" जन्या ने इशारे से तुका को दिखाया। तुका हड़बड़ाकर उधर लपका। "सच कहा तुमने। उन्हें अन्देशा हो सकता है। बाक़ी जगह पर ऊबड़खाबड़ मिट्टी और ढेले हैं। लेकिन धानी की पीठ की रगड़ से यह जगह सपाट-सी हो गयी है। तुरन्त मिटाना होगा इसे।" तुका ने कहा। जन्या ने कुदाल उठाई और तुका के हाथ में पकड़ा दी। तुका ज़मीन खोदने लगा।

"मदने मास्टर जी समीप आ रहे हैं। जल्दी करो तुका!" जन्या ने लगभग झिड़कते हुए तुका से कहा। दोनों तेज़ी से बाग़ की दिशा में मुड़ गये। मदने मास्टर जी आगे चल रहे थे। दयाराम और गोपा महार उनके पीछे-पीछे थे। उन्हें सीधा मठ की तरफ़ आते देख महन्त घबड़ा गये थे।

मदने मास्टर जी और दयाराम महन्त के समीप पहुँचे। गोपा कुछ दूरी पर खड़ा रहा। गोपा हवेली का महार था और जाम्भुलगाँव ग्रामपंचायत का सदस्य था। हवेली का महार था सो लोगों ने उसे जिता दिया था। मदने मास्टर जी ने महन्त को प्रणाम किया। महन्त ने मुँह पर जबरन मुस्कान लाकर नमस्कार का उत्तर दिया।

"बड़ी बिपदा आयी है महन्त। अब आप ही कुछ उपाय कीजिए। आप तो भविष्य देख लेते हैं। मातंग टोले की धानी को आप जानते होंगे। मेमने चराने ले जाती है। कल से लापता है। उसी के बारे में बात करनी थी जी!" मदने मास्टर जी ने कहा।

"हाँ, जानता हूँ। कल आयी थी धानी की माँ इधर। मुझे पता है वह लड़की। मैंने ईश्वर में ध्यान लगाया था लेकिन मुझे स्पष्टता से बहुत कुछ नज़र नहीं आया। लेकिन मेरा मन कह रहा है कि संझा तक लौट आयेगी लड़की। कल बहुत देर मैं मूर्ति के सामने ध्यानमग्न बैठा था। मुझे मंकी हील की तरफ़ जाते आठ तलुवे नज़र आये। उनमें से दो तलुवे किसी कन्या के थे। मुझे लगता है, वह धानी होगी। छह तलुवे तीन पुरुषों के थे। वे तीनों अपने गाँव के नहीं लगते हैं। बाहर के हैं। कल गाँव में तीन बहुरूपिये आये थे। मेरा सारा शक उन्हीं पर हैं। अब अपने हाथ में रास्ता देखने के अलावा कुछ नहीं है। बाक़ी तो सब ईश्वर के भरोसे है। उसे चिन्ता है सबकी!" महन्त की आवाज़ में कोई झिझक नहीं थी। विश्वास से भरपूर थे वे!

"अब आ ही गये हैं तो लगे हाथ मदने मास्टर जी का हाथ भी देख लीजिए महन्त। मदने मास्टर जी, दिखाइए अपना हाथ महन्त को।" दयाराम ने हँसते हुए कहा।

मदने मास्टर जी ने अपनी हथेली सामने कर दी।

फटी हुई किताब के पुराने पन्ने को देखने की नाईं महन्त मदने मास्टर जी के हाथों की रेखाओं को देखने लगे। मदने मास्टर जी उत्सुकता से भरे महन्त के चेहरे को ताकने लगे। "पुत्ररत्न की प्राप्ति होगी।" महन्त ने कहा। मदने मास्टर जी पुलक से भर गये। "एक दफा मैडम जी को भी लेकर आइये मदने मास्टर जी। उनका भी हाथ देख लेंगे। क्या बाधा है समझ में आ जायेगी। शनि उतार लेंगे।"

महन्त ने मदने मास्टर जी का हाथ छोड़ते हुए कहा। मदने मास्टर जी दयाराम और गोपा को साथ लिए लौट गये।

मठ के ऊपर से टिटिहरी कलपती चली गयी। सीढ़ियों के नज़दीक के पत्थर के नीचे से अचानक एक काला बिच्छू बाहर निकलकर आया। बिच्छू का डंक उभर आया था। सरसराते हुए बिच्छू की तरफ़ महन्त का ध्यान नहीं था। मठ के सामने काला कुत्ता चला आया। कुछ देर रुककर चला गया। मठ के खम्बे पर चींटियों की क़तार जा रही थी। लेकिन महन्त का कहीं पर ध्यान नहीं था। हर चीज़ से बेखबर वे गहरी सोच में डूबे थे। उनकी आँखों के सामने कुछ और ही उभर रहा था। रात में बिस्तर पर ढूला दूध का गिलास, धानी की वह बेहोश नग्न देह! उनकी नज़रों के सामने से कुछ नहीं हट रहा था। वे अधखुले होठ, मुँदी हुई गीली पलक़े, जाँघें, पीठ से सटा उसका सपाट पेट, बीच-बीच में उसका वह कराहना, चिल्लाना सब उन्हें पागल किये जा रहा था।

मदने मास्टर जी लौट गये हैं यह देखकर जन्या और तुका वापिस मठ की सीढ़ियों पर आकर खड़े हो गये। महन्त ने जन्या को इस तरह देखा जैसे कोई भूत देख लिया हो। जन्या खिखियाकर हँसने लगा, ''बात बढ़ गयी तो बड़ी आफत आ सकती है भैया। मेरा क्या है। मैं तो एक बार अन्दर जा चुका हूँ। मुझे आदत है। आप लोग अपना देखिये।''

''क्या अंट-शंट बक रहे हो!'' महन्त ने उसे झिड़कते हुए कहा।

जन्या और तुका उनके सामने बैठ गये। ''शरीर की ताक़त निचुड़ गयी। दुबारा बल सँजोना होगा।'' महन्त ने बुदबुदाते हुए कहा और बैठे-बैठे योग करने लगे।

जन्या ने दुबारा कहा, ''मैं सावचेत कर रहा हूँ तुम दोनों को। मामला बढ़ गया तो पुलिस किसी भी समय आ सकती है। किसी हाल में पुलिस में रपट ना जानी होगी। लोग जो आँखों से देखते हैं उसी पर भरोसा करते हैं। ऐसा कुछ करो, जिससे लोगों को लगे कि धानी को बाघ उठा ले गया है। अब पुलिस बाघ को तो नहीं गिरफ़्तार करेगी! यही एक मात्र उपाय है।''

''तुम्हारे दिमाग़ में क्या चल रहा है। साफ़-साफ़ बताओ जन्या।'' महन्त सँभलकर बैठ गये।

''हर हाल में किसी बाघ को गाँव में लाना होगा। कम-से-कम पाँच-छह लोग ऐसे हों जिनकी नज़र में बाघ पड़ जाये फिर समझो कि मामला ठंडा पड़ गया।'' जन्या ने कहा।

''बताओ, क्या करना होगा।'' महन्त बैठी जगह पर बेचैनी से भर गये।

''बाला महार रात भर गाय की तलाश में मारा-मारा फिरता रहा। कोई बाघ नहीं आया। धानी की माँ पूरी रात धानी को ढूँढ़ रही थी। बाघ कहाँ था? अरे भई, बाघ है ही नहीं। यह केवल बेपर की उड़ाई हुई है। उड़ाई बात को सच्ची साबित करने के लिए बाघ को लाना होगा। पकड़कर या किराये से।'' जन्या की आँखें सिकुड़ चुकी थीं।

''क्या यह हो पायेगा?'' महन्त जगह पर से उठ गये।

''यह तुका के दिमाग़ की उपज है। सर्कस के मालिक से मिलो। पैसे दो और बाघ को ले आओ'' जन्या ने कहा।

''कितने पैसे लगेंगे?'' महन्त ने पूछा।

''मैंने कभी कोई बाघ किराये पर थोड़े ही लिया है। जो वे कहेंगे देना होगा। या फिर धानी को ख़त्म कर दो।'' जन्या ने ठंडी आवाज़ में कहा।

''मन्दिर की दानपेटी में अच्छी-ख़ासी रकम जमा है। जितना चाहो ले लो और बाघ को ले आओ। मुझे कोई आपत्ति नहीं है।'' महन्त ने विवशता से भरकर कहा।

''तुका जायेगा कोल्हापुर। वहाँ पर सर्कस लगा हुआ है। इसी भडुए के दिमाग़ में उपजा है यह सब!'' जन्या ने मुस्कुराते हुए तुका की ओर देखा।

महन्त की बेचैनी कम नहीं हो रही थी। परेशान-से वे जन्या को घूर रहे थे। तुका नाक की गन्दगी साफ़ कर रहा था। जन्या ठठाकर हँस पड़ा। कोई मकौड़ा गुड़ के टुकड़े से चिपक जाये उसी तरह जन्या महन्त के दिमाग़ से चिपक गया था।

धानी के घर के सामने अभी भी भीड़ जुटी हुई थी। कोई पड़ोसी खाना लेकर आया। बाला महार ने बकरी-मेमनों को चारा-सानी किया। भामा बेसुध-सी पड़ी थी। घर सगे-सम्बन्धियों से भरा था। धानी का पिता मुँह को घुटनों में छिपाये बैठा था। भीड़ में महन्त के साथ जन्या और तुका भी खड़े थे।

''धानी को भले ही बाघ उठाकर ले गया हो या कोई इन्सान लेकिन उसकी लाश कहाँ है? ज़रूर वह ज़िन्दा है। हर हाल में उसे ढूँढ़ना होगा।'' दयाराम ने कहा।

"मुझे भी यही लगता है कि धानी ज़िन्दा है। हम यह दावे के साथ कैसे कह सकते हैं कि धानी को बाघ ने मार डाला इससे असली गुनहगार छूट जायेगा।" मदने मास्टर जी ने कहा।

"सही कह रहे हैं मदने मास्टर जी। बाघ-बाघ करने से कहीं असली गुनहगार न छूट जाये।" सयाजी ने कहा।

"जिन्होंने गुनाह किया वे किराये का बाघ भी ले आ सकते हैं भाई। या और कहीं से बाघ का बन्दोबस्त कर सकते हैं ऐसी बातें मत फैलाओ कि धानी को बाघ ने खा डाला।" मदने मास्टर जी ने गम्भीरता से कहा।

"मदने मास्टर जी जो कह रहे है उसमें दम है। कोल्हापुर में सर्कस लगा हुआ है। गुनहगार वहाँ से बाघ ला सकते हैं या हो सकता है कि सम्भाजी पार्क से बाघ लाकर खड़ा कर दें। बाघ के नाम पर असली दरिन्दे बच निकलेंगे। हो सकता है, हमारे बीच का ही कोई हो।" जन्या ने धूर्तता से कहा।

"पुलिस में रपट लिखवाइए।" औरतों की भीड़ में से शोर उठा।

तुका जन्या की तरफ़ हैरत से देख रहा था। महन्त के चेहरे पर चिन्ता की लकीरें उभर आयी थीं। भीड़ आपस में ज़ोर-शोर से बतियाने लगी। स्त्रियों के मुँह से भर-भर कर गालियाँ और बददुआएँ निकल आयीं।

"किसी बाहरी आदमी का यह काम नहीं हो सकता है। ज़रूर गाँव का ही कोई है।" काकी ने दृढ़ता से कहा।

"ठीक कह रही हो काकी। बहुरूपिये क्यूँकर लड़की को उठाकर ले जाने लगे ? जब कि उनके ही खाने के लाले पड़े हुए होते हैं।" सयाजी ने कहा।

"किन्हीं लुच्चे-लफंगों का किया-धरा है।" काकी ने ज़ोर देकर कहा।

"धानी बकरियों को चराने तराई की ओर गयी थी। वहाँ पर किसके मवेशी थे? कौन-कौन चरवाहे थे? क्या गाँव का कोई उधर गया था? हर चीज़ की पड़ताल कीजिए।" दयाराम ने सुझाव दिया।

"महन्त से भी पूछिये। वे मठ में रहते हैं। छोरी उसी दिशा में गयी थी।" कहते हुए काकी ने महन्त की तरफ़ देखा और सीधे सवाल दाग दिया, "क्या मठ में कोई बाहरी आदमी आया था? याद कीजिए महन्त।"

"मठ के बाहर क्या होता रहता है, मैं उसकी पड़ताल नहीं करता हूँ।" महन्त ने ख़ुद को सँभाला।

"कल मठ में कौन-कौन आया था।" काकी ने दुबारा पूछा।

"मैं काहे आने-जाने वालों की निगरानी रखूँ? वो मेरा काम नहीं है। मेरा काम पूजापाठ है।" महन्त ने रुखाई से कहा।

"इस मसले को हवेली तक ले जाना होगा। विधायक मैडम को इत्तला कीजिए।" सयाजी ने कहा।

"कल हवेली पर हममें से कौन जायेगा, तय कर लीजिए।" जन्या ने बीच सम्भाषण कूद लगाई।

"लेकिन मैडम कल मुम्बई के लिए निकल रही हैं।" मदने मास्टर जी ने कहा।

"फिर आज ही जाना होगा।" सयाजी ने कहा।

"मदने मास्टर जी, आप दयाराम और महन्त के साथ जाइए हवेली पर।" काकी ने सुझाव दिया।

"मेरे पास समय नहीं है। मुझे मठ जाना होगा। शाम की आरती का बखत हो गया है।" कहते हुए महन्त उठ खड़े हुए।

"ठीक है। फिर सयाजी को ले जाइए।" काकी ने कहा।

हमेशा चुपचाप रहनेवाली काकी आज अच्छी-ख़ासी मुखर नज़र आ रही थी। बातें जैसे उसके मुँह से झर रही थीं। तुका मुँह छुपाये एक ओर बैठा था। पाहुन-रिश्तेदार सुन्न होकर बैठे थे। पड़ोसियों ने शाम के भोजन की व्यवस्था की। बीच-बीच में सन्नाटे को तोड़ता भामा का धीमा रुदन और हिचकियों से सारा घर कराह उठता। हवेली पर जाने के सुझाव पर सभी की एक राय हो चुकी थी।

गाँव का कोई भी मसला हो उसे हवेली के सामने रखने की परम्परा थी। यही तो अब तक होता आया है। पहले मुग़ल आये। उन्होंने राज किया। उनकी सत्ता का अन्त हुआ। ब्रिटिश आये। उन्होंने शासन किया। उनकी सत्ता का भी अन्त हुआ। लेकिन हवेली की सत्ता अबाधित थी। बल्कि उसी की सत्ता के आश्रय तले सभी सत्ताओं का निबाह हुआ। हवेली ने सत्ताधारियों के सामने घुटने टेके लेकिन गाँव-वासियों को अपने क़दमों तले ही रखा। आज़ादी हवेली को मिली। हवेली के ख़ूँटे से आज़ादी गिरवी रखी हुई थी।

आज़ादी के पश्चात हवेली ने अपनी केंचुली उतार फेंक दी। उसने राजनीतिक-परिवार का रूप धारण कर लिया। हवेली में जन्मा हर कोई सत्ता की विरासत लेकर ही पैदा होने लगा। महाजनी को लोकतन्त्र इस चिकने-चुपड़े नाम से पुकारा जाने लगा। इसे ही असली लोकतन्त्र माना जाने लगा। शादी-ब्याह, पर्व-त्योहार, सांस्कृतिक-सामाजिक उत्सव सभी अवसरों पर राजनीतिक-परिवार के सदस्य शान-बान से केन्द्र में रहने लगे। गाँव के हर मसले को हवेली पर ले जाने का आग्रह होने लगा। हवेली के प्रति अपनी निष्ठा का प्रदर्शन करने की जैसे होड़-सी मच गयी। लोगों की आज़ादी हवेली के आशीर्वाद की मोहताज थी। लोकतन्त्र और आज़ादी ये सब सत्ता द्वारा उड़ाई निरी गप्प थी।

महन्त अकेले ही मठ की दिशा में तेज़ी से निकल गये। हवेली पर वे ख़ुशी-ख़ुशी चले जाते। लेकिन धानी को किसी भी समय सुध आ सकती थी। संझा हो चुकी थी। महन्त के मन में खटका उठा। लोग-बाग़ आरती के लिए जमा हो जायेगे। किसी भी तरह की कोई भी चूक उनके लिए आफत बन सकती थी। वे चिन्ता में डूबे तेज़ी से मठ की तरफ़ क़दम बढ़ाने लगे। साँझ की चहलक़दमी बढ़ने लगी थी। बच्चे स्कूल से घरों की ओर लौट रहे थे। सामने से महादेव शिम्पी आ रहा था। महन्त को देखकर वह दर्शन के लिए रुक गया। लेकिन महन्त कतराकर जल्दी से आगे निकल गये। मवेशियों के लौटने का समय हो चुका था। महन्त नदी में उतर गये। धनगरों के घाट से गबरू तथा साँवलाराम मठ की तरफ़ जा रहे थे। बच्चे नदी में तैरते हुए हुड़दंग मचा रहे थे। महन्त को देखा तो प्रणाम करने के लिए उतावले-से आपस में धक्कमपेल करने लगे। महन्त ने उन्हें डाँटकर भगा दिया। वे बेचैन हो उठे थे।

आसमान में बगुलों की क़तार उड़ रही थी। क्षितिज पर संझा के रंग बिखरने लगे। परिन्दों की चहचहाट से शाम का झुटपुटा गहराने लगा। नदी पर से टिटिहरी कलपती हुई चक्कर काँटने लगी। महन्त पसीने में डूबे हुए थे। जब मुँह पोंछने के लिए उन्होंने जेब में हाथ डालकर अपना रुमाल टटोलना चाहा, वे चौंक गये। जेब ख़ाली थी। उन्होंने हड़बड़ाहट से भरकर दूसरी जेब में हाथ डाला। वह भी ख़ाली थी। वे घबड़ा उठे। फिर से दोनों जेबों को टटोला। मठ की चाबी नदारद थी। वे चाबी मठ में ही भूल गये थे!

महन्त याद करने लगे। उन्हें स्मरण था कि उन्होंने मठ को ताला लगाया था। भंडार-गृह की कुण्डी लगाई थी। लेकिन यह स्मरण नहीं हो रहा था कि ताला लगाया भी था या नहीं। तुलसी के चौबारे पर ताला और चाबी रखी थी शायद। जेब में कब और कहाँ पर हाथ डाला था? क्या चाबी को बाहर निकाला था? लेकिन ऐसा तो याद नहीं आ रहा था कि कहीं पर चाबी जेब से निकाली थी। वे बुरी तरह से घबरा गये। उनके डग तेज़ी से मठ की ओर बढ़ने लगे। कोई बात नहीं, चाबी नहीं मिली तो ताला तोड़ देंगे।

भंडार-गृह के पास पहुँचकर उन्होंने देखा कि तुलसी के चौबारे के पास ताला और चाबी रखी हुई थी। मठ में कोई नहीं दिखाई दिया। उन्होंने भंडार-गृह के दरवाज़े की तरफ़ देखा। कुण्डी लगाई हुई नहीं थी। दरवाज़ा खुला था। उन्हें जैसे काठ मार गया। दरवाज़ा किसने खोला होगा यह सोचते हुए वे भंडार-गृह के भीतर गये। वहाँ पर धानी नहीं थी! उनके हाथ-पाँव लटपटाने लगे। कमरे में कपूर, अगरबत्ती, नारियल, मोमबत्तियाँ बिखरे पड़े थे। चन्दन, गुलाल, हल्दी-रौली और फूलों की मालाओं का ढेर फ़र्श पर पड़ा हुआ था। सभी तरफ़ सूखे फूलों की गन्ध फ़ैली थी। धानी ने शायद उलटी की हुई थी। उसकी बदबू भी फूलों के गन्ध में मिल गयी थी। उन्हें दरवाज़े के पीछे धानी की चप्पलें नज़र आयीं। वे उस तरफ़ लपके और तेज़ी से चप्पलों को मालाओं के ढेर के नीचे छूपा दिया। उनका कलेजा हलक को आ रहा था। भय से कँपकँप छूट रही थी। क्या धानी भाग गयी या कोई चरवाहा उसे छुड़ा ले गया? आख़िर यहाँ पर क्या हुआ होगा? वे बुरी तरह से घबरा गये। फिर जैसे-तैसे उन्होंने ख़ुद को सँभाला। सावचेत होकर मठ के आसपास देखा। कहीं पर कोई नज़र नहीं आया। उन्होंने मठ का ताला खोला और पीछे की तरफ़ बाग़ में पहुँच गये। वे उन झाड़ियों में झाँक आये, जहाँ पर धानी को उपभोगा था। पागलों की तरह उन्होंने पूरा बाग़ छान मारा। धानी कहीं नज़र नहीं आयी।

गबरू और साँवलाराम मठ में पहुँच चुके थे। साँवलाराम मन्दिर के परिसर को बुहार रहा था। गबरू पानी का छिड़काव कर रहा था। गबरू की नज़र महन्त पर पड़ी तो वह रुक गया। उसने जेब से पुड़िया निकाली और महन्त के सामने कुछ पेड़े धर दिये। महन्त ने उसे सवालिया नज़रों से देखा।

''नया टेम्पो ख़रीदा है महन्त। बेटा ख़ाली बैठा था। अब टेम्पो चलाकर गुज़ारा हो जायेगा जी।'' गबरू ने सन्तोष से भरकर कहा।

"साँवलाराम ने ट्रैक्टर ख़रीदा तो तुमने भी टेम्पो ख़रीद लिया? होड़ कर रहे हो आपस में?" महन्त ने कहा और पेड़ा मुँह में डाल दिया।

"नहीं महन्त। मैं ठहरा गरीब आदमी! मैं काहे होड़ करने लगा। साँवलाराम तो बड़े आदमी हैं जी।" गबरू ने हँसते-हँसते जवाब दिया और बाल्टी हाथ में ले ली। गुंडू और पांडू चले आये। गुंडू के हाथ में नारियल था। पांडू के हाथों में फूलों की माला थी। गबरू ने उन दोनों को पेड़े खिलाये। कुछ ही देर में मठ का परिसर भीड़ से गहमा गया। शाम की आरती के बोल गूँजने लगे। आरती के ख़त्म होते ही लोग धानी का विषय ले बैठे।

धीरे-धीरे भक्तगण घर लौटने लगे। गंगू विधवा मठ में ही रुकी रही। भीड़ के छँटते ही वह महन्त के निकट चली आयी। फुसफुसाहट से भरकर उसने कहा, "महन्त, सारा गाँव कह रहा है कि चरवाहों ने धानी को मठ की दिशा में जाते हुए देखा था। लोग किसी का नाम नहीं ले रहे हैं। लेकिन आप भी यह जान लो, इसलिए कह रही हूँ।"

"हाँ तो, आयें लोग। खोजें यहाँ पर। किसने मना किया है? मठ खुला ही है। मठ में होती धानी तो क्या छुपी रहती? हद हो गयी। मेरी बेटी के उम्र की है। मैं स्वयं जाकर उसे घर छोड़ आता। राम राम! घोर कलयुग आ गया है!" महन्त ने रोष से भरकर कहा।

गंगू ने कुछ नहीं कहा। वह घर की तरफ़ निकल गयी। महन्त जगह पर से उठे। पुनः एक बार उन्होंने भंडार-गृह में जाकर देखा। बाग में चक्कर लगाया। धानी कहीं पर नहीं थी। अँधेरा गहरा चुका था। बिजली ग़ायब थी। उन्होंने लालटेन जलाई। और हाथ में लाठी लिए वे तराई की दिशा में नीचे उतरने लगे। तराई के दुतरफ़ा सैंधी और बबूल के पेड़ सरसरा रहे थे। निर्गुन्डी के पेड़ डोल रहे थे। हवा के झकोरों से कंदील की ज्योति फड़फड़ाने लगी। झाड़ियों में उन्हें कुछ सरसराहट-सी महसूस हुई। वे जगह पर ही ठिठक गये। अँधेरे से उनके मन में भय की लहर पैदा हुई। पेड़ों की हिलती टहनियों से देह में सिहरन-सी होने लगी। साँय-साँय की आवाज़ के साथ बहती हवा परिसर को और भी भयावह बना रही थी। महन्त डर गये। अगर झाड़ियों से बाघ निकलकर आ गया तब क्या होगा? बाघ ने गर्दन दबोच ली तो लाश भी नहीं मिलेगी। इस तरह से यहाँ आना ठीक नहीं है। सहमे हुए वे लौटने लगे। अँधेरा पूरी तरह से गहरा चुका था।

ऐसे बेर-अबेर यहाँ पर नहीं आना चाहिए था। उन्हें अपनी ग़लती का ध्यान हुआ। अब तक लालटेन भी बुझ चुकी थी। अँधेरे में टटोलते हुए वे जैसे-तैसे चल पा रहे थे।

महन्त को यकायक धानी याद आने लगी। अगर धानी भूतिया बनकर सामने आ गयी तो? धानी के भूत की कल्पना मात्र से वे थर्रा उठे। उनके क़दम तेज़ी से मठ की तरफ़ पड़ने लगे। जब मठ के समीप पहुँचे तब बिजली आ चुकी थी। रौशनी को देखकर उनकी जान में जान आयी। लेकिन भय ने उनका पीछा नहीं छोड़ा था। भंडार-गृह को देखकर वे डर गये। पूरा मठ उन्हें डरावना नज़र आने लगा। मन का भय मिटाने हेतु वे ज़ोर-ज़ोर से मठ का घंटा बजाने लगे। काफ़ी देर तक वे घंटा बजाते रहे। लेकिन भय से किसी भी तरह से मुक्त नहीं हो पा रहे थे। अचानक उन्हें लगा कि मठ की सीढ़ियों पर बाघ बैठा हुआ है। फिर आभास हुआ कि मठ की सीढ़ियों पर धानी खड़ी है। कुछ क्षण के लिए लगा, मठ से भागकर गाँव की ओर निकल जाये। लेकिन मठ से बाहर निकलने की कल्पना मात्र से वे सहम गये। फिर बिस्तर पर आ गये और मुँह पर चद्दर तानकर लेट गये। चाहा कि नींद उन्हें अपने गिरफ़्त में ले ले। लेकिन नींद आज उनकी आँखों से कोसों दूर थी। अँधेरी रात को झकझोरती हवा से भुतहा सन्नाटा काँप उठा था। रात्रिकालीन कीड़ों की सरगर्मियाँ बढ़ने लगी थीं। सुनसान और उचाट रात्रि मुँह बाये खड़ी थी। अकेलेपन से वे बुरी तरह से घबरा उठे। नहीं, नहीं! अकेले सोना सम्भव नहीं है। किसी का साथ बहुत ज़रूरी है ऐसी उचाट रात्रि में। क्या तुका को बुला लें? अब रात में मठ में अकेले सोने में ख़तरा है। सहमे हुए वे काफ़ी देर तक जगे रहे। उनके मन पर एक भयावह बोझ-सा था। अचानक उन्हें लगा कि बगल में धानी सोयी है। हड़बड़ाकर वे उठ बैठे। कोई नहीं था। पसीने से लथपथ चद्दर हाथ में लिए वे सुन्न बैठे रहे।

कुछ देर बाद उठकर खिड़की के पास जाकर उन्होंने खिड़की से बाहर झाँका। मन्दिर के अहाते में कुछ कुत्ते सोये हुए थे। अँधेरे में बभुल, सैंधी, नीम के पेड़ सरसरा रहे थे। अँधेरा गिरती हुई बर्फ़ की नाईं छितरा हुआ था। गाँव में बिजली दिखाई दे रही थी। महारों की टोले में लगा एकमात्र बिजली का लैम्प जल रहा था। मठ से मातंग की टोले दिखाई नहीं देती है। धानी घर गयी है या किसी ने उसे भगाया है? वह जीवित भी है या नहीं? आशंकाओं ने उन्हें बुरी तरह से मथ डाला था।

तभी बिजली चली गयी। पूरा इलाका अँधेरे में डूब गया। फिर से वे बिस्तर पर आकर लेट गये। नींद ने उन्हें कब अपनी गिरफ़्त में लिया समझ नहीं पाये।

सुबह जब उनकी आँख खुली तो पाया कि साँवलाराम उन्हें आवाज़ देकर जगा रहा है। आरती का समय हो चुका था। जब नहा-धोकर आरती के लिए तैयार हुए उन्हें भक्तगणों की भीड़ में तुका नज़र आया। तुका को देखते ही उनके शरीर में जैसे बल का कुछ संचारण हुआ।

आरती होते ही जैसे ही भीड़ छँट गयी, तुका को लेकर वे तेज़ी से बाहर निकल आये। सूरज की सौम्य किरणें मन्दिर के परिसर पर छितरने लगी थीं।

''विधायक मैडम मुँहअँधेरे ही निकल गयी। मैंने उनकी कार को जाते हुए देखा।'' तुका ने तुरन्त मुख्य बात छेड़ते हुए कहा।

''हवेली पर क्या बात हुई तुका। सयाजी और दयाराम गये थे। कुछ पता चला तुम्हें?'' महन्त ने अधीरता से पूछा।

''हाँ, पता चला है। हवेली से आदेश आया है कि पुलिस में रपट लिखवाने की जल्दबाज़ी मत कीजिए। एकाध हफ़्ता गुजर जाने दो। लड़की ज़रूर आ जायेगी। यही कहीं पर होगी। सब जगह छानिए, पड़ताल कीजिए। लड़की की बदनामी हो ऐसा कुछ मत करो। उम्र भर के लिए लांछन लग जायेगा। सभी हवेली की बात से सहमत हैं।'' तुका ने मुस्कुराकर कहा।

''विधायक मैडम सच ही तो कहती है।'' महन्त ने सन्तोष की साँस लेते हुए कहा।

''मैं सुबह-सुबह धानी के घर की तरफ़ झाँक आया हूँ। सभी रिश्तेदार जा चुके हैं। कोई नहीं है घर पर।'' तुका ने भी सुकून से भरकर कहा।

''धानी का क्या हुआ होगा?'' महन्त अपने में ही खोये थे।

''क्या अरबर बक रहे हो?'' तुका सकपका गया।

''धानी लापता हो चुकी है तुका।'' महन्त ने बुझे स्वर में कहा।

''क्या कह रहे हो महन्त? आपने उसे बेहोशी की दवा दी थी। वह उठकर चल भी नहीं सकती थी ? कुछ भी बकवास मत कीजिए।'' तुका को जैसे काठ मार गया।

''धानी ग़ायब है तुका। उसे शीघ्र ढूँढ़ना होगा।'' महन्त ने बुझी-बुझी आवाज़ में कहा।

"किसी के हाथ लग जायेगी तो अनर्थ हो जायेगा। हाथ में हथकड़ी पड़ गयी समझो।" तुका चिल्लाया।

"मैंने बहुत ढूँढ़ा उसे रात भर!" महन्त ने निराशा से भरकर कहा।

तुका झट से उठ खड़ा हुआ। बिना कुछ कहे वह तत्काल वहाँ से निकल गया। वह सब ताड़ चुका था। हर हाल में धानी को खोजना होगा। तुका की शीघ्रता देखकर महन्त को कुछ तसल्ली हुई। वे उठे और मठ की तरफ़ चले गये भीतर जाकर उन्होंने इधर-उधर नज़र दौड़ाई। सब ठीकठाक किया, मठ को ताला जड़ा और तेज़ी से तुका के पीछे-पीछे चल पड़े।

"हर हाल में धानी को तलाशना होगा।" वे बुदबुदाये। धानी को उन्होंने बेहोशी की दवा पर्याप्त मात्रा से कुछ अधिक ही दी थी। फिर भी वह चंगुल से कैसे छूट गयी? उनका दिमाग़ चकरा गया था। उन्हें स्मरण हुआ, तुका और जन्या को लिए हुए वे अति शीघ्रता से गाँव में पहुँचना चाहते थे। धानी के घर के सामने गाँववालों की बैठक जमी है, यह ख़बर उन तक पहुँच चुकी थी। वे लोगों का रुख जानना चाहते थे। बैठक ख़त्म होने से पहले वहाँ पर पहुँचना होगा इस सोच से जन्या जल्दी मचा रहा था। तुका भी अधीर हो उठा था। इसी जल्दबाज़ी में हड़बड़ाहट से भरे वे भंडार-गृह को ताला लगाना भूल गये थे।

जब वे चले गये, इधर धानी को धीरे-धीरे होश आने लगा था। अर्धबेहोशी की हालत में उसका दिमाग़ घूम रहा था। दर्द के मारे सिर फटा जा रहा था। उसने उठने का प्रयास किया तो गश खाकर वह वहीं पर गिर गयी थी। फिर से उसे चक्कर आने लगे। मतली-सी होने लगी। अंग का पोर-पोर पीड़ा से भर उठा था। कमज़ोरी से उसके हाथ-पैर निष्प्राण हो चुके थे। अचानक उसे चेता हुआ कि वह क़ैद में है। जैसे-तैसे उसने साहस बटोरा। शरीर का बचा-खुचा बल इकट्ठा किया और उठ खड़ी हुई थी। गिरती-सँभलती दरवाज़े तक पहुँची। दरवाज़ा बाहर से बन्द था। उसने दरवाज़ा खोलने का प्रयास किया। पर व्यर्थ! उसने दरार के बीच में हाथ डालना चाहा। पर सम्भव नहीं हुआ था। वह फिर से गिर पड़ी। दुबारा उठ खड़ी हुई। फिर से उसने दरार में हाथ डाला और कुण्डी से खटने लगी। कुण्डी को कसकर पकड़कर रखा। चक्कर के मारे उससे खड़े रहना भी सम्भव नहीं हो रहा था दरवाज़े से टिककर कुछ क्षण वह वैसे ही खड़ी रही। उसे फिर से मतली-सी हुई। उबकाइयों से जी घबरा उठा। फिर भी वह कुण्डी से जूझती रही और आख़िरकार

कुण्डी को खिसकाने में सफल हो गयी थी। दरवाज़ा खोलकर जब वह बाहर आयी तब उसने देखा कि मठ में कोई नहीं था। उससे चल पाना भी सम्भव नहीं हो रहा था। फिर भी एक-एक क़दम घसीटते हुए वह जैसे-तैसे मठ से बाहर चली आयी। उसकी सुध लौट आयी थी। यहाँ तक तो चली आयी लेकिन अब आगे मुख्य रास्ते से जाना न होगा। उसने ख़तरे को सूँघ लिया था। वह बाये तरफ़ की पगडण्डी की तरफ़ मुड़ गयी। पहले तराई, वहाँ से अमराई; अमराई से होते हुए सीधे बुरहानपुर का रास्ता। रास्ते में भैरवनाथ का नाला लगता है उसे लाँघते ही घर! वह सब समझ पा रही थी लेकिन शरीर उसका साथ नहीं दे रहा था। हाथ-पैरों में प्राण ही कहाँ थे!

धानी स्वयं को घसीटते हुए चल रही थी। उठते-बैठते हुए वह एक-एक डग से आगे बढ़ने लगी। वह समझ नहीं पा रही थी कि किस दिशा में उसके क़दम पड़ रहे हैं। मठ के सामने से चल रही है या पीछे के रास्ते से? तराई की तरफ़ या नदी की ओर? उसके दिमाग़ का अँधेरा गहरा रहा था। रास्ते धुँधले नज़र आ रहे थे। कहीं पर वह लुढ़कती-गिरती रही। कहीं पर फिसलती रही। कभी उसने पेड़ों की झुकी टहनियों का सहारा लिया। कभी सैंधी के पेड़ों के झाँवों को पकड़कर अपने क़दमों को सम्बल दिया। अब वह तराई के किनारे से चलने लगी थी। उसने सड़क का रास्ता छोड़ दिया था और घास के मैदान में उतर आयी थी।

धानी घास के बीच में चलने लगी। उसे घास का स्पर्श महसूस हुआ। वह निर्गुन्डी की झाड़ियों में घुस गयी। उसे चेता हुआ कि वह तराई में है। बिजली की तरह उसके मन में कुछ कौंधा। तराई को पार करते ही वह घर जा सकती है! कुछ क्षण वह रुक गयी। उसे लगातार चक्कर आ रहे थे। लेकिन एक अदम्य इच्छा से वह भर उठी थी। माँ-पिताजी, भाई-बहनों की याद से वह छटपटा उठी। किसी भी हाल में उन दरिन्दों से दूर भागना होगा। वह आगे की ओर खिसकने लगी। और तभी उसका एक पैर गहरे नीचे धँस गया था। उसने पीछे की तरफ़ हटने का बहुत प्रयास किया। निर्गुन्डी की टहनियों का सहारा लिया। लेकिन वह पूरी तरह से अपना सन्तुलन खो चुकी थी। हाथ की पकड़ से पेड़ के पत्ते टूटकर बिखरने लगे। देखते ही देखते उसके हाथों से टहनी छूट गयी और वह तराई में जा गिरी। वह गर्दन पर ही गिरी थी। कुछ समझे इससे पहले बेहोशी ने उसे जकड़ लिया। कई घंटों वह तराई की गहराइयों में अचेत पड़ी रही। उसे ज़बरदस्त चोट पहुँची थी। जब होश आया तब वेदनादायी पीड़ा से बिलबिला उठी। अँधेरे में उसे कुछ सूझ नहीं रहा था।

अचानक उसे लगा कि उसके कान को नोचा गया है। वह किसी भी तरह के प्रतिकार की अवस्था में नहीं थी। भयावह वेदनाओं से तड़प उठी। फिर लगा कि नाक को भी नोचा गया है। घंटों वह बेसुध-सी क्लान्त पड़ी रही। भयावह पीड़ा और ग्लानि। किसी क्षण में उसकी चेतना लौट आती। उन क्षणों में वह एक असहनीय पीड़ा से गुज़रती रही। अगले कुछ क्षणों में पुनः अचेत हो जाती। जहाँ पर पड़ी थी वहीं पर सुध गवाये वह घंटों पड़ी रही। पूरी रात वह उसी अवस्था में रही। जब दिन उगा सूरज की किरणें उसकी देह पर छितर गयी। लेकिन भीषण अँधेरे में वह धँस चुकी थी।

तुका पागलों की तरह धानी को ढूँढ़ रहा था। और जब वह तराई में उतरा उसे धानी नज़र आयी। फिर जो उसने देखा वह उसके होश उड़ाने के लिए काफ़ी था। धानी की पूरी देह पर चींटियाँ लगी हुई थीं। होंठ फट चुके थे। गर्दन तिरछी हो गयी थी। नाक नोचा हुआ था। कानों को खाया जा चुका था। एक पैर टूट चुका था। उसके कपड़े ख़ून से सने थे। पूरी देह पर कीड़े-मकोड़े रेंग रहे थे और मक्खियाँ भिनभिना रही थीं। तुका ने देखा तो उसका कलेजा हलक को आ गया। वह गिरते-गिरते बचा। फिर ऐसी चीख उसके मुँह से निकली कि पूरी तराई गूँज उठी। वह नीचे झुका और उसने धीरे-से धानी की देह को स्पर्श किया। ज़ोर से हाँक लगाई, ‘‘धानी ऽऽऽ’’! और लाश के समीप ही वह धसककर बैठ गया। उसने ऐसी दहाड़ मारी कि महन्त भागे-भागे चले आये। जो उन्हें दिखाई दिया उनके पैरों तले से ज़मीन खिसक गयी। ‘‘अरे बप्पा! धानी को जानवर ने खा लिया है रे बप्पा!’’ उनके मुँह से निकला। उस भयावह आवाज़ ने पूरी तराई को भेद दिया।

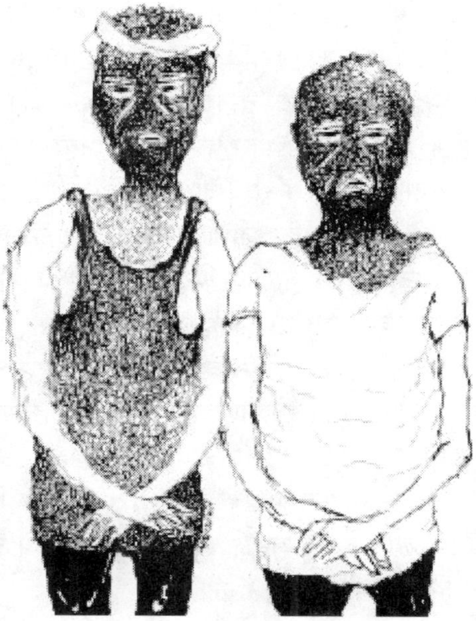

पत्थर की पटिया को धो-धुलाकर साफ़ किया गया। सम्पूर्ण विधि-विधान के साथ उसका पूजन हुआ। खड़िया से पटिया पर हनुमान का एक चित्र रेखांकित हुआ और मूर्तिकार पिराजी हाथ में छेनी-हथौड़ी लिए पटिया पर प्रहार करने लगा। हनुमान की मूर्ति गढ़ने का काम छेड़ दिया गया है यह बात हवा की तरह पूरे गाँव में फ़ैल गयी और लोग मन्दिर की दिशा में निकल पड़े। भीड़ जुट गयी और उत्सुकता से भरी मूर्तिकार का काम देखने में मग्न हो गयी। मूर्तिकार पिराजी बीच-बीच में उन्हें दूर रहने की चेतावनी देते हुए कहता, 'दूर रहिये, आँख में पत्थर लग सकता है। आँख फूट भी सकती है।' उसके चिल्लाते ही लोग तनिक दूर खिसक जाते। फिर से पास आकर खड़े हो जाते। बच्चे उचक-उचककर इस दृश्य को देखने का आनन्द उठाते रहे।

पिराजी मूर्तिकार को मूर्ति गढ़ने के काम पर लगा दिया गया था। उसके खाने-पीने की व्यवस्था गाँव में ही की गयी थी। रात में वह हनुमान के चौतरे पर ही सो जाता। आसपास के गाँवों में पिराजी का बड़ा नाम था। अपने कुशल हाथों से वह अब तक कई मूर्तियों को गढ़ चुका था। उसकी उँगलियों के हुनर का हर तरफ़ बोलबाला था। ज़ाहिर है, इलाक़े के लोग उसके काम को लेकर बड़े ख़ुश थे। पिराजी गोपा महार की पत्नी भागी का सगा भाई था।

जन्या लगातार पिराजी पर नज़र बनाये हुए आसपास ही मँडराता रहता। उसने देखा कि गोपा महार पिराजी के साथ कुछ बतिया रहा है। गोपा काम के लिए निकला था। रास्ते में वह हनुमान के चौतरे के पास रुक गया। उसने पिराजी के निकट जाकर कहा, "आज घर में मांस पकाया है। शाम को खाने पर घर आ जाना।" गोपा को अक्सर पिराजी के साथ बात करते हुए देखा गया है। गोपा महार के साथ पिराजी की निकटता देखकर लोगों के मन में खटका जगा। उन्हें पिराजी की जाति को लेकर सन्देह हुआ। हालाँकि पिराजी ने कभी अपनी जात छुपाई नहीं थी। वह बुरहानपुर का रहनेवाला था। जाम्भुलगाँव में उसका आना-जाना लगा रहता था। यहाँ के महादेव शिम्पी और गबरू पाटिल उसे अर्से से जानते थे। वैसे तो सारा महार टोला उसे जानता था। इसलिए उसने कभी अपनी जात छुपाने की कोई कोशिश नहीं की थी। फिर भी अपने काम के दौरान वह महार टोले से दूर ही रहा। लेकिन लोगों को कुछ-कुछ भनक पड़ ही चुकी थी। हालाँकि पिराजी को इससे कुछ लाभ ही हुआ। लोग उससे अन्तर बनाकर उसका काम देखने लगे। फिर धीरे-धीरे लोगों का आना भी बन्द हो गया।

पिराजी सबसे बेखबर अपने काम में मग्न रहता। दिन-ब-दिन उसकी कला आकार ले रही थी। लेकिन जब हनुमान की शक्ल गढ़ने का बखत आ गया, वह बेचैन हो उठा। मूर्ति के चेहरे का काम कोई आसान काम नहीं था। इस काम के लिए बहुत कुशलता और बारीकियों की ज़रूरत थी। हनुमान का ललाट, उनके आँख-नाक-कान, मुँह तथा ठुड्डी जैसे अंगों को तराशते हुए उसके बाजुओं में ऐंठन होने लगती थी। वह बहुत सावधानीपूर्वक काम कर रहा था। हर प्रहार के साथ हाथ का बल कम-अधिक अनुपात की माँग करता। भिन्न-भिन्न कोनों से वह पाषाण को तराश रहा था। कभी-कभी हथौड़ी-छेनी को ऐसे चलाना पड़ता, जैसे पाषाण को स्पर्श किया ही नहीं गया हो। कला-कला के साथ हर दिन नया चाँद उगता है, वैसे हर दिन हनुमान का चेहरा आकार ले रहा था। यह बहुत ही नाज़ुक काम था। पिराजी अधीर हो उठता। एक बेचैनी-सी उसे घेर लेती। कभी बैठे-बैठे ही वह पाषाण से उभरती अपनी कारीगरी को घंटों अपलक निहारने लग जाता। जब लगता कि मन के मुताबिक़ काम हो रहा है उसकी आँखें मुस्कराहट से फ़ैल जातीं। उनमें सन्तोष का भाव उभर आता। पत्थर की कठोरता, उसमें धीरे-धीरे पनपती चिकनाई, छिन्नी के प्रहार के साथ उड़कर गिरते पत्थर के छिलके इन सब को देखकर वह जैसे अपनी सुध-बुध खो बैठता। हर उड़ते छिलके के साथ

वह सावधानीपूर्वक देखता कि कहीं बल अधिक तो नहीं हो गया? मूर्ति गढ़ते समय पिराजी पत्थर की नाईं कठोर बन जाता और पत्थर जैसे सजीव और लचीला हो उठता! अपना पूरा सत्व वह पत्थर में उड़ेल देता। कठोर पाषाण में उसके मन का एक सुघड़ स्वप्न मूर्ति के रूप में आकार लेता हुआ जीवन्त होने लगता। पत्थर के साथ उसके हृदय का ऐसा अटूट और निर्मल नाता था कि निष्प्राण पाषाण से सजीव संवेदनाएँ जन्म लेने लगतीं।

पाषाण का पथरीला होने का गुण पिराजी के स्पर्श से विलीन हो जाता और पत्थर में एक देवत्व साकार होने लगता। अचेत-बेजान पत्थर को श्रद्धा का भव्य वरदान प्रदान करते हुए पिराजी अपना सबकुछ दाँव पर लगा देता। मन को पूर्णतया उन्मुक्त किये हुए, सम्पूर्ण समर्पण के साथ वह पाषाण में छिपी सुन्दरता को मूर्त स्वरूप दे देता। हनुमान का चेहरा गढ़ना सबसे चुनौतीपूर्ण था। इस काम में वह कोई कसर नहीं छोड़ना चाहता था। और जब हनुमान के नाक-कान और भुभु:कार करते होठों ने पूर्ण आकार ले लिया, उसकी आँखों में जैसे ख़ुशी के फौवारे फूट पड़े। उसने अभिमान से भरकर अपने हथौड़े को देखा। उसकी आँखें छलछला उठीं। आसमान में चाँद उगता है वैसे उसका रोम-रोम उल्लसित होकर जगमगा उठा था।

जन्या हनुमान के चौतरे पर बैठा हुआ पिराजी को ताकता रहता। पिराजी का अथक परिश्रम, पसीने की बुँदें टपकाता उसका चेहरा, उसकी थकी काया, काम के प्रति उसकी लगन, उसका पत्थर को वह अपलक देखना इन सबने जन्या के मन में पिराजी के प्रति एक ममत्व का भाव जगा दिया था। लेकिन जैसे ही उसकी जात का भान होता उसके मन का यह ममत्व-भाव मुरझाने लग जाता। फिर से एक कठोरता का भाव मन में पनपने लगता, 'पिराजी अछूत है। लेकिन वह सवर्णों का ईश्वर का गढ़ रहा है। कल सभी ऊँची जात वाले इसी मूर्ति के समक्ष माथा टेकेंगे। मानता मानेंगे। यह ठीक नहीं है।' जन्या के भीतर बहुत कुछ उमड़ने लग जाता। उसकी परेशानी बढ़ने लगी थी। इधर पिराजी इस सबसे जुदा तल्लीनता के साथ कइयों की आराधना को आकार देने में मग्न था।

जन्या बेचैनी से भरकर उठ खड़ा हुआ और पिराजी के समीप जाकर उसका सुघड़ काम निहारने लगा। कई दीनों से उसके मन में पिराजी और गोपा महार के बीच का रिश्ता जानने की बात कुलबुला रही थी। लेकिन उसका साहस नहीं हुआ था। आज वह सब जानना चाहता था। उसके बदले हुए हावभाव ने पिराजी को

चौकन्ना कर दिया। जैसे वह कुछ ताड़ गया था। जो नज़दीक आता है, समझो कि बिना जात को जाने वह दूर नहीं हटेगा। पिराजी इससे पूर्णतया वाक़िफ़ था।

''तुम्हारी और गोपा महार की जान-पहचान कब से है?'' जन्या ने जान-बूझकर महार शब्द पर ज़ोर दिया था। पिराजी निरीह भाव से खड़ा था। ''मेरी सगी बहन का पति है गोपीचंद। मैं साला हूँ उसका। उसकी पत्नी भागा मेरी छोटी बहन है जी।'' पिराजी ने हँसते हुए सहज भाव से कहा। जन्या सकपका गया। उसे समझ में नहीं आया कि आगे क्या पूछना है। कुछ क्षण वह चुपचाप खड़ा रहा।

''यह सुघराई कहाँ से सीखी तुमने?'' जन्या ने बात को आगे बढ़ाया।

''मेरे दादा मूर्ति गढ़ते थे। बालाजी मन्दिर के अहाते में जो हाथी लगे हुए हैं, वे उन्हीं के गढ़े हुए हैं। मेरे पिता भी अच्छे मूर्तिकार थे। मठ की मूर्ति उनकी ही तराशी हुई है जी। मैं उन दोनों का काम देखकर बड़ा हुआ सो सीख गया। मेरे बनाये अनेक नंदी कई मन्दिरों में स्थापित किये हुए हैं। महादेव के पिंड हैं। नाग है, हनुमान हैं।'' पिराजी ने कहा।

''हनुमान की शक्ल हूबहू बनी है।'' जन्या ने कहा।

''हनुमान-जयन्ती के दिन मूर्ति की स्थापना होनी है। तब तक पूरा हो जायेगा जी सारा काम।'' पिराजी ने उछाह से कहा।

''यह काम तुम्हें साहब की किरपा से मिला है। हितेन्द्र साहब का नज़रिया अलग है। वे सामाजिकता को निभाना जानते हैं। गाँव के ईश्वर को गढ़ने का काम उन्होंने एक अछूत के हाथों में सौंपा है। यह क्रान्तिकारी फैसला है।'' जन्या ने कहा।

''हाँ, मालिक का बड़ा उपकार है जी। काम से पहले उन्होंने कुछ रकम भी हाथ पर धर दी थी। मैं भी हाथ का काम छोड़कर चला आया। लेकिन जात क़दम-क़दम पर आड़े आती है। मूर्ति गढ़ने तक मेरा छुआ हुआ चलता है मूर्ति के बनते ही मेरे छूने से मूर्ति कलुषित हो जाती है! लेकिन मुझे कोई फ़र्क़ नहीं पड़ता है जी। अब आदत हो चुकी है। मुझे मेरे काम का मुआवज़ा मिल जाये बस!'' पिराजी ने निर्विकार भाव से कहा।

तभी मदने मास्टर जी आते हुए दिखाई दिये। समीप आकर उन्होंने जन्या के कन्धे पर हाथ रखा और खड़े हो गये। जन्या पुलक से भर गया। मदने मास्टर जी ने पिराजी का काम देखा तो बड़े खुश हुए।

''बड़े हुनरमंद हो तुम पिराजी। हनुमान की शक्ल बहुत ही सुन्दर-सुघड़ गढ़ी है तुमने! होंठ तो देखो! वाह! बहुत बढ़िया! लेकिन ध्यान रहे, काम समय पर हो जाना चाहिए। साहब फ़ोन पर जानकारी लेते रहते हैं।'' मदने मास्टर जी ने कहा।

''हाँ हाँ, हो जायेगा जी।'' पिराजी ने हाथ जोड़कर कहा।

''अच्छा सुनो, शहाणे सर दो दिन के लिए बाहर गाँव जाने वाले हैं। तुम अपना खाना मेरे घर से ले लेना। वरना भूखे रह जाओगे।'' मदने मास्टर जी ने स्नेह से भरकर कहा।

पिराजी ने 'हाँ जी' कहते हुए गर्दन हिला दी और वह अपने काम में मगन हो गया। उसके काम में व्यवधान ना हो यह सोचकर मदने मास्टर जी भी वहाँ से चल दिये। जन्या भी उनके साथ हो लिया। मदने मास्टर जी सीवान की दिशा में देख रहे थे। जन्या ने उधर निगाह डाली और कहा, ''मधुमक्खियों का छत्ता उतारना होगा।'' मदने मास्टर जी ने उसकी बात पर ग़ौर किया और कहा, ''हनुमान के चौतरे के निर्माण-काम के साथ-साथ अब सीवान का काम भी छेड़ना होगा। पीपल का पेड़ बहुत बढ़ गया है। इससे सीवान की दीवारों में दरारें आ चुकी हैं। पुराना निर्माण है। पेड़ को हटाना होगा। दरारों को भरना होगा। गिरे हुए हिस्से की मरम्मत करवानी होगी।'' मदने मास्टर जी चलते-चलते कह रहे थे। जन्या उनके काम की अहमियत समझ रहा था।

''चौतरे का काम कब शुरू होगा?'' जन्या ने पूछा।

''अगले महीने में शुरू हो जायेगा। मूर्ति के प्रतिष्ठापन से पूर्व काम पूरा हो जायेगा।''

''क्या आपने पढ़ाना छोड़ दिया है?'' यकायक जन्या ने पूछा।

''अरे भई, स्कूल मास्टर को एक काम थोड़े ही होता है। कई तरह के काम करने पड़ते हैं। साहब ने ज़िम्मेदारियाँ सौंपी है। मना कैसे कर सकते हैं!''

जन्या मदने मास्टर जी के बर्ताव में आया हुआ फ़र्क़ सूँघ रहा था। घर के दरवाज़े पर रुखाई से पेश आने वाले मदने मास्टर जी आज उससे मित्रवत व्यवहार कर रहे थे। उसे सन्तोष हुआ।

जैसा कि अन्देशा था, विधायक चारुशीला पाटिल ने तबियत का हवाला देते हुए चुनाव लड़ने से इनकार कर दिया; पार्टी ने उनके बेटे हितेन्द्र पाटिल को टिकट दे दिया। वे बहुमत से चुनकर आ गये। तालुका को एक नया युवा नेतृत्व प्राप्त हुआ।

पार्टी में युवा और उच्च-शिक्षित हितेन्द्र पाटिल का ज़ोरशोर से स्वागत हुआ। यहाँ तक कि उन्हें ग्राम विकास विभाग का राज्यमन्त्री बना दिया गया। वे मन्त्रीमण्डल के सबसे युवा मन्त्री थे। राजनीति के शुरुआती चरण में ही मन्त्री पद उनकी झोली में आ गिरा था। तालुके को भी मिला यह पहला मन्त्रिपद था।

हितेन्द्र पाटिल के मन्त्री हो जाने से जाम्भुलगाँव में लाल बत्ती की गाड़ियों की आवाज़ाही शुरू हो गयी। हवेली की प्रतिष्ठा में वृद्धि हुई। पुलिसकर्मी, अफ़सरों का मजमा और आये दिन की पत्रकारों की चहलक़दमियों से गाँव को एक वजूद प्राप्त हुआ। ग्रामवासियों के लिए यह गौरव की बात थी। एक सुखद अनुभूति से सभी भर गये थे।

''हितेन्द्र जी युवा हैं। अब उनका भविष्य बड़ा उज्ज्वल है जी। देखना, एक दिन मुख्यमन्त्री की कुर्सी पर बैठे नज़र आयेंगे।'' डिप्टी सरपंच डींगें हाँक रहे थे। गाँव के विकास-कार्य का ज़िम्मा मदने मास्टर जी को सौंप दिया गया। इससे उनकी साख में भी वृद्धि हुई। हनुमान की मूर्ति की प्रतिष्ठापना, चौतरे की मरम्मत और गाँव के सीवान की पुरानी दीवार की रँगाई-पुताई ये काम साधारणजनों के सामने विकास के भेस में परोसा हुआ भोजन था। ग्रामीणों को ग्राम विकास के सही मायने पता नहीं थे। बुनियादी अधिकार और बुनियादी ज़रूरतों के ज्ञान से वे अभी कोसों दूर थे।

ऊँची जातियों और अमीर रायजादों ने आज़ादी को भली-भाँति भुनाया। वर्णव्यवस्था को नया जीवन प्राप्त हुआ। वह खूब फलने-फूलने लगी। जात-व्यवस्था को और मज़बूत बनाया गया। मठ-मन्दिरों की प्रतिष्ठा में वृद्धि होने लगी। अधिकारों के विकेन्द्रीकरण को हर तरह से रोका जाने लगा। विकास के केन्द्र में आम खस्ताहाल आदमी कहीं पर नहीं था। उसे लगातार हाशिये पर धकेलते हुए सत्ताधारियों ने सत्ता को अपने परिवारों की चौखट में ही क़ैद रखा। 'मतदाता राजा होता है' यह उनका तकियाकलाम था। परजा को पुचकारने में वह बड़ा काम आया। यह एक सफल प्रयोग था। अनपढ़ पीढ़ियों ने राजनेताओं से कभी कोई सवाल नहीं किया। इसी व्यवस्था को दुनिया का सबसे बड़ा 'लोकतन्त्र' कहते हुए नगाड़े पीटे गये। साधारण जनों ने उस पर आसानी से विश्वास कर लिया!

शाम का समय था। महारों ने जन्या, वशा, यशा और तुका को अपनी टोले में देखा तो वे बिफर गये। उन्हें लगा, चारों के रूप में टोले में सियार-भेड़िये घुस आये हैं। ये वे ही थे जिन्होंने बीच चौराहे पर सरेआम दीपा को ख़त्म कर दिया था।

आज चारों हाथ जोड़े उनके सामने खड़े थे। टोलेवाले चकरा गये। तभी जन्या सामने आया। उसने महारों को घरों से बाहर आने के लिए कहा और ऊँची आवाज़ में ऐलान किया, "सुनो, सुनो, महार-टोले को साफ़-सुथरा और स्वच्छ करना होगा। हर कोई अपने घर और घर के सामने के आँगन-ओसारों को साफ़ करें। टोले के आवारा कुत्तों को पकड़कर नदी के उस पार छोड़ आयें। जल्द ही मन्त्री जी इस टोले को भेंट देनेवाले हैं।" जन्या की आवाज़ में जोश था। महारों ने उसके कहे में बहुत दिलचस्पी नहीं दिखाई।

"अरे बभूचको, मेरा मुँह क्या ताक रहे हो? क्या पूरी ज़िन्दगी में कभी लाल बत्ती की गाड़ी देखी है ? सालो, मन्त्री जी को नज़दीक से देखना नसीब होगा। मन्त्री जी ख़ुद चलकर तुम्हारे आँगन में पधारनेवाले हैं।" यशा ने कुत्सित हँसी के साथ कहा।

"बेवकूफ़ों, लाल बत्ती का जादू क्या होता है तुम नहीं जान पाओगे। मन्त्री जी तुमसे मिलेंगे, तुमसे बात करेंगे! नसीब वाले हो साले तुम!" वशा ने खेद के साथ कहा।

महार अचकचा गये। हाथ जोड़कर वे ऐसे खड़े रहे जैसे कोई भयाक्रान्त हिरन किसी हिंसक पशु के समक्ष खड़ा हो। मन्त्री जी क्या बात करेंगे, उन्हें क्या बात करनी होगी, वे कुछ नहीं जानते थे।

"मालिक, हमें कोई समस्या नहीं है। ना कोई उलझन है। हम हमारे हाल में अच्छे हैं जी।" देवा महार ने दीनता के साथ कहा।

"ना ही हमारी कोई माँगें हैं। सब ठीक चल रहा है हजूर।" गोपा महार ने हाथ जोड़कर कहा।

"नेता जी से क्या कहना होगा, आप ही बताइए जी।" मलकू महार ने लाचारगी से कहा। बुढ़ापे की वजह से उसकी गर्दन डगमगा रही थी।

"घरों की लिपाई-पुताई करो। आँगन को फूलों से, रंगोली से सजाओ। ध्यान रहें कि आवारा कुत्ते, गधे-सूअर ना दिख पायें। उस दिन सभी को साफ-सुथरे कपड़े पहनकर आना होगा।" वशा ने आदेश दिया।

"ध्यान रहे कि किसी के मुँह से बदबू ना आये। अपने मुँह-दाँतों को अच्छी तरह से साफ़ करो। ये लो टूथपेस्ट और साबुन। इनका इस्तेमाल करो।" जन्या ने कहा।

''चलिए, अब सभी अपने-अपने घरों के सामने खड़े हो जाइये। सभी को साबुन-पेस्ट और इत्र बाँटा जायेगा। साफ़-सुथरे रहने की आदत डालो जाहिलो।'' यशा ने घुड़काकर कहा।

महार अपने घरों की तरफ़ लपक लिये। वे बड़े उल्लसित थे। एक अजीब से उत्साह का उनमें संचरण हुआ था। हँस-हँस कर वे आपस में बतियाने लगे।

''मन्त्री जी के सामने कैसे बात करनी होगी। कौन बात करेगा, क्या बातें करनी होंगी। सब सोचकर रखना होगा। बैठक बुलाइए।'' देवा महार उमंग से बौरा गया था।

''मन्त्री जी हमारे टोले में किसलिए आ रहे हैं भाई?'' मलकू के सामने यही बड़ा सवाल था।

''बाबासाहब संविधान में लिख गये होंगे काका। अब तक किसी ने बाँचा नहीं होगा। अब थोड़ा-थोड़ा बाँचने लगे हैं शायद। बाबासाहब ने लिखा होगा कि नेताओं को चाहिए कि वे महारों के घर जायें।'' देवा ने हँसते हुए तंज़ किया।

''महारों के घरों का मांस खाना होगा यह भी लिख गये होंगे।'' मलकू ने कहा।

''संविधान में क्या लिखा है, हमें कोई नहीं बताता है। और हम पढ़ भी तो नहीं सकते। यही विडम्बना है।'' गोपा ने खेद से भरकर कहा।

''अब हमें सब जानना होगा। आज़ादी को सूअर की तरह रौंराते हुए हमारी बस्तियों में आना होगा। लोकतन्त्र को कुत्ते की नाईं भौंकना होगा। नेता अब हमारे टोले से दूर नहीं रह सकते। उन्हें हमारी बस्तियों में आना होगा। गलबाँही डालकर हमारे साथ बैठना होगा। अधिकारों को गधों की तरह रेंकना होगा। हर चीज़ को जानना होगा।'' देवा आवेश से भर गया था।

''ऐसा न हो कि मन्त्री जी एक बार मुँह दिखा कर ऐसे ग़ायब हो जायें जैसे गधे के सिर से सींग! उन्हें फिरफिर कर आना होगा। बाबासाहब यह सब जानते थे इसीलिए उन्होंने संविधान लिखा।'' गोपा ने कहा।

महार अपनी तरह से बाबासाहब को जानने का प्रयास कर रहे थे। फिर सभी अपने-अपने घरों में घुस गये। चारों ने मोर्चा सँभाल लिया और हर झोंपड़े के पास जा-जाकर वे निर्देश देने में जुट गये।

''ध्यान रहे, यहाँ एक भी कुत्ता नज़र न आये। सूअर-गधों को दूर ले जाकर बाँधिए। उस दिन कोई बहस-बखेड़ा नहीं चाहिए। और ना ही दारू पीकर कोई

फ़िज़ूल का तमाशा! समझे? वरना हम हैं और तुम! खाल उतारकर रख देंगे।'' तुका ने गरजते हुए चेतावनी दी।

तुका के हाथ में सामान से भरा हुआ बोरा था। जन्या घर-घर में झाँककर गिनती कर रहा था। यशा गिनती के मुताबिक साबुन, टूथपेस्ट, इत्र बाँटने में व्यस्त हो गया। जन्या सभी पर नज़र रखे हुए था। टोले में एक सरगोशी-सी छा गयी थी। उन चीज़ों को देखकर सभी कुतूहल और जिज्ञासा से भरे हुए थे। उनके इस्तेमाल को लेकर वे भ्रम में थे। वे ऐसे पुलकित हो गये, जैसे कोई अमूल्य चीज़ हाथ लगी है।

''मन्त्री जी अकेले आ रहे हैं या साथ में भारत माता भी आयेगी?'' किसी ने भोलेपन से पूछा।

''मन्त्री जी अकेले कैसे आयेंगे? पुलिस साथ होगी। भारतमाता को शायद घर पर ही छोड़ आयेंगे।''

''मैं एक बार भारत माता को देखना चाहता हूँ। कितनी बार हमने उसकी 'जै जैकार' की है।''

''गोरी चिट्टी है जी। मैंने फोटू में देखा है!''

''अपने घरों की औरतों जैसी नहीं है। अलग है।''

''बड़े घराने की औरत जैसी नज़र आती है।''

महार आपस में ज़ोरशोर से बतिया रहे थे। हर एक के अलग-अलग सवाल थे। चारों सामान बाँटते हुए आगे बढ़ रहे थे। जन्या टोले की हालत देखकर चिन्ता में डूब गया, ''गन्दी है टोले। फूहड़ हैं ये लोग। इनकी बोली-बानी तो देखो! कितनी गलीज है। इनका खानपान गन्दा है। घर तो देखिये सालों के। कैसी बदबू उठी है! एक साबुन से इन जाहिलों क्या होगा?''

''कूड़ेदानों को तुरन्त साफ़ करो। जानवरों के चमड़ों को बाँध कर रखो। हड्डियों को दूर ले जाकर डाल आओ। सालो समझ रहे हो?'' वशा झुँझलाकर चिल्लाया।

''ये बबुचक कौन है। इसे मन्त्री जी से दूर रखना। दलिद्दर दिखता है स्साला। ध्यान रहे कि साफ़-सुथरे और सलीकेदार लोग ही सामने आयें। जो सुन नहीं पाते हैं, ठीक से देख नहीं पाते हैं उन्हें दूर ही रखना होगा।'' तुका दुनियादारी बघा रहा था।

''हम कई चीज़ों को जानते नहीं हैं। नेता जी आ रहे हैं इसलिए जान पा रहे हैं।'' मलकू ने खिसियानी हँसी के साथ कहा।

''आज साबुन-इत्र बाँट रहे हैं। ज़रूर और भी कुछ होगा जिसे दबाकर रखा होगा उन्होंने। सब बाहर आना चाहिए।'' देवा अलग से बिदक रहा था।

''पुराने कपड़े भी दीजिए मालिक। हमारे पास कपड़े नहीं हैं।'' किसी की लाचार आवाज़ उभरी।

महार लगातार सवाल किये जा रहे थे। उन सवालों से चारों हैरान थे। महार टोले की वास्तविकता से वे शायद पहली बार वाक़िफ़ हो रहे थे। महारों की प्रताड़ना और उपेक्षा का उन्हें कोई ज्ञान नहीं था। उनकी बातों से वे कुछ हद तक यह समझ पा रहे थे कि केवल दरिद्रता महारों की समस्या नहीं है। अलावा इसके बतौर इन्सान वे कई भीषण समस्याओं से घिरे हुए हैं।

चारों जब बाला महार के झोंपड़े के सामने रुके तब चांगी रसोई में व्यस्त थी। घर के भीतर से गर्म चपाती की सौंधी गन्ध उठ रही थी। बाला के बच्चे दूध के साथ चपाती चूरकर खा रहे थे। जन्या ने देखा तो वह चकरा गया। बाला के घर में चपाती पक रही है! ताम्बे का साफ़-सुथरा घड़ा रखा हुआ है! पीतल का लोटा भी दिखाई दे रहा है! वह तो यही समझता था कि बाला जैसे-तैसे माँग-मूँगकर अपना गुज़ारा कर लेता होगा। मोटा-झोटा खाने की जगह गेहूँ की नर्म चपाती खाते हुए महारों के बच्चों को देखकर चारों के माथों पर बल पड़ गये। बाला के आँगन में गाय बँधी थी। सयाजी का दिया हुआ बछड़ा बड़ा बन रहा था। बाला का घर दूध-दही से फल-फूल रहा था। चारों बाला के घर के सामने वैसे ही खड़े रहे। आस-पास अच्छी-ख़ासी भीड़ जमा थी। चारों पर महार टोले के कुत्ते भौंकने लगे।

''इस साबुन का क्या करना होगा भैया?''

''कोयले से ही अभी तक दाँत माँज रहे थे। या फिर कभी राख से। ये जो नया दातुन दिया है उससे कहीं दाँत गिर न जायें।''

''इत्र की हमें क्या ज़रूरत है?''

महार यूँही जिरह पर उतर आये थे।

''गाँड को कैसे साफ़ रखना है। नाक की गन्दगी कैसे निकालनी है यह भी बता दीजिए।'' किसी ने पीछे से तंज़ कसा। वशा नाक को दबाये चल रहा था।

''हम आपके दरवाज़े पर आकर भीख की गुहार लगाते हैं। तब आप गालियाँ देकर दुत्कारते हो। आज आप लोग बिना हमारे कुछ माँगे हमें देने के लिए हमारे दरवाज़े पर खड़े हो। यह कैसा चमत्कार है?'' हाजी मलंग ने सवाल दागा।

''क्यूँ बे भडुए, मरे हुए जानवर तुम्हीं को देते हैं न? खींचकर ले जाते हो और मजे से मसोक जाते हो। भूल गये भुक्कड़ो? यह चमड़ा सूख रहा है। किसकी मालकी का है? जोगवा माँगने आते हो। पोतराज अलग अपने हिस्से का ले जाता है। खलिहानों पर आकर जजमानी लेकर जाते हो। पुआल तक को नहीं छोड़ते हो सालो। भुट्टे तोड़कर ले जाते हो। क्यूँ झींक रहे हो कमीनो! गाँव से अनाज-पानी छूट जायेगा, तब सबका मोल समझ आयेगा तुम्हें।'' जन्या रोष से भरकर ऊँची आवाज़ में चिल्लाया। सब तरफ़ एक भयावह सन्नाटा फ़ैल गया।

''चाहिए या नहीं?'' यशा ने गरज़ते हुए पूछा। हाजी मलंग ने ख़ामोशी से अपने हाथ फैला दिये।

कहीं पर चमड़े की बदबू उठी थी। कहीं पर चने भूनने की सौंधी खुशबू उठी थी। कहीं पर कुत्ते भौंक रहे थे। कहीं पर सूअर के बच्चे इधर-उधर मुँह मार रहे थे। बच्चे कूड़े के ढेर के आसपास धींगामुश्ती कर रहे थे। घरों के दरवाज़ों के सामने बोरे बिछाकर उन पर बांसी रोटियों को सूखने के लिए छोड़ दिया गया था। अस्थमा से पीड़ित कोई बूढ़ा खाँस-खाँस कर बेहाल हुए जा रहा था। कहीं पर मरियल-सा नन्हा बालक बिसूर रहा था। रास्ते पर ही बने नहानघर में जवान कानी नहा रही थी। तुका ललचाई नज़रों से उसे देखने लगा। किसी झोंपड़े के पीछे दो बिल्लियाँ आपस में लड़ रही थीं। जन्या महार टोले की बदबू और घिन से ऊब गया था।

''गधे, कुत्ते, सूअर हमारा धन है। उन्हें कहाँ छोड़ेंगे? मन्त्री जी पाँच मिनट के लिए आयेंगे और चले जायेंगे। हमें उससे क्या फ़र्क़ पड़नेवाला है?''

''नेता जी से कहो कि हम ही हवेली पर आते हैं। जो कहना है वहीं पर कह दें।''

''हमने कोई चोरी थोड़े ही की है? हमें किस बात का डर?''

''उनके आने पर क्या कहना है यह भी बता दो। उनसे ही पूछ लेना। जो वे नहीं चाहेंगे हम नहीं कहेंगे।''

''हाँ में हाँ मिलाना है। बस इतनी सी बात है।''

महारों की बातें ख़त्म नहीं हो रही थीं। उनकी बातों से चारों के सिर घूमने लगे थे। मदने मास्टर जी ने ये कैसी कठिन ज़िम्मेदारी सौंप दी है। चारों सोच रहे थे। फिलवक़्त तो चारों ख़ुद को मन्त्री समझकर महारों से पेश आ रहे थे। महार भी मन-ही-मन उनके मिथ्या दम्भ को ताड़ चुके थे। यकायक वे हीला-हुज्जत पर उतर आये–

''महार है तो क्या हुआ? हम भी इन्सान हैं। मतदाता हैं। सभी हमारे वोटों का मोल समझने लगे हैं। लोग नेताओं से मिलने के लिए क़तार में लगते हैं। यहाँ नेता हमसे मिलने के लिए चलकर आ रहे हैं।''

चारों महार टोले से निकल गये और हनुमान के चौतरे पर जाकर बैठ गये। महारों को बाँटी गयी चीज़ों में से कुछ चीज़ें बची थीं। उन्होंने आपस में बाँट ली। पिराजी खाना लाने के लिए मदने मास्टर जी के घर गया हुआ था।

''मदने मास्टर जी ने ज़िम्मेदारी सौंपी थी। पूरी हो गयी।'' जन्या ने सन्तोष से भरकर कहा।

''उन्हें जाकर बता दे?'' यशा ने कहा।

''नेता जी महारों की टोले में किसलिए आना चाहते हैं?'' तुका परेशान था।

''यह सब मदने मास्टर जी ही जानें।'' जन्या ने कहा।

''एक बार नेता जी टोले में आ गये तो समझो कि महार जाग जायेंगे।'' तुका ने क्षुब्ध होकर कहा।

''महारों को भड़काया जा रहा है। कल अगर वे दीपा की मौत की जाँच-पड़ताल करने की बात पर अड़ गये तब क्या होगा? साबुन, टूथपेस्ट आदि चीज़ें महार टोले में पहुँचाई जा रही हैं। गाँव में क्यूँ नहीं? गाँव बड़ा है या महार टोला? क्या हमारे वोटों का कोई मूल्य नहीं है? यह गलीज राजनीति है।'' वशा ने रोष से भरकर कहा।

''ये बची हुई चीज़ें ले जाओ अपने-अपने घर। तुका, मेरा हिस्सा घर पर पहुँचा देना। मैं मदने मास्टर जी से मिलकर आता हूँ।'' जन्या ने उठते हुए कहा।

''क्या हमें भी आना होगा?'' यशा ने कहा।

''नहीं। ज़रूरत नहीं है। मैं हो आता हूँ।'' जन्या ने कहा।

चारों उठ खड़े हुए। पिराजी खाना लेकर आ चुका था। जन्या ने उससे पूछा, ''क्या मदने मास्टर जी घर पर हैं?'' पिराजी ने 'हाँ जी, हैं' केवल इतना ही कहा। चारों निकल गये।

जन्या ने मदने मास्टर जी के घर की राह पकड़ ली। पुनः उसकी आँखों के सामने मदने मैडम की छवि उतर आयी। यह एक ही औरत है पूरे गाँव में, अप्सरा-सी सुन्दर! उसकी एक झलक भी मिल जाये तो दिन धन्न हो जाता है।

जन्या विचारों में डूबा चल रहा था। महार टोले की चांगी भी तो कम नहीं है। कानी भी जवानी की दहलीज पर है। स्नान करती कानी उसकी नज़रों के सामने आ गयी। रास्ते में उससे बाबुराव टकराया–

"आजकल मदने मास्टर जी की भगती का बहुत रंग चढ़ा हुआ है तुम पर।" बाबुराव ने तंज़ कसा।

"उन्होंने कुछ काम सौंपा था।" जन्या ने खिसियाते हुए कहा।

"उनके घर पर पोंछा भी लगा सकते हो तुम।" बाबुराव ने फिर छेड़ा।

"मसखरी कर रहे हो?" जन्या ताव में आ गया।

"मैं भला किसलिए मसखरी करने लगा।" बाबुराव ने बेफ़िक्री से कहा।

"नेता जी महार टोले को भेंट देनेवाले हैं। महारों को इत्तला करने के लिए भेजा था मदने मास्टर जी ने।" जन्या ने सफ़ाई देते हुए कहा।

"तो क्या तुम महार टोले से आ रहे हो? शिव शिव! दूर रहो! " बाबुराव ने कहा।

"नेता जी ख़ुद महार टोले में आ रहे हैं। अब काहे की छुआछूत!" जन्या ने कहा।

"नहीं नहीं! दूर रहो। आज व्रत है मेरा। समझते नहीं हो!" बाबुराव ने रोष से कहा और वह तमतमाया आगे निकल गया।

जन्या उद्विग्न होकर चल रहा था। उसे चूल्हे के समीप बैठी चांगी दिखाई देने लगी। खुले में नहाती कानी की याद से वह बेचैन हो उठा। महारों की टोले, उनका जीवन-यापन उसे सब याद आने लगा। वह सोचने लगा, महारों जैसा जीवन मैं कदापि नहीं जी पाऊँगा। ऐसी कठिन परिस्थितियों में जीने की मुझमें ताक़त नहीं है। महार न जाने कैसे इस तरह से जी लेते हैं! मैं महार टोले से होकर आया हूँ, केवल मेरे इतने कहने से बाबुराव ने मुझसे 'दूर रहो' कहते हुए दुत्कार दिया। जब आये दिन महारों को 'दूर रहो कमीनो' कहते हुए दुत्कारा जाता है तब उन पर क्या बीतती होगी?

जन्या मदने मास्टर जी के दरवाज़े पर खड़ा हो गया और उन्हें आवाज़ लगाई। मदने मास्टर जी बाहर आये।

"हो गया काम?"

"जी हाँ!"

"भीतर आ जाओ।" मदने मास्टर जी ने कहा।

"महार बहुत ख़ुश थे जी।" जन्या ने पुलक से भरकर कहा।

जन्या उत्साह से भरा हुआ था। मदने मास्टर जी बीच-बीच में उसके उत्साह पर अंकुश लगा रहे थे। जन्या ने बात करते हुए सरसरी नज़र से कमरे को देखा। एक कोने में साबुन-पेस्ट आदि चीज़ें पड़ी हुई थीं। तभी भीतर से मदने मैडम चली आयी। जन्या को देखकर उसके माथे पर बल पड़ गये। वह मदने मास्टर जी पर बरस पड़ी, "क्या करते हैं आप! दूर रहिये इससे। यह महार टोले से होकर आया है। पता नहीं स्नान भी किया है या नहीं। हो गयी न छुआछूत। आज मेरा व्रत है। यह जानता नहीं है लेकिन आपको तो पता है न? क्या इतनी भी समझ नहीं है आपमें?"

मदने मास्टर जी सकपका गये। उन्होंने इशारे से जन्या को पीछे हटने के लिए कहा। जन्या चार क़दम पीछे हट गया।

"क्या सारा सामान बाँट दिया ?" मदने मास्टर जी ने पूछा।

"हाँ, घर-घर में जाकर बाँटा है।"

"कुछ बचा?"

"नहीं। सब कुछ बराबर हो गया।"

"क्या मन्त्री जी महारों के घर का भोजन लेंगे।" मदने मास्टर जी ने अचानक पूछा।

जन्या भौचक्का-सा खड़ा रह गया। समझ में नहीं आया कि क्या कहें। इधर मदने मैडम बिफरे हुए बैल की नाईं उसे घूर रही थीं। जन्या के चेहरे के भाव बदल गये। वह थिर होकर वैसे ही खड़ा रहा।

"महार टोले में किसका घर है जहाँ मन्त्री जी को ले जाया सकता है?" मदने मास्टर जी ने पूछा।

"गोपा महार का घर वैसे काफ़ी ठीकठाक है। सामने बड़ा-सा आँगन भी है।" जन्या ने कहा।

"ठीक है। मैं भी देख लेता हूँ।" मदने मास्टर जी ने बात ख़त्म की और वे भीतर चले गये। जन्या बाहर निकल गया।

पूरे रास्ते भर उसके दिमाग़ में विचारों का तूफ़ान उठा हुआ था– मन्त्री जी महार टोले में जाते हैं। लेकिन अपने घर नहीं आते हैं। महार टोले में जाकर आया इसलिए मदने मास्टर जी ने भी दूरी बनाकर बात की। महार हर दिन की इस छुआछूत का कलंक सिर पर लेकर किस तरह से जीते होंगे? किसलिए एक

इन्सान दूजे के स्पर्श को अछूत मानता है? यह इन्सानियत की विडम्बना है। जन्या का दिमाग़ घूम गया था। बाबुराव ने उसे दुत्कारा। मदने मैडम ने उसे दूर खड़ा रहने के लिए कहा। महारों की टोले में जाने मात्र से वह भ्रष्ट हो गया था!

जन्या घर पहुँचा। धन्या ने उसे बाहर ही रोका।

''महारों की टोले से बचा हुआ सामान घर ले आये तुम? अगर मन्त्री जी को भनक लग गयी तो सोचो क्या होगा? मेरे लिए तो हवेली के दरवाज़े ही बन्द हो जायेंगे।'' धन्या ने आते ही उसे आड़े हाथ ले लिया।

''महार टोले से आये हो। शरीर पर पानी भी नहीं लिया और वैसे ही घर में चले आ रहे हो तुम। घर में ईश्वर है। छोटे बच्चे हैं। भ्रष्ट हो जायेगा सब।'' जीजा ने नाराज़ होकर कहा। जन्या उसी पाँव लौटने लगा। धन्या ने उसे रोकते हुए ऊँची आवाज़ में कहा, ''जा ही रहे हो तब यह सामान भी लेते जाओ। कूड़ेदान पर फेंक आना। दुबारा घर में मत लाना।''

धन्या ने इशारे से ही उसे थैला उठाने के लिए कहा। जन्या ने चुपचाप थैला उठा लिया और चलता बना।

''ख़ाली थैले को फिर से घर पर लाने की ज़रूरत नहीं है। बाहर ही फेंक आइयों।'' जीजा ने पीछे से ऊँची आवाज़ में निर्देश दिया।

जन्या नदी की दिशा में चल पड़ा। सीवान से बाहर निकलकर उसने सीधे हनुमान मन्दिर की राह पकड़ ली और चौतरे के पास जाकर खड़ा हो गया। पिराजी हनुमान के चौतरे पर बैठा मूर्ति के काम में मग्न था। जन्या ने उसके सामने थैला धर दिया, ''इसमें कुछ चीज़ें हैं।'' पिराजी ने मुस्कुराकर देखा और थैला अपने पास रख लिया। वह हनुमान की पूँछ तराश रहा था। तनी हुई पूँछ की कठोरता देखनेवालों की नज़र में भर रही थी।

''सुनो पिराजी, एक काम की बात करनी है तुमसे। तुम्हारे जीजा गोपा के घर पर मन्त्री जी पधारने वाले हैं। मैंने ही उसका नाम सुझाया है। तुम अभी गोपा के घर जाओ। उससे कहना कि मैंने बुलाया है। ज़रूरी बात करनी है।'' जन्या ने कहा।

''हाँ मदने मास्टर जी कह रहे थे कि नेता जी महार टोले को भेंट देनेवाले हैं।''

''ये मास्टर यहाँ का नहीं है। सिंदखेड़ का रहनेवाला है। नौकरी की तलाश में यहाँ आया था। मेरे भाई की सिफ़ारिश पर इसे नौकरी मिली थी।'' जन्या ने कहा।

"जाता हूँ।" पिराजी ने उसके कहे में बहुत दिलचस्पी नहीं दिखाई।

"मैं तब तक नहाकर आता हूँ। तुम उन्हें रोके रखना।" जन्या ने कहा और नदी की दिशा में बढ़ गया।

जन्या बहुत गम्भीर था। हर हाल में वह अपना वजूद बढ़ाना चाहता था। रास्ते में उसे शान्ति नज़र आयी। उसे देखकर जन्या के सीने में एक चिलक-सी उभरी। शान्ति काके के पीछे पागल है। आख़िर काके में ऐसा क्या है जो मुझ में नहीं है। मैं काके से कई गुना बेहतर हूँ। लेकिन यह मुझे घास तक नहीं डालती है। जन्या शान्ति को देखकर तड़फ उठा। शान्ति अपनी ही धुन में गुनगुनाती हुई चल रही थी।

नदी पर पहुँचा तो देखा कि यशा, वशा और तुका पहले से ही मौजूद थे। तुका ने बालों पर साबुन मला हुआ था जिससे उसके बालों पर झाग का गुब्बारा-सा बन गया था। यशा का नहाना शायद हो चुका था। जन्या को देखकर तुका दुगुने उत्साह से भर गया। जन्या ने बिना कपड़े उतारे ही नदी में छलाँग लगा दी। शान्ति ने अपने घड़े भर लिए और वह निकल गयी।

जन्या ने जैसे-तैसे स्नान निबटाया। कपड़े निचोड़े और वहाँ से निकल गया। गोपा किसी भी समय आ सकता है। वह तेज़ी से क़दम बढ़ाने लगा। उसे दूर से ही गोपा महार नज़र आया। पिराजी अपने काम में दुबारा जुट गया था।

"तुम्हें पता तो चल ही गया होगा।" जन्या ने पास पहुँचते ही गोपा से कहा।

"हाँ, पिराजी ने बताया।" गोपा ने कहा।

"देखो गोपीचंद, ख़ुद मन्त्री जी तुम्हारे घर पधारनेवाले हैं। तुम्हारा भाग खुलने जा रहा है। अब मैं जो कह रहा हूँ उसे ध्यान से सुनो। पुलिस आयेगी तुम्हारे घर पर, सुरक्षा और अन्य ज़रूरी चीज़ों की पड़ताल करने के लिए। तुम भी तैयारी पर लग जाओ। और हाँ, अभी किसी से कहने की ज़रूरत नहीं है। वरना पता है तुम्हें, यहाँ पर तुरन्त राजनीति शुरू हो जाती है। मदने मास्टर जी भी आ रहे हैं। उनसे बात कर ली है मैंने।" जन्या ने गम्भीरता से कहा।

"मैं ग़रीब बापड़ा! मन्त्री जी आयेंगे, उसका ख़र्चा कौन उठायेगा। मेरी औकात नहीं है जी।" पिराजी ने दो टूक कहा।

"सब हो जायेगा। तुम चिन्ता ना करो। मन्त्री यानी कि पूरी सरकार। सरकार तुम्हारे घर आ रही है गोपा। बात को समझो!" जन्या ने कहा।

''जी मालिक! आपकी वजह से मन्त्री जी की चरण धूल मेरे दुआरे पर पड़ेगी। अहोभाग मेरे। आपने जो उपकार किया है उसका पलटा जनम भर मुझसे नहीं होगा माईबाप!'' गोपा ने हाथ जोड़ते हुए कहा।

''मन्त्री जी आयेंगे तब चाक-चौबन्द बन्दोबस्त होगा। पुलिस आयेगी। पत्रकारों का ताँता लगेगा। अफ़सरों की गाड़ियाँ आयेगी। मन्त्री जी कब आयेंगे। क्या बात करेंगे, क्या करेंगे। कब रवाना होंगे। सब तुम्हें समझा दिया जायेगा। सब ऊपर से ही तय होता है। तुम्हें केवल हाथ जोड़े खड़े रहना है। मैं भी रहूँगा वहाँ पर। तुम चिन्ता मत करो।'' जन्या ने कहा।

''दीपा मर गया। क्या उसी का सांत्वन करने मन्त्री जी आ रहे हैं? '' गोपा महार ने अचानक सवाल दागा। जन्या को जैसे काठ मार गया। अगर मन्त्री जी को सच पता चल गया? तब क्या होगा। जन्या अचानक विमूढ़ हो गया।

गोपा घर के लिए निकल गया। उसके पैर मज़बूती से आगे बढ़ रहे थे। उनमें जैसे बल का संचरण हो गया था। मन्त्री जी मेरे घर आयेंगे। अब गाँव का मेरी ओर देखने का नज़रिया बदल जायेगा। किसी की मज़ाल नहीं होगी कि मुझे परेशान करे। गोपा के मन में विचारों के बादल उमड़ने-घुमड़ने लगे। पुलिस, पत्रकार, अफसरों के आने की कल्पना से वह रोमांचित हो उठा। एक अदम्य उत्साह से वह भर गया। जन्या का कहा हुआ उसे बार-बार याद आने लगा। जन्या ने उससे एक अहम गुप्त समाचार साझा किया था।

इधर जन्या रातभर सो नहीं पाया था। हालात बदलते हैं। स्थितियों के सन्दर्भ बदलते हैं। शिखर पर खड़ा इन्सान पैरों तले कुचला जाता है। पैरों तले दबा इन्सान शिखर पर पहुँच जाता है। कल तक का दो कौड़ी का गोपा महार अब सबकी चर्चा के मध्य में रहेगा। लोग उसकी तरफ़ उत्सुकता और जिज्ञासा से भरकर देखेंगे। गोपा से मेलजोल बढ़ाना होगा। परिस्थिति की प्रतिकूलता अगर समय पर ना भाँप लो तो फज़ीहत होने में देर नहीं लगती है। हालात के सामने सिर झुकाने में ही समझदारी है। अब गोपा से अधिक आत्मीयता से पेश आना होगा। उसकी वजह से महार टोले में आना-जाना सहज हो जायेगा। जन्या सोच में डूबा था। नींद उसकी आँखों से फुर्र हो गयी थी। एक अजीब-सी थकन से वह सुन्न हो चुका था।

जब सुबह जगकर उठा तब धूप सिर पर आ चुकी थी। घर से निकलने में उसे बहुत देरी हो गयी। गाँव के रास्तों पर उसने जो दृश्य देखा, उससे वह विस्मय-चकित हो गया।

उसने देखा कि छात्र मदने मास्टर जी के साथ श्रम-दान के कार्य में जुटे हुए हैं। सड़कों को झाड़कर साफ़ किया जा रहा है। और गाँववासी विद्यार्थियों को देखकर पुलक से भरे जा रहे हैं। लेकिन जन्या को यह दृश्य देखकर बहुत सुकून नहीं हुआ। बल्कि उसका दिमाग़ घूम गया। वह सोचने लगा, मन्त्री जी महारों की टोले में जायेंगे और महारों के ज़िम्मे के काम हमारे बच्चे कर रहे हैं। यह उल्टा न्याय है। इससे महारों के बच्चों के सिर चढ़ने में देर नहीं लगेगी। जन्या वहाँ खड़ा होकर सभी को कोसने लगा। फिर वह मदने मास्टर जी के पास जाकर रुक गया। लेकिन मदने मास्टर जी ने उसकी ओर ध्यान नहीं दिया। जन्या बिदक गया। वह मदने मास्टर जी के सामने तनकर खड़ा हो गया। ‘‘बाद में बात करते हैं।’’ मदने मास्टर जी ने उससे केवल इतना ही कहा। फिलवक़्त वे अपने काम में किसी तरह का व्यवधान नहीं चाहते थे। ‘‘मैं आपका केवल एक मिनट लूँगा।’’ जन्या के स्वर में अनुरोध उतर आया। ‘‘कहो’’ मदने मास्टर जी ने कहा और वे उसकी तरफ़ सवालिया नज़रों से देखने लगे। ‘‘मैं आपके साथ महार-टोले में चलूँगा।’’ जन्या ने कहा।

‘‘मैं टोले नहीं जा रहा हूँ। मेरा वहाँ कुछ काम नहीं है। पुलिस का काम पुलिस कर लेगी।’’ मदने मास्टर जी ने टका-सा जवाब दे दिया।

जन्या नाराज़ हो गया। लेकिन अपनी ज़िद पर अड़ा रहा। ढिठाई से उसने कहा, ‘‘ठीक है, मैं पुलिस के साथ चला जाऊँगा।’’

मदने मास्टर जी ने उसे टालना चाहा। ‘‘पुलिस मुझसे पूछकर ना आयेगी और ना ही मुझसे पूछकर वहाँ जायेगी।’’ उन्होंने कहा और वे अपने काम में व्यस्त हो गये। जन्या खिसियाँ-सा वहाँ से चुपचाप निकल गया।

श्रमदान की वजह से गाँव के रास्तों पर सरगोशियाँ बढ़ गयी थीं। सब तरफ़ एक उत्साह का संचार था। शिक्षक विद्यार्थियों का हौसला बढ़ा रहे थे। ग्रामवासी यह देखकर ख़ुश थे।

जन्या नाराज़ होकर वहाँ से निकल गया। वह भलरी गली की दिशा में मुड़ गया। उसने देखा कि काकी और शान्ति आपस में उलझी हुई हैं। दोनों ने एक-दूजे के झोंटे पकड़े हुए थे और गुत्थमगुत्था हुई दोनों आपस में ऐसी गालीगलौज पर उतर आयी थीं कि भीड़ के लिए अच्छा-ख़ासा तमाशा बन गया था। दोनों आपस में टकराते बैलों की नाईं एक-दूजी से भिड़ी हुई थीं। काकी बहुत तेवर में नज़र आ रही थी, ‘‘मेरे खसम को छीनती है छिनाल!’’ क्रोध से उफनते हुए उसने शान्ति को धक्का दे दिया। काके भजनी मण्डल में हारमोनियम बजाता था।

शान्ति मण्डली की गायिका थी। बालाजी मन्दिर में नित्य नियम से भजन होते। लोगों में ख़ुसुर-पुसुर थी कि दोनों के सुर भी जुड़ रहे हैं! ज़ाहिर-सी बात है, गृहस्थी दाँव पर लगने की आशंका से काकी का तन-बदन ग़ुस्से से सुलग उठा था। जन्या कुछ पल तो रुका रहा फिर उकताकर आगे बढ़ गया। वह अपना समय बरबाद करना नहीं चाहता था। जब सीवान की तरफ़ गया तो देखा कि रँगाई-पुताई का काम शुरू हो गया है। हनुमान के चौतरे का काम भी छेड़ दिया गया है। मन्त्री जी के आने की सूचना से काम अपने उफ़ान पर था। सब कुछ समय पर निबटाने की कोशिशें ज़ोरशोर पर थीं।

मन्त्री जी महार टोले को भेंट देकर महारों के संग भोजन भी लेंगे यह बात अब जगज़ाहिर हो चुकी थी। गाँववासी इस ख़बर से अचम्भे में पड़ गये थे। साथ ही वे अन्यमनस्क भी थे। अख़बारों में भी इस ख़बर ने ख़ूब सुर्ख़ियाँ बटोरी। धुरन्धरराव पाटिल पाठशाला की इमारत का भूमि-पूजन समारोह और उसी के साथ महारों के साथ सहभोज इस तरह से कार्यक्रम का ऐलान हो गया। इस सबके बीच हनुमान की मूर्ति-प्रतिष्ठापना का कार्यक्रम आगे धकेल दिया गया था। भला महार और हनुमान का तालमेल कैसे हो सकता है? बात बिगड़ने में देर थोड़े ही लगती है! ज़ाहिर था, नेता जी किसी वादविवाद में पड़ना नहीं चाहते थे।

मन्त्री जी महारों के घर जाकर उनके हाथ का भोजन कैसे ग्रहण कर सकते हैं! सोच-सोचकर सभी हैरान थे। कइयों के शरीर पर तो जैसे रोंगटे खड़े हो गये। कैसे वहाँ का जल प्राशन करेंगे? क्या नेता जी नहीं जानते हैं कि महार गोमांस खाते हैं? जितने मुँह उतनी बातें! किसी ने कहा, महारों के घर जाने से अच्छा होता यदि वे किसी महार को ही अपने घर बुला लेते और अपने घर का अन्न उसके साथ बैठकर खा लेते! विरोधियों के हाथ नया अस्त्र लग गया था। 'यह पब्लिसिटी स्टंट है' कहते हुए उन्होंने नेता जी को निशाने पर लिया हुआ था। यद्यपि इस सबने जाम्भुलगाँव के नाम को अच्छी-ख़ासी प्रसिद्धि दिलाई।

पुलिस आयी और टोले का मुआयना कर चली गयी। मन्त्री जी के कार्यालय से कार्यक्रम का ब्यौरा आ चुका था। पहले मन्त्री जी हवेली पर जायेंगे। उसके पश्चात् धुरन्धरराव पाठशाला की इमारत का भूमिपूजन समारोह। अन्त में महार टोले को भेंट और सहभोज के बाद मुम्बई के लिए प्रस्थान। सारा कार्यक्रम तय था। पुलिस ने गोपा के झोंपड़े को अपने क़ब्ज़े में ले लिया।

गोपा के झोपड़े का नक़्शा बदल चुका था। ज़मीन पर कारपेट बिछाया गया। सोफ़ा लगाया गया। एअर कूलर की व्यवस्था की गयी। डायनिंग टेबल लाया गया। महार टोले के रास्ते झाड़-बुहारकर चकाचक किये गये। हवेली, पाठशाला और महारों की टोले की तरफ़ जाते रास्तों की शक्ल ही बदल गयी थी। इन तीनों रास्तों के दोतरफ़ा स्वागत-कमानो को खड़ा करने का काम शुरू हो गया। मदने मास्टर जी ने गोपा को अच्छी तरह से पढ़ा दिया था कि पत्रकारों के सवालों के जवाब किस तरह से देने होंगे। पाठशाला के प्रांगण में कार्यक्रम के लिए मण्डप खड़ा करने का काम शुरू हो गया। पाठशाला के विद्यार्थी स्वागत-गान की तैयारियों में जुट गये। गाँव में समारोह की धूमधाम मच गयी। सभी की बोटी-बोटी में उछाह छा गया।

इधर जन्या के मन में आया कि क्यूँ न मैं भी मन्त्री जी से जाकर मिल लूँ। उसकी यह इच्छा प्रबल हुए जा रही थी। जब उससे रहा नहीं गया तब वह मदने मास्टर जी के पास चला गया। लेकिन मदने मास्टर जी ने उसके इस विचार को साफ़ ख़ारिज कर दिया। जन्या अड़ा रहा। फिर कुछ तो जुगत बिठानी होगी यह सोचकर वह महन्त से मिलने मठ पहुँच गया। ''मन्त्री जी महारों से मिलने के लिए तैयार हैं। फिर क्या आपका अधिकार नहीं बनता है? चलिए, उनसे मिल आते हैं।'' जन्या ने उत्साह से भरकर महन्त से कहा। लेकिन महन्त ने बहुत अधिक दिलचस्पी नहीं दिखाई।

''जब से हितेन्द्र नेता बना है, मुझे हवेली पर न्यौता नहीं गया है। मैं चलकर गया था हवेली पर, लेकिन पुलिस ने रोक दिया। क्या हितेन्द्र मुझे जानता नहीं है? लेकिन अब शायद उसे कुछ याद नहीं है!'' महन्त रुष्ट थे। जन्या निराश हो गया। ''नेता जी मिलते नहीं हैं। सभी चीज़ें पुलिस ने अपने हाथ में ले ली हैं। वहाँ जाकर ख़ुद की और बेइज़्ज़ती नहीं करना चाहता हूँ मैं!'' महन्त ने नाराज़गी से भरकर कहा।

इस बात का उल्टा असर हुआ। जन्या के मन में नेता जी से मिलने की कुलबुलाहट ने और भी ज़ोर मारा। 'एक बार नज़दीक से उनके दर्शन ले लूँ और उनकी नज़र मुझ पर पड़ जाये। बस, और कुछ नहीं चाहिए।' वह अपनी कोशिशों में जी-जान से जुट गया। मठ से सीधे वह मदने मास्टर जी के घर पहुँचा। मदने मास्टर जी घर पर नहीं थे। मदने मैडम ने दरवाज़ा खोला था। 'मदने मास्टर जी घर पर नहीं हैं' कहते हुए उसने उसके मुँह पर ही दरवाज़ा भेड़ दिया।

जन्या आहत हो उठा। कैसी औरत है! सीधे मुँह बात तक नहीं करती है। इतना गुमान? जन्या भन्ना गया।

दो घंटे पश्चात दुबारा उसने मदने मास्टर जी के घर का दरवाज़ा खटखटाया। मदने मास्टर जी घर पर थे।

"कितनी बार चले आते हो तुम?" जन्या का यूँही अकारण टपक पड़ना मदने मास्टर जी को रुचा नहीं।

"काम के लिए आता हूँ।" जन्या ने धृष्टता से कहा।

"कहो, क्या काम है?"

"मुझे नेता जी से मिलना है।"

"हवेली चले जाओ। उनके सेक्रेटरी से बात करो और मिल लो। कई लोग आते हैं मिलने के लिए। तुम भी मिल सकते हो। मैं भूमिपूजन समारोह की तैयारियों में व्यस्त हूँ। मेरे पास अभी समय नहीं है। कार्यक्रम के स्थलों पर भीड़ होती है। वहाँ पर मिलना सम्भव नहीं है। इसलिए बेहतर है कि तुम हवेली पर चले जाओ।"

"आप मुझे घर के भीतर लेते नहीं हैं। हर बार दरवाज़े पर खड़ा किया जाता है मुझे।" जन्या भुनभुनाया।

"मेरा घर केवल दो कमरों का है। घर में बैठने की जगह नहीं है। मैं किसी को घर में लेता नहीं हूँ। मुझे पसन्द नहीं है।"

जन्या आगे बढ़ा और धृष्टता से दरवाज़े से भीतर झाँकने लगा। घर के पीछे एक दरवाज़ा खुलता था। पिछवाड़े बाग़ थी। उसे मदने मैडम की झलक दिखाई दी। मदने मास्टर जी ने तपाक से दरवाज़ा बन्द कर दिया। जन्या को लगा किसी ने मुँह पर तमाचा मार दिया है। वह निराश होकर वहाँ से निकल गया। चलते हुए जैसे वह अपने क़दमों को ढो रहा था। अपने आसपास से वह पूर्णतया बेख़बर था। इतना कि चलते हुए बीच रास्ते ऊँघते पड़े कुत्ते पर भी उसकी नज़र नहीं पड़ी। कुत्ते की पूँछ पर उसका पाँव पड़ गया। कुत्ता ऐसा बिलबिलाया कि जन्या ने डर के मारे दौड़ लगा दी। कुत्ता भौंकता हुआ भाग खड़ा हुआ। जन्या की छाती धड़धड़ाने लगी। उसने आसपास नज़र दौड़ाई, किसी ने उसे देखा नहीं था।

आख़िर में वह शुभ दिन भी आ गया जब मन्त्री जी ने अपने क़दम गाँव में रखे। पूरा गाँव उछाह से नहा उठा। चारों तरफ़ सरगर्मी फ़ैल गयी। सुबह से ही पुलिस, अफ़सर, पत्रकार तथा पार्टी कार्यकर्ताओं का ताँता लगना शुरू हो गया।

लोग हाथों में फूलमालाएँ लिए रास्तों के किनारे खड़े हो गये। कइयों के हाथों में याचिकाओं के लपेटे हुए कागज़ भी दिखाई दे रहे थे। हवेली पर नेता जी से मिलनेवालों की क़तारें लगी हुई थीं। सरपंच, ग्रामपंचायत के सदस्य, तालुका के मुख्य कार्यकर्ता उत्साह से भरे हुए इधर-उधर किये जा रहे थे। पाठशाला में भी अच्छी-ख़ासी भीड़ जुट गयी। घरों के आँगन रंगोलियों से सज गये थे। हर कोई नेता जी के आगमन की प्रतीक्षा में था।

सीवान की दिशा से धूल का गुब्बार उठता हुआ दिखाई दिया। एक-के-पीछे एक कई गाड़ियाँ धड़धड़ाती हुई आती नज़र आयी। लोगों का उत्साह आसमान पर जा पहुँचा।

लेकिन गाँव में प्रवेश करते ही जब नेता जी के क़ाफ़िले ने अचानक महार टोले की तरफ़ रुख कर लिया, लोगों में भागदौड़ मच गयी। क़ाफ़िला महार टोले में पहुँचा। गोपा और उसकी पत्नी मन्त्री जी की प्रतीक्षा में बाट जोहे खड़े ही थे। हवेली पर रुके प्रतीक्षारत पत्रकारों का हुजूम महार टोले की तरफ़ भागा। पुलिस ने लोगों को रास्ते में ही रोका हुआ था। चाकचौबन्द बन्दोबस्त में मन्त्री हितेन्द्र पाटिल ने गोपा के घर में प्रवेश किया। उनके पीछे-पीछे गाड़ी से भोजन का पार्सल उतारा गया और घर के भीतर डायनिंग टेबल पर रख दिया गया। गोपा, उसकी पत्नी और मन्त्री जी डायनिंग टेबल पर बैठ गये। भोजन परोसा गया। नेता जी ने केवल दो ग्रास ही ग्रहण किये। कैमरामैन लपककर आगे आये। गोपा के साथ खाना खाते मन्त्री जी को अपने कैमरों में बन्द करने की होड़-सी मच गयी। पत्रकार और फोटोग्राफर आपस में धक्कमपेल करने लगे। गोपा ख़ुशी से फूला नहीं समा रहा था।

''आप सभी के सवालों के जवाब हवेली पर दिये जायेंगे। यहाँ पर केवल तस्वीरें ले लीजिए। आगे और भी कार्यक्रम हैं।'' मन्त्री जी ने हाथ जोड़ते हुए शालीनता के साथ मीडियाकर्मियों से कहा। पत्रकारों ने गोपा से मन्त्री जी के निकट खिसकने का इशारा किया। गोपा संकोच से भर उठा। ''तुम लोग आराम से भोजन निबटाइए। कोई जल्दी नहीं है। मुझे निकलना होगा।'' मन्त्री जी उठ खड़े हुए। ''कुछ तो कहिये। यहाँ का बाईट भी ज़रूरी है सर!''

मीडियाकर्मियों के बहुत कहने पर आख़िर मन्त्री जी उनका अनुरोध मानकर कैमरों के सामने खड़े हो गये और उन्होंने कहना शुरू किया, ''आज इस टोले में आकर मुझे बहुत ख़ुशी हो रही है। ऐसे लग रहा है, जैसे अपने किसी आत्मीय

रिश्तेदार के घर आया हूँ। इनके साथ बैठकर भोजन करने का अवसर मुझे मिला, यह मेरे जीवन की अमूल्य यादगार है। अब जातियों को नष्ट होना होगा। भेदभाव को ख़त्म करना होगा। सबसे बड़ी चीज़ है मानवता! आज महार टोले में मुझे इसी मानवता के दर्शन हुए।'' मन्त्री जी ने अपनी बात ख़त्म की।

इधर जन्या भी भागता-दौड़ता महार टोले पहुँचा था। लेकिन पुलिस ने उसे रोक रखा था। वह बुरी तरह से भन्ना गया था। अचानक उसके दिमाग़ में कुछ कौंधा। ''मैं पत्रकार हूँ,'' उसने कहा और आगे हो लिया। उसे लगा कि रास्ता साफ़ हो गया है। लेकिन कुछ क़दम ही आगे बढ़ा, दूजे पुलिसकर्मी ने उसे रोक लिया। ''पत्रकार हूँ।'' जन्या ने वही पैंतरा आजमाया ''अपना पहचान-पत्र दिखाओ।'' पुलिस कर्मी ने घुड़कते हुए कहा। जन्या पहले तो अचकचा गया। फिर कहा, ''मैं मन्त्री जी का परिचित हूँ। वे मुझे जानते हैं।'' लेकिन जन्या की एक न चली। आख़िर में वह हीलहुज्जत पर उतर आया। तब एक पुलिसकर्मी उसे अफ़सर के पास लेकर गया। अफ़सर ने ''मन्त्री जी अभी भोजन कर रहे हैं।'' कहते हुए जन्या को रफ़ादफ़ा कर दिया। जन्या बुरी तरह से उखड़ गया। अधीरता से भरा वह चिंचियाने लगा। जब पुलिस अफ़सर के सामने उसकी एक न चली तब उत्पात पर उतारू हो गया। फिर तो जो होना था वही हुआ। पुलिस ने उसके कन्धे पर ऐसी लाठी भांजी कि लाठी दो हिस्सों में चरमराकर गिर गयी। जन्या गश खाकर ऐसा लुढ़का कि जहाँ था वहीं जम गया। पुलिस उसे खींचकर रास्ते के एक किनारे ले गयी और उसे वहीं पर बिठाकर फिर से अपने काम में जुट गयी।

कुछ देर पश्चात पुलिस की सीटियों की आवाज़ गूँज उठी। मन्त्री जी के निकलने का वक़्त हो रहा था। कार्यकर्ताओं की आवाज़ें उभरने लगी, ''साहब रवाना हो रहे हैं।'' पुलिस सतर्क हो गयी। धीरे-धीरे मन्त्री जी का क़ाफ़िला महार टोले से निकल पड़ा। कुछ ही पलों में महार टोले ख़ाली हो गयी। जन्या रास्ते के किनारे कराहते हुए बैठा रहा।

इधर पलक झपकते ही मण्डप मालिक के टेम्पो ने टोले में प्रवेश किया। बड़ी फुर्ती के साथ टेम्पो से दो-चार मज़दूर नीचे उतरे। आनन-फानन में उन्होंने गोपा के घर से सोफ़ासेट, एयरकूलर, कारपेट आदि चीज़ों को समेटना शुरू कर दिया। और वे सारा सामान टेम्पो पर लादने लगे। 'जल्दी करो। एअर कूलर को मंच पर लगा देना। कारपेट को पत्रकारों की आसन-व्यवस्था की जगह पर बिछा देना।

जल्दी करो। कार्यक्रम का समय हो रहा है।' निर्देशों की जैसे झड़ी लग गयी थी। देखते-ही-देखते गोपा का घर ख़ाली हो गया। भरा हुआ टेम्पो धूल उड़ाता हुआ जहाँ पर अगला कार्यक्रम था वहाँ के लिए रवाना हो गया।

मन्त्री जी के जाते ही पूरी महार-टोले गोपा के घर में उमड़ पड़ी। "कैसे दिखाई दे रहे थे मन्त्री जी? क्या कहा उन्होंने? तुमने उनसे क्या कहा? उन्होंने कुछ दिया तुम्हें? तुमने कुछ माँगा भी या नहीं?" सवालों की जैसे झड़ी-सी लग गयी थी। गोपा हकबका गया। "शान्त रहिये। भीड़ मत कीजिए।" कहते हुए देवा ने भीड़ को शान्त करने की कोशिश की और गोपा की कुछ मदद करने की चेष्टा की। लेकिन महारों का उत्साह उफ़ान पर था। बातों और चर्चाओं से टोले गहमा उठी थी।

इधर पत्रकारों के टेढ़े-मेढ़े सवालों से मन्त्री जी अच्छी-ख़ासी परेशानी में पड़े हुए थे। 'भोजन तो पका-पकाया होटल से लाया गया था। महार के घर पर नहीं बना था। पानी का इन्तज़ाम भी बाहर से किया हुआ था। यह किस तरह का सहभोज है?' पत्रकारों ने सवाल दागे तो मन्त्री जी तिलमिला उठे।

"सुरक्षा के मद्देनज़र सब करना पड़ा। मेरा स्वास्थ्य ठीक नहीं है। परहेज शुरू है। डॉक्टरों की सलाह माननी पड़ती है।" उन्होंने जैसे-तैसे स्थिति को सँभालने की कोशिश की।

हवेली पर पत्रकारों, पुलिस-अफ़सरों सहित कई लोगों के भोजन का खास इन्तज़ाम किया गया था। दावत शुरू हो चुकी थी। "नेता जी सभी को कार्यक्रम-स्थल पर मिल लेंगे। वहीं पर सभी की याचिकाएँ भी स्वीकारी जायेंगी। यहाँ पर भीड़ मत कीजिए।" नेता जी के स्वीय-सहायक ने भीड़ को सम्बोधित करते हुए कहा।

गोपा के क़दम जैसे धरती पर थिर नहीं हो रहे थे। भागी ने उछाह से भरकर आने-जानेवालों के लिए चूल्हे पर चाय चढ़ा दी। आज उसके घर से बिना चाय पिये कोई कैसे जा सकता था! गोपा का बेटा गौतम सभी को चाय मुहैया कराने लगा। घर टोले के लोगों से खचाखच भरा हुआ था। गोपा के उत्साह का कोई पार नहीं था। वह मुस्कुराया और शुरू हो गया–

"बाबासाहब अम्बेडकर के हम पर बड़े उपकार है भैया! उन्होंने हमारे देश का संविधान लिखा। आज हमारी टोले में ख़ुद नेता जी चले आये। देखना, भविष्य में मुख्यमन्त्री के क़दम भी हमारी टोले में पड़ेंगे।" गोपा पर नेता जी के

कहन का पूरा असर दिखाई दे रहा था। वह मन्त्री जी की आवाज़ और उनके हावभावों की नकल करते हुए उनकी ही बोली बोल रहा था। महार उसकी बातों को ध्यान से सुन रहे थे। तभी दरवाज़े पर खड़े किसी ने चिल्लाकर कहा, ''वो देखो, रास्ते पर कोई पड़ा है। दर्द से कराह रहा है। अरे भई, मर जायेगा।'' कहते हुए वह शीघ्रता से उस दिशा में बढ़ा।

बाहर का शोरगुल सुनकर गोपा भी घर से निकल आया। उसने जन्या को देखा तो वह लपककर आगे बढ़ा और उसे हाथ का सहारा देकर उठाने लगा। जन्या बात करने की अवस्था में नहीं था। दर्द के मारे वह बिलबिला रहा था 'पुलिस ने ठोंका है' उसके मुँह से इतना ही निकला। गोपा ने आव देखा न ताव उसे उठा लिया और अपने कन्धे पर डालकर वह सीधे जन्या के घर की दिशा में निकल पड़ा। उसे जन्या के घर का पता था। गाँव के रास्ते सुनसान पड़े थे। ज़ाहिर था, सभी कार्यक्रम-स्थल पर जुटे हुए थे।

गोपा जन्या के घर पहुँचा। जीजा दरवाज़े पर ही खड़ी थीं। वह समारोह में जाने के लिए निकल रही थी। जन्या को इस तरह गोपा के कन्धे पर देखा तो वह दौड़ती-भागती हुई घर के भीतर गयी। पूजास्थल से उसने गोमूत्र का पात्र उठाया और बाहर आकर झट से पूरा पात्र जन्या पर छिड़क दिया। गोपा लौट गया। जन्या ने जैसे-तैसे ख़ुद को सँभाला और घर के भीतर चला गया। जीजा उसे इस हालत में देखकर बुरी तरह से घबड़ा गयी।

''पुलिस ने बुरी तरह से पीटा है भीभी। बहुत दर्द हो रहा है। पुलिस ने रोका ना होता तो आज नेता जी से ज़रूर मिलता। नजदीक जाकर भी मौक़ा चूक गया। जेहल में काफ़ी मार खाया था पुलिस से। लेकिन ऐसी मार न खायी कभी।'' जन्या कराह रहा था।

दूसरे दिन धन्या ने घूमनेवाले डॉक्टर को बुलवाकर उसे इंजेक्शन लगवाया। उसकी दवा से जन्या को कुछ आराम पड़ा।

दो दिन जन्या घर में ही पड़ा रहा। दो दिन के विश्राम के बाद जब घर से निकला, उसके दिमाग़ में बवंडर उठा हुआ था। उसने देखा, गाँव यथावत था। सबकुछ पूर्ववत था। मन्त्री जी आये और चले गये। क्या फ़र्क़ पड़ा? क्या होता है नेता ? महज़ हवा में उठता हुआ धूल का कोई गुब्बार। मैं नाहक ही इस गुब्बार के पीछे भागता रहा। बेवजह पीटा गया। घर में शान्ति से बैठा रहता तो यह फ़ज़ीहत तो ना होती!

मैं मूरख, समझ नहीं पाया। मदने मास्टर जी ने मुझे दूर रखा। लेकिन गोपा अपने कन्धे पर लादकर मुझे घर ले आया। जन्या सोचता हुआ सीवान की तरफ़ निकला। सीवार की रँगाई-पुताई का काम पूरा हो चुका था। हनुमान का चौतरा बनकर खड़ा हो गया था। पिराजी हनुमान की मूर्ति गढ़ रहा था।

जन्या का कन्धा पूरी तरह से ठीक नहीं हुआ था। बीच में ही कन्धे का दर्द ज़ोर से चिनचिना उठता। वह गर्दन टेढ़ी किये हुए चल रहा था। उसके क़दम पाठशाला की दिशा में मुड़ गये। मदने मास्टर जी निर्माण-काम पर नज़र बनाये हुए थे। जन्या जाकर उनके पास खड़ा हो गया। बातचीत शुरू हो इसलिए उसने यूँही पूछ लिया, ‘‘स्कूल में कौन है इस समय?’’ मदने मास्टर जी ने सुना तो अचानक बुरी तरह से उखड़ गये, ‘‘तुम कौन होते हो मुझसे पूछनेवाले? मैं स्कूल जाऊँ, यहाँ पर रहूँ या और कहीं? ये नेता जी के काम हैं। मैं उनका नौकर हूँ। तुम्हारा नहीं।’’ जन्या ने उनके तेवर देखे तो सकपका गया। उसे अपनी भूल पर पछतावा हुआ। जैसे-तैसे बात को सँभालने की कोशिश करते हुए उसने कहा, ‘‘ऐसी बात नहीं है मदने मास्टर जी। मैंने तो यूँ ही पूछ लिया था।’’ जन्या रुआँसा हो गया था। ‘‘मैं एक शिक्षक हूँ। गाँव के लोग मेरी इज़्ज़त करते हैं। इस तरह से उजड्डता से कोई पेश नहीं आता है मुझसे।’’ मदने मास्टर जी की नुकीली बात तीर की भाँति उसके सीने में धँस गयी। वह आहत हो गया। क्या मदने मास्टर जी जान गये हैं कि मैं उनकी घरवाली पर नज़र रखे हूँ? शायद मेरा बार-बार उनके दरवाज़े पर आना-जाना उन्हें जँचता न हो। पता नहीं किस बात का बैर निकाल रहे हैं! सोच में डूबा वह वहाँ से निकल लिया और चुपचाप बालाजी मन्दिर की तरफ़ बढ़ गया।

बालाजी मन्दिर पहुँचकर वह बेल के पेड़ के नीचे सुस्ताने लगा। मन्दिर का सुशोभीकरण शुरू हो चुका था। मन्दिर के प्रांगण को विस्तार दिया जा रहा था। नयी धर्मशाला का निर्माण-काम शुरू हो गया था। उसने देखा कि काके चला आ रहा है। आते ही वह मन्दिर में घुस गया। कुछ ही समय में हारमोनियम के मधुर स्वर से मन्दिर का अहाता गूँज उठा। जन्या को लगा, कुछ समय काके के समीप जाकर बैठा जाये। तभी उसे शान्ति आती हुई दिखाई दी। बड़ी बेबाकी से चलती हुई वह मन्दिर के भीतर चली गयी। उसके चेहरे पर भय या संकोच के कोई निशान नहीं थे। अब वह काके के सामने जा बैठेगी! जन्या के कन्धे से दर्द की चिलक उठी। वह छटपटा उठा।

शान्ति के गले से निकले सुरों से मन्दिर का प्रांगण महक उठा। उसकी मीठी-सुरीली आवाज़ और हारमोनियम के स्वर जैसे एकरूप हो उठे थे। जन्या को काकी और शान्ति के बीच हुआ बखेड़ा याद हो आया। कैसे आपस में टकराते साँड़ की नाईं दोनों दिखाई दे रही थीं! भीड़ उनके लटके हुए स्तनों को देख रही थी। जन्या बेचैन हो गया। उठा और वहाँ से निकल गया। अनजाने ही उसके क़दम मदने मास्टर जी के घर की तरफ़ पड़ने लगे। वह मदने मैडम के दर्शन की आस से आकुल हो उठा। कुछ नहीं तो कम-से-कम आँखों को ठंडक तो पहुँच जायेगी! दुखते कन्धे को पकड़ते हुए वह चला जा रहा था। मदने मास्टर जी के घर के समीप पहुँचा तो रास्ते में ही उसे मदने मैडम नज़र आयी। उसने गुलाबी रंग की साड़ी पहनी हुई थी। उसकी गोरी-चिट्टी देह पर गुलाबी रंग ख़ूब खिल रहा था। आँचल हवा के साथ फरफरा रहा था। बाल उड़ रहे थे। वह दुर्गा से दही ख़रीद रही थी। फिर दही का बर्तन लिए वह घर के भीतर चली गयी और उसकी नज़रों से ओझल हो गयी। जन्या की नज़रों में गुलाबी रंग की बौछारें होने लगी थीं। दुर्गा 'दही लीजिए जीऽऽऽ' कहते हुए आगे बढ़ गयी।

जन्या धीमे-धीमे मदने मास्टर जी के घर की तरफ़ जा रहा था। घर के पिछवाड़े के बाग में मदने मैडम खड़ी थी। उसका आँचल उड़ रहा था। वह जन्या की ओर पीठ किये खड़ी थी। पीछे से दिखते उसके अंगों के उभार ने जन्या को पागल कर दिया। कन्धे से दर्द उठा लेकिन उसने ध्यान नहीं दिया। धीरे-धीरे वह मदने मैडम की दिशा में बढ़ने लगा। किसी कबूतर को दबोच ले वैसे मदने मैडम को दबोचने की प्रबल इच्छा से वह भर उठा। किसी बाज पक्षी की तरह उसकी हज़ारों जिव्हाएँ निकल आयी थीं। बाड़ पर चढ़कर बाग़ में कुदने की उसकी मंशा थी। उसके सामने धानी की कच्ची कली-सी देह नाच उठी। उसके शरीर का नाग फन उठाकर खड़ा हो गया।

जन्या उन्माद से भर उठा। उसकी देह से झनझनाहट उठने लगी। जाँघें गर्म होने लगीं। क्या मदने मैडम पर छलाँग लगाकर उसके ऊपर चढ़ जाये! वह क्या करेगी? क्या मनाही करेगी? वह बाड़ पर चढ़कर कुदने की कोशिश करने लगा। उसकी परछाईं मदने मैडम के सामने ही गिरी। वह चिल्ला उठी। जन्या डर गया और पीछे की तरफ़ कूद गया। एक जानलेवा दर्द उसके कन्धे से उठा। अचानक उसके पैरों को किसी चीज़ ने लपेट लिया। लगा पिंडली में कुछ चुभा है। एक दर्द उठा। वह डर गया। आशंका से भरकर उसने नीचे झुककर देखा तो पाया कि उसके पैर से

कोई नाग लिपटा हुआ है। उसकी पिंडली को नाग का दंश हुआ था! कुछ ही क्षणों में वह सर्प सरसराता हुआ बाड़ में घुसकर ग़ायब हो गया। जन्या को नागन को मारने की घटना का स्मरण हो उठा। उसके पैरों के नीचे से ज़मीन खिसकने लगी। बुरी तरह से घबराया हुआ वह थर्रा उठा और लँगड़ाता हुआ घर की तरफ़ चलने लगा। मदने मैडम ने खिड़की से उसे जाते हुए देखा। वह काँप उठी थीं। जन्या घर की तरफ़ भागा-भागा जा रहा था। सर्प का ज़हर तेज़ी से उसके शरीर में फैलने लगा था। वह हर हालत में जल्द-से-जल्द घर पहुँचना चाहता था। घर जाकर वह बताना चाहता था कि उसे नाग ने दंश किया है। दद्दा मुझे गंगाखेड़ ले जायेगा। कुछ नहीं होगा मुझे। ठीक हो जाऊँगा मैं। ख़ुद को ही ढाढ़स बँधाता वह घर की तरफ़ लड़खड़ाता हुआ भाग रहा था।

जन्या को गबरू के टेम्पो में डालकर गंगाखेड़ ले जाया गया। सरकारी अस्पताल में उसे भर्ती किया गया। लेकिन डॉक्टर ने उसे मृत घोषित कर दिया। पोस्टमार्टम के पश्चात उसकी लाश को घरवालों के सुपुर्द कर दिया गया। जन्या की ऐसी अकस्मात मौत हो जायेगी ऐसा किसी ने सोचा न था। उन चारों को तो जैसे लकवा मार गया था।

''जन्या चल बसा। पुलिस ने उसकी पिटाई की तब मैं ही कन्धे पर डालकर उसे घर छोड़ आया था।'' गोपा कह रहा था।

''उसे साँप ने कैसे काटा पता नहीं।'' पिराजी ने कहा।

''उसने मदने मास्टर जी के ओसारे से निकली नागन को मार डाला था। नाग ने बदला लिया।'' गोपा ने कहा।

''जन्या बच सकता था। साँप के काँटने के बाद वह भागता हुआ घर गया। इसी वजह से ज़हर उसके शरीर में फ़ैल गया।'' पिराजी ने कहा।

''गंगाखेड़ नहीं जाना था। इसकी वजह से भी इलाज में देरी हो गयी। महन्त से यही पर इलाज करवा लेते तो शायद बच जाता। लेकिन होनी को कौन टाल सकता है। उसकी मौत ही इस तरह से लिखी गयी थी।'' गोपा ने कहा।

''उसकी मौत से वह मर गया। जाने दो। तुम कहो, मन्त्री जी ने क्या कहा?'' पिराजी ने कहा।

''केवल पाँच मिनट ही तो रुके थे मन्त्री जी। क्या कहन-सुनत होती? पत्रकार और पुलिस की ही भीड़ लगी थी चारों तरफ़।'' गोपा ने कहा।

''कुछ तो बात हुई होगी।'' पिराजी ने पूछा।

''मैंने कहा उनसे, टोले के बिजली के लैम्प छह महीनें से बन्द पड़े हैं। नयी ट्यूबलाइट लगानी होगी। ग्रामपंचायत का सदस्य होकर मेरी कुछ नहीं चलती है। टोले में पूरे समय अँधेरा होता है। साँप-बिच्छू घूमते हैं। बच्चे वैसे ही खेलते रहते हैं।''

''फिर उन्होंने क्या कहा? ''

''कहने लगे, पाकिस्तान अपनी आतंकवादी करतूतों से बाज नहीं आ रहा है। आतंकवाद का ख़तरा बढ़ रहा है। मित्र बदल सकते हैं। लेकिन पड़ोसी नहीं बदल सकते हैं।'' मैंने कहा, ''घरों के सामने गटर खुदवाने होगे। ड्रेनेज की व्यवस्था नहीं होने से गँदला पानी जमा होता रहता है। मच्छर भिनभिनाते रहते हैं। साफ़ सफ़ाई नहीं हो पाती है।'' मन्त्री जी ने कहा, ''हनुमान के मन्दिर के चौतरे का काम शुरू कर दिया है। लोगों की आस्था का सम्मान रखना होगा। हनुमान का यह मन्दिर जाग्रत देवस्थान है। चौतरे का काम देखकर छोटे-बड़े सभी खुश हैं।'' मैंने कहा, ''अच्छा किया आप अपना खाना साथ ले आये। हम बासी रोटी खाते हैं। आपके लायक अच्छा भोजन कैसे मुहैया कर सकते थे?'' मन्त्री जी ने कहा, ''सारा संसार मेरा घर है। हमारी सभ्यता महान सभ्यता है। धीरे-धीरे यह भेदभाव ख़त्म हो जायेगा। अब पहले जैसा जातिवाद कहाँ रहा है।'' मैंने उनसे कहा, ''मेरे बेटे को कहीं पर नौकरी पर लगवा दीजिए। वह थोड़ा बहुत पढ़-लिख लेता है। बिना वेतन भी काम कर लेगा। बस आप उसे अपनी संस्था में रख लीजिए। जिन्दगी सँवर जायेगी।'' मन्त्री जी कहने लगे, ''यह फुले और अम्बेडकर का महाराष्ट्र है। प्रगतिशील विचारों का राज्य है। आरक्षित जगहें निकलती रहती हैं। विज्ञापन आते ही आवेदन कर देना।'' हम बात कर रहे थे। कैमरे वाले फोटो खींच रहे थे। अधिक क्या कहता? मन्त्री जी घर पर आये यही बड़ी मेहरबानी है। गोपा ने निराश होकर कहा और वह अपने रास्ते से टोले की दिशा में निकल गया। पिराजी गर्दन नीची किये अपने काम में लग गया। वह हनुमान की गदा पर बेलबूटे चितेर रहा था।

हनुमान ने लंका को जलाया। लंका सोने की बन गयी। हनुमान ने अगर हम गरीबों के झोंपड़े जलाये होते तो हमारे भाग खुल जाते! हमारे झोंपड़े सोने के बन जाते। हनुमान की सरसराती पुष्ट पूँछ। पूँछ की आग! आग से झुलसा हनुमान का काला चेहरा। आग कोई भी लगाये, चाहे ईश्वर हो या इन्सान, उसके चेहरे को

काला होना ही होना है। पिराजी गदा के दण्ड पर नक्काशी तराश रहा था। ईश्वर बलवान है या उसके हाथ के शस्त्र अधिक बलवान हैं? हिंसा का भव्य रूप ही ईश्वर है! दुष्टों के संहार के लिए ईश्वर ने शस्त्रों को धारण किया। दुष्ट कौन? दैत्य, असुर, दानव, राक्षस, अनार्य। मैं तो दुष्टों का वंशज हूँ। दैत्यों के वंश का संहार करनेवाले ईश्वर के सामने मैं भक्तिभाव से नतमस्तक होता हूँ। मन्दिर उनके। ईश्वर उनका। पोथी-पुराण उनके। इन सबमें केवल उनके वंशों की महानता का गुणगान है और मेरे वंश का धिक्कार। वंश-श्रेष्ठता की महिमा की शरण में जाना ही आस्था है। राम काला, कृष्ण काला, महादेव काला, महाकाली काली, हनुमान का मुँह काला। यह काला रंग किस वंश की देन है? ये महान काले नायक अपनी पूजा करने वाले पुजारियों के वंश की श्रेष्ठता की दुहाई किस आधार पर देते हैं? इन महान काले नायकों का गौर वर्ण ने अनुनय क्यूँ किया? मैं काला क्यूँ हूँ? पिराजी के मन में सवालों का बवंडर उठा था। वह अपने काम में तल्लीनता से लगा हुआ था। तभी महन्त आये और उसके पास रुक गये।

"मेरे साथ चलोगे?" महन्त की आवाज़ ने उसका ध्यान खींचा।

"कहाँ पर महन्त?" पिराजी ने गर्दन ऊपर उठाई।

"मठ में। मूर्ति छीज गयी है। आकर देख लो।" महन्त ने कहा।

"अगर छीज गयी है तब कुछ नहीं कर सकते। कुछ करने जाओगे तो मूर्ति को नुक़सान पहुँच सकता है।" पिराजी ने गम्भीरता से कहा।

"बिना देखे बात मत करो। पहले देखो। फिर बातें बनाना।" महन्त बिदक गये।

"पहले यह काम निबटा लूँ। मदने मास्टर जी नाराज़ हो जायेंगे।" पिराजी ने कहा।

"मैं कह रहा हूँ न तुमसे।" महन्त चिढ़ गये।

"मेरे स्पर्श करने से मूर्ति भ्रष्ट हो जायेगी।"

"मैं शुद्धि कर लूँगा। तुम उसकी चिन्ता नाही करो।" महन्त ने कहा।

पिराजी के दिल को बड़ी चोट पहुँची। ईश्वर को पवित्र किया जा सकता है। फिर अछूतों को पवित्र क्यूँ नहीं किया जा सकता। मुझ पर गोमूत्र छिड़किये। मुझे शुद्ध कीजिए! वह मन लगाकर गदा पर कारीगरी कर रहा था।

"कब आ रहे हो?" महन्त ने फिर पूछा।

"शाम में आता हूँ जी।"

‘‘आज की रात मठ पर ही रुक जाना। मठ के बाहर खुली जगह है।’’

‘‘पत्थर ठोस होगा तभी हाथ लगऊँगा। घिसकर छीज गया होगा तब नहीं।’’

‘‘एक दफा आकर देख तो लो।’’

महन्त को देखकर निर्माण-कार्य के मज़दूर चले आये। वे महन्त का दर्शन चाहते थे। महन्त ने उनकी तरफ़ देखा। एक-एक करते हुए सभी ने उनके दर्शन लिये। महन्त ने हाथ उठाकर सभी को आशीर्वाद दिया। मज़दूर सन्तोष से भरे चले गये। पिराजी का काम हो चुका था। गदा बहुत ख़ूबसूरत बन पड़ी थी। पिराजी की आँखों में सन्तोष के भाव थे। वह बहुत देर तक अपने काम को निहारता रहा। मदने मास्टर जी पीछे आकर खड़े हो गये थे।

‘‘वाह! बहुत सुन्दर हुई है गदा’’ मदने मास्टर जी ने कहा।

‘‘महन्त आये थे। मठ पर बुलाया है।’’

‘‘कहीं जाना नहीं है। पहले हाथ का काम निबटाओ।’’

‘‘आप ही कहिये जी महन्त से।’’ पिराजी ने कहा।

‘‘मैं कह दूँगा उनसे। और सुनो, तुमसे भी एक बात करनी है। गोपा के साथ बहुत बातें मत किया करो। तुम बाहर के हो। तुम्हारी जाति के बारे में यहाँ के लोग जानते नहीं हैं। अगर जान जायेंगे तो तुम मुसीबत में पड़ सकते हो। लोगों ने तकरार की तो तुम्हें अपने काम के मुआवज़े से भी हाथ धोना पड़ सकता है। समझ रहे हो न?’’ मदने मास्टर जी ने संजीदगी से कहा।

‘‘मैं गोपा से दो बार ही मिला हूँ अब तक। आप कह रहे हैं तो अब नहीं मिलूँगा।’’

‘‘बम्मन की तरह रहा करो।’’

‘‘जन्या को साँप ने कैसे काटा? सुना है कि आपके घर के पास निकला था।’’

‘‘मैंने अपने घर में साँप पाले हुए हैं। लेकिन तुम आते समय सावधानी से आया करो।’’

‘‘मैं आपको नागदेवता की मूर्ति गढ़कर दे दूँगा। घर में रखिये। पूजा कीजिए। साँप नहीं आयेंगे।’’

‘‘कितना ख़र्चा आयेगा?’’

‘‘मैं आपसे कुछ नहीं लूँगा जी।’’

निर्माण-काम के मज़दूर खाने की छुट्टी पर थे। मदने मास्टर जी को देखा तो ठेकेदार रुक गया। मदने मास्टर जी कमर पर हाथ रखकर खड़े थे।

"सीमेंट ख़त्म हो रहा है।" ठेकेदार ने पास आकर कहा।

"सीमेंट को बचा-बचाकर बरतो।"

"मज़दूरी कब मिलेगी?"

"काम पूरा होने दो।"

"हाट का दिन है। कुछ एडवांस दे दीजिए।" ठेकेदार ने कहा।

"निर्माण-कार्य पर समय पर पानी का छिड़काव किया करो।" मदने मास्टर जी ने रुष्ट होकर कहा।

"आपके घर में साँप कैसे निकला?"

"अपने काम से काम रखो। निकलो यहाँ से।"

"कम-से-कम चाय-पानी का जुगाड़ हो जाये जी।" ठेकेदार रिरियाया।

मदने मास्टर जी बिना कुछ कहे वहाँ से निकल गये। ठेकेदार खीझ गया। 'नाम बड़े और लच्छन खोटे' बुदबुदाता हुआ वह निकल गया। मज़दूर पेड़ की छाया में अपने खाने की पोटलियाँ खोलकर बैठे थे। पिराजी ने भी सोचा, कुछ देर काम रोककर मठ में चला जाये। वह उठा और मठ की दिशा में निकल पड़ा। उसे देखकर मज़दूरों ने कहा, "आ जाओ भैया, रोटी खा लो।" "हाँ हाँ, खा लो आप।" कहते हुए पिराजी मुस्कुराया और आगे बढ़ लिया।

नदी की दिशा में चलते हुए पिराजी विचारों में खोया था। शायद मठ का काम मिल जाये। उसके मन में आशा का संचार हो रहा था। उसने नदी पार की। जानवर पानी में उतरे थे। सुरा बाँसुरी बजा रहा था। पिराजी तराई की एक ओर से मठ की तरफ़ चल दिया। वह महन्त का समाधान करना चाहता था।

महन्त कभी भी समाधानी नहीं थे। बेचैनी से भरे हुए वे चौपाल पर बैठे गन्ना चूस रहे थे। अचानक उन्होंने देखा कि बकरी चली आयी है और बाग का घास-पूस चरने लगी है। तमतमाये हुए वे चौपाल से उठे। उन्हें धानी की याद आयी। बेहोशी की दवा से बेसुध पड़ी उसकी ललछौंही काया उनके सामने उभर आयी। उन्होंने बकरी का कान उमेंठा। बकरी दर्द से मिमियाने लगी। उसकी आवाज़ से धानी की माँ भामा भागती हुई चली आयी। भामा को देखकर महन्त ने बकरी को छोड़ दिया। भामा ने महन्त को खड़ा देखा तो उनके दर्शन के लिए ठिठक गयी। महन्त उसके समीप गये। उन्होंने उसके मस्तक पर अपना हाथ रखा।

फिर भामा कुछ समझे इससे पूर्व अचानक उसका हाथ पकड़ लिया। भामा इसके लिए तैयार न थी। वह चौंककर पीछे हट गयी। लेकिन महन्त ने उसकी कलाई को कसकर पकड़ा हुआ था। भामा उनकी नज़रों में निहित भावों को भाँप गयी। वह अपना हाथ छुड़ाने की कोशिश करने लगी। महन्त की पकड़ और भी अधिक मज़बूत होती गयी। भामा का ललाट धानी की ही तरह था। उसकी भवें, उसकी नज़र सब कुछ धानी की तरह था। महन्त की देह से झनझनाहट उठी। उन्होंने भामा को अपने समीप खींच लिया। लेकिन भामा चिल्लाये या कुछ करे उससे पूर्व महन्त ने उसकी कलाई छोड़ दी। मठ के कमान के पास उन्हें पिराजी दिखाई दिया था। भामा निकल गयी। महन्त झेंपे हुए खड़े रह गये।

भामा ने उन्हें अजीब नज़र से देखा था। क्षण भर के लिए उसे लगा था कि धानी का हत्यारा सामने ही खड़ा है। महन्त विचलित हो गये थे। उन्होंने दुर्गा की कलाई पकड़ी थी तब दुर्गा ने उनके मुँह पर थूकते हुए ऐसी खरी-खोटी सुनाई थी कि वे पानी-पानी हो गये थे। उसके बाद दुर्गा ने कभी मठ में क़दम नहीं रखा। उन्होंने गंगू विधवा का हाथ पकड़ा। वह ऐसी चिल्लाई कि भय के मारे वे पीछे हट गये थे। कुछ दीनों पश्चात उन्होंने मौक़ा देखकर उसे बाँहों में भर लिया था। उन्हें दुत्कारते हुए उसने उन्हें बदनाम करने की धमकी दी थी। लेकिन उसने मठ में आना बन्द नहीं किया था। वह मठ के काम करती। कभी बहुत देर तक रुकी रहती। उन्होंने एक बार उसे चूमने की कोशिश की थी। उसने ख़ुद को छुड़ा लिया था और मठ से निकल गयी थी। वह पुनः उनके चंगुल से छूट गयी थी। महन्त अपना-सा मुँह लेकर रह गये थे।

गंगू बगीचे में काम रही थी। महन्त उधर हो लिये। उसने महन्त से दूर से ही वहाँ से चले जाने के लिए कहा। "मेरे पीछे मत लगिये, कहे देती हूँ।" चेतावनी भरे स्वर में उसने कहा तो महन्त ने आव देखा न ताव, निर्गुड़ी की टहनी उठाई और उसे पीटने लगे। वह ज़मीन पर गिरकर लहालोट होने लगी। एक़दम से उसकी रुलाई फूट पड़ी। महन्त बेंत से उसे पीटे जा रहे थे। वे आक्रामक हो चुके थे। "मेरा घरवाला भी मुझे ऐसे ही पीटता था।" गंगू रोये जा रही थी। महन्त ने हाथ की टहनी को फेंक दिया। गंगू हिचकियाँ दे-देकर रोने लगी। उन्होंने उसका चेहरा अपने हाथों में लिया। और उसके अधरों पर एक गहरा चुम्बन जड़ दिया। उसने कोई प्रतिकार नहीं किया था। वह रो रही थी। साथ में हँस भी रही थी। महन्त असमंजस में पड़ गये थे। सोच रहे थे।

तभी पिराजी वहाँ पर चला आया था। उसे देखकर वे चौंक गये। उन्हें उसके इस तरह से आने की प्रत्याशा नहीं थी यह तो शाम को आनेवाला था! इसे सुबह कहा और यह दोपहर में ही चला आया। उसे अचानक यूँ सामने देखकर वे खिसिया गये। लेकिन पिराजी के लिए यह स्थिति कोई बहुत चौंकानेवाली नहीं थी। वह ऐसे प्रसंगों से भलीभाँति परिचित था। बिना विचलित हुए वह उनके सामने खड़ा रहा। फिर महन्त ने भी उसकी तरफ़ बिना झिझके देखा और वे उसे साथ लिए मठ के भीतर ले गये। मठ में कई तरह की मूर्तियाँ रखी हुई थीं। नाग, हाथी, नर्तकी, गरुड़, नंदी। भाँति-भाँति की मूर्तियों से मठ का परिसर भरा पड़ा था। महन्त उसे गणेश की मूर्ति के पास ले गये। मूर्ति का दाँत टूटा हुआ था। पिराजी ने ध्यान से मूर्ति को देखा और कहा, ''अगर इसे ज़रा-सा भी छेड़ा तो सूँड़ को नुक़सान पहुँच सकता है। बहुत पुरानी मूर्ति है। इसे ऐसे ही रहने दीजिए। बहुत अच्छा काम किया गया है। इससे छेड़छाड़ करना गलत होगा।'' पिराजी ने कहा। महन्त ने कुछ नहीं कहा। पिराजी मठ से बाहर निकल गया और अपनी राह चल दिया।

तराई में मवेशी चर रहे थे। चरवाहों के पुकारों से तराई गूँज उठी थी। भामा मेमनों को चरा रही थी। महन्त ने उसकी कलाई को कसकर पकड़ा था। वह अभी तक जल रही थी। ''कोई जानवर-वानवर नहीं था। ये ही जानवर है। इसने ही मेरी धानी का घात किया है।'' भामा का विश्वास पुख्ता होने लगा था। बौराई हुई वह झाड़-झंखाड़ों से बतियाने लगी। उसने तराई में जगह-जगह पर झाँका। धानी की आत्मा यही पर कही होगी। उसे धानी की आत्मा की तलाश थी! बादलों से, झाड़ियों से, पेड़ों से, मेमनों से, कहीं से तो धानी की आवाज़ आयेगी। वह कोने-कतरे झाँकने लगी। पीड़ा से उसकी पलकें आँसुओं से भीग गयी। दुःख की आग कलेजे को दहदहाने लगी। धानी को चन्द्री बकरी बहुत प्रिय थी। सारा ़दिन उससे लिपटकर बैठी रहती। हाय मेरी बच्ची! खाने-खेलने की उम्र थी उसकी। भामा दुःख से छटपटा उठी। एक बार मेरी धानी नज़र आ जाये। मैं उसे अपनी छाती से लगा लूँगी। 'हे खंडोबा देवता, मैं तुम्हें बकरा चढ़ाऊँगी।' उसने मन-ही-मन देवता को कबूला और तड़पकर ज़ोर से गुहार लगाई, 'येलकोट येलकोट!' फिर अपने मेमनों को हुसकाते हुए उन्हें अमराई की तरफ़ मोड़ दिया। वह तराई से दूर जाना चाहती थी। अमराई से उसे गोपा महार आता हुआ दिखाई दिया। उसके हाथ में मधुमक्खी का छत्ता था। शायद उसने अभी-अभी छत्ता हटाया था। भामा चलते हुए रुक गयी। गोपा भी उसे देखकर रुक गया।

भामा अपना मन हल्का करना चाहती थी। भामा की बेटी धानी मारी गयी थी। गोपा का बेटा दीपा मारा गया था।

''धानी को किसी जानवर ने नहीं मारा।'' भामा ने सिसकते हुए कहा।

''मर गयी। सब ख़त्म हो गया। नसीब में यही लिखा था। मेरे दीपा को भी सरेआम बीच चौराहे पर मार डाला। हमने चुपचाप उसका किरिया करम कर दिया। किससे तकरार करते हम? क़ानून का डर होता तो क्या यह जुलम होता? रपट लिखवाते तो दुर्गत कर देते वे।'' गोपा ने पीड़ा से भरकर कहा।

''बेटा मारा गया तुम्हारा। क्या कुछ हुआ नहीं तुम्हारे कलेजे में ?'' भामा ने तड़पकर पूछा।

''क्या होगा? तुम ही बताओ। ये मेमने हैं। इन्हें कसाई को बेचते हैं हम। मेमनों को क्या लगता होगा? मेमने कभी कोई तकरार करते हैं बेचनेवाले के ख़िलाफ़? उन्हें काट देनेवाले कसाई के ख़िलाफ़? हम भी मेमने हैं। कोई भी आये-बेचे-काटे, कोई तकरार नहीं करनी है। जितना जीने को मिलता है उतना जी लेना है। बाक़ी अपने हाथ में क्या है? भेड़ियों के ख़िलाफ़ किससे न्याय की गुहार लगानी होगी? बताओ?'' गोपा निराशा से भरा हुआ था।

''बालिश्त-बालिश्त भर के कीड़े पड़ेंगे मुरदारों को। यह मेरी हाय है!'' भामा ने तिलमिलाकर कहा।

''कोई हाय-वाय नहीं लगती है भामा। हम भोले होते हैं। भेड़िये खुश रहते हैं। किसी का कुछ बिगड़ता नहीं है। हमें ही सब बिसरा देना होगा।'' गोपा ने उसे समझाते हुए कहा। उसकी आँखें भर आयी थीं।

''तुम्हारी जाति के लोगों को कुछ नहीं लगता होगा।'' भामा ने बिफरकर कहा।

''कैसे कुछ नहीं लगता होगा? बहुत बुरा लगता है। दरद होता है। ग़ुस्सा आता है। लेकिन क्या करें? कुछ नहीं कर सकते। सहना और सहना! केवल इतना ही हमारे हाथ में है।'' गोपा ने विवशता से कहा।

''धानी मेरे कलेजे का टुकड़ा थी। खेत का भुट्टा तोड़कर ले जाये, वैसे तोड़कर ले गये।'' भामा ने आँचल के खूँटे से आँखें पोंछीं।

भामा मेमनों के पीछे चली गयी। मेमने दूर जा चुके थे। गोपा अपनी राह निकल गया। उसे भामा का दुःख महसूस हो रहा था। दीपा की हत्या हुई तब भागी भी तो ऐसे ही छटपटा उठी थी। गले में सोना पहना इसलिए दीपा को मार डाला।

गाँववालों ने दीपा को तड़प-तड़पकर मरते हुए देखा। लेकिन सभी जड़ बने चुपचाप खड़े रहे। किसी ने चूँ तक नहीं की। किसी को कुछ नहीं हुआ। तुका, वशा, यशा सीना तानकर बेख़ौफ़ गाँव में घूमते हैं। उनका क्या बिगड़ा? गोपा अपने विचारों में खोया था।

जब भान पर आया तो उसने ख़ुद को नदी के किनारे पाया। उसने चप्पल उतारीं और पानी में उतर गया। अँजुली भर-भरकर मुँह पर पानी के थपेड़े मारे। उसे कुछ सुकून-सा महसूस हुआ। मुँह पोंछकर वह किनारे पर चला आया। दुबारा चप्पल पहनी और गाँव की तरफ़ चल पड़ा। हनुमान के चौतरे पर पहुँचा तब देखा कि पिराजी हथौड़ी-छेनी चला रहा था। छेनी की लयबद्ध आवाज़ परिसर की नीरवता में एक नाद उत्पन्न कर रही थी। पिराजी से कुछ देर बतिया लूँ यह सोचकर वह उसकी ओर चल पड़ा। लेकिन पिराजी ने उसे इशारे से ही रुक जाने के लिए कहा। गोपा समझ गया। वह महार-टोले की तरफ़ निकल गया। 'ज़रूर कुछ बात है। तभी पिराजी ने पास आने के लिए मना कर दिया। यह गाँव बड़ा मक्कार है।' वह बुदबुदाया। 'दीपा ने तो अभी दुनिया देखी भी नहीं थी। अभी तक उसकी मूँछें भी नहीं उगी थीं। निभागा! कैसी बुरी मौत मरा मेरा बच्चा' गोपा फिर से तड़प उठा। इस जातिवाद से कैसे जूझना होगा? क्या होती है जातीयता? ऊँची जाति द्वारा निचली जातियों की गयी अमानुष अवहेलना। जातिवाद का मतलब अमर्यादित हिंसा। ईश्वर और धर्म के नाम पर किया हुआ सामूहिक अत्याचार। कैसे इस जातिवाद से निपटे? जातिवाद का एक चेहरा नहीं होता है। उसकी एक जड़ नहीं होती है। फिर कितनी और कौन-सी जड़ों को उखाड़ना होगा? किस-किस टहनी को छाँटना होगा? जड़ों के साथ कैसे उखाड़ फेंकना होगा इस विषवृक्ष को? कैसे भी प्रहार कीजिए उसे धर्म पर प्रहार माना जाता है। कहीं पर भी प्रहार कीजिए उसे ईश्वर की हानि माना जाता है। ज़रा-सा प्रतिरोध कीजिये लोग बिदक जाते हैं। उनकी परम्पराएँ, सभ्यता बड़ी आसानी से आहत हो जाती हैं। गोपा महार का मन व्यथित हो उठा। घर पहुँचने पर दीपा कहीं पर भी नज़र नहीं आयेगा। यह सोचकर उसके कलेजे में हूक-सी उठी। आँखें डबडबा आयीं। "ग्राम पंचायत के चुनावों में मुझे उमीदवारी दी जाती है। मुझे चुनकर लाते हैं। लेकिन ग्राम पंचायत का सदस्य होने के बावजूद मैं चुप रहता हूँ। चुप रहना ही पड़ता है। साँप के दाँत उखाड़ दो वैसे मेरे दाँत उखाड़ लिए गये हैं।" गोपा तिलमिला उठा।

जब टोले में पहुँचा, शाम घिर आयी थी। बच्चे म्हसोबा के पास खेल-कुद में मग्न थे। म्हसोबा के चबूतरे पर चढ़-चढ़कर कूद लगाने में उन्हें बड़ा मजा आ रहा था। ''अरे, पैर में मोच आ जायेगी। कूद मत लगाओ। बैठकर खेलो।'' गोपा ने बच्चों से डपटकर कहा। वह सराय से घर की तरफ़ जानेवाली गली में मुड़ने ही वाला था तभी मोड़ पर जो दिखा उसे देखकर वह चौंक गया। उसे तुका और यशा सराय की दीवार की ओट में दुबके हुए नज़र आये। उनके हावभावों से ऐसा जान पड़ता था जैसे किसी भक्ष्य पर बस झपटने ही वाले हों। गोपा के मन में कुछ खटका जगा। तभी तुका की नज़र गोपा पर पड़ी। उसने यशा को सचेत किया और दोनों वहाँ से ग़ायब हो गये। गोपा को कुछ अन्देशा हुआ। उसने तेज़ी से अपने डग उधर बढ़ाये। उसे भाइयों के साथ खेलती कानी नज़र आयी। तो क्या वे कानी पर नज़र बनाये हुए थे! गोपा सन्न रह गया।

इन दीनों तुका की कानी पर पूरी नज़र थी। आज भी वह मौक़े की तलाश में ही था। गोपा की वजह से उसकी मंशा पर पानी फिर गया था। वह तिलमिला उठा। यशा को साथ लिए हुए वह सीधे बाला महार के घर की तरफ़ बढ़ गया। बाला उनके दिमाग़ में बुरी तरह से बैठा हुआ था ही।

बाला की घरवाली चांगुणा रोज़मर्रा के काम में व्यस्त थी। उसे सभी चांगी कहते। तुका आगे था यशा उसके पीछे। दोनों बाला के घर के सामने रुक गये। तुका ने आव देखा न ताव सीधे घर के भीतर घुस गया। ताज़ी चपातियों से भरी छबड़ी सामने पड़ी थी। उसने छबड़ी उठा ली और तेज़ी से घर से बाहर आ गया। 'कु कु' करते हुए उसने गली के कुत्तों को आवाज़ देना शुरू किया। छबड़ी से कुछ चपातियाँ नीचे डालीं तो कुछ कुत्ते दौड़ते हुए आये और खाने पर झपट पड़े। चांगी ने देखा तो वह चिल्लाई, ''क्या कर रहे हो? मेरे बच्चों ने अभी खाना नहीं खाया है!'' तुका ने उसे अनदेखा करते हुए पूरी छबड़ी कुत्तों के सामने उड़ेल दी। ख़ाली छबड़ी देखकर चांगी की रुलाई फूट पड़ी। तुका चिल्लाया, ''चपातियाँ खा रहे हो? महारों को चाहिए कि वे बासी रोटियाँ तोड़ें! मोटा-झोटा खाकर पड़े रहें। बहुत अकड़ आ गयी है तुम लोगों में।''

चांगी तमतमा गयी। बच्चों का खाना इस तरह से कुत्तों के सामने डाला हुआ देख वह आहत हो गयी थी। स्कूल से बच्चे भूखे आयेंगे, उन्हें क्या खिलाना होगा? सोचकर वह बिफर उठी। उसने तुका को गरियाना शुरू कर दिया। तुका को ग़ुस्सा दिलाने के लिए यह काफ़ी था। वह चांगी पर झपट पड़ा। चांगी भी आक्रामक हो गयी।

‘पास मत आना’ प्रचंड ग़ुस्से से भरकर उसने कहा। यशा ने उसके झोंटे पकड़े और उसे ज़मीन पर गिरा दिया। तुका ने उसके कूल्हों पर लात जमा दी। चांगी ज़िद से भरकर पुनः खड़ी हो गयी। तुका ने उसके बाल पकड़कर उसे पीटना शुरू कर दिया। चांगी छटपटाने लगी। आक्रोश से भरकर वह प्रतिकार पर उतर आयी। उसकी साड़ी फट गयी थी। उसने तुका के हाथ पर अपने दाँत गढ़ा दिये। तुका बिलबिलाकर चिल्ला उठा। यशा ने ग़ुस्से में भरकर उसे लातों से पीटना शुरू किया। अब तक चांगी का रोना और विलाप टोले में पहुँच गया था। टोले के लोग दौड़कर आये। गोपा, मलकू, देवा, हाजी मलंग सभी थे। कानी भी दौड़ी चली आयी थी। कानी को देख तुका उससे सटकर खड़ा हो गया और उसे निहारने लगा। वह विचलित होकर वहाँ से हट गयी। महारों की भीड़ बढ़ने लगी तो तुका वहाँ से भाग खड़ा हुआ। उसे भागता देखकर यशा भी उसके पीछे नौ-दो-ग्यारह हो गया।

चांगी रोये जा रही थी। ‘गेहूँ की चपातियाँ क्यूँ खाते हो यह कहकर पीटा बदमाशों ने’ उसने रोते-रोते कहा। उसकी हिचकियाँ बँध गयी थीं। ठीक से बोला नहीं जा रहा था। कानी भीतर जाकर पानी ले आयी। उसने चांगी को पानी पिलाया। गोपा ढाढ़स बँधाते हुए उसे समझाने लगा।

महार आक्रोश से भरे हुए थे–

“किसमें बल है कि पलटकर उनसे जवाब माँगे?”

“दिन-ब-दिन इनकी हिम्मत बढ़ रही है। बलवा करना ही होगा।”

“बलवा का मतलब महारों का विनाश! हमारा जीना मुहाल कर देंगे भाई। साँप के बिल में हाथ डालने का मतलब समझते हो न? उजाड़ डालेंगे हमें।”

“और कितना सहना होगा काका?”

“वो ऊपर बैठा हुआ देख रहा है। वो ही न्याय करेगा।”

चांगी के घर के सामने बैठे महार बातें कर रहे थे। “बाला को आने दो। फिर देखते हैं क्या करना होगा। उससे पूछकर ही आगे का फ़ैसला लेना होगा।” महारों में एक राय हुई। चांगी ने ख़ुद को सँभाला। हिम्मत कर वह उठ खड़ी हुई।

लोग धीरे-धीरे अपने घरों की ओर लौट गये। भीड़ छँट गयी। चांगी घर की देहरी पर ही बैठी रही। उसे अब अपने बच्चों की चिन्ता सालने लगी। अशोक और विलास स्कूल गये थे। पति की फिकर से भी वह घबरा उठी। वह मवेशियों को चराने ले गया था। मारपीट से भी अधिक चांगी मन की कचोट से अधिक व्यथित हो उठी थी। तुका बेख़ौफ़ उसके घर में घुस आया था। कैसे उसने चपातियों की

छबड़ी उठा ली थी और निधरक सारी चपातियाँ कुत्तों को परोस दी थीं। यह बात देर तक उसे मथती रही। उन मुरदारों ने बाल पकडे, ज़मीन पर गिराया। लातों-घूँसों से पिटाई की। वह बुरी तरह से आहत हो गयी थी। उस दबंगयी, ज़्यादती और क्रूरता से उसका तन-बदन सुलग रहा था। उन उद्दण्डों के भीतर किसी भी तरह का भय नहीं था। यह सोचकर वह तिलमिला उठी।

महार चले आये थे। उन्होंने अपनी आँखों के सामने सब घटित हुआ देखा था। लेकिन किसी में इतना साहस नहीं था कि सामने आकर उन गुंडों को रोके। 'यहाँ कोई नहीं है जो अपने साथ खड़ा हो। कोई नहीं है जिसे अपना कह सके।' इस विचार से चांगी विचलित हो उठी। ख़ुद में ही खोयी गुमसुम-सी बैठी थी कि उसे छोटा बेटा विलास आता हुआ दिखाई दिया। वह रो रहा था। देखकर उसका कलेजा बैठ गया। वह भागकर गयी और बच्चे को उसने छाती से सटा लिया। डरते हुए उसने पूछा, "अशोक कहाँ है?" रोते हुए ही विलास ने कहा, "दद्दा को गाँव के लोगों ने पीटा है।" चांगी को जैसे काठ मार गया। वह बुरी तरह से घबड़ा गयी। विलास को छोड़कर वह बदहवास-सी रास्ते की तरफ़ भागती गयी। सामने से उसे अशोक आता हुआ दिखाई दिया। उसके हाथ में बस्ता था। धीमे-धीमे क़दमों से वह आगे बढ़ रहा था। वह दौड़ती हुई उसकी दिशा में बढ़ी। फिर तो उसने जो देखा, उसके प्राण छूट गये। अशोक जैसे-तैसे चल रहा था। उसके गले में रस्सी बँधी थी। रस्सी से मरा हुआ कुत्ता बँधा था। अशोक मरे हुए कुत्ते को घसीटते हुए ला रहा था! चांगी ने देखा तो वह सन्न-सी रह गयी। लपककर वह आगे बढ़ी और उसने अशोक के गले से रस्से की गाँठ खोल दी। कुत्ते को खींचकर दूर किया। बच्चे की इस हालत से वह बिलखकर रो पड़ी 'मेरा बच्चा!' उसने अशोक को अपनी कोख में दुबका लिया। वह उसे सहलाने-चूमने लगी और उसका हाथ पकड़कर रोती हुई घर की तरफ़ चल पड़ी। उसका हृदय छलनी-छलनी हो गया था। तुका और यशा को वह गालियाँ दे-देकर कोसने लगी– "मेरे बच्चों को सताया हैं उन मुरदारों ने। भगवान उनका सत्यानाश करें। उनकी देह में कीड़े पड़ें!" वह बौराई-सी बड़बड़ा रही थी। यह ज़ोर-जुलम कब ख़त्म होगा? कब ईश्वर हमारा न्याय करेगा? ऐसा बदनसीब जीवन किसी के हिस्से में न आये। आज उसका विश्वास पूरी तरह से डगमगा गया था। घर के रास्ते पर कानी खड़ी थी। कानी ने यह देखा तो उसकी भी आँखें भर आयीं। अशोक को देखकर उसका मन पसीज उठा था।

चांगी को बाला की याद आने लगी। उसका जी बैठने लगा। क्या उन्होंने बाला को भी पीटा है? महज़ गेहूँ की चपाती खायी इसलिए हम पर ज़ुलम करते हैं। गेहूँ की चपाती हम नहीं खा सकते हैं। हमने किसी का गेहूँ चुराया नहीं है। ना आटा चुराया है। हाड़तोड़ मेहनत करते हैं। किसी के दरवाज़े पर मुँह नहीं मारते हैं। हम क्या खायें क्या न खायें इसका फ़ैसला गाँव के हाथ में है। कुत्ते चपाती खा सकते हैं। लेकिन हम नहीं। चांगी की रुलाई फूट पड़ी। गले में सोना पहना इसलिए गाँववालों ने दीपा को मार डाला। हमें अपने पैरों तले रखना, मुट्ठी में रखना यह गाँव अच्छी तरह से जानता है।

बाला अभी तक घर नहीं आया था। चांगी चिन्ता से घिरी घर की चौखट से धोख लगाये खड़ी रही। उसके मन में ऊलजुलूल विचार आने लगे।

बाला को बुरहानपुर का कासिम कसाई मिल गया था। उसने इशारा किया तो बाला रुक गया था। दोनों बतियाते हुए गाँव की तरफ़ निकले थे। आज बाला मवेशियों को मंकी हील की तरफ़ ले गया था। इसलिए वैसे भी अबेर हो गयी थी। बातों के बीच कासिम ने उससे पूछा, ''इनमें से बाबुराव की कौन-सी गाय है?'' बाला चौंक गया, फिर कहा, ''भूरी गाय।'' लेकिन वह चौकन्ना हो गया। उसने पलटकर पूछा ''काहे पूछ रहे हो?'' ''बाबुराव अपनी गाय बेचना चाहता है। उसने गाय की बोली लगाई है। मैंने सोचा कि उसकी गाय का मुआयना कर लूँ। ऐसा ना हो कि ख़रीद लूँ और बाद में पछताना पड़े। मुझे गाय ख़रीदनी है। तुम्हारे साथ बाबुराव के घर चलूँगा।'' कासिम ने खुलासा किया। बाला सोच में पड़ गया। 'बाबुराव पर क्या बिपदा आन पड़ी जो वह गाय बेच रहा है। ऐसी दुधारू, भरीपूरी गाय भला कोई क्यूँ बेचेगा? लेकिन कासिम झूठ काहे बोलने लगा?'

''सबसे आगे है वह भूरी गाय बाबुराव की है। उसकी एक काली गाय भी है। वह जो पीछे से आ रही है।'' बाला ने कासिम को बाबुराव की गायें दिखा दी। कासिम की बाँछें खिल गयी। ''भरीपूरी है गायें। सौदा घाटे का नहीं है। दो पैसे गाँठ में बँध जायेंगे।'' कासिम मुस्कुरा-मुस्कुराकर बातें किये जा रहा था। लेकिन बाला को चिन्ता हुई। 'एक गाय कम हो जायेगी। चरवाही के पैसे घट जायेंगे। ऐसी दुधैली गाय को बाबुराव को बेचना नहीं चाहिए।' बाला सोच में डूब गया। कासिम मवेशियों को नज़रों से तौल रहा था। ''वह सफ़ेद गाय किसकी है?'' कासिम ने पूछा। बाला के मन में खटका उठा– ''नहीं, मैं किसी गोरू के बारे में कुछ नहीं बताऊँगा।

जब से सयाजी की गाय के साथ वो सब हुआ है। ना बाबा, ना...कान पकड़ता हूँ, अब नहीं... राम राम।'' बाला सावचेत हो गया। सयाजी का ज़िक्र हुआ तो कासिम उत्साह से भर गया, ''वह आया था मेरे पास बुरहानपुर। गाय की तफ़्तीश कर रहा था। मैं उसकी गाय का ताज़ा गोश्त बेच ही रहा था। मैंने कह दिया उससे कि चुराई नहीं है गाय। सौदा हुआ है मियाँ! तुम्हारी गाय को ख़ुद महन्त ने बेचा है मुझे। सुनकर कुछ नहीं बोला वह। लौट गया।'' कासिम ने कहा। बाला ने सुना तो वह भौचक्का रह गया। 'क्या कह रहे हो तुम? मैं नहीं जानता था। सयाजी ने मुझसे नहीं कहा इसके बारे में।' बाला का दिमाग़ चकरा गया।

मवेशी खुरों को उड़ाते हुए गाँव की तरफ़ चल रहे थे। कासिम की नज़र हर मवेशी की गर्दन पर धारदार दराँती की नाईं घूम रही थी। बाला सावचेत होकर मवेशियों को हाँक रहा था। कोई छूट तो नहीं गया! काली गाय के गले में बँधा लकड़ी का लठ उसके पैरों में आ रहा था जिससे वह ठीक से चल नहीं पा रही थी। बाला ने जाकर उसे सीधे किया। मवेशी रँभा रहे थे। सड़क धूल से अट गयी थी। महन्त ने देखा कि बाला और कासिम एक साथ चले आ रहे हैं। उनके माथे पर बल पड़ गये। कहीं कासिम उनकी चुगली न कर दे! उन्हें चिन्ता हुई।

बाबुराव का घर आया। उसके मवेशी उसके घर की तरफ़ मुड़ गये। बाबुराव ने उन्हें ठीहे से बाँधा। नज़र घुमाई तो देखा कि कासिम दरवाज़े पर खड़ा है। ''मैंने परख ली है तुम्हारी गाय। सौदा पक्का कर लेते हैं मियाँ। अभी बयाने की रकम देता हूँ– पाँच सौ रुपये! अगले हफ़्ते बची रकम चुकता कर गाय लेकर चला जाऊँगा।'' कासिम ने कहा।

''ठीक है। अगले हफ़्ते आ जाना। मैं काग़ज़ात तैयार रखता हूँ।'' बाबुराव ने ख़ुशी-ख़ुशी कहा।

''देर हो रही है, चलता हूँ'' कहकर कासिम ने बयाने की रकम उसके हाथ में थमा दी और चला गया।

बाबुराव ने जानवरों को पुचकारा और उनके सामने चारा-पानी रख दिया। तभी महन्त आकर धमके। उन्हें ऐसे असमय आते देखकर बाबुराव को अचरज हुआ। महन्त ओसारे में पड़ी खाट पर टिक गये।

''क्यूँ आया था कासिम?''

''गाय का सौदा कर रहा हूँ महन्त।''

"किसलिए गाय बेच रहे हो। ऐसी क्या विपदा आन पड़ी है? मैं भी तो सुनूँ!"

"बेटी का ब्याह है अगले मुहूरत पर। अब लगन है तो दुनियादारी भी निभानी होगी महन्त।"

"गऊ माता को कसाई के हाथों बेचकर लगन? छीः छीः! क्या कर रहे हो?"

"सो तो है। मैं भी कहाँ चाहता हूँ महन्त। लेकिन बेटी का ब्याह हो तो गरीब-गुरबन क्या करें? गरीबी आदमी से क्या-क्या न करवाये!"

"क्या कासिम मेरे बारे में कुछ कह रहा था?" महन्त ने मौक़ा देखकर पूछा।

"नहीं जी!"

"वो मेरी इज़्ज़त उछालने में लगा हुआ है। पूरे गाँव से कहता फिर रहा है कि मैंने सयाजी की गाय बेचकर अपनी जेब भरी है। यह मेरी बदनामी नहीं मठ की बदनामी है। राम राम!" महन्त रोष से भरे हुए थे।

"मुझसे तो ऐसा कुछ नहीं कहा उसने।" बाबुराव ने सरलता से कहा।

"तुम काहे अपनी गाय म्लेच्छ के हाथ बेच रहे हो? गाँव में और लोग भी तो है। किसी किसान या भले आदमी को क्यूँ नहीं बेचते हो?"

"कोई तैयार नहीं है जी। सभी से पूछ कर हार गया।"

"कितने रुपयों का इन्तज़ाम करना है तुम्हें?"

"तीस हज़ार। इतने काफ़ी हैं। अब इसके लिए करज कौन निकालेगा महन्त। गरीब करज से उबर सकता है भला! डूबना नहीं चाहता हूँ जी।"

"मैं देता हूँ तुम्हें तीस हज़ार रुपये। गाय को मत बेचो।"

"लेकिन कासिम बयाने की रक़म दे गया है। बात पक्की हो चुकी है जी।"

"मुकर जाओ बात से। म्लेच्छ से दगा, कोई फ़र्क़ नहीं पड़ता है। मैं हूँ तुम्हारे साथ। फ़िक्र मत करो।"

"अब मेरा काम निकल रहा है तब मैं काहे कसाई के हाथों अपनी गाय बेचने लगा जी!" बाबुराव ने हाथ जोड़कर कहा।

"तुम कल ही कासिम को मना कर दो। अपनी गाय मेरे नाम लिखवा देना। मैं तीस हज़ार दे दूँगा। पचास चाहो तो पचास ले लो। तुम्हारी दोनों गायों को मेरे नाम लिखवा देना। मैं लाख भी देने को तैयार हूँ। इसके लिए तुम्हें अपना खेत मेरे नाम करना होगा। लेकिन पैसा मठ का है। लोगों का दान-धर्म किया हुआ है।

इसलिए ब्याज ज़रूर लूँगा। कहे देता हूँ। हर माह ब्याज देना होगा। मूलधन जब चाहो दे देना। कसाई को लाभ पहुँचाने से यह बेहतर नहीं कि मठ को लाभ पहुँचाओ। मैं गौशाला खोलना चाहता हूँ।''

''मुझे तीस हज़ार चाहिए। अपनी गाय लिख दूँगा।''

''लेकिन कहे देता हूँ, ब्याज के हफ़्ते में नागा हुआ तो दूजी गाय भी खींचकर ले जाऊँगा।''

''मुझसे जितना निभ पायेगा उतना ही ले रहा हूँ। छाती पर क़र्ज़े का बोझ नहीं ढोना है मुझे।''

''जब चाहो काग़ज़ात लेकर आ जाना। अपने पैसे लेकर चले जाना। मठ खुला है चौबीसों घंटे।''

''दयाराम को भी पैसों की गरज है जी।''

''मैं पूरी दुनिया की मदद के लिए तैयार हूँ। लेकिन दयाराम की मदद! किसी हालत में नहीं। वह मुझसे खार खाता है।''

''मुझे नहीं मालूम था।''

''सुनो, बेटी का ब्याह करने जा रहे हो। ब्याह में मन्त्री जी को काहे नहीं बुलाते हो। लग्न-पत्रिका में उनका नाम डालो। मेरा नाम डालो। हमारी फोटू लगाओ। क्या तुम ये बातें नहीं जानते हो? हर बात कहनी होगी? तुम तो दुनियादारी जानते हो!'' महन्त ने कहा।

''मन्त्री जी आयेंगे?'' बाबुराव ने अचरज से पूछा।

''अरे भई, मन्त्री जी महार के घर जाते हैं। वहाँ का भोजन लेते हैं। तुम्हारे घर क्यूँ नहीं आयेंगे? तुम क्या महार से ओछे हो?''

''यह बड़ी अच्छी बात सुझाई जी आपने। बुला लेता हूँ। आये तो ठीक, नहीं आये तो भी कोई बात नहीं। उनकी मर्ज़ी!''

''मदने मास्टर जी की मदद लो। वे कुछ जुगत कर देंगे।''

''मन्त्री जी के क़दम मेरे द्वार पर पड़ जायें, और क्या चाहिए! ब्याह में खूब शान बढ़ जायेगी जी।'' बाबुराव की आँखों में चमक उभरी।

''मैं हमेशा अच्छी सलाह देता हूँ।'' महन्त ने मुस्कुराकर कहा और उठ खड़े हुए।

महन्त बाबुराव के घर से निकल गये। लेकिन उनके मन की चिन्ता कम नहीं हुई थी। वे अभी भी कसाई को लेकर सोच रहे थे। यह म्लेच्छ जब तक गाँव में रहेगा

मेरी बदनामी करता हुआ इधर-उधर घूमता रहेगा। वे आशंकित हो गये। उसका पता लगाना होगा! सोचते हुए वे दीना के खेत की तरफ़ चल पड़े। दीना का घर खेत में था। उसी के खेत की मेंड़ से होता हुआ बुरहानपुर का रास्ता जाता था। शायद दीना को कासिम आता-जाता हुआ दिखाई दिया हो।

दीना का गाँव का घर कई अरसे से बन्द पड़ा हुआ था। उसके घर के छज्जे से नीचे गिरकर बन्दर मर गया था। तब से वह खेत में ही रहने लगा था। जब वे दीना के घर पहुँचे, देखा कि दीना साँड़ और गाय का मिलान कर रहा है। उसकी घरवाली लता गाय के पगहे को पकड़े हुए खड़ी थी। रस्सी को कसकर पकड़े हुए वह गाय को एक जगह पर टिकाने में लगी हुई थी। दीना साँड़ के गले में बँधे पगहे को पकड़े हुए था। साँड़ को गाय के पीछे खड़ा किया गया था। वह तैयार हो रहा था। गाय की पूँछ को पलटाकर उसके गले में बाँधा गया था। गाय खड़ी थी। साँड़ खड़ा था। दीना खड़ा था। लता खड़ी थी। साँड़ अभी तैयार नहीं था। चढ़ नहीं रहा था।

"दीना, तुमने कासिम कसाई को जाते हुए देखा है?" महन्त ने खड़े-खड़े ही ऊँची आवाज़ में पूछा। दीना साँड़ को उत्तेजित करने हेतु रस्सी हिला-डुला रहा था। उसके मुँह से 'खु डू डू डू डू डूऽ' ऐसी आवाज़ें आ रही थीं। उसने महन्त की तरफ़ देखा। "रुकिए, घर के बाहर खड़े रहिये जी, मैं आता हूँ " उसने महन्त से कहा। महन्त अकबका गये और दीना के घर की तरफ़ बढ़ गये। दीना की बेटी कविता हाथ में किताब लिए देहरी में बैठी पढ़ रही है। वह लगभग धानी के उम्र की थी। उससे कुछ एक-दो वर्ष बड़ी होगी। महन्त उसके समीप गये। उन्होंने उसके गालों पर चिकोटी काटी। उसने मुस्कुराकर महन्त की तरफ़ देखा। "पढ़ रही हो?" महन्त ने उससे प्यार से पूछा। उसने हाँ कहते हुए गर्दन हिलाई। महन्त ने उसके कन्धे पर हलके से धौल जमाया। वह पीछे हटकर बैठ गयी। उसने कोई प्रतिक्रिया नहीं दी। महन्त आगे बढ़े और उन्होंने उसके बायें पैर के अँगूठे को तनिक मोड़ा। वह सँभलकर बैठ गयी। उसने किताब बन्द कर रख दी। उन्होंने अपनी दोनों उँगलियों के बीच उसका नाक कसकर पकड़ा तो वह रुष्ट हो गयी। "क्यूँ ऐसा कर रहे हैं? मुझे पढ़ने दीजिए।" महन्त झेंप गये। उनकी नज़रे उसके पैरों पर फिसलने लगीं। धानी के पैर भी ऐसे ही थे। दीना की बेटी के पैरों की उँगलियाँ लम्बी हैं। महन्त की नज़रें उसकी खुली जाँघों पर रेंगने लगी।

"क्या तुम कभी मठ में नहीं आयी हो?" महन्त ने उससे पूछा।

"एक बार आयी थी।"

“दोबारा आना।”

“काहे?” कविता ने भोलेपन से पूछा।

“इसलिए कि उससे तुम्हारी बुद्धि बढ़ेगी। परीक्षा में अच्छे अंक आयेंगे। तुम उत्तीर्ण होगी।” महन्त ने हँसते हुए कहा।

“मैं कभी भी फेल नहीं होती हूँ।”

“अच्छा? तो फिर अव्वल आओगी।”

“कैसे?”

“भगवान की भक्ति करने से हर असम्भव चीज़ सम्भव हो जाती है।”

“क्या भगवान मुझसे बात करेंगे?”

“मैं तुम्हें उनसे मिलवाऊँगा।”

“क्या आप भगवान से मिलते हैं?” कविता ने अचरज से पूछा।

“भगवान मेरे शरीर में आते हैं।”

“अच्छा?”

“हाँ। भगवान मेरे शरीर में आते हैं। मेरे शरीर से वे तुम्हारे शरीर में आ सकते हैं।”

महन्त ने उसकी खुली जाँघों पर हाथ घुमाया। उसे गुदगुदी होने लगी। फिर हँसी आयी। वह उठी और भीतर चली गयी। महन्त उसके पीछे जाने की प्रबल इच्छा से भर उठे। लेकिन कहीं वह शोर न मचा दे! दीना आ सकता है। उन्होंने जैसे-तैसे ख़ुद को सँभाला। कविता बाहर आयी नहीं। महन्त अधीर थे। तभी दीना आता हुआ दिखाई दिया। वह आकर उनके पास बैठ गया।

“हो गया?”

“हो गया।”

“गाँव में कसाई आया था। वह चला गया या नहीं समझ में नहीं आया। वह तुम्हारी मेंड़ से होकर जाता है। मैंने सोचा, शायद तुमने जाते हुए देखा हो। इसलिए पूछने चला आया। गोहत्या को किसी भी हाल में रोकना होगा।”

“हाँ। वह चला गया। लता ने उसे इधर से जाते हुए देखा था। कसाई हमारी मेंढ़ पर से जाता है। इस बात से मुझे भी डर लगता रहता है। उसके गाँव में आने पर रोक लगानी होगी।”

“इसीलिए तो मैं चला आया। तुम्हारी बेटी होशियार है दीना। देखना, वह बहुत आगे जायेगी।”

"जी! पढ़ाई में बहुत मन लगा रहता है उसका। एक दिन भी स्कूल से नागा नहीं करती है।" दीना बेटी की तारीफ़ से पुलक से भर गया।

"उसे ख़ूब पढ़ाओ।"

"हाँ, ठीक है। लेकिन मैं इतना ख़र्चा कहाँ से उठा पाऊँगा!"

"मैं करूँगा तुम्हारी मदद। उसे मठ में भेजा करो।"

महन्त का कहा हुआ लता के कानों पर ऐसे पड़ा; जैसे तप्त तवे पर पानी छिड़का गया हो! उसने बेटी की तरफ़ देखा। उसका चेहरा बदला हुआ था। वह गुमसुम-सी बैठी थी। उसकी चुप्पी स्पष्टता से महसूस हो रही थी। इससे पहले कविता का चेहरा कभी ऐसा दिखाई नहीं दिया था। लता ने उससे पूछा, "क्या हुआ री? ऐसे मुँह बनाकर क्यूँ बैठी हो?" कविता ने गर्दन हिलाकर ही 'कुछ नहीं' ऐसा जवाब दिया। उसका ऐसा गुमसुम हो जाना लता को अखर गया। उसके मन में खटका उठा। कहीं महन्त ने इसके साथ कुछ ऐसा-वैसा तो नहीं किया? कविता बुझी-बुझी-सी लग रही थी। एक कोने में दुबकी वह ऐसे बैठी थी, जैसे किसी और दुनिया में खो गयी हो।

कविता के मन की अवस्था अजीब थी। महन्त के व्यवहार से वह किसी उथल-पुथल से भर गयी थी। महन्त ने उसके गालों को चिकोटी काटी थी। उसके कन्धे पर मारा था। उसका अँगूठा मोड़ा था। महन्त का स्पर्श उसकी देह पर मकौड़े की भाँति रेंग रहा था। वह मदने मास्टर जी के घर गयी थी तब मदने मास्टर जी ने भी उसके गालों पर चिकोटी काटी थी। जब क्लास में थी और सभी बच्चे खेलने के लिए मैदान पर गये हुए थे तब मदने मास्टर जी ने उसके कन्धे पर धीमे-से मारा था। और आज उसने कुछ देखा था। किस तरह से गाय को खुँटे से बाँधा गया था। कैसे साँड़ को गाय की ओर ले जाया गया था। माँ ने उसे घर में ही रुकने के लिए कहा था। "चलो, यहाँ पर तुम्हारा कुछ काम नहीं है।" कहते हुए उसे घर में भगा दिया था। वह किताब लेकर देहरी में ही बैठ गयी थी। लेकिन मन में कुतूहल जगा हुआ था। उसने कनखियों से साँड़ की तरफ़ देखा था और एक सकुचाहट से वह भर गयी थी। उसने अपना मुँह किताब में छुपा लिया था।

तभी महन्त चले आये थे। उन्होंने गालों को चिकोटी काटी। वह चिल्लाई नहीं। उन्होंने उसके नाक को पकड़ा। वह चुप रही। उन्होंने उसके कन्धों पर हल्का-सा धौल जमाया। उसने कोई प्रतिक्रिया नहीं दर्शाई। उसका अँगूठा खींचकर पकड़ा। उसे लगा उसके पूरे बदन से चींटियाँ रेंग रही हैं। वह उठी और घर के भीतर चली गयी।

''गाँव में मन्त्री जी आते हैं तब मदने मास्टर जी की पत्नी हवेली पर जाती है।'' क्लास की लड़कियाँ खुसुरफुसुर करती रहती हैं। बड़ी मुँहजोर हैं सभी! मदने मास्टर जी जैसे उसे घर के कामों के लिए बुलाते रहते हैं वैसे ही मन्त्री जी उनकी पत्नी को बुलाते होंगे। इसमें बुरा क्या है? महन्त ने भी उसे मठ पर बुलाया था। कह रहे थे उनके शरीर में भगवान उतरते हैं। उनके शरीर के भगवान मेरे शरीर में कैसे उतरेंगे? क्या महन्त साँड़ बन जायेंगे? मेरी पीठ पर पाँव रखेंगे! वह विचलित हो उठी। उसे मौन असहनीय होने लगा। उसकी देह में अनगिनत दरवाज़ें खुलने लगे। खुले द्वार से किसी के भीतर आने की उत्कट इच्छा से वह प्रतीक्षा से भर उठी। तेज़ झंझावात में खुले हुए दरवाज़े जिस तरह से ज़ोर-ज़ोर से थपेड़े खाते हैं और एक शोर उठता है; ऐसा ही कोई कोलाहल कविता के शरीर से उठने लगा था। उफनते हुए समन्दर में हिचकोले खाते जहाज़, की तरह उसका मन हिचकोले ले रहा था। मन के विचार बिना रुके अबाध गति से फूट रहे थे। वह पूरी तरह से ख़ुद में डूब चुकी थी। उसे याद आया, स्कूल छूटा था। सभी के साथ वह भी क्लास से बाहर निकल रही थी। तभी क्लास के किसी लफंगे लड़के ने उसकी छाती को दबाया था और भाग खड़ा हुआ था। उसकी छाती पर जैसे बिजलियाँ गिरी थीं।

''उठो कविता। मेरी मदद करो।'' लता की आवाज़ से वह भान पर आयी।

''क्या करना है?'' अनमने भाव से उसने पूछा।

''बर्तन पड़े हैं। माँज दो।''

कविता उठकर आँगन में चली गयी। नहानघर के पास बर्तन पड़े हुए थे। वह बर्तन के टोपले के समीप बैठ गयी। पानी की बाल्टी को निकट खींचा। राख की थाली नज़दीक ली। उसने नारियल के झाँवे की घिसनी बनाई और बर्तन माँजने लगी। एक-एक कर बर्तनों को धोकर उन्हें परे रखती जा रही थी। मन अभी तक विचारों में खोया हुआ था। एक तरफ़ गाय जुगाली करती हुई ऊँघ रही थी। अब गाय को बछड़ा होगा। वह मन ही मन मुस्काई। अगर आगे से मदने मास्टर जी ने हाथ लगाया तो ज़रूर उनसे पूछूँगी कि किसलिए हाथ लगाते हैं आप? स्पर्श के एक अनिवार्य ज़बरदस्त मोह ने उसके तन-मन को घेर लिया। मन जैसे उड़ान भर-भर कर अधीर हुए जा रहा था। उसके हाथ से बर्तन फिसलकर नीचे गिरा। भीतर से लता चिल्लाई, ''सँभलकर कविता!'' उसने दुबारा बर्तन को धोकर साफ़ किया और टोपले में रख दिया। उसने साँड़ की तरफ़ देखा। वह सोया हुआ था। उसकी देह पर कौवा बैठा हुआ था। बर्तन गिरकर टूटे नहीं इसलिए माँ चिन्ता में है।

माँ मेरी चिन्ता में है। उसकी नज़र में मैं भी एक बर्तन हूँ, काँच का बर्तन। वह अनर्गल विचारों में खोयी हुई थी। सयाजी की गाय को जानवर खा गया। माँगों की धानी को जानवर खा गया। कोई जानवर मुझ पर भी झपट्टा मार सकता है। हम लोग खेत में रहते हैं। माँ की फ़िक्र जायज़ है। फिर से उसके हाथों से बर्तन फिसल गया। वह सहम गयी। बर्तन की अधिक चिन्ता करो तो वह हाथ से गिर ही जाता है! बहुत चिन्ता अच्छी नहीं है। कभी-न-कभी बर्तन हाथ से नीचे गिरकर टूटेगा ही। फिर काहे इतनी फ़िक्र करनी है? उसे दही-हाँडी की याद हो आयी। हाँडी फोड़ने की ख़ातिर रचाये हुए घेरे याद आने लगे। दही-हाँडी की बँधी हुई मटकी याद आने लगी।

रात में भी उसे नींद नहीं आयी। माँ की चिन्ता से घुली आवाज़ उसके कानों पर आ रही थी, ''बाघ सभी जगह घूम रहा है। कल पड़ोस के खेत में आया था। हमारी मेंड़ पर भी उसके पँजों के निशान दिखाई दिये हैं। बाघ हमारे घर की तरफ़ आ सकता है।'' माँ डरी हुई थी। उसका कहा हुआ सुनकर कविता भी सहम गयी। माँ कह रही थी, ''रात में गाय रँभा रही थी तो मुझे लगा, बाघ आया है।'' बाबा माँ को समझा रहे थे, ''बाघ इधर नहीं आयेगा लता। बाहर बिजली जलती रहती है। बाघ उजारे से डरता है। सो जाओ अब।'' माँ-बाबा सो गये। छोटे भाई-बहन कभी के सो गये थे। लेकिन कविता की आँखों से नींद जैसे रूठ गयी थी। उसे लगा किसी भी क्षण बाघ दरवाज़े से भीतर आकर उसे उठा ले जायेगा। वह भय से आँखें मूँदे पड़ी रही। देर रात गये कभी तो उसकी आँख लगी थी। कुछ नींद से भरी, कुछ उनींदी-सी वह जगती-सोती रही। इसी हालत में एक बार उसकी आँख खुली तब उसने माँ-बाबा के बिछावन की तरफ़ देखा। बिछावन ख़ाली था। क्या बाघ उन्हें उठाकर ले गया। वह डर गयी। बाघ के नाख़ून, उसके दाँत, उसकी दहाड़... वह सकते में आ गयी। आँखें मूँदकर सहमी हुई वैसे ही पड़ी रही। कुछ समय बाद माँ चली आयी और अपने बिछावन में सो गयी। फिर दबे पाँव बाबा चले आये, बाघ की नाईं। उन्होंने भीतर से कुण्डी लगाई और धीरे से वे भी बिछावन में घुस गये। उसे लगा, बाघ है ही नहीं। छोटे बच्चों को यूँही डराते रहते हैं, वे जल्दी सो जायें इसलिए!

सुबह माँ ने उसे जगाया। आज तो स्कूल की छुट्टी है। आलस से भरा दिन! ''आटा ख़त्म हुआ है। पिसवाकर लाती हूँ। तब तक सब्ज़ी सुधार कर रखो। दो कटोरी चावल चढ़ा देना'' कहते हुए माँ पिसान का धान लेकर घर से निकल गयी।

बाबा सुबह ही बैलगाड़ी लेकर बुरहानपुर गये हुए थे। खाद ख़रीदना था। वह बिस्तर से उठी। बिछावन समेटकर रखे। फिर अपने और भाई-बहनों के लिए चाय चढ़ाई। चाय पीकर वह काम पर लग गयी। वह घर की सबसे बड़ी सन्तान थी। उसकी पीठ पर जन्मे सभी भाई-बहन एक-एक कर मरते चले गये थे। बच्चे जी नहीं पा रहे हैं यह सोचकर दीना ने गाँव का घर छोड़ दिया था। उसने बालाजी भगवान से मनौती माँगी थी। लड़का हुआ उसका नाम बालाजी रखा गया। बेटी हुई उसका नाम बालिका रखा।

कविता के हाथ काम में लगे थे लेकिन मन उसका हिलोरें ले रहा था। पुरुष के स्पर्श के विचार से वह बौरा गयी थी। महन्त ने उसके गालों को चिकोटी काटी। उसे कुछ नहीं लगा था। बड़े आदमी प्यार से गालों को चिकोटी काटते हैं, उसे कुछ ऐसा ही प्रतीत हुआ था। उन्होंने अपनी उँगलियों के बीच उसका नाक पकड़ा तो उसे लगा कि उन्होंने मज़ाक़ किया होगा! फिर उन्होंने उसका अँगूठा पकड़ा था। उसे तुरन्त कुछ अलग महसूस हुआ था। उन्होंने उसकी जाँघों पर से हाथ घुमाया। उसके शरीर के रोयें खड़े हो गये थे। वह उठकर घर के भीतर चली गयी थी। भीतर किसलिए गयी इसे वह समझ नहीं पायी। उसे लगा था, अब महन्त भीतर आयेंगे। उसे अपने से चिपकाएँगे। वे भगवान हैं। उन्हें कैसे मना कर सकते हैं? उसे डर लगा था। लेकिन महन्त भीतर नहीं आये थे।

कविता आँगन में चली गयी। अनमनी-सी वह झूले पर बैठी रही। गाय मेंड़ पर टहलती हुई चर रही थी। कविता को याद आया, कल गाय को बाँधा गया था। अचानक वह झूले से उठी और मड़ैया के पास जाकर खड़ी गयी। उसके मन में कुछ कौंधा। अगले ही क्षण उसने गाय के गले में बँधा लकड़ी का लठ अपने गले में बाँध लिया और जिस तरह से गाय मडैया के पास खड़ी थी वह उसी भाँति खड़ी हो गयी। वह राह देख रही थी। बैल कब चढ़ेगा, कब पीठ पर पैर रखेगा, क्या उसके पैर भारी होंगे? वह सोच रही थी। तभी लता आ गयी। कविता को इस अवस्था में देखा तो उसे जैसे काठ मार गया। जैसे-तैसे उसने माथे पर रखे पिसान के डिब्बे को नीचे उतारा और वह भागती हुई कविता के पास गयी। उसके मुँह से चीख निकल आयी। उसने कविता को ख़ुद से चिपका लिया और वह ज़ोर से चिल्ला उठी, ''क्या करने जा रही थी मेरी बच्ची? गले में रस्सी बाँधकर झूलने जा रही थी? अगर मैं नहीं आती तो न जाने आज क्या अनर्थ हो जाता?'' लता बिलख-बिलखकर रो पड़ी। कविता की नज़रों के सामने

धानी की माँ आ गयी। वह भी तो इसी तरह दहाड़ मारकर रो रही थी! माँ के आँसुओं का अर्थ वह कुछ-कुछ समझ पा रही थी।

कुछ देर पश्चात लता ने देखा कि भामा मेमनों को लिए हुए मेंड़ के पास चली आयी है। जब भी भामा मेंड़ पर दिखाई देती है, लता कुछ देर उसके पास जाकर ज़रूर बतियाती है। सुख-दुःख की बातें साझा करने के लिए कोई मिल जाता था। जब से गाँव से कटकर खेत में रहने आये हैं, किसी से बहुत मिलना-जुलना नहीं होता था। यह सोचकर मेंड़ पर कोई इक्का-दुक्का नज़र आता, लता जाकर उससे मिल लेती। कुछ देर के लिए मन बहल जाता। गाँव की खोज- ख़बर मिल जाती। भामा उससें ख़ूब बतियाती। भामा के दिखाई देते ही लता दौड़ती हुई उसके पास चली गयी। दोनों मेंड़ पर खड़ी बातें करने लगीं। मेमने चर रहे थे। दोनों की बातें आज जैसे ख़त्म होने का नाम नहीं ले रही थीं। लता ने कहा होगा, महन्त आकर गये थे। भामा ने कहा होगा, उसने मेरी कलाई पकड़ ली थी। लता ने कहा होगा, तुम्हारा सन्देह सच हो सकता है। मेरी भी बेटी के चेहरे के रंग बदले हुए थे। मुझे इस निगोड़े महन्त में खोट नज़र आती है। जैसा दिखता है वैसा नहीं है वह!

दोनों खुसुर-फुसुर कर रही थीं, उसी समय बाबुराब बुरहानपुर के लिए निकला हुआ था। दोनों को मेंड़ पर बतियाते देख उसे भी लगा कि कुछ देर रुककर दोनों से बातें कर ले। लेकिन उसे जल्द से जल्द बुरहानपुर पहुँचना था। कासिम को बयाना लौटाना था। इसलिए बिना रुके वह आगे बढ़ गया। बुरहानपुर पहुँचने पर उसने सौ रुपये का बांड पेपर ख़रीदा। स्टैम्प पेपर का काम निबटाया और शीघ्रता से कसाईखाने की ओर चल पड़ा। कासिम से मिलकर हर हाल में गाय का सौदा रुकवाना होगा। कसाईखाना गाँव की सीमा से बाहर था। मांस ख़रीदने के लिए ग्राहक आ-जा रहे थे। कासिम को क्या सफ़ाई देनी होगी। कहीं वह नाराज़ हो गया तब क्या करूँगा? सोचकर बाबुराव डरा हुआ था। उसे लगा, कसाई खाने की ओर आते-जाते लोग कहीं यह तो नहीं समझ रहे हैं कि मैं भी गोमांस खाता हूँ। यह सोचकर वह अकबका गया। जब कसाईखाने के क़रीब पहुँचा, आसमान में लगातार चक्कर काँटते चील-गिद्ध नज़र आने लगे थे। पेड़ पर कौए की काँव-काँव से परिवेश गमक गया था। बाबुराव को कासिम नज़र आया। वह उसकी तरफ़ बढ़ा। कासिम मांस बेचने में व्यस्त था। उसके इर्दगिर्द ग्राहकों की भीड़ लगी हुई थी। कासिम ने बाबुराव की तरफ़ निगाह डाली और हँसते हुए कहा, "अभी आया मैं।" बाबुराव ने गर्दन हिलाई और एक तरफ़ जाकर बैठ गया।

कुछ देर में ही कासिम उसके सामने खड़ा था।

''मैंने रुपयों का इन्तजाम कर दिया है। ले आता हूँ।'' कासिम ने कहा।

''मुझे अपनी गाय बेचनी नहीं है कासिम भाई। मैं बयाने की रकम लौटाने आया हूँ।'' बाबुराव ने सहमते हुए कहा।

''क्या कह रहे हो मियाँ? मैं बयाना वापिस नहीं लूँगा।''

''महन्त ने गाय बेचने के लिए मना किया है। मठ के मुखिया हैं वे। उनका सुनना पड़ता है भाई। उनके ख़िलाफ़ नहीं जा सकते हैं।''

''महन्त ने ख़ुद होकर मुझे सयाजी की गाय बेची थी। तुम्हारी बारी आयी है तो अब मना कैसे कर सकते हैं? अपना उल्लू सीधा करना चाहते हैं! देखना, तुमसे कम क़ीमत में गाय ख़रीद कर मुझे दोगुने दाम में बेचेंगे।''

''यह सब तुम उनसे ही जाकर पूछो।''

''मैं क्यूँ उनसे जिरह करने लगा! मेरा सौदा तुमसे तय हुआ है। अब तुम अपनी बात से मुकर रहे हो। यह अच्छा नहीं है बाबुराव। कहे देता हूँ।'' कासिम नाराज़ था।

''महन्त मुझे मठ से पैसे दिलवा रहे हैं। मेरी जुगत हो जायेगी।''

''दान-पुन्न के धन पर ब्याज खाता है महन्त। क्या यह चलता है आप लोगों को?''

''मैं वो कुछ नहीं जानता।''

''गाय ख़रीदने की ख़ातिर मैंने सूद से रकम उठाई है। मैं ग़रीब इन्सान! गोश्त बेचकर जैसे-तैसे आठ लोगों का गुज़ारा चलाता हूँ। तुम्हारी गाय को बेचकर कौन-सा मैं अमीर हुए जा रहा हूँ! जिससे क़र्ज़ उठाया है उसे हर महीने सूद का भुगतान भी तो करना पड़ेगा। वह किसी भी हाल में अपनी रकम वापिस नहीं लेगा। मैं सूद कैसे चुकाऊँगा? मैं अपना सारा काम-धन्धा छोड़कर तुम्हारे दर पर फेरे लगाता रहा। तब समझ में नहीं आया तुम्हें? तुम्हारी गाय को घसीटते हुए ले आऊँगा। छोड़नेवाला नहीं हूँ।'' कासिम के तेवर बदल गये थे। उसके शरीर से गोश्त की गन्ध उठ रही थी। उसने अचानक बाबुराब का हाथ पकड़ लिया। ''अगर गाय बेचनी नहीं थी तब बयाने की रकम क्यूँ ली? तुम्हारी वजह से मैं मुसीबत में आ गया हूँ? उसका हल निकालो।'' धीरे-धीरे उसका ग़ुस्सा बढ़ने लगा था। दोनों के बीच की बात तूल पकड़ने लगी। शोरगुल सुनकर कासिम की बूढ़ी माँ भीतर से चली आयी उसने चिल्लाकर कासिम से कहा,

"बखेड़ा मत करो कासिम, छोड़ दो उसे।" मौक़ा देखकर बाबुराव ने उसकी तरफ़ पाँच सौ का नोट बढ़ाया तो उसने आननफानन में उसे रख लिया। बाबुराव ने वहाँ से जल्द-से-जल्द निकलने में ही अपनी भलाई समझी। कासिम ने आव देखा न ताव अपनी फटी हुई चप्पल उसकी तरफ़ दे मारी। बाबुराव मुड़कर क्या देखता? 'जान छुटी लाखों पाया' सोचता हुआ वहाँ से चुपचाप भाग निकला।

लम्बे-लम्बे डग भरता हुआ वह तेज़ी से कसाईखाने से दूर जा रहा था। कसाईखाने की तरफ़ निकले ग्राहक उसे रोककर पूछने लगे, "क्या गोश्त ख़त्म हो चुका है?" वह भी "नहीं जी। है जाइए, खरीदिए।" कहता हुआ कन्नी काटते हुए निकल गया। अब कसाई के घर की तरफ़ से निकलने वाले आदमी से लोग बाग ऐसे ही सवाल करेंगे न! उसने अपने-आपको समझाया और तेज़ी से क़दम बढ़ाते हुए आगे बढ़ गया।

मुस्लिमों की बड़ी तादाद वाले बुरहानपुर में हिन्दू डरे-सहमे रहते हैं। लेकिन जाम्भुलगाँव में हिन्दुओं का राज चलता है। मुस्लिमों की संख्या कम होने से वहाँ पर कसाईखाना नहीं है। जाम्भुलगाँव के मुस्लिम गोश्त ख़रीदने बुरहानपुर जाते हैं। बुरहानपुर में मुस्लिम अधिक रहते हैं। इस वजह से यहाँ के मुसलमान गोमांस ख़रीदते हैं। जनसंख्या समाज की जीवनशैली को निर्धारित करती है। बहुसंख्यक समाज अल्पसंख्यक समुदाय को अपने अधीन रखता है। अवसर मिलते ही अपना वर्चस्व जमाने लगता है। दबाव बनाये रखना है तो अल्पसंख्यकों का निरन्तर शोषण ज़रूरी है! यह आँकड़ों का कम-ज़्यादा होना ही अन्याय का स्वरूप तय करता है। बाबुराव को हर हाल में बुरहानपुर से सुरक्षित बाहर पड़ना था। वह तेज़ी से अपने गन्तव्य की ओर बढ़ने लगा।

सहीसलामत जब बुरहानपुर की सीमा से बाहर आ गया, उसने बुरहानपुर की दिशा में मुँह करते हुए पेशाब की धार छोड़ दी। 'छूट गया' कहते हुए एक राहत की साँस ली और दुबारा गाँव की राह पकड़ ली। 'कसाई से आज गाय को बचा पाया' यह बात उसमें एक सन्तोष का भाव भर रही थी। 'क्या मैं भी कसाई बन गया था, जो गाय को बेचने चला? अच्छा हुआ जो महन्त मिल गये। उन्होंने पाप से बचा लिया! राम राम! बहुत उपकार हैं उनके।' उसने मन-ही-मन उन्हें हाथ जोड़े। चलते हुए उसे सड़क के किनारे बेर का पेड़ दिखाई दिया। पेड़ तनकर खड़ा था। उसे भय-सा लगा। उसने चलने की गति बढ़ा ली। ऐसे महसूस हुआ जैसे पेड़ पीछे-पीछे चला आ रहा हो। उसे श्रीमन्त की याद हो आयी। श्रीमन्त– उसका बड़ा भाई।

बुरहानपुर में उसका रिश्ता हुआ था। लेकिन दद्दा को कभी गृहस्थी का सुख नसीब नहीं हुआ। भाभी हर आठ दिन में लड़-झगड़कर मायके चली जाती। दद्दा बेजार हो चुके थे। एक बार ऐसे ही भाभी को मना-मुनाकर लाने के लिए वे बुरहानपुर गये थे। भाभी ने आने से इनकार कर दिया था। और फिर लौटते हुए दद्दा इसी पेड़ पर झूल गये थे। उनके चले जाने पर आयी थी भाभी! कैसे उन्होंने बँटवारा माँगा था और आधा खेत अपने नाम पर करवा लिया था! एक-दो वर्ष गाँव में अकेली रही। फिर सब कुछ बेच-बाचकर मायके चली गयी। बाद में उन्होंने अपना धर्म भी बदल लिया। म्लेच्छों के साथ रहने लगी थी। हर कोई कहता है कि वे कसाईखाने में रहती है। लेकिन बाबुराव को वह कहीं नज़र नहीं आयी थी। मुस्लिमों की बीवियाँ परदों में रहती हैं। कैसे दिखेगी? बाबुराव का मन भारी हो गया था। लगा पैर भी थक रहे हैं। गाँव नज़र आ रहा था।

जब दीना की मेंड़ पर पहुँचा, देखा कि मेंड़ पर भामा नहीं थी ना ही मेमने थे। लता भी चली गयी थी। मेंड़ पर उसे कविता दिखाई दी। वह तितली के पीछे दौड़ रही थी। ''तितली को मत पकड़ो। मर जायेगी।'' बाबुराव ने उसे डपटा तो वह रुक गयी। उसने कविता को ध्यान से देखा। लड़की दिखने में अच्छी है। सुरा के लिए अच्छा रहेगा यह रिश्ता। दोनों की जोड़ी ख़ूब जँचेगी। उसने फिर से कविता को निहारा। कोई दरजी नाप ले उस भाँति नज़र से ही वह कविता के शरीर को नापने लगा। उसने देखा कि दीना की बैलगाड़ी चली आ रही है। बैलों के गले में बँधी घुँघरुओं की माला खनक रही थी। आवाज़ सुनकर कविता दौड़ती हुई घर की तरफ़ चली गयी। बाबुराव पगडण्डी की ओर मुड़ गया। बाला मवेशियों को हाँकता चला आ रहा था। जानवरों का झुंड धूल उड़ाता चला आ रहा था। बाबुराव पगडंडी की एक ओर ठिठक गया। उस झुंड में उसकी गायें भी चरकर आ रही थीं। वे भरपेट और तृप्त नज़र आ रही थी। उनके थन उभरे हुए थे। बाबुराव को बड़ा सन्तोष हुआ। ''क्या यह लँगड़ी गाय दयाराम की है?'' बाबुराव ने दूर से ही बाला से पूछा। 'हाँ जी' कहते हुए बाला जानवरों को पुचकारने लगा। जानवरों के खुरों की आवाज़ से सड़क गमक गयी थी। काली गाय गाभिन थी। उसके पेट का उभार स्पष्टतया नज़र आ रहा था। काली गाय का मिलान दीना के बैल के साथ किया गया था। आधे गाँव में दीना के बैल के बछवे दुड़कते मिल जायेंगे। गोरु हनुमान के चौतरे के समीप पहुँचे। मठ से शाम की आरती के स्वर सुनाई दे रहे थे। 'अँधेरा घिरने से पहले घर पहुँच जाऊँगा।' बाबुराव ने चैन की साँस ली।

“क्या मालिक अपनी गाय बेच रहे हैं?” बाला ने पूछ ही लिया।

“नहीं सौदा रुकवा दिया मैंने।”

“अच्छा हुआ जी। मेरी चरवाही बच गयी।” बाला बुदबुदाया।

पिराजी का मूर्ति-काम ख़त्म हो चुका था। मूर्ति को खड़ा कर रख दिया गया था। मूर्ति को देखने भीड़ जुटने लगी थी।

जब बाबुराव काके के घर के सामने से गुज़रने लगा, उसके कानों पर काकी के रोने की आवाज़ आयी। वह भोकार मार-मारकर रो रही थी। काके के घर का कलह अब सामान्य बात हो गयी थी। यह रोज की ही किचकिच है! गलीवाले ऊब चुके थे। काके कहता, “यह खामखाँ मुझ पर सन्देह करती है। हम भजन-कीर्तन करते हैं, भगवान का अर्चन करते हैं।” शान्ति कहती, “अगर मेरे साथ कुछ हुआ तो तुम्हारे आँगन में जड़ जमाकर बैठ जाऊँगी।” काकी ग़ुस्से में आगबबूला होकर कहती, “वह मुँहझौंसी मेरी गृहस्थी डुबोने पर उतारू है। मैं चुप नहीं बैठनेवाली हूँ।” काके के बच्चे इतना-सा मुँह लेकर बैठे रहते। काका तमककर कहता, “नाहक मेरे ऊपर सन्देह करती हो। तुम्हारी मति मारी गयी है क्या? तुम इस खिचपिच से बाज नहीं आयीं तो किसी दिन उसे घर ले आऊँगा मैं।” काकी का तनबदन सुलग उठता, “हाँ, हाँ मैं भी देखूँ कैसे घर ले आओगे! उसके बेटे बड़े हो चुके हैं। तुम बाज आओ अपनी करनी से! वरना काट डालेंगे तुम्हें! हमारे बच्चे अभी छोटे हैं, उनका तो ध्यान रखो।” कइयों ने दोनों के बीच सुलह करनी चाही। लेकिन दोनों सुलगे हुए रहते। घर में पचड़ा शुरू होते ही काके मन्दिर चला जाता और हारमोनियम के सुर छेड़ देता। हारमोनियम की आवाज़ कान पर पड़ते ही शान्ति भागी-भागी मन्दिर में चली जाती। आज कल काका और काकी के बीच की तनातनी बढ़ गयी थी। कलह से ऊबकर काका घर से निकल जाता। काकी का करुण रुदन गली में देर तक सुनाई देता।

मदने मास्टर जी भी गली से गुज़र रहे थे। उनके कानों पर भी काकी का विलाप पड़ा। उन्होंने घर के भीतर झाँककर सुन-गुन ली। बच्चे इतना-सा मुँह लेकर गुमसुम बैठे थे। काके के बच्चों में से एक बच्चा उनका छात्र था। मदने मास्टर जी घर के भीतर गये।

“क्या हुआ काकी?” जैसे ही उन्होंने पूछा, काकी के सब्र का बाँध जैसे फूट पड़ा। वह भोंकार मारकर रो पड़ी और मदने मास्टर जी के गले में जाकर पड़ गयी। मदने मास्टर जी अकबका गये। किसी तरह से उन्होंने अपने-आपको छुड़ाया और

कुछ क़दम पीछे हट गये। काकी के आँसुओं के कुछ टघार उनके शरीर पर ढूल गये थे।

काकी ने कलपते हुए कहा, ''अब आप ही मेरी सुध लीजिए मदने मास्टर जी। मेरा घरवाला मन्दिर में गाता-बजाता है लेकिन क्या इतने भर से घर का गुजारा हो सकता है? वह निठल्ला है। शान्ति उसके लिए दो जुन रोटी का जुगाड़ कर लेती है। उसका पेट भर जाता है। लेकिन मेरे बच्चे कहाँ जायेंगे? वे भूखे-प्यासे बैठे हैं। घर में अनाज का दाना नहीं है। सारा गाँव उसे समझाकर थक गया। लेकिन बात उसके पल्ले पड़ती नहीं है।'' मदने मास्टर जी उसकी बातें ध्यान से सुन रहे थे। काकी का रोना रुक नहीं रहा था। रोते हुए ही उसने कहा, ''कैसे इस गृहस्थी को सहेजना होगा? मेरी अभी उम्र ही क्या है? मेरे गले के नीचे निवाला उतरता नहीं है; ना रात में नींद आती है। आप मेरे भाई जैसे हैं। पूरी दुनिया को सीख देते हैं। मेरे पति को समझाइये। नेता जी से कहिये। उनकी डाँट-डपट से शायद वे कुछ सँभल जाये! मेरी गृहस्थी डूबने से बच जायेगी। नेता जी आपकी बात टालेंगे नहीं।'' काकी की हिचकियाँ लगातार बँधी हुई थीं। मदने मास्टर जी ने जैसे-तैसे ख़ुद को छुड़ाया और घर के बाहर निकल गये।

घर के बाहर उन्हें पिराजी नज़र आया। वह रास्ते पर हाथ बाँधे खड़ा था। काके के घर के सामने उसे मदने मास्टर जी के जूते नज़र आये तो वह उनकी बाट जोहे बाहर ही खड़ा हो गया था। मदने मास्टर जी को देखकर उसने कहना शुरू किया, ''मेरा काम ख़त्म हो गया जी। सोच रहा हूँ, आज की रात रुककर कल सुबह घर चला जाऊँ।'' मदने मास्टर जी पिराजी के काम से ख़ुश थे। उन्होंने कहा, ''घर चलो पिराजी। भोजन करो। कल स्कूल चले आना। बिना मुझसे मिले मत जाना। समझे? मूर्ति एक बार मन्दिर के दरवाज़े से भीतर ठीकठाक पहुँच जाये फिर चले जाना। यह सब देखना होगा। जल्दबाज़ी मत करो। इतने दिन रुके हो। एकाध दिन और सही।'' मदने मास्टर जी उसे लेकर घर की तरफ़ चल दिये। रास्ते में उन्हें यशा, वशा और तुका नज़र आये। वे अपने-अपने बिछावन लिए हुए मठ में सोने जा रहे थे। ''क्यूँ पिराजी? हो गया मूर्ति का काम?'' तुका ने अकड़कर पिराजी से पूछा। ''जी मालिक! आज ही ख़त्म किया है। आप एक बार देख लेना जी!'' पिराजी ने झुक कर कहा। ''ठीक है। देखता हूँ।'' तुका ने दर्प से भरकर कहा।

महन्त की रातों की नींद उड़ चुकी थी। अब उन्हें मठ में अकेले सोने से डर लगने लगा था। मठ में भगवान है फिर भी उनके मन में किस बात का भय लगता है,

यशा के सामने यह बड़ा सवाल था। सुबह की आरती के पश्चात भी चारों मठ में सोये रहते। जब से उनका मुकाम मठ पर रहने लगा था, मठ के परिसर में इधर-उधर शराब की ख़ाली बोतलें पड़ी हुई नज़र आने लगी थीं। लोग दबी ज़ुबान में बातें करने लगे थे। महन्त ने कुछ भी कहने से इनकार करते हुए साफ़-साफ़ कह दिया, ''जिन्हें मठ के लिए भगति-भाव है, उनके लिए मठ के द्वार खुले हैं। जो नहीं आना चाहे न आए!'' फिर अपनी बात स्पष्ट करते हुए उन्होंने कहा, ''मैं मठ में अकेला रहता हूँ। मैंने कोई गृहस्थी तो नहीं जमाई हुई है। म्लेच्छ मुझ पर नाराज़ हैं, सो मुझे उनसे ख़तरा है। मैं गोशाला के लिए कार्य कर रहा हूँ। आप भी अपनी गायों को म्लेच्छों के हाथों में मत बेचिए। गोशाला में दें तो बेहतर होगा।'' महन्त ने भावुकता से कहा तो लोगों ने आसानी से विश्वास कर लिया। बात को वहीं पर विराम लग गया।

तीनों ने नदी को पार किया। पानी का छलछल नाद साफ़ सुनाई दे रहा था। यशा ने टॉर्च जलाकर उजाला किया–

''देखकर चलो रे भैया! साँप-बिच्छू-जीवजंतु का पूरा डर है।'' तुका ने चलते-चलते आरती के बोल छेड़ दिये।

''देखना, एक दिन यह तुका ज़रूर महन्त की जगह लेगा।'' वशा ने हँसते हुए कहा। उसका कहा तुका को गुदगुदा गया। वह भी पूरे मन से हँस पड़ा।

सभी साथ में भोजन कर रहे थे। महन्त ने कहा, ''बुरहानपुर का कसाई गाँव में आया था। मैंने उसे बहुत फटकारा। गाँव में घूम-घूमकर गायों का सौदा कर रहा है। उसे सबक सिखाना होगा। गाय के नाम पर म्लेच्छों को ख़त्म करो तो कुछ नहीं बिगड़ता है। बल्कि लोग अपने ही पक्ष में खड़े रहते हैं।'' महन्त अपनी बात रखने की पुरजोर कोशिश कर रहे थे। तुका हामी में गर्दन हिला रहा था।

''मुसलमान हमारे धर्म के विरोधी हैं।'' यशा ने कहा।

''धर्म की रक्षा के लिए मैं कुछ भी कर सकता हूँ।'' तुका ने तनकर कहा।

''कसाई पर नज़र बनाकर रखो। उसका आना-जाना लगा ही रहता है।'' महन्त ने कहा।

''बड़े मच्छर भिनभिनाते हैं जी यहाँ पर!'' वशा ने उकताकर कहा।

''एक बार नींद आ जाये फिर चाहे कितने ही मच्छर काटो कोई फ़र्क़ नहीं पड़ता है।'' यशा ने कहा।

''काके और शान्ति को लेकर आजकल बहुत बातें हो रही हैं।'' वशा ने कहा।

''यह उन दोनों का निजी मामला है।'' तुका ने कहा।

''निजी होगा। लेकिन खुलेआम मन्दिर में?'' वशा ने प्रश्न किया।

''उनके मन्दिर आने पर रोक लगाइए।'' यशा ने कहा।

''वे कोई महार तो नहीं हैं कि उन पर रोक लगाई जाये।'' तुका ने अपना बिस्तर डालते हुए कहा। उसके पड़ोस में ही वशा ने अपना बिस्तर डाल दिया। ''मेरा भी बिस्तर लगा देना।'' महन्त ने कहा तो वशा ने उनका बिस्तर लगा दिया। मन्दिर के गर्भ-गृह से चूहों की आवाज़ें आ रही थीं। ''बत्ती बुझा दो। मुँह पर उज़ाला आता है।'' तुका झल्लाया। वशा ने बत्ती बुझा दी। महन्त भी बिस्तर पर लेट गये। वशा मठ के खम्बे से टिका अपनी पीठ खुजला रहा था। ''इधर आओ मैं खुजला देता हूँ'' कहते हुए यशा ने वशा को पास बुलाया। और उसकी पीठ खुजलाने लगा। ''मैंने तुम्हारी पीठ खुजलाई है अब तुम मेरी पीठ दबा दो।'' यशा ने वशा से कहा। वशा यशा की पीठ दबाने लगा। कुछ ही समय में महन्त के खर्राटों की आवाज़ें गूँजने लगीं। चूहों की खटपट बढ़ने लगी थी।

''बिल्ली को ले आना होगा। चूहों ने नाक में दम कर दिया है।'' वशा ने भिन्नाकर कहा। वह यशा की पीठ दबा रहा था। यशा को बड़ा सुख हो रहा था, ''तनिक कमर की तरफ़। एक ही जगह पर नहीं। तनिक गर्दन की तरफ़। एड़ियाँ मत बिंधाओं। आहऽऽ सही जगह पकड़ी है।'' उसके निर्देश जारी थे।

कुछ ही समय में सभी नींद के अधीन हो गये। केवल जगते हुए चूहे ऊधम मचाते रहे।

इधर सारा गाँव जब नींद में डूबा था काकी जगी हुई थी। बच्चे गहरी नींद सो रहे थे। कीर्तन ख़त्म कर देर रात कभी तो काके घर आया। काकी ने दरवाज़ा खोला। घर में घुसते ही काके सीधे बच्चों के पास जाकर लेट गया। काकी भी चुपचाप अपने बिस्तर पर चली गयी। दोनों के बीच एक लम्बी चुप्पी पसरी रही। कुछ देर पश्चात काके ने पूछा–

''कुछ खाने को है?'' काकी ने कहा, ''भात बनाया था। परोस दूँ?'' काके उठ बैठा। काकी ने रसोई में जाकर थाली में भात परोसा और थाली काके के सामने रख दी। भीतर जाकर पानी का गिलास ले आयी। काके का खाना होने तक वह उसके सामने बैठी रही। काके ने खाना ख़त्म किया। पानी पीकर थाली परे कर दी और फिर से बिस्तर में घुस गया।

काकी उठी और उसके समीप जाकर बैठ गयी। उसने काके को हिलाया। वह उठा, काकी को एक नज़र भर देखा और पुनः लेट गया। काकी क्षोभ से भर उठी। उसने काके को झंझोड़ा, ''मुझसे बात करो। ऐसे कैसे सो सकते हो तुम?'' उसने झल्लाकर कहा। काके उठा और आँखें मूँदे उसके सामने बैठा रहा। काकी ने पानी का गिलास उठाया और काके के मुँह पर उड़ेल दिया। वह अकबका गया। ''कैसे इस गृहस्थी को चलाना होगा? तुम ही बताओ। आज मदने मास्टर जी चावल दे गये। तब जाकर घर में चूल्हा जला है।'' कहते हुए उसकी रुलाई फूट पड़ी। काके ने उसकी आँखें पोंछीं और कहा, ''अभी सो जाओ, कल देखते हैं।'' वह काकी के पास जाकर लेट गया। बहुत देर तक दोनों जगते रहे।

''कितने दिन हो गये तुमने पास नहीं लिया है।'' काकी ने उसके निकट जाकर कहा।

''मेरी इच्छा मर चुकी है।'' काके ने कहा।

''कपड़े उतारो। मैं देखती हूँ।''

''सच कह रहा हूँ।''

अकस्मात काकी उठी और उसने काके के कपड़े उतारना शुरू कर दिया। वह हँसने लगा। काकी तड़प उठी। काके ने वस्त्रों को उतारने नहीं दिया। काकी ने उसके पाजामे पर हाथ डाला। वह उठ बैठा। पाजामे के नाड़े की गाँठ खुल नहीं रही थी। वह चिल्लाई, ''उतारो पाजामा।'' काके ने पाजामा उतारा। नाराज़ होकर उसने कहा–

''तुम मानोगी नहीं।'' वह उसके शरीर पर चढ़ गयी। सोया हुआ बच्चा जग गया। आँखें मलते हुए वह उठ बैठा तो काकी बिफर गयी। ''चुपचाप उधर मुँह कर सो जाओ।'' उसने डपटकर बच्चे से कहा। बच्चा दीवार की तरफ़ मुँह कर सो गया।

''मेरा कुछ तो सोचो।'' काकी ने कहा।

''मैं क्या करूँ?'' काके ने कहा।

काकी हट गयी और अपने बिस्तर पर जाकर लेट गयी। काके ने पाजामा ऊपर कर लिया। ''तुम्हारा घर में सोना न सोना सब बराबर है। कहीं पर भी सोओ क्या फ़र्क़ पड़ता है?'' काकी ने बिफरकर कहा। उसकी आवाज़ में तिरस्कार और दुःख था। काके ने कुछ नहीं कहा। दीवार की तरफ़ मुँह कर सो गया। थोड़ी ही देर में उसके खर्राटे गूँजने लगे। कुछ देर में काकी भी गहरी नींद के अधीन हो गयी।

प्रति दिन की भाँति अलस्सुबह जब मुर्गे ने बाँग दी, काके उठ गया और सुबह की आरती के लिए तैयार होने लगा। काकी अभी भी गहरी नींद में खर्राटे भर रही थी। काके ने दरवाज़ा बाहर से भेड़ लिया और मन्दिर के लिए निकल गया। रास्ते निर्जन थे। केरा महारनी गाँव की सड़कों को बुहार रही थी। झाड़ू की आवाज़ के साथ-साथ धूल उड़ रही थी। काके को देखा तो केरा ने हाथ की बुहारी एक तरफ़ कर दी और वह रुक गयी। काके रास्ता काटकर आगे निकल गया।

जब वह बालाजी मन्दिर पहुँचा तब मन्दिर का प्रांगण स्तब्ध-शान्त था। बेल के पेड़ पर परिन्दों की चहचहाट परिसर की स्तब्धता को भंग कर रही थी। पेड़ से पत्ते नीचे झर रहे थे। काके ने घंटा बजाया। भोर की नीरवता को भेदती हुई घंटे की आवाज़ गाँव में पहुँची। एक-एक कर लोग आरती के लिए मन्दिर में इकट्ठा होने लगे। शान्ति भी चली आयी। उसके बालों में गजरा टँगा हुआ था। काके ने कनखियों से गजरे की तरफ़ देखा।

मठ का प्रांगण आरती के बोल से गूँज उठा। महन्त की बुलन्द आवाज़ दूर तक सुनाई दे रही थी।

आरती के पश्चात यशा, वशा, तुका घर की तरफ़ निकल गये। महन्त बगीचे में टहलने लगे। पेड़ों पर भाँति-भाँति के फूल खिले हुए थे। महन्त हर पेड़-पौधे के पास रुककर फूलों को निहारते रहे। ताज़ी कलियों को देखकर उनका मन पुलकित हो रहा था। सूरज की किरणें चारों ओर छितरने लगी थीं। उन किरणों में ओस की बूँदें चमक उठीं। गंगू ने मन्दिर के प्रांगण में रंगोली चितारी थी, जिससे प्रांगण बड़ा ख़ूबसूरत दिखाई दे रहा था। वह हौज के समीप बैठकर महन्त के कपड़े धो रही थी। गबरू झारी से पेड़ों को पानी पिला रहा था। महन्त जाकर मठ की सीढ़ियों पर बैठ गये। यह उनकी प्रति दिन की आदत में शुमार था। तराई की दिशा से आती चरवाहों के हाँकारों से परिवेश गमक उठा था।

सीढ़ियों पर से उन्हें बाबुराव और सुरा आते हुए दिखाई दिये। जब वे समीप पहुँचे तब उन्होंने देखा कि बाबुराव के हाथ में स्टैम्प-पेपर था। दोनों ने महन्त को प्रणाम किया। कोरे स्टैम्प-पेपर को महन्त के हाथ में थमाते हुए बाबुराव ने कहा, ''लीजिए महन्त। कोरा है काग़ज़। मैंने कुछ लिखा नहीं। खाली हस्ताक्षर कर दिये हैं। अब आप ही लिख लीजिये जो लिखना है।'' महन्त ने भी जैसे उदारता दिखाई। विनम्रता से कहा, ''अरे भई, मैं भी क्या लिखूँगा? रिहन चुकाते ही यह काग़ज़ ले जाना। मैं कोई साहूकार थोड़े ही हूँ! बस तुम्हारी गाय को कसाई के हाथों

से बचा रहा हूँ। ब्याज-बट्टे का काम ईश्वर मुझसे ना करवाएँ। राम राम! बस, गऊमाता के प्राण बच जायें!''

''आपने मदद की बात की तो मैं जाकर कसाई से मिल आया। बयाने की रकम वापिस लौटा दी है जी।'' बाबुराव ने सन्तोष से भरकर कहा।

''क्या कहा कसाई ने?''

''बुरी तरह से उखड़ गया था। बस, जान ही बची समझिए।''

''घमंड तोड़ना होगा उसका।'' महन्त क्षुब्ध हो गये।

''वह एक बार दिख जाये, उसकी ऐसी दुर्गत करता हूँ।'' सुरा की भुजाएँ फड़कने लगीं।

''मैंने तुका, यशा और वशा से भी बात की है। तुम सब मिलकर उसे ऐसा सबक सिखाओ कि गौमाता की हत्या हमेशा के लिए बन्द हो जाये।'' महन्त ने कहा।

''मैं उसी अवसर की बाट देख रहा हूँ। मेरी पूरी नज़र है उस पर।'' सुरा ने कहा।

''और यह बुरहानपुर नाम भी बदलना होगा। ब्रह्मपुर करना होगा। म्लेच्छों की बू आती है!'' महन्त बुदबुदाये। फिर बाबुराव से स्टैम्प-पेपर लेकर उन्होंने उसे रुपयों की थैली थमा दी, ''मैंने गिने हैं। तुम भी गिन लो।'' महन्त ने ज़ोर देकर कहा। ''आपने गिने हैं तो ठीक ही होंगे महन्त। आप भला कम क्यूँ देने लगे? कम होंगे तो भी माँग लूँगा जी।'' बाबुराव ने हाथ जोड़ते हुए थैली ले ली।

दोनों पिता-पुत्र घर की राह चल पड़े। उनकी गरज पूरी हो गयी थी। आज वे महन्त के उपकार के नीचे दब गये थे।

''सुनो सुरा, रुपये मिल गये हैं। लेकिन हमें देखकर ख़र्चा करना होगा। बचाकर रखना होगा।'' बाबुराव ने सुरा से कहा। लेकिन सुरा का ध्यान नहीं था। उसके मगज़ में कसाई ने घर किया हुआ था। वह कासिम के बारे में ही सोच रहा था। बाबुराव रुपये पाकर उछाह से भर गया था। जोड़-घट लगाता हुआ वह रुपयों की चिन्ता में डूब रहा था।

दोनों नदी की धार में उतर गये। उन्हें दयाराम नज़र आया। वह पानी का घड़ा भरकर ले जा रहा था। दयाराम को देखकर बाबुराव सोचने लगा, 'दयाराम की पाँच-पाँच बेटियाँ हैं। कैसे इसका निबाह होगा? कैसे वह अपनी बेटियों को ब्याहेगा? खेती में उपज नहीं है। किस तरह से गृहस्थी का बोझ उठाता होगा?'

बाबुराव दयाराम की ग़रीबी को लेकर पसीज गया। उसकी अपनी दो बेटियाँ थीं। बड़ी का ब्याह हो गया था। छुटकी के ब्याह के वास्ते करज उठाया हुआ था। 'अब बेटे के ब्याह में दहेज़ आयेगा तो उससे करज चुका देंगे।' बाबुराव विचारों में मगन क़दम बढ़ा रहा था। सुरा उसके पीछे-पीछे चल रहा था। महन्त ने समय पर गरज पूरी कर दी थी। दोनों चौपाल के पास आये।

लड़कियाँ यूनिफ़ार्म पहने पीठ पर बस्ते डाले स्कूल जा रही थी। स्कूल का समय हो गया था। सभी तेज़ी से स्कूल की दिशा में बढ़ रहे थे। लड़के एक-दूजे के साथ मसखरी करते हुए चल रहे थे। बाबुराव स्कूल जाते बच्चों को देख रहा था। दयाराम की शीला, डिप्टी सरपंच की तनुजा स्कूल जा रही थी। बाबुराव को दीना की बेटी कविता की याद हो आयी। कल मेंड़ पर दिखी थी कविता। सुरा और उसका जोड़ा अच्छा जँचेगा। दीना से हाथ माँगना होगा कविता का। लेकिन क्या दीना राजी होगा? अपने घर-परिवार के लायक है लड़की। हाथ में पैसे आने से बाबुराव का दिमाग़ उछाल मार रहा था। सुरा के दिमाग़ में कसाई के अलावा कुछ नहीं था।

शीला और तनुजा स्कूल गयी थी। लेकिन आज कविता उनके साथ नहीं थी। आज उसने स्कूल से नागा किया था। दसवीं का वर्ष था। बच्चे पढ़ाई को लेकर गम्भीर हो गये थे। स्कूल का रिजल्ट अच्छा आये इस हेतु नियमित क्लास से अधिक क्लास लगने लगे थे। अच्छे अंक से उत्तीर्ण होने की होड़ में सभी जुटे हुए थे। कोई मन लगाकर पढ़ाई कर रहा था। कोई ईश्वर की पूजा-अर्चा कर उसे खुश करने में लगा हुआ था।

इधर कविता आज स्कूल न जाकर मठ में गयी थी। घर से वह स्कूल के नाम पर ही निकली थी। महन्त ने उसे देखा तो चौंक गये। वे लपककर आगे बढ़े। उन्होंने कविता का हाथ पकड़ा और उसे अपने पास बिठा लिया। कविता चुपचाप नीचे बैठ गयी।

"स्कूल नहीं गयी तुम?" महन्त ने पूछा।

"नहीं।" कविता ने धीमी आवाज़ में कहा।

"स्कूल का नागा किसलिए किया?"

"मुझे ईश्वर से मिलना है।"

"उसके लिए साधना करनी पड़ती है।"

"ईश्वर कहाँ पर है?"

“सब जगह है।”

“मुझे ईश्वर अच्छा लगता है।”

“मैं ईश्वर का आदमी हूँ।”

“क्या ईश्वर आपसे बात करते हैं?”

“हाँ, बात करते हैं -मिलते हैं।”

“मुझसे कब बात करेंगे ईश्वर?”

“तुम मुझसे बात करो। ईश्वर मेरे शरीर में हैं।”

“मुझे दिखाइए न!”

“तुम्हें देखना है?”

“हाँ! इसलिए तो स्कूल न जाकर इधर आयी हूँ। ईश्वर से मिलकर स्कूल जाऊँगी।”

“आज दिनभर यही पर रुको।”

“ईश्वर से मिलकर ही जाऊँगी।”

“मेरे शरीर का ईश्वर तुम्हारे शरीर में आयेगा।” कहते हुए महन्त ने उसके गालों पर चिकोटी काटी। “मेरे गाल दुखते हैं। कल भी आपने ऐसा ही किया था।” कविता ने नाराज़गी से कहा।

महन्त ने उसे अपने निकट खींचा। उसे गुदगुदी की। वह हँसने लगी। महन्त ने उसकी जाँघ पर हाथ रखा। उन्हें धानी की याद हो आयी। उन्होंने पूछा, “कैसा लग रहा है?”

“अच्छा लग रहा है।”

महन्त ने उसे अपने से जकड़ लिया। इस बार वह चिल्ला उठी, “छोड़िये मुझे, छोड़िये!” महन्त ने हँसते हुए पूछा, “क्यों, क्या हुआ?”

कविता ने कोई जवाब नहीं दिया। महन्त ने दुबारा उसे समीप खींचा और उसके ललाट पर चुम्बन जड़ दिया। फिर वे उसके होंठों को चूमने लगे। कविता कसमसाई। उसने ख़ुद को छुड़ा लिया और दूर खिसककर बैठ गयी। “ऐसा कोई करता है क्या?” उसने शिकायत भरे स्वर में कहा और बस्ता लिए वह उठ खड़ी हुई। महन्त ने उसे रोका। फिर खिसियाने स्वर में कहा, “किसी से कहना मत।” वह कुछ नहीं बोली और मठ से निकल गयी। महन्त उसे जाते हुए देखते रहे।

कविता तराई से नीचे उतरकर रेतीले विस्तार पर चलती रही। नदी को पार करते हुए वह सीधे घर की तरफ़ मुड़ गयी। स्कूल जाने का विचार उसने तज दिया था।

आज उसे बस्ते का बोझ लगने लगा था। घर पहुँचने पर क्या कहूँगी? उसने माँ से सुना था कि गाय के पेट में तैंतीस करोड़ देवता वास करते हैं। परीक्षा के लिए जाने से पूर्व वह गाय को प्रणाम करती है। वह हनुमान के चौतरे के समीप पहुँची। चौतरे पर उसे हनुमान की मूर्ति दिखाई दी। हनुमान की छाती में भी राम-लक्ष्मण-सीता थे। बाबा ने उसे हनुमान की कथा सुनाई थी। क्या महन्त के शरीर में भी देवता है? उन्होंने मुझे चूमा। उनके मुँह से बदबू आ रही थी। उसे महन्त के होंठों का स्पर्श याद आया। शायद देवता ने चुम्बन के मार्फ़त देह में प्रवेश किया हो! क्या मैंने मना कर कोई ग़लती की? वह पगडण्डी से घर की तरफ़ चल रही थी। पगडण्डी पर उसे नाल पड़ी हुई दिखी। उसने उठाकर पास रख ली। नाल रखने से घर में भूत नहीं आते हैं। पगडण्डी से वह मेंड़ पर चढ़ गयी। खेत में ट्रैक्टर चल रहा था वह घर की तरफ़ बढ़ गयी। दीना मेंड़ पर खड़ा था। उसने साँवलाराम का ट्रैक्टर किराये से लिया था। खेत में जुताई चल रही थी। कविता के घर में घुसते ही लता ने पूछा, "क्या हुआ री? क्यूँ चली आयी?" "पेट में दर्द है।" कहते हुए वह भीतर के कमरे में चली गयी। लता रसोई में व्यस्त थी। दूर ट्रैक्टर की आवाज़ सुनाई दे रही थी।

दिलीप ट्रैक्टर से खेत जोत रहा था। दीना मेंड़ पर खड़े होकर जुताई देख रहा था। मशीन की ताक़त देखकर वह हैरान था।

तभी दीना को कासिम दिखाई दिया। वह लँगड़ी गाय को खींचकर ला रहा था। उसका साथीदार गाय को पनेठी से आगे धकेल रहा था। गाय आनाकानी कर रही थी। दीना ने कासिम को टोका, "क्या दयाराम की गाय है?" कासिम ने जवाब दिया, "हाँ, दयाराम की है।" गाय जगह पर ही अड़ी हुई खड़ी थी। कासिम उसे खींचे जा रहा था तभी अकस्मात एक शोरगुल उठा। फ़सल से अचानक सुरा दौड़ता हुआ आया। उसके पीछे-पीछे तुका भागता हुआ नज़र आया। सुरा ने आते ही कासिम के गाल पर थप्पड़ रसीद दिया। कासिम ने भी आव देखा न ताव सुरा पर लात ज़मा दी। सुरा लड़खड़ाकर नीचे गिर गया। तुका शीघ्रता से आगे बढ़ा और उसने कासिम को दबोच लिया। तब तक सुरा सँभल गया और उठ खड़ा हुआ। उसने कासिम के पैर पकड़ लिए और उसे खींचने लगा। तभी यशा और वशा भी हाथ में लठ लिए दौड़े चले आये। चारों ने कासिम को घेर लिया। दीना ने देखा तो वह हतप्रभ हो गया। "क्या कर रहे हो? मत मारो उसे। मर जायेगा।" वह चिल्लाया। किसी ने दीना की तरफ़ ध्यान नहीं दिया। अब तक कासिम का साथीदार

बुरहानपुर की दिशा में भाग खड़ा हुआ था। चारों ने कासिम को नीचे गिरा दिया और उस पर टूट पड़े। दिलीप ने ट्रैक्टर रोक दिया था। वह जुताई छोड़ चुपचाप वहाँ से नौ-दो-ग्यारह हो गया। दिलीप को निकलता हुआ देखकर दीना भी अकबका गया। तभी सुरा ने पास पड़ा पत्थर उठाया और कासिम के सिर पर दे मारा। ख़ून के फौवारे उठे। तुका ने उसी पत्थर को उठाया और कासिम की छाती पर ज़ोरदार प्रहार किया। यशा और वशा उसके शरीर पर लाठियाँ बरसाने लगे। दीना सकते में आ गया। जैसे-तैसे उसने अपने-आप को सँभाला और घर की तरफ़ भाग खड़ा हुआ। लठ की आवाज़ें उसका पीछा कर रही थी। चारों के सिर पर सवार ख़ून उसका पीछा करता रहा। जोते हुए खेत से उससे भागा नहीं जा रहा था। गिरते-सँभलते वह बड़ी मुश्किल से आगे बढ़ पा रहा था।

बुरहानपुर के मुसलमान चुप नहीं बैठेंगे। वे ज़रूर आयेंगे। घर पर हमला हो सकता है। पुलिस आयेगी। सौ सवाल करेगी। गवाही देनी होगी। पंचनामा होने तक लाश ऐसे ही पड़ी रहेगी। दीना लगातार सोच रहा था। यहाँ पर रहने में ख़तरा है। यहाँ से भागना होगा। वह घर की दिशा में दौड़ने लगा। उसकी साँस फूल रही थी। जैसे-तैसे घर पहुँचा।

घर पहुँचते ही उसने लता से बात की। हड़बड़ाहट से घर पर ताला लगाया। मवेशी आँगन में ही बँधे थे। पत्नी और बेटी को लिए वह तेज़ी से गाँव की दिशा में बढ़ गया। पगडण्डी पर चलते हुए उसके हाथ-पाँव थरथरा रहे थे। लाठियों से पीट-पीटकर मारने के पश्चात कुछ क्षण तक लाश में हलचल उभरी थी! उन चारों की आँखों में उभरी दरिन्दगी और उनका वह क्रूर हिंसक रूप उसे याद आने लगा। स्कूल जाकर उसने दोनों बच्चों को साथ में लिया और सभी को साथ में लिए हुए वह सयाजी के घर की तरफ़ चलने लगा। हनुमान के चौतरे पर गदाधारी हनुमान खड़े थे। लता ने मूर्ति के सामने हाथ जोड़े। बच्चों ने भी उसकी देखादेखी अपने हाथ जोड़ लिये। लेकिन दीना बुरी तरह से घबड़ा गया था। उसे कुछ सूझ नहीं रहा था।

पत्नी और बच्चों के साथ दीना को यूँ अपने आँगन में देखकर सयाजी को बड़ी ख़ुशी हुई। उसने तुरन्त आँगन में खड़ी की हुई खाट को बिछा दिया। दोनों खाट पर बैठ गये। लता बच्चों के साथ भीतर चली गयी। कुछ देर तक दीना इधर-उधर की बाते करने लगा। कासिम की हत्या को लेकर वह चुप ही था।

‘‘हनुमान की मूर्ति बनकर खड़ी हो गयी है।’’ दीना ने कहा।

“हनुमान-जयन्ती के दिन मूर्ति की प्रतिष्ठापना हो जायेगी।” सयाजी ने कहा।

“नेता जी आयेंगे।”

“चुनाव नज़दीक आनेवाले हैं। आना ही होगा उनको। चार वर्षों से मुँह दिखाया नहीं हैं। मुम्बई में जड़ जमायें बैठे हैं। अब देखना, बराबर दर्शन होंगे।” सयाजी ने उपहास से कहा।

“नेता जी का दुबारा चुनकर आना पक्का है।”

“हाँ भई! कौन उनके सामने खड़ा हो सकता है? उनकी अठारह पीढ़ियों ने राज जो किया है। उन्हें पटखनी देना आसान है क्या?” सयाजी ने कहा।

“अंग्रेज चले गये लेकिन हवेली की सत्ता नहीं गयी।” दीना ने गहरी साँस लेकर कहा।

“अँग्रेजों की सत्ता थी ही कहाँ? हवेली की सत्ता ही चलती आ रही है यहाँ पर!” सयाजी ने तिलमिलाकर कहा।

“सच कहे रहे हो तुम। हमारी मेंड़ों तक कसाई चले आता है। साहूकार आते हैं। करज के बोझ से हम कभी मुक्त नहीं हुए।” दीना की आवाज़ में पीड़ा थी।

“सरकार को चाहिए कि वह किसानों को करज से मुक्ति दे। सभी लूटने पर आमादा हैं उसे!” सयाजी ने हाँ में हाँ मिलाते हुए कहा।

दुर्गा हाथ में भुनी हुई मूँगफलियों की तश्तरी लिए हुए चली आयी। तश्तरी सयाजी के हाथ में देते हुए उसने दीना से पूछा, “कैसे ख़त्म किया कसाई को? क्या आप वहीं पर थे दीना भइया?”

“किसने बताया तुम्हें?” सयाजी ने चौंककर पूछा।

“लता कह रही थी।” दुर्गा ने कहा।

“तुम अपना मुँह बन्द रखो। भीतर जाओ।” सयाजी ने दुर्गा से डपटकर कहा। वह भीतर चली गयी।

“हाँ, मेरी मेंड़ पर मारा गया कासिम कसाई! इसीलिए चला आया हूँ मैं। नाहक झमेला कौन मोल ले!’ दीना ने धीमे से कहा।

“क्या कह रहे हो दीना? यह सच है ?” सयाजी सहम गया।

“हाँ। दयाराम की गाय लिए हुए जा रहा था कासिम कसाई। मेरे खेत की मेंड़ पर ही रोका गया उसे। सुरा, यशा, वशा और तुका ने घेर लिया उसे। देखते-ही-देखते ख़त्म कर दिया!” दीना काँप रहा था।

“क्या कह रहे हो? ख़त्म कर दिया?” सयाजी लगभग चिल्ला उठा।

“हाँ, ख़त्म कर दिया। लेकिन मैं बहुत देर तक नहीं रुका वहाँ पर। भाग निकला।” दीना ने कहा।

“ऐसे मत कहो। आफत में आ सकते हो तुम।” सयाजी डर गया था।

“इसीलिए केवल तुमसे ही कहा है।”

“आज नहीं तो कल वे पक्का तुम्हारे पास आयेंगे। तुम्हें धमकाया जायेगा। तुम्हारी जान को ज़ोखिम हो सकता है। तुम गवाह थे उस घटना के। अच्छा हुआ तुम इधर चले आये। अपना मुँह बन्द ही रखो दीना।” सयाजी गम्भीर हो गया था।

“मैं अगर किसी आफत में फँसता हूँ तो तुम्हें तो सब पता होना चाहिए।” दीना ने कहा।

दुर्गा दोनों के लिए चाय बनाकर ले आयी। उसका चेहरा बुझा हुआ था। सयाजी और दीना सहमे हुए थे। लेकिन वैसा प्रकट नहीं कर रहे थे। सयाजी दीना को ढाढ़स बँधा रहा था। “वे सभी लफ़ंगे हैं। तुम सावचेत रहो इसलिए कह रहा हूँ दीना। मैं तुम्हें डरा नहीं रहा हूँ, लेकिन ध्यान रखना कि उनके सिर पर महन्त का हाथ है। वे हर दिन मठ में सोने जाते हैं।”

“महन्त मुझे भी तो जानते हैं। वे मेरे घर पर भी आ चुके हैं। अच्छा हुआ तुमने यह बात बता दी। मुझे मालूम नहीं थी यह बात।” महन्त का ज़िक्र सुनकर दीना को कुछ तसल्ली-सी हुई।

“फ़िलहाल तो यही अच्छा है कि तुम शान्त रहो। अपने मुँह से कुछ न कहो। और किसी से मिलने की भी ज़रूरत नहीं है।” सयाजी ने दीना को सतर्क करते हुए कहा। दीना के मन का बोझ कुछ हल्का हो चला था।

“म्लेच्छ आयेंगे।”

“पक्का आयेंगे।”

“बदला लेंगे वे लोग।”

“सौ प्रतिशत!”

“भले ही कासिम की कुछ ग़लती ना हो फिर भी हमें अपने लोगों का ही पक्ष लेना होगा। चूँकि हमें लोगों के साथ रहना है!” दीना ने विषाद से कहा।

“कुछ भी हो आख़िर हैं तो हमारे ही लोग! भले ही गुंडे मवाली हों। और कसाई मुसलमान हैं। मुस्लिमों का साथ कैसे दे सकते हैं? मुस्लिमों के ख़िलाफ़ जाना ही होगा। उन्होंने ही इस देश के दो टुकड़े किये। हमें यह भूलना न होगा।”

“देश के टुकड़े करनेवाले मुसलमान पाकिस्तान चले गये हैं सयाजी। ये भारतीय मुसलमान हैं। इस देश को छोड़कर जानेवाले मुसलमान नहीं हैं। कितनी बेरहमी से उन्होंने कसाई को मार डाला। मैं चिल्लाया था। मेरे हाथ में अगर बन्दूक होती तो मैं ज़रूर बीच में पड़ता। कासिम की क्या गलती थी? हम अपनी मर्ज़ी से उसे अपनी गायें बेचते थे।”

“गुनहगार के ख़िलाफ़ खड़ा होना चाहिए, तुम्हारी इस बात से सहमत हूँ मैं दीना। लेकिन बात जब हिन्दू-मुसलमान की हो तब हमें हिन्दुओं के ही पक्ष में खड़ा होना होगा। भले ही झूठ का पक्ष लेना पड़े।”

“मेरे मन को यह बात जँचती नहीं है।”

“मन को किनारे कर दो। हमें मन में नहीं लोगों के बीच जीना है।”

“दीपा को मार डाला। धानी को मार डाला। कसाई को मार डाला। अब आगे कौन?”

“तुम दुनिया की मत सोचो। अपनी चिन्ता करो। गुनहगारों को सज़ा देने-दिलवाने की ख़ातिर कोर्ट-कचहरी है। वह देख लेगी। यह अपना काम नहीं है।”

“इसीलिए तो तुम्हारे पास चला आया हूँ।”

“अच्छा किया। ईश्वर ने सद्‌बुद्धि दी तुम्हें।”

दुर्गा बाहर आयी, “हाथ-मुँह धो लीजिए। खाना तैयार है। खा लीजिए।” उसने कहा तो दोनों खाट पर से उठे और नहानघर ही तरफ़ बढ़ गये। दोनों ने हाथ-मुँह धोये। गमछे से हाथ पोंछकर जब वे घर के भीतर बढ़ने लगे उन्हें बाबुराव आता हुआ दिखाई दिया। बाबुराव को यूँ अकस्मात देखकर सयाजी सकपका गया। दीना घबड़ा गया। कोई भूत आकर खड़ा हो जाये उस तरह से बाबुराव नज़दीक आकर रुक गया।

“सुना है कि तुम मेंड़ पर खड़े थे।” बाबुराव ने आते ही सवाल दाग दिया।

“मैं सुबह से यही पर हूँ।” दीना ने सँभलते हुए कहा।

“फिर कौन था मेंड़ पर?” बाबुराव की आवाज़ में तल्खी थी।

“मुझे नहीं पता।” दीना ने कहा।

“तुम थे वहाँ पर। झूठ मत बोलो। सुरा ने बताया है मुझे। सच-सच बताओ!”

“कोई और होगा!” दीना अब तक सँभल चुका था।

“सुरा ही नहीं, तुका और यशा ने भी देखा था तुम्हें।” बाबुराव उखड़ गया था।

‘‘कोई और होगा। मेरी तरह दिखाई देता हुआ।’’ दीना ने कठोरता से कहा।

दुर्गा फिर कर वापिस बाहर आयी। ‘‘खाना परोस दिया है। ठंडा हो रहा है।’’ उसने कहा।

‘‘चलिए आप भी। भोजन तैयार है।’’ सयाजी ने बाबुराव से कहा।

‘‘नहीं। मेरा खाना हो चुका है। आप खाइए।’’ कहते हुए बाबुराव लौट गया। वह बड़ा निराश था। सयाजी और महन्त के बीच में बनती नहीं है। दीना अगर सयाजी की बातों में आ गया तो आफ़त खड़ी हो सकती है। बाबुराव सोच में डूबा था। महन्त से ली हुई आधी रकम उठ गयी थी। आधी रकम लेकर सुरा फरार हो गया था। अब बेटी का ब्याह समय पर होने से रहा। बाबुराव की चिन्ता बढ़ गयी थी। ऊपर से बुरहानपुर के मुस्लिमों का डर भी उसे खाये जा रहा था।

भंडारकवठा से पुलिस आयी। पंचनामा हुआ। लाश को पोस्टमार्टम के लिए गंगाखेड़ भेज दिया गया। बुरहानपुर से कई मुस्लिम चले आये। गाँव की मस्जिद में उनकी बैठकों का दौर शुरू हो गया। महन्त तनाव में थे। बाबुराव सकते में था। नाहक ही महन्त की बातों में आ गया मैं। इससे तो अच्छा था कि कासिम को गाय बेच दी होती। महन्त का सुना इसलिए कासिम मारा गया। बेटा भाग गया। अब बेटी के ब्याह में मुश्किलें खड़ी हो जायेगी। करज की सारी रकम भी ख़त्म हो गयी। गाँव का माहौल बिगड़ा हुआ है। ये महन्त चाहते ही थे कि गाँव में तनाव बढ़े। उनके हिसाब से यह तनाव ही हिन्दुत्व को उजलापन देगा! बाबुराव पुलिस की कार्रवाई की आशंका से और भी सहमा हुआ था। कसाई मारा गया। लेकिन इससे मुझे क्या लाभ मिला? वह लाभ-हानि की जोड़तोड़ में लग गया।

दो दिन घर में ही बैठा रहा। पुलिस आयेगी। दंगाई चले आयेंगे। उनसे कैसे निपटना होगा? पुलिस के सवालों का क्या जवाब देना होगा? दंगाइयों के हमले से बचकर कहाँ छुपना होगा? बाबुराव को कुछ सूझ नहीं रहा था। तभी काके चला आया। उसके क़दमों की आहट से बाबुराव चौंक गया। बाबुराव कुछ कहे इससे पूर्व काके शुरू हो गया–

‘‘बाबुराव, आप धन्य हैं! आपने एक महान पुत्र को जनम दिया है। उसने हिन्दू धर्म की रक्षा की है। हमें उस पर गौरव है।’’ काके उत्साह से भरा हुआ था। बाबुराव झल्ला गया, ‘‘मेरे बेटे ने किसी धर्म-वरम की रक्षा नहीं की है। वह बहन के घर गया हुआ है। कसाई किसी जानवर के हाथों मारा गया। हमें धर्म से क्या लेना-देना?

यहाँ पर दो जून रोटी की मारामार है। तुम्हें धर्म की बहुत चिन्ता है तो जाओ, मस्जिद में जाओ। वहाँ पर मुसलमानो की बैठक शुरू है।'' बाबुराव ग़ुस्से से तमतमा उठा। काके अपना-सा मुँह लेकर रह गया। बाबुराव आपे से बाहर हो रहा था। ''मस्जिद में नहीं जाना चाहते हो तो घर का रास्ता नापो। तुम्हारे बीवी-बच्चे भूखे मर रहे हैं। जाकर पहले उनकी रक्षा करो। वे भी हिन्दू ही हैं!'' बाबुराव को काके की उपस्थिति असह्य हो रही थी। उसने बड़ा-सा तंज़ कसा और उसे चलता कर दिया।

काके अपमानित-सा निकल गया। बाबुराव ने उसके बीवी-बच्चों का ज़िक्र किया था। इससे वह उद्विग्न हो गया। फिर घर पहुँचकर जो देखा उससे उसका मन और भी ख़राब हो गया। बच्चे स्कूल की बजाय घर पर ही थे। छुटका भूख के मारे बिसूर रहा था। बड़ा इतना-सा मुँह लेकर कोने में बैठा था। घर में आज चूल्हा नहीं जला था। काकी घर पर नहीं थी। काके जैसे मन भर बोझ तले दब गया। भीतर से जैसे उसके कुछ फूट पड़ा। 'सारा समय मन्दिर के पीछे व्यस्त रहा। पूरा जीवन भजन-कीर्तन में लगा दिया। फिर भी ईश्वर ने बरकत नहीं दी। बच्चे भूखे-प्यासे बैठे हैं। नहीं, नहीं...अब कुछ कामधाम देखना होगा। भजन-भगति के पीछे पूरी गृहस्थी चौपट हो गयी। अब शान्ति के पीछे डोलना बन्द करना होगा। कभी घर की तरफ़ ध्यान नहीं दिया। यह ठीक नहीं है।' काके सोच में डूब गया। उसे अपना जीवन भार लगने लगा।

घर में फाका होने से काकी काके को ही ढूँढ़ने गयी थी। जब उसे मन्दिर में नहीं पाया तो वह झल्ला उठी। जली-भुनी हुई वह सीधे शान्ति के घर जा धमकी। शान्ति घर पर नहीं थी। उसका पति महादेव शिम्पी बैठा हुआ था। काकी सुलगी हुई थी ही; उसने वहीं पर खड़े-खड़े बखेड़ा शुरू कर दिया। ''तुम्हारी घरवाली ने मेरे पति को बावला बनाकर रख दिया है। उसे सँभालो महादेव।'' वह महादेव पर बरस पड़ी। फिर शान्ति के लिए उसके मुँह से गालियों की बौछार होने लगी। महादेव शिम्पी ने ठंडी आवाज़ में पलटवार करते हुए कहा, ''तुम अपने खसम को सँभालो। मेरी घरवाली के बारे में बात करने की ज़रूरत नहीं है। मेरा भरोसा है उस पर।'' काकी के तन-बदन में जैसे आग लग गयी। वह आपे से बाहर हो गयी। काकी ने घर आकर तमाशा खड़ा कर दिया है, यह पता चलते ही शान्ति का बेटा सोमनाथ भागता हुआ घर आया। काकी ने पूरी गली को सिर पर लिया हुआ था।

वह लगातार गालियाँ दे रही थी। सोमनाथ ग़ुस्से से भरा हुआ था ही, उसने आव देखा न ताव काकी को एक तरफ़ घसीटा और उसे दनादन पीटने लगा। काकी चिल्लाने लगी। फिर रोती-कलपती भाग खड़ी हुई। कपड़े उसके तार-तार हो चुके थे। शरीर पर जगह-जगह चोट पहुँची थी। कई लोगों ने उसे पीटते हुए देखा था। उसकी बड़ी छीछालेदर हुई थी। अच्छा हुआ शान्ति घर पर नहीं थी। वरना और भी फ़ज़ीहत होती!

रोती-बड़बड़ाती जब घर पहुँची तब उसने काके को एक कोने में बैठा हुआ पाया। वह बहुत देर तक रोती रही। "मैं अब जीऊँगी नहीं। मेरे जीने में अब क्या बचा है। बच्चों के लिए मेरा जी दुखता है। मेरे मरने के बाद मेरे बच्चों को कौन सँभालेगा? क्या होगा उनका?" उसकी हिचकियाँ बँध गयी थीं। काके को जैसे लकवा मार गया था।

कुछ देर गुज़रने के बाद काकी ने अपने-आपको सँभाला। मटकी से गिलास भरकर पानी निकालकर पिया। मुँह-हाथ धोकर आँचल से पोंछे। फिर चाय का पानी चढ़ाते हुए उसने काके से पूछा, "चाय बना रही हूँ। लोगे?" काके ने 'हाँ' कहते हुए गर्दन हिलाई। चाय चढ़ाकर उसने अपने बच्चों को निकट लिया और उन्हें ममता से सहलाने लगी। "सभी चाय पी लो और बैठो। मैं मदने मास्टर जी के घर जाकर आती हूँ। कुछ-न-कुछ जुगत हो ही जायेगी। उनकी घरवाली भली औरत है। कभी ख़ाली हाथ नहीं लौटाती है। धीरज धरो मेरे बच्चो!" काकी ने बच्चों को समझाते हुए कहा। काके ग्लानि से भर गया। एक अपराध-बोध से भरकर वह चुपचाप बैठा रहा।

"सोमनाथ ने मुझे बुरी तरह से पीटा। लात-घूँसों से मुझे बेदम कर दिया। मेरे बाल खींचे उस नालायक ने। मैं उसकी माँ की उम्र की हूँ। मुझ पर हाथ उगेरते हुए शर्म नहीं आयी उसे? उसका सत्यानाश हो। अंग में कीड़े पड़ें!" काकी तिलमिला उठी।

"तुम उसके घर मुँह मारने गयीं ही क्यूँ? सारा दोष तुम्हारा है।" काके ने ग़ुस्से से कहा।

"हाँ, हाँ, तुम्हें तो एक औरत मिल गयी है। उसे लेकर मन्दिर में पड़े रहते हो। मेरा क्या? मेरे लिए भी कोई मरद ढूँढ़ लो। भेज दो उसे घर पर। मैं भी उसे लेकर बैठी रहती हूँ। फिर बच्चे जहाँ जाए। उन्हें कौन खिलाएगा?" काकी ने ऊँची आवाज़ में कहा। वह सुलग रही थी।

“देखता हूँ, क्या जुगत हो सकती है।” काके ने दबी ज़ुबान से कहा और चुपके से घर से बाहर निकल गया। उसे बच्चों की फिकर नहीं थी। उसे केवल शान्ति की चिन्ता थी। शान्ति की क्या हालत हुई होगी, जब काकी ने उसके दरवाज़े पर जाकर इतना बड़ा तमाशा खड़ा कर दिया। काकी को ऐसा नहीं करना चाहिए था। पता नहीं अब शान्ति मन्दिर में आयेगी या नहीं। काके नीची गर्दन किये चल रहा था। तभी उसकी नज़र बाबुराव पर गयी। वह साँवलाराम के घर की सीढ़ियाँ चढ़ रहा था।

बाबुराव तेज़ी से साँवलाराम के घर में घुस गया। साँवलाराम घर पर ही था। वह भी चिन्ता में डूबा हुआ था। दिलीप घर पर आया था ट्रैक्टर की चाबी देने के लिये। अब वह पुलिस के आने की आशंका से घबराया हुआ था। ट्रैक्टर अभी भी दीना के खेत में ही खड़ा किया हुआ था। दिलीप से उसे कसाई की हत्या के बारे में पता चल चुका था। ट्रैक्टर का भाड़ा डूबा जा रहा था। बाबुराव को घर आया देख साँवलाराम की चिन्ताएँ और भी बढ़ गयीं।

“दिलीप कहाँ पर है?” बाबुराव आते ही शुरू हो गया।

“चाबी देने आया था। फिर पता नहीं किधर गया।” साँवलाराम ने टका-सा जवाब दिया।

“उससे बात करना ज़रूरी है।”

“देखो, मुझे बीच में मत लो। आप जानें और वो!”

“वो तुम्हारा ट्रैक्टर चलाता है। तुम्हारी बात ज़रूर मानेगा।”

“क्या कहना है उससे कहिये।”

“कहो उससे कि पुलिस के सामने मुँह ना खोले।”

“उसका मुँह बन्द करना है तो उसे कुछ देना होगा। अभी उसकी माली हालत ठीक नहीं है।”

“लेने-देने की बात कहाँ से आ गयी?”

“आप समझदार हैं। इसीलिए यहाँ पर चले आये हैं। अब नासमझी की बात काहे करते हैं? दिलीप को खिलाइए। दीना की मुट्ठी गर्म कीजिए। कसाई का साथीदार भाग गया है। उसे ढूँढ़िए। उसे कैसे ख़ुश रखा जा सकता है यह देखिए। पुलिस आयेगी। उसके लिए भी कुछ इन्तज़ाम कर रखना होगा। जेब खाली है तो किसी से माँग लीजिए। लेकिन करना होगा यह सब।” साँवलाराम ने ठंडे स्वर में कहा।

"मुश्किल है।"

"मुश्किल किस बात की? कुछ नहीं है तो काहे ऐसे झमेले मोल लेते हो? जमानत होगी। वकील करना होगा। हाथ-पाँव मारिये। मेरा तो सुझाव है कि इतना तामझाम करने से अच्छा है कि कसाई की बीवी को ही पैसे दे-दिलाकर क़िस्से को ख़त्म कर दीजिए। सुना है कि तुम्हारे भाई की घरवाली मुस्लिम मोहल्ले में रहती है। उससे मिलकर बात कीजिए। वह तुम्हारी ज़रूर मदद करेगी। कसाई के घर ले जायेगी।"

"कितनी बकबक करते हो! मैं तुम्हारा मशवरा लेने नहीं आया हूँ।" बाबुराव ने उखड़कर कहा।

"मैं मशवरा नहीं दे रहा हूँ। मदद कर रहा हूँ। हम हिन्दू हैं। कोई मुस्लिम होता तो नहीं कहता यह सब। बात को समझो।" साँवलाराम ने नाराज़ी से कहा।

"दिलीप भी हिन्दू होने के नाते मेरी मदद करें। बस मेरी इतनी-सी अपेक्षा है।"

"वह ज़रूर मदद करेगा। सौ दफा करेगा। मैं बात करूँगा उससे। आप अमीर हिन्दू हो। वह ग़रीब हिन्दू है। वह तंगहाली में है इसलिए मेरा ट्रैक्टर चलाता है। मैं उसकी हालत जानता हूँ। मैंने भी क़र्ज़ लेकर ट्रैक्टर ख़रीदा है। चार किस्तें बकाया है। धन्धा चौपट हो गया। मैं उसकी मदद नहीं कर सकता। आप उसकी मदद कीजिए। वह आपकी बात मान लेगा।"

"मैं बात कर लूँगा दिलीप से। लेकिन तुम उसके दिमाग़ में यह पैसों-वैसों की बात मत डालो।" बाबुराव ने रूखे स्वर में कहा।

"मैं भला किसलिए यह सब करने लगा? उसी ने यह बात मुझसे कही है। आपने महन्त से रकम उठाई है, यह बात क्या वह जानता नहीं है? क्या किसी से छुपा रह सकता है ? अब आप उसकी थोड़ी मदद करेंगे तो वह उन पैसों से अपना ट्रैक्टर ख़रीद लेगा। उसका गुज़र-बसर हो जायेगा। मुझे चाबी सौंपकर गया है वह। इसलिए कह रहा हूँ। आप बात को समझ नहीं पा रहे हैं। क्यूँ आफत को न्योतना चाहते हो? एक बार पुलिस दरवाज़े पर आ गयी तो सारी बुद्धि पर पानी फिर जायेगा। चाय लोगे?" साँवलाराम ने अजीब स्वर में पूछा।

बाबुराव बिना कुछ कहे उसके घर से निकल गया। पहले वह दिलीप के ही घर गया था। उसके दरवाज़े पर ताला देखकर उसने साँवलाराम के घर को नज़दीक किया था। लेकिन यह तो बड़ा कमीना निकला!

झल्लाते हुए बाबुराव उसके घर की सीढ़ियाँ उतरने लगा। सामने से उसे मदने मास्टर जी आते हुए दिखाई दिये। वे घर की तरफ़ जा रहे थे। बाबुराव तेज़ी से लपका और उनके सामने खड़ा हो गया। उसने उन्हें नमस्कार किया। मदने मास्टर जी नेता जी के क़रीबी हैं। अब इनकी ही शरण में जाना होगा। उनके कहे को नेता जी टालेंगे नहीं। नेता जी के एक फ़ोन से पुलिस की अक्ल ठिकाने आ जायेगी। एक ही पल में बाबुराव के दिमाग़ में कई सारे विचार कौंध गये।

''नमस्कार मदने मास्टर जी!'' उसने हाथ जोड़कर कहा।

''नमस्कार।''

''साहब का दौरा कब है?''

''अभी-अभी फ़ोन आया है उनके सेक्रेटरी का। हनुमान की मूर्ति के प्रतिष्ठापन के बारे में कह रहे थे। शायद इसी महीने में हो।''

''आप साहब से मेरी भेंट करवा दीजिए। बेटी के ब्याह का आमन्त्रण देना है जी।''

''कार्यक्रम तय हो जाने दो।''

मदने मास्टर जी बड़े-बड़े डग भरते हुए घर की दिशा में मुड़ गये। बाबुराव के दिमाग़ में नेता जी बैठ गये। 'नेता जी के हस्तक्षेप से यह झंझट ख़त्म हो सकती है।' बाबुराव उत्तेजना से भर गया। मदने मास्टर जी ने ठान ली तो यह काम बहुत आसान है। मदने मास्टर जी भी पुलिस से बात कर सकते हैं। वे नेता जी के मित्र हैं। निर्वाचन क्षेत्र के सभी काम उनके ही अधीन हैं। नेता जी उनकी बात टाल नहीं पायेंगे। बाबुराव मदने मास्टर जी की अहमियत से वाक़िफ़ हो रहा था। अब उसके विचारों की गाड़ी मदने मास्टर जी पर आकर अटक गयी थी।

'मास्टर जब इस गाँव में आया था तब युवा छोकरा था। हमेशा खादी ही पहनता था। गली-मोहल्लों से बच्चों को इकट्ठा करता और स्कूल में ले जाकर उन्हें पढ़ाता। कई शिक्षक पाटिल पाठशाला में आये और चले गये किन्तु मदने मास्टर जी अभी भी टिके हुए हैं। हितेन्द्र पाटिल जब से मन्त्रि बने हैं, गाँव में मदने मास्टर जी का वजूद बढ़ गया है। वे हँसमुख है। सभी की मदद के लिए तत्पर रहते हैं। कोई भी काम हो, मना नहीं करते हैं। मुझे भी वे नाराज़ नहीं करेंगे। जवान छोकरे हैं सभी। इसी गाँव के हैं। वे युवाओं का जीवन ख़तरे में नहीं डालेंगे। मुस्लिमों से भी बात करेंगे। मुस्लिम टोला भी उनकी बात मानता है। वे सुलह कर लेंगे।'

बाबुराव को लगा जैसे उसे कोई आपातकालीन दरवाज़ा मिल गया है। जैसे किसी ताले की गुम हुई चाबी मिल गयी है। एक सन्तोष से वह भर उठा।

मदने मास्टर जी के विचारों से घिरा हुआ वह घर की तरफ़ निकल रहा था। भलरी गली से जा रहा था कि सामने से एक बुर्केवाली महिला आती हुई दिखाई दी। उसके साथ छोटे बच्चे भी थे। यकायक वह बाबुराव के सामने खड़ी हो गयी और उसने अपना बुर्का हटा दिया। प्रीती! बाबुराव हक्काबक्का रह गया। दद्दा की घरवाली! वह कुछ कहे-समझे इससे पूर्व ही प्रीति ने जो कहा उसे सुनकर बाबुराव को जैसे काठ मार गया– "तुम्हारे बेटे ने मेरे खसम को मार डाला। गाय के पैसे डूब गये। गाय गयी। घरवाला गया। अब मेरा क्या होगा? मेरी हाय लगेगी तुम लोगों को!" प्रीति कसाई की बीवी है! बाबुराव ने ख़ुद को सँभाला। अगले ही क्षण वह क्रोध से भर गया "जाकर पुलिस में रपट लिखवाओ। गुनहगारों का जो करना है पुलिस करेगी। मेरे बेटे ने कुछ नहीं किया है। उसका नाम लेने की ज़रूरत नहीं है। और तुम्हारे चिल्लाने से कुछ होने से रहा। मैं नेता जी से मिलूँगा। वे मुझे जानते हैं। तुम्हारी भलाई इसी में है कि चलती बनो।" बाबुराव ने ऊँची आवाज़ में कहा। वह ग़ुस्से से थरथरा रहा था। तभी प्रीति ने रास्ते पर की धूल उठा ली और "तुम्हारा सत्यानाश होगा। बहुत बुरा होगा तुम्हारे साथ!" कहते हुए बाबुराब पर फेंक दी। बाबुराव मिट्टी से सन गया। प्रीति ने दुबारा मिट्टी उठाई और उसके मुँह पर झोंक दी। "मेरी हाय लगेगी तुम लोगों को। तुम सब बरबाद हो जाओगे।" श्राप-गालियों की बौछार करती हुई वह हवा के झोंके की तरह वहाँ से निकल गयी।

बाबुराव का शरीर और कपड़े मिट्टी से सन गये थे। इस अकस्मात हमले के लिए वह तैयार नहीं था। जिस तरह से अचानक प्रीति उसके सामने आकर खड़ी हो गयी थी, वह घबरा गया। उसका चंडी समान रूप देखकर वह भौचक्का रह गया था। दद्दा की आत्महत्या के पश्चात वह उनके क्रियाकरम पर आयी थी। उसकी आँखों में आँसू की एक बूँद तक नहीं उभरी थी। लेकिन अब वह कासिम की बीवी थी और उसकी मौत पर भयावह रूप से विचलित थी। उसके आक्रोश से बाबुराव थर्रा गया।

जैसे-तैसे वह घर पहुँचा। मिट्टी से सना उसका चेहरा देखकर उसकी घरवाली भारती आशंका से भर डर गयी। उसकी रुलाई फूट पड़ी। बाबुराव व्यथित मन से

केवल उसे देखता रहा। भारती का रोना किसी भयावह आशंका को सूचित कर रहा था। कोई पेड़ धराशायी हो जाये वैसे बाबुराव टूटकर धराशायी हो गया।

चाक चौबन्द बन्दोबस्त के साथ पुलिस तैनात थी। पत्रकारों का जमावड़ा, अफ़सरों की आवाज़ाही, गाड़ियों का क़ाफ़िला, राजनीतिक कार्यकर्ताओं की भीड़ और समारोह के लिए इकट्ठा लोगों के हुजूम से गाँव में गहमागहमी छायी हुई थी। किसी उत्सव की भाँति जाम्भुलगाँव सज-धजकर गमक उठा था। हनुमान की मूर्ति का प्रतिष्ठापन हो चुका था। चौतरे को बड़ी ख़ूबसूरती से सजाया गया था। मन्दिर रोशनाई से झिलमिला रहा था। गाँववासी तरह-तरह के कामों में व्यस्त थे।

पाठशाला के प्रांगण में भव्य मण्डप डाला गया था। वहाँ पर भीड़ उमड़ी हुई थी। लोग नेता जी के आगमन की प्रतीक्षा में खड़े थे। तभी शोरगुल उभरा, ''नेता जी पधार रहे हैं।'' पुलिस की सीटियाँ और गाड़ियों का धड़धड़ाता क़ाफ़िला नेता जी के आगमन का सूचक था। घोम्पू से लगातार उनके आगमन की सूचनाएँ दी जा रही थीं। हर कोई अपनी-अपनी कुर्सी पर स्थानापन्न होने लगा। एक-एक कर सभी मेहमान मंच पर चढ़ने लगे। लोगों ने तालियों के साथ सब का स्वागत किया। कार्यकर्ताओं की घोषणाओं से मण्डप गूँज उठा। नेता जी अपनी कुर्सी पर विराजमान हो गये। बिना किसी विलम्ब के स्वागत-गीत के गायकों ने गीत के बोल छेड़ दिये। मदने मास्टर जी नेता जी के क़रीब की कुर्सी पर बैठे थे। तालुका के विधायक, पंचायत समिति के सभापति सभी कार्यक्रम में उपस्थित थे। कैमरामैन अपने-अपने कैमरों में तस्वीरों को क़ैद करने के लिए उमड़ पड़े। कार्यक्रम का आगाज़ हो गया। कई लोग अपनी-अपनी याचिकाओं के काग़ज़ लेकर खड़े थे। सभी अपनी बारी का इन्तजार कर रहे थे। इस भीड़ में प्रीति भी अपने बच्चों, हामिद और हैदर के साथ शामिल थी। उसके पास भी एक फरियाद थी। कासिम की हत्या की फरियाद। वह न्याय चाहती थी।

मन्त्री जी और मंच पर उपस्थित मेहमानो का फूल मालाएँ, नारियल और गुलदस्तों के साथ स्वागत किया गया। फिर तो नेता जी के हाथों कइयों का सत्कार हुआ। प्रथम मूर्तिकार पिराजी काम्बले को सम्मानित किया गया। उसके पश्चात सुरा, यशा, तुका और वशा की बारी थी। नेता जी ने सभी को फूलमाला पहनाई और उन्हें शाबाशी दी। बतौर निष्ठावान कार्यकर्ता भीड़ ने उनके लिए ज़ोरदार तालियाँ बजायीं।

प्रीति ने यह सब देखा तो वह बेचैन हो गयी। उसके मन के एक कोने में जलती न्याय की उम्मीद की लौ धुँधली पड़ने लगी। उसने हाथ में पकड़ा हुआ याचिका का काग़ज़ फाड़कर फेंक दिया। एक निराशा से भरी वह जैसे निढाल हो गयी। सुरा, वशा, यशा, तुका सीना ताने सामने की पंक्ति में बैठे थे। उसे लगा, वह भेड़ियों के किसी झुंड में खड़ी है। उस भीड़ में कोई एक भी उसके दुःख के आसपास भी नहीं था।

समारोह ख़त्म हो गया। लोगों के भोजन की व्यवस्था की हुई थी। भोंपू से लगातार लोगों से बिना खाना खाये ना जाने की अनुरोध पर घोषणा होती रही। पुलिस की सीटियाँ निरन्तर गूँज रही थीं। अब क़ाफ़िला चलने को तैयार था। नेता जी को आवेदन देने हेतु भीड़ आगे उमड़ पड़ी। नेता जी गाड़ी में बैठ गये। सभी गाड़ियाँ उनके पीछे एक-एक कर रवाना हो गयी। मण्डप खाली होने लगा।

बाबुराव की नज़र प्रीति पर ही थी। वह प्रीति के नज़दीक आया। नेता जी के हाथों सुरा का सम्मान होने से उसे बल मिला था। भय की जगह अब एक दम्भ की भावना उभर आयी थी।

"प्रीति, कहे देता हूँ तुम्हें, दुबारा इस गाँव में पैर मत रखना" उसने प्रीति को घुड़का।

"मेरा नाम प्रीति नहीं। हामिदा है। हामिदा कासिम मुल्ला। समझे? और एक बात ध्यान से सुनना, मैं इसी गाँव में रहूँगी। तुम्हारी नाक के तले! मुस्लिम टोले में गोमांस का धन्धा करूँगी। गोमांस भक्षण करूँगी। किसी में दम है तो मुझे रोककर देखे। फिर देखना..." प्रीति फुफकार उठी। उसके आवेश को देखकर बाबुराव दो क़दम पीछे हट गया।

प्रीति अपने बच्चों को लेकर निकल गयी। बाबुराव उसे जाते हुए देखता वहीं खड़ा रह गया।

चुनाव ख़त्म हुए। हितेन्द्र पाटिल बहुमत से चुनकर आये। बतौर कैबिनेट मिनिस्टर उनका शपथ-ग्रहण हुआ। उन्हें ट्रांसपोर्ट और हाई वे निर्माण-कार्य विभाग की ज़िम्मेदारी सौपी गयी। कैबिनेट मन्त्री बन जाने से उनकी शोहरत और वजूद में बढ़ोतरी हुई। जाम्भुलगाँव के लोगों ने ख़ूब मिठाइयाँ बाँटीं और अपनी ख़ुशियाँ ज़ाहिर कीं।

मदने मास्टर जी अब पूरे समय धुरन्धरराव पाटिल प्रतिष्ठान के कार्यालय में बैठकर कामकाज सँभालने लगे थे। यही से पूरे निर्वाचन क्षेत्र की गतिविधियों को अंजाम दिया जाने लगा। पाठशाला के मुख्याध्यापक पद की ज़िम्मेदारी अब मदने मैडम के कन्धों पर थी। पति-पत्नी को संस्था में काम मिल गया था सो जीवन उनका पटरी पर आ गया था। सुबह प्राथमिक पाठशाला और दोपहर में हाईस्कूल के क्लास लगने लगे। नये अध्यापकों की भर्ती हुई तो गाँव में किराये के घरों की माँग बढ़ी। किराये पर घर देने हेतु कइयों ने फिर घरों पर मंज़िलें चढ़ानी शुरू कर दीं। दीना ने भी गाँव के घर को ठीकठाक किया और किराये पर चढ़ा दिया। अब गाँव में यूनिफॉर्म पहने छात्र घूमने लगे थे। ये गाँव में आते बदलाव की निशानियाँ थीं। प्राथमिक पाठशाला की इमारत से लगकर ही हाईस्कूल की इमारत का काम

छेड़ा जा चुका था। आसपास के क़स्बों के बच्चे पढ़ने हेतु अब जाम्भुलगाँव आने लगे। गाँव के रास्तों पर चहलक़दमियाँ बढ़ने लगीं। जहाँ पगडण्डी पर केवल मवेशी दिखते थे, अब इलाके के विद्यार्थी दिखने लगे। गोपा के बेटे गौतम को संस्था के कार्यालय में चपरासी की नौकरी लग गयी। आज़ादी के कई सालों के पश्चात गौतम की नौकरी मिली थी। यह देखकर महारों के भीतर नौकरी करने की ललक जाग उठी। उनकी आशा-आकांक्षाओं को पंख फूटने लगे। गाँवदारी के कामों को त्यागकर अब पढ़ना होगा। पढ़ने से नौकरियाँ मिलेंगी। नसीब उजलेग़ा। शिक्षा से नसीब पलट सकता है इस अहसास से महार पहली बार वाक़िफ़ हो रहे थे। जो महार टोला गाँव के रास्तों को बुहारता– झाड़ता था, मरे हुए जानवरों को घसीट ले जाता था उस महार टोले से अब गौतम शान से नौकरी की ख़ातिर निकलने लगा था। गाँव की हवा नयी दिशा में बहने लगी।

गाँव के रास्तों पर अब सुबह-शाम सैर के लिए निकलनेवाले लोग दिखाई देने लगे। दिनभर हाड़तोड़ मेहनत करनेवाले किसान, मज़दूर क्या ख़ाक टहलने जायेंगे! यद्यपि नौकरीपेशा शिक्षक, बाबू सुबह-शाम गाँव के बाहर के रास्ते पर सैर सपाटे के लिए निकलने लगे। लोग खुली हवा का लाभ लेने हेतु मठ की तरफ़ भी घूम आते। सुबह-शाम की आरती में अब कुछ शिक्षक भी दिखाई देने लगे थे। होस्टल बनाया गया। वहाँ के भोजनालय में गाँव की स्त्रियों को काम मिलने लगा। तारा चपातियाँ बेलंने जाती। प्रीति और जीजा को भी होस्टल पर काम मिल गया। तीनों साथ जातीं और साथ ही काम करतीं, जिससे तीनों में घनिष्ठता बढ़ने लगी थी। गाँव में जनरल स्टोर्स खुले। परचून की दो नयी दुकानें भी खुलीं । हेअर कटिंग सैलून में हर समय ग्राहकों की भीड़ लगी रहती। होटल खचाखच भरा रहता। भंडारकवठे का रामू धोबी गाँव में रहने आ गया। उसने आते ही लौंड्री की दुकान खोल दी। गाँव में अख़बार आने लगे। घर-घर अख़बार पढ़नेवालों की तादाद बढ़ने लगी। हाईस्कूल की इमारत के निर्माण-कार्य से मज़दूरों को काम मिलने लगा। फिर किसानों को खेती के कामों के लिए मज़दूर मिलने में दिक्कतें होने लगीं। गाँव धीरे-धीरे बदल रहा था।

गाँव में डाकघर खुला। बैंक आया। सरपंच और डिप्टी सरपंच ने गाड़ियाँ खरीदीं। दिलीप ने ट्रैक्टर ख़रीदा। गौतम के घर के सामने भी बाइक खड़ी हो गयी। तुका और सुरा के घर जीर्ण होकर गिरने की अवस्था में थे। उनके घरों पर यत्र-तत्र घास उग आयी थी। यशा के घर की पीछे की दीवार किसी भी वक़्त चरमराकर

धराशायी हो सकती थी। बिना मरम्मत के वह वैसी ही पड़ी थी। एक-एक करते हुए दयाराम के सभी गोरू बिक चुके थे। हर माह किराया आने की वजह से साँवलाराम और गबरू पाटिल का गुज़ारा ठीक चलने लगा था। सीना नदी का पानी सूखने लगा तो ग्रामपंचायत ने पीने के पानी की टंकी खड़ी कर दी। इधर बालाजी मन्दिर का माहात्म्य भी बढ़ गया था। वहाँ के पूजापाठ आदि कार्य देशपाण्डे सर के ज़िम्मे थे। काके और शान्ति भाग गये थे। सुना था कि दोनों गाना गाकर गुज़ारा करते हैं।

सेशन कोर्ट द्वारा सुरा, तुका, यशा और वशा को उम्रक़ैद की सज़ा सुनाई गयी। उन्होंने सज़ा के ख़िलाफ़ ऊपर की अदालत में याचिका दायर कर दी थी। फ़िलहाल वे जमानत पर छुट्टे घूम रहे थे। चारों का जेहल से छूटकर आना गाँववासियों के लिए बड़ी चर्चा का विषय बन चुका था। किसी वन्यजीव के लोगों के टोले में आने के बाद जैसे बातें फैलती हैं लोग इसी भाँति उन चारों को लेकर जमकर बातें करते। लोग अब खुलकर बातें करने लगे थे। बहस करने लगे थे।

प्रति दिन की भाँति रात्रि में खा-पीकर महार टोला सुस्ता रहा था। गोपा, बाला, देवा और हाजी मलंग के बीच गपशप शुरू थी। बाला उत्साह से भरा हुआ कहने लगा, ''जानते हो, मैं और हितेन्द्र पाटिल एक ही उम्र के हैं। मेरी माँ बताया करती थी कि हमारा जनम एक ही दिन हुआ था। हितेन्द्र जन्मे उस वक़्त बहुत पटाखे फूटे थे। हाथी घुमाकर पूरे गाँव में शक्कर बाँटी गयी। हितेन्द्र पाटिल विधायक बन गये। अब मन्त्री बन चुके हैं। लेकिन मुझे देखिये, चरवाहा बना। ढोर-मवेशी हाँकता हूँ। हमारा नसीब कहाँ बदलता है।'' बाला मुस्कुराया। गोपा ने कहा, ''हाँ, हाँ... मुझे पता है। तुम दोनों का जन्म एक ही दिन हुआ था। तुम्हारा झोंपड़ी में। उनका हवेली में। उनके जन्म पर गली-मोहल्लों में शक्कर बाँटी गयी थी। मेरे पिता शक्कर घर ले आये थे। उस दिन हमने शक्कर की चाय पी थी। पहली बार शक्कर की चाय का स्वाद चखा। उससे पहले तो गुड़ की चाय पीते थे भैया। तुम्हारा जन्म हुआ तब तुम्हारे सिर पर मलने के लिए तेल की बूँद भी नहीं थी। तुम्हारे पिता ने मेरे पिता से पैसे उधार लिए और फिर वे नारियल का तेल ले आये थे।'' हाजी मलंग कहने लगा, ''आज वह नेता बना है केवल गोपा की वजह से। जब छोटा था तब एक बार घुड़सवारी करने निकला था। रास्ते में घोड़ा बिथर गया। घोड़े पर से उछल गया तब गोपा ने उसे ऊपर ही ऊपर लपककर बचाया था। अगर गिरता तो गर्दन पर ही गिरता और मर गया होता।'' देवा ने कहा, ''हाँ, ठीक है,

लेकिन उन्होंने भी इस बात को ध्यान में रखा। गोपा के बेटे को अपनी संस्था में नौकरी नहीं दी? उपकार को भुलाया नहीं उन्होंने।'' महारों की गपशप रंग पर थी।

पूरे महार टोले में केवल एक ही बिजली का लैम्प जलता था। तीन खम्बे गाड़े हुए थे। दो खम्बों की बिजली हमेशा खम्बों से रूठी हुई ही रहती। एकमात्र लैम्प जो था, वह भी आँखें झपका-झपकाकर जलता था। पूछने जाओ तो उनका रटारटाया जवाब था, ''भोसड़ियों के, तुम्हें काहे ज़रूरत है बिजली की। सालो, कौन चोरी करने आयेगा तुम्हारे झोपड़ों में? इससे पहले कभी बिजली देखी थी? बहुत अकड़ दिखाई तो जो लैम्प जल रहा है उसे भी निकाल लेंगे। दो लैम्प कहाँ से दे तुम्हें? एक बालाजी मन्दिर की ख़ातिर है और एक हवेली के रास्ते के लिये। समझे?'' महार अपना-सा मुँह लेकर रह जाते। गोपा ग्राम पंचायत का सदस्य था। उसकी कुछ न चलती। वह नाममात्र के लिए ग्राम पंचायत का सदस्य था। उसे विश्वास में लेने का सवाल ही नहीं था।

महार टोला अँधेरे में डूबा हुआ रहता। फड़फड़ाते लैम्प के उजास में वह आइसबर्ग की भाँति नज़र आता। कोई पत्नी को पीटता रहता। कोई भूखे पेट ही सो जाया करता। कोई कल की चिन्ता में डूबा जगा रहता। कोई अँधेरे में भुट्टे चुराने गया हुआ रहता। कोई जगह की तंगी की वजह से चौक की तरफ़ सोने चला जाता। अस्थमा से पीड़ित कोई मरीज़ रातभर खाँसता रहता। कोई मुर्गियों को बिल्ली की नज़र से बचाने के चक्कर में रातभर इधर-उधर करता रहता। महार टोला और गाँव इन दोनों में किसी तरह का कोई तालमेल नहीं था। खान-पान, बोली-बानी, शक्ल-सूरत और जीवनयापन के तरीकों में दोनों में ज़मीन-आसमान का अन्तर था। महार उपेक्षित और तिरस्कृत थे। गाँव में जाने से पहले वे हर समय डरे-सहमे रहते। या तो भीख माँगने जाते या गाँवदारी से जुड़े निम्न श्रेणियों के काम करने हेतु गाँव में क़दम रखते। गाँव का आदमी महार टोले में जाता। महारों को काम सौंपता। गाँव के आश्रय तले जीना महारों की नियति बन चुकी थी।

''कल डॉक्टर साब के आने का दिन है। बुरहानपुर के डॉक्टर काले आनेवाले है।'' हाजी मलंग ने जानकारी दी।

''सोच रहा हूँ रखमा को दिखा दूँ। कई दीनों से उसने बिस्तर पकड़ रखा है। झाड़-फूँक सब कर लिया फिर भी गुण नहीं आ रहा है। कई बार डॉक्टर साब से बात की थी। लेकिन वे महार टोले में आने के लिए राजी नहीं थे। कहीं यह बीमारी रखमा को ले न डूबे।'' देवा ने चिन्ता से भरकर कहा।

''मदने मास्टर जी से बात करो। डॉक्टर साब उनकी बात टालेंगे नहीं।'' गोपा ने कहा।

''मदने मास्टर जी मेरे अकेले की बात नहीं सुनेंगे।'' देवा ने कहा।

''उसका इलाज कराओ देवा। वरना मर जायेगी।'' बाला ने कहा।

''क्या तुम लोग चलोगे मेरे साथ? मदने मास्टर जी अभी सोये नहीं होगे। फिर समय नहीं मिलेगा। क्या अभी चला जाये?'' देवा ने पूछा।

''चलो।'' बाला उठ खड़ा हुआ।

''हाँ! पता तो चले कि सच में कौन हमारी मदद करने के लिए तैयार है।'' हाजी मलंग ने कहा।

''चलो, चलते हैं।'' गोपा ने कहा।

''म्हसोबा की मानता क्यूँ नहीं माँगते हो देवा? मुर्गा चढ़ाओ।'' बाला ने सुझाव दिया।

''सब कर लिया भाई।''

''चलो, समय मत गँवाओ।'' गोपा शीघ्रता से उठ खड़ा हुआ।

महार मदने मास्टर जी के घर की तरफ़ निकल पड़े। रास्ते में चौकड़ी खड़ी थी। उन्हें काटकर महार आगे निकल गये। उन्होंने उन चारों को देखा नहीं था। वे अपने में ही मग्न थे। मदने मास्टर जी से क्या कहना होगा। वे इसी सोच में डूबे चल रहे थे। तुका और उसके साथी खड़े थे–

''महारों को देखिए। वक़्त-बेवक़्त गाँव में घूमने की जुर्रत करने लगे हैं।''

''गौतम को चपरासी बनाया गया है।''

''हिम्मत बढ़ गयी है सालों की!''

''मत भूलो कि हम जमानत पर बाहर हैं। कोर्ट के सामने मन्त्री जी की भी चलती नहीं है। अब किसी से ना उलझो तो ही बेहतर है।''

''हम सोचते थे कि लोग डरते हैं हमसे। लेकिन ऐसा नहीं है। देखो तो, महार कैसे हमें टालकर निकल गये।''

''छोड़ो अब। हम भले हमारा काम भला!''

''क्या भला हुआ? गाय की ख़ातिर म्लेच्छ को ख़त्म किया। क्या गाय की हत्या बन्द हुई? म्लेच्छ का गोमांस खाना बन्द हुआ? हर दिन जानवर काटे जाते हैं। हमने यूँही बहकावे में आकर अपनी जान आफत में फँसा दी।''

"बको मत! हम हिन्दू हैं। कट्टर हिन्दू! धर्म की ख़ातिर जेल को नज़दीक किया है। भूलो मत यह बात।"

"जेलर हिन्दू। पुलिस हिन्दू। वकील हिन्दू। न्यायाधीश हिन्दू। किसी ने मदद की?"

"महन्त कर रहे हैं न मदद?"

"वे ख़ाली कोरे स्टाम्प पेपर लेते रहते हैं।"

"हिन्दुत्व के नाम पर हम भटक गये।"

"काहे निराश होते हो?"

"धर्म की रक्षा के लिए किसी को साधु-संन्यासी होना होगा, किसी को शस्त्र उठाने होंगे।"

"शस्त्र और साधु-संन्यासी धर्म की रक्षा के ही दो अंग हैं। इसे ध्यान में लो। धर्मग्रन्थ और शस्त्र-पूजा दोनों ज़रूरी है।"

"जय हो!"

"महन्त कहीं सो न जाएँ। चलो जल्दी।"

चारों मठ की दिशा में चल पड़े। उनके बिस्तर वहीं पर थे। आजकल चारों की मठ में आवाज़ाही बढ़ जाने से लोग आरती के लिए मठ में आने से कतराने लगे थे। इससे मठ की लोकप्रियता घटने लगी थी। महन्त के ब्याज-बट्टे के धन्धे के बारे में भी लोगों को भनक पड़ चुकी थी। चारों मठ पहुँचे। आजकल महन्त अपना बिस्तर अलग जगह पर लगाने लगे थे। चारों बतकुच्चई करते रहते। उनके छिछोरेपन और बेहूदा हरकतों से वे उकता गये थे।

"हद में रहा करो या फिर मठ में आया मत करो।" महन्त ने नाराज़ी से कहा।

"अब हमारी गरज ख़त्म हो गयी!" सुरा ने तंज़ कसा।

महन्त अब उन चारों से डरने लगे थे। कहीं ये चारों क़र्ज़दारों के काग़ज़ात न ले उड़ें! महन्त के मन में तरह-तरह की शंकाएँ उभरतीं। वे हर समय उन पर नज़र बनाये रखते। उनकी रातों की नींद उड़ गयी थी। आँखें मूँदे बिस्तर में पड़े रहते। "ये साले छँटे हुए बदमाश हैं। कहीं पत्थर से मेरा सिर न फोड़ दें।" महन्त को चिन्ता घेरने लगी। सुरा बिस्तर पर पड़ा हँस रहा था। उसकी आवाज़ किसी घोड़े की हिनहिनाहट की भाँति कानों को चुभ रही थी। तुका उसे गुदगुदी कर रहा था। महन्त तमतमाकर उठे और उनके पास जाकर खड़े हो गये। "क्या बकवास लगा रखी है तुमने?"

दोनों ने मुँह पर चद्दर तान ली। महन्त चिढ़ गये। सुरा ने खींसें निपोरते हुए कहा, "देखो न, यह तुका गुदगुदी कर रहा है।" तुका ने हँसते हुए कहा, "ये झूठ बोल रहा है।" महन्त उनके छिछोरेपन से झल्ला उठे।

"तुम लोग जेहल में रहकर पूरे ख़राब हो गये हो। गुनहगार हो तुम।" सुरा ने चादर एक ओर फेंक दी और वह बिदककर उठ खड़ा हुआ। "हम गुनहगार नहीं हैं। धर्म के रक्षक हैं। क्या धर्मरक्षकों के लिए अब मठ में भी जगह नहीं रही?" सुरा की गरजती आवाज़ से मठ गूँज गया। महन्त चुपचाप अपनी जगह पर जाकर सो गये।

सुबह चारों उठे और अपने-अपने बिछावन को समेटकर अलमारी के ऊपर रख दिया। इसी अलमारी में महन्त के काग़ज़ात रखे हुए थे। अलमारी सागवान लकड़ी से बनी हुई थी। अलमारी को बड़ा ताला लगाया हुआ था। कभी इस अलमारी में भगवान के वस्त्र रखे जाते थे। अब वहाँ पर ब्याज के काग़ज़ात थे। चारों मठ से निकल गये। महन्त बगीचे में घूमने के लिए निकल गये। बूढ़े-बुजुर्ग आरती ख़त्म कर बतकही करते गाँव की दिशा में बढ़ गये थे।

"आजकल बालाजी मन्दिर में अच्छी-ख़ासी भीड़ जुट रही है। लोग अब वहाँ जाना पसन्द कर रहे हैं।"

"मैं भी उधर ही जाने का सोच रहा हूँ। और फिर घर के पास ही है। अब इतनी दूर चला नहीं जाता है।"

"आज डॉक्टर आनेवाला है। उसे दिखा देना।"

"वह क्या इलाज करेगा? सभी को एक ही तरह की गोलियाँ देता है। नाहक पैसों की बर्बादी।"

बूढ़ी औरतें अपने दुखड़े रोती हुई आगे बढ़ रही थीं– 'बहू ठीक से नहीं रखती है,' 'बेटा बहू के कहने में है,' 'बचा-खुचा परोसते हैं', 'एक कोने में पड़े रहती हूँ।' आदि-आदि। किसी ने कहा, 'अपने ही घर में पराये हो गये', "कई दीनों से कह रही हूँ डॉक्टर के पास लेकर चलो। लेकिन कोई सुनता नहीं है।"

चारों बुजुर्गों की भीड़ को काटकर नदी की दिशा में बढ़ गये। नदी के तट पर पहुँचकर वे और भी उछाह से भर गये। उन्होंने नदी में छलाँगे लगा लीं। अपनी चुहलबाजी से वे बाज नहीं आ रहे थे। तुका ने एक बुढ़िया पर पानी के छींटे उड़ाये तो बुढ़िया नाराज़ होकर उन्हें गरियाने लगी। तुका खिखियाकर हँसने लगा।

बूढ़े-बुजुर्ग स्त्री-पुरुषों ने गाँव में प्रवेश किया। चौपाल के सामने उन्हें तारा नज़र आयी। वह होस्टल जाने के लिए निकली थी। तारा हमेशा सभी से हँसकर बतियाती रहती लेकिन आज जल्दी में थी। होस्टल के दो बच्चे बीमार थे। ''बच्चे बीमार हैं। मदने मास्टर जी डॉक्टर साब को लेकर आनेवाले हैं। चलती हूँ।'' कहते हुए वह बिना समय गँवाये निकल गयी। जीजा आज देर से आनेवाली थी सो तारा के सिर पर बहुत सारा काम आन पड़ा था।

मदने मास्टर जी डॉक्टर को साथ लिए जब होस्टल पहुँचे, बच्चे खाना खा रहे थे। डॉक्टर ने बीमार बच्चों को जाँचा। उन्हें कृमि की औषधि दी। अन्य बच्चों को भी जाँचा। तारा ने भी लगे हाथ कमर और पीठ-दर्द की शिकायत करते हुए उनसे दवा की पुड़ियाँ बँधवा ली। खाना निपटाकर बच्चे स्कूल के लिए रवाना हो गये। मदने मास्टर जी ने उनकी पढ़ाई को लेकर पूछताछ की। सभी ने एक सुर में कहा, ''हम मन लगाकर पढ़ते हैं मदने मास्टर जी।'' फिर उन्होंने खाने के बारे में पूछा। सभी ने कहा, 'अच्छा है।' तभी एक छात्र ने कहा, 'दाल में पानी अधिक होता है। दाल कम होती है।' मदने मास्टर जी उसके पास गये और उसके कान को पकड़कर उमेंठा। वह चिल्लाने लगा तो बाक़ी बच्चे हँसने लगे।

मदने मास्टर जी भोजनकक्ष में चले गये। तारा और प्रीति भोजन बना रही थीं। मदने मास्टर जी ने यूँही उनसे भी पूछ लिया कि कैसे चल रहा है। प्रीति ने तुरन्त कहा, 'काम के पैसे बढ़ाइए।' मदने मास्टर जी बिना कुछ कहे निकल गये।

डॉक्टर काले का काम ख़त्म हुआ। मदने मास्टर जी उन्हें लेकर होस्टल से निकल गये। ''बस, एक मरीज़ और है।'' मदने मास्टर जी ने कहा। डॉक्टर चुपचाप उनके पीछे हो लिए। जब महार टोले का रास्ता आया तब डॉक्टर काले ने पूछा, ''ये हम कहाँ जा रहे हैं?''

''महार टोले में।'' मदने मास्टर जी ने कहा।

''मैं वहाँ पर नहीं जाऊँगा।'' डॉक्टर काले ने मना कर दिया।

''देखिये डॉक्टर साहब, ख़ुद नेता जी महार टोले में जाते हैं। महारों के साथ बैठकर भोजन लेते हैं। क्या आप नेता जी से बढ़कर हो गये? यदि आपने इनकार कर दिया तो मुझे मन्त्री जी से बात करनी होगी। अब आप ही सोचिए, क्या करना है।'' मदने मास्टर जी ने कहा।

''नेता जी के कहे को कौन टाल सकता है। चलिए।''

''एक ही मरीज़ है।'' मदने मास्टर जी ने जैसे आश्वस्त किया।

‘‘गाँव के लोगों को पता चल गया तो मुझसे इलाज नहीं करवाएँगे।’’

‘‘क्या गाँव के लोगों ने नेता जी को बहिष्कृत किया? बल्कि ज़ोरशोर से चुनवाकर उन्हें मन्त्री बना दिया। आपके भी मरीज़ बढ़ जायेंगे। चिन्ता मत कीजिए। किसी ने अड़गा लगाया तो मुझसे कहिए। मैं देख लूँगा। चलिए अब।’’

डॉक्टर काले निरुत्तर हो गये। चुपचाप मदने मास्टर जी के पीछे चल दिये। महार टोले के पास आते ही कुत्ते भौंकने लगे। मदने मास्टर जी को देखकर टोले के लोग ख़ुशी से हुलस गये। गोपा और देवा लपककर उनके स्वागत के लिए आगे बढ़े। डॉक्टर को लिए हुए वे देवा के घर की तरफ़ बढ़ गये। देवा के घर के बाहर महारों की भीड़ जुट गयी।

मदने मास्टर जी देवा के झोंपड़े के दरवाज़े पर खड़े हो गये। ‘‘हटो, हटो। यहाँ भीड़ मत करो। अँधेरा घिर रहा है। डॉक्टर साहब को उनका काम करने दो।’’ उन्होंने डपटकर भीड़ से कहा।

डॉक्टर काले भीतर गये। देवा की घरवाली रखमा जैसे मृत्यु-शय्या पर लेटी हुई थी। रखमा की मृतप्राय अवस्था देखकर वे सकते में आ गये। उन्होंने महार टोले में आने के लिए आनाकानी की थी। केवल मदने मास्टर जी के कहने पर वे टोले में चले आये थे। झोंपड़े में अँधेरा था। चारों तरफ़ मक्खियाँ भिनभिना रही थीं। मच्छर घूम रहे थे। एक कोने से बिल्ली की मनहूसियत भरी आवाज़ें आ रही थीं। वहाँ के दमघोंटू वातावरण से एक सीलन-भरी गन्ध उठ रही थी। एक कोने में मिट्टी के कुछ घड़े एक के ऊपर एक रखे हुए थे। घर में एक तरफ़ लकड़ी का सन्दूक रखा था, जिसमें देवा की गृहस्थी समाई हुई थी। दरवाज़े के पास ही एक झोला लटका हुआ था। जिसमें देवा का एक माह का बच्चा सो रहा था। मदने मास्टर जी रखमा के पास सुन्न-से खड़े थे। रखमा असहनीय पीड़ा से कराह रही थी। देवा की बूढ़ी माँ बच्चे को झूला झुलाती हुई बैठी थी। ‘‘इलाज की सही ज़रूरत यहाँ पर है। और डॉक्टर यहाँ आने के लिए राजी नहीं है।’’ मदने मास्टर जी के भीतर रोष उमड़ पड़ा।

अस्पृश्यता ने अस्पृश्यों को क्या दिया? भुखमरी, कंगाली। पीढ़ियों से वास कर रही दरिद्रता ने इन दरिद्रों को क्या दिया? यही कि किस तरह से तार-तार हो चुकी गृहस्थी को जगह-जगह पैबन्द लगाये हुए जीना है, भूखे पेट कैसे दिन निकालने हैं, बच्चों के लिए कैसे दो कौर खाना जुटाना है और असहाय होकर कैसे हाथ पसारने हैं! उनकी हीन जाति ने उन्हें क्या दिया? अन्याय-जुलुम को नियति

मानकर शोषण को स्वीकारने की अन्धश्रद्धा दी। ऊपरी जातियों को यह अन्याय करने का हक ईश्वर ने ही दिया है, यह घोर विश्वास दिया। गुलामी को हँसते-खेलते ग्रहण करने का अफाट साहस दिया। दुःख, दरिद्रता और अपमान को हँसते हुए सहने की अपार सहनशीलता दी। गोपा, देवा जैसे कई-कई महार अजस्र सहनशीलता के भयावह अवशेष थे। मदने मास्टर जी हैरान होकर इस भयावह यथार्थ को देख-समझ रहे थे।

डॉक्टर काले ने अपने बैग से थर्मामीटर निकाला और निकालकर मदने मास्टर जी के हाथ में थमा दिया। मदने मास्टर जी कुछ समझ नहीं पाये। डॉक्टर ने कहा, "मैं महार स्त्री को नहीं जाँचूँगा। आप यह थर्मामीटर इसे लगाइए और मुझे दीजिए।" मदने मास्टर जी ने कुछ नहीं कहा। उन्होंने चुपचाप देवा की घरवाली को थर्मामीटर लगा दिया। रखमा बुख़ार से तप रही थी। मदने मास्टर जी के हाथों को उस तेज़ बुख़ार की लपटें महसूस हुईं। डॉक्टर के कहे अनुसार उन्होंने कुछ देर बाद थर्मामीटर निकालकर सौंप दिया। थर्मामीटर देखकर डॉक्टर ने कहा, "निमोनिया हुआ है। मैं कुछ गोलियाँ देता हूँ। समय पर दे देना।" उन्होंने अपने बैग से गोलियाँ निकालीं। उन्हें काग़ज़ में लपेटकर पुड़ियाँ मदने मास्टर जी के हाथ पर रख दीं। मदने मास्टर जी ने उसे देवा को थमाया और साथ में ज़रूरी सूचनाएँ भी दीं। "कितने पैसे देने होंगे जी?" देवा ने अज़ीज़ी से पूछा। "मैं दे दूँगा। तुम चिन्ता मत करो।" कहते हुए मदने मास्टर जी डॉक्टर के साथ बाहर निकल गये।

महार भीड़ लगाकर खड़े थे। मदने मास्टर जी को देखते ही गोपा उनकी ओर लपका। उसने अपने हाथ जोड़े और कृतज्ञतापूर्वक कुछ कहा। देवा उनके पैरों पर गिर गया। "टोले के सारे लैम्प बन्द पड़े हैं जी। रात में अँधेरा होता है। कुछ कीजिये।" हाजी मलंग ने हाथ जोड़कर याचना की। मदने मास्टर जी आगे निकल गये। डॉक्टर भविष्य की चिन्ता में डूबे हुए थे। मदने मास्टर जी पाठशाला की तरफ़ बढ़ गये। डॉक्टर धनगर गली की तरफ़ मुड़ गये।

मन्त्रिमण्डल का विस्तार होने जा रहा है यह ख़बर गाँव तक आ धमकी। हितेन्द्र पाटिल के खाते को लेकर गाँव में गर्मागर्म चर्चाएँ छिड़ गयी। क्या उन्हें फिर से मन्त्री-पद दिया जायेगा या अब की बार मन्त्री पद से उन्हें हाथ धोना पड़ेगा? लोगों ने आपस में ख़ूब बाज़ियाँ लगायी। गाँव की हवा गर्म होने लगी। राजधानी में खटका भी उठा तो गाँव में उसकी गूँज सुनाई पड़ती। गाँव का आदमी बड़ा नेता था। सो ज़ाहिर था, राजनीतिक मसलों में अब गाँववालों को बड़ा रस आने लगा था।

हितेन्द्र पाटिल के परिदृश्य में होने से गाँववालों के लिए राजनीति काफ़ी आत्मीयता का विषय बन चुका था। सभी का ध्यान मन्त्रिमण्डल विस्तार की ओर लगा हुआ था।

गाँव अब राजनीति पर बहस करने लगा था। बालाजी मन्दिर की लोकप्रियता बढ़ने लगी थी। बाहरी लोगों के आने से गाँव में महँगाई बढ़ने लगी। शिक्षा के संसाधन बढ़ने लगे थे जिससे लड़कियाँ भी पढ़ने लगी थीं। जो गाँव काकी के पागलपन के दौरे, महन्त के ब्याज़-बट्टे के व्यवसाय जैसे विषयों को लेकर बातें करते नहीं अघाता था वह अब राजनीति, मन्त्रियों के खाते जैसे विषयों पर बातें करने लगा था। डॉक्टर भी आते-जाते लोगों से 'देखना हितेन्द्र पाटिल एक दिन मुख्यमन्त्री पद पर आसीन होगें' कहकर मन बहला रहे थे। गली में आते-जाते लौंडे भी खेल और हगने-मूतने की बातें छोड़कर साहब के मन्त्री बनने और उनके खाते को लेकर चिन्ता में डूबे थे।

डॉक्टर घर लौट गये। उनके महार टोले में जाने से लोगों को कोई फ़र्क़ नहीं पड़ा था। डॉक्टर के मन की आशंका व्यर्थ साबित हुई। गाँववासी अब मंतर-तंतर की बजाय डॉक्टर से इलाज करवाने में विश्वास कर रहे थे।

महार टोले की भयावह अवस्था देखकर डॉक्टर के रोंगटे खड़े हो गये थे। उन्होंने महार टोले में जाने से इनकार किया था। इस बात पर अब उन्हें पछतावा हो रहा था। उनकी आँखों के सामने झोले में खेलते शिशु का मोहक चेहरा उभर आया। मौत के जबड़े में फँसी रखमा की याद हो आयी। वे परेशान हो गये। 'रखमा नहीं बच पाएगी।' साइकिल चलाते हुए वे सोच रहे थे।

डॉक्टर का डर व्यर्थ न था। बच्चे को जन्म देते ही रखमा ने चारपाई पकड़ ली। उसे जच्चा बीमारी ने ग्रस लिया था। बीमारी ने उसके शरीर की सारी ताक़त निचोड़ ली। शरीर हर समय तेज़ बुख़ार से तपता रहता। नवजात बालक स्वस्थ था लेकिन अभागन माँ बुरी तरह से बीमार हो चुकी थी। देवा ने झाड़ा किया। कई मानताएँ कबूल कीं। लेकिन कुछ लाभ न हुआ। जब वह डॉक्टर से जाकर मिला था, उन्होंने आने से मना कर दिया था। फिर मदने मास्टर जी के कहने पर वे आये थे। देवा को लगा था कि अब रखमा बच जायेगी। रखमा के बीमार होने से बच्चे को ऊपर का दूध पिलाया जा रहा था। नाज़ुका देवा की माँ शिशु को ऊपर का दूध पिला रही थी। माँ के पास ले जाना शिशु के लिए भी ख़तरा हो सकता था। रखमा कराह रही थी, पीड़ा से छटपटा रही थी। रात में उसने बच्चे को पास लेना चाहा।

डॉक्टर की दवा चल रही है तो सब ठीक होगा यह सोचकर घरवालों ने बच्चे को उसे सौंप दिया था। रात भर बच्चा माँ के पास ही सोया रहा। सुबह जब नाज़ुका बच्चे को लेने गयी तब रखमा मर चुकी थी। बच्चा मृत माँ के स्तन चूस रहा था। नाज़ुका ने शिशु को उठाया और वह दहाड़ मारकर रो पड़ी। देवा भागता हुआ आया। पत्नी की लाश देखकर वह सन्न रह गया और भोकार मारकर रो पड़ा। चीख-पुकार सुनकर महार दौड़े चले आये। किसी ने रखमा के मायकेवालों को सूचना भेज दी।

महारों की स्त्रियाँ जमावड़ा लगाकर खुसुरफुसुर करने लगीं।

'उस डॉक्टर की दवा से ही बेचारी चल बसी। उसे ज़बरदस्ती लाया गया था। वह तो आने के लिए राजी नहीं था। उसने तो रखमा को हाथ तक नहीं लगाया। ग़लत इलाज किया।' औरतें अफ़सोस जता रही थीं। 'म्हसोबा का परकोप हुआ है और कुछ नहीं। म्हसोबा को दूर किया और डॉक्टर से इलाज करवाया। म्हसोबा ने बदला लिया है। मन्त्र-झाड़ा किया होता तो बच जाती बेचारी। लेकिन कौन कहें? डॉक्टर को दिखाकर बड़ी भूल हुई।' औरतें तर्क कर रही थीं। देवा का घर विलाप में डूब गया था।

रखमा के कई नाते-सगेदार थे। उसके भाई के पहुँचते-पहुँचते देर हो गयी जिससे क्रियाकरम के लिए सँझा हो गयी। महारों ने लाश उठाई। श्मशान घाट पहुँचे तब तक अँधेरा गहरा गया था। महारों ने मशालें जलाईं और अन्तिम संस्कार निबटा दिया।

श्मशान में उठी मशालों की लपटें मठ से भी दिखाई दे रही थीं। चारों मठ में ही थे। "महारों के श्मशान में मशालें दिखाई दे रही हैं।" वशा ने सभी से कहा। "देवा की घरवाली चल बसी। कानी के घर के सामने उसका घर था। ठिगनी गोरी औरत थी। उसके इलाज के लिए मदने मास्टर जी डॉक्टर को महार टोले ले गये थे।" तुका ने जानकारी दी। सुरा ने तुका की पीठ पर धौल जमाकर पूछा, "कानी पर नज़र है तुम्हारी। क्यूँ! " तुका झेंप गया। "गाँव में कानी और कविता दो ही लड़कियाँ ग़जब की हैं। जवानी आने पर देखना, आग लगा देगी।" तुका किसी आशिक की नाईं बोला। महन्त अपना बिस्तर लगा रहे थे। चारों की बातों से रात गहमा गयी–

"मास्टर डॉक्टर को लेकर महार टोले गया था। यह भड़ुआ सुधारवादी होने का स्वाँग भरता है। उसे कहो, पहले होस्टल का जातिवाद ख़त्म कर दिखाओ। महार टोले में जाने से महारों का कल्याण नहीं होगा। हाँ, जानेवाले का ख़ूब कल्याण होता है। लोग उसे सुधारवादी समझते हैं। इस मास्टर को अपना ओहदा

बढ़ाना है और कुछ नहीं। नेता जी के बाद इसका ही तो नम्बर है। इस भोसड़ी के ने हमारे लिए क्या किया?'' यशा बेहद ग़ुस्साया हुआ था।

''बाहर से आया आदमी देखते-देखते कितना बड़ा हो गया। इसके बिना गाँव का कोई काम नहीं होता है। इसने अपने साले-सालियों के नाम से कई लोगों की ज़मीनों को ख़रीदा। और देखो, ख़ुद किराये के मकान में रहता है। खादी पहनता है। फटी चप्पल पहने घूमता है। लोगों के सामने सादगी का स्वाँग रचकर घूमता है। सुना है, जिन्हें स्कूल में नौकरियाँ दीं उन सभी से इसने दस-दस लाख रुपये ऐंठे हैं। सभी आधे वेतन पर काम करते हैं। क्या गाँववालों को यह नज़र नहीं आता है?'' वशा की आवाज़ चढ़ चुकी थी। ''मदने मास्टर जी नेता जी के क़रीबी हैं। उनकी घरवाली मिलने जाती है नेता जी से। सभी जानते हैं। मदने मास्टर जी का कोई कुछ बिगाड़ नहीं सकता है।''

सुरा ने झुँझलाकर कहा, ''मदने मास्टर जी की औरत जो करती है वो ही जाने, हमें इससे क्या लेना-देना? मुझे अपनी जाति के बच्चों की चिन्ता है। महारों के बच्चों को हीनता से देखना समझ सकते हैं। लेकिन हमारे मराठों बच्चों के साथ भेदभाव? उन्हें भी नीचा दिखाया जाता है। होस्टल में हमारे बच्चों के साथ दुर्व्यवहार होता है। ब्राह्मणों के बच्चे हमारे बच्चों को अपने साथ बिठाते नहीं हैं। क्या मदने मास्टर जी जानते नहीं हैं?'' यशा की आवाज़ जैसे मठ की दीवारों को भेद रही थीं।

''सो जाओ अब।'' महन्त ने फनफनाते हुए कहा तो चारों चुप हो गये।

यद्यपि होस्टल में चिंगारी पड़ चुकी थी! चारुशीला पाटिल छात्रावास में कुल मिलाकर 98 लड़के थे। उनमें से बारह-तेरह लड़के हर वक़्त नागा करते थे। 23 बच्चे ब्राह्मणों के थे। 32 ब्राह्मणेतर थे। अनुसूचित जातियों के 43 लड़के थे। बच्चों के मन में जो आक्रोश उबल रहा था, उसकी लपटें गाँव तक पहुँच चुकी थी। इन बच्चों को एक ही मण्डप में खाना परोसा जाता था। ब्राह्मणों के बच्चे साथ में बैठते। उसके पश्चात ग़ैर-ब्राह्मण बच्चे बैठते थे। ब्राह्मण और ग़ैर-ब्राह्मण बच्चों के बीच पर्दा टँगा हुआ था। इस पर्दे के कारण ब्राह्मण और ग़ैर-ब्राह्मण बच्चों में विभाजन हुआ था।

अनुसूचित जाति के बच्चों को अलग जगह पर बिठाकर खाना परोसा जाता। ब्राह्मणों के बच्चे किसी भी हालत में ग़ैर-ब्राह्मण बच्चों के साथ खाना खाने के लिए तैयार नहीं थे। इन दो गुटों के बीच का मनमुटाव अब तूल पकड़ रहा था।

ग़ैर-ब्राह्मण बच्चों को यह अस्पृश्यता से भरा व्यवहार कचोटने लगा। उन्होंने कई बार शिकायतें कीं लेकिन किसी ने उसे गम्भीरता से नहीं लिया। ब्राह्मणों के बच्चे अड़े हुए थे। उन्होंने होस्टल छोड़ने की धमकी दी थी। मदने मास्टर जी इस मसले को सुलझाने का यत्न कर रहे थे। लेकिन नाकामयाब रहे।

हर दिन की तरह सुबह चारों ने बिस्तर छोड़ा तब सूरज ऊपर आ चुका था। अपने-अपने बिस्तर तहाकर उन्होंने लकड़ी की अलमारी पर रख दिये। महन्त उन चारों पर नज़र रखे हुए थे। चारों आवारगी करते हुए नदी पर पहुँचे। उन्होंने नदी में छलाँगें लगायी। स्नान किया और घर की तरफ़ निकल पड़े। जब हनुमान के मन्दिर के पास पहुँचे, तुका ने ''महार के बनाये हनुमान के सामने हाथ नहीं जोड़ूँगा।'' कहते हुए हनुमान से मुँह फेर लिया।

''सुनो, ग्यारह बजे मन्त्रिमण्डल का विस्तार होने जा रहा है। टीवी पर दिखाया जायेगा।'' वशा ने कहा।

''हाँ, हाँ चलो, मिलकर देखते हैं। चौक में बैठते हैं।'' यशा ने उत्साह से भरकर कहा।

ग्यारह बज चुके थे। टिवी पर ख़बरें आने लगीं। ख़ूब भीड़ जुटी थी। मन्त्रिमण्डल विस्तार का सीधा प्रसारण हो रहा था। सूट और जाकिट से लैस हितेन्द्र पाटिल जैसे ही टीवी पर नज़र आये लोगों ने जोश से भरकर चिल्लाना शुरू कर दिया, ''वो देखो, साहब दिख रहे हैं।'' लोगों का उत्साह आसमान छू रहा था। शपथग्रहण समारोह शुरू हो गया। एक-एक कर नेतागण सामने आने लगे। छह नये लोगों को मन्त्रिमण्डल में अवसर मिला था।

दोपहर में विभागों का ऐलान हुआ। हितेन्द्र पाटिल को शिक्षामन्त्री बनाया गया था। ऐलान होते ही धुरन्धरराव पाटिल पाठशाला में उत्सव की तैयारियाँ शुरू गयी। गाँव में पटाखों की आवाज़ें गूँजने लगी। अब गाँव में शिक्षा की सुविधाएँ खूब बढ़ेंगी। हर किसी की आँख में आशा की किरणें फूट पड़ी थीं। 'अब जूनिअर कॉलेज खुलेगा। फिर सीनियर कॉलेज भी खुल जायेगा। साहब ख़ुद शिक्षामन्त्री हैं। अब मान्यता मिलने में क्या देर लगेगी। नौकरियाँ उपलब्ध होंगी। मैं पर्मानेंट हो जाऊँगा। संस्था के अच्छे दिन आयेगे। गाँव-क़स्बों के विद्यार्थी बेहतर सुविधाएँ पा सकते हैं अब।' मदने मास्टर जी उमंग से भरे हुए थे। अध्यापक उत्साह से भरपूर बातें कर रहे थे। छात्र भविष्य को लेकर ख़ुशी से भर गये थे। छात्रावास के बच्चों के लिए रात के भोजन में मिठाई का इन्तजाम किया गया।

रात के खाने के समय जब ब्राह्मण बच्चों की क़तार अलग से लगी तो ग़ैर-ब्राह्मण बच्चों ने बहिष्कार कर दिया। अनुसूचित जातियों के बच्चों ने अलग बैठकर खाना खाया। फिर तो हितेन्द्र पाटिल के शिक्षा मन्त्री बनने पर जितनी चर्चा नहीं हुई थी, उससे अधिक चर्चा ग़ैर-ब्राह्मण बच्चों के बहिष्कार को लेकर हुई। गौतम ने सर्वप्रथम यह ख़बर महार टोले में पहुँचाई। ग़ैर-ब्राह्मण बच्चों ने जो किया, ठीक ही किया। अब महारों के बच्चों को भी यह क़दम उठाना चाहिए। छात्रावास के दलित बच्चों के मन में विद्रोह पनपने लगा। अपने साथ हो रहे दुर्व्यवहार को लेकर उनमें नाराज़गी पनपने लगी थी।

अगले दिन खाने के समय फिर से अलग-अलग क़तारें लगीं। इस बार किसी ने कोई शिकायत नहीं की। बच्चों का बर्ताव सामान्य था। बच्चों में आये इस बदलाव से मदने मास्टर जी ने भी कुछ राहत की साँस ली। छात्र हमेशा की भाँति क्लास में जा रहे थे। छात्रावास लौट रहे थे। किसी की कोई शिकायत नहीं थी। लगा कि सब कुछ सामान्य चल रहा है।

दस दिन बीत चुके थे। अचानक एक दिन मदने मास्टर जी के कक्ष में फ़ोन की घंटी बज उठी। फ़ोन पर नेता जी थे। उनकी आवाज़ सुनते ही मदने मास्टर जी चकरा गये। नेता जी बुरी तरह से रुष्ट थे। उनकी आवाज़ में रोष था, 'आप से नहीं बन पा रहा है तो नौकरी छोड़ दीजिए। किसी और की नियुक्ति हो जायेगी।' नेता जी के पहले वाक्य से ही मदने मास्टर जी पर मानो गाज गिरी। 'छात्रावास से बच्चों की तकरार आयी है मदने मास्टर जी। बच्चों के साथ भेदभाव भरा व्यवहार हो रहा है। बच्चों की शिकायतें मन्त्रालय तक पहुँच चुकी हैं। यह संस्था की बदनामी है। जल्दी से इस रार को ख़त्म कीजिए।' मदने मास्टर जी अपनी सफ़ाई में कुछ कहे इससे पूर्व उधर से फ़ोन पटकने की आवाज़ सुनाई दी। मदने मास्टर जी को अपनी बात रखने का कोई मौक़ा नहीं मिला। दिमाग़ उनका सुन्न हो गया।

आनन फानन में उन्होंने टेबल पर रखी घंटी बजाई। गौतम भागता हुआ चला आया। "छात्रावास के सभी ब्राह्मण छात्रों को बुलाओ सभी से कहो, मैंने बुलाया है। जाओ, जल्दी करो। सभी से कहना कार्यालय में जमा होवें।" मदने मास्टर जी ने दहाड़ते हुए कहा। गौतम 'जी' कहते हुए चला गया। मदने मास्टर जी का तन-बदन सुलग रहा था। नेता जी के फ़ोन से उनके पैरों तले की ज़मीन खिसक गयी थी।

कुछ ही देर में सभी ब्राह्मण छात्र संस्था के कार्यालय में जमा हो गये। मदने मास्टर जी ग़ुस्से से खौल रहे थे।

''यहाँ पर कोई तमाशा नहीं चलेगा। पढ़ने के लिए आये हो। अपनी पढ़ाई पर ध्यान दो। यह भेदभाव का जो बर्ताव कर रहे हो, उससे दूर रहो। समझ में आया?'' उन्होंने गरजते हुए कहा। लेकिन उन्होंने देखा कि छात्रों पर इसका कोई असर नहीं हुआ है।

''कोई भेदभाव नहीं करते हैं हम। हमारे धर्म में जो कहा गया है, वह करते हैं। कोई ग़लत काम नहीं किये हैं। हम किसके साथ भोजन करें, नहीं करें यह बतलानेवाले आप कौन होते हैं?'' अचानक एक छात्र ने उद्दण्ड़ता से कहा।

''भगवान शिव की आज्ञा से ही इस भूतल पर ब्राह्मण, क्षत्रिय, वैश्य और शूद्र ये भेद निर्माण हुए हैं।'' कोई ज़ोर से बोला।

''नरों में सबसे श्रेष्ठ ब्राह्मण है।''

ब्राह्मण छात्रों की धृष्टता देखकर मदने मास्टर जी हैरान थे। उन्होंने अपने-आप को सँभाला और कहना शुरू किया, ''देखो बच्चो, विद्या के हक़दार सभी हैं। सभी जाति-धर्म के, सभी परिस्थतियों में जीवन बितानेवाले स्त्री-पुरुष समान रूप से विद्या ले सकते हैं। विद्यादान इसी सिद्धान्त को लेकर चलता है। हमें आज़ादी मिली लेकिन समाज-परिवर्तन के साथ समता पर आधारित एक समृद्ध विज्ञाननिष्ठ राष्ट्र का निर्माण बहुत ज़रूरी है। यह ध्यान में रखो बच्चो। सभी के साथ बैठकर ही खाना लेना होगा। ग़ैर-ब्राह्मण बच्चों ने तुम्हारे ख़िलाफ़ आवाज़ उठाई है। आगे अस्पृश्यों के बच्चे भी ऐसी माँग कर सकते हैं।'' मदने मास्टर जी ने संयम से कहा।

ब्राह्मण छात्र बिदक गये और शोरगुल पर उतर आये। मदने मास्टर जी ने ऊँची आवाज़ में सभी से शान्त रहने के लिए कहा। सभी ओर शान्ति छा गयी। मदने मास्टर जी की अवस्था दो पाटों के बीच फँसे धान की तरह हो गयी थी। तभी एक छात्र उठ खड़ा हुआ और ऊँची आवाज़ में कहने लगा, ''आपकी शिक्षा, आपका समाज-परिवर्तन ब्राह्मणों के माहात्म्य को कम करनेवाला और महारों की महिमा को बढ़ानेवाला है। हम महारों के साथ बैठकर भोजन नहीं कर सकते। भले ही हमारे प्राण चले जायें।'' सभी ब्राह्मण बच्चों ने उसके समर्थन में ज़ोरदार तालियाँ बजायीं। मदने मास्टर जी ने फिर से शान्ति से कहा, ''अब मैं जो कहने जा रहा हूँ, उसके आगे कोई बात नहीं होगी। मेरी बात ध्यान से सुनो। ग़ैर-ब्राह्मण बच्चों ने नेता जी से शिकायत की है। उनका फ़ोन आया था अभी।

इसीलिए मैंने सभी को यहाँ पर बुलाया है। अगर यहाँ रहकर पढ़ना है तो यहाँ के नियम-क़ानून मानने होंगे। वरना अपना-अपना दाखिला लो और यहाँ से दफ़ा हो जाओ।'' मदने मास्टर जी ने अपना कहा जैसे ही ख़त्म किया, ब्राह्मण बच्चों ने हुड़दंग मचाना शुरू कर दिया। अब की बार मदने मास्टर जी चिल्ला उठे, ''मुझे अपनी बात ख़त्म करने दो। आज हम केवल ग़ैर-ब्राह्मण छात्रों की शिकायत पर बात कर रहे हैं। तुम लोग जिस तरह से खाना लेते हो उस व्यवस्था में कोई बदलाव नहीं होगा। संस्था को इसमें कोई एतराज नहीं होगा। केवल तुम्हारे और ग़ैर-ब्राह्मण छात्रों के बीच जो पर्दा टँगा रहता है, उसे निकाल दिया जायेगा। तुम सभी अपनी तय जगह पर ही खाना लोगे और ग़ैर-ब्राह्मण छात्र उनकी जगह पर। क्या इसमें भी कोई आपत्ति है?''

एक ब्राह्मण छात्र उठकर खड़ा हुआ। ''पर्दा हटाने में हमें कोई आपति नहीं है। लेकिन हमारी आसन-व्यवस्था वही रहेगी। साल के बीच में ही हम यहाँ से निकलकर कहाँ जायेंगे। हाँ, अगले वर्ष कहीं और चले जायेंगे। हमारे हिन्दुत्व पर कोई आँच नहीं आने देंगे।'' ब्राह्मण छात्र ने नफ़रत से भरकर कहा। मदने मास्टर जी ने सन्तोष की साँस ली। ''चलो, अब अपने-अपने क्लास में जाओ।'' छात्र उठे और चल दिये। जाते हुए वे बुदबुदा रहे थे– 'रामो राजमणि सदा विजयते!'

मदने मास्टर जी ने ब्राह्मण छात्रों की मीटिंग बुलाई है, यह ख़बर बीच की छुट्टी में सभी छात्रों के बीच फ़ैल गयी। ग़ैर-ब्राह्मण छात्रों ने नेता जी के पास शिकायत की है इस बात को लेकर भी ख़ूब चर्चा हुई। ब्राह्मण और ग़ैर-ब्राह्मण विवाद की शैक्षिक क्षेत्र में चर्चा शुरू होने से अध्यापक बिथर गये। छात्र भी दो गुट में बँट गये थे। अब अनुसूचित जातियों के छात्रों में भी खुसुरपुसुर होने लगी। 'हमें भी अपनी शिकायत मन्त्री जी के पास ले जानी होगी।' महारों के बच्चों की आँखों में एक नया भाव पनपने लगा। पाठशाला में अब शिक्षा की जगह दूसरी बातें होने लगी थीं। मदने मास्टर जी का सिरदर्द बढ़ने लगा था।

दोपहर में अनुसूचित जातियों के बच्चे भी मदने मास्टर जी से जा मिले। सभी एकजुट थे। मदने मास्टर जी ने प्यार के साथ उनकी पूछताछ की। वे छात्रों के आने की मंशा जान रहे थे। लेकिन अनुसूचित बच्चों ने जैसे ही उनके टेबल पर एक याचिकानुमा काग़ज़ रखा वे चौंक गये। आँखें फाड़कर उन्होंने उस याचिका में लिखे हर शब्द को ध्यान से पढ़ा उनका चेहरा कठोर हो गया था। अपनी भवों को तानकर उन्होंने छात्रों की तरफ़ देखा और कहा, ''इस संस्था में किसी तरह का

भेदभाव नहीं किया जाता है। इस संस्था के संस्थापक और हमारे राज्य के शिक्षामन्त्री महार टोले में जाकर वहाँ का भोजन लेते हैं। मैं भी किसी तरह का भेदभाव नहीं करता हूँ। गौतम से पूछो। वह चपरासी है। मैंने कभी उसके साथ बुरा बर्ताव किया है? डॉक्टर महार टोले में जाने के लिए तैयार नहीं थे। मैं उन्हें लेकर वहाँ गया था।'' मदने मास्टर जी आवेश में थरथरा रहे थे। छात्र शान्ति से सुन रहे थे। ''तुम जैसा चाहते हो, वैसा ही होगा। लेकिन ध्यान में रखो, इन सभी बातों से अधिक महत्त्वपूर्ण शिक्षा है। मैं चाहता हूँ कि तुम अपना ध्यान पढ़ाई की तरफ़ दो। क्या तुमने कभी अम्बेडकर को पढ़ा है? कितने अभावों के बीच वे बैरिस्टर बने थे। बड़ोदा में थे तब उन्हें किराये से मकान तक नहीं मिला था। और तुम कल के लौंडे। तुम्हें अभी बहुत कुछ सीखना है। जाओ, अपने-अपने क्लास में। ये फिजूल की शिकायतें लेकर मत आया करो। यह नेता जी की संस्था है, इसे ध्यान में रखो।'' मदने मास्टर जी की आवाज़ में धमकी थी। उनकी नज़र साँप की भाँति सरसरा रही थी।

आठ का घंटा बजा। रात्रि के भोजन का समय हो चुका था। छात्रावास के सभी बच्चे भोजन-कक्ष में इकट्ठा होने लगे। मदने मास्टर जी वहाँ पर पहले से ही हाज़िर थे। जैसा तय था, ब्राह्मण और ग़ैर-ब्राह्मण बच्चों के बैठने की व्यवस्था की गयी थी। दोनों गुट खाने के लिए बैठ गये। अनुसूचित जातियों के बच्चों को वहाँ पर अनुमति नहीं थी। ग़ैर-ब्राह्मण बच्चों को थोड़े-थोड़े अन्तर पर बिठाया गया था। अनुसूचित जातियों के छात्रों के लिए कोई जगह नहीं थी। यह देखकर वे बिफर गये। मदने मास्टर जी उनके पास गये और उन्होंने पुचकारकर कहा, ''यहाँ पर ख़ाली जगह नहीं है। तुम सभी अलग जगह पर जाकर बैठो। यहाँ इनके साथ नहीं बैठ सकते हो। देखो, जगह की कमी है। क्या इस बात को ध्यान में नहीं रखना होगा? '' दलित छात्रों ने साफ़ इनकार कर दिया। इधर ब्राह्मण और ग़ैर-ब्राह्मण बच्चों ने भोजन शुरू कर दिया था।

मदने मास्टर जी ग़ुस्से से भर उठे, ''उत्पात मत मचाओ। चुपचाप खाना ख़ाओ। समय ख़त्म हो जाने पर खाना भी नहीं मिलेगा। अनुशासन में नहीं रहोगे तो सभी को स्कूल से निकाल दिया जायेगा। समझे?'' मदने मास्टर जी बुरी तरह से उखड़ गये थे।

''चलो रे यहाँ से'' किसी दलित छात्र ने ऊँची आवाज़ में कहा। सभी खाने के लिए अलग जगह पर जाकर बैठ गये। खाना परोस दिया गया। ''क्या हमारे लिए भोजन अलग नहीं बनाया?'' दलित छात्र में से किसी ने उपहास से कहा तो

सभी खिखियाकर हँसने लगे। ''माईबाप, कोई तो भीख दो मेरे माईबाप!'' फिर से व्यंग्य भरी एक आवाज़ उभरी। भिखमंगे की तरह उसका इस तरह से रिरियाना बच्चों को हँसा गया। मदने मास्टर जी व्यथित हो उठे। दलित छात्रों की मसखरी से उनके चेहरे का रंग उड़ गया। ब्राह्मण और ग़ैर-ब्राह्मण बच्चों में खलबली मच गयी। दलित छात्रों ने मदने मास्टर जी का मज़ाक उड़ाया था। वे ख़ुशी से भरे भोजन करने लगे।

अगले दिन भोजन-व्यवस्था की यह ख़बर गाँव में ख़ूब फैली। पाठशाला में भी बड़ी चर्चा हुई। महार टोले में बात गयी तो बात ने बड़ा तूल पकड़ा–

''हम ग़ैर-ब्राह्मणों की पंगत में साथ नहीं बैठ सकते; ब्राह्मणों के साथ बैठना तो बहुत दूर की बात है।''

''ग़ैर-ब्राह्मण ब्राह्मणों से समता की अपेक्षा रखते हैं। लेकिन वे खुद महारों की समता के प्रति उदासीन हैं।''

''यह जाति आख़िर क्या है? इन्सानों के बीच का फ़ासला ही तो है।''

''टोले में टीवी लगाया हुआ है। लेकिन कभी नहीं चला। बिजली के खंभे गड़े हैं लेकिन लैम्प बन्द पड़े हैं। अब हमें आवाज़ उठानी होगी।''

''आवाज़ उठायेंगे तो मदने मास्टर जी चिढ़ जायेंगे।''

''कितनी भी शिकायतें कर लो, कोई लाभ नहीं होगा।''

''मत होने दो। लेकिन उन्हें समझ में तो आयेगा कि हम भी तकरार कर सकते हैं।''

''हमारे बच्चे बग़ावत कर रहे हैं। हमें भी कुछ करना होगा। उनका साथ देना होगा। जो होगा, देखा जायेगा।''

देखते ही देखते मदने मास्टर जी के घर के सामने महार बड़ी संख्या में जुट गये। मदने मास्टर जी अभी-अभी घर लौटे थे। दरवाज़ें पर यूँ महारों की भीड़ देखी तो वे परेशान हो गये। महारों के तेवर बदले हुए थे। मदने मास्टर जी सकपका गये। सवाल करते महारों से पेश आने की उन्हें आदत नहीं थी। महारों के सामने झुककर उन्हें समझाने-बुझाने का धैर्य उनमें कभी नहीं था। या यूँ कहे महारों में हुई जागृति को समझ पाने की सामर्थ्य उनमें नहीं थी। अभी तक उन्होंने महारों को केवल उपदेश ही किया था। उनकी कही बातों में हर समय अधिकार का पुट होता था। महारों को उन्होंने आज तक केवल दया भाव से देखा था। उन्हें केवल इतना ज्ञात था कि महारों को जजमानी दो और छुटकारा पा लो। महारों के प्रश्न, उनके हक़,

उनके अधिकार इनके बारे में उन्होंने कभी जानने की कोशिश नहीं की थी। साफ़ था, आज वे बड़ी दुविधा में थे। उन्हें लगा कि अपने भीतर यह जो जेता-भाव है उससे निकली भाषा महारों के कतई अनुकूल नहीं है। यह भाषा उन्हें अखर सकती है। उन्हें अब महारों से बात करने के लिए नयी भाषा की ज़रूरत महसूस होने लगी। उन्होंने खुद को सँभाला और कहना शुरू किया, ''देखिये, छात्रावास के बच्चों का उत्पात दिन-ब-दिन बढ़ रहा है। उससे निपटना पड़ता है। इसलिए हर रोज़ घर आने में देरी हो रही है। छात्र अब नेता जी के पास शिकायत करने लगे हैं। किस-किसको समझाना होगा?'' मदने मास्टर जी भीतर से झुँझला उठे थे।

देवा महार अचानक सतर्क हो गया। बिना पल गँवाये उसने कहा, ''महार टोले के कुछ लोग नेता जी के पास एक याचिका भेजना चाहते हैं। उन्होंने एक याचिका बनाई है। सोचा, आपको बता दें इसलिए चले आये हैं जी। टोले का टीवी बन्द पड़ा है। बिजली के खम्बो पर लगे लैम्प बन्द पड़े हुए हैं। महार टोले के लोगों ने हस्ताक्षर कर दिये हैं।'' कोई बम फटा हो वैसे मदने मास्टर जी सकते में आ गये, ''क्या अब राज्य के मन्त्री टीवी दुरुस्त करेंगे? बिजली के खम्बे पर चढ़ेंगे? यह क्या बात हुई भला? काहे ऊपर तक शिकायत ले जा रहे हो? मैं हूँ ना। मुझसे बात करो।''

मदने मास्टर जी ने भावुकता से कहा। देवा ने भी संजीदगी से भरकर कहा, ''हाँ-हाँ...हम क्या समझते नहीं हैं आपकी बात? आप ही तो डॉक्टर को लेकर मेरे घर आये थे। मैं कैसे भूल सकता हूँ? लेकिन कुछ लोगों के दिमाग में बात घुसे तब न! साले सिर चढ़ गये हैं। नेता जी गोपा के घर गये इस बात से जले हुए हैं जी सभी। अब मन्त्री जी हर किसी के घर तो नहीं जा सकते हैं।'' देवा ने मदने मास्टर जी की नब्ज़ पकड़ ली थी। वह उन पर हावी होने लगा था। मदने मास्टर जी दबते चले गये। रिरियाते हुए उन्होंने कहा, ''तुम काफ़ी समझदार हो देवा। टोलेवाले तुम्हारी बात मानते हैं। बस, उस याचिका को रुकवा दो। सभी को समझाओ। मुझे केवल दो दिन की मोहलत दो। मैं सभी काम करवा दूँगा। अरे भई, मैं एक ग़रीब मास्टर हूँ।'' महारों से बात करते हुए आज पहली बार मदने मास्टर जी को लगा कि उनके क़दम धरती पर आ चुके हैं। अपनी बात को जैसे चाशनी में लपेटकर देवा बोला, ''मदने मास्टर जी, हमारा आप पर पूरा भरोसा है जी। इसीलिए तो आपको याद किये हैं।''

सभी लौट गये।

"आज तो मदने मास्टर जी की बोलती बन्द कर दी तुमने देवा।" बाला ने देवा की पीठ थपथपाते हुए कहा। देवा की बाँछे खिल गयीं। सभी बाला के घर पहुँचे और उसके आँगन में बैठ गये। बाला ने चांगी से सभी के लिए चाय बनाने के लिए कहा। मदने मास्टर जी से मुलाक़ात होने से सभी ख़ुश थे। "अरे भय्या, मदने मास्टर जी कोई छोटी-बड़ी हस्ती थोड़े ही हैं। नेता जी के फ़ोन आते हैं उन्हें। आज हम ऐसे आदमी के सामने अपनी बात रखकर आये हैं। इससे पहले गर्दन भी ऊँची नहीं होती थी।" गोपा ने कहा।

"हम पर जो जुलुम होता है उसके ज़िम्मेदार हम ही हैं। हम यह जुलुम सहते हैं। इसलिए जुलुम करनेवालों की हिम्मत बढ़ जाती है।" हाजी मलंग ने कहा।

चांगी ने सभी को चाय दी।

"अब टोले में डॉक्टर भी आयेगा। नहीं आया तो हम शिकायत लेकर जायेंगे।"

"दीना ने हमारी जाति के अध्यापक को किराये से घर दिया है। कहो क्यूँ? पैसे के लिए न?"

"होस्टल पर हमारे बच्चे अब चुप नहीं बैठेंगे। कुछ दिनों के बाद देखना, वे भी नेता जी के पास अपनी शिकायत लेकर जायेंगे।"

तभी टोले रौशनी से फक्क कर उठी। बिजली के खम्बे पर लगे दोनों लैम्प जल चुके थे। दूर तक उजाला फ़ैल गया। बच्चे ख़ुशी से चिल्ला उठे। बाला महार के आँगन में भी उजाला छितर गया। "इतने दिन यूँही अँधेरे में रहे। आज इनकी मति ठिकाने पर आ गयी।" चाय की ख़ाली प्यालियाँ उठाते हुए चांगी बुदबुदाई। "देवा की मति ठिकाने पर आ गयी!" बाला ने चुटकी लेते हुए कहा। चांगी को विश्वास नहीं हुआ।

"उनका सुना होता तो कभी बिजली नहीं आती। इतने दिन यह बाट नहीं जोहनी पड़ती।" चांगी ने भी मज़ाक़ में कहा। तब तक तीसरा लैम्प भी जल उठा। बच्चों ने चिल्ला-चिल्लाकर टोले सिर पर ले ली। उनकी ज़ोरदार सीटियों की गूँज से पूरा परिवेश गमक उठा। महार टोला उजाले से भर गया। बच्चे मचलते हुए उधम मचाने लगे।

गोपा, देवा और हाजी मलंग उठ खड़े हुए और अपने घरों की ओर लौटने लगे। तभी लाइनमैन चला आया। उसे देखकर सभी ठिठक गये। "बिजली आ गयी रे भैया।" लाइनमैन ने चिल्लाकर कहा। "अच्छा किया भैया! इतने दिन हम

अँधेरे में डूबे हुए थे।'' गोपा ने कृतज्ञता से कहा। ''मैं तो खाना खा रहा था। मदने मास्टर जी का फ़ोन आया, तो भागा-भागा चला आया। उनकी आर्डर को मानना ज़रूरी है।'' लाइनमैन ने उत्साह से भरकर कहा। ''देखना, कल दुबारा बन्द न पड़ जाये।'' देवा ने तंज़ कसा। ''नहीं, बिल्कुल नहीं पड़ेंगे।'' लाइनमैन ने मुस्कुराकर कहा। महार ख़ुशी से भर उठे। उजाले में रास्ते साफ़ दिख रहे थे। रास्ते पर के गड्ढे दिखाई दे रहे थे। पत्थर-ढेले नज़र आ रहे थे। महार टोला साफ़-साफ़ दिखाई दे रहा था। लोग उत्साह से भरे हुए उजले रास्ते पर घूमते नज़र आ रहे थे।

महार टोले का उजाला गाँव से भी नज़र आ रहा था।

''महार टोले में बिजली जली है।'' तुका ने चिल्लाकर कहा।

''छात्रावास के बच्चों ने उत्पात मचा रखा है। मदने मास्टर जी पर दबाव आया हुआ होगा। महारों की शिकायतें बढ़ जाने से मुसीबतें और भी अधिक बढ़ सकती हैं इसलिए एक रात्रि में यह काम हुआ है। महार संघटित हो रहे हैं। सवाल करने लगे हैं। आज तक गूँगे थे। अब बोलने लगे हैं। जग रहे हैं। पता नहीं इस सबसे व्यवस्था पर क्या असर होगा।'' महन्त गम्भीर हो चुके थे।

''महार टोले में बिजली आ गयी। अब धनगर टोला भी बिजली की माँग करेंगा। कल म्लेच्छ कहेंगे, हमें भी बिजली चाहिए। हर कोई उठ खड़ा होगा।'' यशा ने सतर्क होकर कहा।

''क्या गाँव के हर लैम्प को जलना न होगा? मेरे घर के सामने की बिजली भी कई दीनों से गुल है। उसे कौन देखेगा?'' वशा ने झल्लाकर कहा। बालाजी मन्दिर के भजन अभी तक चल रहे थे।

''आज गाँव में और एक होटल खुला है। अब दो-दो होटल हो गये हैं।'' तुका ने उत्साह से भरकर जानकारी दी। ''गुंडू ने भी घर में भोजनालय शुरू किया है। उसके घर पर भोजनालय का बोर्ड लग चुका है।'' सुरा ने अपनी ओर से जानकारी दी। ''पांडू ने मकान का काम छेड़ दिया है। किराये से देने के लिए वह कमरे उठवा रहा है।'' यशा ने जानकारी में इजाफ़ा किया। ''गाँव में कुछ-न-कुछ नया हो रहा है।'' महन्त ने बिस्तर पर लेटते हुए कहा।

महन्त की आँखों से नींद दूर थी। मन्दिर पर भोंपू लगा हुआ था। मन्दिर में चल रहे भजन-कीर्तन की आवाज़ गाँव में सर्वदूर गूँज रही थी। 'मस्जिद पर भोंपू लगा है, मन्दिर पर भी लगना चाहिए,' ब्राह्मण छात्रों ने माँग की थी। मन्दिर और मस्जिद पर लगे भोंपू आपस में होड़ कर रहे थे। महन्त की नींद उड़ चुकी थी।

देशपाण्डे सर ने लोगों के मन जीत लिए थे। मन्दिर में ब्राह्मण छात्र समूह से मन्त्रों का पठन करने लगे थे जिससे मन्दिर की महिमा बढ़ने लगी थी। सुबह-शाम दर्शन करनेवालों की ख़ासी भीड़ जुटने लगी थी। अब तो बाहर गाँव के लोग भी दर्शन हेतु आने लगे थे। मन्दिर परिसर में पूजा-सामग्री की दुकानें सजने लगीं। चाय का ठेला लग गया। गन्ने का रस बिकने लगा। गाँव बदल रहा था। महन्त विचारों में डूबे हुए पड़े रहे। कुछ देर में गहरी नींद में डूबकर खर्राटे भरने लगे।

''हर हाल में केस से छुटकारा पाना होगा। कसाई को मारकर हमने नाहक ज़िन्दगी बरबाद कर ली।'' तुका ने निराशा से भरकर कहा। ''मुझे भी लगता है, हमसे भारी ग़लती हुई है।'' वशा ने उसके कहे को समर्थन दिया। ''कसाई की बीवी प्रीति छात्रावास में काम करती है। उसने अपने बच्चों को भी छात्रावास में डाल रखा है। उसका बेटा हामिद दसवीं कक्षा में पढ़ता है। महारों के बच्चों के साथ रहता है। और हम... जीवन के खेल में बाज़ी हार चुके हैं।'' वशा ने हताशा से भरकर कहा। ''केस से छूटकर भी कोई लाभ नहीं है। किसी हिन्दू ने हमें मदद नहीं की। हम हमारे भोग भोग रहे हैं।'' तुका ने फिर से उद्विग्न होकर कहा। ''सो जाओ अब!'' यशा ने चिल्लाकर कहा। वशा खर्राटे भरने की नकल करने लगा।

सुबह चारों उठकर जब घर की तरफ़ निकले, नदी के पात्र में उन्हें देशपाण्डे सर नज़र आये। उन्होंने अपनी पूरी देह पर भस्म मला हुआ था। धारा के बीचोबीच वे सूरज को हाथ जोड़े खड़े थे। उन्होंने मन्त्रों का उच्चारण किया और विधिवत स्नान किया। उनका स्नान पूरा होने तक किसी में इतनी हिम्मत नहीं थी कि नदी के पानी में उतरे। सूरज की सुनहरी किरणें पानी पर छितरी हुई थीं। पानी से बाष्प निकल रहा था। पानी झिलमिला रहा था। मन्त्रोच्चार के साथ स्नान करते देशपाण्डे सर की रक्तिम-गौर काया को देखकर चौकड़ी अभिभूत हो गयी। चारों ने हाथ जोड़कर देशपाण्डे सर को प्रणाम किया। चारों को बड़ी धन्यता महसूस हुई। ''हर दिन इनके दर्शन होने चाहिए। दिन अच्छा गुज़रेगा।'' तुका के मुँह से निकल गया।

देशपाण्डे सर चले गये तो चारों ने धारा में प्रवेश किया। तुका देशपाण्डे सर की नकल उतारते हुए स्नान करने लगा। वशा खिखियाकर हँसने लगा। तभी चूड़ामण तेली हाथ में घड़ा लिए हुए सामने आ खड़ा हुआ। ''पीने के वास्ते पानी ले जाना है। चलिए, परे होइए।'' उसने चारों से डपटकर कहा। चारों एक ओर हो लिए। चूड़ामण ने अपना घड़ा भर लिया और कन्धे पर ढोता हुआ वह धारा से बाहर निकल गया।

''इसकी घरवाली होस्टल पर काम करती है। इसलिए मगज़ सातवें आसमान पर है इसका। हर माह घर में पैसे आते होंगे!'' तुका ने चिढ़कर कहा।

''हम लोगों पर क़ैदी होने की मुहर जो लगी हुई है। इसलिए ऊँची आवाज़ में बात कर गया साला। जेलर की तरह घुड़ककर बोल गया।'' वशा ने कहा।

''चुप बैठो तुम लोग। सुबह-सुबह दिमाग़ ख़राब मत करो।'' यशा ने झुँझलाकर कहा।

चारों ने स्नान किया और घर की तरफ़ निकल पड़े। बच्चे युनिफॉर्म पहने हुए स्कूल के लिए निकले थे। स्कूल का घंटा नाद सुनाई देने लगा। बच्चे तेज़ी से स्कूल की दिशा में बढ़ने लगे। पहले लोग मन्दिर के घंटा नाद से जगते थे अब नयी पीढ़ी स्कूल के घंटे की आवाज़ से जग रही थी। मराठा गली से, धनगर टोले से, मुस्लिम मोहल्ले से, महार टोले से, मातंगवाडे से निकले युनिफ़ॉर्म पहने बच्चों से गाँव के रास्ते गमक रहे थे। स्कूल के ऊपर भी भोंपू लग चुका था। स्कूल के घंटे ने दूसरी बार नाद किया। शीला और तानी साइकिल से स्कूल पहुँचीं। इनायत अली के बड़े बेटे की बतौर अध्यापक स्कूल में नियुक्ति हुई थी। वह मोटरसाइकिल से स्कूल पहुँचा। महादेव शिम्पी के बेटे को चपरासी की नौकरी मिली थी। वह भी अपनी साइकिल से स्कूल पहुँचा। टिपडु की बहू की अध्यापिका के तौर पर नियुक्ति हुई थी। वह बाइक से स्कूल पहुँची। बनसोडे सर साइकिल से गये। स्कूल का रास्ता छात्रों से महक गया था।

''हम भी पढ़ाई किये होते तो कितना अच्छा होता।'' तुका के मुँह से अनायास ही निकल गया।

'''हमारे नसीब में कसाई की हत्या लिखी हुई थी।'' सुरा ने व्यथित होकर कहा।

''हम धर्म के रक्षक है - धर्मवीर हैं! धर्मवीर की तरह सोचा करो!'' यशा ने टोकते हुए कहा।

महार टोले से बाला महार के बच्चे अशोक और विलास स्कूल के लिए निकले थे। वे भागते हुए ही स्कूल की तरफ़ बढ़ रहे थे। आज उन्होंने अपने एकमात्र यूनिफ़ॉर्म धोने में डाले थे जो अभी तक गीले थे। गीले यूनिफॉर्म पहने ही वे स्कूल जा रहे थे। दौड़ते-भागते वे स्कूल पहुँचे। जब तक स्कूल के गेट तक पहुँचे, तब तक तीसरी घंटी बज उठी थी। छात्र अपने-अपने क्लासरूम से क़तार बनाकर बाहर निकल रहे थे। सामुदायिक राष्ट्रगान के लिए सभी क़तार में खड़े होने लगे।

हर क़तार के सामने क्लास-अध्यापक खड़े थे। अशोक ने क्लास में जाकर अपना बस्ता रखा और हड़बड़ी से वह अपनी कक्षा के बाहर लगी क़तार की तरफ़ बढ़ गया। अब किसी भी पल में राष्ट्रगान की घोषणा हो सकती थी। बच्चे क़तार बना रहे थे। भोंपू बज उठा और घोषणा हुई, 'राष्ट्रगान शुरू करेंगे शुरू कर!' अब अशोक जहाँ जगह मिली, वहीं पर रुक गया। उसने देखा नहीं कि वह किस क़तार में खड़ा है। उस क़तार के अन्य बच्चे उसे अजीब नज़रों से घूरने लगे। वह ग़ैर-ब्राह्मण बच्चों की क़तार थी। अशोक उनके साथ खड़ा था। राष्ट्रगान ख़त्म हुआ। छात्र क़तार बनाकर अपनी-अपनी कक्षाओं में लौट गये।

बीच की छुट्टी का घंटा बजा।

सभी छात्र क्लासरूम से बाहर चले आये। भेदभाव को लेकर वैसे भी स्कूल का माहौल गर्म था। ब्राह्मण बच्चों ने अपना गुट बनाया। ग़ैर-ब्राह्मण छात्र और दलित छात्र अपने-अपने गुट बनाकर खड़े थे। 'महारों का अशोक हमारे कन्धे से कन्धा मिलाकर खड़ा था।' ग़ैर-ब्राह्मण बच्चे आपस में खुसुरफुसुर करने लगे। अशोक जिस लड़के के पास खड़ा था, सभी उसका मज़ाक़ उड़ाने लगे। 'महार अब हमारे निकट आकर खड़े हो रहे हैं। हमारे साथ भोजन करने की माँग करते हैं। इसीलिए ब्राह्मण बच्चे हमसे कतराते हैं। हमें महारों से दूरी बनाकर रखनी होगी।' ग़ैर-ब्राह्मण छात्र उखड़े हुए थे ही; यकायक उन्होंने अशोक पर हमला बोल दिया। दलित छात्र इसके लिए तैयार नहीं थे। ग़ैर-ब्राह्मण छात्रों ने अशोक को नीचे गिराया और लातों-घूँसों से उस पर प्रहार करने लगे। दलित छात्र डरकर भाग खड़े हुए। शोरगुल सुनकर अध्यापक दौड़कर आये। अशोक के कपड़े मैले हो गये थे। कमीज़ के बटन टूट गये थे। उसकी नाक से रक्त बह रहा था। वह रो रहा था। मामला जब मुख्याध्यापिका के कानों में गया, उन्होंने तुरन्त सभी को अपने केबिन में बुलाया। उनके तलब करते ही छात्र अपना पक्ष रखने लगे–

"यह महार है। मेरे कन्धे से कन्धा लगाकर खड़ा था।"

"राष्ट्रगान शुरू हो गया था। मैं क्या करता? जहाँ जगह मिली वहीं पर रुक गया।"

"होस्टल के बच्चे हमारे साथ बैठकर भोजन करने की माँग करते हैं। यह हमारी क़तार में हमारे साथ खड़ा होता है। यह बदमाशी है।"

"मैं राष्ट्रगान का अपमान होने देना नहीं चाहता था। इसलिए इनकी क़तार में घुस गया। मुझे बिना वजह मारा इन्होंने।"

छात्रों की बहस सुनकर मुख्याध्यापिका मदने मैडम झल्ला गयी। उन्हें कुछ न सूझा तो सभी से हाथ आगे करने के लिए कहा और अपनी बेंत से एक-एक कर सभी की हथेली पर छड़ी की मार देते हुए मामला रफ़ा-दफ़ा कर दिया। ''जाओ, क्लासरूम में।'' उन्होंने चिल्लाकर कहा। ग़ैर-ब्राह्मण बच्चे छड़ी की मार खाकर हथेलियों को मलते हुए बाहर निकल गये। जब अशोक की बारी आयी तो उसने भुनभुनाते हुए अपनी हथेली आगे करने से इनकार कर दिया, ''मेरी कोई ग़लती नहीं है!'' मुख्याध्यापिका झुँझला गयी। ''अपना हाथ आगे करो।'' उन्होंने दुबारा कहा। इस पर भी जब अशोक नहीं माना तो वे बेकाबू हो गयी और उसे छड़ी से पीटने लगीं। अशोक चिल्लाने लगा।

''जाओ, अपने क्लास में!'' उन्होंने छड़ी फेंक दी और ग़ुस्से से भरकर कहा। अशोक रोता हुआ वहाँ से निकल गया।

बनसोडे सर स्टाफरूम में बैठे थे। उन्हें अशोक का चीखना-रोना सुनाई दिया। स्टाफरूम में बैठे अध्यापक बातों में दंग थे, ''महार के बच्चे के हाथ से गलती हुई है। उसे अपनी औकात में रहना चाहिए था। बच्चे अनुशासन से दूर हो रहे हैं।'' बनसोडे सर चुपचाप सुन रहे थे। उनके सामने अख़बार था, लेकिन कान उनके सभी की बातों पर लगे हुए थे। वे एक तनाव से गुज़र रहे थे। 'सभी सवर्ण अध्यापक सवर्ण बच्चों के पक्ष में बात करते हैं। क्या मुझे दलित बच्चों के पक्ष में खड़ा नहीं रहना होगा? ऐसी अलिप्तता ठीक नहीं है।' उनके मन की बेचैनी बढ़ रही थी।

घंटा बजा। बनसोडे सर अपने क्लासरूम में पहुँचे। पढ़ाते समय बार-बार उनका ध्यान अशोक की तरफ़ जा रहा था। वे बहुत गम्भीर हो चुके थे। आज पहली बार उन्हें अपनी जाति का अहसास हुआ। सवर्ण छात्रों को देखकर उनके मन में एक तरह का हीन-बोध जाग्रत हुआ। सवर्ण छात्र पढ़ने की जगह मनमानी कर रहे थे।

बनसोडे सर ने उन्हें अनदेखा किया और वे पढ़ाने लगे। दीवारों को, खिड़कियों को, पंखे को, डेस्क को, बोर्ड को। उन्हें लगा कि ऊँची जातियों की उग्र नज़रें उन्हें घूर रही हैं। जब क्लास से बाहर निकले यह असहायता का भाव भी उनका पीछा करता रहा।

शाम हुई। स्कूल का घंटा बजा। बनसोडे सर घर पहुँचे तो अजीब सी आकुलता से भरे हुए थे। आज पहली बार वे ख़ुद को बहुत अकेला महसूस कर रहे थे।

दिनकर ने उन्हें किराये से मकान दिया। उनकी जाति नहीं देखी थी। सभी को तो जातीयवादी नहीं ठहरा सकते। उन्हें मकान-मालिक का बड़ा सहारा लगा। बहुत देर तक वे अपने कमरे में वैसे ही बैठे रहे। ना ही टहलने गये। उनकी अवस्था ऐसी हो उठी, जैसे किसी घमासान युद्ध में फँस गये हों।

तभी बाहर कुछ शोर सुनाई दिया। उनके घर के सामने छात्रावास के बच्चों की भीड़ जुटी थी। भीड़ में कासिम के बच्चे हामिद और हैदर भी थे। सवर्ण अध्यापक सवर्ण बच्चों की मदद करते हैं यह देखकर दलित बच्चों ने भी बड़ी आस के साथ बनसोडे सर के घर के द्वार पर दस्तक दी थी। उन्होंने दरवाज़ा खोला। बच्चे बहुत अधिक संख्या में थे।

''घर में जगह नहीं है, बाहर ही बैठते हैं।'' कहते हुए वे बाहर निकलकर आ गये। उन्होंने जमीन पर अख़बार बिछा दिया और उस पर टेक कर बैठ गये। कुछ छात्र नीचे ज़मीन पर बैठ गये। कुछ खड़े रहे। बनसोडे सर बच्चों के आने की वजह ताड़ चुके थे। वे गम्भीर हो चुके थे।

कुछ क्षण वे रुके और फिर उन्होंने कहना शुरू किया, ''मैं जानता हूँ कि तुम मेरे पास किसलिए आये हो। तुम सभी को जो तकलीफ़ हो रही है वह हमारी जाति के सभी लोगों को हो रही है। मुझे भी तकलीफ़ होती है। मैं स्टाफरूम में पानी भी नहीं पी सकता हूँ। खाने के लिए मुझे लायब्रेरी में जाकर बैठना पड़ता है। मैं भी अन्य शिक्षकों से अलग-थलग पड़ा हुआ हूँ। किन्तु अगर मैं तुम्हारे साथ खड़ा होता हूँ तो मेरी नौकरी चली जायेगी। मुझे वे और तकलीफ़ देंगे। अगर उन्हें पता चल गया कि तुम यहाँ पर आये हो तो वे मुझे तलब करेंगे। मुझसे सफ़ाई माँगी जायेगी। भेदभाव अब मन्दिर या धर्म-मठों में नहीं पनपता है। अब वह शिक्षा-संस्थानों की छाया तले पनपता है। हमारे पाठ्यक्रम इस व्यवस्था को बढ़ावा देते हैं। शिक्षक अब कट्टर जातीयवादी हो चले हैं। अगर हमारी शिक्षा संस्थाओं ने अपना काम सही दिशा में किया होता तो अब तक जाति-व्यवस्था कभी का दम तोड़ चुकी होती।'' बनसोडे सर ने व्यथित होकर कहा।

''आप हमारी जाति के हैं इसलिए हम आपके पास चले आये हैं।'' एक छात्र ने कहा।

''तुम मेरे पास आये हो इसमें कुछ भी अनुचित नहीं है बच्चो। जो पढ़े-लिखे हैं उनका कर्तव्य है कि वे कमज़ोरों के पक्ष में खड़े रहें। मैं भी सोचता हूँ कि अगर

मैं तुम्हारे पक्ष में नहीं बात करूँगा तो वह समाज के प्रति विश्वासघात करने जैसा होगा। लेकिन मुझे लगता कि हमें अपना संघर्ष कुछ अलग ढंग से करना होगा।''

''इसीलिए हम आपके पास चले आये हैं।'' एक छात्र ने आशा से भरकर कहा।

''हमें अपनी लड़ाई, अपने संघर्ष की दिशा को बदलना होगा। यह रिरियाना बहुत हो चुका कि हमें आपके साथ बैठने दो, या आपके साथ रहने दो। हमें इससे अलग सोचना होगा। अब हम ही उनसे दूरी बनाकर रहेंगे। उनसे अलग-थलग बनकर रहेंगे। हम हमारी अलग पहचान बनायेंगे। इससे वे बौखला जायेंगे। फिर वे ही हमसे कहेंगे कि आओ, हमारे साथ उठो। हमारे साथ बैठो। यूँ अलग मत रहो। हम सभी एकजुट हैं। ध्यान रखिये कि हमारा उनसे कटकर रहना तथा अलग बर्ताव करना उनकी स्थिरता के लिए एक धमकी की तरह काम करेगा। तुम छात्र हो। तुम सभी अपनी क़ाबिलियत के साथ आगे बढ़ो। सभी क्षेत्रों में अपना झंडा गाड़ दो। वे सोचते हैं कि हम नाक़ाबिल हैं। हम कुछ नहीं जानते हैं। हमें सबसे प्रथम उनकी इस गलतफ़हमी को तोड़ना होगा। तुम सभी क्षेत्र में आगे बढ़ो। खेल में हिस्सा लो। अच्छे खिलाड़ी बनकर दिखाओ। वक्तृत्व प्रतियोगिताओं में हिस्सा लो। भाषण देने की कला में कुशल बनो। अलग-अलग प्रतियोगिताओं में अपनी सहभागिता से अपने हुनर और दमखम को दिखला दो। अपनी प्रतिभा और कुशलता को निखारो। लगन के साथ पढ़ाई में जुट जाओ। जैसे बाबासाहब पढ़ते थे। लगातार बारह-बारह घंटों तक पढ़ाई करते थे वे! अच्छे अंकों के साथ परीक्षा में सफलता अर्जित करो। यह सब अपने ही हाथ में है। बस इसके लिए कठोर मेहनत करनी होगी। यह सब तुम्हारी ज़िद और दृढ़ता पर निर्भर है। और तभी तुम्हारी अलग पहचान बन पायेगी। मैं तुम लोगों को गणित और अंग्रेज़ी मुफ़्त में सिखाने को तैयार हूँ।'' बनसोडे सर ने अपनी भूमिका को स्पष्ट किया।

''आज उन्होंने अपनी बिरादरी के एक लड़के की पिटाई की।' एक छात्र ने ऊँची आवाज़ में तल्खी से कहा।

''लेकिन मुख्याध्यापक मैडम ने सभी छात्रों को उचित सज़ा भी दी है। इस बात को अब यही ख़त्म करो। अगर हम हर समय हमारी समस्याओं को लेकर किसी और का मुँह ताकेंगे तो हमारी समस्याएँ कभी नहीं सुलझनेवाली हैं। बल्कि वे हमें और भी उलझाकर रख देंगे। हमें ही हमारी कठिनाइयाँ दूर करने का प्रयास करना होगा। और इसके लिए हम सभी को एकजुट रहना होगा।

हमारी ताक़त दिखनी चाहिए। हमारी प्रतिक्रिया को उन तक पहुँचना होगा। फिर कोई हम पर जुलुम नहीं कर पायेगा। हम एक-दूजे से कटकर रहते हैं। वे इसका फ़ायदा उठाते हैं।'' बनसोडे सर ने अपनी बात ख़त्म की। उनकी बातों का छात्रों पर बड़ा प्रभाव दिखाई दिया। दलित बच्चों ने बनसोडे सर के प्रति आभार प्रकट किया और छात्रावास की तरफ़ निकल पड़े। इतनी बड़ी संख्या में एक साथ दलित छात्रों को गाँव में पहली बार देखा गया था। छात्रावास के दलित बच्चों के बनसोडे सर के घर जाने की ख़बर मदने मास्टर जी के पास पहुँच चुकी थी। वे उद्विग्न हो गये।

अगले दिन राष्ट्रगान के बाद जब बनसोडे सर अपनी क्लास में जाने के लिए उठ खड़े हुए, चपरासी ने आकर उनसे कहा कि मदने मास्टर जी ने फ़ौरन बुलाया है। बनसोडे सर की क्लास पर किसी अन्य शिक्षक को भेज दिया गया था। बनसोडे सर स्थिति की गम्भीरता को भाँप गये। जब मदने मास्टर जी की केबिन में पहुँचे तब उनका कठोर चेहरा देखकर वे कुछ क्षण के लिये अकबका गये। एक तनाव से मदने मास्टर जी का चेहरा खिंचा हुआ था। जैसे ही उन्होंने बनसोडे सर को देखा, वे शुरू हो गये, ''सुना है कि कल आपके पास छात्रावास के दलित बच्चे आये थे। देखिये बनसोडे, बच्चों के दिमाग़ को भड़काने का काम ठीक नहीं है। आपको पता है, यहाँ की हर बात ऊपर तक जाती है। यह नेता जी की संस्था है। उनकी नज़र बनी रहती है सब पर। ऊपर से गाँव के लोग उनके कान भरते हैं। आपको ध्यान रखना चाहिए।'' बनसोडे सर ने शान्ति से उनकी बात सुनी। फिर कहा, ''यह सच है कि बच्चे मेरे पास आये थे। लेकिन उन्हें अंग्रेज़ी और गणित विषयों की ट्यूशन की बात करनी थी। और चूँकि मैं इन विषयों को पढ़ाता हूँ, वे मेरे पास आये थे बस इतनी-सी बात है।'' बनसोडे सर बड़े संयम तथा शान्ति से खड़े थे। मदने मास्टर जी का कसा हुआ चेहरा कुछ सौम्य दिखाई देने लगा। उन्होंने बेल बजाई। गौतम भागता हुआ आया।

''बनसोडे सर के लिए चाय लेकर आओ।'' उन्होंने कहा।

''नहीं नहीं, रहने दीजिए।'' बनसोडे सर ने हड़बड़ी से कहा।

''अरे लीजिए बनसोडे सर। सुबह का समय है। एक-एक कप चाय तो बनती है। मैं भी आपके साथ ले लूँगा। मुझे लगता है कि केवल छात्रावास के बच्चों की ट्यूशन लेने की बजाय आप सभी छात्रों के एक्स्ट्रा क्लासेस क्यूँ नहीं लेते हैं? आप एक अच्छे शिक्षक हैं। आपके ज्ञान का लाभ सभी छात्रों को होना चाहिए।'' मदने सर जी ने बनसोडे सर की प्रशंसा करते हुए कहा।

गौतम चाय लेकर आया। बनसोडे सर बिना कुछ कहे वैसे ही बैठे रहे। मदने मास्टर जी ने चाय की प्याली हाथ में ली और एक चुस्की भरकर कहा, ''अभी कुछ समय पहले ही सूचना मिली है। अगले वर्ष हमें जूनिअर कॉलेज की मान्यता मिल रही है। आगे सीनियर कॉलेज की भी मिल ही जायेगी। आप तो जानते हैं बनसोडे सर, साहब अपने ही डिपार्टमेंट के मन्त्री हैं। आपके सामने पूरा भविष्य है। इस संस्था को आपके जैसे अध्यापकों की ज़रूरत है। आपको बड़े अवसर मिलेंगे। भविष्य सँवर जायेगा।'' मदने मास्टर जी बनसोडे सर के मन में आशा जगा रहे थे। तभी गौतम भीतर आया। ''वायरमैन आया है जी। भीतर भेज दूँ?''

''भेज दो।'' मदने मास्टर जी ने कहा। वायरमैन भीतर चला आया और मदने मास्टर जी को नमस्कार कर एक ओर खड़ा हो गया। ''महार टोले के धर्मशाला में टीवी लगा हुआ है, जो काफ़ी अरसे से बन्द पड़ा हुआ है। मुझे लगता है, उसके एंटीना की दिशा में बदलाव आया होगा। तुम जाकर उसे ठीक कर दो। काम होने के बाद मुझे इत्तला कर देना।'' मदने मास्टर जी ने वायरमैन को समझाते हुए कहा। वायरमैन कुछ कहना चाहता था। परन्तु मदने मास्टर जी ने उसे कुछ कहने नहीं दिया। ''मैं जानता हूँ, अन्य कोई फाल्ट नहीं है। जो मैं कहता हूँ वही करो। जाओ, डिश की सेटिंग बराबर कर दो। टीवी चलने लगेगा।'' मदने मास्टर जी ने बजाकर कहा तो वायरमैन भी 'हाँ जी, करता हूँ' कहता हुआ निकल गया। 'अरे चाय की प्यालियाँ लेकर जाओ' मदने मास्टर जी ने ऊँची आवाज़ में कहा। गौतम भागता हुआ आया और चाय की ख़ाली प्यालियाँ लेकर चला गया।

मदने मास्टर जी उत्साह से भरे हुए थे। अपनी बात का सिरा पकड़ते हुए उन्होंने आगे कहना शुरू किया, ''आपको पता ही होगा कि नेता जी ने महार टोले में जाकर भोजन लिया था। अभी कुछ दीनों पहले मैं खुद डॉक्टर को लेकर महार टोले गया था। वे तो महार टोले में जाने से कतराते रहे थे। लेकिन मेरे कहने पर मना नहीं कर सके। टोले के लैम्प भी जलने लगे हैं। अब टीवी दुरुस्त किया जा रहा है। हम किसी भेदभाव को नहीं मानते हैं। यह समाज ही भेदभाव से भरा है। बदलाव तो धीरे-धीरे आयेगा। अब टीवी दुरुस्त किया जाता है, वैसे समाज को तो तुरन्त दुरुस्त नहीं किया जा सकता है न! समय लगता है बनसोडे सर। ब्राह्मण बच्चे ग़ैर-ब्राह्मण बच्चों के साथ बैठकर भोजन लेने के लिए राजी नहीं थे। लेकिन अब मान गये हैं। कुछ समय बाद देखना, वे दलित छात्रों के साथ भी बैठने लग जायेंगे। जातियों को नष्ट होना ही होगा। जातीयता समाज को लगी हुई दीमक है।''

मदने मास्टर जी बड़े उत्साह से भरे हुए अपनी बात रख रहे थे। उन्होंने अपना काफ़ी समय बनसोडे सर को दिया था। इससे बनसोडे सर सन्तोष से भर गये।

घंटा बज उठा। "आपकी क्लास का समय हो गया है। जाइए, अपनी क्लास सँभालिये। मेरा कहा हुआ ध्यान में रखिए।" मदने मास्टर जी ने अत्यन्त स्नेह से भरकर कहा। बनसोडे सर ने झुककर उन्हें प्रणाम किया और केबिन के बाहर निकल गये। मदने मास्टर जी ने बनसोडे सर को अपनी केबिन में बुलाया है इस बात की ख़बर अब तक स्टाफरूम तक पहुँच चुकी थी।

"लगता है, इस्तीफ़ा माँगा होगा।" किसी शिक्षक ने फुसफुसाहट भरे स्वर में कहा।

"इस्तीफ़ा न देने पर नौकरी से भी हटाया जा सकता है। मन्त्री जी की संस्था है।" किसी ने अपनी राय को प्रकट किया।

"अच्छी-ख़ासी नौकरी से हाथ धोना पड़ेगा। किसलिए बच्चों को फुसलाया? अब भोगिये!" किसी ने कोसते हुए कहा।

"अच्छा हुआ जी। एक जगह ख़ाली हो जायेगी।" किसी ने हुलसकर कहा।

"ये लोग बाज नहीं आते हैं। इसीलिए यही ठीक है कि इन्हें गाँव से बाहर ही रखो। पता नहीं दीना को क्या सूझी कि उसने इसे किराये से अपने घर में जगह दी।" एक शिक्षक ने झुँझलाकर कहा। स्टाफरूम बातों से गहमा गया था।

"बनसोडे सर को ऐसे हटा नहीं सकते हैं। क़ानून उसकी तरफ़ है!" किसी ने अपना ज्ञान बघारा। 'मदने मास्टर जी ने बनसोडे सर को बुलाकर ख़ूब आड़े हाथों लिया। वह रो-रोकर माफ़ी माँग रहा था।' सभी तरफ़ ख़ूब चर्चा हुई।

बीच की छुट्टी का घंटा बजा। सभी शिक्षकों को संस्था के कार्यालय में बुलाया गया था। सभी को लगा कि बनसोडे सर के मसले को लेकर बैठक बुलाई गयी है। एक-एक कर सभी कार्यालय में पहुँचे। बनसोडे सर एक कोने में बैठे हुए थे। सभी ने उन्हें चोरी-छिपे देखा। तभी गौतम मिठाई का बॉक्स लेकर भीतर आया और मिठाई बाँटने लगा। सभी ने उसे सवालिया नज़रों से देखा तो उसने कहा, "जी, साहब ही बताएँगे जी।"

"महार टोले का टीवी शुरू हो गया है न। उसी ख़ुशी में बँट रही है।" किसी ने तंज़ कसा। सभी एक दबी हँसी हँसने लगे। तभी मदने मास्टर जी और मुख्याध्यापिका मैडम ने प्रवेश किया। वे अपनी जगह पर बैठ गये।

बैठने के साथ ही मदने मास्टर जी ने मुस्कुराकर पूछा, ''मिठाई खायी आप लोगों ने?'' सभी ने 'हाँ' कहते हुए गर्दनें हिलाईं। किसी ने पूछ ही लिया, ''किस ख़ुशी में मिठाई थी?''

''हाँ हाँ...वही कहने के लिए सभी को यहाँ पर बुलाया है।'' मदने मास्टर जी ने जैसे आश्वस्त करते हुए कहा।

तभी बाहर से पटाखों की गूँज सुनाई दी। सभी अचरज से भर गये। छात्रावास में घटी घटना या पाठशाला के आँगन में महार छात्र की पिटाई का मसला, अब हर बात सभी के जेहन से हट चुकी थी। सभी नयी ख़बर जानने के लिए उत्सुक थे। मदने मास्टर जी उठ खड़े हुए और उन्होंने कहना शुरू किया, ''आज सुबह नेता जी का फ़ोन आया था। उन्होंने बड़ी ही ख़ुशी की ख़बर सुनाई है। उसी ख़बर को आपसे साझा करना चाहता हूँ। भले ही यह संस्था साहब की है लेकिन हमारे सभी के प्रयासों और परिश्रम से बड़ी हुई है। तो ख़बर यह है कि इस संस्था को आनेवाले वर्ष से जूनिअर कॉलेज की मान्यता मिल गयी है।'' मदने मास्टर जी ने जैसे ही बात ख़त्म की, पूरा हॉल तालियों से गूँज उठा। सभी के चेहरे ख़ुशी से चमक उठे। ''जिनके पास अच्छी शैक्षिक योग्यता होगी और जो मेहनत करेंगे, उन्हें जूनिअर कॉलेज का स्टाफ चुनते समय अवसर प्रदान किया जायेगा।'' मदने मास्टर जी ने ऐलान कर दिया। फिर से हॉल तालियों से गूँज उठा। बनसोडे सर की बात कभी की पीछे पड़ चुकी थी। अब सभी की जुबान पर जूनिअर कॉलेज का विषय था। सभी शिक्षकों की आँखों में जूनिअर कॉलेज का अध्यापक बनने के स्वप्न तैरने लगे। जिनके पास शैक्षिक योग्यता कम थी वे अपनी योग्यता बढ़ाने के बारे में सोचने लगे।

सभा ख़त्म हुई। अध्यापक ख़ुशी से भरे हुए थे। पाठशाला में एक अनोखा उत्साह फ़ैल गया। सभी चले गये तो गौतम उठा और मदने मास्टर जी के क़दमों में बिछ गया, ''मदने मास्टर जी, अब पाठशाला के चपरासी पद पर मेरा नाम दर्ज कर दीजिए। मैं पर्मानेंट हो जाऊँगा। संस्था के चपरासी को क्या मिलेगा? मेरा नाम स्कूल के मस्टर पर दिखाइए सर। मैं दोनों तरफ़ का काम सँभाल लूँगा। अभी भी सँभाल ही रहा हूँ। मैं आपके उपकार कभी नहीं भूलूँगा।'' गौतम उनके क़दमों से लिपटा रहा। मदने मास्टर जी ने उसे उठाते हुए कहा, ''अरे, तुम्हारी चिन्ता है मुझे गौतम। तुम नेता जी के आदमी हो। तुम्हारा नाम कॉलेज में लग जायेगा। फिकर मत करो। काम करते रहो। फल की इच्छा मत करो। अरे भई! मैं नहीं कहता हूँ,

साक्षात् भगवद्गीता कहती है।'' गौतम का चेहरा हँसी से खिल गया। ''और हाँ, आज तुम्हारी टोले का टीवी चलने लगेगा। रात में टीवी देखना।'' मदने मास्टर जी ने मसखरी करते हुए कहा। गौतम हाथ जोड़कर बाहर चला गया और दरवाज़े के बाहर रखे स्टूल पर बैठ गया।

मदने मास्टर जी ने स्कूल के मस्टर पर बतौर चपरासी अपने किसी रिश्तेदार का नाम लगाया हुआ था। उसे आज तक स्कूल में देखा नहीं गया था। हर माह उसके हस्ताक्षर आ जाते। सारा काम गौतम ही करता। यह मदने मास्टर जी की सोची-समझी चाल थी।

सभी जगह ख़ुशी का माहौल था। हर कोई अपने सुनहरे भविष्य के सपनों में खोया हुआ था। जूनिअर कॉलेज की योजना उनके लिए आशा की किरण बनकर आयी थी। गाँव की लड़कियों के लिए यह बहुत बड़ा बदलाव था। अब वे गाँव में ही रहकर अपनी आगे की पढ़ाई पूरी कर सकती थी। वरना कौन उन्हें आगे की शिक्षा के लिए दूसरी जगह भेजता।

हाईस्कूल के घंटे ख़त्म हो चुके थे। लेकिन आज छात्र और अध्यापकों को जैसे घर जाने की कोई जल्दी नहीं थी। बातों और चर्चाओं का एक निरन्तर सिलसिला जारी था। हर कोई बातों में लगा था। मदने मास्टर जी को भी आज देर हो चुकी थी। गौतम ने स्कूल के कमरें बन्द किये। ऑफ़िस बन्द किया। गेट को ताला लगाया और अपनी बाइक से वह चला गया। हर दिन की तरह मदने मास्टर जी घर की तरफ़ पैदल ही निकले थे। वे पैदल चलना ही पसन्द करते थे। रास्ते चलते लोग उन्हें देखते, नमस्कार कर आगे बढ़ जाते। मदने मास्टर जी लोगों से जुड़े रहना ज़रूरी समझते थे। शाम गहरा चुकी थी। घरों की बत्तियाँ जल चुकी थीं।

चारों सोने की ख़ातिर मठ की तरफ़ निकले हुए थे। मदने मास्टर जी को देखकर तुका ने उन्हें प्रणाम किया। उन्होंने अनदेखा कर दिया। केवल 'हाँ' कहते हुए वे आगे बढ़ गये। तुका को बड़ी कोफ़्त हुई ''देखो साले को, प्रणाम किया तो जवाब नहीं दिया। गर्दन हिलाता है।'' उसने मन ही मन ख़ूब कोसा।

मदने मास्टर जी सर झुकाये घर की तरफ़ निकले थे। फिर अचानक ठिठक गये। कुछ सोचा और उन्होंने तुका को आवाज़ दी। तुका ने सुना तो दौड़ते हुए उनकी तरफ़ लपक गया। हड़बड़ाहट में उसे ठोकर लगी। पीड़ा से वह बिलबिलाया लेकिन वैसे ही लड़खड़ाता हुआ मदने मास्टर जी की तरफ़ चल पड़ा। मदने मास्टर जी रुके हुए थे। वह उनके पास जाकर खड़ा हो गया। मदने मास्टर जी ने उसके

कन्धे पर अपना हाथ रखा। यह उनका ख़ास अन्दाज़ था। ''मुझसे आकर मिलो तुका। कुछ बात करनी है तुमसे। क्या कल आ सकते हो? या फिर और कभी। भूलोगे तो नहीं? मैं राह देखता हूँ।'' उन्होंने कहा और वे घर की दिशा में मुड़ गये। सुनकर तुका को गुदगुदाहट-सी हुई। 'किसलिए बुलाया होगा?' वह सोच में डूब गया। मदने मास्टर जी ने आगे बढ़कर बात की, उसे बड़ा सुकून हुआ। अँगूठा अभी भी दर्द कर रहा था। वह पलटा। चारों रुके हुए थे। फिर सभी मठ की तरफ़ बढ़ गये। ''क्या कहा बे मदने मास्टर जी ने?'' सुरा ने उद्दण्डता से पूछा। तुका को उसके बात करने का ढंग पसन्द नहीं आया। उसने टालते हुए कहा, ''कुछ ख़ास बात नहीं। बस, कुशल क्षेम पूछ रहे थे।''

''क्या बस इसी के वास्ते तुम्हें बुलाया था? चूतिया है साला।'' सुरा ने बिफरते हुए कहा। ''जाने भी दो अब, चलो भी'' कहते हुए तुका ने उसे आगे की तरफ़ ठेला। ''महारों के गौतम को नौकरी पर रखा। साला बाइक लेकर टनटनाता है। क्या गाँव में और कोई लड़के नहीं थे? महार को नौकरी मुहैया कराते हैं। भैंस की पीठ पर बैठनेवाले लौंडे अब बाइक पर बैठने लगे हैं।' सुरा क्रोध से उफ़न रहा था। स्कूल का रास्ता दिलीप के घर के सामने से ही निकलता था। जब भी वह गौतम को बाइक से स्कूल जाते हुए देखता ईर्ष्या से उसका माथा ठनकने लगता। त्यौरियों पर बल पड़ जाते।

गौतम स्कूल से घर पहुँचा। उसने बाइक को घर के सामने खड़ा किया और घर में घुस गया। भागी रसोई में व्यस्त थी। गोपा आँगन में बैठा था। चूल्हे पर मांस पक रहा था, जिसकी खुशबू घरभर में फैली थी। ख़ुशी से उसने कहा, ''वाह! मांस पक रहा है!''

''हाँ! देवा गया था बुरहानपुर मांस ख़रीदने। आधा किलो अपने लिए भी मँगवा लिया।'' रोटी थापते हुए भागी ने कहा।

''चौक जाकर आता हूँ। टीवी चल रहा होगा।'' गौतम ने कहा।

''चल रहा है। मैं देख आया हूँ।' गोपा ने कहा।

''क्या ठीक दिखाई दे रहा है?''

''हाँ। दिख रहा है। बच्चों की अच्छी बन आयी है। खासा हुजूम जमा है।''

''देख आता हूँ।'' कहकर गौतम निकल गया।

गौतम आज नौकरीशुदा था। टोलेवालों का उसकी ओर देखने का नज़रिया बदल गया था। अब सभी उसे सम्मान से देखते थे। आते-जाते उससे बतियाते।

जब वह देवा के घर के सामने से गुज़र रहा था, उसने देखा कि देवा की बूढ़ी माँ नाज़ुका बच्चे को दूध पिला रही है। सूखे स्तनों में दूध कहाँ से आता लेकिन बच्चा चुभुर-चुभुर चूसता और रोना उसका थम जाता। कानी दरवाज़े में खड़ी थी। गौतम को देखा तो शरमाकर वह घर के भीतर चली गयी। गौतम उसके शर्माने की वजह नहीं समझ पाया। जब चौक पहुँचा तब बच्चे अच्छी-ख़ासी भीड़ बनाकर खड़े थे। 'चुप रहो शैतानो।' कहते हुए मलकू और हाजी मलंग बच्चों को चुप करा रहे थे। उनके डपटते ही बच्चे शान्त हो जाते। दुबारा होहल्ला मचाने लगते। टीवी क्या लगा, धर्मशाला में सोनेवालों के लिए सिरदर्द का सबब बन गया था। अब बच्चे खेलने की जगह पूरा समय टीवी के सामने बैठे रहते। पढ़ाई से कन्नी काँटने लगे थे।

गौतम आया और टीवी के सामने खड़ा हो गया। रात्रिकालीन समाचार शुरू थे। कमर पर हाथ धरे वह समाचार सुनने लगा। मराठवाडा विश्वविद्यालय को डॉ. बाबासाहब अम्बेडकर का नाम देने की माँग पर मोर्चा निकला हुआ था। टीवी पर मोर्चे के दृश्य दिखाई दे रहे थे। ''हमारे लोगों का मोर्चा है।'' कहते हुए हाजी मलंग उठकर बैठ गया। अपनी जाति के लोगों की माँगों को टीवी पर दिखाया जा रहा है। यह सोचकर उसे बड़ी ख़ुशी हुई। गौतम ध्यान से समाचार सुन रहा था। 'विकास की बात करते हैं! इतने वर्षों में विकास क्या, बाबासाहब को भी हम तक पहुँचने नहीं दिया,' वह बुदबुदाया। बच्चों पर उसका रोष उमड़ आया। उखड़कर उसने बच्चों से कहा, ''चलो, ख़त्म करो यह सब। पूरा समय टीवी के सामने बैठने की ज़रूरत नहीं है। सोने का बखत हो चुका है। चलो यहाँ से।'' उसने टीवी बन्द कर दिया। बच्चे शोरगुल करते हुए उठ खड़े हुए। ''मेरे बेटे को भी नौकरी दिलवाओ गौतम। गाय-भैंसों के पीछे निठ्ठला बना भागता रहता है।'' हाजी मलंग ने गौतम से कहा। ''हाँ चाचा, देखता हूँ।'' कहता हुआ गौतम वहाँ से निकल गया।

रास्ते भर गौतम सोचता रहा, 'किस-किस को नौकरी पर लगाये? यहाँ पर मेरी अपनी नौकरी भी कहाँ पर्मनेंट है। सब कुछ तो अधर में है। संस्था के ऑफ़िस में लिया है। लेकिन पाठशाला के मस्टर पर नाम तक का पता नहीं है। ढोर की तरह मेहनत करवाते हैं। यहाँ से वहाँ भागता रहता हूँ। दिन-रात दौड़धूप करनी पड़ती है।' गौतम बेचैन हो गया। उसके क़दम आदतन घर की तरफ़ बढ़ रहे थे। रास्ते पर बच्चे मटरगश्ती कर रहे थे। उन्हें इस तरह ऊधम मचाते देख वह व्यथित हो गया। 'सभी को पढ़ना होगा। आगे बढ़ना होगा।' वह सोचने लगा। भरे हुए बादलों की

भाँति वह आगे जा रहा था। कानी के घर के सामने से गुज़रा तो देखा कि कानी दरवाज़े पर नहीं है। उसकी थाह लेने हेतु उसने घर में झाँककर देखा। कानी की माँ चूल्हे के सामने बैठी रसोई बना रही थी।

विचारों की उधेड़बुन में ही गौतम घर पहुँचा। खाना खाया और रोज़ की तरह आँगन में जाकर बिस्तर पर लेट गया जब गहरी नींद ने उसे अपने आगोश में ले लिया तो आँखों में कई सपने उतर आये। सपने में देखा कि कानी के साथ उसका ब्याह हो रहा है। उसके ब्याह में मदने मास्टर जी नाच रहे हैं। फिर देखा कि कानी को बाइक पर बिठाकर वह पाठशाला गया है। शीला, कविता और तानी ने कानी को देखा। सभी दौड़ी-दौड़ी चली आयीं और उसे मैडम कहकर बतियाने लगीं। तीनों अन्य लड़कियों से कह रही हैं कि, देखो, हमारी नयी अध्यापिका आयी है। वह कहे जा रहा है कि 'नहीं जी, मेरी घरवाली है' लेकिन कोई उसकी बात मान नहीं रहा है। फिर अचानक दिखाई दिया कि कानी बाइक चला रही है और वह उसके पीछे बैठा है। बाइक हवा में उड़ रही है। फिर दोनों घर आते हैं और सो जाते हैं। घर में पर्याप्त जगह नहीं है सो माँ और बाबा बाहर आँगन में सोये हुए हैं। वह कानी को अपने निकट खींचता है। वह पास आने से कतराती है। चिल्लाने लगती है। वह कानी को अपने आलिंगन में भरता है। लेकिन यह क्या? उसके आलिंगन में मदने मास्टर जी की पत्नी है। वे हँस रही हैं। गौतम की नींद उचट गयी। मदने मास्टर जी की पत्नी की छवि उसके सामने उभर आयी। उसने करवट बदली और सो गया।

सुबह गौतम उठा। नित्य की भाँति स्कूल जाकर उसने साफ़सफ़ाई की। पेड़ों को पानी पिलाया। ग्राउंड पर पानी का छिड़काव किया। संस्था का ऑफ़िस खोलकर वहाँ की साफ़सफ़ाई की और कचरे को कूड़ेदान में डाल रहा था तभी मदने मास्टर जी आये। उन्होंने अपना बैग रखा और 'अभी आता हूँ' कहकर वे बाहर चले गये। गौतम टेबल- कुर्सियों को पोंछने लगा तभी उसे तुका आता हुआ दिखाई दिया। "मदने मास्टर जी कहाँ हैं?" आते ही उसने पूछा।

"बाहर गये हुए हैं।" गौतम ने काम करते हुए ही अनमना-सा जवाब दिया। तुका लौट गया। गौतम अहाते में चला गया और वहाँ की सफ़ाई में जुट गया। बनसोडे सर आये और आते ही समाचार पढ़ने में व्यस्त हो गये। तुका दुबारा चला आया और मदने मास्टर जी के बारे में पूछने लगा। वह बड़ा अधीर था। गौतम ने कहा, "अभी तक आये नहीं हैं।" तुका चला गया। गौतम मदने मास्टर जी के

टाइलेट में गया। वहाँ जाकर उसने पेशाब किया और टाइलेट की सफ़ाई करने में जुट गया। हाथ-पाँव धोकर वह बाहर आया। मुँह पोंछ रहा था कि फिर से तुका को भीतर आते देखा।

"क्या मदने मास्टर जी आ गये?"

"नहीं।"

"कहाँ गये हैं?"

"पता नहीं। कहकर नहीं गये हैं।"

"कब आयेंगे?"

"पता नहीं।"

"उन्होंने मुझे बुलाया था। इसलिए चला आया। कोई बात नहीं। दुबारा आ जाऊँगा।"

"आधे घंटे में आइए। तब तक आ जायेंगे।"

तुका चला गया। वह गेट तक पहुँचा होगा, उसे मदने मास्टर जी आते हुए दिखाई दिये। वह लौट आया।

"आ गये हैं मदने मास्टर जी।" तुका ने ही गौतम से कहा। गौतम मदने मास्टर जी की केबिन में घुस गया। उसने मेज़ पर कुछ फूल रखे। गणेश की मूर्ति के सामने अगरबत्ती जलाई और दुबारा दरवाज़े में जाकर खड़ा हो गया। मदने मास्टर जी आये लेकिन तुका को साफ़ अनदेखा कर भीतर चले गये। तुका आहत हो गया। मदने मास्टर जी कुर्सी में जाकर बैठ गये। उन्होंने अख़बार उठाया और पन्ने पलटने लगे। तुका कुछ आगे बढ़ा और उसने हिचकिचाते हुए पूछा, "क्या मैं भीतर आ सकता हूँ?" मदने मास्टर जी ने उसे उखड़ी नज़र से देखा। "क्या काम है?" उन्होंने उकताहट से भरकर पूछा तो तुका असमंजस में पड़ गया। "आप ही ने बुलाया था जी। कल रात रास्ते पर मिले थे हम।" उसने डरते हुए अपनी बात पूरी की।

"क्या कहा? मैंने बुलाया था? क्या मैं बौरा गया हूँ?" मदने मास्टर जी ने विस्मय से पूछा।

"कल आपने बात की थी मुझसे। मेरे कन्धे पर अपना हाथ रखा था।" तुका ने उन्हें याद दिलाया।

"ठीक है। ठीक है! मुझे याद नहीं है। अच्छा, ये बताओ, क्या तुम प्लम्बिंग के काम से आये हो ?" मदने मास्टर जी ने पूछा।

“नहीं, मैं प्लम्बर नहीं हूँ जी। तुका हूँ।” तुका ने अपना परिचय दिया।

मदने मास्टर जी ने अचानक चिल्लाकर कहा, ” अरे भाई बैठो, बैठो। खड़े किसलिए हो। पहले क्यूँ नहीं बताया? क्या करें। कई लोग चले आते हैं। किस-किस को याद रखें।” मदने मास्टर जी ने जैसे अपनी असहायता दर्शाते हुए कहा। फिर वे यूँही डाक जाँचने लगे। “वैसे मेरा तुमसे कोई काम नहीं है। मैंने ऐसे ही कह दिया होगा। मैं अब यहाँ से उकता गया हूँ। दूसरी नौकरी की तलाश में हूँ। क्या तुम मेरे लिए कहीं पर नौकरी देख सकते हो?” मदने मास्टर जी ने डाक जाँचते हुए ही कहा। तुका ने सुना वह भौचक्का रह गया। “काहे ग़रीब की मसखरी कर रहे हैं। मैं ख़ुद नौकरी की जुगत में हूँ। आप मुझे ही काम पर रख लीजिए। पागलों की भाँति बौराया हुआ घूमता रहता हूँ। कोई कामधन्दा नहीं है। बड़ा उपकार होगा जी आपका।” तुका ने हाथ जोड़े।

मदने मास्टर जी ने छूटते ही कहा, “तुम पर मर्डर का केस है। तुम्हें कौन नौकरी देगा? जब निर्दोष साबित होगे तब न! देखो, तुम इस बखेड़े में फँसे नहीं होते, तब ज़रूर मैं तुम्हें नौकरी देता। मेरी कुर्सी पर बिठाता तुम्हें। डिग्री का क्या है! बोगस डिग्रियाँ बाँटनेवालों की कोई कमी थोड़े ही है। बस एक बार तुम केस से छूट जाओ। तुम्हारे जैसे युवाओं की बहुत ज़रूरत है इस संस्था को।” मदने मास्टर जी ने स्नेह पगे शब्दों में कहा।

“आप ही नेता जी से बात कीजिए जी। नेता जी का कहा कौन टाल सकता है! उनके एक बार कहने पर ही जज साहब अपना फ़ैसला बदल सकते हैं। हर हालत में छूट जायेंगे हम।” तुका ने हिम्मत बटोरकर कहा।

“अरे पगले, अगर जज साहब को फ़ोन करना सम्भव होता तो क्या मैं न करता? अदालत के नियम अलग होते हैं। फ़ोन करूँगा तो मैं ही मुश्किल में पड़ सकता हूँ।” मदने मास्टर जी ने सावचेत होकर कहा।

“अगर तुम निर्दोष छूट जाते हो तो मैं तुम्हें नौकरी पर रख लूँगा। अदालत से सीधे मेरे पास चले आना। अच्छा उम्र क्या है तुम्हारी?” मदने मास्टर जी ने जिज्ञासा से पूछा।

“इस साल पचीस पूरे हो गये हैं जी।”

“देखो, जितनी जल्द फ़ैसला आयेगा, उतना ही अच्छा होगा तुम्हारे लिए। अपील से फिर समस्या खड़ी हो जायेगी। एज बाहर होने से पहले केस से छूटना होगा। एक बार उम्र का अटकाव हो गया तो फिर समझो गये काम से। वकील से मिलो।

हाथ-पाँव मारो। नौकरी पर लगाना मेरे हाथ में है। महार के गौतम को लगाया। तुम तो मेरी जाति के हो। तुम्हें मदद करूँगा। तुम्हारा कल्याण करूँगा।'' मदने मास्टर जी तुका के हक़ में बोलने लगे। तुका की ख़ुशी का कोई ठिकाना नहीं था।

''किसलिए तुमने यह झंझट मोल ली? कौन पूछता है तुम्हें? इस देश में इतने हिन्दू हैं। हर एक अगर एक रुपये की भी मदद करें तो तुम्हारी कई पीढ़ियाँ मौज से जी सकती थीं। नाहक ही पागलपन किया तुम लोगों ने। कसाई को ख़त्म कर दिया। क्या हासिल हुआ? क्या विधायक बन गये? मन्त्री बन गये? जेल में दिन गुज़ारने पड़े। भूलो मत कि अभी भी तुम्हारे गले के इर्द-गिर्द फाँसी का फन्दा लटका हुआ है।'' मदने मास्टर जी गम्भीरता से कह रहे थे।

तुका संजीदा हो गया। उसने बातों का सिरा मोड़ दिया, ''नदी पर पुलिया नहीं है। बरसात में इधर का आदमी उधर नहीं जा सकता है। उधर का इधर नहीं आ सकता। लोग अटक जाते हैं। इधर के इधर और उधर के उधर। रेती में गाड़ियाँ धँसी हुई पड़ी रहती हैं। आप इन बातों की ओर ध्यान दीजिए।'' तुका किसी नेता की मानिंद बोल रहा था। मदने मास्टर जी ने बेल बजाई। गौतम दौड़ते हुए आया। ''दो चाय भिजवाना। वेटर के साथ। कहना, साहब आये हैं।'' मदने मास्टर जी ने ज़ोर देकर कहा। गौतम गर्दन हिलाता चला गया।

मदने मास्टर जी ने आलस से भरकर हाथों को ऐंठा। ''सुबह बाहर गया था। पांडू के बेटे ने रेडीमेड कपड़े की दुकान खोली है। गाँव में कपड़ों की दुकान नहीं थी। चलो, अच्छा हुआ। एक-एक सुविधा शुरू हो रही है। उसने प्रसादी करवाई थी। इसलिए चला गया। महन्त भी थे वहाँ पर। वहाँ जाने से तुम्हें प्रतीक्षा करनी पड़ी। माफ़ करना। लोग बुलाते हैं प्रेम से। जाना पड़ता है भई।'' अब मदने मास्टर जी मित्र की भाँति खुलेपन से बात कर रहे थे। तुका 'हाँ हाँ' कहते हुए बैठा रहा। मदने मास्टर जी ने धीरे-से पूछा, ''अच्छा सुनो, मेरा एक काम करोगे?''

''क्या काम है? आपका काम नहीं सुनेंगे तो फिर किसकी सुनेंगे?'' तुका ने उछाह से पूछा। मदने मास्टर जी ने इधर-उधर देखा। फिर दबी आवाज़ में कहने लगे, ''किसी से कहना मत। यह हम दोनों के बीच ही रहेगा। बोर्डिंग के दलित छात्रों की शिकायतें बढ़ गयी हैं आज-कल। उन्हें बनसोडे सर का समर्थन है। क्या उन्हें सँभाल सकते हो? वे साइकिल से आते-जाते हैं। उनका रास्ता रोको। उन्हें डराओ। शायद छात्रों को फुसलाना छोड़ दे। बड़ा सिरदर्द खड़ा कर रखा है उन्होंने। लेकिन ध्यान रखना। कोई मारपीट नहीं चाहिए। हाँ, एकाध थप्पड़ ठीक है।

और एक बात, काम होने के बाद तुम कुछ मत कहना। वे खुद आयेंगे और मुझे बतायेंगे। नहीं बताया तो भी चेहरे से पता तो चल ही जाता है। अकेले ही जाना। किसी और को शामिल करने की ज़रूरत नहीं है। बस इतना करो कि वे डर जायें। कसाई की तरह जान से मारने की ज़रूरत नहीं है।'' मदने मास्टर जी ने अपनी बात ख़त्म की।

वेटर चाय लेकर आया। तुका हड़बड़ी में चाय पीने लगा।

''कितनी आवाज़ करते हो। धीरे भई। कहीं जाने की जल्दी है?'' मदने मास्टर जी की आवाज़ में स्नेह छलक रहा था। तुका ने चाय ख़त्म की।

''दो दिन में काम हो जायेगा जी।'' तुका ने उन्हें आश्वस्त करते हुए कहा।

''कौन-सा काम?'' मदने मास्टर जी ने जान-बूझकर पूछा।

''आपका कहा हुआ जी।'' तुका ने खींसे निपोरते हुए कहा।

''मैं कोई महन्त नहीं हूँ, जो सुपारी दूँ।'' मदने मास्टर जी ने उपहास से कहा।

तुका हँसते हुए बाहर चला आया। मदने मास्टर जी ने चिल्लाते हुए गौतम को आवाज़ दी। गौतम दौड़कर आया।

''गौतम, मेरे बच्चे, क्या रात में सपनों में खोये थे? नींद हो गयी पूरी?'' उन्होंने मीठी आवाज़ में ताना कसा। गौतम उनका तंज़ भाँप नहीं पाया, हँसने लगा। मदने मास्टर जी ने खौलते हुए कहा, ''गधे की औलाद। गुनहगारों को ऐसे-कैसे भीतर आने देते हो? क्या तुम जानते नहीं हो, उसके सिर पर हत्या का इल्जाम है? वह बदतमीज़ है। सीधे मेरी केबिन में घुस आया। उठने का नाम नहीं ले रहा था। मुझे सख़्त नफ़रत है इन लोगों से। लेकिन क्या करता। चाय पिलाकर चलता कर दिया। साला नौकरी माँग रहा था। कह रहा था, तुम्हें निकालकर उसे रख लूँ। देखो गौतम, दुबारा ऐसे लोग यहाँ पर दिखने नहीं चाहिए। यह नेताजी की संस्था है। हम उनकी संस्था में काम करते हैं। अपनी गर्दन को तानकर चलो। सलीके से रहो। किसी से डरने की क्या ज़रूरत है? कह देना चाहिए था तुम्हें कि साहब मिलते नहीं हैं हर किसी से। क्या तुम्हें इतनी भी समझ नहीं है?'' मदने मास्टर जी ने ऊँची आवाज़ में कहा। गौतम ने इससे पहले उन्हें कभी इतने ग़ुस्से में नहीं देखा था। वह रुआँसा हो गया।

तुका स्कूल के फाटक से बाहर निकल रहा था। स्कूल लगने में अभी आधा घंटा बाक़ी था। छात्र स्कूल के भीतर प्रवेश कर रहे थे। कुछ छात्र मैदान पर खेल रहे थे। बनसोडे सर कैंटीन में चाय पीने गये हुए थे। चाय ख़त्म कर वे स्कूल की

तरफ़ मुड़ गये। तुका उनके रास्ते में खड़ा था। 'बनसोडे सर सामने है। अभी दो गालियों से काम चल जायेगा। डर जायेगा।' यह सोचकर वह उनकी तरफ़ चलने लगा। अपनी पीठ पर मदने मास्टर जी का हाथ है, इस सोचसे उसमें और भी साहस भर गया था। आक्रामक तेवर के साथ वह बनसोडे सर के सामने खड़ा हो गया। उसने अपनी आँखें तरेरीं। दाँत पीसे। बनसोडे सर ने कुछ नहीं कहा। वे शान्ति से खड़े रहे। तुका ने उनकी जाति का ज़िक्र किया और उसके मुँह से अनर्गल गालियाँ निकलने लगीं। बनसोडे सर ने फिर भी कुछ नहीं कहा। वे चुपचाप खड़े थे। तुका की उद्दण्डता और गाली-गलौज सुनकर आठवीं कक्षा के दो छात्र रास्ते के किनारे खड़े हो गये। तभी तुका ने आगे बढ़कर बनसोडे सर के मुँह पर एक थप्पड़ रसीद कर दिया। इस बार बनसोडे सर ने उसका हाथ पकड़ लिया। रास्ते के किनारे खड़े छात्र चिल्लाने लगे। स्कूल के रास्ते निकले छात्र भी दौड़ते हुए इकट्ठा हो गये। अब तुका हड़बड़ा गया। वह इस प्रतिवाद के लिए तैयार न था। बनसोडे सर ने उसका हाथ छोड़ दिया। तुका डर गया था। वहाँ से फ़ौरन नौ-दो-ग्यारह हो गया। छात्रों ने चिल्लाकर ख़ुशी जताई।

छात्रों को साथ लिए हुए बनसोडे सर शान्ति से स्कूल पहुँचे और स्टाफरूम में जाकर बैठ गये। अब तक बात पूरे स्कूल में फ़ैल गयी थी। राष्ट्रगान के बाद सभी छात्र अपनी-अपनी कक्षाओं में लौट गये। लेकिन तुका ने जो धृष्टता की थी, उससे सभी अध्यापक सख़्त नाराज़ थे। वे अड़ गये। सभी बनसोडे सर के पक्ष में थे। उनके साथ हुई मारपीट की घटना की ख़बर मदने मास्टर जी तक पहुँच चुकी थी। उन्होंने गौतम से कहा, "देखा गौतम। वह तो मुझे मारने पर उतारू था। मैंने जैसे-तैसे उसे चाय पिलाकर चलता किया। मेरे सामने उसकी एक न चली तो बनसोडे सर को अपना निशाना बनाया उसने!" अब तक सभी अध्यापक उनके कक्ष में प्रवेश कर चुके थे। उनके साथ बनसोडे सर भी थे। मदने मास्टर जी ने सभी का हँसकर स्वागत किया।

"आज गाँव के एक गुंडे ने बनसोडे सर पर हमला किया। कल यह किसी के भी साथ हो सकता है। कुछ करना होगा।" देशपाण्डे सर ने आते ही कहा।

"देखिये, यह सब रास्ते चलते हुआ है। स्कूल के भीतर नहीं हुआ है। अगर स्कूल में होता तब संस्था ज़रूर कुछ क़दम उठाती। इस स्थिति में बनसोडे सर को खुद जाकर पुलिस में शिकायत दर्ज करानी होगी। मैं हर तरह की मदद के लिए तैयार हूँ। जो हुआ उसे सुनकर मुझे भी बड़ा बुरा लगा है। मैं उनके साथ हूँ।

लेकिन हम क़ानून को अपने हाथ में नहीं ले सकते हैं। वह कोई मामूली गुंडा नहीं है। उस पर हत्या का मुक़दमा चल रहा है। एक हत्या की है उसने। और भी हत्या करना उसके लिए मामूली बात है। इसलिए बेहतर यही होगा कि हम उससे दुश्मनी मोल न लें। अगर पुलिस में शिकायत करेंगे तब चारों की जमानत रद्द हो सकती है। वे चारों अभी जमानत पर हैं। सभी को उकसाना ठीक नहीं है। इसलिए जो करना है उस पर पहले ठीक से सोच लो। मैं तुम्हारे ख़िलाफ़ नहीं हूँ।'' मदने मास्टर जी ने तौल-तौल कर कहा।

``इससे ये सिर चढ़ जायेंगे।'' देशपाण्डे सर ने आवेश के साथ कहा।

``देशपाण्डे सर, आप नये हैं। आप यहाँ के माहौल को जानते नहीं हैं। नेता जी इसी गाँव के हैं। उन्हें गाँववालों पर अधिक भरोसा है। हम लोग उनके संस्थान में काम करते हैं। उनके नौकर हैं। वे स्थानीय लोगों को अहमियत देते हैं। अगर आप शिकायत करेंगे, कल हज़ारों हस्ताक्षरों के साथ नेता जी के पास तुम्हारे ख़िलाफ़ आवेदन चला जायेगा। ऐसा नहीं है कि मैं आपको डरा रहा हूँ। मैं केवल वास्तविकता से आपको अवगत करा रहा हूँ। यहाँ के लोग पुराने ख़यालों के हैं। बोर्डिंग के छात्रों ने जो उत्पात मचाया उसे गाँववाले जान चुके हैं। बोर्डिंग में जो अनाज आता है वह इन्हीं गाँववालों का दिया हुआ दान है। हर वर्ष यहाँ के किसान होस्टल को धान का बोरा देते हैं। दलित छात्रों को विद्रोह करने से पहले सोचना था। आप ब्राह्मण हैं। क्या ब्राह्मण बच्चे आपकी बात सुनेंगे? हम हमारे छात्रों के मन से जातिवाद का ज़हर नहीं निकाल पाये हैं। गाँव वालों के मन से कैसे निकाल पायेंगे? वे हमारे छात्र नहीं हैं। नेता जी के मतदाता हैं। इस संस्थान के विकास में यहाँ के हर किसी का योगदान है। उन्हीं की बदौलत हमारे घर में चूल्हा जलता है। इसलिए यही बेहतर होगा कि किसी उजड्ड गुंडे को अधिक तूल न दो। अगर पुलिस में शिकायत दर्ज की तो उसकी ख़बर बनते देर नहीं लगेगी। यह सब परेशानियों को मोल लेने जैसा होगा। ज़ो भी फ़ैसला करना है, सोच-समझकर कीजिए। बस मुझे इतना ही कहना है।'' मदने मास्टर जी ने एक छोटा भाषण दे दिया था।

देशपाण्डे सर ने बनसोडे सर के मसले को अध्यापक बनाम गुंडे की तरह लिया था। मदने मास्टर जी ने कुछ ही क्षणों में उसके कई आयाम खोलकर दिखा दिये थे। अध्यापक बनाम मतदाता, अध्यापक बनाम गाँववाले, अध्यापक बनाम जातीयवादी, अध्यापक बनाम नेता। उन्होंने इन सभी तहों को ऐसे उकेर कर रख

दिया कि वहाँ खड़े अध्यापकों के मन का रोष हवा हो गया। बनसोडे सर अकेले पड़ गये। सभी चुपचाप केबिन के बाहर निकल गये।

बनसोडे सर ने कोई प्रतिक्रिया नहीं दर्शाई। वे अपने क्लास में चले गये। उन्होंने छात्रों को पढ़ाना शुरू किया। जो कुछ हुआ उससे उनका चित्त विचलित नहीं था। वे हर रोज़ की भाँति पढ़ाते रहे। स्कूल ख़त्म कर जब नित्य की भाँति घर गये, उनके मन में किसी तरह का भय नहीं था। घर पहुँचकर उन्होंने दरवाज़ा भीतर से बन्द कर लिया। किताबों की रैक से नामदेव ढसाल की किताब 'गोलपिठा' निकाली और पढ़ने बैठ गये। कविताओं को पढ़ना शुरू किया लेकिन कुछ ही देर में किताब से उनका मन उचट गया। टहलने का भी मन नहीं हुआ। अचानक उन्हें लगा कि वे एकाकी हो गये हैं। उन्होंने मन को एकाग्र करने का बहुत यत्न किया। लेकिन आज उनका मन एकाग्र नहीं हो पा रहा था। तभी दरवाज़ा बजा। उन्हें कुछ भय-सा लगा। धीरज बटोरकर वे उठे और दरवाज़ा खोला। सामने गौतम खड़ा था। वे आशंकित हो गये। क्या संस्थान ने गौतम को भेजा है? कोई मेमो दिया है? क्या वे मेरी ओर से कोई सफ़ाई चाहते हैं? कई सारे सवाल उनके ज़ेहन में खड़े हो गये। गौतम भीतर चला आया।

"मैं आपसे मिलने आया हूँ। जो हुआ अच्छा नहीं हुआ।" गौतम ने कहा। सुनकर बनसोडे सर ने राहत की साँस ली।

कोई तो अपनी तरफ़ है यह सोचकर उन्हें सुकून हुआ। गौतम को देखकर बनसोडे सर कुछ हल्का महसूस करने लगे थे। उन्हें कुछ कहने का मन हुआ।

"सही कहा तुमने गौतम। उसने मुझ पर हमला किया। ग़लत है यह। लेकिन स्कूल नेता जी का है। हम शिकायत करेंगे तो उसकी ख़बर बन जायेगी। इस मामले को एक दलित अध्यापक पर हमले के तौर पर नोटिस किया जायेगा। उस पर एॅट्रासिटी कानून के अन्तर्गत केस बन सकता है। बावजूद इसके हमें शिकायत नहीं करनी है। और पता है, सभी ने मदने मास्टर जी की हाँ में हाँ मिलाई है। यह संस्था जातीयवादी है। अगर यह सब किसी ऊँची जाति के अध्यापक के साथ होता तो यह संस्थान ज़रूर शिकायत दर्ज करता। लेकिन मेरे साथ जो हुआ उसे मदने मास्टर जी ने निहायत मामूली घटना समझकर रफादफा कर दिया। जाने दो। हो सकता है, उन्होंने ही यह सब करवाया हो। गौतम, वे एक गुंडे का पक्ष ले रहे थे। इन लोगों पर मुझे कोई भरोसा नहीं है। मैं उनकी नज़र को खटकता हूँ क्यूँकि मैं उच्चशिक्षित हूँ।

पीएच्. डी. कर रहा हूँ। उन्हें मुझसे भय लगता है।'' बनसोडे सर अपनी पीड़ा बखान कर रहे थे। उसकी तपन से गौतम बेचैन हो उठा।

तभी दरवाज़ा खटखटाने की आवाज़ आयी। गौतम ने दरवाज़ा खोला। दरवाज़े पर मकान मालिक दीना खड़ा था। दीना को जैसे ही घटना के बारे में पता चला वह चला आया था। भीतर आकर उसने कहा, ''आप घबराइए नहीं सर। अगर किसी ने दुबारा आपके साथ ऐसा कुछ किया तो मुझे ख़बर कीजिए। मैं आपके साथ हूँ। अगर आपके मन में किसी तरह का भय है तो दो दिन मेरे खेत में आकर रह लीजिए। ख़ुद को कभी भी अकेला मत महसूस करना।'' दीना ने उन्हें सांत्वना दी और चला गया। बनसोडे सर सन्तोष से भर गये।

गौतम ने उखड़कर कहा, ''दुबारा किसी ने ऐसा कुछ किया का क्या मतलब है? क्या वे चाहते हैं कि दोबारा ऐसा हो?'' बनसोडे सर ने उसे समझाते हुए कहा, ''ऐसा नहीं है। वह तो बात करने का तरीका होता है। वे घर आये। मुझसे बात की। उन्होंने मुझे किराये से मकान दिया। अगर जात-पाँत मानते तो क्या मकान में रहने देते? कतई नहीं देते।''

''नहीं, ऐसा नहीं है। किराया मिलता है इसलिए दिया है। कल अगर तुका इन्हें धमकाता है तब देखना, वे भी आपको निकाल बाहर कर सकते हैं।'' गौतम की आवाज़ में चिन्ता थी।

''नहीं, यह बात नहीं है। उन्हें बुरा लगा तभी तो वे मुझसे मिलने आये।'' बनसोडे सर ने बुझे स्वर में कहा।

''जो भी है। आप सावचेत रहिए। रात-बेरात दरवाज़ा मत खोलना। वह गुंडा है। आप अपना ध्यान रखिए। मैं आता हूँ सबेरे।'' कहकर गौतम चला गया।

बनसोडे सर बहुत बेचैन थे। बिना भोजन किये ही वे बिस्तर में चले गये। लेकिन नींद उनकी आँखों से कोसों दूर थी। जो कुछ हुआ उससे वे ख़ुद को अपमानित महसूस कर रहे थे। उन्हें बड़ी ठेस पहुँची थी। बिना किसी कारण उनसे गाली-गलौज हुई थी। मारने की धमकी दी गयी थी। वे क्षुब्ध थे। उन्हें कुछ सूझ नहीं रहा था। यकायक वे उठ बैठे और रोने लगे। तभी दरवाज़ा बजा। उन्हें बड़ा भय लगा। वे वैसे ही बैठे रहे। फिर से दरवाज़े पर थपकी सुनाई दी। उन्होंने खुद को सँभाला और जाकर दरवाज़ा खोला। देखा कि सामने देशपाण्डे सर खड़े हैं।

''रो रहे थे आप बनसोडे सर? क्या सूरत बना ली है आपने अपनी!'' देशपाण्डे सर ने चिन्तामग्न होकर कहा।

हड़बड़ी से अपनी आँखें पोंछते हुए बनसोडे सर ने कहा, ''कुछ नहीं। बस कुछ बुरा महसूस हो रहा था।''

''मैं आपको कुछ बताने आया था। होस्टल के बच्चों ने तुका के घर पर हमला कर दिया है। सुना है कि उन्होंने उसके घर में काफ़ी तोड़फोड़ की है। वो तो तुका मठ में था इसलिए बच गया। वरना आज छात्रों के हाथों लग जाता तो उसकी कोई खैर नहीं थी। लेकिन आप सतर्क रहिए। वह मवाली आपको और भी नुक़सान पहुँचा सकता है। या हो सकता है कि डर गया हो और फिर आपके सामने ही न आये। गाँव में इसी बात को लेकर बहस हो रही है। आप घर से बाहर न निकलना। आपको सावचेत करने हेतु आया था। रात हो चुकी है। चलता हूँ।'' देशपाण्डे सर बनसोडे सर को धीरज बँधाकर चले गये।

बनसोडे सर विस्मय-चकित हो गये। उन्हें बिल्कुल नहीं लगा था कि छात्र ऐसे बिदक जायेंगे। अब मदने मास्टर जी पक्का छात्रों को आड़े हाथ लेंगे। और गाँववालों का क्या रुख होगा अब? अगर वे समझदारी से काम लेंगे तो यह बात यही पर ख़त्म हो जानी चाहिए। लेकिन छात्रों ने भी जो किया, अच्छा ही किया। तुका को उसके बर्ताव की सज़ा मिलनी चाहिए। बनसोडे सर के दिमाग़ में कई ख़याल आ रहे थे। मकान मालिक और देशपाण्डे सर के आने से उन्हें काफ़ी सम्बल मिला था। लेकिन विचार उनके थमने के नाम नहीं ले रहे थे। फिर से दरवाज़ा बजा। रात गहरा रही थी। बनसोडे सर सहम गये। उन्होंने दरवाज़े की झिर्री से झाँककर देखा। मदने मास्टर जी खड़े थे। उन्हें सुकून-सा महसूस हुआ। दरवाज़ा खोला। मदने मास्टर जी उनके लिए भोजन का टिफिन लिए खड़े थे।

''मैडम ने आपके लिए खाना भेजा है। खा लीजिए। जाते समय टिफ़िन लेता जाऊँगा।''

बनसोडे सर की आँखें भर आयीं। उन्होंने चुपचाप टिफिन खोला और खाने लगे।

''मुझे पता था, होस्टल के लड़के चुप नहीं बैठेंगे। इसलिए मैं ख़ामोश रहा।'' मदने मास्टर जी ने मुस्कुराते हुए कहा। अचानक बनसोडे सर के मन का रोष बह गया।

''इन गुंडों ने नाक में दम कर रखा हुआ था। अच्छा हुआ बच्चों ने सबक सिखा दिया। गाँववालों को भी राहत पहुँची होगी।'' मदने मास्टर जी शान्ति से बात कर रहे थे। उनके लाये हुए खाने ने और बातों ने बनसोडे सर को जैसे सन्तोष से भर दिया।

बनसोडे सर के घर से निकले तब मदने मास्टर जी बेहद उद्विग्न थे। घर पहुँचकर वे सीधे बिस्तर में चले गये। नाहक ही तुका को उकसाया। वे सोचने लगे। उन्हें दूर-दूर तक नहीं लगा था कि होस्टल के छात्र ऐसे उठ खड़े होंगे। होस्टल के बच्चों में एकता पैदा होने लगी थी। संघर्ष करने का जज़्बा पैदा होने लगा था। मदने मास्टर जी सोच में डूब गये। बगल में पत्नी के खर्राटे सुनाई दे रहे थे। तभी दरवाज़ा बजा। 'तुका ही होगा' वे बुदबुदाये। उन्होंने दरवाज़ा खोला। सामने चारों खड़े थे। तुका ग़ुस्से से भरा था। मदने मास्टर जी को लगा नहीं था कि वह ऐसे बेवक़्त घर पर आ धमकेगा। वे उन सभी को साथ लिए घर के बाहर चले आये। तुका क्रोध से थरथरा रहा था, साथ ही उसकी आँखों सेआँसू बह रहे थे। अंगारों की भाँति उसके मुँह से शब्द निकले, ''मदने मास्टर जी, होस्टल के बच्चों ने मेरे घर में घुसकर तोड़फोड़ की। माँ और बाबा के साथ मारपीट की। यह गलत है। आपको होस्टल के बच्चों को क़ाबू में रखना था। मैं होस्टल में जाकर वहाँ का माहौल ख़राब कर दूँगा। एक दो को ख़त्म भी कर सकता हूँ। मैं जेहल काटकर आया हूँ। किसी का डर नहीं है मुझे। चुप नहीं बैठूँगा। कहे देता हूँ।'' तुका का पारा सातवें आसमान पर था।

मदने मास्टर जी ने उसके कन्धे पर हाथ रखा। तुका ने उन्हें झटक दिया। मदने मास्टर जी ने उसे समझाते हुए कहा, ''देखो तुका, रात का समय है। मैं कल जाकर तफ्तीश करता हूँ। अभी तुम चले जाओ। होस्टल मत जाना। वहाँ पर बड़ी तादाद में छात्र रहते हैं। किसी के साथ ऐसा-वैसा कुछ हो गया तो वे चुप नहीं बैठेगे। नेता जी की संस्था है अपना दिमाग़ ठण्डा रखो। कुछ हुआ तो पुलिस एक पल में उठाकर ले जायेगी तुम्हें। पहले ही तुम पर केस दर्ज है। इससे तुम्हारे केस पर परिणाम हो सकता है। समझे? कल ऑफ़िस में चले आना। मैं कुछ हल निकाल लूँगा। मुझ पर भरोसा रखो।'' मदने मास्टर जी ने उसकी पीठ पर हाथ रखा।

'' तुका, मदने मास्टर जी सही कह रहे हैं। उनकी सुनो।'' सुरा ने कहा।

'' शान्ति से रहो। मैं कल इस मामले की तहक़ीक़ात करूँगा। मुझे समय दो। जो उचित होगा मैं वही करूँगा। भरोसा रखो।'' मदने मास्टर जी ने फिर से उन्हें आश्वस्त किया।

''मदने मास्टर जी ठीक कह रहे हैं। उन पर भरोसा करना होगा। चलो अब।'' कहते हुए यशा ने तुका का हाथ पकड़ा और उसे लिए सभी वहाँ से निकल गये।

मदने मास्टर जी भीतर चले आये। तुका मान गया यह देखकर उन्होंने राहत की साँस ली। कुछ ही देर में वे नींद के अधीन हो गये।

सुबह जब सैर के लिए निकले तब लौटते हुए वे बनसोडे सर के घर की तरफ़ निकल गये। बनसोडे सर सोये हुए थे। उन्होंने आवाज़ देकर बनसोडे सर को नींद से जगाया। बनसोडे सर कुछ समझें इससे पूर्व ही उन्होंने गम्भीरतापूर्वक कहना शुरू किया, ''कल रात मैं तुमसे मिलकर घर गया। रात में तुका गुंडों को लेकर मेरे घर पर आ धमका और मुझसे उलझ गया। मुझसे गाली-गलौज की। कहने लगा कि होस्टल के बच्चों को छोड़ूँगा नहीं। मैंने उसके सामने हाथ जोड़े। जैसे-तैसे उसे समझाया। वह आज ऑफ़िस आनेवाला है। आप भी आज थोड़ा जल्द आइये। इस मामले को शान्ति से सुलझाना होगा। बैठकर बात करनी होगी। आइये आप। मैं भी स्नान आदि निपटाकर आता हूँ।'' मदने मास्टर जी चले गये। बनसोडे सर तुरन्त स्कूल जाने की तैयारी करने लगे। तभी गौतम भी आकर मिलकर चला गया। मामले ने काफ़ी तूल पकड़ लिया था।

जब बनसोडे सर ऑफ़िस पहुँचे तब उन्होंने देखा कि देशपाण्डे सर और शहाणे सर भी वहाँ पर मौजूद थे। गौतम ऑफ़िस की साफ़-सफ़ाई निपटा कर क़क्षाओं की सफ़ाई के लिए गया हुआ था। उन्हें पता चला कि देशपाण्डे सर और शहाणे सर होस्टल के छात्रों से जाकर मिल आये थे। होस्टल के हर छात्र का यही कहना था कि उनमें से कोई भी इस हमले में सहभागी नहीं था। किसी को पता नहीं था कि यह सब किसका करा-धरा था। कोई कह रहा था, वह सोया हुआ था, किसी ने कहा कि वह बीमार था। इससे मामला और भी पेचीदा हो गया था। किस छात्र ने हमला किया इसके कोई सबूत नहीं थे। ब्राह्मण-दलित सभी छात्र एक हो गये थे। शहाणे सर और देशपाण्डे सर ने हर छात्र से अच्छे बर्ताव और अनुशासन के पालन का चिठ्ठा लिखवा लिया था, जिस पर सभी के हस्ताक्षर थे। कई छात्रों ने झूठे हस्ताक्षर किये थे। अध्यापक इस पर ग़ौर करना भूल गये थे।

''हमारी पाठशाला के अध्यापक के साथ मारपीट हुई है। कल आपके साथ भी यह हो सकता है। क्या हम चुप रहें? हँसकर छोड़ दें?'' होस्टल के छात्रों ने देशपाण्डे सर से सीधे सवाल किया था।

''छात्रों को चाहिए कि वे केवल अपनी पढ़ाई पर ध्यान दें। गाँव में जाकर इस तरह बखेड़ा खड़ा करना ग़लत है। अगर किसी छात्र को कुछ हो जाता?

अगर छात्रों पर केस दर्ज हो जाता है तब क्या करोगे? होस्टल बन्द करना पड़ेगा।'' देशपाण्डे सर ने झल्लाते हुए कहा था।

देशपाण्डे सर के हाथ में छात्रों के लिखे आवेदन थे। शहाणे सर समाचार पढ़ने में मग्न हो गये। बनसोडे सर आये। उन्होंने सभी को नमस्कार किया और बैठ गये। सभी मदने मास्टर जी की राह देखने लगे।

मदने मास्टर जी ने आने में बहुत समय लिया। जब आये, तो साथ में पकौड़ों का पैकेट लिए हुए आए। सभी में नमस्कार का आदान-प्रदान हुआ तो उन्होंने कहा, ''गर्मागर्म पकौड़े लाया हूँ। पहले खा लो।'' एक पकौड़ा उन्होंने अपने मुँह में डाल दिया। बनसोडे सर चुपचाप बैठे रहे। ''क्यूँ बनसोडे सर, हमारे साथ खाने में संकोच हो रहा है? आपको क्या अलग प्लेट देनी होगी?'' मदने मास्टर जी ने पकौड़ों का स्वाद लेते हुए पूछा।

''मैं पकौड़े खाता नहीं हूँ। एसिडिटी हो जाती है।'' बनसोडे सर ने खुलासा करते हुए कहा।

''आपकी ख़ातिर आज जल्दी आना पड़ा। रात भर सो नहीं पाया। एसिडिटी हमें हुई है बनसोडे सर।'' मदने मास्टर जी ने क्षुब्ध होकर कहा।

''बनसोडे सर ले लीजिए।'' देशपाण्डे सर ने उनके हाथ में पकौड़े थमाते हुए कहा। बनसोडे सर चुपचाप पकौड़े खाने लगे।

''हम होस्टल गये थे।'' देशपाण्डे सर ने बीच में ही कहा।

''पहले पकौड़े ख़त्म कीजिए देशपाण्डे सर।'' मदने मास्टर जी ने कुछ बिदक कर कहा। सभी चुपचाप पकौड़े खाने लगे। वेटर चाय लेकर आया। उसने कप मेज़ पर रखे तो मेज़ पर चाय छलक गयी। ''चाय के दाग पोंछो।'' मदने मास्टर जी ने झल्लाकर कहा। फिर ''कहिये देशपाण्डे सर। क्या कह रहे थे आप। होस्टल के छात्रों का क्या हुआ?'' कहते हुए उन्होंने देशपाण्डे सर की ओर मोर्चा खोल दिया।

''मैं और शहाणे सर गये थे हॉस्टल। हर छात्र से लिखवा कर लाये हैं। लेकिन किसी ने क़बूल नहीं किया है।''

''रात में जो घटा उसके लिए किसी हाल में बच्चों का पक्ष नहीं लिया जा सकता। अगर किसी को कुछ हो जाता तब क्या करते हम? मामला पेचीदा हो जाता। बच्चों के दिमाग़ में जो गर्मी चढ़ी हुई है उसे उतारना होगा। उन्हें सज़ा करना ज़रूरी है। मैं सुबह तुका के घर गया था। बच्चों ने काफ़ी नुक़सान किया है उसके घर का।

उसके बूढ़े माँ-बाप के साथ मारपीट भी की है। हमें भी जवाब तलब किया जायेगा। इस पूरे मामले को मैडम को सौंपिए। अब वे ही इसका निपटारा करेंगी। वे मुख्याध्यापिका हैं। संस्था किसी तरह का गैरबर्ताव मंजूर नहीं करेंगी।'' मदने मास्टर जी ने तल्खी से कहा।

''होस्टल के छात्र बड़े उद्दण्ड हो चले हैं। हमने उन्हें समझाने का भरपूर यत्न किया। लेकिन वे अड़े हुए हैं। एक-दो को निकाल देना होगा। तभी कुछ सबक मिलेगा।'' शहाणे सर ने कहा।

''इस बारे में जो कहना था, मैंने कह दिया है। अब जो भी हल निकलेगा, मैडम निकालेगी। आप छात्रों के आवेदन उनके पास दे दो। अब सवाल रहा बनसोडे सर का। बनसोडे सर, बताइए। क्या आप तुका के ख़िलाफ़ शिकायत दर्ज करवाना चाहते हैं?'' मदने मास्टर जी ने कहा।

''नहीं। मुझे कोई शिकायत नहीं है। यह मामला जल्द से जल्द ख़त्म हो जाये। मैं यही चाहता हूँ।'' बनसोडे सर ने कहा।

''कैसे ख़त्म करना होगा? तुका के घर का जो नुक़सान हुआ है उसकी भरपाई कौन करेगा? उसका परिवार रास्ते पर बैठा है। उस बारे में क्या करना होगा?'' मदने मास्टर जी ने कहा।

मदने मास्टर जी की बातों का किसी ने जवाब नहीं दिया। सभी चुप बैठे रहे। गौतम भीतर आया। ''तुकाराम आया है। क्या भीतर भेज दूँ?'' उसने पूछा।

''भेज दो।''

गौतम ने तुका को भीतर भेज दिया। तुका भीतर आया तो आवेश से ही भरा था।

''मेरे घर का नुक़सान किया। मेरे माँ-बाप को पीटा।'' उसने आते ही ऊँची आवाज़ में कहा।

''मैं क्या करूँ?'' मदने मास्टर जी ने पलटकर पूछा।

''जिन्होंने मेरे घर का नुक़सान किया है वे भरपाई करें। मेरे माँ-बाप को किसलिए मारा? मुझे मारना था। मैं तैयार हूँ।'' तुका आक्रामक हो गया था।

''देखो, जिन्होंने नुक़सान किया है वे भरपाई करेंगे। जिन्होंने तुम्हारे माँ-बाप को पीटा है उन्हें तुम पीट सकते हो। मुझे कोई आपत्ति नहीं है। तुम अगर मुझे पीटना चाहते हो तो मुझे भी पीट सकते हो। मैं तैयार हूँ।'' मदने मास्टर जी ने विनम्रता के साथ कहा तो तुका सकपका गया। उससे कुछ बोला नहीं गया।

अचानक मदने मास्टर जी ने अपने तेवर बदल लिए। लगभग चिल्लाकर उन्होंने कहा, ''कल रात तुम मेरे घर आये। अपने गुंडे दोस्तों को साथ लेकर। मुझसे बदतमीजी की। तुम हनुमान के चौतरे के पास मँडराते रहते हो। स्कूल आती-जाती लड़कियों को छेड़ते हो। अश्लीलता फैलाते हो। क्या तुम्हारा राज है यहाँ पर? कल होस्टल के दस बच्चे आये थे। आज रात सौ छात्र आयेंगे। मैं भेजता हूँ उन्हें। तुम्हें जो करना है कर लेना।'' मदने मास्टर जी ग़ुस्से से थरथरा रहे थे। बनसोडे सर, देशपाण्डे सर और शहाणे सर उन्हें देखकर सहम गये।

''आपसे यह अपेक्षा नहीं थी मुझे।'' तुका ने बिदककर कहा।

''फिर कहो, क्या अपेक्षा है। मैं भी तो सुनूँ!''

''यह मामला मिटाइए।'' तुका ने कहा।

''इस कुर्सी में बैठो और कहो कि कैसे मिटाना होगा।'' मदने मास्टर जी ने कहा।

''आप बड़े हैं। आप सब समझते हैं। मैं क्या कहूँगा? आपको जो उचित लगता है, कीजिए।'' तुका ने नरमी से कहा।

''मैं सुबह तुम्हारे घर गया था। तुम्हारे माँ-बाप से मिला। तुम्हारे घर की पड़ताल ली। डिप्टी आये थे। मुझे तुम्हारी चिन्ता है इसलिए आया था।'' मदने मास्टर जी ने कहा।

''आपको हमारी चिन्ता है यही सोचकर मैं भी चला आया।'' तुका ने कहा।

''मेरे दिमाग़ में एक तरकीब है। वाचमैन की ख़ातिर दो कमरे बनवाये हुए हैं। वे ख़ाली हैं। तुम चाहो तो तुम्हारे माँ-बाप वहाँ पर रह सकते हैं। और अगर वे वाचमैनी करने को तैयार हैं तो कुछ वेतन भी दिया जा सकता है। इसके अलावा और क्या किया जा सकता है, तुम्हीं बताओ।''

तुका कुर्सी से उठ गया और ''आपके बड़े उपकार हैं जी'' कहते हुए वह मदने मास्टर जी के चरणों में बिछ गया।

''चलो, उठो। बनसोडे सर से माफ़ी माँग लो।'' मदने मास्टर जी ने स्नेह पगे शब्दों में कहा। तुका ने बनसोडे सर की ओर देखा और उनसे माफ़ी माँग ली।

''मुझे लगता है, यह मामला अब ख़त्म हो चुका है। तुम जा सकते हो।'' मदने मास्टर जी ने हँसते हुए तुका से कहा। तुका चला गया। मदने मास्टर जी ने देशपाण्डे सर की ओर रुख किया।

''देशपाण्डे सर, आप तुका के माँ-बाप से जाकर मिलो। उन्हें सब बताओ। उन्हें वाचमैन के कमरे मुहैया कराओ। काम के बारे में समझाओ। वैसे भी गौतम पर काम का बहुत बोझ है। उसका आधा काम कम करना होगा। वेतन के बारे में मैं बात कर लूँगा। एक बार वे यहाँ पर आ जायें।'' मदने मास्टर जी ने देशपाण्डे सर से कहा।

राष्ट्रगान शुरू हो गया। सभी उठकर खड़े हो गये। राष्ट्रगान के ख़त्म होते ही वापिस बैठ गये।

''चुटकीभर में मामला सलटा दिया।'' देशपाण्डे सर ने हँसकर कहा। बनसोडे सर और शहाणे सर ने हँसते हुए अपनी गर्दनें हिला दीं।

''मैंने नहीं सलटाया। इस कुर्सी की ताक़त ने सलटाया है। एक बार इस कुर्सी पर बैठिये। देखिये, कैसे एक-एक गाँठ खुलती जाती है।'' मदने मास्टर जी मुस्कुरा उठे। ''चलो, ठीक है। आप दोनों सुबह से आये हुए हैं। चाहो तो कुछ देर घर जाकर आ सकते हो।''

''नहीं। अब क्लास में जाना ही ठीक होगा। वैसे भी क्लास का समय हो गया है।'' देशपाण्डे सर ने कहा।

''बनसोडे सर, क्या आपकी भी क्लास है?''

''नहीं।''

''फिर आप देशपाण्डे सर की क्लास कीजिए। शहाणे सर, आप भी जाइये। देशपाण्डे सर, आप बैठिये। होस्टल के छात्रों का मामला भी सुलझा देते हैं। होस्टल के सभी छात्रों को बुलवा भेजिए।'' मदने मास्टर जी ने कहा और वे समाचार-पत्र पढ़ने में व्यस्त हो गये। देशपाण्डे सर छात्रों के आवेदन छानने लगे।

''क्या सजा सुनाएँ सर?'' देशपाण्डे सर ने पूछा।

''अँगूठे पकड़ने लगाओ। या कान पकड़कर उठक-बैठक लगवाइये। या पाँच-पाँच बेंत की मार।'' मदने मास्टर जी ने कहा।

''इन काग़ज़ातों का क्या करना होगा?''

''वापिस दे दीजिए। फ़ाइल में लगाने का कोई तुक नहीं।'' मदने मास्टर जी ने कहा।

''छात्रों ने जो किया वह ग़लत था। उन्हें इस बात का अहसास होना ज़रूरी है सर। कड़ी सज़ा सुनाइए।'' देशपाण्डे सर ने कहा।

''कड़ी सज़ा से क्या तात्पर्य है तुम्हारा? बताओ।'' मदने मास्टर जी ने कहा।

“एक-दो छात्रों को होस्टल से निष्कासित कर देते हैं। इससे छात्रों में डर पैदा होगा।” देशपाण्डे सर ने कहा।

“कौन-से छात्रों को सज़ा देनी है, इसे कैसे तय करना होगा? ब्राह्मण, ग़ैर ब्राह्मण? दलित? किसकी बात कर रहे हैं आप? बनसोडे सर दलित हैं इसलिए क्या दलित छात्रों को ज़िम्मेदार ठहराना होगा? आपका फॉर्मूला समझाइए।” मदने मास्टर जी ने कहा।

तभी बाहर कुछ शोर सुनाई दिया। गौतम ने भीतर आकर कहा, “होस्टल के छात्र आये हैं।”

“रुको, उन्हें भीतर मत भेजना। यहाँ पर जगह नहीं है। हम ही बाहर आते हैं।” मदने मास्टर जी ने कुर्सी से उठते हुए कहा।

गौतम दरवाज़े पर जाकर खड़ा हो गया। छात्र आपस में बातें कर रहे थे। मदने मास्टर जी और देशपाण्डे सर बाहर निकलकर आये। छात्रों ने एक सुर में ‘गुड मॉर्निंग’ कहा और खड़े रहे।

“गुड मॉर्निंग! कहो, क्या बात है?” मदने मास्टर जी ने पूछा।

“आपने बुलाया था सर।”

“मुझ पर मेहरबानी करो और मेरा यह कक्ष ढहा दो। बोलो, क्या कर सकते हो? मैं नया कक्ष बनवाना चाहता हूँ।” मदने मास्टर जी ने कहा तो सभी छात्र अवाक् खड़े रहे। मदने मास्टर जी ने कुछ क्षणों का विराम लिया और कहा, “जाओ, क्लास लगी हुई हैं। पढ़ने में ध्यान दो। पढ़ाई में खलल पड़ेगा।” सभी छात्र चुपचाप अपनी-अपनी कक्षाओं में लौट गये। मदने मास्टर जी अपने कक्ष में लौट गये। देशपाण्डे सर भी उनके पीछे-पीछे हो लिए।

“लड़के समझदार हैं। उन्होंने कक्ष को तोड़ा नहीं।” देशपाण्डे सर हँसने लगे। मदने मास्टर जी ने अचानक बातों का सिरा मोड़ते हुए कहा, “प्रायमरी तथा हाईस्कूल के अध्यापक और स्टाफ-कर्मचारियों की संख्या में इजाफ़ा हुआ है देशपाण्डे सर। आगे जूनिअर कॉलेज का भी स्टाफ होगा। उससे भी आगे जाकर सोचो तो सीनियर कॉलेज का स्टाफ भी होगा। मैं सोच रहा हूँ कि इन कर्मचारियों के लिए एक अलग संस्था का गठन होना चाहिए। गये महीने मैं भंडारकवठा गया था, लेक्चर देने हेतु। उन्होंने वहाँ शुरू की है। हमें भी करनी होगी। इससे आर्थिक विपदाओं के समय हमारे लोगों के लिए सहायता हो सकती है। आप इसमें पहल कीजिए।”

मदने मास्टर जी ने देशपाण्डे सर पर नयी ज़िम्मेदारी सौंपी। देशपाण्डे सर ने हाँ कहते हुए गर्दन हिला दी।

"अच्छा, अब जाइए आप। आपकी क्लास होगी। और तुका के माँ-बाप की..."

"जी जी मैं देख लूँगा वह सब " देशपाण्डे सर ने उन्हें बीच में ही रोकते हुए कहा और वे खड़े हो गये।

"मैं जानता हूँ देशपाण्डे सर, आप पर काम का बहुत अधिक बोझ है। लेकिन आप तो जानते हैं, जो क़ाबिल है उसी को ज़िम्मेदारी दी जाती है। जूनिअर कॉलेज की ज़िम्मेदारी भी आपको ही लेनी होगी।" मदने मास्टर जी ने धूर्तता से कहा।

"क्या मैंने कभी किसी काम के लिए मना किया है सर? आप मुझे ज़िम्मेदारी सौंपिए। मैं आपका भरोसा नहीं तोड़ूँगा।" देशपाण्डे सर ने विनम्रता से कहा। मदने मास्टर जी मन ही मन मुस्कुरा उठे। उन्होंने गर्दन के इशारे से ही उन्हें जाने के लिए कहा। देशपाण्डे सर चले गये।

स्कूल छूटने के पश्चात देशपाण्डे सर सीधे तुका के घर की ओर निकल गये। बाला का बेटा अशोक और कसाई का बेटा हामिद ओसारे में खड़े बात कर रहे थे। शीला, तानी और कविता स्कूल के प्रवेशद्वार से बाहर निकल रही थीं। देशपाण्डे सर पैदल ही चल पड़े थे। जब वे हनुमान के चौतरे पर पहुँचे तब चूड़ामण तेली चौतरे की परिक्रमा लगा रहा था। काकी देहरी में बैठी गन्ना चूस रही थी। आजकल उसका मानसिक सन्तुलन बिगड़ा हुआ था। उसके दोनों बेटों को बोर्डिंग में डाल दिया गया था। भलरी गली लाँघकर देशपाण्डे सर आगे गये। उन्होंने ही काके को मन्दिर से भगाया था। और फिर काके और शान्ति भाग गये थे। देशपाण्डे सर तुका के घर के सामने रुके। घर को कुछ हद तक ठीक कर लिया गया था। तुका के पिता आँगन में बैठे हुए थे। माँ नदी पर गयी हुई थी।

देशपाण्डे सर ने खड़े-खड़े मुआयना किया। होस्टल के बच्चो ने घर का मुख्य दरवाज़ा तोड़ दिया था। घर के बर्तन, दरी, बिस्तार आदि चीज़ों को उठाकर रास्ते पर फेंक दिया था। तुका के माँ-बाप ने छात्रों को विरोध किया था, इसलिए उनके साथ मारपीट हुई थी। लौटते समय उन्होंने टीन के छप्पर पर पत्थर भी फेंके थे। तुका और उसके साथियों ने कुछ हद तक घर को ठीकठाक किया हुआ था। देशपाण्डे सर तुका के पिता के पास जाकर बैठ गये।

‘‘मदने मास्टर जी ने आपको वाचमैन की नौकरी देने की सोची है। आप कब तक पाठशाला में रहने आओगे? मदने मास्टर जी ने इसी वास्ते भेजा है।’’ देशपाण्डे सर ने बैठते ही मुख्य बात छेड़ दी।

‘‘मदने मास्टर जी से कहिये, पहले तुका को नौकरी पर लगाइए। हमारा क्या है। हमारी क्या उम्र है अब नौकरी करने की?’’ तुका के पिता ने गर्दन नीची किये हुए ही कहा।

‘‘तुका पर मुकदमा है..... ’’ देशपाण्डे सर आगे कुछ कहे इससे पूर्व बूढ़े ने पलटकर कहा, ‘‘अदालत ने जमानत पर रिहा किया हुआ है। दोषी होता तो क्या जमानत मिलती? उसने कसाई की हत्या नहीं की है। गाँव के मुस्लिमों ने ही कसाई को ख़त्म किया। उसने हिन्दू विधवा से विवाह किया था न इसलिए। हमारे बच्चे तो उसे बचाने के लिए गये थे। और उन्हें ही गुनहगार बना दिया। बच्चे अपराधी नहीं हैं। तुका को नौकरी दिलवाइए। अगर सज़ा हो गयी तो भले ही नौकरी चली जाये। जो उसके नसीब में होगा देखा जायेगा।’’ बूढ़े के मन में कचोट थी। लेकिन आवाज़ में एक तल्खी थी। देशपाण्डे सर की ज़ुबान पर जैसे ताला जड़ गया। वे चुपचाप बैठे रहे।

तुका की माँ पानी का घड़ा लेकर आयी। उसने सिर से घड़ा नीचे उतारा और देशपाण्डे सर के पास जाकर खड़ी हो गयी। ‘‘हमने सुना है कि मदने मास्टर जी हमें वाचमैन बना रहे है। छी: छी:, ऐसी नौकरी? ऐसी नौकरी तो महार मातंग करते हैं। क्या आपने हमारी जाति नहीं देखी? मेरे दादा सतारा के दरबार में घुड़सवार थे। राम, राम कैसे बुरे दिन आ गये हैं। मदने मास्टर जी इतने बड़े आदमी हैं। क्या उन्हें कोई समझ नहीं है? हम ऐसी वैसी नौकरी नही करेंगे। गाँव में हमारी क्या इज़्ज़त रह जायेगी। पहले तुका को नौकरी पर रखो। महार के बेटे को नौकरी दी है उन्होंने। हमारे छोरे के बारे में सोचना न होगा? ’’ तुका की माँ ने तेवर के साथ अपनी बात ख़त्म की। देशपाण्डे सर अचरज से उसकी ओर देखते रह गये।

‘‘मदने मास्टर जी तक तुम्हारी बात पहुँचाता हूँ।’’ उन्होंने इतना ही कहा।

‘‘हाँ, मदने मास्टर जी के कानों में डालिये हमारी बात। और हाँ, उन्होंने ही होस्टल के बच्चों से हम पर हमला करवाया था। उन्होंने ही तुका से बनसोडे सर पर हमला करने के लिए कहा था। तुका के लिए कुछ करो। वरना हम धरने पर बैठ जायेंगे। कहे देते हैं।’’ तुका की माँ की बातों से जैसे अंगारे फूट रहे थे। देशपाण्डे सर विस्मय-चकित हो गये।

तुका के पिता ने गर्दन नीची किये ही कहा, "तुका को स्कूल में नौकरी लग जायेगी तो नेता जी को लगेगा कि लड़का अपनी स्कूल का है। जजसाब सोचेंगे कि लड़का नेता जी की स्कूल का है। उसका ब्याह हो जायेगा। उसकी नैया पार हो जायेगी।"

"मैं बात करूँगा मदने मास्टर जी से।" कहते हुए देशपाण्डे सर जाने के लिए उठ खड़े हुए। तुका के माँ-बाप वैसे ही बैठे रहे। देशपाण्डे सर चले गये। रास्ते की बत्तियाँ जल उठी थीं।

बत्तियों के जलते ही बाला महार का बेटा अशोक हाथ में किताब लिए लैम्प के नीचे आकर बैठ गया। उसके हाथ में बनसोडे सर की दी हुई अम्बेडकर की आत्मकथा थी। किताब पूरी होने के बाद उसे किताब को अन्य लड़कों को सौंपना था। वह पढ़ने में मग्न हो गया। माँ ने उसे खाना खाने के लिए आवाज़ दी। लेकिन अशोक पढ़ने में इतना तल्लीन था कि उसे खाने की भी सुध नहीं रही। किताब की एक-एक पंक्ति से मानो उसके दिमाग़ के बन्द दरवाज़े खुलने लगे थे। जीवन जैसे उसका बदल रहा था। दिमाग़ में व्याप्त अन्धविश्वास का गुबार छँटने लगा। मन ऊँची उड़ान भरने लगा। उसके मस्तिष्क में अनगिनत किसलय फूट रहे थे– बोधिवृक्ष के। ऐसे उजास की सुरंग उसे नज़र आ रही थी, जिसे इससे पूर्व आज तक उसकी कई-कई पीढ़ियों ने देखी नहीं थी। उसका नज़रिया, बुद्धि और मन सब कुछ तथागत की मुँदी हुई पलकों की तरह एकाग्र हो चुके थे। देह से तरुणाई का उद्गम हो रहा था। उत्सुकता का एक ज्वार-सा उसके भीतर उठने लगा। लैम्प के इर्दगिर्द घूमनेवाले कीड़े उसके शरीर पर गिर रहे थे लेकिन उसे उसका भान नहीं था। इधर कानी चोर निगाहों से उसे ताक रही थी। उसकी तल्लीन मुद्रा पर वह मोहित हो गयी थी। अशोक के रोम-रोम में पीपल के पत्तों की सरसराहट गूँज रही थी।

'मैं एक हिन्दू बनकर जन्मा। उस पर मेरा कोई बस नहीं था। लेकिन मैं एक हिन्दू के रूप में नहीं मरूँगा।' किताब की इस पंक्ति ने उसे झकझोर कर रख दिया। उसे तीव्रता से अपनी गुलामी का अहसास होने लगा। किसी अद्भुत सत्य से जैसे वह वाक़िफ़ हो रहा था। कई पीढ़ियों द्वारा भोगी हुई दुरवस्था को नसीब का फेरा समझनेवाली उन पीढ़ियों का ग़लत नज़रिया उसे समझ में आ रहा था। 'मैं एक इन्सान हूँ' इस नये अहसास ने उसके मन पर तूफ़ान की तरह दस्तक देना शुरू कर दिया। उसे महसूस हुआ कि वह किसी दैदीप्यमान उजास का पर्वत बन रहा है।

ऐसा लगा जैसे प्रभात हुई है। चारों ओर परिन्दों का कलरव हो रहा है और बस पौ फटनेवाली है। उसके मन में गुलामी के ख़िलाफ़ एक आक्रोश का भाव पनपने लगा। मन के किसी कोने में आवाज़ उभरी, 'अम्बेडकर के चरित्र को हज़ारों वर्षों पहले वेदों के निर्माण से पूर्व ही लोगों ने पढ़ लेना चाहिए था।'

माँ के बहुत कहने पर खाने की थाली लेकर वह बैठ गया। लेकिन खाते-खाते भी वह पढ़ने में मशगूल था। चांगी उसे कौतुक से निहार रही थी। गोपा और बाला आँगन में बैठे बतिया रहे थे। देवा भी चला आया था।

"होस्टल के बच्चों ने बड़ा हंगामा खड़ा कर दिया है।" देवा ने कहा।

"तुका ने जात के नाम पर हमारी बिरादरी के अध्यापक को गाली-गलौज की। बच्चे तो भड़केंगे ही।" बाला ने बच्चों के समर्थन में कहा।

"यह जातीयता किसी तरह ख़त्म नहीं होती है। बल्कि बढ़ती जा रही है।" गोपा ने संजीदा होकर कहा।

"हमारे लोग अब जग रहे हैं। इससे ऊँची जातिवाले कुढ़ रहे हैं। यह सब होना ही है।" देवा ने कहा।

"गाँव में अच्छे लोग भी हैं देवा। क्या तुम भूल गये, मदने मास्टर जी आगे होकर डागदर को अपनी टोले में ले आये थे।" गोपा ने कहा।

"हाँ, गौतम को नौकरी भी दिये हैं। टोले के बच्चे पढ़ रहे हैं। सालों से हमारे समाज में जो प्रतिमा बनी हुई है वह बदल रही है। अब हमें चाहिए कि हम भी कुछ करें। हमारे लोगों को अच्छी नौकरियाँ मिलनी चाहिए। हमारे बच्चों को भी पढ़ना होगा। तब ऊँची जातिवाले हमारी तरफ़ हिकारत से नहीं देखेंगे। अब हमें हलके कामों को छोड़ना होगा। सोच-समझकर अलग रस्ते जाना होगा।" देवा ने कहा।

नाज़ुका ने ऊँची आवाज़ में देवा को पुकारा तो वह 'आया' कहता हुआ चला गया। गोपा भी निकल गया। बाला ने आँगन में बिस्तर लगाया। गाय जुगाली कर रही थी। बाला की नज़र बछड़े की तरफ़ गयी। 'यह अब बड़ा हो जायेगा। इसे टक्कर सिखाऊँगा। टक्कर के लिए ले जाऊँगा।' बिस्तर पर लेटे-लेटे बाला सोचने लगा।

आसमान में सितारे झिलमिला रहे थे। बादल पंक्तियाँ बनाकर तैर रहे थे। उनकी ओट से चाँद लुकाछिपी खेल रहा था। ठंडी हवा के मीठे-मीठे झोंकों ने बाला को नींद ने अपनी आगोश में ले लिया। जल्द ही वह सपनों की दुनिया में गया।

स्वप्न में उसे दिखाई दिया कि वह गाँव में टहल रहा है। गबरू पाटिल के घर के सामने वह देखता है कि किसी बैल को नीचे गिराया हुआ है और उसके पैरों में नाल ठोंकी जा रही है। बैल के चारों पैर बँधे हुए हैं और वह चिल्ला रहा है। उसकी आँखें जैसे बाहर निकल रही हैं। उसके तलुओं में नाल चिपका दी गयी है और उस पर कीले ठोंकी जा रही हैं। बैल पीड़ा से छटपटा रहा है। बाला जग गया। करवट बदलकर फिर से सो गया। लेकिन आज स्वप्न जैसे उसका पीछा नहीं छोड़ रहे थे।

वह फिर स्वप्न में चला गया। पोला का पर्व है। वह अपने बैल लेकर नदी पर गया है। बैल को अच्छी तरह से नहला-धुलाकर घर ले आया है। अब वह बैल के शरीर पर मिट्टी और हल्दी का उबटन मल रहा है। उसके सींगों को रंग रहा है। अशोक बैल के शरीर पर चित्रकारी कर रहा है। बाला उसके सींगों पर झालरें बाँध रहा है। अशोक पुलक से भरकर उससे कह रहा है, "बाबा, हमारे बैल-सा कोई बैल नहीं है इस गाँव में। उसे नज़र लग जायेगी।" तभी उसे बुरहानपुर का कसाई आँगन में खड़ा दिखाई देता है। वह बैल की क़ीमत पूछ रहा है। बाला की नींद उचट गयी। वह उठ बैठा। पेशाब कर फिर से बिस्तर में घुस गया। 'आज क्या हुआ है। जानवरों के सपने आ रहे हैं।' वह बुदबुदाया और सो गया।

फिर से स्वप्न उसका पीछा करता है– भूरे और काले बैल आपस में टकरा गये हैं। लोग भीड़ जुटाये यह टक्कर देख रहे हैं। हलगी की आवाज़ ने बैलों को और भी उत्तेजित बना दिया है और वे एक दूजे से गुत्थमगुत्था हो रहे हैं। दोनों पूरा ज़ोर लगाकर एक-दूजे से भिड़ गये हैं। उन्माद से भरे वे भीड़ की तरफ़ चले जाते हैं। भीड़ एक तरफ़ हट जाती है। हलगी का शोर अपनी उफान पर है। दोनों बैल बुरी तरह से उलझ गये हैं। बाला टक्कर को अंजाम दे रहा है।

सुबह तक बाला गहरी नींद में सपनों में खोया रहा। आँगन में सुबह की किरणें उतर आयी थीं। चांगी ने झकझोर कर उसे नींद से जगाया। जगते ही उसने सबसे पहले गाय को देखा। बछड़ा उससे लड़ियाते हुए दूध पी रहा था।

"कितना सोओगे? उठो अब।" कहते हुए चांगी बिस्तर समेटने लगी। बाला ने आलस झटका।

"कैसी गहरी नींद लगी थी। तुम नहीं जगाती तो घंटा भर और सो लेता। अच्छा किया तुमने जगा दिया। पूरी रात जानवरों के सपने आते रहे। उनके पीछे दौड़ते हुए थक गया। अच्छा किया जगा दिया।" बाला ने नेह से भरकर पत्नी से कहा।

चांगी ने बिस्तर खूँटी पर टाँग दिया। गौतम के बाइक की आवाज़ आयी। वह स्कूल के लिए निकल रहा था। उसे यूँ बाइक से स्कूल जाता देखकर टोलेवालों आँखें चिहारकर उसे देखते रह जाते। बाइक की आवाज़ सुनकर आजकल कानी दरवाज़े पर खड़ी होने लगी थी।

गौतम की बाइक की आवाज़ सुनी तो दिलीप तेवर से भरा हुआ घर से बाहर निकला और उसके सामने खड़ा हो गया। ''भडुए, बहुत होरन दिये जा रहे हो। मेरे घर के सामने यह शोर नहीं चलेगा। कहे देता हूँ।'' दिलीप ने चिल्लाकर कहा। वह गुस्से से लाल-पीला हो रहा था। गौतम ने कुछ नहीं कहा। तभी दिलीप की माँ हड़बड़ी से घर से बाहर चली आयी।'' बौरा गये हो तुम दिलीप? छोड़ो उसे। कल क्या हुआ भूल गया? तुका ने देशपाण्डे सर के पिता को धमकाया तो होस्टल के बच्चों ने कितना ऊधम मचाया था। यह महार है। इससे उलझोगे तो हम भी आफत में आ जायेंगे। कानून उनके साथ है। महार से अब हम ऐसे बात नहीं कर सकते हैं। छोटी-छोटी बातों पर क़ानून की धमकी देते हैं ये। जाने दो उसे।'' उसने दिलीप की बाँह पकड़कर उसे एक तरफ़ किया। गौतम चुपचाप आगे बढ़ गया।

नेता जी के शिक्षामन्त्री बनने से स्कूल अध्यापकों का काम बढ़ गया था। बैठकों और चर्चाओं का सिलसिला लगा हुआ था। देशपाण्डे सर जब स्कूल पहुँचे तब चपरासी ने उनसे कहा कि संस्था के ऑफ़िस में अध्यापकों की बैठक चल रही है। देशपाण्डे सर उधर हो लिए। ''आइये, देशपाण्डे सर, आपका ही इन्तजार कर रहे थे।'' मदने मास्टर जी ने उत्साह से भरकर कहा। ''आइये, आगे बैठिये। नहीं, नहीं पीछे नहीं देशपाण्डे सर। यहाँ सामने! आगे आइये। कुर्सी को आगे ले आइये।'' मदने मास्टर जी ने देशपाण्डे सर से आगे बैठने के लिए कहा तो सामने बैठे बनसोडे सर कुछ पीछे की ओर हो लिए और उन्होंने देशपाण्डे सर के लिए जगह बना दी। मदने मास्टर जी ने सभी पर एक सरसरी नज़र डाली और कहना शुरू किया–

''हम यहाँ पर जूनिअर कॉलेज शुरू करने के सिलसिले में इकट्ठा हुए हैं। हालाँकि यह दसवीं कक्षा के रिजल्ट पर निर्भर रहेगा। दसवीं कक्षा के छात्र आगे आर्ट्स, साइंस और कॉमर्स विभागों में बँट जायेंगे। हमें ऐसे छात्रों को तलाशना होगा। अध्यापकों को इसकी ज़िम्मेदारी लेनी होगी। यह एक-दो का काम नहीं है। सभी को इसमें जुटना होगा। आसपास के क़स्बों में जाकर वहाँ के हाईस्कूलों को भेंट देना होगा। छात्रों को उन सुविधाओं की जानकारी देनी होगी, जो हम उन्हें मुहैया करानेवाले हैं। विज्ञापनों के लिए एक मसौदा बनाना होगा।

जूनिअर कॉलेज के हिसाब से स्टाफ, फ़र्नीचर, क्लासेस, रिकार्ड, लाइब्रेरी आदि कई तैयारियाँ करनी होंगी। लैब तैयार करनी होगी। कई सारे काम हैं और समय कम है। ऐसे में हममें से हर एक को ज़िम्मेदारी उठानी होगी।'' मदने मास्टर जी ने अपनी बात ख़त्म की।

''आप जो कहेंगे, हम वह ज़िम्मेदारी लेने के लिए तैयार हैं।'' देशपाण्डे सर ने उत्साह से भरकर कहा।

मदने मास्टर जी ने दुबारा कहना शुरू किया, ''पहले जूनिअर कॉलेज की ज़िम्मेदारी किसी को लेनी होगी। फिर ये काम शुरू करने होंगे। मदने मैडम, आपका क्या कहना है?'' मदने मास्टर जी के पूछते ही मदने मैडम ने तुरन्त कहा।

''मुझे ज़िम्मेदारी से कोई आपत्ति नहीं है। लेकिन मुझे नहीं लगता है कि मैं अभी जूनिअर कॉलेज के लिए तैयार हूँ।' उन्होंने जैसे ही अपनी बात पूरी की मदने मास्टर जी ने शीघ्रता से कहा, ''ठीक है। मुझे लगता है कि देशपाण्डे सर ये ज़िम्मेदारी लें और काम शुरू कर दें।'' मदने मास्टर जी के देशपाण्डे सर का नाम लेते ही सभी ने तालियाँ बजाकर अपनी ख़ुशी ज़ाहिर की।

''जूनिअर कॉलेज को ऊपरी मंज़िल पर शुरू करते हैं। जगह की कमी के चलते प्रायमरी के कुछ क्लासेस बालाजी मन्दिर में लगाये जा सकते हैं। जूनिअर कॉलेज शुरू होने तक एडजस्टमेंट करनी होगी। देशपाण्डे सर, आप शहाणे सर के साथ बैठकर मशवरा कीजिए। अगर लगे तो भंडारकवठा के कॉलेज हो आइये। वहाँ के जूनिअर कॉलेज का मुआवज़ा लीजिए और मुझे काग़ज़ पर रिक्वायरमेंट दीजिये। बजट का अन्दाज़ा लेना होगा। साहब ने मुझे मुम्बई बुलाया है। मुझे यह सभी काम जल्द से जल्द चाहिए।'' मदने मास्टर जी काम की अहमियत समझा रहे थे।

''हम भंडारकवठा जाते हैं। दो दिन में काम की फेहरिस्त आपकी मेज़ पर होगी।'' देशपाण्डे सर ने आश्वस्त करते हुए कहा।

''मुझे और एक बात कहनी है। बोर्डिंग को लेकर। वहाँ पर रेक्टर का चुनाव करना होगा। किसी को बोर्डिंग के छात्रों की ज़िम्मेदारी लेनी होगी।'' मदने मास्टर जी के कहते ही किसी ने बनसोडे सर का नाम लिया। मदने मास्टर जी ने बनसोडे सर की तरफ़ देखा। बनसोडे सर ने 'हाँ' कहते हुए अपनी गर्दन हिला दी।

''ठीक है। बनसोडे सर, चलिए, आज से ही काम पर लग जाइए।'' कहते हुए मदने मास्टर जी उठ गये। सभी अध्यापक भी उनके साथ उठ खड़े हुए।

मदने मास्टर जी केबिन से बाहर निकलकर बरामदे में खड़े हो गये। उन्होंने हाथ-पाँव को ऐंठते हुए आलस झटका और कहा, ''मेरे साथ कौन आ रहा है?'' फिर देशपाण्डे सर की ओर देखते हुए कहा, ''देशपाण्डे सर और शहाणे सर, आप दोनों यहीं पर रुकिए। आपको बहुत सारे काम निबटाने हैं। बनसोडे सर, आप चलिए मेरे साथ।'' और वे तेज़ क़दमों से चल पड़े। बनसोडे सर उनके पीछे जैसे भागने लगे। आते-जाते हर कोई मदने मास्टर जी को प्रणाम कर रहा था। किसी ने बनसोडे सर को देखा तक नहीं।

''मेरे साथ चलिए।'' मदने मास्टर जी ने पीछे मुड़ते हुए चिल्लाकर कहा। बनसोडे सर ने अपनी गति बढ़ा दी। मदने मास्टर जी के साथ चलते हुए उन्हें संकोच हो रहा था। मदने मास्टर जी चलते-चलते कहने लगे, ''हमारा एक पुराना छात्र है। मैंने पढ़ाया है उसे। हालातों की वजह से वह आगे नहीं पढ़ पाया। उसने आटे की चक्की डाली है। उसी के उपलक्ष्य में भगवान सत्यनारायण का अनुष्ठान किया है। वहाँ पर प्रसाद ग्रहण करते हुए आगे निकल जायेंगे। आप सत्यनारायण नहीं मानते हैं इसलिए बाहर ही रुकिए। मैं चला जाऊँगा। कुछ ही देर में लौट आऊँगा। कई काम पड़े हैं।'' मदने मास्टर जी चलते-चलते बातें कर रहे थे। तभी सामने से महन्त प्रसाद लेकर आते हुए दिखाई दिये। मदने मास्टर जी ने बनसोडे सर से कहा, ''सामने से महन्त आ रहा है। उसे अनदेखा कर आगे बढ़ो। ना ही नमस्कार करना है। संन्यासी के भेस में यह बदमाश मठ की पवित्रता को मैला कर रहा है। संतों के नाम पर कलंक है। उसे तवज्जो मत देना, चलो।'' मदने मास्टर जी ने कठोरता से कहा। बनसोडे सर ने 'हाँ' कहते हुए गर्दन हिला दी।

महन्त ने मदने मास्टर जी को सामने से आता हुआ देखा तो वे रुक गये और नमस्कार कर ठिठक गये। लेकिन मदने मास्टर जी ने उन्हें साफ़ अनदेखा कर दिया और आगे बढ़ गये। महन्त खीज उठे। उन्हें बड़ा अपमानित महसूस हुआ। ''इस मास्टर को मस्ती चढ़ गयी है। देखा तक नहीं। ब्याज-बट्टे का काम करता है। मुझसे ईर्ष्या होती है इसे। पहले मिलता था तब पैर छूता था। अब देखो, मुँह फेरकर चल दिया। नेता जी के लेटरहेड पर पत्र लिखने के लिए लोगों से पैसे ऐंठता है यह। फ़ोन मिलाने को कहो तो पैसों की माँग करता है।'' महन्त गुस्से से भरकर बुदबुदा रहे थे।

तिलमिलाते हुए वे सीधे पाठशाला पहुँचे। उन्हें देखकर चपरासी दौड़ता आया और उनके चरणों में शीश नवाकर खड़ा हो गया।

''जाओ, दीना की बेटी कविता को बुला लाओ। अध्यापक से कहना अभिभावक आये हैं। शीघ्र करो।'' उन्होंने घुड़काकर कहा।

कविता क्लास से बाहर चली आयी। महन्त को देखा तो प्रणाम कर एक तरफ़ खड़ी हो गयी।

''मठ में आना काहे छोड़ दिया तुमने?'' महन्त ने मीठी आवाज़ में पूछा।

''समय नहीं मिलता है। बोर्ड के क्लास चल रहे हैं।'' कविता ने टका-सा जवाब दिया।

''इधर से गुज़र रहा था। सोचा, जाते-जाते तुम्हें देखता चलूँ। आशीर्वाद दूँ। कब आओगी?''

''अभी नहीं।'' कविता ने सादगी से कहा।

''क्या अच्छा नहीं लगता है?''

''मेरी क्लास है। चलती हूँ।''

''क्या बात नहीं करोगी?''

''क्लास में जाना होगा।''

कविता चली गयी। महन्त परेशान से निकल गये। कविता जिस तरह से उन्हें टालकर निकल गयी थी, उन्हें बड़ा दुःख हुआ। उनके क़दम अपने-आप दीना के खेत की तरफ़ पड़ने लगे। पगडण्डी नापते हुए उन्होंने दोहे गुनगुनाना शुरू किया। वे दीना की मेंड़ पर पहुँचे। दीना ने कपास उगाया था। कपास की फ़सलें हवा के साथ लहरा रही थीं। खेत में कोई नहीं था। वे दीना के घर की तरफ़ मुड़ गये। दरवाज़ा भीतर से बन्द था। महन्त ने आवाज़ लगाई। दीना की घरवाली ने दरवाज़ा खोला। वह अपने बिखरे बालों का जूड़ा बना रही थी। महन्त को देखा तो लजाकर भीतर चली गयी। तभी दीना कपड़े ठीकठाक करता हुआ बाहर चला आया। महन्त ने पति-पत्नी के एकान्त में खलल डाला था। वे वितृष्णा से भर गये। 'चारपाई डाली है। बैठ जाइए।'' दीना ने लापरवाही से कहा। लता ने पानी का लोटा लाकर उनके सामने रख दिया।

''मेरा उपवास है। मैं कुछ न लूँगा। यहाँ से गुज़र रहा था। सोचा, तुमसे मिलता चलूँ। यूँही तुम्हारे विश्राम में खलल हो गया।'' महन्त ग्लानि से भरे थे। वहाँ से निकलने लगे।

"घंटे भर पहले मैंने तुका को बुरहानपुर जाते हुए देखा। अकेला था।" दीना ने कहा तो वे चौंक गये। "क्या कहते हो दीना? सच है?" उन्होंने पूछा। जो सुना उस पर उन्हें शायद विश्वास नहीं हो रहा था।

"लो, मैं काहे झूठ बोलने लगा?" दीना ने कहा।

महन्त लौट गये। वे अब दोहे गुनगुनाना भूल गये थे। तुका को लेकर वे विचारों में डूब गये। तुका बुरहानपुर गया है। वह ऐसे अकेले कभी जाता नहीं है। अगर बुरहानपुर के मुस्लिमों ने उसे पहचान लिया तो उसकी कोई ख़ैर नहीं। किसलिए उसने ऐसा जोखम उठाया? मुझसे भी कुछ कहा नहीं उसने। महन्त के दिमाग़ में कई सवालों ने तूफान खड़ा कर दिया। रास्ते आते-जाते लोग उन्हें प्रणाम करते हुए आगे निकल रहे थे। महन्त उनसे बेखबर अनमने-से अपने ही विचारों में खोये मठ की ओर क़दम बढ़ा रहे थे। तुका के इस तरह बुरहानपुर जाने से वे बड़े विचलित हो गये थे।

इधर तुका जब बुरहानपुर पहुँचा, हालत उसकी पतली थी। भय से घिरा लस्त-पस्त वह जैसे-तैसे कसाई गली पहुँचा। अभी तक किसी कटे जानवर की कोई बू नहीं उठी थी। आस-पास के पेड़ों पर गिद्ध मँडरा रहे थे। कुत्ते इधर-उधर दौड़ रहे थे। तुका सहमा हुआ था। कुत्तों का अन्दाज़ा लेते हुए साहस के साथ वह अपने क़दम आगे बढ़ाने लगा। कुत्ते भौंके नहीं। उन्हें हर दिन ग्राहकों को देखने की आदत जो थी। गली में दो लड़कियाँ खेल रही थीं। उसने उनसे पूछा, "कासिम का घर कहाँ है?" एक लड़की ने एक घर की तरफ़ इशारा किया और भागती हुई वह उसी घर में घुस गयी। 'अम्मा बाहर कोई आया है।' भीतर से आवाज़ आयी तो तुका समझ गया कि वह कासिम के घर के सामने खड़ा है। कुछ ही क्षणों में कासिम की बीवी बाहर चली आयी।

"कौन हो?" कासिम की बीवी ने पूछा।

"मैं तुकाराम। जाम्भुलगाँव से आया हूँ। कासिम के मर्डर केस में मुझ पर केस चल रहा है।" तुका ने कहा।

"किसलिए यहाँ आये हो ? निकल जाओ यहाँ से।" कासिम की बीवी चिल्ला उठी।

"मुझे माफ़ करो।" तुका ने गिड़गिड़ाकर कहा और कासिम की औरत कुछ समझे इससे पूर्व वह उसके क़दमों में बिछ गया। फिर जैसे-तैसे उठा और हाथ जोड़े खड़ा रह गया। कासिम की बेटियाँ घबराई हुई एक तरफ़ खड़ी हो गयीं।

कासिम की बीवी ने गुस्से से भरकर कहा, ''यहाँ से भाग जाओ। वरना ख़ून कर दूँगी तुम्हारा।'' शोर सुना तो पड़ोस के घर से कासिम का भाई हुसैन दौड़ा चला आया। उसने तुका को देखा तो दिमाग़ उसका बुरी तरह से घूम गया। अगले ही क्षण वह तुका पर झपट पड़ा। उसने तुका को बुरी तरह से लतियाना शुरू कर दिया। तुका चुपचाप पीटता रहा। बार-बार 'मुझे माफ़ कर दीजिए' कहता हुआ वह गुहार लगाता रहा। लेकिन हुसैन के दिमाग़ पर जैसे ख़ून सवार था। उसने इधर-उधर देखा। उसे दरवाज़े के सामने सूखने के लिए रखा लकड़ी का लठ नज़र आया। उसने लठ उठाया और सीधे तुका के सिर की दिशा में दे मारा। तुका एक तरफ़ हो गया सो लठ का प्रहार चूक गया लेकिन वह उसके कन्धे पर जा गिरा। बिलबिलाता हुआ वह नीचे गिर गया। उसकी आँखों के सामने अँधेरा छा गया। गुस्से से उफनता हुसैन अब घर के भीतर गया और धारदार दराँती लिए हुए बाहर आया। ''आज मैं इसे छाड़ूँगा नहीं, काट डालूँगा हरामज़ादे को।'' कहता हुआ वह दाँत पीसने लगा। वह बेहद आक्रामक हो चुका था। कासिम की बीवी उसे जैसे-तैसे रोकने का प्रयास करने लगी। तभी हुसैन की बीवी भागती हुई बाहर आयी। उसने हुसैन को जकड़ लिया और वह भी उसे रोकने की कोशिश करने लगी। इधर तुका ने किसी तरह उठकर बैठने की कोशिश की। 'पानी' छटपटाते हुए उसके मुँह से केवल इतना ही निकला। कासिम की बड़ी बेटी तुरन्त भीतर गयी और पानी का लोटा लेकर बाहर आयी। उसने लोटा तुका के हाथ में थमा दिया। तुका ने लोटा मुँह से लगा लिया और पानी के बड़े-बड़े घूँट लेकर वह खुद को थिर करने लगा। इधर हुसैन हाथ में छुरा पकड़े उबल रहा था। ''छोड़ो मुझे। आज मैं इसे ज़िन्दा नहीं छोड़ूँगा। छोड़ो...!'' वह लावे की तरह खौल रहा था।

''निकल कमीने यहाँ से। जा चला जा। वरना आज तेरी ख़ैर नहीं!'' कासिम की बीवी ने चिल्लाकर कहा। हुसैन के हाथ में धरी लपलपाती दराँती देखकर तुका थर्रा उठा और पसीने से लथपथ वहाँ से भाग निकला।

कसाई गली से निकलकर उसने तेज़ी से गाँव की सीवान की तरफ़ कदम बढ़ा लिए।

जानवरों का बाज़ार लगा हुआ था। चारों ओर हुजूम उमड़ा था। मवेशियों को बेचते किसान, ग्राहक, दलाल और कसाइयों से बाज़ार गहमाया हुआ था। तुका भन्ना गया। जानवरों के बाज़ार में कसाई खुले आम घूम रहे हैं। सौदा कर रहे हैं।

किसी को कोई आपत्ति नहीं है। तुका तिलमिला गया। ऊपर से कन्धा उसका बुरी तरह से चिलक रहा था।

मौलाली चौक पार करते समय उसे युसूफ मिला। युसूफ उसके साथ जेहल में था। अपनी सज़ा ख़त्म कर वह बाहर आ चुका था। उसने तुका को देखा तो रुक गया और दोनों एक-दूसरे का हाल जानने वहीं खड़े होकर बतियाने लगे।

जब लौटने के लिए तुका ने गाँव का रास्ता पकड़ा, उसे रास्ते के किनारे दिलीप का ट्रैक्टर दिखाई दिया। दिलीप सड़क के किनारे किसी होटल में बैठा चाय सुड़क रहा था। ट्रैक्टर ख़ाली था। तुका ने देखा तो जैसे उसकी साँस में साँस आ गयी। 'चलो, आराम से गाँव पहुँच जाऊँगा' सोचता हुआ वह ट्रैक्टर के पास खड़ा होकर दिलीप की राह देखने लगा। उसे अचानक कासिम की याद हो आयी। 'मुझे मत मारो भाई' कहते हुए किस तरह से कासिम उन चारों के सामने गिड़गिड़ा रहा था! सुरा ने उसके सिर पर बड़ा पत्थर दे मारा था। उसके सिर से ख़ून के फ़व्वारे फूट पड़े थे। फिर उसने उसी पत्थर को उठाकर कासिम की छाती पर दे मारा था। कासिम की थरथराती देह उसकी आँखों के सामने आ गयी। ख़ून की धाराएँ फूट पड़ी थीं। एक पछतावे की भावना ने तुका को भीतर तक हिला दिया। वह कासिम का हत्यारा था बावजूद इसके कासिम की बेटी ने उसे पानी पिलाया था। कासिम की बीवी ने उसे वहाँ से भाग जाने की सलाह दी। तुका सुन्न हो गया। दिलीप उसके सामने खड़ा था।

"तुम इधर क्या कर रहे हो तुका?" दिलीप ने पूछा।

"किसी काम से आया था।" तुका ने कहा।

"चलना है?"

"हाँ।"

"चलो, बैठ जाओ।"

दोनों बैठ गये तो दिलीप ने ट्रैक्टर चला दिया। बुरहानपुर जाम्भुलगाँव की सड़क से छह किलीमीटर दूर था। ट्रैक्टर सड़क के किनारे-किनारे चल रहा था। बुरहानपुर से जाम्भुलगाँव का अन्तर छोटे रास्ते से चार किलोमीटर का था जो दीना के मेंड़ से जाता था। तुका आते बखत छोटे रास्ते से आया था। लौटते समय दिलीप का ट्रैक्टर मिलने से उसे बड़ी राहत मिली थी।

तुका कसाई के यहाँ से लौट रहा था तब उधर सुरा कसाई की दूसरी बीवी प्रीति से मिलने बोर्डिंग के पास खड़ा था।

बोर्डिंग के सभी छात्र स्कूल के लिए निकल चुके थे। तारा और प्रीति ने रसोई का काम निपटाया और दोनों घर की तरफ़ निकल गयी। शाम की रसोई के लिए उन्हें पुनः वापिस होस्टल आना था। तारी ने अपने घर का रास्ता पकड़ा। प्रीति दूसरे रास्ते की ओर मुड़ गयी। सुरा उसकी प्रतीक्षा में खड़ा था। उसने प्रीति को रोक लिया।

''मुझे माफ़ करना।'' सुरा ने औचक सामने से आकर कहा तो प्रीति भौचक्की खड़ी हो गयी। उसने ख़ुद को सँभाला।

''देखो सुरा, दो दफ़ा विधवा हो चुकी हूँ मैं। पहली बार, जब तुम्हारा चाचा चला गया और दूसरी बार तब जब तुम लोगों ने कासिम को ख़त्म कर दिया। एक विधवा की पीड़ा तुम नहीं समझ पाओगे। लेकिन अब मैं सब भूलकर आगे बढ़ना चाहती हूँ। मुझे बोर्डिंग में काम मिल गया है। मेरे बच्चे बोर्डिंग में पल रहे हैं। मुझे अब केवल उनके भविष्य की चिन्ता है। मैं पिछला सब भुला चुकी हूँ। तुम मेरे रास्ते मत आओ। मैं तुम्हारे रास्ते नहीं आऊँगी। आगे से मेरा रास्ता मत रोकना। मुझे जीने दो।'' कहते हुए प्रीति ने सुरा के सामने हाथ जोड़े और वहाँ से निकल गयी। सुरा अपना-सा मुँह लेकर लौट गया।

तुका हनुमान के चौतरे के पास उतर गया। दिलीप अपना ट्रैक्टर लेकर आगे बढ़ गया। धूप ख़ासी चिलचिला रही थी। रास्ता निचाट पड़ा था। नदी के पास से गुज़रते समय तुका को शीला नज़र आयी। वह नहर में बैठी नहा रही थी। वह विचलित हो गया। शीला खुद में मगन पानी के साथ खेल रही थी। उसने ना ही तुका की तरफ़ देखा और ना ही वह लजाई। शीला एक खिलाड़ी थी। अंग उसका गदराया था। पानी से भीगी उसकी देह देखकर तुका बौरा गया। लेकिन उसने सायास खुद को सँभाला और नदी पार कर निकल गया।

तराई से होता हुआ वह मठ की दिशा में बढ़ गया। कन्धा अभी भी उसका दर्द से चिलक रहा था। उसने जानबूझकर घर जाने का विचार त्यागा था। मठ में जाकर वह कुछ देर सुस्ताना चाहता था। 'नारियल पानी पी लूँगा। शायद महन्त से भी मिलना हो जाये। ना भी मिले तो आराम कर लूँगा' सोचता हुआ जब मठ पहुँचा तब देखा कि महन्त सीढ़ियों पर बैठे हुए नाख़ून काट रहे हैं। तुका उनके सामने जाकर खड़ा हो गया।

भेदभरी मुस्कराहट के साथ महन्त ने सवाल दाग दिया, ''क्या बुरहानपुर से आ रहे हो?'' तुका अचकचा गया।

“आपको किसने ख़बर कर दी?” भन्नाकर उसने पूछा।

“मैं महन्त हूँ। सब पता चल जाता है।” महन्त का कहा तुका को सच लगा। उनके चेहरे के तेज़ ने उसे विश्वास करने पर विवश कर दिया। किसी को कुछ बताये बिना वह बुरहानपुर चला गया था। इधर सुरा ने प्रीति से क्षमायाचना की थी। केस से छुटकारा पाने के लिए चारों जी-तोड़ कोशिश कर रहे थे। सभी कंगाल हो चुके थे। गाय के प्राण बचाकर भी पुन्न नहीं मिला। जेहल भोगनी पड़ी। तुका विचारों में खोया था।

“सुना है कि तुम मुस्लिम टोले गये थे। क्या मुसलमान बनना चाहते हो?” महन्त ने कुत्सित स्वर में ताना कसा। तुका सकपका गया। क्षण भर के लिए उसके दिमाग़ में कौंधा कि कसाई की बीवी अगर केस हटा ले तो मुसलमान बन जाऊँगा। धर्म की रक्षा कर क्या मिला? धर्म बदलने से कम-से-कम केस से छुटकारा मिल जायेगा। चार औरतों का सुख नसीब होगा। तुका चोर निगाह से महन्त की तरफ़ देखने लगा।

“धर्म परिवर्तन कर लो। चार-चार औरतों से ब्याह कर लो।” महन्त ने फिर से वार किया। तुका थर्रा गया। “आप सब जानते हो महन्त। अन्तर्यामी हैं आप।” कहते हुए वह उनके चरणों में बिछ गया। महन्त ठठाकर हँस पड़े। तुका को गंगू नज़र आयी। महन्त के बिस्तर धो-धुलाकर वह उन्हें धूप में डाल रही थी। तुका ने बड़े प्रयास से अपनी नज़रें उसकी ओर से हटाईं। ‘ये महन्त कहीं मन का चोर न पकड़ ले।’ उसने गंगू को अपने मन से निकालना चाहा। “अरे भई, गँदले हो चुके थे बिछावन सो धोये हैं।” महन्त ने कहा। तुका ने कुछ न कहा। उठकर बगीचे के पेड़ों को पानी पिलाने चला गया।

चुपचाप-सा वह पेड़ों को पानी पिलाने लगा। पेड़ों की जड़ों से अनगिन चींटियाँ बाहर निकल आयीं। एक पेड़ के समीप उसे घोंघा नज़र आया। पौधों पर मँडरा रही तितलियाँ इधर-उधर होने लगीं। तराई के किनारे उगे बबूल वृक्ष पर बगुले आकर बैठ गये। सूरज नीचे की ओर उतर रहा था। अमराई की तरफ़ से हवा की बयार चल रही थी। तुका गेंदे के पौधे को पानी पिलाने लगा। भीगा पौधा देखकर उसे शीला की गीली देह याद हो आयी। दीलिप का ब्याह हो जायेगा। वह कमाने लगा है। गौतम बाइक लेकर घूमता है। कानी उस पर मोहित है। मेरा क्या? कितने दीनों तक यह कोर्ट-कचहरी चलेगी? कितने साल निकल जायेगे? क्या सुरा प्रीति से मिलकर आया है? क्या कहा होगा प्रीति ने? पहली औरत बड़ी मायने रखती है।

दूसरी बीवी को कौन पूछता है? तुका विचारों में खोया पेड़ों को पानी पिला रहा था। शाम का धुँधलका गहराने लगा था। चरने के लिए गये मवेशी तराई की तरफ़ से अपने बाड़ों की ओर लौट रहे थे। मवेशियों को देखकर उसे बुरहानपुर के जानवरों का हाट याद हो आया। मवेशियों को कसाइयों के हाथों बेचना बन्द करना होगा। गंगू मठ के भीतर चली गयी थी। अब गंगू लोगों के चढ़ाये नारियल अपने घर ले जायेगी। भर खायेगी। बचे हुए परचून की दुकान पर बेचेगी। अनमना होकर तुका ने एक नारियल उठाया। उसे दाँतों से छीला और नारियल का पानी पी लिया। महन्त झूले पर बैठे थे।

बुरहानपुर बहुत अरसे पहले गया था वह। बुरहानपुर रोड़ को देखे कई वर्ष गुज़र गये थे। आज उसी रास्ते से गुज़रा था। इस रोड़ पर प्लाटिंग हो चुका था। पाटिल पाठशाला के कई अध्यापकों ने वहाँ प्लाट्स खरीद लिए थे। शहाणे सर के बंगले का निर्माण-काम शुरू भी हो गया था। रोड़ के दुतरफ़ा झाड़ियाँ उगाई गयी थीं। पेड़ पनप रहे थे। जाम्भुलगाँव से एक किलोमीटर दूर इस रोड़ पर नेता जी ने दस बीघा ज़मीन ख़रीदी थी। ज़मीन के चारों ओर बाड़ कस दी गयी थी। केस से जल्द-से-जल्द छुटकारा पाना होगा फिर मदने मास्टर जी मुझे भी गौतम की तरह नौकरी पर रख लेंगे। मैं भी ब्याह कर अपनी गृहस्थी बसा लूँगा। फूलों के पौधों के समीप खड़े होकर वह गीला नारियल खा रहा था। पौधे फूलों से लहलहा रहे थे। परिन्दों का कलरव बढ़ने लगा था। मवेशी बाड़ों की तरफ़ लौट रहे थे।

सूरज डूबते ही बालाजी मन्दिर में घंटानाद गूँजने लगा। अँधेरा गहराने लगा था। तुका विचारों में खोया हुआ महन्त के लिए दूध गर्म कर रहा था। आज कसाई की बेटी के हाथ का पानी पिया है। अब ज़रुर पेट गड़बड़ करेगा। महन्त झूले पर बैठे हुए जाप कर रहे थे। खेतों में काम करनेवाली स्त्रियाँ घर लौट रही थीं। किसी के माथे पर जलावन के गट्ठर थे। किसी के माथे घास के गट्ठर। कोई ख़ाली हाथ थी। तुका ने देखा कि दूध फट गया है। उसने चिल्लाकर कहा, ‘‘दूध फट गया।’’ महन्त कुढ़ गये।

‘‘ऐसे कैसे फट गया? जाओ, जाकर मेरे लिए दूध लेकर आओ। बिना दूध के रात में कैसे सो सकता हूँ?’’ कहते हुए उन्होंने जेब से कुछ रुपये निकालकर तुका के हाथ में रख दिये। तुका दूध लेने निकल गया। गाँव में जाते ही उसने घर का रास्ता पकड़ लिया। दरवाज़ें में ही माँ और पिता बैठे हुए थे।

‘‘कहाँ थे तुम?’’ माँ ने पूछा।

"मठ में।"

"ऐसे कब तक मारे-मारे फिरते रहोगे। कुछ काज धन्धा न ढूँढ़ना होगा?" पिता ने पूछा।

"मुकदमा चल रहा है मुझ पर। कौन काम देगा?"

"कम-से-कम घर के काम में तो हाथ बँटाया करो।" माँ ने उलाहना दिया।

"बताओ, क्या करना है?"

"पिसान का धान रखा है। जाओ, पिसाई करवा लाओ।"

"क्या छान-बीनकर रखा है?"

"हाँ। पाँच किलो जवारी है।"

धान लेकर तुका निकल गया। चक्की की दुकान पर उसे कानी दिखाई दी। उसने कानी को देखकर आँखें झपकायीं। कानी बिना कुछ कहे वहाँ से निकल गयी। पिसान की दुकान के सामने ख़ासी लाइन लगी हुई थी।

"बहुत काम पड़े हैं। पहले मेरा पिसान डाल देना।" तुका ने चक्कीवाले से कहा और वह दुकान के बाहर आकर खड़ा हो गया। उसे बाला दिखाई दिया। वह मवेशियों को बाड़ों में लौटाकर घर की तरफ़ निकल रहा था। होस्टल से दो बच्चे पिसान का थैला हाथ में लिए हुए आये और लाइन में खड़े हो गये।

तुका का पिसान जल्दी हो गया था। घर लौटा तो माँ ने अचरज से भरकर पूछा, "बहुत जल्दी हो गया रे?"

"हाँ, भीड़ थी लेकिन मैंने चक्कीवाले से कहा, मुझे जल्दी चाहिए, सो दे दिया।" तुका ने डींग मारते हुए कहा।

"हाँ रे! मैं जाती तो बड़ी अबेर हो जाती। तुमने बड़ी जल्दी ला दिया।" माँ ने कौतुक से भरकर कहा।

"होस्टल के छात्रों ने घर पर पथराव किये तब कोई नहीं आया था हमारी मदद करने। सभी अपने घरों को बन्द कर बैठ गये थे।" तुका के पिता ने नाराज़गी से कहा।

"जो हुआ सो हुआ। बीती बात पर काहे इतना सोचते हो?"

"उस दिन तुका होता तो ज़रूर सबकी धुलाई करता।"

"एक दो को तो वहीं पर ख़तम कर देता मैं।" तुका ने खौलकर कहा।

"इससे क्या होता। जेहल न भोगनी पड़ती?"

"जो हुआ अच्छा हुआ। मदने मास्टर जी ने कहा है कि वे तुका को नौकरी पर रखेंगे।" माँ ने कहा।

यशा, वशा और सुरा बाहर खड़े थे। "चलो ऽऽ" वशा ने चिल्लाकर आवाज़ दी। 'आता हूँ' कहकर तुका घर से बाहर आ गया। चारों सोने के लिए मठ की तरफ़ निकल पड़े।

जब नदी तट पर पहुँचे तब सारा परिवेश दुधिया चाँदनी से नहा रहा था। "चलो, आज नदी तट पर बैठकर ही भोजन लेते हैं।"किसी ने कहा।

"अच्छा विचार है। ऐसी चाँदनी में खाने का मज़ा और ही है।" कहते हुए सभी रेत पर बैठ गये और अपने-अपने टिफिन खोल दिये। एक-दूजे के टिफिन का खाना साझा किया और सभी खाने लगे। "मैं गया था प्रीति के पास। उसने बात की मुझसे। मुझे उसका रवैया ठीक लगा। दो मिनट ही रुकी थी। फिर चली गयी।" सुरा ने कहा।

"कितनी देर तक बात की यह मायने नहीं रखता है। उसने कोई तकरार नहीं की यह बड़ी बात है।" यशा ने कहा।

"मैं भी बुरहानपुर गया था। कसाई की बीवी से माफ़ी माँगी। उसने काफ़ी गालीगलौज की मुझसे। कासिम का भाई भी वहीं पर था। वह तो मुझे मारने पर आमादा था। लेकिन उनकी औरतें बीच में आ गयी। वरना आज कोई ख़ैर नहीं थी मेरी। जैसे-तैसे जान बचाकर भाग आया हूँ।" तुका ने कहा और शान्ति से भोजन चबाने लगा।

"बड़े धाँसू हो यार। ऐसी हिम्मत हर कोई नहीं करता।" वशा ने प्रशंसा से कहा।

"अच्छा वकील ढूँढ़ना होगा। हर हाल में मुक़दमे से बरी होना होगा।" यशा ने ज़ोर देकर कहा।

चारों ने भोजन ख़त्म किया। नदी में हाथ-पैर धोये और मठ की दिशा में निकल गये।

महन्त उनकी राह देखे जग रहे थे। छूटते ही उन्होंने पूछा, "बड़ी देर कर दी।"

"खाना पका नहीं था।" यशा ने उद्दण्ड़ता से कहा।

"तुका, क्या तुम दूध ले आये हो?"

"भूल गया। सुबह ला दूँगा।"

"यह हमेशा का है तुम्हारा।"

बुरहानपुर में जो हुआ उससे तुका बुरी तरह से थक चुका था। नींद ने उसे तुरन्त घेर लिया। यशा ने महन्त की पीठ की मालिश की। वशा ने उनका बिस्तर लगाया और सभी एक-एक कर नींद के हवाले हो गये।

सुबह के झुरमुटे में पंछियों का कलरव गूँजने लगा। ठंडी हवा के सुखद झोंके बहने लगे। नित्य की भाँति गबरू और साँवलाराम मठ में आ चुके थे। पाठशाला के अध्यापक सैर के लिए निकले हुए थे। सूरज अभी उगने को था। गबरू ने भीतर प्रवेश किया तो उसे जो दिखाई दिया उससे वह बुरी तरह से चौंक गया। हड़बड़ाकर उसने अपने क़दम पीछे खींच लिए। उसे इस तरह घबड़ाया देखकर साँवलाराम ने उसके कन्धे पर हाथ रखा। फिर जो दिखा उससे वह भी सकते में आ गया।

महन्त की लकड़ी की अलमारी जलकर ख़ाक हो चुकी थी। फ़र्श पर कोयला और राख बिखरे हुए थे। अलमारी के जलने से दीवार काली हो चुकी थी। फ़र्श ख़ून से सनी थी। जगह-जगह ख़ून के धब्बे थे जिन पर चींटियाँ रेंग रही थीं। महन्त और चारों मठ में कहीं दिखाई नहीं दे रहे थे। गबरू और साँवलाराम दौड़कर बाहर चले आये। उन्होंने चारों के नाम का पुकारा शुरू कर दिया। सैर के लिए निकले अध्यापकों ने शोर सुना तो वे भागते हुए चले आये। घूमने के लिए निकले गाँववाले भी दौड़े-दौड़े मठ की तरफ़ चले आये। मठ के बाहर ख़ासी भीड़ जमा हो गयी।

"चारों ने कुछ-न-कुछ गड़बड़ की है। ज़रूर महन्त के साथ कुछ बुरा हुआ है। अलमारी में रखी पूँजी और काग़ज़ात लेकर शायद चारों चंपत हो गये हैं।"

"नहीं। ऐसा नहीं हो सकता। चारों महन्त के चेले थे। महन्त के आगे-पीछे घूमते थे। नहीं, यह उनका काम नहीं है।"

"कुछ तो अनहोनी घटी है।"

"चलो, देखते हैं।"

भीड़ ने तराई की तरफ़ रुख कर लिया। हर कोई सावधानी से तराई में क़दम रख रहा था। सौ क़दम दूरी पर घास बिखरी हुई दिखाई दी। सभी सचेत हो गये। अचानक किसी ने चिल्लाकर कहा, "ये देखो, महन्त की लाश!" सभी सकते में आ गये। एक-एक कर कई युवा तराई में उतरने लगे। उनके पीछे-पीछे जिसे जैसे सम्भव हुआ, वह तराई के रास्ते नीचे उतरने लगा। महन्त की लाश बुरी अवस्था में पड़ी थी। चींटियों ने नाक खा ली थी। एक कान लापता था। आँख जगह पर नहीं थी। पूरे शरीर पर चींटियाँ लगी हुई थीं।

“रुको, लाश को छूना मत। पुलिस को इत्तला करो।” किसी ने चिल्लाकर कहा

“धानी की लाश भी इसी तरह यहाँ आसपास पड़ी हुई मिली थी।” किसी ने कहा।

“ठीक कहा तुमने।” किसी ने बात का समर्थन करते हुए कहा।

महन्त को बन्दूक की गोली से उड़ाया गया था। गोली सीने को आरपार कर गयी थी।

“यह चारों का काम नहीं हो सकता। उनके पास पिस्तौल नहीं था। उनके साथ भी ज़रूर कुछ बुरा हुआ है। उन्हें भी ढूँढ़ना होगा। चलो।” किसी ने चिल्लाकर कहा। महन्त की हत्या से कईयों के मन में ख़ुशी के बुलबुले फूट पड़े। ‘चलो, क़र्ज़ से छुटकारा मिल जायेगा।’ उन्होंने राहत की साँस ली। सूरज उग चुका था। सूरज की किरनें तराई को उजला रही थीं। घटना की ख़बर गाँव में आग की तरह फ़ैल गयी। एक-एक कर लोगों का ताँता लग गया।

मदने मास्टर जी, शहाणे सर, बनसोडे सर, गौतम सभी तराई में चले आये थे। मदने मास्टर जी चिल्ला-चिल्लाकर लोगों से लाश से दूर रहने की सलाह देते रहे। लेकिन लोग सुनने के लिए तैयार नहीं थे। चारों के घरवाले भी भागे-भागे चले आये थे। चिन्ता से उनके क़दमों तले की ज़मीन खिसक चुकी थी। गाँव के युवाओं ने चारों को ढूँढ़ने के लिए मोर्चा बाँध दिया था।

मदने मास्टर जी, जब सभी के साथ अमराई में पहुँचे तब देखा कि वहाँ पर भीड़ उमड़ी हुई है। वहाँ जो कुछ हुआ था उससे सभी को काठ-सा मार गया था। हर कोई सुन्न हो गया था। होस्टल के छात्रों के चेहरे भय से सफ़ेद पड़ चुके थे। चारों की लाशें आम के पेड़ की टहनियों से लटक रही थीं। इस भयावह दृश्य को देखकर सभी के होश उड़ गये थे।

हितेन्द्र पाटिल पुनः एक बार बहुमत के साथ चुनकर आये। वैसे भी उन्हें पटखनी देनेवाला कोई था तो नहीं। अब उनकी पत्नी राखी भी धीरे-धीरे राजनीति से वाक़िफ़ होने लगी थी। जिले की राजनीतिक गतिविधियों में वे सक्रीय रहने लगी। हितेन्द्र पाटिल को नये मन्त्रिमण्डल में कृषिमन्त्री का पद बहाल किया गया। जाम्भुलगाँव के किसानों में ख़ुशी की लहर दौड़ गयी। गाँव में जूनिअर कॉलेज के साथ-साथ स्नातक कॉलेज भी खुल गया। गाँव में अच्छी-खासी धूम रहने लगी। कई अध्यापकों ने बुरहानपुर रोड़ पर नये मकान उठवा लिए थे। आननफानन में इसी रोड़ पर फिर कॉलेज की इमारत की नींव रख दी गयी। बुरहानपुर और भंडारकवठा से मज़दूरों के जत्थे उमड़ पड़े। ग्राम-पंचायत केवल नाममात्र के लिए थी। सभी कामकाज मदने मास्टर जी के कहने पर होते थे। लोग मज़ाक़ में मदने मास्टर जी को नेता जी के ख़ज़ाने की चाबी कहने लगे थे। शिक्षा-संस्थान की बदौलत नेता जी की प्रतिष्ठा और धन दोनों में अच्छा-ख़ासा इजाफ़ा हो रहा था। चुनावी अभियान के लिए बैठे-बिठाये अध्यापक और छात्र मिल गये। हितेन्द्र पाटिल गाँव की राजनीति की बड़ी हस्ती बन चुके थे।

इधर बालाजी मन्दिर का माहात्म्य दिन-ब-दिन बढ़ने लगा था। देशपाण्डे सर प्रति दिन पूजा के समय मन्दिर में मौजूद रहते। अल्प समय में ही मन्दिर का उत्कर्ष हो चुका था। उन्होंने तुका का मकान ख़रीद लिया था और अब वहाँ पर वे बंगला उठवा रहे थे। बुरहानपुर और जाम्भुलगाँव के बीचोबीच एक पुलिस प्रशिक्षण केन्द्र खोला गया। सीना नदी पर भी पुल खड़ा हो चुका था। लेकिन मदने मास्टर जी अभी तक अपने किराये के मकान में ही टिके हुए थे। लोग दबी ज़ुबान में कहते 'अजी कुछ नहीं, इनकमटैक्स की रेड टालने के लिए साधा जीवन का चोंगा ओढ़े हुए हैं।' मठ में अब कोई नहीं जाता था। हालाँकि प्रेमी युगलों के लिए अब वह मनचाहा ठीय्या बन चुका था। कभी-कभार चरवाहे छाँव के लिए वहाँ कुछ देर सुस्ता लिया करते थे।

अब देशपाण्डे सर का रुतबा भी बढ़ चुका था। बालाजी मन्दिर की वजह से उनका वजूद बढ़ गया था। जल्द ही कॉलेज का प्राचार्य पद उनकी झोली में आ गिरा। समय मिलते ही वे बंगले के निर्माण-कार्य को देख आते। उन्होंने अपने माता-पिता को अपने पास ही बुलवा लिया था। उनकी ग़ैरहाज़िरी में उनके पिता बंगले के निर्माण-कार्य की देखभाल कर लेते। बंगले के निर्माण-कार्य की ज़िम्मेदारी देवा महार को सौंपी गयी थी। चूँकि वह पूरी लगन से अपना काम कर रहा था, काम तेज़ी से आगे बढ़ रहा था।

मकान के काम के चलते देवा महार अब पूरा समय वहीं पर रहने लगा था। उसने दूसरा ब्याह नहीं किया था। उसकी माँ नाज़ुका उसके तीन वर्ष के बेटे और उसकी गृहस्थी को सँभाले हुए थी। देवा के लिए वह प्रति दिन भोजन लेकर आती और शाम तक वही ठहर जाती। नन्हे बालक को झोली में सुलाकर दोनों माँ-बेटे निर्माण काम की देखभाल करते।

सीमेंट और लोहे के ख़त्म हो जाने से निर्माण काम रुका हुआ था। देवा दिलीप के ट्रैक्टर से सामान लाने गंगाखेड़ गया था। प्रतिदिन की भाँति देशपाण्डे सर के पिता ने दोपहर का भोजन किया और निर्माण-काम की जगह पहुँच गये। छाँव की जगह पर उनकी कुर्सी डली हुई रहती। वे बैठ गये और भगवद्गीता खोलकर पढ़ने में मग्न हो गये। देवा की माँ पोते को लिए हुए चली आयी। बालक ऊँघ रहा था सो उसने उसे पेड़ के नीचे लिटा दिया। कुछ देर रुककर उसने देशपाण्डे सर के पिता का हालचाल पूछा और वह बोअरवेल चलाने के लिए निकल गयी।

पूरे निर्माण-काम पर भीतर- बाहर से पानी देना था सो वह तुरन्त अपने काम में व्यस्त हो गयी। देशपाण्डे सर के पिता भगवद्गीता-पठन में डूबे थे। बोअर का पानी तेज़ गति से पाइप से निकल रहा था। मशीन पूरे आवाज़ के साथ अपना काम कर रही थी।

इधर नन्हा बालक नींद से जाग गया था। किसी को इसकी ख़बर नहीं लगी। बालक उठकर बैठा और अपने नन्हे-नन्हे क़दमों से पानी के हौज की तरफ़ चला गया। हौज पानी से लबालब भरा हुआ था। बालक था सो पानी की तरफ़ आकर्षित हो गया और पानी से खेलने लगा। तभी देशपाण्डे सर के पिता का ध्यान उधर गया। वे ख़तरे को भाँप गये लेकिन उन्होंने उठने का कोई प्रयास नहीं किया और वहीं पर बैठकर चिल्लाने लगे। तब तक नियति अपना कार्यभाग साध चुकी थी। बालक खेलते-खेलते हौज में गिर गया। छुआछूत की आशंका से देशपाण्डे सर के पिता ने बालक की तरफ़ जाने से ख़ुद को बचाया। वे उठे और उन्होंने पीछे की तरफ़ जाकर नाज़ुका को ख़बर दे दी। चिल्लाकर कहा, "अरी, तुम्हारा बच्चा हौज में गिर गया है। जल्दी से आओ और उसे बाहर निकालो।"नाज़ुका ने सुना तो उसके होश उड़ गये। उसने पाइप को नीचे फेंका और बदहवास-सी वह हौज की तरफ़ भाग निकली। हौज गहरा था; बालक को कभी का लील चुका था। नाज़ुका सकते में आ गयी। जैसे-तैसे उसके कंठ से आवाज़ निकली। चिल्लाते हुए उसने मदद की गुहार लगायी। उसने देखा कि बच्चा हौज के तल में औंधा गिरा हुआ है। वह दहाड़ मारकर रो पड़ी। शोर सुनकर पड़ोस से कुछ लोग बाहर निकलकर आये। नाज़ुका के आक्रोश का कोई ठिकाना न था। किसी ने भागकर झट से बोअरवेल बन्द किया। कोई शीघ्रता से लकड़ी ले आया। सभी ने मिलकर बालक को सतह पर लाया। लेकिन नन्ही जान के प्राण पखेरू कब के उड़ चुके थे। नाज़ुका ने बालक के मृत शरीर को उठाया। उसे एक बार देखा और अपने सीने से चिपकाकर उसने जोर से चीख़ भरी। रोती-कलपती मृत बालक को लिए वह महार टोले की तरफ़ निकल गयी। उसके जाते ही देशपाण्डे सर के पिता ने सभी से वहाँ से हटने के लिए कह दिया। सभी चले गये तो वे दुबारा कुर्सी पर जाकर बैठ गये और भगवद्गीता पढ़ने में मगन हो गये। देवा के आने तक उन्हें वहाँ रुकना ज़रुरी था। उसे आने में अभी दो-तीन घंटे की देरी थी। 'पानी का छिड़काव हुआ नहीं है पूरी तरह से। देवा महार आयेगा तो उससे कहना होगा।" उन्होंने मन-ही-मन बड़बड़ाते हुए कहा।

देवा को आने में काफ़ी देर हो गयी थी। पहुँचते ही उसने ट्रैक्टर से लोहा उतारा। सीमेंट के बोरे नीचे लिये। सारा सामान ठिकाने रखकर जब वह निर्माण-काम की जगह गया तब वहाँ पर नमी देखकर उसे तसल्ली हुई। 'लगता है, माँ ने पानी का छिड़काव कर दिया है।' वह बुदबुदाया। तभी देशपाण्डे सर के पिता ने उसे आवाज़ दी और कहा, ''देवा, पानी का छिड़काव पूरी तरह से हुआ नहीं है।''

''जी। कोई बात नहीं जी। कर दूँगा। पहले घर जाकर आता हूँ। गंगाखेड़ से आते-आते बहुत देर हो गयी। बस गया और आया।'' देवा ने कहा।

''तुम्हारा बेटा हौज में गिर गया था। तुम्हारी माँ उसे घर ले गयी है।'' देशपाण्डे सर के पिता ने कहा। देवा ने सुना तो उसे कुछ समझ में नहीं आया। बिना कुछ कहे वह तेज़ी से महार टोले की तरफ़ निकल गया।

देशपाण्डे सर के पिता भी घर की तरफ़ निकल गये। रास्ते में बाबुराव ने उन्हें देखा तो दौड़ता हुआ आया और उनके दर्शन करने के लिए खड़ा हो गया। उन्होंने बाबुराव को जी भरकर आशीर्वाद दिया। अगले चौराहे पर दुर्गा ने उनके दर्शन किये। सभी को दर्शन का लाभ देते हुए वे घर पहुँचे।

मन्दिर की आरती का समय हो रहा था। देशपाण्डे सर पंचा लपेटे पूजा के लिए निकल रहे थे। घर में घुसते ही देशपाण्डे सर के पिता ने कहा, ''सलिया और सीमेंट के बोरे आ गये हैं। मैंने सारा सामान उतरवा लिया है। किराया दे दिया है।'' देवा के बेटे के हौज में गिरकर मरने की बात उन्होंने कही नहीं। देशपाण्डे सर आरती के लिए निकले थे। ईश्वर के काम में व्यवधान न हो यह सोचकर वे उस बात को छुपा गये।

देशपाण्डे सर मन्दिर के रास्ते चले जा रहे थे। रास्ते आते-जाते लोग उन्हें प्रणाम करते हुए निकल रहे थे।

देशपाण्डे सर को पिछले दिन याद हो आये। गाँव के रास्ते तब इस तरह से पक्के नहीं बने थे। ड्रेनेज के पानी का कोई व्यवस्थापन नहीं था। बारिश में सड़क पर कीचड़-कादा जमा हुआ रहता। अब गाँव में काफ़ी सुधार हो रहा है। पक्की सड़कें बन गयी। ड्रेनेज लाइन डाल दी गयी है। बिजली के खम्बों पर बिजली रहती है। नये दुकान, स्टोर्स खुल गये हैं। नया निर्माण-कार्य हो रहा है। नयी इमारतें उठ रही है। गाँव बदल गया है। नयी फ़ैशन की हवा से गमक रहा है। अब यहाँ के लड़के सिनेमा की भाषा बोलते हैं। यह पीढ़ी होशियार है। अपने विचारों में खोये जब मन्दिर पहुँचे तब उन्हें भिखारियों की पंक्ति में काकी नज़र आयी।

पूजा समाप्त कर जब वे घर की तरफ़ लौटने लगे, उन्होंने देखा कि सामने से डिप्टी चले आ रहे थे। डिप्टी ने उन्हें देखते ही सवाल दागा, ''सर, देवा का बेटा कैसे मरा?'' देशपाण्डे सर सकपका गये। कुछ समझ नहीं पाये, ''मुझे नहीं पता जी।''

''सारे गाँव को पता चल चुका है। देवा का बेटा तुम्हारे निर्माण काम की जगह पर मरा है। तुम्हारे हौज में डूबकर मरा है। क्या हौज को ढँका नहीं गया था?'' देशपाण्डे सर चिन्ता और अचरज से भर गये, ''मुझे इस बारे में किसी ने कुछ नहीं कहा। मैं जाकर पता करवाता हूँ। यह तो बहुत बुरा हुआ।'' उन्होंने केवल इतना ही कहा और घर की तरफ़ लम्बे-लम्बे डग भरना शुरू कर दिया। देवा का बेटा, अर्थात वह बालक। अरे अरे! नन्हा सा बालक। लापरवाही की भी हद है। देवा को हौज को ढक्कन से बन्द करना था। सारे काम की ज़िम्मेदारी उसी पर थी। मकान का पूरा काम देखने की बोली हुई थी। वो ही पूरे समय वहाँ पर रहता था। उसने सावधानी नहीं बरती। हौज को कोई ऐसे खुला रखता है? उसे पता था कि बालक घूमता रहता है आसपास। और बाबा ने भी मुझसे यह बात छुपाई। अपने निर्माण-काम की जगह पर किसी की मौत हुई है। उन्होंने इतनी बड़ी बात कैसे छुपाई मुझसे? देवा ने भी इत्तला नहीं की। क्या होगा आगे ? अब हर कोई देवा को मेरे ख़िलाफ़ केस ठोंकने के लिए उकसायेगा। नुक़सान-भरपाई की माँग की जायेगी। कैसे इस संकट से निपटना होगा? और तो और मकान का काम भी रुक सकता है। देशपाण्डे सर बेचैनी से भर गये। मन-मस्तिष्क पर उन्हें भारी बोझ-सा महसूस हुआ। 'गोविन्द, अब तुम ही मदद करना' उनके मुँह से केवल इतना ही निकला।

कुछ क्षण के लिए उन्हें लगा, महार टोले जाकर देवा से मिलना चाहिए। उससे मिलकर बात करनी होगी। जिससे वह अपने ख़िलाफ़ नहीं जायेगा। लेकिन अगले ही क्षण भय ने उन्हें घेर लिया। वहाँ पर रोना-कलपना शुरू होगा। मुझे देखकर महारों का आक्रोश क्रोध में बदल सकता है। मारपीट और गाली-गलौज पर उतर आयेंगे। क्या रात के समय जाना उचित होगा? या अन्तिम संस्कार निबटा लें, फिर चला जाऊँगा। वे उधेड़बुन में थे।

''मेरे सामने ही हुआ था सब।'' देशपाण्डे सर के पिताजी ने कहा।

''फिर आपको उसे बचाना था बाबा।''

''मेरे हाथ में भगवद्गीता थी। छुआछूत न होती?''

"महार का बेटा मरा है अपने निर्माण-काम की जगह पर।"

"उससे बड़ा काम धर्म बचाना है।"

देशपाण्डे सर कुछ नहीं बोले। वे जानते थे, बाबा के विचारों को बदलना असम्भव है। रात भर वे सो नहीं पाये। इस करवट से उस करवट होते हुए उन्होंनें पूरी रात चिन्ता में गुजार दी।

सुबह की आरती में भी जाने का उनका मन नहीं हुआ। वे नहीं गये तो सर के पिता चले गये। महार टोले में जाने की देशपाण्डे सर की हिम्मत नहीं हुई। बजाय वहाँ जाने के उनके क़दम निर्माण-स्थल की तरफ़ चल पड़े। लगा कि महारों का टोला आकर वहाँ पर सब कुछ तहस-नहस न कर दे। आशंका से भरकर जब पहुँचे तब देखा कि निर्माण काम बिना अवरोध के चल रहा है और मज़दूर हैं कि अपने काम में जुटे हुए हैं। उन्हें काफ़ी अचरज हुआ। हाजी मलंग सीमेंट-गारा मिला रहा था। देवा की माँ नाज़ुका मिट्टी ढो रही थी। कानी की माँ ईंटे उठा रही थी। देवा इधर से उधर करता हुआ सारे काम की पड़ताल में व्यस्त था। देशपाण्डे सर विस्मय से भरे जगह पर ही खड़े रह गये। फिर जैसे-तैसे अपने क़दमों को घसीटते हुए वे देवा के पास पहुँचे। उनका मन भारी हो गया। आँखों में आँसू भर आये।

"बालक था, इसलिए नाते-रिश्तेदारों को नहीं बुलाया। रात में ही मिट्टी दे दी। अब उसके नसीब में ही यह सब लिखा हुआ था। ईश्वर का प्यारा था सो उसने बुला लिया।" देवा ने कहा। दुःख से उसका गला रुँध गया। बालक की बात छिड़ गयी तो नाज़ुका की रुलाई फूट पड़ी।

"रोना धोना बन्द करो माँ। यही सब करना है तो घर चली जाओ। लाओ इधर ईंटें।" देवा ने माँ को झिड़कते हुए कहा। देशपाण्डे सर विमूढ़-से खड़े थे। फिर बिना कुछ कहे वे हौज की तरफ़ चले गये। हौज ढँका हुआ था। उन्होंने वहाँ से खिसक लेने में ही भलाई समझी और चुपचाप स्कूल का रास्ता पकड़ लिया। वैसे भी काफ़ी देर हो चुकी थी।

जब पाठशाला पहुँचे तब पहला घंटा बजा था। वे अपनी कक्षा में जाकर कुर्सी पर बैठ गये।

"सर, क्या मैं अन्दर आ सकता हूँ?" किसी छात्र ने उनसे पूछा और भीतर आकर उनके हाथ में भगवद्गीता की किताब सौंपकर चला गया। देशपाण्डे सर ने उसे पढ़ने को दी थी।

देशपाण्डे सर सोचने लगे, परम्परा क्या है? संस्कृत भाषा के व्याकरण के गहन अध्ययन का बोझ सिर पर डालकर युवाओं के बारह वर्ष जाया करने से किसी प्रकार का सुधार हाथ नहीं लगनेवाला है। सही सुधार के लिए अधिक उदार और विकसित शिक्षा-प्रणाली को अपनाना होगा। ब्राह्मणों के बच्चे बनसोडे सर से अंग्रेज़ी नहीं सीखना चाहते हैं मुझसे संस्कृत की किताबें ले जाते हैं। आनेवाला समय कठिन है। इन बच्चों को कौन समझाएगा? मदने मास्टर जी बीच-बीच में ब्राह्मण बिरादरी को आड़े हाथ लेने का कोई अवसर नहीं चूकते। बिना प्रतिवाद किये उनका कहा हुआ सब सुनना पड़ता है। सत्ता के आगे समझदारी भैंस के आगे बीन बजाने के समान है। ब्राह्मणों को हर समय कठघरे में खड़ा करनेवाली इस मनोवृत्ति से वे खौल उठे।

पहला घंटा ख़त्म हुआ। देशपाण्डे सर मदने मास्टर जी से मिलने उनके कक्ष की तरफ़ बढ़ गये। बरामदे में कुछ अभिभावक खड़े थे। उन्होंने रुककर उनसे बात की और सभी को साथ लिए वे संस्था के कार्यालय की ओर चल पड़े।

मदने मास्टर जी फ़ोन पर व्यस्त थे। देशपाण्डे सर जाकर उनके सामने बैठ गये। अभिभावक जहाँ जगह मिली, खड़े हो गये। मदने मास्टर जी इधर से लगातार 'जी जी' कर रहे थे। देशपाण्डे सर समझ गये कि लाइन पर नेता जी हैं। मदने मास्टर जी ने बात ख़त्म की और देशपाण्डे सर की ओर मुड़ गये। उनकी देहबोली बदल चुकी थी।

" तो आप सभी फ़ीस की बढ़ोतरी को लेकर आये हैं।" मदने मास्टर जी ने पूछा।

"और भी कुछ अड़चनें हैं मदने मास्टर जी।" किसी ने कहा।

"आप कल आइये। मुझे कुछ ज़रूरी काम निपटाने हैं।" मदने मास्टर जी ने कहा।

अभिभावक निकल गये। मदने मास्टर जी के चेहरे का रंग बदला हुआ था। उन्होंने बेल बजाई। गौतम दौड़कर चला आया। "जाओ, मैडम को बुला लाओ। शहाणे सर से भी कहना कि बुलाया है। क्लास में होंगे वे। फिर भी कहना कि अर्जेंट है। जाओ जल्दी।" मदने मास्टर जी की आवाज़ में हड़बड़ी थी।

"देशपाण्डे सर, यूँ चौबीसों घंटे कुर्सी पर चिपके हुए मत बैठा करो। कॉलेज की इमारत का काम चल रहा है। कभी निर्माण काम पर भी चक्कर लगाया करो। वहाँ पर भी ध्यान देना ज़रुरी है।" मदने मास्टर जी ने देशपाण्डे सर से कहा। देशपाण्डे सर ने 'हाँ' कहते हुए गर्दन हिला दी।

"मैं मुम्बई जा रहा हूँ। साहब ने अर्जेंट बुलाया है। दो की जगह चार दिन भी लग सकते हैं। आपको अब बहुत सारे काम देखने होंगे देशपाण्डे सर। ज़्यादा से ज़्यादा ज़िम्मा लेने की कोशिश कीजिए। मेरे कहने की राह मत देखा करिये। सभी बातें कहने की ज़रूरत नहीं होती है। कभी हॉस्टल की तरफ़ जाया करो। हाईस्कूल की तरफ़ ध्यान दो। प्रायमरी के क्लास सुबह लगते हैं। पता नहीं वहाँ पर क्या चल रहा है। स्कूल छूटते ही मुख्याध्यापक मैडम घर निकल जाती हैं। उनके साथ एक मीटिंग लीजिए। देखिये, वहाँ पर क्या चल रहा है। साहब ने मेरा काम बढ़ा दिया है।" मदने मास्टर जी लगातार निर्देश दे रहे थे।

मदने मैडम और शहाणे सर आ चुके थे। उनके आते ही मदने मास्टर जी ने ऐलान कर दिया, "मैं अपनी कुर्सी खाली कर रहा हूँ। बड़े साहब का हुकुम है।" सभी विस्मय-चकित हो गये।

"और आज से मैडम भी अपनी कुर्सी खाली कर रही है। यह मेरा फैसला है। शहाणे सर, अब आपको मैडम की कुर्सी की ज़िम्मेदारी सँभालनी है। सभी चीज़ों पर ग़ौर करना शुरू कर दीजिए। मैडम, आप अपना चार्ज शहाणे सर को सौंपिए। इन्हें सारा काम समझाइए। शहाणे सर, आज से ही आप अपना ज़िम्मा ले लीजिए। कोचिंग क्लास की तरफ़ से अब ध्यान हटाना होगा आपको।" फिर से फोन की घंटी बज उठी। उन्होंने हँसकर किसी से धन्यवाद कहा। फ़ोन रखते ही दुबारा फ़ोन बजा। फिर से उन्होंने किसी से धन्यवाद कहा। मदने मैडम उन्हें देखे जा रही थी। मदने मास्टर जी लगातार फ़ोन में व्यस्त थे। "हाँ जी हाँ जी! क्या साहब ने आपको ख़बर दी है? जी, मेरी बात हो चुकी है उनसे। आप भी चलिए मेरे साथ। अजी, ऐसे समय में आप जैसों का साथ बहुत ज़रूरी होता है। जी, मैं रात में निकल रहा हूँ मुम्बई के लिए। सुबह-सुबह साहब के सामने हाज़िर!" मदने मास्टर जी की आवाज़ में ख़ुशी की हिलोरें उफ़न रही थीं। फ़ोन रखते ही मदने मैडम ने पूछा, "क्या बात हुई है आख़िर? बताइये तो सही।" मदने मास्टर जी ने हँसते हुए कहा, "लोग बधाइयाँ दे रहे हैं। उन्हें शुक्रिया कहना पड़ता है।" तभी बाहर हॉर्न बजा। तेज़ी से जीप आयी और संस्था के कार्यालय के बाहर खड़ी हो गयी। जीप में से सरपंच जी बाहर निकले। उन्होंने केबिन में प्रवेश किया और बड़ी गर्मजोशी से आगे बढ़कर मदने मास्टर जी का हाथ अपने हाथ में ले लिया। पीछे से डिप्टी सरपंच तेज़ी से सामने आये और उन्होंने भी मदने मास्टर जी से हस्तान्दोलन किया। उनके हाथ में मिठाई का डिब्बा था। उन्होंने डिब्बा खोला और मुस्कुराते हुए सभी के सामने मिठाई रख दी।

''यह सब आपकी मेहनत का ही नतीजा है मदने मास्टर जी। आपने साहब के निर्वाचन क्षेत्र को बखूबी जो सँभाला। जो भी आपके सामने आया, आपने कभी किसी को नाराज़ नहीं किया। संस्था को यहाँ तक ले आये हैं आप। यह तो होना ही था।'' सरपंच जी ने प्रशंसा से भरकर मदने मास्टर जी से कहा।

''साहब का स्नेह है जी मुझ पर।'' मदने मास्टर जी गद्‌गद हो उठे थे। ख़ुशी से उनका चेहरा दमक रहा था।

''काम करनेवाले इन्सान के लिए आसमान ठिंगना होता है जी।'' डिप्टी ने हुलसते हुए कहा।

''आप सभी बहुत ख़ुश होंगे।'' सरपंच जी ने देशपाण्डे सर और शहाणे सर की ओर रुख करते हुए पूछा।

''न, न! नहीं। हमें अभी तक कुछ पता नहीं चला।'' देशपाण्डे सर ने अचरज से कहा।

''अरे भई, हमारे मदने मास्टर जी विधानपरिषद के लिए चुने गये हैं।'' डिप्टी ने उत्साह से भरकर कहा।

सुनते ही देशपाण्डे सर और शहाणे सर ख़ुशी से भर गये। आगे बढ़कर उन्होंने मदने मास्टर जी को ख़ूब बधाइयाँ दीं। गौतम भीतर चला आया था।

''अभी किसी से मत कहिये। पहले अध्यापक-चुनाव क्षेत्र से आवेदन भेजा जायेगा। चुनाव होंगे। नतीजे आने दीजिए। तब तक किसी से कहना उचित नहीं होगा।'' मदने मास्टर जी ने संजीदगी से कहा। मदने मैडम की आँखें ख़ुशी से छलक रही थीं। चेहरा उनका एक आभा से दमक रहा था।

गौतम ने ख़बर सुनी तो उसे ख़ास ख़ुशी नहीं हुई। बल्कि एक विषाद का भाव उसके भीतर उभरने लगा। उसे अचानक लगा कि उसके सिर से किसी का हाथ उठ गया है। साहब ने बहुत सँभाला था उसे। उनके जाने के वाद मेरा क्या होगा? इस भाव ने उसे कुछ विचलित कर दिया था। उसके मन में असुरक्षा का भाव जग उठा। उनकी ग़ैरहाज़िरी में कहीं मेरी नौकरी ना चली जाये! वह आशंकित हो गया था।

मदने मास्टर जी और मदने मैडम सरपंच जी की कार में बैठकर घर के लिए निकल गये। गौतम ने ऑफ़िस को ताला लगाया और चाबियाँ देशपाण्डे सर को सौंप दीं।

“सुनो गौतम, तुम कल से निर्माण-काम पर चले जाना। अब वहाँ की देखभाल तुम्हारे ज़िम्मे। पेड़ों को पानी पिलाओ। जो पेड़ मर गये हैं, उनकी जगह पर नये पौधे लगाओ। सीढ़ियों के नीचे बहुत सारे पौधे रखे हैं।” गौतम ने अनमने भाव से गर्दन हिलाई। “और तुम घर जाना चाहो तो जा सकते हो। यहाँ पर वैसे भी कुछ ख़ास काम नहीं है और हाँ, जाते-जाते तनिक मेरे बंगले से होते हुए निकल जाना। देवा से बात कर लेना।”

गौतम ने 'हाँ' कहते हुए गर्दन हिला दी। उसे लगा जैसे उसके पैर जम-से गये हैं। एक हताशा से वह भर गया। क्या उसे पाठशाला से निकाला जा चुका है ? अपने ही विचारों में खोया वह चलने लगा। “एक दिन मुझसे सीमेंट-गारा भी उठवाएँगे ये। कहीं भी ठेल देंगे। हाथ में पाइप लेकर निर्माण-काम पर पानी का छिड़काव करता हुआ नज़र आऊँगा। पौधे लगाने के लिए कह रहे हैं।” गौतम के मन में अजीब-सी ख़लल हुई। किसी पौधे को उखाड़कर फेंक दिया जाये उस भाँति उसे पाठशाला से उखाड़कर फेंक दिया गया था। उसकी आँखों से आँसू के टगार छलक उठे। दुत्कारे जाने के भाव से वह आहत हो गया था। मदने मास्टर जी चले गये। लगता है अब अपना कोई नहीं है यहाँ पर। अब ये लोग ऑफ़िस में नहीं आने देंगे। बोझिल मन से उसने बाइक निकाली और बैठकर निकल गया।

जब वह देशपाण्डे सर के निर्माण-काम पर पहुँचा तब देशपाण्डे सर के पिताजी पेड़ के नीचे कुर्सी डाले बैठे हुए थे। निर्माण-काम की रेत का ढेर सड़क के एक किनारे लगा हुआ था। गौतम ने ढेर की एक ओर अपनी बाइक खड़ी कर दी। रेत का ढेर ढहकर कुछ रेती सड़क पर आ गयी थी। ईंटें भी सड़क पर इधर-उधर बिखरी थीं। लेकिन देशपाण्डे सर का निर्माण काम था सो किसी को क्या शिकायत होती। लोग एक तरफ़ से निकल जाते थे। ऊपर से गौतम की बाइक बीच सड़क पर खड़ी थी।

देशपाण्डे सर के पिताजी ने गौतम को देखा तो उन्हें बड़ा सुकून हुआ। ऑफ़िस का आदमी आया देखकर वे उठ खड़े हुए। “मैं दोपहर से आया हूँ। चाय पीकर आता हूँ। तब तक तुम यहीं पर रुको। ध्यान रखना।” कहकर वे चले गये। गौतम को देवा नज़र आया। वह उधर चला गया। देवा रसोईघर की दीवारें चढ़ा रहा था। गौतम उसका काम देखता खड़ा रह गया।

“कहो गौतम, क्या चल रहा है? तुम्हारा ठीक है भैया। ऑफ़िस में पंखे के नीचे बैठते हो। यहाँ पर यह सब नसीब में है।”

इधर निर्माण-काम की सड़क से डिप्टी की कार गुज़र रही थी। आजकल दिलीप डिप्टी की गाड़ी का ड्राइवर बना हुआ था। बीच रास्ते गौतम की बाइक खड़ी थी सो उसे कार जगह पर ही रोकनी पड़ी। "यह महार बीच सड़क अपनी बाइक खड़ी कर कहाँ चला गया?" दिलीप ने झुँझलाकर कहा और हॉर्न बजाने लगा। गौतम को हॉर्न की आवाज़ सुनाई नहीं दी। अब डिप्टी भी चिढ़ गये और कार से नीचे उतर गये। तभी सामने से गौतम चला आया। उसने डिप्टी की कार देखी तो सकपका गया और तुरन्त अपनी बाइक निकालने आगे बढ़ा।

"नौकरी क्या लग गयी, ये महार साले सिर चढ़ गये हैं।" डिप्टी ने तमतमाकर कहा। तब तक दिलीप भी कार से बाहर आ चुका था। वह आगे बढ़ा और उसने गौतम की कालर पकड़ ली। फिर आव देखा न ताव गौतम के मुँह पर ज़ोरदार तमाचा जड़ दिया। गौतम सिटपिटा गया। समझ नहीं पाया कि आख़िर उससे क्या ग़लती हुई है।

"क्या किया है मैंने?" उसने मन ही मन कुरमुराते हुए पूछा।

"जोहार किया तुमने? काहे नहीं किया? क्या मस्ती चढ़ गयी है?" डिप्टी सरपंच ने आँखें तरेरकर कहा।

"जोहार करो।" दिलीप ने फिर से एक तमाचा जड़ते हुए कहा।

"क्या तुम्हारे बाप का रास्ता है? जो बीच सड़क बाइक लगाते हो!" डिप्टी की ज़ुबान आग उगल रही थी।

गौतम ने झट से झुककर जोहार किया और बाइक की तरफ़ बढ़ गया। उसने बाइक जगह पर से हटा दी। "ध्यान रहे, दुबारा ऐसी ग़लती नहीं चाहिए।" डिप्टी ने कार का दरवाज़ा खोलते हुए आँखें तरेरकर कहा। दिलीप ने कार स्टार्ट कर दी। धूल उड़ाती हुई कार निकल गयी। गौतम के गाल पर दिलीप के पंजे के निशान उतर आये थे। उसने अपना गाल सहलाया। दुःख और अपमान से बिलबिलाता हुआ वह देशपाण्डे सर के पिता की राह देखता पेड़ के नीचे खड़ा हो गया। अचानक एक भय की भावना ने उसे घेर लिया। वह अपने-आप को बहुत अकेला महसूस करने लगा।

जब घर पहुँचा माँ आँगन में बैठी हुई गोधड़ी सी रही थी।

"किसी से रार हुई है ?"

"नहीं। मैं भला किसी से काहे रार करने लगा?"

"फिर मुँह काहे उतरा हुआ है? किसी ने कुछ कह दिया क्या?"

"नहीं। तुम भी न!"

"खाना परोस दूँ?"

"नहीं। भूख नहीं है।"

"कानी की माँ पूछ रही थी।"

"क्या?"

"कानी से ब्याह करने के बारे में।"

"आप लोग ही तय करो।"

"अब अपनी गिरस्थी बसा लो। मैं कब तक इसे उठाये फिरती रहूँगी।"

"जो तुम्हें ठीक लगे।"

"तुम तैयार हो?"

"तुम जो कहोगी।"

"ठीक है। मैं तुम्हारे बाबा से बात करती हूँ।"भागी ने मुस्कुराकर कहा।

गौतम के मन का अवसाद मानो झट से मिट गया। ब्याह की ख़बर कान पर पड़ी तो एक हुलास से वह भर गया।

"आता हूँ" कहता हुआ वह उमंग से उठ गया।

"अभी-अभी तो आया है। कहाँ जाता है रे?" माँ का कहा पीछे ही छूट गया।

"चौक में टहल आता हूँ।" कहता हुआ गौतम दुआरे से बाहर निकल गया। कानी के ख़यालों से उसके मन में हिलोरें उठने लगीं। गली से गुज़र रहा था। कानी दरवाज़े में ही खड़ी थी। गौतम को देखकर वह भी मुस्कुराई। फिर लजाती हुई घर के भीतर चली गयी। गौतम के मन में पूर्णिमा की चाँदनी छितर गयी। पाँव ज़मीन पर थिर होने का नाम नहीं ले रहे थे। मन पंछी बनकर हवा में लहराने लगा।

जब टोले के चौक में पहुँचा तब उसने पाया कि यहाँ तो उसी को लेकर भारी बैठकी ज़मी हुई है। उसे देखा तो सभी चुप हो गये। वह भकोर गया। चुपचाप वहाँ से खिसक लेना चाहता था कि मलकु ने पूछ ही लिया, "क्यों रे बहुत मारा उन्होंने?" बूढ़े की आवाज़ में फिकर थी सो गौतम ने टका-सा जवाब दिया, "हाँ!" और चुप हो गया। मलकु ने फिर कहा, "तुम ये बाइक लिए डोलते हो शान से। हमारी जिनगानी तो भैया मवेशियों के पीछे घूमने में ही कट गयी। अब नेता जी की स्कूल में जाते हो। गाँववालों से देखा थोड़े ही जाता है। सँभलकर रहा करो गौतम।" मलकु की बातें बेजा नहीं थीं। वह उसकी भलाई के लिए ही कह रहा था।

सिवा चुपचाप सुनने के गौतम के पास कोई चारा नहीं था। गौतम को चुपचाप सुनता देखकर मलकु उछाह से भर गया, "देखो गौतम, तुम्हारी भलाई के वास्ते ही कह रहा हूँ। हमें अपनी औकात में ही रहना चाहिए। डर के रहने में ही सभी की भलाई है। रास्ते चलते सभी को दादा, भैया कहकर पुकारो। छोटे नहीं बन जाओगे तुम। हम जो हैं वही रहने वाले हैं। ऐसे सीना तानकर काहे चलते हो। गर्दन उठाये घूमना भली बात नाहीं है। हमारी जात के लोगों को नीची आवाज़ में बात करना ही शोभा देता है। काहे झंझट मोल लेते हो?" मलकु को बैठे-बिठाये सलाह देने का अच्छा अवसर मिल गया था। लम्बा भाषण झाड़ गया। वह कानी का दादा था इसलिए गौतम भी मन मसोसकर सुनता रहा।

न जाने होस्टल के बच्चे मेरे बारे में क्या सोच रहे हैं। विचारों में उलझा जब घर लौटा तो देखा कि इधर माँ-बाबा में भी ठनी हुई है। माँ उसका पक्ष लिए हुए है सो बाबा भड़क गये हैं।

"उसे बरजो भागा। इस गाँव में रहना है हमें। हाँ, ठीक है कि नेता जी हमारे घर आये थे। इसके माने यह नहीं कि हम बम्मन हो गये हैं। हम जहाँ हैं वहीं पर हैं और वहीं पर रहेंगे। इस गाँव में नाक सुड़कते छोटे बच्चे के आगे भी सिर झुकाकर चलना पड़ता है। सभी को जोहार करना पड़ता है।" गोपा ऊँची आवाज़ में भागी से कह रहा था। गौतम को देखा तो वह चुप हो गया। लेकिन बात गौतम के कानों में पड़ चुकी थी। जाकर चुपचाप माँ के पास बैठ गया। माँ ने बातचीत का सिरा मोड़ते हुए कहा –

"कानी की माँ पूछ रही थी।"

"हाँ, उसके बाप ने मुझसे भी पूछा है।"

"लड़की अच्छी है। बचपन से ही हमारी निगाह में है। घर का कामकाज जानती है। सुभाव भी अच्छा है।"

"ठीक है। सोचते हैं।"

"दिखने में भी अच्छी है। दूसरा कोई ब्याह कर ले जाये इससे पहले हमें बात पक्की कर लेनी चाहिए।"

"दो दिन जाने दो।"

गौतम अभी तक भन्नाया हुआ था। भरा तो वह था ही सो शुरू हो गया, "मैं तो काम ख़त्म कर घर के लिए निकला था। देशपाण्डे सर ने कहा इसलिए उनके

बंगले की तरफ़ चला गया। बाइक को कहाँ लगाता? सड़क के किनारे रेती का ढेर लगा हुआ था। वहीं पर टिकाकर लगा दी। अब डिप्टी साब की कार का हॉर्न नहीं सुनाई दिया। दो मिनट की तो देरी हुई थी। लेकिन सनक गये। गालीगलौज पर उतर आये। उनके ड्राइवर ने तमाचे भी जड़ दिये।''

गोपा का मन बेटे के लिए स्नेह से पग गया। ''वो सब ठीक है गौतम। लेकिन हमारा बर्ताव ऐसा हो कि कोई हमारी तरफ़ उँगली न उठाये। अच्छा, बहुत चोट तो नहीं आयी?''

''नहीं।'' गौतम ने केवल इतना ही कहा।

''क्या तुम अपने भाई के साथ जो हुआ उसे भूल गये? केवल गले में सोने की ज़ंजीर पहनी इसलिए मारा गया हमारा दीपा। इस गाँव के लोग बड़े निठुर हैं। हम महार माँगों को लेकर तो वे और भी अधिक बेरहम हो ज़ाते हैं। तुम्हारे दादा के साथ भी तो यही सब हुआ था। वे वारकरी थे। गले में माला पहनते थे। माथे पर काला अबीर लगाते थे। एक बार माथे पर चन्दन का तिलक लगाये गाँव में चले गये। फिर क्या। लोगों ने उन्हें चौपाल में ही घेर लिया। कहने लगे कि महार को कोई हक़ नहीं है कि वह माथे पर चन्दन लगाये। सरेआम लातों-घूँसों से उन्हें पीटा। अपने जूतों से उनके माथे के चन्दन को मिटा डाला। नसीब अच्छा कि उनके प्राण नहीं लिये। ऐसे हैं ये लोग। तुम बाइक पर घूमते हो। उनकी आँखों को चुभता है सब।'' गोपा की आवाज़ में पीड़ा थी। भागी भी परेशान हो उठी। उसने गौतम को समझाते हुए कहा, ''तुम्हारे नाना कीर्तनकार थे। बड़ा मान था उनका। मेरा भाई भी तुम्हारे जैसा था। किसी की नहीं सुनता था। पता नहीं उसकी क्या मति मारी गयी। एक दिन उसने गले में जनेऊ पहन लिया। ब्राह्मण पहनते हैं जनेऊ। इसने पहना तो पूरा गाँव उबल गया। निर्दइयों ने उसकी आँखें निकाल दीं। अन्धा हो गया मेरा भाई। ब्राह्मण जनेऊ पहने तो धर्म होता है। लेकिन महार ने जनेऊ पहना इसलिए उसकी आँखें फोड़ने में कौन-सा धर्म है? बताओ।'' भागी की आँखें छलक उठीं। गला रुँध गया।

''अब हमारे जीवन में तुम ही हो गौतम। लोगों की नज़रों की किरकिरी बन जाओ, ऐसा-वैसा कुछ ना करो बेटे। तुम्हारे साथ कुछ हो गया तो कहाँ जायेंगे हम?'' गोपा ने अत्यधिक पीड़ा से भरकर कहा। भागी ने कहा, ''हमने नीच जात में जनम लिया है। ऊँची जातवालों के सामने हमारी कोई बिसात नहीं है। वे हमारा उठना-बैठना बन्द कर देंगे। वे जो कहते हैं वही सच है। हमें अपनी औक़ात में रहना चाहिए।

हज़ारों वर्षों से चले आ रहे रिवाज़ों को यूँ एक दिन में मिटा सकते हैं क्या। इन पचड़ों से हम दूर ही रहे। वरना ये लोग जीना मुहाल कर देंगे।''

माँ और बाबा उसे समझा रहे थे। ''धर्म ने ही उन लोगों को सभी हक सौंपे हैं। हम नीची जातवालों को कोई हक नहीं बहाल किये हैं। इसलिए ऊँची जातवालों को नीची जात के लोगों को पाठ सिखाने का पूरा हक है।'' गोपा ने कहा। बनसोडे सर किसलिए ईश्वर पूजापाठ के ख़िलाफ़ हैं, गौतम अब समझ रहा था। 'ऊँची जातवाले हमारे दुश्मन नहीं हैं। उनकी परम्पराएँ, उनके पूजा-पाठ और धर्म हमारे दुश्मन हैं। हमें इन सबको ठुकराना होगा। बाबासाहब ने इसीलिए हिन्दू धर्म का त्याग किया था।' गौतम के दिमाग़ में चिंगारी भड़क रही थी।

अगले दिन सुबह जब वह काम के लिए निकला तो कॉलेज से पहले निर्माण-काम की तरफ़ बढ़ गया। कॉलेज जाऊँगा तो कल जो हुआ था, उसका बतंगड़ बनेगा यह सोचकर उसने कॉलेज की बजाय निर्माण-काम की तरफ़ जाना उचित समझा। रास्ते में उसे बाला महार दिखाई दिया। उसने देखा कि बाला के हाथ में नकेल है और एक भरापूरा, सुहावना साँड़ उसके साथ चल रहा है। सयाजी ने बाला को उसके साँड़ के साथ बुलावा भेजा था। दुलकी चाल से बाला का साँड़ ऐसे चल रहा था कि रास्ते चलते हर किसी का मन मोह जाये। बाला भी उसे देख-देख मगन मन चला जा रहा था। बाबुराव ने पूछा, ''साँड़ को कहाँ लिए जा रहे हो बाला?''

''जी, सयाजी मालिक के घर जी।'' बाला ने पुलक से भरकर कहा।

बाला सयाजी के आँगन में जाकर रुक गया। साँड़ जोर से रँभाया। आवाज़ सुनकर सयाजी बाहर चला आया। साँड़ को देखकर उसे बड़ा सन्तोष हुआ। उसी ने बाला को अपना बछिया सँभालने के लिए दिया था। बाला ने भी उसके बछिये को पूरी लगन से पाला-पोसा था। उसी का यह साँड़ था। साँड़ को देखकर सयाजी को भूरी गैया की याद हो आयी। वह गया और अपनी गाय को खूँटे से छोड़ आँगन में ले लाया। गाय सील पर आ रही थी। उसे साँड़ दिखलाना ज़रूरी था। गाय को ना ही पकड़ना पड़ा, ना ही साँड़ को उकसाना पड़ा। साँड़ ने गाय को देखा तो वह खुद-ब-खुद गाय के पीछे चला गया और गाय के ऊपर चढ़ गया। गाय सिमट गयी। सयाजी ख़ुशी से भर गया। दुर्गा ने बाला को दो सेर जवारी दी। बाला साँड़ को लिए ख़ुशी-ख़ुशी घर लौट गया।

बाला महार का सयाजी के घर साँड़ ले जाने की बात पूरे गाँव में फ़ैल गयी। महार टोले का जिनावर गाँव में? गाँववालों की त्यौरियों पर बल पड़ गये। क्या सयाजी की निगाह में और कोई जिनावर नहीं आया? गाँव की गाय का महार के साड़ से मिलान करना कदापि उचित नहीं है। यह गलत पाठ रचाया जा रहा है। गाँव में बहस छिड़ गयी।

डिप्टी सरपंच की कार धूल उड़ाती हुई सयाजी के आँगन में रुकी। गुस्से से आगबबूला डिप्टी दिलीप के साथ नीचे उतरे। सयाजी ने उन्हें देखा तो हड़बड़ाकर आगे बढ़ा। वह कुछ कहता इससे पूर्व डिप्टी ने अपनी आस्तीनें चढ़ा दीं–

''साले, महार के साँड़ को अपनी गाय के ऊपर चढ़ाता है? शरम नहीं आती? कल अपनी औरत पर चढ़ाने वास्ते भी क्या महार को बुलायेगा? मादरचोद, अब या तो गाय को महार के हवाले कर दो या कसाई को बेच दो। यहाँ यह सब नहीं चलेगा।'' डिप्टी का क्रोध देखकर सयाजी अकबका गया। लिहाज के मारे वह कुछ बोल नहीं पाया। ख़ामोशी से सुनता रहा। डिप्टी की गाड़ी खड़ी दिखी तो आसपास के निट्ठलों की भीड़ जम गयी। दुर्गा दरवाज़े में खड़ी लोगों को देख रही थी। फिर डिप्टी की गाड़ी जैसे आयी वैसे ही धूल उड़ाती चली गयी और बैठे-ठालों की भीड़ भी छँट गयी।

सयाजी उद्विग्न हो गया। डिप्टी सरपंच ने जानवर को भी महार जाति में लाकर खड़ा कर दिया था। महार नहीं चाहिए। महार की कोई भी चीज़ नहीं चाहिए। डिप्टी भड़के हुए थे! गाँववालों ने उन्हें ग्रामपंचायत का काम देखने के लिए चुना था। अब वे घर-घर जाकर ताकझाँक भी करने लगे थे। सयाजी के लिए यह सब बर्दाश्त से बाहर था।

इधर जब बाला नित्य की भाँति मवेशियों को चराने के लिए सीवान से बाहर निकल रहा था, दिलीप ने जाकर उसका रास्ता रोक दिया। बाला के लिए दिलीप को नाराज़ कर आगे निकलना आसान नहीं था सो रुक गया।

''क्या साँड़ को बेचोगे?'' दिलीप ने ठेठ सवाल दाग दिया।

''नहीं जी। बेटे को नौकरी नहीं लगी तो जुताई के काम आ जायेगा। चूनी-चोकर ही उगा लेगा। बेटे की खातिर कुछ बचाकर रखना होगा मालिक।'' बाला ने हाथ जोड़कर कहा।

''तुम्हारा बेटा तो पढ़ रहा है।''दिलीप ने घुड़कते हुए कहा।

''हाँ, वो तो है। लेकिन बेटे को पढ़ाने की ख़ातिर और आगे भी नौकरी की ख़ातिर कुछ जुगत न कर रखनी होगी? तब बेचूँगा जी। अभी तो ज़रूरत नहीं है। मेरे मवेशी चले गये हैं। मुझे भी जाना होगा जी।'' कहते हुए बाला ने मवेशियों को पुकारा दिया और उनके पीछे दौड़ता हुआ चला गया। दिलीप दीना के खेत की तरफ़ निकल गया। रास्ते में उसे स्कूल जाती हुई कविता नज़र आयी। कविता जवानी की दहलीज पर थी। गुदाज, भरा-भरा बदन! दीना मवेशियों का चारा-सानी करने में व्यस्त था।

''ट्रैक्टर बेच दिया?'' दीना ने घास का गट्ठर खोलते हुए पूछा।

''भाड़ा नहीं मिल रहा था। किश्तें रुकी हुई थीं। फिर डिप्टी साब को बेच दिया। अब उनके यहाँ ही ड्राइवरी कर रहा हूँ। ठीक ही चल रहा है।'' दिलीप ने कहा।

''कैसे याद किया आज?'' दीना ने थाह ली।

''बाला का साँड़ भरापूरा है। ख़रीदोगे?'' दिलीप ने हँसते हुए पूछा।

''क्यों दिलीप, जानवरों की दलाली शुरू कर दी है क्या?'' दीना ने मुस्कुराते हुए पूछा।

''मैं काहे इस पचड़े में पड़ने लगा। वो तो डिप्टी साब ने पूछने के लिए कहा था।''

''मेरे पास क्या बहुत पूँजी धरी है? पहले ही करज में डूबा हूँ भाई। साँड़ ख़रीदकर क्या करूँगा? और डिप्टी साब को क्या पड़ी है?'' दीना ने तल्खी से पूछा।

''उन्होंने भेजा सो पूछ लिया। और तो मैं कुछ नहीं जानता।'' दिलीप ने सफाई देते हुए कहा।

''वे काहे नाही ख़रीद लेते हैं फिर?'' दीना ने पलटकर पूछा।

''डिप्टी के पास मशीनें हैं भैया। सरपंच साब और वे अपनी मशीनों से ख़ूब फ़सलें उगा रहे हैं। फलों के बगीचे लगाये जा रहे हैं। सरकार फलों के बागानों के लिए रकम मुहैया करवा रही है और तुम तो जानते हो, नेता जी के हिस्से ही कृषि खाता है। बड़ा लाभ उठा रहे हैं।''

''बड़े असामी हैं वे। मालजाल सब है उनके पास। हम एकड़ दो एकड़ वालों को कौन ससुरा पूछता है?'' दीना की आवाज़ में घोर हताशा थी।

''चलता हूँ। साब को लेकर गंगाखेड़ जाना है।'' दिलीप ने उठते हुए बात को विराम दे दिया।

"कल तुम्हें ही याद कर रहा था। खेत जोतना था। फिर पता चला कि तुमने ट्रैक्टर बेच दिया है। खेत में खरपतवार उग आयी थी। फिर मैंने ही जुताई कर दी। आया करो ऐसे ही।" दीना ने बोझिल मन से कहा।

खेत धूल से पट रहा है। फ़सलों के लिए करज उठाया लेकिन फ़सलें बढ़ नहीं रही है। साहूकार की किश्तें ज़रूर बढ़ रही हैं। ब्याज हर दिन का सुख-चैन लील रहा है। कंगाली ही बदी है इस नसीब में। खेती अब बेभरोसे की हो चली है। बोओ तो उगता नहीं। बीजों की नस्लों में मिलावट है। उगा हुआ झुलस रहा है। उगी-उगाई फ़सलों को कभी बारिश बहा ले जाती है। जैसे-तैसे धान हाथ में आता है लेकिन बिना उचित मोल के हाथ कुछ भी तो नहीं लगता है। खेती न हुई ब्याज-बट्टे का धन्दा हो गया है। बच्चों को पालने-पोसने में जान निकल रही है। मवेशियों को कैसे पोसना होगा? दीना मेंड़ पर खड़ा चिन्ता में डूबा रहा।

गाय के लिए बुरहानपुर का कसाई मारा गया। अब साँड़ के लिए बाला महार की हत्या कोई अचरज की बात नहीं थी। दीना ने आसमान की तरफ़ देखा। आसमान सफ़ेद बादलों से घिरा था। बिना बारिश के फ़सल सूख रही थी। चलो, मवेशियों के लिए घास ही हो जायेगी। हुआ तो बोरा-दो बोरा धान नसीब हो जायेगा। कैसे इस गृहस्थी को चलाना होगा? किस-किसके सामने हाथ फ़ैलाने होंगे? मन उसका घबड़ा रहा था।

हवा तेज़ झोंकों के साथ बह रही थी। पूरे परिसर में धूल के गुबार उठे हुए थे। दीना पीली पड़ती फ़सलों की क़तारों से होता हुआ मवेशियों के निकट चला गया। बैल एक तरफ़ सुस्ता रहा था। उसके कन्धे पर चोट आयी हुई थी जिस पर ख़ासी मक्खियाँ भिनभिना रही थीं। नाद का पानी दो दिन से बदला नहीं गया था। दीना ने नाद में ताज़ा पानी भरा। गाय गाभिन थी। सामने भूसा कुट्टी रखी हुई थी। आँगन में मुर्गियाँ दाने चुग रही थीं। लता मिर्च पिसवाने गाँव में गयी थीं सो दीना आँगन में ही बैठ गया। घरवाली की राह देखते हुए उसने जवारी के बोरे से पीठ टिका दी और वहीं पर सुस्ताने लगा। आँखें बोझिल हो रही थीं सो बैठे-बैठे ही ऊँघने लगा। कब झपकी लग गयी उसे पता ही नहीं चला। वहीं पर पसर गया।

देखते-देखते वह गहरी नींद में चला गया। लता को आने में ख़ासी देर हो गयी सो अजीबोग़रीब सपनों से गुज़रता कब तक सोया रहा पता ही नहीं चला। दोपहर की धूप भी उतर गयी और शाम की किरणे आँगन में उतर आयीं। बाला मवेशियों को हाँकता मेंड़ के पास से गुज़र रहा था। मवेशियों के गले में बँधी

घंटियाँ टनटनाने लगीं तब जाकर उनकी आवाज़ से दीना की आँख खुली। वह झट से उठकर बैठ गया। 'सो गया, पता ही नहीं चला' बुदबुदाता हुआ आँखें मलता हुआ वह खड़ा हो गया। कुनमुनाकर उसने आलस झटका और मेंड़ की तरफ़ चला गया।

पगडण्डी मवेशियों की खुरों से उठती धूल से पट गयी थी। मवेशियों के पीछे चलते बाला पर उसकी निगाह पड़ी। उसने हाथ का इशारा करते हुए बाला को रुकने के लिए कहा। "तुम्हारे साँड़ पर बुरी नज़र है बाला। ध्यान रखियो।" दीना ने मेंड़ पर खड़े-खड़े ऊँची आवाज़ में कहा। बाला ने सुना तो सन्न रह गया। उसके चेहरे का रंग उतर गया। "मुझे मेरे जिनावर प्यारे हैं। मेरा जिनावर किसी को सुहाता नहीं है तो मैं उसे कहीं ले जाकर छोड़ दूँगा। जहाँ चाहे चला जाये लेकिन सौदा नहीं करूँगा। बेटे की तरह पाला है मालिक।" बाला रुआँसा हो गया।

मवेशियों को उनके-उनके बाड़ों में पहुँचाकर बाला घर की तरफ़ निकल गया। लेकिन मन उसका किसी लँगड़ी गाय की तरह खुद को घसीटता-सा उसके साथ चल रहा था। पूरा जीवन जिनावरों के पीछे दौड़ने में कट गया। जोंक की तरह मवेशियों से चिपके रहा। घर पहुँचा तो उसका उतरा हुआ मुँह देखकर चांगी ने पूछा, "क्या हुआ है?"

"कुछ नहीं, पीठ में दरद है।" कहता हुआ वह चारा-सानी करने निकल गया। साँड़ के करीब पहुँचकर उसने साँड़ की पीठ सहलाई और अचानक उसके गले पड़कर रोने लगा। चांगी उसके पीछे आकर खड़ी हो गयी। साँड़ पूँछ हिलाता खड़ा था। वह बाला के स्पर्श को पहचान रहा था। गाँव बाला के स्पर्श को अमंगल मानता था।

"मैंने इसे छोड़ देने का फ़ैसला कर लिया है।"

"काहे? इस बेचारे ने क्या किया है?"

"गाँव के लोग नहीं चाहते हैं कि यह अपने पास रहे।"

"फिर?"

"हमें इसी गाँव में रहना है चांगी। गाँववालों की चरवाही पर गुज़ारा होता है हमारा। उनके ख़िलाफ़ नहीं जा सकते हैं।"

"आप इसे जंगल में छोड़ देंगे तो मैं भी चली जाऊँगी उसके साथ। कहे देती हूँ।" चांगी ने तडफ़कर कहा।

"अंटशंट मत बको।"

"मैं उसे अकेले नहीं छोड़ूँगी। बाघ उठा ले जायेगा।"

"लगता है बच्चे आ गये हैं। जाओ, उनकी ख़बर लो।" बाला ने बातचीत का सिरा मोड़ते हुए कहा।

बच्चे स्कूल से आ गये थे। बस्ते फेंककर आज़ाद पंछी की तरह वे घर भर में मँडराने लगे। बच्चों के कलरव से घर गमक गया। बाला ने उन्हें कौतुक से निहारा। बच्चे साँड़ की मानिंद बढ़ रहे थे। आज साँड़ निगाहों को चुभ रहा है। कल मेरे बच्चे भी चुभने लगेंगे। तब क्या उन्हें भी छोड़ना होगा? महार का बेटा महार है यह भी ठीक है। क्या अब जिनावर भी महार कहलाने लगे? बाला का मन निर्बाध नदी की तरह बह रहा था।

बाला की तरह ही कइयों के गले यह बात उतर नहीं रही थी। लेकिन सत्ता के आगे किसी की क्या चलती है? मदने मास्टर जी अब आये दिन मुम्बई में लगे रहते। सरपंच जी भी अब अधिकतर समय गंगाखेड़ में रहते। सो डिप्टी सरपंच ने सारे गाँव को अपने नाक तले रखा हुआ था। वे क्या उनका ड्राइवर दिलीप भी अब सीना तानकर चलने लगा था। मदने मास्टर जी का हाथ सिर पर था सो डिप्टी बिफरे साँड़ की नाईं गाँव में घूमने लगा। लोग दबे-सहमे चुप बैठे रहते।

मदने मास्टर जी की ग़ैरहाज़िरी में संस्था का काम अब मदने मैडम देखने लगी थी। वे संस्था के कार्यालय में बैठी रहती। डाक देखना, उनके जवाब देना, चेक पर हस्ताक्षर करना, लेन-देन आदि काम कर लेती। अधिकतर समय वे घर से ही ऑफ़िस का काम देखती। गौतम डाक आदि काग़ज़ात घर दे आता। थोड़े ही समय में संस्था के कामकाज में उनका ख़ासा दबदबा बन गया। इधर मैडम की सलाह पर देशपाण्डे सर ने भी पाठशाला का सारा कामकाज अपने ज़िम्मे ले लिया।

देशपाण्डे सर दिन में पाठशाला का काम सँभालते। दोपहर में कॉलेज के निर्माण-काम का जायज़ा लेने चले जाते। बालाजी मन्दिर की सुबह-शाम की आरती में भी वे मौजूद रहते। ब्राह्मण छात्रों ने मन्दिर पर कब्ज़ा जमा लिया था। देशपाण्डे सर की वजह से अब पाठशाला में ब्राह्मण छात्रों की संख्या में भी इजाफ़ा होने लगा था। जूनिअर कॉलेज में हेड क्लर्क तथा क्लर्क की जगह पर ब्राह्मण उमीदवार चुने गये। अध्यापकों में भी ब्राह्मणों का वर्चस्व बढ़ा। 'संस्था को सुचारु रूप से चलाने के लिए अधिक से अधिक ब्राह्मणों के ज़िम्मे काम सौंपना होगा।' कहते हुए देशपाण्डे सर अब खुलकर ब्राह्मणों की योग्यता का बखान करने लगे थे।

मदने मास्टर जी के हटते ही सभी अपनी मनमानी पर उतर आये थे। हर कोई अपनी-अपनी हाँकने में लगा था।

अंग्रेज़ी में डाक आती या डाक का जवाब अंग्रेज़ी में देने की बारी आती तब बनसोडे सर को संस्था के कार्यालय में बुलाया जाता। वे मैडम के सामने बैठ जाते और उनके कहे अनुसार अंग्रेज़ी में ड्राफ्ट बना देते। फिर ड्राफ्ट का मराठी अनुवाद कर बताते। जब तक ड्राफ्ट पूरी तरह से फ़ाइनल नहीं होता बनसोडे सर की ऑफ़िस से छुट्टी नहीं होती। कभी-कभी इस काम में बहुत अधिक वक़्त लग जाता तब शहाणे सर उनकी कक्षा सँभाल लेते। बनसोडे सर को बिनावजह तीन-चार कप चाय पीनी पड़ती। ऑफ़िस की इस व्यस्तता के चलते अब बनसोडे सर भी संस्था की भूमिका और उसके कार्यालयीन कामकाज तथा निर्णयों की बारीकियों को समझने लगे थे। मैडम उन पर बहुत अधिक निर्भर रहने लगी थी। लोग दबी ज़ुबान में कहने लगे कि मैडम अब बनसोडे सर की सलाह से निर्णय लेती है। बाला महार का साँड़, गौतम की बाइक और बनसोडे सर सभी की चर्चा के अहम विषय थे। संस्था ने बी.एड. और डी.एड. कॉलेज के लिए प्रस्ताव भेज रखा था। सत्ता में आ जाने से कोई उचाट गाँव कैसे एक आधुनिक ग्राम में रूपान्तरित हो सकता है, यह दृश्य दिखाई दे रहा था।

बनसोडे सर को पूरा समय संस्था के कार्यालय में देखकर कइयों की छाती पर साँप रेंगने लगे। ‘महार को सिर पर बिठाना ठीक नहीं है।’ लोग कानाफूसी करते। बनसोडे सर अनसुना कर निकल जाते। जिन हालातों में बनसोडे सर नौकरी पर लगे थे, अब वे हालात बदल चुके थे। गाँव का विकास हो चुका था। अर्थात क्या हुआ था? जिनकी औकात थी उनके घर बिजली के कनेक्शन लग गये। टीवी लग गये। पाठशाला के अध्यापकों ने जगहें ख़रीद लीं। किसी का मकान खड़ा हो गया। किसी ने गाड़ी ख़रीद ली। गाँव में बिजली-कार्यालय, पोस्ट-ऑफ़िस, बैंक, तहसील कार्यालय खुल गये। चार क़स्बों के बच्चों की शिक्षा की व्यवस्था हो गयी। पक्की सड़कें बन गयी। पीने के पानी की इन्तज़ाम हो गया। धुरन्धरराव पाठशाला का विकास हुआ। बालाजी मन्दिर का माहात्म्य बढ़ गया। हालाँकि लोगों के मन में ठोस जगह बनाकर बैठे सनातन भाव और अन्धविश्वासों के दलदल में उनका धँसते चले जाना, यह ज्यों का त्यों रहा। जिनके हाथ में चार पैसे थे, उन्होंने बदले हुए हालातों से ख़ूब लाभ उठाया। इसलिए फिर कुछ लोगों के घर-दलान मज़बूत होते गये। बाकियों के ढह गये।

जो अपने घरों को छा-छोपकर दुरुस्त भी नहीं कर सके, उनके घर कभी भी भरभराकर धराशायी हो सकते थे।

और शिक्षा का प्रसार हो रहा था। इसके माने क्या थे? हर घर का बच्चा स्कूल जा रहा था। यूनिफॉर्म और बस्तों से लैस वे स्कूल के लिए निकलते तब उनके माँ-बाप सन्तोष से भर जाते। फिर पढ़-लिखकर ये ही बच्चे बेकारी की समस्या से जूझने लगे। छात्र शिक्षा-संस्थानों और शिक्षकों का पेट भरने के लिए पढ़ रहे थे। यही हक़ीक़त थी। विकास के कई चेहरें थे– गुनहगारी, भ्रष्टाचार, जात-पांत। लोकतन्त्र से कई सारे चमत्कार सम्भव हो रहे थे। विकास के ये कई चेहरे उन्हीं चमत्कारों में से एक था। गुनहगारों को कभी नहीं लगा था कि सत्ता में उन्हे इस तरह से प्रतिष्ठा मिलेगी। जाति को कभी नहीं लगा था कि राजनीति में उसका इतना बोलबाला होगा। धर्म को कभी नहीं लगा था कि राजसत्ता पर वह इतना वर्चस्व जमा लेगा। साधारण इन्सान को कभी नहीं लगा था कि अवसर पाते ही सत्ता का सुख उसकी झोली में आ गिरेगा। मदने मास्टर जी लोकतन्त्र को चमत्कार कहने लगे थे। चमत्कार के महत्त्व के समक्ष लोकतन्त्र ने घुटने टेक दिये। वोटों की ख़ातिर इस्तेमाल किया जाना, इसके अलावा राजनीति में लोगों का कोई महत्त्व नहीं रहा। राजनीति ने उन्हें लगातार हाशिये पर धकेला। उनके वोट की क़ीमत क्या थी। महज पाँच सौ या हज़ार रुपये। वोटों के सौदे बाज़ार में लोग-प्रतिनिधियों का भाव ज़रूर आसमान छूने लगा। विधायक बनते ही मदने मास्टर जी का मोल बढ़ चुका था।

मदने मास्टर जी गाँव आते तब संस्था के कार्यालय में जाना बहुत ज़रूरी नहीं समझते। उनके गाँव में आने की ख़बर उनके घर के सामने खड़ी आलीशान कार से लग जाती। मदने मास्टर जी की चमड़ी पर सत्ता का मुलामा चढ़ चुका था। अब उन्हें मठ-मन्दिरों के लोगों से मिलने में आनन्द आने लगा। गाँव के दबंगों से, अमीरज़ादों से, बड़े अफ़सरों से, बिल्डरों से मिलने में उनकी रुचि लगातार बढ़ने लगी। अध्यापकों जैसे साधारण लोगों से मिलने से वे अब कतराने लगे थे। पाठशाला से कोई मिलने आता तो दो टूक बात करते हुए उसे रवाना कर देते। अध्यापक कानाफूसी करने लगे–

"मदने मास्टर जी विधायक बन चुके हैं। हमें भूल गये हैं।"

मदने मास्टर जी के घर के सामने मिलनेवालों का ताँता लगा रहता। वे मुस्कुराकर कहते, "जनता जनार्दन सब जानती है। सही चुनाव करती है।" आनेवालों की पीठ वे इस तरह से सहलाते जैसे बैल की पीठ सहला रहे हों।

गौतम मदने मास्टर जी से मिलने हेतु दरवाज़े पर ही रुका था। उसे भीतर जाने नहीं दिया जा रहा था। वह मदने मास्टर जी की प्रतीक्षा में बाहर ही खड़ा रहा। तभी ड्राइवर गाड़ी ले आया। इसका यह अर्थ था कि मदने मास्टर जी निकलने के लिए तैयार हैं। भीड़ में हलचल मच गयी। मदने मास्टर जी दरवाज़े में खड़े हो गये। सभी उनके दर्शन के लिए उतावले हो रहे थे। उनके बाहर निकलते ही कइयों ने उनके चरणों को स्पर्श किया। उन सभी को देखा-अनदेखा करते हुए वे कार की दिशा में बढ़ गये। गौतम भीड़ में घुस गया और कार के निकट जा खड़ा हो गया।

"मैं गौतम हूँ। जूनिअर कॉलेज में काम करता हूँ। लेकिन हाज़िरी रजिस्टर में मेरा नाम नहीं है।" गौतम ने चिल्लाकर कहा। मदने मास्टर जी ने कार के शीशे चढ़ा दिये और कहा, "कर्म करो। फल की इच्छा मत करो। समय आने पर फल ज़रूर मिलता है। मैंने जीवन भर करम किया। कभी फल की अपेक्षा नहीं की। मुझे फल मिला। तुम्हें भी मिलेगा। जल्दबाज़ी ठीक नहीं है। हर बात का समय होता है। मैडम से बात करो। मुझे राज्य की समस्याएँ सुलझानी है। छोटी-छोटी बातों में मुझे मत उलझाओ।" कार चल पड़ी थी। डिप्टी सरपंच भीड़ को चीरते हुए कार के निकट पहुँचे और कार में बैठ गये। कार निकल गयी। पीछे धूल का गुबार बचा रहा। लोग अपनी राह निकल गये।

मदने मास्टर जी पार्टी की बैठक में चले गये। विधानसभाओं के चुनाव निकट थे। कार्यकर्ताओं के बीच जोश और उछाह जगाना था। मदने मास्टर जी पर ज़िले का दारोमदार सौंपा गया था। वे जी-जान से चुनाव-अभियान में जुटे हुए थे। जिले के हर गाँव-क़सबे को भेंट देने की उनकी मंशा थी। एक तरफ़ पार्टी संगठन को बढ़ाना था। दूसरी तरफ़ धुरन्धरराव पाटिल प्रतिष्ठान के काम को भी विकास की दिशा में ले जाना था। इस वर्ष राज्य में सत्रह नये महाविद्यालय शुरू करने की योजना थी। संस्था के लिए सम्बलपुर में नयी जगह ख़रीदी गयी थी। संस्था के मुख्यालय को ज़िले के स्थान पर ले जाना था। मदने मास्टर जी ने मुख्यमन्त्री कोष से सम्बलपुर में अपने लिए एक फ़्लैट का जुगाड़ कर लिया था। ज़िला पार्टी कार्यकारिणी में मदने मास्टर जी के नाम का ख़ासा दबदबा था। उनके आगे-पीछे कार्यकर्ताओं की फ़ौज़ लगी रहती। उनका जीवन पूर्णतया बदल चुका था। गौतम का जीवन दरवाज़े के बाहर छोड़ी गयी चप्पल की तरह हो गया था। 'मदने मास्टर जी ने मेरी तरफ़ देखा। मुझसे बात की, मुझे पहचाना' वह इसी सन्तोष से भरा रहा।

मदने मास्टर जी ने कहा, 'कर्म करो। मैंने कब कर्म के लिए मना किया? और कितना कर्म करना होगा? कितनी पीढ़ियों को करना होगा? कर्म का फल नहीं, कम-से-कम मज़दूरी तो मिले। मज़दूरी की ख़ातिर सत्रह दफ़े चक्कर काटने पड़ते हैं। गालियाँ सुननी पड़ती हैं। उचित मज़दूरी कभी नहीं मिलती है।' विचारों में खोया वह महार टोले की तरफ़ निकल गया। खा-पीकर उसे काम पर जाना था।

दयाराम बाला के घर के सामने खड़ा था। उसके हाथ में गाय की नकेल थी। गाय पूँछ हिलाती हुई खड़ी थी।

"बुरहानपुर तक कौन जायेगा? क्या वह पास में है? जाओ तुम्हारे साँड़ को ले आओ।" दयाराम ने अधिकार वाणी से बाला से कहा। बाला असहाय-सा खड़ा था। 'डिप्टी जी को पता चल गया तो ख़ैर नहीं।' वह घबड़ा गया था। चांगी ने चुपचाप खूँटे से बँधे साँड़ को छोड़ा और गाय के निकट लाकर खड़ा कर दिया। दयाराम ने अपनी गाय को खींचकर पकड़ा। वह पूँछ हिलाती हुई खड़ी थी। साँड़ गाय के निकट गया। गाय एक तरफ़ खिसक गयी। दयाराम ने उसे खींचकर थामे रखा। चांगी ने साँड़ के मुँह को गाय की पूँछ की तरफ़ खींचा। बाला यह सब देखता हुआ खड़ा रह गया। साँड़ ने गाय को सूँघा। गाय ने पूँछ हिलाई। साँड़ पीछे के तरफ़ हो गया। चांगी ने साँड़ को गाय की तरफ़ खींचा। साँड़ ने गाय पर पैर रख दिये। गाय का शरीर सिकुड़ गया। दयाराम का चेहरा खिल उठा। चांगी साँड़ को थामे खड़ी रही। साँड़ नीचे उतर गया। गाय पूरी तरह से सिमट गयी थी। चांगी ने साँड़ को खींचा और जाकर दुबारा खूँटे से बाँध दिया। दयाराम ख़ुशी-ख़ुशी अपनी गाय लेकर चला गया।

गौतम ने यह सब देखा और आगे निकल गया। पाठशाला में जाकर वह साफ़-सफ़ाई में जुट गया। पाठशाला का समय हो रहा था। नित्य की चहलपहल शुरू हो गयी थी। स्कूल का अहाता छात्रों से गमकने लगा। गौतम ने ऑफ़िस खोल दिया। मदने मैडम ऑफ़िस में पहुँच चुकी थी। मदने मास्टर जी के कहे अनुसार आज उन्हें बालाजी इंडस्ट्री की ख़ातिर आर्थिक मदद के लिए एक पत्र लिखकर तैयार रखना था। मैडम ने बनसोडे सर को बुलावा भेज दिया था। बनसोडे सर ने उनके कहे मुताबिक पत्र का मसौदा बनाकर दे दिया। मैडम अख़बार पढ़ने में व्यस्त थी। अचानक बनसोडे सर के पैरों को उनके पैरों का स्पर्श महसूस हुआ। बनसोडे सर ने झिझकते हुए उनसे माफ़ी माँग ली। मदने मैडम ने दुबारा अख़बार में नज़रें गड़ा लीं। इस अकस्मात स्पर्श से वे सचेत हो गयी थीं कि दुबारा ऐसा न हो।

लेकिन उनकी देह में एक सिहरन-सी उठी। उन्होंने बनसोडे सर की तरफ़ चोर निगाहों से देखा। बनसोडे सर का चेहरा बहुत सुकुमार था। मैडम उनकी ओर टकटकी बाँधे देखने लगी। उन्हें बनसोडे सर का चेहरा अथाह-सा नज़र आया। वे अचरज से भर गयीं। बनसोडे सर ड्राफ्ट बनाने में व्यस्त थे। बनसोडे सर का अपनी ही धुन में मग्न चेहरा, कुछ पल ठहरकर उनका दुबारा लिखने में व्यस्त हो जाना, उनकी कुशलता यह सब मदने मैडम को अभिभूत कर गया। उनके बाहु, उनका सीना, उनकी ठुड्डी, होंठ, मोती से चमकते दाँत, वे बनसोडे सर पर मोहित हो गयी। उनकी ओर ताकते हुए उन्हें लगा, 'यह इतने दीनों से मेरे सामने बैठता है। बात करता है। आज से पहले कभी ऐसा नज़र नहीं आया।' मैडम उनके प्रति एक आकर्षण से भर गयी। बनसोडे सर का काम हो चुका था। उन्होंने पत्र मैडम के हाथ में रख दिया।

"मदने मास्टर जी को दिखाती हूँ। अगर कुछ बदलाव होंगे तो बता दूँगी। वरना इसे ही अन्तिम रखते हैं।" उन्होंने कहा। बनसोडे सर जाने के लिए उठ खड़े हुए। मदने मैडम ने उनसे कहा, "सर, आपकी अंग्रेज़ी अच्छी है। क्या आप मुझे अंग्रेज़ी पढ़ायेंगे? मैं भी अच्छी अंग्रेज़ी सीखना चाहती हूँ। कामकाज़ के लिए ज़रूरी है।" मदने मैडम की आवाज़ में मधुरता थी।

"हाँ हाँ ज़रूर। क्यों नहीं।" बनसोडे सर ने कहा और वे चले गये। मदने मैडम के मन में बनसोडे सर को लेकर कुतूहल-सा जगा था। वे उन्हीं को लेकर ख़यालों में खो गयी।

पन्द्रह वर्ष बीत गये थे उनके विवाह को। लेकिन अभी तक उन्हें सन्तान का मुँह नसीब नहीं हुआ था। मदने मास्टर जी के राजनीति में व्यस्त होने से वे कुछ एकाकी-सी हो गयी थीं। उनकी योग्यता नहीं थी लेकिन संस्था के कामकाज का पूरा दारोमदार उन्हें सौंपा गया था। बहुत अधिक काम होने पर वे मदने मास्टर जी की सलाह ले लेतीं। देशपाण्डे सर भी समय-समय पर उनकी मदद कर देते। डिप्टी सरपंच संस्था के बाकायदा सदस्य थे। कभी-कभार वे भी फ़ोन से काम का जायज़ा ले लेते। मदने मास्टर जी को किसी की सलाह की ज़रूरत नहीं थी। मदने मैडम को सभी सलाह देते। वे भी सब की सुन लेतीं। सरल थीं, किसी का मन नहीं दुखाती थी। ऑफ़िस का काम निपटाकर वे कॉलेज के निर्माण-काम की तरफ़ चली गयी। वहाँ से लौटते हुए रास्ते में शहाणे सर का घर पड़ा तो वे कुछ समय के लिए उनके घर चाय के लिए रुक गयी। अब तक लगभग सभी अध्यापकों के बँगले बन चुके थे।

धूप उतरने लगी थी। मदने मैडम शहाणे सर के घर से निकल गयीं। स्कूल छूट चुका था। छात्र अपने घरों की ओर लौट रहे थे। कुछ छात्र अभी भी मैदान पर खेल रहे थे। गौतम ने सभी कक्षाओं को ताले लगाये।

खेत में काम करनेवाली स्त्रियाँ, मवेशी अपने घरों की तरफ़ लौटने लगे थे। शाम का समय था सो कई लोग सैर के लिए निकल चुके थे। किसी ने मठ की तरफ़ का रास्ता पकड़ा हुआ था तो कोई कॉलेज की दिशा में घूमने के लिए निकल पड़ा था। निठल्ले युवा चौपाल और हनुमान के चबूतरे पर बैठकर आवारागर्दी कर रहे थे। दिलीप डिप्टी की कार पोंछ रहा था। 'डिप्टी साहब संस्था पर हैं। उनका रुतबा क्या मेरे काम नहीं आ सकता है? एक बार संस्था में लग जाऊँ तो जिन्दगी भर की यह भागदौड़ तो ख़त्म हो जायेगी। नैया पार लग जायेगी। कितनी दफे निहोरा किया डिप्टी से। लेकिन मन पर नहीं लेते हैं वे। कहते रहते हैं, देखूँगा। मुझसे सारा काम करवाते हैं। लेकिन मेरे काम को टाल देते हैं।' दिलीप अपने में खोया कुड़मुड़ा रहा था। पाठशाला में नौकरी करने की लालसा उसके मन में गहरे दबी हुई थी। इसलिए वह डिप्टी के आगे-पीछे मँडराता रहता। संस्था इस गाँव की है। लेकिन गाँव के कितने लोग संस्था में हैं? सभी बाहर के लोग पैर जमाये हुए हैं यहाँ! यहाँ के लोग उनकी सेवा में लगे रहते हैं। उन्हें किराये से मकान मुहैया कराते हैं। उनके भोजन का व्यवस्थापन यहीं से होता है। उनकी हजामत, कपड़ों की धुलाई सब कुछ गाँववाले करते हैं। महार टोले का गौतम चपरासी बना बैठा है। गाँव से केवल दो जन शिक्षक हैं और तीन लोगों को क्लर्की सौंपी गयी है। वाचमैन गाँव से लिया हुआ है। बोर्डिंग में भोजन पकाने गाँव की औरतें जाती हैं। प्रायमरी का चपरासी गाँव का है बाक़ी सभी बाहर गाँव के हैं। इन बाहर वालों के मकान खड़े हो गये। उनके घरों के सामने गाड़ियाँ खड़ी हो गयीं। गाँव के लोग आते-जाते उन्हें प्रणाम करते हैं। 'सर सर' कहकर पुकारते हैं। क्या यही गाँव का विकास है? दिलीप कार के शीशे पोंछते हुए सोच रहा था। बाला का बेटा अशोक स्कूल बस्ता लिए घर जा रहा था। अशोक को देखकर दिलीप विचलित हो गया। 'महार पढ़ रहे हैं। आगे बढ़ रहे हैं। हाथों में किताबें लिए डोल रहे हैं। साफ़-सुथरे कपड़े पहनने लगे हैं। किसी दिन सभी नौकरी पर लग जायेंगे और हम हैं कि यहीं पर मर-खप रहे हैं। गाली-फजीहत के सिवाय क्या मिलता है? बेड़ा गर्क हुआ जा रहा है।' दिलीप मन ही मन भिनक रहा था।

महार पढ़ रहे हैं। कल को नौकरी करने लगेंगे। अपने अधिकारों के प्रति जाग जायेंगे। यह अच्छी बात नहीं है। जिन्होंने आज तक उन्हें अपनी नाक तले रखा, उन्हीं की छाती पर मूँग दलने लग जायेंगे। प्रतिशोध लेंगे। दिलीप ख़तरे को भाँप रहा था। बाबुराव के कमरे में किराये से छात्र रहते हैं। पता चला कि उनमें से कोई एक महार है। वह अपनी जाति छुपाकर बाबुराव के घर में रह रहा था। छी: छी:! बाबुराव के घर को भ्रष्ट कर दिया। वो तो बालाजी मन्दिर के ब्राह्मण छात्रों को भनक लगी और उन्होंने राज खोला। दिलीप का माथा घूम गया था।

उसने देखा कि डिप्टी साब चले आ रहे हैं और हाथ में उनके घी का डेगचा है। वे मदने मैडम के घर शुद्ध देसी घी पहुँचाने जा रहे थे। उन्हें देखा तो दिलीप लपककर सामने चला आया, ''मेरे काम का क्या हुआ?'' उसने प्रणाम करते हुए पूछा। डिप्टी भन्ना गये। ''ऐसे पीछे मत लगा करो। एक बार कह दिया है न। मुझे पता है। यह रोज़-रोज़ की किचकिच नहीं चाहिए। मैं मदने मास्टर जी के घर जा रहा हूँ। घी देना है उन्हें। अरे भई, घी से ही घी निकलेगा। और तुम चिन्ता मत करो। हो जायेगा तुम्हारा काम। और मैंने जो काम सौंपा था तुम्हें उसका क्या हुआ? दो दिन हो गये हैं।'' डिप्टी ने आँखें तरेरकर आड़े हाथ लेना शुरू कर दिया। दिलीप खिसिया गया। ''आपका कहा कौन-सा काम नहीं किया है मैंने?'' उसने भोलेपन से पूछा। ''बाला महार के साँड़ का क्या हुआ? हाँ भई, अब महार तुम्हारे नज़दीकी हो गये हैं।'' डिप्टी ने कुत्सित स्वर में कहा। फिर कहा, ''देखो दिलीप, तुम मेरा यह काम कर दो। मैं तुम्हें संस्था में लगा दूँगा। और हर चीज़ का एक समय होता है। सब्र से काम लेना पड़ता है।'' दिलीप अपना-सा मुँह लेकर रह गया। डिप्टी चले गये तो वह कार में जाकर बैठ गया। तानी, कविता और शीला ट्यूशन के लिए बनसोडे सर के घर निकली थीं। सभी बनसोडे सर से अंग्रेज़ी सीख रही थीं। 'बनसोडे सर जवान छोकरा है। अभी तक कुँवारा है। उसे नौकरी पर रखा हुआ है। किसी लड़की को भगाकर ले जायेगा तब संस्था की आँखों पर का पर्दा हटेगा।' दिलीप परेशान-सा सोच रहा था। हाथ मलते हुए वह तीनों लड़कियों को घायल नज़रों से देखता रहा।

जब डिप्टी मदने मास्टर जी के घर घी पहुँचाकर लौट आये, दिलीप ने उनसे इजाज़त ली और घर की ओर निकल गया। उसने देखा कि बाबुराव घर के सामने खड़ा है। वह भरा हुआ था ही। रुका और तंज़ करते हुए उसने सीधे सवाल दाग दिया, ''क्यूँ बाबुराव, सुना है, तुम्हारे घर में महार का छोरा रह रहा है?''

"हाँ, साले ने अपनी जात छुपाई मुझसे। दो दिन हो गये हैं उसका कोई अता-पता नहीं है। जाने कहाँ चला गया। आने दो उसे, धक्के देकर बाहर करता हूँ। उसी का रास्ता देख रहा हूँ।" बाबुराव ने झल्लाकर कहा।

"पहले ही देखभाल कर रखना था न।" दिलीप ने सलाह दे डाली।

"झूठ कहा कमीने ने। महार लग भी तो नहीं रहा था।" बाबुराव ने बुझे स्वर में कहा।

"इन बाहर के लोगों की जातियों का पता नहीं चलता है। जात छुपाकर रहते हैं साले। एक-एक कर सभी को ढूँढ़ निकालना होगा।" दिलीप ने ज़ोर देकर कहा।

" मुझे भी महारों से परहेज है। घर में भगवान हैं। दीना ने बनसोडे सर को किराये से घर दिया है। बनसोडे सर उसकी बेटी को मुफ्त में सिखाते हैं। दीना गाँव के बाहर खेत में रहता है। उसे भी कोई फर्क नहीं पड़ता है।" बाबुराव ने कहा।

"महार के छोरे के आते ही मुझे ख़बर दे देना। मैं लातों-घूँसों से सबक सिखा दूँगा उसे।" दिलीप ने तल्खी से कहा

"हाँ आने दो। शायद भाग गया है।"

दिलीप आगे बढ़ गया। रास्ते में उसे देशपाण्डे सर नज़र आये। वे मन्दिर के लिए निकले थे। दिलीप ने उन्हें प्रणाम किया। देशपाण्डे सर ने गर्दन हिलाकर प्रणाम को स्वीकार किया। "आज रात ही बाला को सबक सिखाने की जुगत बाँधनी होगी। डिप्टी को ख़ुश करना होगा। मेरी नीयत पर शक करता है।" दिलीप विचारों में डूबा आगे बढ़ रहा था।

रात में खा-पी कर वह आँगन में लेट गया। तारे गिनते-गिनते फिर सोच में डूब गया। 'बागबानों का अच्छा है। हाथ दो पैसे तो लग जाते हैं। लेकिन खेतिहरों का हाल मत पूछिए। बेचारे बेभरोसे की बारिश के मारे हुए हैं। कैसे जीना होगा किसानों को? नौकरी करनेवालों के हालात भी तो अच्छे ही हैं। कम-से-कम हर माह गाँठ में कुछ पैसे तो बँध जाते हैं। पंखे के नीचे बैठकर आराम से काम करो। पेट का पानी भी हिलता नहीं है। किसानों के नसीब में ऐसा सुख कहाँ? मरने के लिए हाँक दिये जाते हैं बेचारे।' दिलीप के भीतर छनछनाता रहा बहुत देर तक। सोच में मगन फिर दिनभर का थका कब नींद के अधीन होकर खर्राटे भरने लगा पता नहीं चला।

सीना नदी का पानी भी कम हो रहा था। पहले पानी का कल-कल नाद सुनाई देता था। अब सुनसान निचाट में गुम हो गया था। नदी में जगह-जगह पर गड्ढे हो चले थे। रेती ख़त्म हो रही थी। हर दिन लारी भरकर रेती उलेची जाती। तराई से बहता नाला भी सूख चला था। लोग खस्तेहाल थे। क़र्ज़ निकालकर जैसे-तैसे दिन ढ़ो रहे थे। दिलीप का घर भी क़र्ज़ के बोझ तले दबा हुआ था।

आँख खुली तो दिन चार हाथ ऊपर चढ़ आया था। लेकिन इधर बाला जल्द ही जग गया था। आँखें मलता हुआ वह झोंपड़े से बाहर आया। उसकी नज़र साँड़ की तरफ़ गयी तो देखा कि साँड़ लेटा हुआ है। वह उसके नज़दीक गया फिर तो जो दिखा उससे बाला के होश उड़ गये। वह तुरन्त समझ गया कि किसी ने उसके साँड़ को ज़हर पिलाया है। उसका पेट फूल चुका था। भरेपूरे पछाहीं उस प्यारे जिनावर के प्राणपखेरू उड़ चुके थे। बाला धम्म से बैठ गया। फिर भोकार मारकर ऐसा रो पड़ा कि पूरा महार टोला गूँज उठा। चांगी भी भागी-भागी चली आयी और कलपकर छाती पीटने लगी। बच्चे रो पड़े। सारा महार टोला इकट्ठा हो गया। अशोक को गाँव के बाहर रहने के मायने समझ में आ रहे थे। गाँववालों ने साँड़ का क़िस्सा ही ख़त्म कर दिया था।

धूप चढ़ने लगी। मरे जिनावर को उठानेवाले महार चले आये। उन्होंने बाला से पूछा–

"क्या करना है साँड़ का?"

"उठाकर ले जाओ भैया।"

"कब उठाना होगा।"

"जब चाहो। मुझे चरवाही पर जाना है।"

"पहले अपने जिनावर के बारे में सोचना न होगा?"

"जिनावर का क्या कुसूर? यह तो इन्सानों का किया धरा है।"

महारों ने मृत साँड़ को उठाया। चांगी ने दहाड़ मारी। बाला चरवाही के लिए चला गया। बच्चे स्कूल चले गये। चांगी के घर उस दिन चूल्हा नहीं जला। बाला के साँड़ के साथ जो हुआ उससे पूरा महार टोला सन्नाटे में डूब गया।

अशोक विचारों में खोया कक्षा में बैठा था। उसके मस्तिष्क में उथल-पुथल मची हुई थी। अछूत होने की तीव्र भावना से वह भर चुका था। मस्तिष्क में जैसे उसके धमाके हो रहे थे। अछूत होने की वजह से ही हम छले जा रहे हैं। एक बार इन लोगों ने मेरे गले में मरे हुए कुत्ते को बाँधा था। गेहूँ खाते हैं इसलिए माँ को पीटा।

बाबा मूँछें रखते हैं इतने भर से पूरा गाँव उनसे खार खाता है। राष्ट्रगान के समय सवर्ण छात्र के साथ कन्धे से कन्धा मिलाकर खड़ा होने पर सवर्ण छात्र मारपीट पर उतर आते हैं। महार के घर में साँड़ पल रहा है इसलिए उसे ज़हर देकर ख़त्म कर दिया जाता है। एक के पीछे एक सब कुछ अशोक के मन-मस्तिष्क को मथ रहा था। उखड़े हुए पेड़ की तरह उसका मन भी उखड़कर धराशायी हो गया था। आज नहीं तो कल अपना वजूद ही मिट जायेगा। अनचाहा लिखा जैसे आसानी से मिटा दिया जाता है वैसे इस अस्तित्व को ही ख़त्म कर दिया जायेगा। दरअसल हमारा होना ही इस देश के लिए बड़ा असुविधाजनक है। अशोक अपने में ही डूबा था।

आसपास के छात्र फुसफुसाने लगे, 'वो देखो, डिप्टी की कार।' पाठशाला के गेट से धूल उड़ाते हुए डिप्टी की कार ने प्रवेश किया। अध्यापक और अन्य कर्मचारी सतर्क हो गये। डिप्टी ने संस्था के कार्यालय में प्रवेश किया। साथ में दिलीप भी था। मदने मैडम ने हँसकर उनका स्वागत किया। डिप्टी उनके सामने की कुर्सी में बैठ गये। दिलीप सकुचाया हुआ खड़ा हो गया। डिप्टी के इस तरह से अचानक चले आने से मदने मैडम कुछ समझ नहीं पा रही थी। पहले तो वे मुस्कुराई फिर सवालिया नज़रों से उन्होंने डिप्टी की तरफ़ देखा। डिप्टी लगातार मुस्कुरा रहे थे। मैडम सावचेत हो गयी। बोलने के लिए डिप्टी ने अच्छा-खासा समय लिया, फिर अचानक कहा, ''इसे कुछ काम दीजिए। होनहार है। मैं इसकी गारंटी लेता हूँ।'' डिप्टी की आवाज़ में अनुरोध था। दिलीप आज्ञाकारी सेवक की तरह खड़ा था।

''देखिये, किस को काम पर रखना है और किसे निकालना है, यह सब मदने मास्टर जी तय करते हैं। और वे भी अकेले कोई फ़ैसला नहीं लेते हैं। पहले हर बात नेता जी तक पहुँचाई जाती है। इस मामले में मैं आपकी कोई मदद नहीं कर सकती।'' मदने मैडम ने दो टूक कहा तो डिप्टी सँभलकर बैठ गये। उनके लिए यह अप्रत्याशित था। वे सतर्क हो गये। उन्होंने इशारा करते हुए दिलीप से बाहर जाने के लिए कहा। दिलीप चला गया। डिप्टी लाचार से मैडम के सामने बैठे रहे। दिलीप ने बाला महार के साँड़ का काम तमाम कर दिया था। अब उनकी बारी थी। दिलीप को हर हाल में खूश करना ज़रूरी था। ''देखिये मैडम, मैंने उसे भरोसा दिलाया था। मेरा मान रखिये। उसे वाचमैनी का काम दीजिए या माली का काम। चपरासी ही बना दीजिए। जो आपको उचित लगे। मैं कहाँ कह रहा हूँ कि कोई बड़ा ओहदा देना है। बस एक बार किसी छोटे-मोटे काम पर रख लीजिए।

भले ही बाद में निकाल देना।'' डिप्टी अड़े हुए बैठे रहे। मैडम ने अपने-आप को सँभाला। फिर कहा, ''कॉलेज की इमारत बन रही है। कुछ दीनों के लिए उसे वहाँ की देखभाल करने के लिए भेजा जा सकता है। वैसे भी वहाँ पूरे समय ध्यान देने के लिए कोई नहीं है वहाँ वाचमैन बनकर रह लेगा। आप मदने मास्टर जी से बात कीजिए। उन्होंने 'हाँ' कह दिया तो मुझे कोई आपत्ति नहीं है।'' डिप्टी सन्तोष से भर गये।

''मदने मास्टर जी आयेंगे तब मैं उनसे बात कर लूँगा। तब तक आप उसे वहाँ का ज़िम्मा सौंप दीजिए। काम का लड़का है। ज़रूरतमन्द है। कल से आ जायेगा।'' डिप्टी हाथ जोड़े खड़े हो गये। मैडम उनके कुशल अभिनय को कुतूहल से भरकर देखती रही।

डिप्टी ऑफ़िस से बाहर चले आये। दिलीप उनकी कार से सटा खड़ा था। उन्होंने जाकर दिलीप के कन्धे पर हाथ रखा और कहा, ''कॉलेज का निर्माण-काम चल रहा है। कल से वहाँ का काम सँभालना है। वहाँ की वाचमैनी सौंपी है तुम्हें। मैडम से बात हो गयी है। मदने मास्टर जी के आने पर उनसे भी बात हो जायेगी। कुछ रुपयों का इन्तज़ाम करना होगा। आगे-पीछे तुम्हें चपरासी भी बनाया जा सकता है। पर्मानेंट कर देंगे।'' डिप्टी ने दिलीप को आश्वस्त कर दिया।

फिर ''जाओ, जाकर मैडम के चरण छू आओ। उनका आशीर्वाद लो। जाओ।'' कहते हुए उन्होंने दिलीप को मैडम के पास भेज दिया।

दिलीप केबिन में चला गया और जाकर मैडम के चरणों में झुक गया। वे मुस्कुराने लगीं। फिर जैसे उसे चेताते हुए उन्होंने कहा, ''देखो, अभी गवर्नमेंट ने पदों को मान्यता नहीं दी है। इसलिए अभी बिना वेतन ही काम करना होगा। तुम्हें वाचमैन बना रहे हैं। अच्छा काम किया तो आगे भी रख लेंगे। लेकिन कम-से-कम दो साल तक वेतन नहीं मिलेगा। मंजूर हो तो कहना। यहाँ पर कई लोग बिना वेतन काम करते हैं। मैं खुद एक रुपया वेतन पर काम करती हूँ। समझ गये?'' दिलीप ने 'हाँ जी' कहते हुए गर्दन हिला दी। उसके चेहरे से ख़ुशी के फव्वारे फूट रहे थे। हुलसता हुआ वह बाहर चला आया। डिप्टी फिर से ऑफ़िस में चले गये। मैडम ने बेल बजाकर गौतम को बुलाया और कहा–

''चाय लेकर आओ। और शहाणे तथा देशपाण्डे सर से कहना कि डिप्टी साहब आये हैं। बुलाया है। जाओ, जल्दी करो।'' डिप्टी को सन्तोष हुआ।

''अभी उसे काम करने दीजिए। वेतन मत देना। मदने मास्टर जी ने 'हाँ' कहा तो उसके नाम पर ग़ौर करना।'' डिप्टी फिर से चिरौरी पर उतर आये थे। मैडम झल्ला उठी, ''उस पर बात हो चुकी है। बार-बार वही बात किसलिए करते हैं आप?'' डिप्टी शर्म से गढ़ गये। झेंपे हुए-से चुपचाप बैठ गये।

देशपाण्डे सर ने ऑफ़िस में प्रवेश किया। डिप्टी को नमस्कार कर वे एक तरफ़ खड़े हो गये। उन्हें अकेला आया देखकर मैडम ने खीझकर कहा, ''आप हमेशा वक़्त पर आते हैं। ये शहाणे सर देरी से आते हैं। मेरे बुलावा भेजते ही हाथ का काम परे रखकर आना चाहिए न। मुझे क्या सबकी राह देखनी होगी?'' तभी शहाणे सर भीतर आये।

''हमेशा लेट करते हैं आप।'' मैडम ने चिढ़कर कहा। शहाणे सर खिसिया गये।

''तिमाही परीक्षा के रिजल्ट्स आ चुके हैं। इस रिजल्ट से तो लग रहा है कि बोर्ड के रिजल्ट शत-प्रतिशत आ सकते हैं।'' देशपाण्डे सर ने उत्साह से भरकर कहा।

''हमारे रिजल्ट्स भी आ गये हैं। इस वर्ष भी मैं सौ प्रतिशत रिजल्ट की गारंटी देता हूँ। इस वर्ष के दसवीं के छात्र बड़े होनहार हैं।'' शहाणे सर ने भी विश्वास से भरकर कहा।

चाय आ चुकी थी। चाय के साथ फिर चर्चा शुरू हो गयी।

''हमारे छात्रों को बोर्ड की एक्जाम में चमकना होगा।'' मैडम ने जोर देकर कहा।

''दस से बारह छात्रों को नब्बे प्रतिशत से अधिक अंक मिले हैं।'' देशपाण्डे सर ने जानकारी दी।

''तिमाही में अव्वल आने वाले छात्र का सत्कार कीजिए। इससे छात्रों में उत्साह बढ़ेगा। होनहार छात्रों को प्रोत्साहन मिलना चाहिए।'' मैडम ने कहा।

''दसवीं तथा बारहवीं की तिमाही में पहले तीन स्थान पर आनेवाले छात्रों का सत्कार करते हैं। मदने मास्टर जी के हाथों सत्कार किया जा सकता है।'' शहाणे सर ने सुझाव दिया।

''इतने छोटे काम के लिए उन्हें बुलाना उचित नहीं है। तिमाही परीक्षा ही तो है।'' मैडम ने तुरन्त सुझाव को रफा दफा कर दिया।

“मैडम के हाथों सत्कार-समारोह करते हैं।” देशपाण्डे सर ने चापलूसी में कहा। मैडम झल्ला उठी, “मेरे हाथों नहीं। डिप्टी साहब के हाथों करते हैं। और देखिये, सरपंच जी कहाँ पर हैं अभी। उनके हाथों बारहवीं के छात्रों का सत्कार किया जा सकता है।” मैडम ने बात ख़त्म करते हुए कहा। डिप्टी ख़ुशी से भर गये।

“क्या रिजल्ट्स तैयार है?” मैडम ने पूछा।

“हाँ जी।” दोनों ने एक साथ कहा।

“तो ठीक है। डिप्टी साहब आये हुए ही हैं। लगे हाथों यह काम कर देते हैं। सरपंच जी को भी बुला लेते हैं। देशपाण्डे सर, मिलाइये सरपंच जी को फ़ोन। मैं बात करती हूँ।” मैडम ने अख़बार का पन्ना पलटते हुए कहा। देशपाण्डे सर ने सरपंच का नम्बर घुमाया और फोन का रिसीवर मैडम को थमा दिया।

“नमस्कार सरपंच जी। पाठशाला में सत्कार-समारोह है। आपके हाथों बारहवीं के छात्रों का सम्मान करने का तय किया है। क्या कुछ समय निकाल सकते हैं? ठीक है। आ जाइये।” मैडम ख़ुशी से भर गयी।

“जाइए, आप दोनों कार्यक्रम की तयारी कीजिए। सरपंच जी आ रहे हैं। मैं उन्हें लेकर आती हूँ।” उन्होंने देशपाण्डे सर और शहाणे सर से कहा।

“मुझे क्या कहना होगा ?” डिप्टी ने पूछा।

“ छात्रों से पढ़ाई करने के लिए कहिये।”

“क्या इतना ही कहना है?”

“मन्त्री जी की शान में कुछ कसीदे पढ़ लीजिए। कहना कि उनकी बदौलत ही गाँव में शिक्षा की सुविधा हो गयी। और यह भी कि धुरन्धरराव पाटिल के आदर्शों पर चलना होगा। बच्चों के सामने कुछ आदर्श होने चाहिए।” मैडम ने कहा।

“जी।” डिप्टी ने गर्दन हिलाते हुए कहा

“लीजिए, अख़बार पढ़िए। तब तक मैं डाक देखती हूँ।”

आननफानन में समारोह की तैयारी शुरू हो गयी। बनसोडे सर ने हाल के बोर्ड पर चाक से कार्यक्रम की जानकारी लिख दी। तानी, शीला ने रंगोली बनाई। चपरासी ने टेबल-कुर्सियाँ लगा दी। माईक को जाँचा गया। कुछ ही देर में सभी छात्र हाल में आकर बैठ गये। बनसोडे सर सभी को आवश्यक निर्देश देने लगे।

सरपंच और डिप्टी सरपंच को साथ लिए मैडम ने जैसे ही हाल में प्रवेश किया, हाल छात्रों की तालियों से गूँज उठा। बनसोडे सर ने तुरन्त माइक सँभाल लिया और कार्यक्रम का संचालन शुरू कर दिया। लगातार बहती उनकी शेरो-शायरियों पर सभी मुग्ध होने लगे। दसवीं कक्षा के प्रथम तीन स्थान पर आनेवाले छात्रों को डिप्टी के हाथों सम्मानित किया गया। अव्वल आनेवाले सभी छात्र ऊँची जाति के थे। सरपंच जी के हाथों बारहवीं कक्षा के प्रथम तीन स्थान हासिल करनेवाले छात्रों का सम्मान हुआ। तीनों ब्राह्मण थे। सरपंच जी ने अपनी माँ की स्मृति में बारहवीं की बोर्ड परीक्षा में अव्वल आने वाली छात्रा के नाम एक हज़ार की धनराशि का ऐलान कर दिया। लगे हाथों डिप्टी ने भी अपने पिता के नाम से दसवीं की कक्षा के छात्रों के लिए इनाम की घोषणा कर दी। सब कुछ बड़े सुचारु रूप से सफल रहा। 'पहली बार बतौर मेहमान पाठशाला में बुलाया गया है' कहते हुए सरपंच जी ने ख़ुशी ज़ाहिर की। ''होस्टल के छात्र पढ़ाई में कमज़ोर नज़र आते हैं। वहाँ का कोई भी छात्र अंक-तालिका में नहीं है।'' कहते हुए डिप्टी सरपंच ने कुछ नाराज़ी जतलाई। ''दलित छात्रों ने अभी-अभी शिक्षा के क्षेत्र में क़दम रखने शुरू किये हैं। उनसे इतनी जल्दी अपेक्षा रखना ठीक नहीं है।'' सरपंच जी ने अपनी राय रखी। चायपान के पश्चात सभी निकल गये।

डिप्टी ने जो कुछ कहा इससे मदने मैडम को ज़रूर कुछ चिन्ता-सी होने लगी थी।

''वे बच्चे होनहार नहीं हैं। न ही किसी तरह की योग्यता है उनमें। केवल गालीगलौज करते हैं। झगड़ने के लिए हर समय तत्पर रहते हैं।'' शहाणे सर ने रोष से भरकर कहा।

''वैसे बनसोडे सर होस्टल के छात्रों के लिए एक्स्ट्रा क्लासेस ले रहे हैं। हम सभी प्रयास कर रहे हैं।'' देशपाण्डे सर ने कहा।

''बनसोडे सर, बढ़िया संचालन कर लेते हैं आप।'' मैडम ने बनसोडे सर की तारीफ़ करते हुए कहा। फिर सभी से कहा–

''इस बार बोर्ड के रिजल्ट्स और भी अधिक अच्छे आने चाहिए। पूरी कोशिशे कीजिए।'' मैडम की आवाज़ में उत्साह था।

एक छोटे से समारोह से सभी के बीच हँसी-ख़ुशी का माहौल बन गया था। सभी के सामने अब बोर्ड के अच्छे रिजल्ट्स यही एकमात्र उद्दिष्ट था।

मैडम के मन में डिप्टी का कहा घर कर गया था। गाँव के अमीर किसान छात्रावास को अनाज दान करते हैं। उनके दान पर ही छात्रावास चलता है। डिप्टी ने जो कहा ग़लत नहीं था। 'होस्टल के बच्चे मुफ़्त का खाते हैं। पढ़ाई नहीं करते हैं।' डिप्टी ने जैसे अहसास करा दिया था। मैडम सोच में डूबी हुई थी। सभी ब्राह्मण छात्र मेरिट में नहीं आये हैं। ओपन जाति के सभी छात्रों ने अव्वल नहीं किया है। कुछ ही छात्रों ने मेरिट लिस्ट में स्थान पाया है। अन्य सभी साधारण अंक लेकर उत्तीर्ण हुए हैं। होस्टल के कुछ बच्चे वाकई होनहार हैं। अब हर छात्र तो मेरिट में नहीं आ सकता। मैडम गम्भीर हो गयी थी।

स्कूल छूटने के बाद जब वे घर के लिए निकल रही थी तब उन्हें रास्ते पर एक बस्ता पड़ा हुआ नज़र आया। कुछ दूरी पर किताबें इधर-उधर बिखरी हुई मिलीं। वे कुछ कहतीं इससे पूर्व एक छात्र धम से रास्ते पर आकर गिरा। उसे घर से बाहर धकेला गया था। छात्र रोये जा रहा था। तभी बाबुराव और दिलीप घर से निकले और उन्होंने छात्र की पिटाई शुरू कर दी। छात्र रो-रो कर गुहार लगा रहा था।

''साले, जात छुपाकर रहते हो। खुलेआम छुआछूत करते हो?'' बाबुराव भड़का हुआ था। तभी दिलीप उसे लातों-घूँसों से पीटने लगा। मदने मैडम ने देखा तो वह फुर्ती से छात्र के समीप जाकर खड़ी हो गयी। मदने मैडम को देखते ही दिलीप भौचक्क रह गया और वहाँ से खिसक गया। बाबुराव ने छात्र की कलाई कसकर थामी हुई थी। मदने मैडम ने आगे बढ़कर छात्र को उससे छुड़ाया। अब तक रास्ते पर ख़ासी भीड़ जमा हो गयी थी।

''मेरे घर पर अपनी जात छुपाकर रह रहा था। भंडारकवठा का महार है। इसने मेरे घर को भ्रष्ट किया है।'' बाबुराव ने ऊँची आवाज़ में कहा। छात्र मैडम के समीप खड़ा क्रन्दन कर रहा था। मैडम ने उसका बस्ता उठाया। रास्ते पर गिरी किताबों को एकत्र कर उसके हाथ में दिया। और उसे लिए वह अपने घर की तरफ़ मुड़ गयी। बाबुराव ने उनका रास्ता रोकते हुए कहा, ''इसे मुझे सौंपिये मैडम।''

''दूर हटिये। आपने पहले ही इसे बुरी तरह से पीटा है। अब इसे हाथ लगाकर तो देखिये। यह हमारा छात्र है। समझ गये?'' मदने मैडम ने चेतावनी देते हुए तीखे स्वर में कहा। बाबुराव पीछे हट गया।

छात्र को अपने साथ लिए मदने मैडम घर चली आयी। उन्होंने पाठशाला में फ़ोन मिलाया और कहा, ''चपरासी को घर भेजिए। उसके साथ एक छात्र को भेज रही हूँ। कुछ समय तक उसके होस्टल में रहने की व्यवस्था कीजिए।''

फिर वे भीतर गयी और उसके लिए कुछ खाने की चीज़ें लेकर बाहर आयीं। छात्र बहुत डरा हुआ था। मारपीट से उसके लिलार पर लाल निशान पड़ गये थे। गालों पर नाख़ूनों के निशान उभर आये थे। उन्होंने छात्र को धीरज बँधाते हुए कहा, "देखो, हाथ-पाँव धो लो। मैंने होस्टल में तुम्हारी व्यवस्था कर दी है। कुछ दिन वहाँ पर रहो। और हाँ, अभी गाँव में मत घूमना। जितना हो सके, दूसरे छात्रों के साथ रहो।" छात्र अभी भी सदमे में था। कुछ न बोला।

"क्या नाम है तुम्हारा?"

"मारुति काम्बले।"

"देखो मारुति, डरो मत। तुम्हें कुछ नहीं होगा। लो, अपना खाना ख़त्म करो।" मारुति अभी भी सहमा हुआ बैठा था। बीच-बीच में उसकी हिचकी निकल रही थी। देह रह-रहकर थरथरा रही थी। बाबुराव ने उसे हाथ-पाँव तोड़ने की धमकी दी थी। दिलीप ने उसे गाँव छोड़ जाने का इशारा दिया था। इस सबका उसके मन पर गहरा असर हुआ था।

गाँव में यह खबर भी फ़ैल गयी। गबरू पाटिल, साँवलाराम, गुंडु और पांडु सैरसपाटे के लिए निकले हुए थे। बैठे-बिठाये उन्हें मनबहलाव का मौक़ा मिल गया– 'गाँव में सुविधाएँ क्या आ गयीं जी, कोई भी ऐरा-गैरा गाँव में आकर रहने लगा है। कोई कहीं भी किराये से रह लेता है। किस-किससे उसकी जात पूछेंगे? कई लोग अपनी जात छुपाकर यहाँ पर रहते होंगे। यह तो काम्बले उपजाति से जात का पता चल गया। चलो, अच्छा ही हुआ। अब इस घटना से जात छुपाकर रहनेवाले कुछ सबक लेंगे।'

पाठशाला के छात्रों के बीच भी अब तक ख़बर पहुँच चुकी थी। बनसोडे सर शाम की ट्यूशन ले रहे थे। कविता ने उनसे कहा, "सर, आपकी जाति के छात्र की पिटाई हुई है। वह जात छुपाकर रह रहा था।"

अन्य बैठे हुए छात्र हँस पड़े। बनसोडे सर को बुरा लगा। "हाँ, मुझे पता चला है।" कहते हुए वे पढ़ाने में व्यस्त हो गये।

"सर, मारुति ने अपनी जात किसलिए छुपाये? क्या यह पाप नहीं है?" कविता ने तल्खी से पूछा।

बनसोडे सर कुछ देर के लिए विचलित हो गये। उन्होंने खुद को थिर किया। फिर एक-एक शब्द को जैसे तौलते हुए उन्होंने कहना शुरू किया, "बच्चो, जाति की वजह से इन्सानों के साथ अमानुष व्यवहार किया जाता है।

मारुति काम्बले के साथ जो हुआ इसी का उदाहरण है। केवल जाति की वजह से इन्सान को अपवित्र माना जाता है। उसे कुत्तों से भी बदतर आँका जाता है। एक इन्सान से दूजा इन्सान भ्रष्ट होता है, यह अवधारणा मानवता का घोर अपमान है। मारुति कोई मुफ़्त में नहीं रहता था। वह बराबर अपना किराया देता था। इन्सान की जाति पूछकर उसके साथ भेदभाव करना यह गुनाह है।'' बनसोडे सर की आवाज़ में रोष था। सभी छात्र खामोश हो गये। बनसोडे सर अचानक ख़ुद को बहुत निराश महसूस करने लगे। कुछ छात्र ट्यूशन बीच में ही छोड़कर चले गये।

ट्यूशन ख़त्म कर बनसोडे सर मदने मैडम के घर निकल गये। उन्हें अंग्रेज़ी ग्रामर के कुछ नोट्स देने थे। उन्होंने मदने मैडम के हाथ में नोट्स थमाये, कुछ आवश्यक सूचनाएँ दी और वे निकलने लगे। खाने का समय था। मदने मैडम ने उनसे कहा, ''बनसोडे सर, खाना खाकर जाइये।'' बनसोडे सर मना नहीं कर सके। मदने मैडम ने अपनी माँ से बनसोडे सर के लिए थाली लगाने के लिए कहा और वे ख़ुद नोट्स रखने के लिए दूसरे कमरे में चली गयी।

जब नोट्स रखकर वे बाहर आयीं तो चौंक गयी। माँ ने ये क्या कर दिया? मदने मास्टर जी की थाली में बनसोडे सर को खाना परोसा? वे विचलित हो गयीं। लेकिन अब बनसोडे सर के सामने से थाली हटाई भी तो नहीं जा सकती थी। बनसोडे सर ने खाना ख़त्म किया और वे उठ गये। हाथ धोकर उन्होंने मदने मैडम से विदा ली और निकल गये। उनके जाने के बाद मैडम बहुत देर तक सोच में डूबी रहीं।

अशोक बालाजी मन्दिर के समीप से होता हुआ छात्रावास की तरफ़ निकल रहा था। रास्ते में कविता उससे टकरा गयी।

''मैं तुम्हारे बारे में ही सोच रही थी।'' कविता ने कहा।

''मन्दिर के लिए निकली हो तो ईश्वर के बारे में सोचना चाहिए न।'' अशोक ने कहा।

''तुम्हें याद किया और तुम सामने आ गये।'' कविता ने मुस्कुराकर कहा।

''मन्दिर जाओ। मेरे लिए भी कुछ माँग लेना।''

''तुम भी चलो न मेरे साथ।'' कविता ने हुलसकर कहा।

''आता हूँ। लेकिन बाहर ही खड़ा रहूँगा।''

''ठीक है। वैसे भी तुम्हें मन्दिर में प्रवेश करने के लिए मनाई है।'' कविता ने दबी ज़ुबान में कहा।

"वैसे मेरी क्या ज़रूरत है?"

"मुझे पता है, तुम इस समय होस्टल के लिए निकलते हो। इसीलिए चली आती हूँ। तुम्हारी भेंट हो जाती है।"

"तो फिर कल से मैं अपना समय बदल देता हूँ।"

"अरे नहीं। ऐसा कुछ मत करना। पगले, घर से समय पर निकलना चाहिए। पढ़ाई करना ज़रूरी है।" कविता ने कोमल स्वर में कहा।

"तुम मिल गयी हो न आज। अब पढ़ाई अच्छे से हो जायेगी।"

"हर दिन ही मिलती हूँ तुमसे। मन लगाकर पढ़ते रहो।"

मन्दिर के प्रवेशद्वार पर ब्राह्मण बच्चों ने अशोक और कविता को साथ में देखा तो मधुमक्खियों के छत्ते से मक्खियाँ उठती हैं वैसे सभी उठकर अशोक की तरफ़ लपक पड़े। कविता मन्दिर के भीतर थी। अशोक उसकी राह देखता बाहर ही खड़ा था। उसके मन में ईश्वर के लिए कुछ न था। जो भी था अपनी नीच जात के लिए केवल भय था। ब्राह्मण बच्चों ने उसे घेर लिया।

"यहाँ दरवाज़े में किसलिए खड़े हो? परे खड़े रहो।" एक ब्राह्मण लड़के ने घुड़का।

अशोक ढीठता से खड़ा रहा। उसने कोई जवाब नहीं दिया।

"सुना नहीं, क्या कहा? मन्दिर में छुआछूत नहीं चलेगी।"

"मैं हिन्दू हूँ। हिन्दुओं के मन्दिर में जा सकता हूँ।"

"तुम निचली जाति के हो। मन्दिर में प्रवेश नहीं कर सकते हो।"

बनसोडे सर होस्टल की तरफ़ निकले थे। उन्होंने अशोक को देखा तो तुरन्त माजरा समझ गये। कुछ क्षण वे रुके फिर आगे बढ़कर उन्होंने अशोक का हाथ थामा और उसे साथ लिए वे मन्दिर के अहाते में चले गये। ब्राह्मणों के बच्चों ने देखा तो वे खिसिया गये। उन्हें मुँह की खानी पड़ी थी। वे ताव में आ गये।

"यह मन्दिर के भीतर नहीं जा सकता है।" एक छात्र ने धृष्टता से कहा।

इस बीच एक ब्राह्मण छात्र सामने आकर खड़ा हो गया और उसने बोलना शुरू किया, "घोर कलियुग आ गया है। जो हो रहा है वह बहुत भयावह है। अब यहाँ पर सभी तरह के पाप दिखाई देंगे। ब्रह्मण, क्षत्रिय, वैश्य, शूद्र सभी अपना धर्म भूल जायेंगे। द्विज वेदों से विमुख हो जायेंगे। सभी एक-दूजे के दोष गिनाने लगेंगे। सभी अहंकार से भर जायेंगे। लोग सत्य से दूर हो जायेंगे। सभी ख़ुद को महान बतलायेंगे। धर्म से दूर होकर हिंसक बन जायेंगे। प्रजा पाप भरा आचरण करेगी।

सभी वर्णों में संकर होगा। इन्सान काम और क्रोध के वश में चला जायेगा। उत्तम लोग नीच हो जायेंगे और नीच उत्तम कहलायेंगे। ब्राह्मण अपना धर्म बेचेंगे। स्त्रियाँ देह बेचेंगी। शूद्र द्विजों की सेवा नहीं करेंगे। वे ऊँचे आसन पर बैठकर द्विजों को उपदेश करेंगे।''

ब्राह्मण छात्र बोल रहा था।

''अब यही हो रहा है। महार मन्दिर में जाने का साहस कर रहे हैं। यह महापाप है। जो यह पाप करेंगे वे एक-एक नरक में एक-एक युग तक रहेंगे। अन्त में उन्हें धरती पर सात जन्मों तक गदहा बनकर रहना पड़ेगा। दस जन्मों तक कुत्ते की योनि में रहना होगा और सौ वर्ष तक वे विष्ठा के जीवजन्तु बनकर सड़ते रहेंगे। महापापियों को गर्म लोहे का भक्षण करना पड़ता है। बहुत ही भयावह हथियार से उनकी ज़ुबान काट दी जाती है।''

ब्राह्मण छात्र वेद-पुराण की भाषा बोल रहे थे। कविता हाथ में प्रसाद लिए हुए मन्दिर से बाहर निकली। ब्राह्मण छात्र ब्राह्मण्य के ख़िलाफ़ खड़ी हुई चुनौती से बिदक गये थे। 'कलियुग की तरह ब्राह्मणों को भी बदलना होगा।' वे आपस में कह रहे थे। तभी देशपाण्डे सर ने मन्दिर के प्रांगण में प्रवेश किया। ब्राह्मण छात्रों ने उन्हें देखा तो वे लपककर उनकी तरफ़ दौड़ पड़े, ''सर, मन्दिर में महार छात्र प्रवेश कर रहा था।'' एक छात्र ने अधीरता से कहा। देशपाण्डे सर ने बिना विलम्ब किये ऊँची आवाज़ में कहा, ''सार्वजनिक स्थान पर आने से किसी को प्रतिबन्धित नहीं किया जा सकता है। हम लाख चाहें, लेकिन देश वेद-पुराण की तहत नहीं चल सकता। वह संविधान के तहत चलेगा। समझे?'' और वे मन्दिर के गर्भगृह की तरफ़ निकल गये। ब्राह्मण छात्रों के मस्तिष्क में वर्ण-वर्चस्वता का तूफ़ान घिरा था।

शीला मन्दिर में आयी थी। परीक्षाएँ नज़दीक आ रही थीं। अच्छे अंकों के साथ परीक्षा में उत्तीर्ण होने की इच्छा लिए हुए उसकी तरह कई छात्र मन्दिर आ रहे थे। हर कोई ईश्वर की मूर्ति के सामने सर झुका रहा था। साथ ही मन लगाकर पढ़ाई में जुट गया था। जूनिअर कॉलेज को खुले एक ही वर्ष हुआ था। लेकिन मदने मास्टर जी के प्रयासों से छात्र बारहवीं बोर्ड की परीक्षा इसी केन्द्र से दे सकते थे। इससे छात्रों का उत्साह दोगुना बढ़ गया था।

सीनियर कॉलेज का निर्माण-काम पूरा हो चुका था। इमारत रंगी जा चुकी थी। फ़र्नीचर आकर तैयार था। गाँव वाले आजकल मन बहलाने की ख़ातिर यूँही

कॉलेज की इमारत को देख आते। अगले वर्ष हम इस नयी इमारत में पढ़ेंगे, यह सोचकर बारहवीं के छात्र ख़ुशी से भर जाते। छुट्टी के दिन कुछ छात्र कॉलेज की इमारत की तरफ़ चले जाते। बेशक यह इमारत गाँव का ध्यान अपनी ओर खींचने वाली इमारत थी।

परीक्षा के दिन नज़दीक आने पर कई छात्रों ने पढ़ाई के लिए सीनियर कॉलेज की इमारत का रुख कर लिया। कोई बरामदे में बैठकर, कोई कक्षा में बैठकर तो कोई कॉलेज के ग्राउंड पर किसी पेड़ के नीचे बैठकर पढ़ाई करने लगा। बनसोडे सर होस्टल के छात्रों की पढ़ाई पर विशेष रूप से निगरानी रखे हुए थे। घर-घर में क्या छात्र, क्या शिक्षक और क्या अभिभावक, सभी पढ़ाई को लेकर सचेत हो गये थे।

परीक्षा हुई। रिजल्ट भी आ गये। धुरन्धरराव पाठशाला और जूनिअर कॉलेज का रिजल्ट शत-प्रतिशत आया। दसवीं तथा बारहवीं के बोर्ड में लड़कों की अपेक्षा लड़कियों ने बाजी मारी थी। सभी छात्र अच्छे अंकों से पास हुए थे। गाँव में रिजल्ट को लेकर ख़ुशी का माहौल छा गया। अनुसूचित जातियों के छात्रों में अशोक ने राज्य में अव्वल स्थान प्राप्त किया। बोर्ड की मेरिट लिस्ट में उसका नाम चमक उठा। महार टोले में ख़ुशी की लहर फैल गयी। गाँवभर में उसके अव्वल आने की खबर से बहस छिड़ गयी।

''साले ने नकल मारी होंगी।''

''कुछ नहीं जी, ज़रूर पर्चे जाँचने में कुछ गड़बड़ी हुई है।''

''महार ने सभी को पीछे छोड़ दिया।'' किसी ने कुत्सित स्वर में कहा।

अशोक की छोटी जात उसकी मेहनत और सफलता को धुँधला कर गयी। वर्णव्यवस्था ने होनहारी को परे धकेल दिया।

मदने मास्टर जी गाँव में आये हुए थे। अशोक के अव्वल आने से वे उत्साहित थे। उन्होंने तुरन्त अशोक को अपनी कार में बिठाया। पत्रकारों तक ख़बर जा चुकी थी। 'चरवाहे के बेटे ने राज्य में अव्वल किया है, यह हमारे लिए शान की बात है' कहते हुए मदने मास्टर जी ने मीडिया के सामने अशोक को अपने नज़दीक लिया। नेता जी को फ़ोन मिलाया, अशोक से उनकी बात करवायी। अशोक की वजह से पाठशाला का नाम हर जगह पहुँच रहा था। मीडिया और अख़बारों ने इस ख़बर का पूरा संज्ञान लिया। चरवाहे के बेटे की वाहवाही हो रही थी।

बाला मवेशियों को चराने गया था। गौतम भागा-भागा उसके पास गया और उसने बाला को बेटे के अव्वल आने की ख़बर दे दी। बाला ने सुना तो जैसे उसे विश्वास नहीं हुआ। ख़ुशी के मारे वह उछल पड़ा। फिर जानवरों के गले पड़कर वह फफक-फफककर रोने लगा। शाम को जब घर लौटने लगा, पगडण्डी पर उसे कविता खड़ी मिली। कविता ने उसके हाथ पर मिठाई रखी और सकुचाते हुए अचानक उसके चरणों में झुक गयी। 'क्या करती हो कविता? मैं नीची जात का हूँ। किसी ने देख लिया तो अनर्थ हो जायेगा बिटिया' कहते हुए बाला दो क़दम पीछे हट गया। उसकी आँखें छलछला उठीं। कविता ने कुछ नहीं कहा। चुपचाप वहाँ से चली गयी।

उमंग और ख़ुशी के मारे बाला के पाँव ज़मीन पर थिर नहीं हो रहे थे। मवेशियों के खुरों से धूल-मिट्टी उड़ रही थी। घण्टियों की आवाज़ से सारा परिवेश गमक उठा। आज बाला के हाँकारे में भी एक अनोखा उल्हास था। मवेशियों के साथ उसने गाँव में प्रवेश किया। राह चलते लोग रुककर उसे बधाइयाँ दे रहे थे। 'बेटे ने गाँव का नाम रोशन किया है बाला।'' सुनकर बाला का सीना फूलकर कुप्पा हुआ जा रहा था। ख़ुशी जैसे उसके सीने में समा नहीं पा रही थी। सयाजी की गली से गुज़र रहा था तो उसने भी बाला का रास्ता रोका। दुर्गा ने सामने आकर अशोक की तारीफ़ों के पुल बाँध दिये। फिर वह दौड़ी-दौड़ी घर के भीतर गयी। बाहर आकर उसने बाला के हाथ में थैला पकड़ाया और कहा, ''करंजी बनाई थी। लो, अपने बेटे के लिए लेते जाओ। उसका मुँह मीठा करना। तुम्हारा नाम रोशन किया है उसने। अब तुम्हारे बुरे दिन लद जायेंगे बाला।'' सयाजी ने भी स्नेह से भरकर बात की। बाला की आँखें डबडबा गयीं। बादलों की ओट से चाँद भागता है वैसे भागता-दौड़ता वह घर पहुँचा। चांगी आँगन में बैठी आँखों में प्राण लिए उसकी बाट जोह रही थी।

धुरन्धर पाठशाला की कीर्ति चारों तरफ़ फ़ैल गयी। दूरदराज के क़स्बों के लड़कों ने पाठशाला में अपने नाम दर्ज करवाये। अशोक ने मेडिकल में प्रवेश लिया। सयाजी के बेटे ने इंजीनियरिंग में। शेष छात्रों ने सीनियर कॉलेज ज्वाइन कर लिया। देशपाण्डे सर का तबादला गंगाखेड़ में शुरू हुए संस्था के कॉलेज में होने जा रहा था लेकिन बालाजी मन्दिर का कारण आगे करते हुए उन्होंने अपना तबादला रद्द करवा लिया। शहाणे सर का तबादला गंगाखेड़ में हो गया। मदने मास्टर जी ने अपने मित्र शीरमाली को सीनियर कॉलेज का प्राचार्य बना दिया।

धन्या प्रायमरी का चपरासी बन गया इसी के साथ उसे होस्टल का काम भी सौंप दिया गया। टिपडु को हाईस्कूल के चपरासी का काम मिला। गौतम अब जूनियर कॉलेज में चपरासी था। हाईस्कूल की ज़िम्मेदारी शेवाले सर को सौंप दी गयी। लोगों में चर्चा थी कि मैडम को अब सम्बलपुर के कॉलेज की ज़िम्मेदारी सौंपी जा सकती है। संस्था की कई शाखाएँ खुल चुकी थीं। इसलिए अध्यापक और अन्य कर्मचारियों के तबादले होना निश्चित था। संस्था का मुख्यालय सम्बलपुर ले जाने की बड़ी चर्चा थी। अब गाँव का महत्त्व कम हो जायेगा, लोग आपस में कह रहे थे। संस्था के शैक्षिक कार्य का विकास हो रहा था।

गाँववालों और छात्रों ने शहाणे सर के तबादले का विरोध किया। संस्था के कार्यालय को ज़िले के स्थान पर ले जाने के फ़सले से भी वे नाराज़ थे। लेकिन संस्था अपने निर्णय पर कायम थी। गाँववालों की नाराज़ी दूर करने के लिए फिर आननफानन में गाँव को 'आदर्श गाँव' के पुरस्कार से सम्मानित कर दिया गया। नेता जी ने इसके लिए काफ़ी खटपट की थी।

संस्था ने जिन-जिन जगहों पर कॉलेज खोलने का निर्णय लिया था, वे सभी जगहें अभी किराये से ली हुई थीं। इन सभी कॉलेजों की ख़ातिर सरकारी जगहें प्राप्त करना, निर्माण-काम के लिए राशि का फंडिंग करना, निर्माण-काम की नींव रखना, नये कॉलेजों में प्रोफ़ेसरों और कर्मचारियों की नियुक्तियाँ करना, प्रवेश की प्रक्रिया आदि कई सारे कामों की वजह से मदने मास्टर जी बहुत व्यस्त रहने लगे थे। नेता जी और मदने मास्टर जी के रुतबे की वजह से सरकारी दरबार के काम होने में कोई रुकावटें नहीं थी। ज़िले के तीन कॉलेज ठीक तरह से नहीं चल पा रहे थे। मदने मास्टर जी की इच्छा थी कि इन तीनों कॉलेजों को ख़रीदकर संस्था के साथ जोड़ दें। उन्हें मन्त्री जी का पूरा समर्थन था। मन्त्री जी हितेन्द्र पाटिल को लोग दबी ज़ुबान से 'शिक्षा सम्राट' के नाम से पुकारने लगे थे। लोग अब खुलकर कहने लगे थे कि शिक्षा-संस्थानों में अध्यापकों और अन्य कर्मचारियों की नियुक्तियों में पैसों का बड़ा लेन-देन होता है।

संस्था ने हर शाखा में गणेश की स्थापना करने का निर्णय लिया था। इसी सिलसिले में गौतम और दिलीप गणेश की मूर्ति ख़रीदने के वास्ते गंगाखेड़ गये हुए थे। प्रायमरी, सीनियर कॉलेज और मदने मास्टर जी के घर की ख़ातिर ऐसी तीन मूर्तियाँ उन्हें ख़रीदनी थीं। गौतम मूर्तिकार से भावताव करने में लगा हुआ था। "तीन का आँकड़ा ठीक नहीं है। एक मूर्ति और दे दो।"

गौतम ने बहुत आग्रह किया तो मूर्तिकार ने एक छोटी मूर्ति उसे मुफ़्त में दे दी। गौतम ने खुश होकर वह अपने लिए रख ली। कई दीनों से वह भी अपने घर में गणेश की मूर्ति रखना चाहता था लेकिन जैसे ही मूर्ति के साथ घर पहुँचा, माँ ने कह दिया, ''हम मांस खाते हैं सो घर में मूर्ति रखना ठीक नहीं है। पाप के भागीदार न बनो।'' माँ ने आपत्ति दर्ज़ की तो गौतम गणेश की मूर्ति को महार टोले के म्हसोबा के मन्दिर में रख आया। शाम में उसने महार टोले के सभी बच्चों को इकट्ठा किया और पूजा-आरती कर दी। गाँव में आग की तरह खबर फ़ैल गयी कि महार टोले में गणेश की प्रतिष्ठापना हुई है। बनसोडे सर ने सुना लेकिन उन्होंने जैसे अनसुना कर दिया।

ब्राह्मण छात्रों के कान में बात गयी तो वे बुरी तरह से बिफर गये। ''म्हसोबा के मन्दिर में गणेश? राम राम! ये तो गणेश को भ्रष्ट करने चले हैं। घोर अनरथ हुआ है। अब देखिये, इसके अनिष्ट परिणाम पूरे गाँव को किस तरह से भुगतने पड़ेंगे।'' कहते हुए उन्होंने महार टोले के ख़िलाफ़ मोर्चा खोल दिया। शिकायत लिए वे बनसोडे सर के पास चले गये। बनसोडे सर ने सुना तो बिना किसी उत्तेजना से उन्होंने अपनी बात रखते हुए कह दिया, ''हिन्दू धर्म की प्राण-प्रतिष्ठा जिस तरह से वशिष्ठ जैसे ब्राह्मणों ने, कृष्ण जैसे क्षत्रिय ने, हर्ष जैसे वैश्य ने, तुकाराम जैसे शूद्र ने की उसी तरह वाल्मीकि, चोखा मेला, रोहिदास जैसे अछूतों ने भी की है।'' बनसोडे सर का जवाब सुनकर छात्र निरुत्तर हो गये।

अपनी बात को आगे बढ़ाते हुए बनसोडे सर ने कहा, ''क्या तुम लोग गौतम को हिन्दू नहीं मानते हो। और अगर वह हिन्दू है तो फिर वह हिन्दुओं के देवताओं की पूजा क्यों नहीं कर सकता है भाई? या तो यह घोषणा कर दो कि वह हिन्दू नहीं है। या फिर उसे दूसरे धर्म में धकेल दो। किसी और धर्म में चला जायेगा तो हिन्दुओं के देवी-देवताओं की पूजा करने का विचार त्याग देगा।'' बनसोडे सर सवाल को निपटाने की जगह और अधिक उलझा रहे थे। ब्राह्मण छात्र आक्रोश से भर गये, 'आप आग को हवा दे रहे हैं सर। अछूतों को ऐसी कोई माँग नहीं करनी चाहिए, जिससे बवाल खड़ा हो।' ब्राह्मण छात्र धृष्टता पर उतर आये थे। उनके उग्र तेवर देखे तो बनसोडे सर ने अपने क़दम पीछे ले लिए।

''मैं बात करता हूँ गौतम से।'' कहते हुए उन्होंने स्थिति को बिगड़ने से सँभाल लिया।

''गौतम आपकी बिरादरी का है। इसलिए आपसे बात करने आये हैं। आपकी बात नहीं टालेगा यही सोचकर आपके पास आये हैं। गणेश-चतुर्थी नज़दीक आ रही है। गाँव में किसी तरह का कलह-बखेड़ा नहीं चाहिए।'' ब्राह्मण लड़कों ने ऊँची आवाज़ में चेतावनी दी और वे लौट गये।

बनसोडे सर बहुत आहत थे। 'क्या हिन्दू होने के नाते हमें वे सब अधिकार मिलने नहीं चाहिए, जो हिन्दुओं को बहाल किये हुए हैं?अस्पृश्यता से समाज ही नहीं राष्ट्र की भी हानि हुई है। अब अछूतों को या तो हिन्दू धर्म और उनके धर्म ग्रन्थों को त्यागना होगा; इन ग्रन्थों में जो असमानता और हिंसा के बीज पेरे गये हैं, उनका प्रतिरोध करना होगा। या फिर गुलामों की तरह चुपचाप सब सहते रहना होगा। लेकिन आज़ाद देश में यह कैसे सम्भव है? जिस देश की आत्मा लोकतन्त्र है, वहाँ गुलामी को कैसे आसरा दिया जा सकता है?' बनसोडे सर के मस्तिष्क में फिर से तूफ़ान खड़ा हो गया था। 'कैसा है यह भारतीय समाज? यहाँ पर योग्यता की कोई अहमियत नहीं है। अहमियत है तो केवल जाति की है। जातीयता अन्य जातियों के ख़िलाफ़ संघर्ष का भाव पैदा करती है। यहाँ ऊँची जातियों को सम्मान और नीची जातियों के हिस्से तिरस्कार और घृणा ही बदी है।' होस्टल की राह निकलते हुए वे लगातार सोच रहे थे। उन्हें अब गौतम के किये का विरोध करना होगा। गौतम की वजह से गाँव की शान्ति भंग हो गयी थी।

डिप्टी के कान तक यह ख़बर पहुँच चुकी थी। उन्होंने गौतम को हाज़िर होने के लिए कहलवाया था। गौतम उनके सामने खड़ा था। डिप्टी ने आव देखा न ताव पैर से जूता निकाला और गौतम को पीटना शुरू कर दिया। गौतम बिलखने लगा। 'क्यों बे भड़ुवे, महार टोले में गणेश की मूर्ति बिठाई है तुमने?'' उनकी आँखों और आवाज़ से जैसे तिरस्कार का लावा फूट रहा था। गौतम ने गर्दन हिला दी। डिप्टी ने फिर से उसे घूँसे जड़े और फुफकारते हुए कहा, ''मुँह से बोल साले, गर्दन काहे हिलाते हो?''

''हाँ जी। बिठाई है।'' गौतम ने कराहते हुए कहा।

''क्या तुम्हारी बाप-दादाओं की पीढ़ियों में कभी किसी ने गणेश की स्थापना की है?''

''नहीं मालिक।''

''फिर तुम्हारी इतनी जुर्रत?''

''मुझे अच्छा लगा था जी, इसलिए।''

''तुरन्त मूर्ति को वहाँ से हटाओ। समझे?''

''जी। हटाता हूँ जी।''

''निकलो यहाँ से।''

दुःख और अपमान से भरा हुआ गौतम वहाँ से निकल गया। महार टोले की बजाय उसने सीधे बनसोडे सर के घर का रुख किया। उसकी आँखें छलछला उठीं। फिर तो जैसे आँसू उसके थम नहीं रहे थे। दिमाग़ उमड़-घुमड़ करने लगा। हर हाल में वह बनसोडे सर से मिलना चाहता था। बनसोडे सर हॉस्टल के दरवाज़े में खड़े थे। उन्होंने गौतम को देखा तो वे पसोपेश में पड़ गये। पता नहीं, यह ऑफ़िस के काम से आया है या गणेश मूर्ति के बखेड़े को लेकर आया है। अब तक होस्टल के बच्चों तक गौतम के साहस भरे काम की ख़बर पहुँच चुकी थी। कई छात्र उसे देखने बाहर आकर खड़े हो गये।

बनसोडे सर को देखते ही गौतम रो पड़ा। ''डिप्टी सरपंच जी ने बहुत पीटा है मुझे। मैंने महार टोले में गणेश की स्थापना की है।'' कहते हुए वह सुबक-सुबककर रोने लगा। बनसोडे सर ने उसे बीच में ही रोकते हुए कहा, ''तुम होस्टल के बच्चों को मत भड़काओ।'' होस्टल के अहाते में दलित और सवर्ण छात्रों का जमावड़ा हो गया था। बनसोडे सर ने गौतम को समझाकर कहा, ''देखो गौतम, अगर गाँव वालों को पता चल गया कि तुम यहाँ आये हो तो मैं नाहक ही इस बहस में घसीटा जाऊँगा। सब यही समझेंगे कि मैंने तुम्हें बहकाया है। मैं बाहरी आदमी हूँ भाई। इस गाँव में नौकरी की ख़ातिर आया हूँ। अगर हॉस्टल का एक भी छात्र इस बखेड़े में शामिल हो गया तो सभी मुझे ही दोषी ठहराएँगे। मेरी नौकरी भी जा सकती है। अच्छा होगा कि तुम इस मामले को और न बढ़ाओ।''

उन्होंने गौतम से वहाँ से चले जाने के लिए कहा। साथ ही हॉस्टल के बच्चों को भी भीतर जाने के आदेश दे दिए। फिर गौतम के साथ होस्टल से कुछ दूर जाकर उन्होंने कहा, ''इस मामले को यही ख़त्म कर दो गौतम। गणेश की मूर्ति को वहाँ से तुरन्त हटाओ। तुम जानते हो, डिप्टी सरपंच जी से बैर लेना ठीक नहीं है।''

गौतम को उन्होंने वहाँ से चलता किया और वे मदने मैडम के घर की ओर निकल गये। हर हाल में मदने मैडम के कान पर यह बात डालनी होगी। मामले को बढ़ता देखकर वे कुछ घबरा गये थे। 'जिसके स्पर्श से इन्सान भ्रष्ट होता है, पानी भ्रष्ट होता है, अन्न भ्रष्ट होता है, ईश्वर भ्रष्ट होता है क्या वह इन्सान कहलायेगा?''

सोचते हुए वे जब मदने मैडम के घर पहुँचे, मदने मैडम टीवी के सामने बैठी हुई थीं। वे दरवाज़े में ही खड़े हो गये।

''भीतर आइए बनसोडे सर'' कहते हुए मदने मैडम ने उन्हें भीतर बुलाया।

बनसोडे सर ने उन्हें पूरी घटना विस्तार से बता दी। फिर कहा, ''डिप्टी साहब ने उसे पीटा है। मैंने भी उसे हॉस्टल से चलता कर दिया। उसे चेता दिया है कि हॉस्टल का कोई भी छात्र इसमें शामिल नहीं होगा। अतः वह उनसे दूर ही रहे। गाँव वालों को ग़लतफ़हमी हो सकती है कि मैंने गौतम को फुसलाया है। लेकिन मैंने उसे गणेश की स्थापना करने के लिए नहीं कहा था। आपको पूरी घटना पता हो, इसलिए जानकारी देने चला आया।'' बनसोडे सर ने शान्ति से अपनी सफ़ाई में कह दिया। फिर ''आपसे मिलकर यह सब नहीं बताता तो रात भर सो नहीं पाता।'' कहते हुए वे भावुक हो उठे। तभी फ़ोन की घंटी बज उठी। फ़ोन पर मदने मास्टर जी थे। मैडम ने उनसे कहा कि बनसोडे सर आये हुए हैं। मदने मास्टर जी ने उधर से उत्साह से भरकर कहा, ''यह तो बड़ा अच्छा संयोग है मदने मैडम। आज उनके हाथों ही घर के गणेश की आरती करवा लो। उन्हें प्रसाद खिलाओ।'' मैडम खिलखिलाकर हँस पड़ी। उन्होंने फ़ोन माँ को सौंपा और पूजाघर में चली गयी।

''बनसोडे, ज़रा इधर तो आइये।'' मदने मैडम ने आवाज़ दी।

''कहाँ''? बनसोडे सर समझ नहीं पाये।

''इधर, पूजा घर में। आइये।''

''किसलिए?''

''मदने मास्टर जी ने कहा है बनसोडे सर। आज गणेश का पूजा-अर्चन आप को ही करना है। आरती कीजिए, भगवान को भोग चढ़ाइये। आइये।''

बनसोडे सर ख़ुशी से भर गये। पूजा-घर में जाकर उन्होंने गणेश की पूजा-आरती आदि की। भोग चढ़ाया और ग्रहण भी किया। रात हो चुकी थी। मैडम से विदा लेकर उन्होंने घर का रुख कर लिया। माँ अभी तक मदने मास्टर जी से बात कर रही थी। मदने मैडम ने उनके हाथ से रिसीवर ले लिया।

''बनसोडे सर ने पूजा की?''

''हाँ।''

''चलो, बढ़िया हुआ। अच्छा, इतनी रात गये किसलिए आये थे?''

''गौतम चपरासी ने महार टोले में गणेश की स्थापना की है। इसलिए गाँव के लोग भड़के हुए हैं। डिप्टी साहब ने उससे कहा है कि तुरन्त वहाँ से मूर्ति हटा ले।

होस्टल के छात्रों के बीच भी बात फ़ैल गयी है। इसलिए बनसोडे सर ने भी उसे चेतावनी दी हुई है।'' मदने मैडम ने मदने मास्टर जी को घटना का पूरा ब्यौरा दे दिया।

मदने मैडम इस घटना की गम्भीरता को समझ नहीं पायी थी। उन्होंने इस बात को हल्के में लिया था। ब्राह्मण छात्र आकर उनसे मिलकर चल गये थे। बनसोडे सर भी आकर उनसे बात कर चले गये थे। 'डिप्टी ने गौतम को उसके किये की सज़ा दे दी है। अब वह वहाँ से मूर्ति हटा लेगा। मामला मिट जायेगा।' उन्होंने केवल इतना ही सोचा था। गौतम को लेकर वे क्षोभ से भर उठी थीं। लेकिन अब तक वह अपनी गलती समझ गया होगा, यह सोचकर वे प्रकृतिस्थ हो गयी थीं।

लेकिन गौतम प्रकृतिस्थ नहीं हो पाया था। डिप्टी सरपंच ने उसे पीटा था। बनसोडे सर ने उसकी बात को तवज्जो नहीं दिया था। उसने महार टोले में गणेश की स्थापना की थी। महार हर दिन गणेश की आरती करने लगे थे। आरती में छोटे-बड़े सभी शामिल हो रहे थे। अब मूर्ति को फिर से हटाने से पूर्व सभी को विश्वास में लेना होगा। गौतम ने महार टोले के पंचों को बुलाया और सारा ब्यौरा उनके सामने रख दिया। महारों में बहस छिड़ गयी।

''गाँववाले कह रहे हैं तो तुरन्त मूर्ति को हटाना होगा।'' हाजी मलंग ने कहा।

''ठीक है। मैं अभी जाकर मूर्ति हटा देता हूँ।'' गौतम ने कहा।

''गणेश की मूर्ति को इस तरह से उठाना अशुभ होगा। मूर्ति का अपमान होगा। विधि-विधान से मूर्ति उठानी होगी।'' बाला ने सलाह दी।

''मूर्ति का अपमान हुआ तो गाँववाले सहन नहीं कर पायेंगे। मूर्ति को अच्छी तरह से विसर्जित करना होगा।'' देवा ने कहा।

'हिन्दुओं के देवता को महार टोले में बिठाना यानी कि गाँव वालों से बैर मोल लेना है। यह ठीक नहीं होगा। इससे तो अच्छा है कि हम हमारे घरों में जो देवी-देवता हैं उन्हें भी हटा देते हैं। हमारे देवता म्हसोबा है। हम उन्हीं को पूजते हैं।'' हाजी मलंग ने कहा।

''हाँ। हमारे घरों में जितने हिन्दू देवी-देवता हैं, उन सभी मूर्तियों को विसर्जित करते हैं। चलो, एक जुलूस निकालकर रिवाज़ों के साथ यह निपटा देते हैं।'' देवा ने कहा।

''उन्होंने केवल गणेश की मूर्ति हटाने के लिए कहा है।'' बाला ने कहा।

"हाँ, लेकिन हममें से कइयों के घरों में हिन्दू देवी-देवताओं की मूर्तियाँ हैं। गाँव वाले यह बात जानते नहीं हैं। हम गोमांस खाते हैं। अगर गाँव वालों को पता चल गया तो बड़ा अनर्थ हो जायेगा। अब हमें तुरन्त चेत जाना होगा। क्या तुम भूल गये कि दीपा ने गले में सोना पहना था, इत्ती-सी बात पर उन्होंने उसे जान से मार डाला। और वह कोई असली सोना नहीं था, फिर भी। इस बार उन्होंने गौतम को निशाने पर लिया है, क्योंकि उसने गणेश की स्थापना की। गौतम नौकरी करता है। कोई गोबर-सानी नहीं करता है। फिर भी उसे पीटा। कुछ दीनों पहले बनसोडे सर के साथ भी तो मार-पीट हुई थी। हमारे लोग पढ़-लिख गये, फिर भी ये उन्हें हिकारत से ही देखते हैं। भाइयो, यही अच्छा होगा कि हम उनसे कोई बैर मोल न लें। चलिए, उनके देवी-देवताओं की मूर्तियाँ निकाल देते हैं। आज नहीं तो कल यह होना ही था।" गोपा ने कहा।

"हाँ, बात को ख़त्म करो। ऊँची जातियों के देवी-देवताओं को घर में रखना ठीक नहीं है। हमारे लिए म्हसोबा ही ठीक है।" मलकु ने कहा।

महारों में एक राय हो गयी। गौतम भागा-भागा बुरहानपुर गया। पीराजी से मिलकर उसने उसे बैंड की व्यवस्था करने के लिए कहा। सुबह तक बैंड के लोग पहुँच जाने चाहिए। कहते हुए वह हवा की गति से लौट भी आया।

सुबह हुई। जब सूरज हाथ भर ऊपर चढ़ आया, बुरहानपुर के बैंडवाले अपने बाजों के साथ महार टोले में हाज़िर थे। महारों की औरतें सज-सँवरकर तैयार हो गयी। घर-घर से हिन्दू देवी-देवताओं की मूर्तियों को उनकी जगह से उठाया गया। सभी महार मूर्तियाँ हाथ में लिए म्हसोबा के मन्दिर के पास जमा हो गये। गणेश की पूजा आरती हुई। गौतम ने गणेश मूर्ति को अपने सिर पर धारण कर लिया। बैंड वालों ने भजन की धुन छेड़ दी। होस्टल से छात्र भी चले आये थे। वे बैंड की धुन पर नाचने लगे। बड़े ज़ोर-शोर और उमंग के साथ जुलूस महार टोले से चल पड़ा। देवी-देवताओं की प्रतिमाओं को सिर पर रखे महार एक क़तार से चलने लगे। जुलूस को गाँव के रास्ते से होकर आगे बढ़ना था। गाँव के लोगों ने जुलूस देखा तो कुतूहल से भरे वे अपने घरों के सामने खड़े हो गये। देखते-ही-देखते गाँव में ख़बर फ़ैल गयी कि महारों ने बाजे-गाजे के साथ देवताओं का जुलूस निकाला है। नाच-बाजे की झामझमक दूर-दूर तक गूँज रही थी। होस्टल के छात्र जोश से भरे गा-नाच रहे थे। गौतम जुलूस की अगुआई कर रहा था। उसके सिर पर गणेश की मूर्ति थी।

जुलूस देखकर गाँव वाले हैरान थे। जब जुलूस ने चौपाल के पास प्रवेश किया, महारों की औरतों ने वहाँ पर रुककर जमकर नाच-गाना किया। हर हर महादेव, जय बजरंग बली, गणपति बाप्पा मोरया, जय श्री राम तरह-तरह के नारों से चौपाल गूँज उठा। महार उछाह से भरे सीवान से निकलकर नदी की दिशा में बढ़ गये। बड़ी धूमधाम से जुलूस नदी पर पहुँचा। बैंडवालों ने गणेश की आरती की धुन बजाई। महारों ने ऊँचे स्वरों में फिर एक बार देवी-देवताओं का जयघोष किया और मूर्तियों को नदी में विसर्जित कर दिया।

गाँव ने खुली आँखों से यह नज़ारा देखा। जुलूस विसर्जित हो चुका था। महार सन्तोष से भरे खाली हाथ अपने-अपने घरों की तरफ़ लौट गये। महारों का यूँ सरे आम हिन्दुओं के देवी-देवताओं को नदी में डुबो देने की बात को फ़ैलना ही था। लोग बिदक गये– धर्म डूब गया। देवताओं का अपमान हो गया। अब गाँव में हर हाल में बिपदा का आना तय है। गाँव वाले सकते में थे। गली-गली में ग़ुस्से की लहर दौड़ गयी। जो छात्र जुलूस के प्रत्यक्षदर्शी थे, उन्होंने 'महारों के गणेश पानी में डूब गये' कहते हुए पाठशाला के अन्य छात्रों को ख़ूब चटखारे ले-लेकर बताया।

किसी ने नहीं सोचा था कि महार इस हद तक जाकर ऐसा कुछ कर गुज़रेंगे। महारों ने हिन्दुओं के देवी-देवताओं को पानी में डुबो दिया यह ख़बर जब ब्राह्मणों के लड़कों के कान पर पहुँची, वे बुरी तरह से सकपका गये। भविष्य के ख़तरे को वे जैसे खुली आँखों से देख रहे थे। महार हिन्दू धर्म का त्याग कर सकते हैं। महारों के धर्मान्तरण की कल्पना मात्र से वे काँप उठे। हिन्दू धर्म पर मँडराते खतरे को वे भाँप रहे थे। यह सब रोकना होगा। डिप्टी प्रक्षुब्ध हो गये। गाँव में अनहोनी घटी थी। गाँव की नाक तले हिन्दुओं के देवताओं को नदी में डुबो दिया गया था। हर कोई हाय हाय कर तड़प उठा।

होस्टल के बच्चों ने बिना अनुमति जुलूस में हिस्सा लिया इस बात से देशपाण्डे सर सख़्त नाराज़ थे। उन्होंने बनसोडे सर को तलब किया। "जो हो रहा है, अच्छा नहीं है बनसोडे सर। यह धर्म के ख़िलाफ़ है।" उन्होंने बनसोडे सर को आड़े हाथ लेते हुए कहा।

बनसोडे सर के भीतर का रोष जैसे लावा बनकर फूट पड़ा, "हमें आपके धर्म को लेकर कोई आपत्ति नहीं है देशपाण्डे सर, अगर वह हमें इन्सान के रूप में देखे। हमें आपके देवी-देवताओं को लेकर कोई आपत्ति नहीं है, अगर हमें भी सम्मान के

साथ आपके मन्दिरों में प्रवेश मिले। हमें आपकी परम्पराएँ मंजूर हैं, अगर वे हमारे साथ भाईचारे का बर्ताव करें। हमें नीच और अस्पृश्य समझनेवाला धर्म हिंसक है। अगर आपकी सभ्यता हमें गुलाम मानती है, हम उस सभ्यता को कदापि स्वीकार नहीं कर सकते हैं। अब हम गुलामी के मायने समझ रहे हैं। आज़ादी की क़ीमत जान चुके हैं। यह सभ्यता हमें गोमूत्र से भी अधिक अपवित्र मानती है। हम इस सभ्यता पर कैसे नाज कैसे कर सकते हैं देशपाण्डे सर?'' बनसोडे के मुँह से निकला हर शब्द वज्र की भाँति नुकीला प्रहार कर रहा था। देशपाण्डे सर ने शान्ति से उनका कहा सुना। उन्हें लगा, यह सभ्यताओं के बीच के संघर्ष की शुरुआत है। बहुत ही सौम्य आवाज़ में देशपाण्डे सर ने कहना शुरू किया, ''बनसोडे सर, आपका कहा एक-एक शब्द सच है। आपकी हर बात से मैं सहमत हूँ। आपने जो कहा, हमारे धर्म-ग्रन्थों में उसका एक ही उत्तर है, ज़ुबान को छाँट डालो। कान में शीशम का तप्त रस उड़ेल दो। गर्दन क़ाट दो। हमारी सभ्यता क्या है? दुश्मन को ख़त्म कर देने का एक उदात्त रूप। लेकिन अब समय बदल रहा है। अब हम लोकतन्त्र का हिस्सा है। अछूत जातियों को मुख्य धारा में समाहित करने की प्रक्रिया राष्ट्रीय स्तर पर भी शुरू हो चुकी है। समाज अब बदल रहा है बनसोडे सर।'' देशपाण्डे सर बनसोडे सर को समझाने की चेष्टा कर रहे थे।

तभी चपरासी ने आकर सूचित किया कि डिप्टी पाठशाला में आये हैं। कार्यालय में बैठे हैं। देशपाण्डे सर झट से कुर्सी से उठ खड़े हुए। ''कार्यालय में मैडम अकेली है। पता नहीं, डिप्टी क्या चाहते हैं। आप यहीं पर रुकिए। बाहर का माहौल ठीक नहीं है। बाहर मत निकलना।'' उन्होंने कहा और वे शीघ्रता से बाहर निकल गये।

इधर डिप्टी का पारा सातवें आसमान पर चढ़ा हुआ था। उन्होंने आते ही पूरे कार्यालय को सिर पर उठा लिया था। चिल्लाते हुए ही उन्होंने कहा, ''होस्टल के बच्चे पढ़ने के लिए आते हैं। क्या यह सच है?'' मदने मैडम इस सब के लिए तैयार नहीं थीं। डिप्टी के तेवर देखकर वे सकते में आ गयी। डिप्टी ने आगबबूला होकर कहा, ''बाहर गाँव के बच्चे हमारे गाँव में आते हैं और यहाँ का माहौल ख़राब करते हैं। होस्टल के बच्चों ने हमारे देवताओं को नदी में डुबो दिया। बाहर के लोग हमारे यहाँ नौकरी के लिए आते हैं और गाँव की व्यवस्था को बिगाड़ते हैं। स्कूल के लौंडे छोरियों के हाथों में हाथ डाले घूमते रहते हैं। मन्त्री जी का स्कूल है इसलिए हम चुप बैठे हैं। लेकिन अब यह नहीं चलेगा। स्कूल का अदना-सा चपरासी! लेकिन सिर पर चढ़ा है।

उसकी जुर्रत तो देखो, महार टोले में म्हसोबा के साथ गणेश को रखता है। ये साले मांस खाते हैं। ऊपर से हमारे देवताओं को भ्रष्ट करने पर तुले हुए हैं। सरेआम हमारे देवताओं को नदी में डुबो आये हैं कमीने। उस बनसोडे सर ने फुसलाया हुआ है सभी को। उसी ने होस्टल के छात्रों को जुलूस में भेजा। मैं यह बर्दाश्त नहीं करूँगा।'' डिप्टी क्रोध से उबल रहे थे। उनकी ऊँची आवाज़ सुनी तो सभी प्राध्यापक भागे-दौड़े संस्था के कार्यालय में चले आये। छात्र जमा हो गये। कार्यालय के सामने ख़ासी भीड़ जमा हो गयी।

मदने मैडम रुआँसी-सी खड़ी थी। फिर साहस बटोरकर उन्होंने कहा, ''आप क्या चाहते हैं? मुझे समझाइये। मुझे क्या करना होगा?'' वे खुद को बहुत विवश महसूस कर रही थीं।

डिप्टी का साहस और भी बढ़ गया। वे जैसे आज बहुत कुछ कर डालने की मंशा से मैदान में उतरे थे। उद्दण्डता से भरकर उन्होंने कहा, ''बनसोडे सर की वजह से होस्टल के बच्चे हाथ से निकल रहे हैं। एक सड़ा प्याज सारे प्याज को सड़ा देता है। आप बनसोडे सर को उसकी औकात दिखाइए। होस्टल की ड्यूटी से छुट्टी करवाइए। तब जाकर उसकी अक्ल ठिकाने पर आयेगी। अगर आपसे नहीं होता है तो मुझसे कहिये। जो होता है, एकबारगी हो जाने दो। गाँव के लोग बिफरे हुए हैं। इस गाँव का डिप्टी सरपंच होने के नाते मेरी भी कुछ ज़िम्मेदारियाँ बनती हैं मैं जो कहता हूँ वह जनता-जनार्दन की ही आवाज़ है। मैं बनसोडे सर को सबक सिखा कर रहूँगा।'' डिप्टी की ज़ुबान से जैसे अंगारे बरस रहे थे। हर कोई हताशा से भरा जहाँ-की-तहाँ खड़ा था।

देशपाण्डे सर ने कुछ हिम्मत बटोरी और वे आगे आकर डिप्टी के सामने हाथ जोड़कर खड़े हो गये। ''आप शान्त हो जाइए। आइये, यहाँ पर बैठिये।'' कहते हुए उन्होंने माहौल को हल्का करना चाहा। लेकिन डिप्टी आपे से बाहर हो चुके थे। उन्होंने देशपाण्डे सर को झिड़कते हुए कहा, ''तुम कौन होते हो मुझे सिखाने वाले? मैं इस संस्था का सदस्य हूँ। क्या अब तुम मुझे समझाओगे? क्या समझते हो तुम अपने-आपको?'' डिप्टी ने जैसे आज सारी हदें लाँघ दी थीं। सिवा देखते रहने के देशपाण्डे सर के हाथ में कुछ न रहा। मदने मैडम ने भी उनके सामने हाथ जोड़े और चिरौरी करते हुए कहा, ''डिप्टी साहब, शान्त हो जाइए। मैं ख़ुद पूरे मामले की तहक़ीक़ात करवाती हूँ। बनसोडे सर पर ज़रूर कार्रवाई होगी। मैं आपको भरोसा दिलाती हूँ।''

लेकिन डिप्टी जैसे आज कुछ ठानकर आये थे। अपने तेवर को और भी उग्र करते हुए उन्होंने कहा, ''उस बनसोडे सर को तुरन्त हाज़िर कीजिए यहाँ पर। अभी मेरे सामने उससे बात कीजिए। उससे सारे अधिकार छीन लीजिए।''

प्रचंड गुस्से में मानो वे सब कुछ भूल चुके थे। चिल्लाकर उन्होंने कहा, ''बुलाइये उसे। वरना आज मैं अपने-आप को यहीं पर ख़त्म कर दूँगा।'' फिर कोई कुछ समझे इससे पूर्व बहुत ही नाटकीय अन्दाज़ में वे टेबल पर चढ़ गये। अपनी जेब से उन्होंने नाइलोन की एक रस्सी निकाली, उसका फन्दा बनाया और अपने गले में डाल दिया। फिर जैसे ही उन्होंने पंखे की तरफ़ हाथ बढ़ाया, वहाँ पर मौजूद सभी लोगों के होश उड़ गये। कुछ अध्यापक भागे हुए आगे आये और उन्होंने डिप्टी को थाम लिया। किसी तरह से उन्होंने डिप्टी को टेबल से नीचे उतारा। मदने मैडम की आँखों से आँसू की धाराएँ बहने लगीं। ''आपको यह शोभा नहीं देता है। आप गाँव के उप-सरपंच हैं। ऐसा बर्ताव ठीक नहीं है।'' उनके मुँह से केवल इतना ही निकला। फिर जैसे-तैसे उन्होंने खुद को सँभाला। उनकी आवाज़ में अब प्रतिरोध का कुछ पुट उभरने लगा था। लेकिन डिप्टी जैसे आज अपने बस में नहीं थे। फिर से चिल्लाते हुए वे बरस पड़े, ''आप उस महार बनसोडे सर को मेरे सामने लाकर खड़ा कीजिए।'' अब तक ख़ामोश खड़े देशपाण्डे सर के सब्र का बाँध जैसे फूट पड़ा। यकायक वे आगे आये और उन्होंने डिप्टी को कसकर पकड़ लिया। फिर ग़ुस्से से जैसे फुफकार भरते हुए उन्होंने कहा, ''बस, बहुत हो चुका डिप्टी साहब। आप हद पार कर रहे हैं। जाति को बीच में ला रहे हैं। यह ठीक नहीं है। यह बर्दाश्त नहीं करेंगे हम। बहुत बोल लिं; आप। अब निकलिए यहाँ से।'' देशपाण्डे सर के शब्दों ने जैसे जले पर नमक छिड़कने का काम किया। डिप्टी फिर से अपना आपा खो बैठे आव देखा न ताव उन्होंने सीधे देशपाण्डे सर पर हाथ चलाना शुरू कर दिया। मैडम फिर घबराकर रोने लगी। लेकिन अब वहाँ खड़ा हर कोई ग़ुस्से से भर उठा था। कुछ अध्यापक आगे आये। उन्होंने डिप्टी को पकड़ा और लगभग घसीटते हुए वे उन्हें कार्यालय से बाहर ले आये। छात्र भी रोष से भरे थे। सभी एक साथ 'डिप्टी, चले जाओ' का नारा देने लगे। कार्यालय के सामने अच्छा-ख़ासा तमाशा खड़ा हो गया था। अध्यापकों ने डिप्टी को पाठशाला के गेट से बाहर का रास्ता दिखा दिया। हवा का रुख़ बदल चुका था। डिप्टी ने चले जाने में ही भलाई समझी और चुपचाप वहाँ से खिसक लिए।

पाठशाला में हुए इस अकस्मात हंगामे के चलते कई छात्र अपने बस्ते लिए स्कूल से रफू चक्कर हो गये थे। बाहरगाँव के छात्र पाठशाला के बरामदे में भीड़ जमा कर खड़े थे। सभी अध्यापक और कर्मचारी अभी तक कार्यालय में ही थे। सभी ने ऊँची आवाज़ में मदने मैडम के पक्ष में अपना समर्थन दिया। मैडम ने स्वयं को सँभाला और सब की तरफ़ देखकर कहा, "सुबह गाँव के दलितों ने जुलूस निकालकर हिन्दुओं के देवी-देवताओं को नदी में विसर्जित किया। दलितों ने जो किया वह सही है या ग़लत, हमें इससे कोई लेना-देना नहीं है। लेकिन जुलूस में हमारे होस्टल के कुछ छात्र भी सम्मिलित थे। उन्होंने किसी की अनुमति लेना भी उचित नहीं समझा। यह ठीक नहीं हुआ। डिप्टी सरपंच इस संस्था के चुने हुए सदस्य हैं। उन्होंने जो आपत्ति दर्ज की, वह उनका अधिकार था। लेकिन जिस तरह से उन्होंने यह सब तमाशा खड़ा किया, वह बिल्कुल उचित नहीं था।"

देशपाण्डे सर ने कहा, "डिप्टी ने जो उत्पात मचाया, हमने चुपचाप सब देखा। लेकिन जब वे बात के बीच जाति को ले आये तब हमने उनका प्रतिरोध किया। मुझे नहीं लगता है कि हमने कुछ अनुचित किया है। आज वे कह रहे हैं कि बनसोडे सर का चार्ज निकाल लीजिए। कल कहेंगे उन्हें नौकरी से हटा दीजिए। भविष्य में किसी भी शिक्षक के ख़िलाफ़ कुछ भी कर सकते हैं। यह सही नहीं है। बनसोडे सर को होस्टल की ज़िम्मेदारियों से मुक्त करना या नहीं यह संस्था सोचेगी। रहा सवाल होस्टल के दलित छात्रों का, दलित छात्र महार टोले की गतिविधियों में हिस्सा लेते हैं। लेकिन ब्राह्मण छात्र भी तो बालाजी मन्दिर में सक्रिय रहते हैं। उनके ख़िलाफ़ कोई कुछ नहीं कहता है। क्या हम ब्राह्मण छात्रों को रोक सकते हैं? लेकिन यह भी सही है कि वह सब पाठशाला के बाहर होता है। और जो पाठशाला के बाहर होता है उस पर हम कैसे नियन्त्रण कर सकते हैं? हाँ, दलित छात्रों ने स्कूल से नागा किया, इस मुद्दे पर ज़रूर हम उन्हें तलब कर सकते हैं।"

बनसोडे सर जो अब तक सब शान्ति से सुन रहे थे, उठ खड़े हुए। सभी का ध्यान उन पर केन्द्रित हो गया। बनसोडे सर ने सभी पर अपनी एक दृष्टि डाली और कहना शुरू किया, "आज मेरी वजह से संस्था के कार्यालय में हंगामा खड़ा हुआ। मैं इसके लिए आप सब की माफ़ी चाहता हूँ। गणेश-उत्सव का समय चल रहा है। मैं नहीं चाहता हूँ कि ऐसे समय गाँव में कोई बवाल खड़ा हो और गाँव की शान्ति भंग हो। इसलिए मैं अभी, इसी समय छात्रावास का चार्ज छोड़ रहा हूँ। उसे किसी को भी सौंपें, मुझे कोई आपत्ति नहीं है।" बनसोडे सर भावुक हो गये थे।

मैडम ने मामले को विराम देने की दृष्टि से तुरन्त ऐलान कर दिया, "मैं बनसोडे सर के निर्णय का स्वागत करती हूँ और देशपाण्डे सर को यह ज़िम्मेदारी सौंपती हूँ कि वे छात्रावास के इंचार्ज हेतु किसी अन्य शिक्षक की नियुक्ति करें। चलिए, अब सभी अपने-अपने काम पर लौट जाइये। कल मदने मास्टर जी आनेवाले हैं। मुझे यह बात उनके कान में डालनी होगी। फ़िलहाल मैं घर जाना चाहती हूँ।" कहते हुए वे कुर्सी से उठ खड़ी हुईं।

सभी अपनी-अपनी कक्षाओं में चले गये। देशपाण्डे सर ने कार्यालय को ताला लगाया। मदने मैडम घर चली गयी। देशपाण्डे सर उन्हें घर छोड़ आये। जो कुछ हुआ उससे पाठशाला में तनाव का माहौल बन गया था।

घर जाकर मदने मैडम ने फ़ोन से मदने मास्टर जी को सारी हक़ीक़त बताई। मदने मास्टर जी ने उन्हें सलाह दी कि वे कुछ समय तक कार्यालय में न जायें और घर से ही सारा काम सँभाले। मदने मैडम ने कार्यालय से फ़ाइलें मँगवा लीं और वे घर से ही संस्था का कामकाज देखने लगीं।

घर-घर में महारों के जुलूस की चर्चा थी। अख़बारों ने मोटे अक्षरों में जुलूस की ख़बर को फ्रंट पेज पर छापा। महारों को लगा नहीं था कि उनके किये का इस तरह से गम्भीरता से संज्ञान लिया जायेगा। वे जान रहे थे कि हिन्दू देवी-देवताओं को इस तरह से नकारने से ऊँची जातियों के सामने चुनौती खड़ी हो जाती है। ईश्वर और धर्म को नकारना अर्थात गुलामी को नकारना। महारों को यह अहसास हो रहा था कि इस गुलामी को नकारते ही ऊँची जातियों के अधिकार और उनकी श्रेष्ठता अपनी जगह से हिलने लगते हैं।

कुछ दिन ऐसे ही गुज़रे, बिना किसी बखेड़े के। बनसोडे सर छात्रावास का चार्ज छोड़ चुके थे। छात्रावास में ही उनके निवास की व्यवस्था थी सो अब उनके सामने रहने का सवाल खड़ा हो गया। गाँव में कोई भी उन्हें किराये से मकान देने के लिए तैयार नहीं था। उनको लेकर सभी के मन में एक तरह का रोष था। गाँव वाले अब उनकी जाति को और भी हिकारत से देखने लगे थे। आख़िर में वे थककर महार टोले की शरण में चले गये।

यद्यपि महारों ने बनसोडे सर का ज़ोर-शोर से स्वागत किया। उनके आने से सभी में ख़ुशी की लहर फ़ैल गयी। हर दिन महारों में से कोई उनके लिए भोजन ले आता। कोई चाय-फल आदि दे जाता। बनसोडे सर के मना करने के बावजूद महार उनके लिए कुछ-न-कुछ ले आते। बड़े आदर से उन्हें अपने घर ले जाते।

युवा उनकी सेवा में लगे रहते। धीरे-धीरे बनसोडे सर भी महार टोले में रम गये। गाँव वाले उन्हें 'महारों के मदने मास्टर जी' कहने लगे थे। बनसोडे सर ने महारों के बच्चों को इकट्ठा करना शुरू किया और वे उन्हें मुफ़्त में पढ़ाने लगे। महार टोले में एक उत्साह की लहर फ़ैल गयी। छात्रावास के लड़कों को जब पता चला कि बनसोडे सर महार टोले में बिना मूल्य ट्यूशन ले रहे हैं तो वे भी महार टोले में आकर उनसे पढ़ने लगे। वैसे भी शहाणे सर का तबादला होने से उनके कोचिंग क्लास बन्द पड़े थे। देशपाण्डे सर ट्यूशन लेते थे। लेकिन ग़रीब छात्रों के लिए उनकी फ़ीस दे पाना सम्भव नहीं था। इसके अलावा देशपाण्डे सर का रुझान ट्यूशन की अपेक्षा मन्दिर के कामों की तरफ़ अधिक था। बनसोडे सर महार टोले में रहने चले गये थे इसलिए गाँव के दसवीं और बारहवीं कक्षाओं के छात्रों की ट्यूशन बन्द हो गयी थी। उनके सामने समस्या खड़ी हो गयी थी। छात्रावास के लड़के ट्यूशन के लिए महार टोले जाने लगे थे। बाहर गाँव के छात्रों ने भी अब ट्यूशन के लिए महार टोले का रुख़ कर लिया। हर तरफ़ बनसोडे सर के ट्यूशन की चर्चा होने लगी थी।

दीना की बेटी कविता भी महार टोले में पढ़ने जाती। एक दिन डिप्टी अख़बार पढ़ रहे थे। उन्होंने देखा कि उनकी बेटी तानी कविता के साथ जा रही है। पहले तो उन्होंने अनदेखा कर दिया। लेकिन जब उनसे रहा नहीं गया, वे घर की छत पर चले गये। उन्होंने देखा कि तानी और कविता महार टोले की दिशा में जा रही हैं। उन्होंने यह भी देखा कि गाँव के हर रास्ते से छात्रों ने ट्यूशन की ख़ातिर महार टोले का रास्ता पकड़ा हुआ है।

डिप्टी ने देखा तो वे सोच में पड़ गये। अचानक उन्हें लगा कि बनसोडे सर के साथ जो हुआ, अच्छा नहीं हुआ। आज ख़ुद उनकी बेटी ने पढ़ने के लिए महार टोले का रास्ता अपनाया था। डिप्टी को अपने किये पर पछतावा होने लगा। गाँव के बच्चों को पढ़ने के लिए महार टोले में जाना पड़ रहा है, यह देखकर मन उनका ग्लानि से भर गया। मदने मैडम से मिलकर कुछ करना होगा यह सोचकर वे तुरन्त मदने मैडम से मिलने हेतु घर से निकल गये। उनकी मनमानी से छात्रावास के लड़कों के साथ अन्य छात्रों का भी नुक़सान हो रहा था। उन्हें अपनी भूल का अहसास हो रहा था।

जब वे मदने मैडम के घर पहुँचे, मदने मास्टर जी भी वहाँ पर मौजूद थे। देशपाण्डे सर और अन्य अध्यापक उनसे मिलने आये हुए थे। सभी कुछ बातचीत में मग्न थे। डिप्टी को देखते ही मदने मास्टर जी ने 'आइये, डिप्टी साहब' कहते हुए स्नेह के साथ उनका स्वागत किया।

तब तक मदने मैडम भी उनकी आवाज़ सुनकर हाल में आ चुकी थीं।

''बस, ऐसे ही चला आया था।'' डिप्टी ने कहा।

''नहीं नहीं। आप बिना वजह आने वालों में से नहीं हैं। बताइये क्या बात है।''मदने मास्टर जी ने मुस्कुराकर कहा।

''हमारे बच्चे ट्यूशन के लिए महार टोले में जाते हैं। वहाँ पर पर्याप्त जगह नहीं है।''

''हम महार टोले नहीं गये थे। अब हमारे बच्चे जा रहे हैं। कोई बात नहीं डिप्टी साहब। जाने दीजिए उन्हें। महार टोले के हालातों को उन्हें भी समझने दीजिए। मैं खुद गया हूँ महार टोले में। हम दलितों को लेकर कई दुराग्रहों से भरे हुए हैं। वे लोग गलिच्छ हैं। गुनहगार हैं। लेकिन वास्तव में ऐसा कुछ नहीं है। गाँव के ग़रीब और महार टोले के दलित इनके घरों में बहुत अन्तर नहीं है। बस कोई गाँव के बाहर रह रहा है और कोई गाँव के भीतर। यह जो भेदभाव का दक़ियानूसी भाव हम सभी के मन में गहरे जड़े जमाये बैठा है, अगर वह मिट जाये तब इस जाति-भेद दीवारें अपने-आप ढह जायेगी। हम जिसे समझ नहीं पायें, हमारे बच्चे समझ रहे हैं।'' मदने मास्टर जी की आवाज़ में गम्भीरता थी। सभी उनकी बातें ध्यान से सुन रहे थे।

''बनसोडे सर को फिर से छात्रावास का इंचार्ज बना दीजिए।'' डिप्टी ने कुछ हकलाते हुए कहा।

''अब वह सम्भव नहीं है।'' कुछ उकताहट से भरकर मदने मास्टर जी ने कहा। ''हम बनसोडे सर का तबादला करने की सोच रहे हैं। उसी पर बात हो रही थी।'' मदने मास्टर जी ने दो टूक कह दिया।

''मैं तो यही सोचकर आया था कि मेरी वजह से छात्रों का नुक़सान न हो। आप जो निर्णय लेंगे। मुझे क्या आपत्ति हो सकती है।'' डिप्टी ने कहा।

''छात्रों का नुक़सान न होने देने की ज़िम्मेदारी मैं देशपाण्डे सर पर सौंपता हूँ। वे कुछ-न-कुछ हल निकाल ही लेंगे।'' मदने मास्टर जी ने उन्हें समझाते हुए कहा।

''ठीक है। जैसा आप उचित समझें। मैं चलता हूँ।'' कहकर डिप्टी जाने के लिए उठ खड़े हुए। किसी ने उन्हें रोका नहीं। डिप्टी आहत-से हो गये। जैसे आये थे, उलटे पाँव लौट गये।

महारों ने देवताओं को नदी में डुबोया। उन पर किसी देवता का कहर नहीं बरपा। वे नित्य की भाँति जी रहे हैं। गाँव का कुछ नहीं बिगड़ा। न कोई बिपदा आयी। बालाजी मन्दिर में नियम से पूजा-अर्चन होता है। गाँव वाले नियम से

आरती में शामिल होते हैं। महारों ने जो किया उस पर लोगों ने बवाल खड़ा किया। बाद में सभी भूल गये। सभी की दिनचर्या सुचारु रूप से चल रही है। कोई किसी से टकराता नहीं है। महार गाँव के रास्ते जाते नहीं हैं। गाँव महारों के आड़े आता नहीं है। जीवनचक्र अपनी धुरी पर अबाधित चल रहा है। अगर महार गाँव के काम न करे तो गाँव के काम रुक जाते हैं। गाँव महारों का दाना-पानी रोकता है तो महारों का जीवन रुक जाता है। महार अपनी औकात समझकर जीते हैं। गाँव महारों को उनकी औकात में रखकर उनसे बर्ताव करता है। बनसोडे सर, छात्रावास के दलित लड़के, गौतम सभी शिक्षा की हवा की गन्ध सूँघ चुके हैं। इस बहती हवा को कौन रोक पायेगा? डिप्टी सारे रास्ते सोचते हुए घर पहुँचे। आकर बैठक में लोड से टिककर बैठ गये।

हमें लगता है, हम लोगों को भली-भाँति समझते हैं। हमें लगता है, हम जो सोचते हैं, लोग भी उसी सोच के साथ चल रहे हैं। लोगों को खुश रखने के लिए, उनका समर्थन पाने के लिए किसी विचारधारा को उनके सामने परोसते हैं लेकिन लोग क्या सोचते हैं, इसकी थाह कभी नहीं लगती है। हमें जो लगता है, लोगों को भी वही लगना चाहिए इसी उद्देश्य के साथ हम प्रयास करते रहते हैं। लेकिन लोग लहरों पर सवार होते हैं। हमें इस लहर को पैदा करते आना चाहिए। हालाँकि कभी-कभी हिसाब गड़बड़ा जाता है। जनता-जनार्दन सही न्याय करती है– दूध का दूध, पानी का पानी। डिप्टी लोड से टिके सोच में डूबे थे।

नेता बनना है तो तनाव झेलने की आदत डालनी होगी। सोच और विचार करते आना चाहिए। संघर्ष करना होगा। लोगों के मन की थाह लेने की कुशलता हासिल करनी होगी। लोकप्रिय मुद्दों को भुनाना आना चाहिए। जनता सब जानती है। उसका पूरा ध्यान रहता है कि उनके लिए कौन खड़ा है और कौन नहीं। सामने से जनता बौड़म की तरह बर्ताव करती है। हम समझ नहीं पाते हैं। फिर अकस्मात अचरज में डालने वाले निर्णय सामने आते हैं। डिप्टी बेचैनी से भरे सोच रहे थे। तानी ट्यूशन से आ गयी थी। डिप्टी ने उसे अपने पास बुलाया। स्नेह से पगे शब्दों में उन्होंने तानी से कहा, ''तुम्हारा यह बारहवीं का वर्ष है तानी। मन लगाकर पढ़ाई करो बेटा। अच्छे अंक आने चाहिए। जो विषय समझ में नहीं आते हैं, उनकी ट्यूशन लगाओ। बाला महार के बेटे को देखा? पूरे गाँव का नाम रोशन किया है उसने।'' डिप्टी भावुकता से भरे थे। तानी आज्ञाकारी बच्ची की भाँति सुन रही थी। उसने कहा–

“मेरी पढ़ाई ठीक चल रही है बाबा।”

“कुछ अड़चन हो तो बताना।”

“नहीं। सब ठीक चल रहा है।”

“मैंने बनसोडे सर के ख़िलाफ़ शिकायत की थी। क्या वे तुमसे ठीक से पेश आते हैं?”

“हाँ बाबा, अच्छा ही बर्ताव करते हैं।”

“तुम लोग महार टोले में जाते हो। क्या वहाँ पर पर्याप्त जगह है? साफ़-सफ़ाई है?”

“बाबा, कल से मदने मास्टर जी के घर पर ट्यूशन होगी। मदने मास्टर जी ने उनका घर बनसोडे सर को रहने के लिए दे दिया है। मदने मास्टर जी अपना सामान लेकर चले गये हैं। कुछ सामान उन्होंने बनसोडे सर के लिए छोड़ रखा है।” तानी ने कहा तो डिप्टी विस्मय से भर गये।

डिप्टी का चेहरा गम्भीर हो गया। तानी अपना बस्ता रखने अपने कमरे में चली गयी। डिप्टी बहुत बेचैन हो गये थे। उन्हें हालात का अन्दाज़ा नहीं था। फिर तो भोजन का एक निवाला भी उनके गले नहीं उतरा। रात में नींद आँखों से कोसों दूर चली गयी। उन्हें लगा, जैसे भूकम्प आया है। वे मदने मास्टर जी के गाँव छोड़कर जाने की ख़बर को पुख्ता करना चाहते थे।

बेचैन-से वे घर से बाहर निकल गये। काफ़ी रात हो चुकी थी। रात्रिकालीन कीड़े आवाज़ कर रहे थे। आसमान में तारे उग आये थे। बादलों के पीछे से चाँद झाँक रहा था। ठंडी हवा के झोंके चल रहे थे। गाँव शान्ति से सोया हुआ था। घरों की बत्तियाँ बुझ चुकी थीं। डिप्टी अकेले मदने मास्टर जी के घर की तरफ़ चल रहे थे। उनकी परछाईं उनका पीछा कर रही थी। मदने मास्टर जी के घर में इस वक़्त कौन होगा ? मदने मास्टर जी या बनसोडे सर? या घर को ताला जड़ा होगा? देशपाण्डे सर, शहाणे सर, टेकाडे सर सभी बाद में आये हुए हैं गाँव में। सभी तरक़्क़ी कर गये। बँगले खड़े हो गये उनके। लेकिन मदने मास्टर जी ने किराये का मकान कभी नहीं छोड़ा। खद्दर पहने रहते। पाँव में साधारण-सी चप्पलें। हाथ में पुरानी घड़ी। हमेशा से सादा लिबास था उनका। कभी किसी का मन नहीं दुखाया। अहंकार जैसे था ही नहीं। कई दफा उन्हें कठघरे में खड़ा किया गया। लेकिन कभी विचलित नहीं हुए वे। मदने मास्टर जी ब्याज-बट्टे का धन्दा करते हैं। ग़रीब किसानों की ज़मीनों को हड़पा है उन्होंने। अपने नाते-रिश्तेदारों को नौकरियाँ दिलवाईं।

संस्था में भ्रष्टाचार किया। नौकरी के लिए रिश्वत लेते हैं। उनकी पत्नी के नेता जी के साथ अनैतिक सम्बन्ध हैं। जितने मुँह उतनी बातें। अब गाँव के लिए मदने मास्टर जी नाम का अध्याय ख़त्म हो चुका था। उनकी याद से डिप्टी आकुल हो गये। आँखें उनकी पनिया गयीं। क़दम भारी हो गये।

जब मदने मास्टर जी के घर के नज़दीक पहुँचे, देखा कि घर में बिजली जली हुई है। उनके मानो प्राण लौट आये। वे घर के सामने खड़े हो गयें। हाल में रौशनी थी। शेष कमरेअँधेरे में डूबे थे। मदने मास्टर जी की कार उन्हें कहीं नज़र नहीं आयी ना ही किसी तरह की कोई सुगबुगी। उन्हें तुरन्त अहसास हो गया कि मदने मास्टर जी मकान छोड़कर चले गये हैं। वे दरवाज़े के सामने खड़े हो गये। लेकिन दस्तक देने की उनकी हिम्मत नहीं हुई। एक निराशा से वे घिरने लगे थे। उन्हें मदने मास्टर जी के नाम से आवाज़ लगाने में भी भय हुआ। फिर दरवाज़े की दरार से झाँकने की कोशिश करने लगे।

हाल के उजाले में उन्हें कुर्सी पर बनसोडे सर बैठे हुए नज़र आये। वे किताब पढ़ रहे थे। किताब के कवर पर अम्बेडकर का चित्र था। डिप्टी ने देखा और चुपचाप पीछे हट गये। उनका मन अथाह फैले रेगिस्तान की तरह उचाट हो गया था। किसी ऊँट की तरह जैसे अपनी ही परछाईं के साथ वे चले जा रहे थे।

जब घर पहुँचे तानी के कमरे की बत्ती जल रही थी। उन्होंने धीरे-से दरवाज़ा धकेला। तानी पढ़ रही थी। बेटी को लेकर उनके मन में एक सम्मान का भाव जगा। सन्तोष से भरे वे अपने बिस्तर पर जाकर लेट गये। लेकिन मदने मास्टर जी के चले जाने से वे बहुत अकेलापन महसूस कर रहे थे। लगा जैसे कोई सहारा चला गया है। रात्रि के किसी प्रहर में आँख लगी तो भोर तक अजीबोगरीब सपनों में खोये रहे।

सुबह उनकी आँख देर से खुली। पढ़ने के लिए अख़बार हाथ में लिया। पन्ने उलटने लगे तो बीच के पन्ने पर धुरन्धरराव पाटिल प्रतिष्ठान की ख़बर छपी थी। कोई सूचनानुमा ख़बर थी– हमारी संस्था की किसी भी शाखा में नियुक्ति की ख़ातिर पैसों की माँग नहीं की जाती है। किसी ने अगर ऐसी कोई माँग की हो तो उस पर विश्वास न करे। किसी तरह का कोई आर्थिक लेन-देन ना करें। कोई अगर इस तरह की माँग करता है तो तुरन्त संस्था को सूचित करें या उस पर क़ानूनी कार्रवाई करें। आगे ख़बर थी कि संस्था का मुख्य कार्यालय अब सम्बलपुर ज़िले में ले जाया गया है। वहाँ का पता, फोन नम्बर आदि पूरा ब्यौरा दिया गया था।

आगे बतौर संस्था के सचिव मदने मैडम का नाम छपा था। इससे स्पष्ट हो गया था कि मदने मास्टर जी गाँव छोड़कर चले गये हैं। डिप्टी ने पढ़ा तो वे असन्तोष से भर गये। गाँव की संस्था को इस तरह से कहीं और ले जाने से वे नाराज़ हो उठे। अब हर काम के लिए सम्बलपुर का मुँह ताकना होगा। 'मदने मास्टर जी ने केवल अपनी सुविधा देखी' उन्होंने बुदबुदाकर कहा।

दरवाज़े से बाहर उन्हें कुछ हलचल महसूस हुई। सड़क से कुछ बौद्ध भिक्खु गुज़र रहे थे। देखते ही डिप्टी को जैसे काठ मार गया। अकस्मात उन्हें गाँव पर मँडराते ख़तरे की भनक लग गयी। महारों के द्वारा हिन्दू देवताओं को नदी में डुबोये जाने की ख़बर सुनकर बौद्ध भिक्षुक गाँव में आये हैं। वे आशंकित हो गये।

भिक्खु धीमी-धीमी चाल से आगे बढ़ रहे थे। गाँव के लोगों ने पहली बार बौद्ध भिक्खुओं को देखा था। गाँव में आये इन नये मेहमानो से गाँव वाले अचरज में पड़ गये। जब भिक्खु देशपाण्डे सर के घर के सामने से गुज़रे, उन्हें देखकर देशपाण्डे सर भी चकरा गये। भिक्खु उनके घर के सामने से होते हुए महार टोले की दिशा में बढ़ रहे थे। अब ये महारों को भड़कायेंगे। महारों के मन में विद्रोह उभरेगा। हिन्दू धर्म के प्रति उनकी बची-खुची श्रद्धा भी ख़त्म हो जायेगी। देशपाण्डे सर विचलित हो गये। धर्मान्तरण के मँडराते ख़तरे से कैसे निपटना होगा? वे गहरी सोच में डूब गये। संस्था का कार्यालय सम्बलपुर में चले जाने से वे यह सोचकर सन्तोष से भरे थे कि चलो, अब कुछ राहत मिलेगी। लेकिन बौद्ध भिक्खुओ को देखकर वे गड़बड़ा गये। इस नये संकट ने उन्हें परेशानी में डाल दिया। इन्हें किस तरह से गाँव से निकालना होगा? वे काफ़ी देर तक इसी सोच में डूबे रहे।

यह दृश्य देखकर गाँववाले क्षुब्ध हो गये। उनकी त्योरियों पर बल पड़ गये। सन्देह से भरे वे महार टोले की तरफ़ जाते शान्त भिक्खुओं को देखते रहे। भिक्खुओं का हर क़दम दृढ़ता से भरा था। उनका हर क़दम जैसे किसी नये स्वप्न को बो रहा था। महारों ने भिक्खुओं को देखा तो उनके मन में तूफ़ान खड़ा हो गया। सभी महार उनके दर्शन के लिए दौड़े चले आये। उन्हें ऐसा आभास होने लगा, जैसे उनका कायापलट होने जा रहा है। सभी भिक्खु महारों की चौपाल पर विराजमान हो गये। महारों के मन में जैसे ज्ञान का सूरज जल उठा था। अन्धश्रद्धा का अन्धकार दूर होने लगा। उनकी हज़ारों पीढ़ियाँ नसीब के दलदल में धँसी हुई थीं। वे जैसे आज़ाद होने लगीं। मन में स्वाभिमान का दीपक जलने लगा। नयी आशा और उमंग से भरे वे अपनी मुक्ति का स्वप्न देखने लगे। भिक्खुओं का मुखिया खड़ा हो गया।

उसने सभी को सम्बोधित करते हुए कहा, "आज से तुम लोगों का नया जन्म हो रहा है। यह टोले आज से 'भीमनगर' के नाम से जानी जायेगी। आज से तुम सभी बौद्ध कहलाओगे। मैं आपको नया नाम दूँगा। नयी पहचान दूँगा। नये संस्कार, नयी प्रार्थना दूँगा। आज से तुम सभी बुद्ध की वन्दना पढ़ोगे। पंचशील त्रिशरण को अपनाओगे। यही अब तुम्हारे जीवन की दिशा और राह होगी।" महारों के जीवन में नया दिन उग आया था। वे तथागत की शरण में चले गये थे।

आसपास के गाँवों में ख़बर फ़ैल गयी कि जाम्भुलगाँव में बौद्ध भिक्खुओं का दल आया हुआ है। देखते ही देखते अलग-अलग गाँव के लोग उन्हें अपने गाँव आने का न्यौता लिए हुए जाम्भुलगाँव पहुँचने लगे। बुरहानपुर, भंडारकवठा और सिंदखेड़ के दलित कार्यकर्ताओं की फ़ौज जाम्भुलगाँव में दाख़िल हो गयी। भीमनगर की इस हलचल से ब्राह्मण छात्रों में खलबली मच गयी। देशपाण्डे सर की चिन्ता बढ़ गयी। गाँव में चर्चाओं का ऐसा दौर चला कि लोग काम-धाम भूल गये। भिक्षुक महारों को ठगने आये हैं। महारों के दिमाग़ उकसाकर वे हिन्दू धर्म के ख़िलाफ़ प्रचार कर रहे हैं। ऐसे में गाँव में अशान्ति हो जायेगी। लोग खुले आम भिक्खुओं के ख़िलाफ़ बातें करने लगे थे।

इधर बालाजी मन्दिर के छात्रों ने भी मोर्चा सम्भाल लिया। उन्हें लग रहा था जैसे कोई धर्मयुद्ध छिड़ गया है। वे एक आवेश से भर गये। गाँववालों को लग रहा था कि गाँव पर हमला हुआ है।

"महार टोले पर हमला करो। भिक्खुओं को भगाओ। इसके बिना इस कमीनी जमात के होश ठिकाने नहीं आनेवाले हैं।" डिप्टी हमेशा की तरह फुफकार उठे।

"हज़ारों वर्षों से यही हो रहा है डिप्टी साहब। हमने अछूतों के साथ बुरा सुलूक किया। उन पर कई तरह के अत्याचार किये। उन्हें सबक सिखाने के लिए निरन्तर उन्हें प्रताड़ित किया। हमारे बर्ताव से उकताकर महारों ने हिन्दू देवताओं को नदी में बहा दिया। हम देवताओं की मूर्तियों को फिर से महार टोले में ले जाते हैं। देवता अपने द्वार पर आये हैं, यह देखकर महार शायद कुछ शान्त हो जायें। वे देवताओं की शरण में चले जायेंगे। धर्मान्तर के विचार से दूर हट जायेंगे। यही उचित मार्ग है।" देशपाण्डे सर ने अत्यन्त संयम से अपनी बात रखी।

देशपाण्डे सर ने जो कहा वह सभी को विस्मय-चकित करने वाला था। यह बहुत ही नवाचार से भरा क़दम था। यह अनोखा था। हर किसी को सोचने पर बाध्य करनेवाला था। देशपाण्डे सर का कहा सुनकर ब्राह्मण छात्र चकरा गये।

देशपाण्डे सर ने एक नयी सोच सबके सामने रखी थी। डिप्टी को लगा, यह सही है। उत्साह से भरकर बोले, ''दिन तय कीजिए। कार्यक्रम निर्धारित कीजिए।''

''महारों को मन्दिर में प्रवेश की मनाही है। मन्दिर के देवता के इस तरह उनकी टोले में जाने से वे ख़ुशी से भर जायेंगे। उनका मन परिवर्तन हो जायेगा।'' ब्राह्मण छात्रों ने उत्साह से भरकर कहा।

''देवता का स्वीकार अर्थात देवताओं द्वारा निर्माण की गयी व्यवस्था का स्वीकार। ईश्वर द्वारा रची गयी व्यवस्था को स्वीकारना अर्थात व्यवस्था में सन्निहित अपने निचले दर्जे को स्वीकारना। हम महार टोले में देवताओं को ले जा रहे हैं इसके माने यह हुआ कि हम एक तरह से उनका दर्जा ले जा रहे हैं।'' ब्राह्मण छात्र धूर्तता से अपनी बात रख रहे थे। डिप्टी विस्मय से भरकर ब्राह्मण छात्रों का बुद्धि-चातुर्य देख रहे थे। गाँव में मन्थन चल रहा था।

महार टोले में सांस्कृतिक बदलाव की तैयारियाँ चल रही थी। भिक्खुओं ने म्हसोबा का विरोध किया था। म्हसोबा की जगह बुद्ध की मूर्ति की प्रतिष्ठापना का विचार उन्होंने महारों के सामने रखा। बुरहानपुर से पिराजी को बुलावा भेजा गया। उसे बुद्ध की मूर्ति गढ़ने की ज़िम्मेदारी सौंप दी गयी।

म्हसोबा का चौतरा काफ़ी बड़ा और काले पत्थर से बनाया हुआ था। चौतरे पर एक विशाल शिला लाकर रखी हुई थी। शिला अपनी जगह पर टिकी रहे इसलिए उसके इर्द-गिर्द बड़े-बड़े पत्थर लगाकर रखे हुए थे। शीला पर सेन्दुर थोपा हुआ था। चाँदी की आँखें चिपकाई हुई थीं। यह महाकाय सेन्दुर थोपी शिला ही महारों के देवता म्हसोबा कहलाते थे। महारों की मनौतियों को पूरा करनेवाले देवता। 'म्हसोबा' के लिए महारों के मन में अगाध श्रद्धा थी। हर वर्ष म्हसोबा को बकरे की बलि चढ़ाई जाती। उन्हें तृप्त किया जाता। गाँव में पोतराज चले आते तब सबसे पहले वे म्हसोबा की वन्दना करते। नाच-नाचकर उन्हें रिझाते। म्हसोबा की बड़ी दहशत थी। और भिक्खुओं ने म्हसोबा को नकार दिया था।

पिराजी हथौड़ा लिए हुए चौतरे पर चढ़ा। उसके पीछे-पीछे गौतम ऊपर चढ़ा। भीम नगर के सभी बौद्ध चौतरे के आसपास जमा हो गये। टोले के स्त्री-पुरुष, बच्चे सभी म्हसोबा के सामने लीनता से हाथ जोड़कर खड़े हो गये। भिक्खुओं के मुखिया ने बोलना शुरू किया, ''हमारी अनेक पीढ़ियाँ नसीब और मनौतियों के नाम पर ठगी गयीं। आज हम अपने नसीब पर हथौडा मारने चले हैं।''

पिराजी ने हथौड़ा उगारा। महार स्त्रियाँ क़राह उठी। पिराजी ने हथौड़े का पहला प्रहार किया और म्हसोबा के ऊपर थोपे सेन्दुर को उखाड़ दिया। स्त्रियों के आक्रोश से महार टोला गूँज उठा। पुरुष हाथ जोड़े असहायता से खड़े रहे। पिराजी ने अगला प्रहार किया। सेन्दुर की परत बिखरकर नीचे गिर गयी। सभी तरफ़ एक भयावह सन्नाटा छा गया। धीरे-धीरे सेन्दुर की परत के पीछे छिपा काला पाषाण नज़र आने लगा। पिराजी ने पुनः हथौडे का जोरदार वार किया। सेन्दुर की बची-खुची परत निकलकर बिखर गयी। स्त्रियाँ सकते में थीं। भिक्खु ने सभी से घर जाने के लिए कह दिया। म्हसोबा पर हुए प्रहारों से सभी दहशत से भर गये थे।

‘‘देखना, अब बड़ा परकोप होगा। म्हसोबा छोड़ेंगे नहीं।’’ नाज़ुका भोकार मारकर रो पड़ी।

‘‘अब गाँव के लोग आयेंगे। दिन-दहाड़े आयेंगे। बाजे-गाजे के साथ आयेंगे। हम पर हमला करेंगे। बदला लेंगे। म्हसोबा बरबाद कर देगा महार टोले को।’’ नाज़ुका ने पुनः आक्रोश से भरकर जैसे सराप दिया। देवा उसे खींचकर दूर ले जाने लगा। पूरा भीमनगर दुःख में डूब गया। हर किसी के मन में अपशगुन-सा भाव था। भिक्खु शिलालेख की तरह दृढ़ता से खड़ा था।

नाज़ुका चिल्ला रही थी, ‘‘देखना, म्हसोबा छोड़ेगा नहीं। तुम सभी का सत्यानाश होगा।’’नाज़ुका की आवाज़ सुनकर सभी के दिल दहल गये। हर कोई अपने घर की तरफ़ बढ़ गया। पिराजी के हथौड़े की आवाज़ भीम नगर के सन्नाटे को चीर रही थी। सेन्दुर की परत के पीछे छुपा काला-ठस्स पाषाण नंग-धड़ंग हो चुका था। चारों तरफ़ फैले सेन्दुर को देखकर गौतम भी विचलित हो गया। भिक्खु के चेहरे पर अथाह स्मित फैला था। बच्चे चौतरे के पास खड़े पिराजी को देख रहे थे।

संझा के समय महार टोला बुद्ध-वन्दना से गूँज उठा। प्रार्थना के समय बनसोडे सर मौजूद थे। वे अपने साथ बाबासाहब अम्बेडकर की तस्वीर ले आये थे। गौतम ने तस्वीर को धर्मशाला में लगा दिया। बनसोडे सर ने महारों को बौद्ध धम्म के दर्शन से परिचित करवाया। उन्हें बाईस प्रतिज्ञाओं के अर्थ समझाये। भीम नगर में नयी हवा बहने लगी थी। सभी ने पंचशील त्रिशरण को कंठस्थ किया। दूसरे दिन सूरज उगने से पहले बौद्ध भिक्खुओं ने अगले गाँव की राह पकड़ ली।

एक दिन बीत गया। दूजा दिन बीत गया। एक हफ्ता बीत गया। किसी को अन्दाज़ा नहीं था कि पाषाण से क्या आकार ले रहा है। पिराजी दिन भर मूर्ति तराशने में व्यस्त रहता। रात में धर्मशाला में ही सो जाता। हर दिन किसी एक घर से उसके लिए भोजन आ जाता। सुबह-शाम चाय पीने वह बहन के घर चला जाता। गोपा बराबर उसके साथ रहता। पिराजी के काम को देखने बच्चे-बूढ़े धर्मशाला में खड़े रहते। कोई कहता, 'पाषाण में म्हसोबा ही छुपे हुए हैं। पाषाण फोड़कर म्हसोबा को बाहर ला रहे हैं।' कोई कहता, 'पाषाण के पेट में ख़ज़ाना छुपा है। ख़ज़ाना बाहर निकालने का काम चल रहा है।' बच्चे कहते, 'हनुमान की मूर्ति है।' स्त्रियाँ कहतीं, 'गणेश होंगे।' किसी ने आज तक बुद्ध की मूर्ति नहीं देखी थी। दस दिन के अथक श्रम से पाषाण में बुद्ध की मूर्ति उभरने लगी। भव्य ललाट, कमानदार भवें, मुँदी हुई पलकें, सीधी नासिका, होंठ, ठुड्डी के साथ बुद्ध का चेहरा तराशा गया था उनके कान और कर्णकुंडल ध्यान खींच रहे थे। भीमनगर में सभी की ज़ुबान पर केवल बुद्ध की मूर्ति थी। बनसोडे सर हर इतवार की शाम बुद्ध-वन्दना का आयोजन करते। भीमनगर में एक नयी सभ्यता की शुरुआत हो चुकी थी।

बारिश से पहले हवा बहती है, बदली घिर आती है, बिजलियों का गर्जन होता है कुछ ऐसा ही बालाजी मन्दिर के प्रांगण में घटित हो रहा था। देशपाण्डे सर भी भरी हुई बदली की तरह भरे-भरे थे। ब्राह्मण छात्र इन्द्रधनुष की तरह दमक रहे थे। जोर-शोर से उत्सव की तैयारियाँ चल रही थीं। मन्दिर का माहौल मंगलमय हो गया था। मन्दिर के प्रांगण में भक्तों की क़तारें जुड़ रही थीं। देशपाण्डे सर मन्दिर के गर्भगृह के भीतर गये। मूर्ति के सामने उन्होंने मस्तक झुकाया और याचना भरे स्वर में कहा, "भगवन्, कल आपकी रथ-यात्रा है। हे सर्वज्ञ, इस रथ-यात्रा की आज्ञा दें।" उन्होंने मूर्ति पर पुष्प वर्षा की, आरती की और उत्सव का आगाज़ हो गया। वैष्णवों ने छह मूलमन्त्रों का पठन किया। ईश्वर की मूर्ति को घृत का लेपन किया गया। रात भर घृत की धार से अभिषेक होता रहा।

सुबह मूर्ति को चँवर ढुलाए गये। पूजन हुआ। पुनश्च दीप, केशर, फूलों के साथ यजन हुआ। मूर्ति और उसके उपासकों पर हल्दी, कपूर, श्वेत चन्दन के चूर्ण की वर्षा की गयी। फिर ईश्वर की मूर्ति को बाजे-गाजे के साथ रथ पर स्थापित किया गया।

वहाँ पर दुबारा अर्चन-पूजन हुआ और छत्र, चंवर, तथा शंख-नाद के साथ रथ-यात्रा की शुरुआत हो गयी।

देवयात्रा धीरे-धीरे आगे बढ़नी लगी। लोग उत्साह और उमंग से भरे 'गोविन्द गोपाल' का जयघोष करने लगे। भक्ति और उल्लास से सराबोर रथयात्रा अपने उफान पर चढ़ने लगी। हर कोई 'गोविन्द गोपाल' के जाप में डूबा हुआ मन्त्र मुग्ध था। जुलूस भीमनगर की तरफ़ मुड़ गया। गाँव के लोग असमंजस में थे। कई लोग देवयात्रा की तरफ़ दौड़ पड़े। देवयात्रा बाजे-गाजे के साथ जयघोष करती हुई भीमनगर की तरफ़ प्रस्थान कर रही थी।

पिराजी बुद्ध की मूर्ति तराशने में मग्न था। छोटे बच्चे रोज़ की भाँति उसके आसपास जमा मूर्ति को निहार रहे थे। गौतम कमर पर हाथ धरे चौतरे पर खड़ा था। आती-जाती स्त्रियाँ रुककर पिराजी का काम देखतीं और आगे बढ़ जातीं।

डिप्टी, दिलीप और बाबुराव देवयात्रा की अगुवाई कर रहे थे। उनके हाथों में लाठियाँ थीं। डिप्टी जुलूस के साथ-साथ चलते हुए देवयात्रा की भीड़ को नियन्त्रण में रख रहे थे। लोगों को क़तार में चलने की हिदायत दे रहे थे। बाजेगाजे की झाम-झमक के साथ बड़ी संख्या में भीमनगर की ओर आती भीड़ की तरफ़ सबसे पहले गौतम का ध्यान गया। पहली बार इतने सारे लोग भीमनगर में आ रहे थे। पहले तो वह सकपका गया। फिर जब देखा कि डिप्टी के हाथ में लाठी है और साथ में दिलीप भी है तो वह किसी आशंका से भर गया। अगले ही क्षण वह ज़ोर से चिल्ला उठा, "भागो, भागो, गाँव वाले हमला करने आ रहे हैं। भागो!" वह पूरी ताक़त से चिल्लाया और उसने चौतरे से छलाँग लगा दी। फिर ना आगे देखा न पीछे, सीधे वहाँ से भाग खड़ा हुआ। पिराजी ने भी घबड़ाकर चौतरे से छलाँग लगा दी और वह भी जान मुट्ठी में लिए गौतम के पीछे-पीछे भागने लगा। उन्हें देखकर बच्चे भी भागने लगे। वहाँ खड़ी स्त्रियों में हड़कंप मच गया। सभी घबड़ाकर चिल्लाने लगीं। चिल्लाती हुई वे भी वहाँ से भागने लगीं। नाज़ुका कुछ साहस के साथ खड़ी थी। उसने चिढ़कर कहा, "मैंने कहा न था? म्हसोबा शान्त नहीं बैठनेवाला है। कहा था मैंने, गाँव के लोग हमला करने आयेंगे। टोले को जला देंगे।" उसने तड़पकर जैसे शाप दिया और जान हथेली पर लिए हुए वह भी भाग खड़ी हुई। पूरी टोले सकते में थी। कोई थाली पर बैठा था। कोई सुस्ता रहा था। जो जिस अवस्था में था, भाग खड़ा हुआ।

कुछ ही समय में महार टोला ख़ाली हो गया। कोई भंडारकवठा की दिशा में भागा तो कोई सिंदखेड़ की दिशा में। किसी ने नदी में छलाँग लगा दी और नदी लाँघकर मंकी हील की दिशा में शरण ले ली। सब तरह एक अफरातफरी-सी मच गयी।

देवयात्रा ने भीमनगर में प्रवेश किया। लोग उत्साह और ख़ुशी से झूम रहे थे। देशपाण्डे सर अपने में मगन 'गोविंदम्' का जाप कर रहे थे। ब्राह्मण छात्र उनके पीछे-पीछे एक सुर में 'दलित गोविन्दम्' का घोष कर रहे थे। देवयात्रा म्हसोबा के चौतरे के पास आकर रुक गयी। भीमनगर में सन्नाटा पसरा हुआ था। रास्ते पर गधे खड़े थे। कूड़ों के ढेर पर मुर्गियाँ चुग रही थीं। झोंपड़ों के सामने कुत्ते भौंक रहे थे। डिप्टी के हाथ में लाठी देखी तो कुत्ते भी भाग गये। टोले पूरी तरह से ख़ाली हो गयी।

डिप्टी दिलीप और बाबुराव के साथ जब धर्मशाला पहुँचे, धर्मशाला में हाजी मलंग और मलकु सोये हुए थे। डिप्टी ने उन्हें लाठी से खोंचकर जगाया। हाजी मलंग ने डिप्टी को देखा तो घबरा गया। मलकु सम्भ्रम में घिरा। आँखें मलता हुआ देखता रहा। दोनों हड़बड़ा गये थे। ज़ुबान से उनकी शब्द नहीं निकल रहे थे। डिप्टी ने उनसे उठने के लिए कहा तो दोनों तुरन्त उठ खड़े हुए और डिप्टी के पीछे-पीछे चलने लगे।

देवयात्रा का जुलूस म्हसोबा के चौतरे के पास आकर रुक गया। जयघोष की गूँज से समूचा भीमनगर गूँज उठा था। मलकु और हाजी मलंग रथयात्रा के सामने हाथ जोड़कर खड़े हो गये। देशपाण्डे सर ने उन पर फूलों की वर्षा की।

गोविंदम् हरी गोविंदम्
गोविंदम् व्यंकटरमण गोविंदम्

जयघोष से पुनः एक बार भीमनगर गूँज उठा। मलकु के हाथ-पाँव थरथरा रहे थे। हाजी मलंग की ज़ुबान को जैसे लकवा मार गया था। गाँव वासी उत्साह से भरपूर जयघोष के साथ नाच रहे थे। गुलाल, पुष्प की वर्षा और बाजों की आवाज़ से समूचा परिवेश गमक उठा था।

बाला महार मवेशियों को हाँकते हुए कबूतर गली से निकल रहा था। दिलीप ने उसे रोका। उसके हाथ पर मिठाई रखी और कहा, "लो मुँह मीठा करो, हमारे साहब मुख्यमन्त्री बन गये हैं।" दिलीप के मन में ख़ुशी जैसे समा नहीं रही थी। एक छोटे क़स्बे में जन्मा आदमी राज्य का मुख्यमन्त्री बन चुका था। पूरा गाँव हर्ष व अभिमान की भावना से भर उठा। समाचार-पत्रों में मोटे अक्षरों में खबर छपी - राज्य को एक युवा मुख्यमन्त्री मिल गया।

बाला ने मिठाई नहीं खायी। बच्चों की ख़ातिर उसे धोती के चोगे में बाँध दिया और जानवरों को हाँकते हुए वह आगे निकल गया। बाला और हितेन्द्र पाटिल का जन्म एक ही दिन हुआ था। बाला जीवन भर चरवाही करता हुआ जानवरों को हाँकता रहा। हितेन्द्र पाटिल विधायक बने। फिर राज्यमन्त्री बनकर अब मुख्यमन्त्री पद तक पहुँच गये थे। यह लोकतन्त्र का चमत्कार था।

हितेन्द्र पाटिल के मुख्यमन्त्री बनने से पाठशाला में ख़ुशी और उल्लास का माहौल छाना लाज़मी था। गौतम हालाँकि इस ख़बर से रुष्ट था। उसके पीछे से आये हुए चपरासी पर्मनेंट हो गये थे। पूरा वेतन पा रहे थे। स्टूल पर जड़ जमाकर बैठे थे। लेकिन वह अभी भी आधे वेतन पर खट रहा था। हर काम के लिए सभी

उसे ही दौड़ाते। गौतम सोचता, हर जाति के लोग आगे निकल रहे हैं। तरक्की कर रहे हैं और मैं ही यहाँ पर सड़ रहा हूँ। आजकल वह उदास रहने लगा था।

बनसोडे सर ने अपनी क्लास ख़त्म की और वे ऑफ़िस की दिशा में बढ़ गये। देशपाण्डे सर ने उनसे मिलने के लिए कहा था। छात्रावास के छात्रों ने देशपाण्डे सर के ख़िलाफ़ कुछ शिकायत की थी। मारुति काम्बले ने शिकायत लिखित रूप में दी थी। और अब संस्था ने शिकायत-पत्र भेजकर देशपाण्डे सर से खुलासा माँगा था। छात्रावास के छात्रों ने क़रीब दो पन्ने भरकर शिकायत दर्ज की थी। पहला हस्ताक्षर मारुति काम्बले का था– 'देशपाण्डे सर पढ़ाने में ध्यान नहीं देते हैं। बालाजी मन्दिर के पुजारी बने हुए हैं। पढ़ने-पढ़ाने के बीच में धर्म और ईश्वर की बातों को ले आते हैं। धर्मनिरपेक्षता को उन्होंने ताक पर रखा हुआ है। अतः उनका तबादला किया जाना चाहिए।' आदि-आदि।

देशपाण्डे सर बड़े आहत हो चुके थे। बनसोडे सर के आते ही उन्होंने कहा, ''मैं प्रगतिशीलता का नुमाइन्दा हूँ। जब डिप्टी ने जाति के नाम पर गाली-गलौज की थी तब मैंने ही उनका विरोध किया था। मैं देवयात्रा को महार टोले में ले गया। बोर्डिंग के छात्रों को यह सब नहीं करना चाहिए था। नौकरी के बाद मैं क्या करता हूँ या मुझे क्या करना होगा इस पर किसी का ज़ोर नहीं हो सकता। संविधान ने हर एक को धार्मिक स्वतन्त्रता बहाल की है। कल को ब्राह्मण छात्र आपके ख़िलाफ़ भी शिकायत दर्ज कर सकते हैं। बनसोडे सर भीमनगर में जाते-आते हैं। बुद्ध की वन्दना करवाते हैं। तब आप क्या जवाब देंगे?'' देशपाण्डे सर ने मन की व्यथा को जैसे बहने दिया।

''मैं बात करता हूँ बोर्डिंग के छात्रों से। अगर आप इसकी अनुमति देते हैं।'' बनसोडे सर ने कहा।

''नहीं। अभी आप कुछ मत कीजिए। उन्होंने लिखित शिकायत दर्ज की है। मुझे पहले अपनी सफ़ाई देनी होगी। आपको यह सब पता हो इसलिए बुलाया था।'' देशपाण्डे सर की आवाज़ में नाराज़ी थी। बनसोडे सर ने उनसे अनुमति ली और वे लायब्रेरी की तरफ़ चले गये। जाकर वे अपनी नित्य की जगह पर बैठ गये। गहरी सोच में डूबे बैठे रहे।

'देशपाण्डे सर, शहाणे सर, टेकाडे सर, मदने मैडम सभी अपने पीछे से संस्था में आये हुए हैं। सबसे प्रथम इस संस्था में मैं नियुक्त हुआ था। हितेन्द्र पाटिल के हस्ताक्षर के साथ मेरी नियुक्ति हुई थी। बाकियों की नियुक्तियाँ मदने मास्टर जी

के हस्ताक्षर के साथ हुई थी। देशपाण्डे सर जूनिअर कॉलेज के प्राचार्य बन गये। शहाणे को गंगाखेड़ कॉलेज का प्राचार्य बना दिया गया। टेकाडे सर हाईस्कूल के मुख्याध्यापक बन गये। मदने मैडम की झोली में संस्था का सचिव पद आ गिरा। और मैं? एक छात्रावास की ज़िम्मेदारी सौंपी थी। उसे भी छीन लिया।'

डिप्टी की एक शिकायत भर से उनके अधिकार छीन लिए गये थे। छात्रों को वे मुफ़्त में ट्यूशन पढ़ाते थे। छात्रों के बीच प्रिय थे। बावजूद इसके उन्हें एक तरफ़ रखा हुआ था। कोई अवसर उन्हें नहीं दिया गया। वे विचारों में खोये थे। तभी लायब्रेरियन ने आकर उनके हाथ पर मिठाई रखी। "अपने साहब मुख्यमन्त्री बन गये।" उसने हुलसकर कहा। फिर कइयों ने बनसोडे सर को मिठाई खिलाई। हर कोई मिठाई बाँटकर अपनी ख़ुशी ज़ाहिर कर रहा था।

बनसोडे सर चुपचाप किताब पढ़ रहे थे। लेकिन उनके भीतर जैसे एक घनघोर युद्ध चल रहा था। अपने तबादले को लेकर वे क्षुब्ध थे। उन्होंने तबादले के लिए आवेदन दिया हुआ था। देशपाण्डे सर उनके तबादले के ख़िलाफ़ थे। वे उन्हें छोड़ना नहीं चाहते थे। अगर बनसोडे सर का तबादला हो जाता तो वे अपनी आगे की पढ़ाई जारी रख सकते थे। वे सेवा परीक्षा की तैयारी कर रहे थे। वे परेशान थे।

तानी लायब्रेरी में चली आयी थी। उसने किताबें लीं और वह बनसोडे सर के निकट जाकर खड़ी हो गयी। बनसोडे सर ने सवालिया नज़रों से उसे देखा। तानी ने इधर-उधर देखा और चुपके से एक काग़ज़ का एक पर्चा उन्हें थमा दिया। फिर बिना कुछ कहे वह शीघ्रता से वहाँ से निकल गयी। बनसोडे पहले तो कुछ समझ नहीं पाये। फिर उन्होंने उसे अपनी जेब में रख लिया। वे उलझन में पड़ गये थे। पर्चे पर क्या लिखा था, उसे लायब्रेरी में पढ़ना सम्भव नहीं था। यद्यपि उन्होंने तनूजा की नज़र ज़रूर पढ़ ली थी। कई दीनों से उसकी आँखें जैसे कुछ कह रही थी। बनसोडे सर को शक हुआ कि कहीं तनुजा ने प्रेमपत्र तो नहीं लिखा हो। इस विचार से वे सकपका गये। शीला ने कहा था एक बार उनसे 'तनुजा आपको पसन्द करती है।' और जैसे वह क्षण आ गया था। बनसोडे सर घबरा गये थे।

कविता का ब्याह हो गया था। अपनी पढ़ाई आधी छोड़कर वह ससुराल चली गयी। सुना था कि वह गर्भवती है। इस बीच एक दुखद घटना ने पूरे गाँव को हिला दिया था। शीला ने आत्महत्या कर ली थी। उसकी आत्महत्या से समूचा गाँव दुःख से आकुल हो उठा था। अपने पीछे वह एक पत्र छोड़ गयी थी, जिसमें उसने लिखा था कि वह अपने गरीब माँ-बाप पर बोझ नहीं बनना चाहती है।

दहेज़ नहीं जुटा पाने की चिन्ता में डूबे अपने पिता को उसने मुक्त कर दिया है और अगले जन्म में उन्हीं की बेटी बनकर जन्म लेने का वादा क़िया था। उसका पत्र पढ़कर कई लोग कराह उठे थे। दरिद्रता की वजह से एक जवान लड़की ने अपना जीवन ख़त्म कर दिया था। उसकी आत्महत्या से गाँव अभी तक नहीं उबरा था।

बनसोडे सर आज जल्द ही घर चले गये। वे तनुजा का लिखा हुआ पढ़ने के लिए बेसब्र हो उठे थे। जब घर पहुँचे तब प्रीति घर का काम कर रही थी। प्रीति मदने मास्टर जी के घर का काम सँभालती थी। मदने मास्टर जी के जाने के बाद भी वह आती रही। बनसोडे सर ने भी उसे मना नहीं किया था। जब उनके पास छात्रावास का चार्ज था तब उन्होंने प्रीति की आर्थिक मदद की थी। प्रीति उनके प्रति कृतज्ञ थी। उसने काम नहीं छोड़ा था।

प्रीति कपड़े धो रही थी। 'आज जल्दी आ गये?' उसने चुहल करते हुए बनसोडे सर के शरीर पर पानी छिड़क दिया और मुस्कुराने लगी। बनसोडे सर ने कुछ नहीं कहा। ''आपसे किस तरह से पेश आना होगा, समझ नहीं पाती हूँ'' कहते हुए प्रीति ने नाराज़ी से मुँह फेर लिया और दुबारा कपड़े धोने में व्यस्त हो गयी। बनसोडे सर घर के भीतर चले गये। काम ख़त्म कर प्रीति चली गयी तो बनसोडे सर ने दरवाज़ा भीतर से बन्द कर दिया। फिर उत्कंठा से तनुजा का पत्र खोला और उसे पढ़ने लगे। तभी दरवाज़े पर खटका हुआ। उन्होंने दरवाज़ा खोला तो सामने कानी के पिता खड़े थे। वे घर के भीतर चले आये और बैठ गये। बहुत देर तक वे यूँही चुपचाप बैठे रहे। आख़िर में बनसोडे सर ने ही चुप्पी तोड़ते हुए पूछा, ''कहो, क्या बात है।''

''मैं कान्होपात्रा के बारे में बात करने आया हूँ जी।''

''क्या बात करनी है?''

''कान्होपात्रा की माँ का कहना है कि कान्होपात्रा को लेकर आपसे बात करें।''

''आप कान्होपात्रा से मेरा ब्याह करना चाहते हैं। मेरी हामी लेने आये हैं। क्या यही बात है?''

''हाँ जी।''

''लेकिन उसका ब्याह तो गौतम से तय हुआ था न?''

''लेकिन कान्होपात्रा राजी नहीं है।''

''क्या आपने उससे मेरे बारे में बात की है ?''

''नहीं। लेकिन अगर आप राजी हो जाते हैं तब उससे भी बात कर लेंगे। वह मनाही नहीं करेगी। हमें भरोसा है इसलिए आपके पास चला आया हूँ।''

''वह गौतम के साथ ब्याह के लिए राजी क्यों नहीं है?''

''पढ़ा-लिखा पति चाहती है।''

''मैं इतवार के दिन बुद्ध वन्दना की ख़ातिर भीमनगर में आऊँगा। तब इस विषय पर बात करते हैं।''

बनसोडे सर ने उन्हें चाय पिलाई। वे सन्तोष से भरे चले गये। बनसोडे सर ने ग़ौर किया कि वे साफ़-सुथरे कपड़े पहने हुए थे। भीमनगर में बदलाव आ रहा था।

बनसोडे सर को कानी याद आयी। एक-दो दफा वह उनके लिए भोजन लेकर आयी थी। फिर एकाध बार कुछ और देने के बहाने चली आयी थी। ''मुझे पढ़ना है। क्या आप मुझे पढ़ाएँगे?'' उसने कोमलता से पूछा था। बनसोडे सर को हँसी आ गयी। उन्होंने दरवाज़ा बन्द किया और दुबारा वे तनुजा की चिट्ठी खोलकर बैठ गये, बड़े बेसब्र होकर।

'प्रिय सर' के सम्बोधन से पत्र की शुरुआत की गयी थी और अन्त तक आते-आते तनुजा ने ब्याह न करने पर आत्महत्या करने की बात लिख डाली थी। बनसोडे सर को जैसे काठ मार गया। बेचैनी से भरकर उन्होंने कई बार उस पत्र को पढ़ डाला। वे एक निराशा से भर गये। कई-कई बार उन्होंने उस पत्र को पढ़ा। न खाना खाया और न ही कोई काम किया। रात भर नींद उनकी आँखों से कोसों दूर रही। पूरा समय वे सोचते रहे। इससे पूर्व ऐसा कभी नहीं हुआ था कि किसी सोच ने उन पर इस तरह से क़ब्ज़ा किया हो। उन्हें तनुजा की शिद्दत से याद आने लगी। उसका दृढ़ निश्चय याद आने लगा। पत्र में अभिव्यक्त किया गया उसका निरीह प्रेम और सच्चाई उन्हें लुभाने लगी थी। लेकिन दूसरी तरफ़ वे इसके भीषण परिणाम को लेकर आशंकित हो रहे थे। इस बात को लेकर डिप्टी कैसे पेश आयेंगे? अगर उन्होंने इनकार कर दिया तब क्या होगा। क्या तनुजा सच में आत्महत्या का रास्ता अपना सकती है? उसने जिस तरह से अपनी भावनाओं को उस लिखे में व्यक्त किया था, उसमें वह कितनी अटल नज़र आ रही थी। बनसोडे सर इससे बड़े विचलित हो गये थे। 'क्या इस प्रेम की हामी भर दे? फ़िलहाल उसके सामने अपनी पढ़ाई पूरी करने की शर्त रखी जा सकती है। तब तक स्थितियाँ अनुकूल हो सकती हैं। एकदम से इनकार करना ठीक नहीं होगा। लेकिन यह प्रेम सम्भव नहीं है।' बनसोडे सर ने कई बार खुद को ही आश्वस्त किया। दोपहर में अचानक गौतम घर आया।

देशपाण्डे सर ने उसे भेजा था। कल बातों-बातों में वे बनसोडे सर से कह गये थे कि ब्राह्मण छात्र उनके ख़िलाफ़ भी शिकायत दर्ज कर सकते हैं। देशपाण्डे सर को अब अपने कहे पर पछतावा हो रहा था सो उन्होंने बनसोडे सर का हाल जानने के लिए गौतम को भेजा था।

"मुझे ठीक नहीं लग रहा है गौतम। सोचता हूँ कि चार दीनों की छुट्टी ले लूँ। ट्यूशन पर भी नहीं जा पाऊँगा। मैं सोने जा रहा हूँ। मुझे आराम की ज़रूरत है।" बनसोडे सर की आवाज़ थकी हुई थी। वे कमजोर लग रहे थे। आँखें भीतर की ओर धँस गयी थीं। गौतम ने उनके लिए चाय बनाई।

बनसोडे सर ने चाय का घूँट लिया और गौतम से पूछा, "कानी का ब्याह क्यों नहीं हो रहा है?" बनसोडे सर के इस सवाल से गौतम अचरज में पड़ गया। "क्या कानी के पिता ने आपसे पूछा है?" उसने उल्टा सवाल किया। बनसोडे सर ने उसे टाल दिया। गौतम ने कहा, "कानी अशोक से प्रेम करती है। लेकिन अशोक जब से डॉक्टर बन गया है, उसे भूल चुका है। सुना है कि वह दूसरी जाति की लड़की से ब्याह करनेवाला है। कानी को इसकी थाह लग चुकी है। वह गयी थी बाला महार के घर। वहाँ जाकर उसने ख़ूब रोना-धोना किया। अपना आपा खो बैठी है। अब उसके घरवाले उसके ब्याह की फिकर में हैं।" गौतम का कहा सुनकर बनसोडे सर अचम्भे में पड़ गये।

बनसोडे सर ने गौतम को छुट्टी के लिए आवेदन लिख दिया। उनके हाथ थरथरा रहे थे। 'एक ही दिन में बनसोडे सर की हालत पस्त हो गयी है। उन्हें क्या हुआ है?' गौतम को उनकी चिन्ता हुई। वह आवेदनपत्र लेकर निकल गया। बनसोडे सर उसके जाने के बाद फिर से तनुजा के विचारों में डूब गये। तनुजा इस समय क्या कर रही होगी? किस हाल में होगी? क्या सोचती होगी? उन्हें उसकी फ़िक्र हो रही थी। उसने एक बार ट्यूशन के समय खड़े होकर पूछा था, निडरता से, "देशपाण्डे सर अलग शिक्षा देते हैं। आप अलग शिक्षा देते हैं। देशपाण्डे सर कहते हैं, इस जग को ईश्वर ने निर्माण किया है। ईश्वर सर्वश्रेष्ठ है। वही इस संसार का तारणहार है। वह भक्तों की चिन्ता करता है। उनकी सहायता करता है। धर्म की रक्षा के लिए वह अवतार लेता है। दुष्टों का संहार करता है। आप सिखाते हैं कि मन्दिरों को इन्सानों ने बनाया है। ईश्वर की मूर्तियाँ इन्सानों ने बनाई हैं। इन्सानों ने ही सभी धर्म ग्रन्थों को लिखा। ईश्वर का निर्माता इन्सान हैं। इसलिए इन्सान ईश्वर से अधिक श्रेष्ठ है। इन्सान के श्रम से ही इस सृष्टि का निर्माण हुआ है।

इन्सान के ज्ञान से यह संसार रचा गया है। ईश्वर पुजारी के हाथों का हथियार है। मन्दिर गुज़ारे के साधन हैं। मैं समझ नहीं पाती हूँ कि क्या सही है?'' ट्यूशन के सभी विद्यार्थी चुप हो गये थे। बनसोडे सर ने कहा था, ''तथागत बुद्ध ने कहा है, केवल मैं कहता हूँ इसलिए किसी बात को मत मानना। तुम्हारी बुद्धि को जो सही लगता है, तभी सत्य का स्वीकार करना। मेरा भी यही जवाब है।'' तनुजा ने कुछ नहीं कहा था। बनसोडे सर के सामने बार-बार उसका चेहरा उभर रहा था। उसके अक्षर, उसकी भावनाएँ, उसका प्रेम, उसकी दृढ़ता सब कुछ उन्हें लुभा रहा था। फिर से वे एक हताशा से घिरने लगे। अत्यधिक ख़ुशी उन्हें शायद निरुत्साहित भी कर रही थी। वे एक अन्तिम क्षण के समीप ठिठके हुए थे। उसके सामने उन्हें कुछ नज़र नहीं आ रहा था। कैसे यह घटित हुआ? किसलिए घटित हुआ? अब इसका क्या अन्त होगा? निरन्तर विचार जैसे उन्हें पागल बना रहे थे।

शाम में देशपाण्डे सर उनसे मिलने आये। उन्होंने बनसोडे सर की हालत देखी तो चिन्ता में डूबकर कहा, ''अचानक क्या हुआ है आपको? चलिए, अस्पताल चलते हैं।''

''नहीं, ऐसी कोई बात नहीं है। बस कुछ कमज़ोरी महसूस कर रहा हूँ। आराम करना चाहता हूँ।'' बनसोडे सर ने थक़ी हुई आवाज़ से कहा। शरीर उनका बुख़ार से तप रहा था।

''ठीक है, आराम कीजिए। मैंने जो कहा, उसे दिल से मत लगाइये। बोर्डिंग के बच्चों ने शिकायत दर्ज की इसलिए थोड़ा रूखा हो गया था।'' देशपाण्डे सर ने अपनी सफ़ाई में कहा और वे चले गये। बनसोडे सर ने तनुजा के पत्र को एक किताब में रखकर किताब सूटकेस में रख दी।

रात में गौतम उनके लिए टिफिन लेकर आया। उनकी खाने की इच्छा तो न थी लेकिन दो कौर पेट में जाने से वे अच्छा महसूस करने लगे। तभी गौतम ने उनसे कहा, ''कानी ने ज़हर खा लिया है। उसे गंगाखेड़ ले गये हैं।'' बनसोडे सर ने सुना तो वे विचलित हो गये। उनके सामने तानी का चेहरा सामने घूम गया।

''अशोक ने उसे इस तरह से धोखा नहीं देना चाहिए था।'' बनसोडे सर ने व्यथित स्वर में कहा। उन्हें तानी की चिन्ता हुई। कानी के पिता की याद आयी। उनकी आँखें नम हो उठीं। 'इन्सान प्रेम में पागल हो जाता है। बिना प्रेम के जी नहीं पाता है। फिर वह मृत्यु को समीप करता है।' बनसोडे सर गम्भीर हो गये। गौतम खाली टिफिन लेकर चला गया।

कानी ने जो किया उससे वह भी सकते में आ गया था। महार टोले ने अशोक को कठघरे में खड़ा किया हुआ था। बाला खुद को अपराधी महसूस कर रहा था।

बनसोडे सर अगले दो दीनों तक घर में ही रहे। अगले दिन जब प्रीति काम पर आयी तब उसके साथ उसका बड़ा बेटा हामिद भी था। हामिद ने उन्हें प्रणाम किया।

"यह आपसे मिलना चाहता था। उससे बात कीजिए।" प्रीति ने कहा और वह बर्तन माँजने चली गयी। हामिद आज्ञाकारी बच्चे की भाँति बैठ गया। फिर कहने लगा, "इस वर्ष मेरा बी. ए. हो जायेगा। अब मैं आई. ए. एस. की तैयारियाँ करूँगा। मैं पढ़ाई में अच्छा हूँ। मेरे अच्छे अंक आ सकते हैं।" बनसोडे सर को बड़ा कौतुक हुआ। उन्हें ख़ुशी हुई। वे उठे। अलमारी से कुछ किताबें निकालीं और हामिद के हाथों में थमाते हुए उन्होंने कहा, "मन लगाकर पढ़ाई करो हामिद। हालातों से जूझकर हमें आगे बढ़ना है। शिक्षा बहुत ज़रूरी है। उसके बिना कोई विकल्प नहीं है और हाँ, डरना नहीं। शेर की तरह रहना है।" बनसोडे सर ने उसकी पीठ थपथपायी। प्रीति ने काम ख़त्म किया। वह हामिद को साथ लिए चली गयी।

'प्रीति का बेटा बड़ा हो गया। आत्मविश्वास से भरा है।' बनसोडे सर ने मन-ही-मन कहा और दरवाज़ा भीतर से बन्द कर वे कमरे में चले गये। उन्हें बहुत अकेला लग रहा था। मन में अजीब-सी उथलपुथल मची हुई थी। कुछ देर बाद उन्होंने सोचा कि कुछ देर बाहर जाकर टहल आना चाहिए। वे घर से निकल गये। रास्ते से छात्र गुज़र रहे थे। उन्हें अभिवादन करते और निकल जाते। वे बालाजी मन्दिर के सामने से निकल रहे थे तब उन्हें दयाराम दिखाई दिया। वह दर्शन हेतु मन्दिर के लिए निकला हुआ था। उसे देखकर बनसोडे सर रुक गये। दयाराम की आँखें छलछला गयी। "बाला का बेटा पढ़-लिख कर बड़ा हो गया। डागदर बन गया। अस्पताल डाला। और अब ऊँची जाति की लड़की से ब्याह करने जा रहा है। सब ठीक है। लेकिन कानी का क्या होगा?" कहते हुए दयाराम ने गहरी साँस ली। फिर कहा, "सरकार आपकी जाति के लोगों को ख़ूब सहूलियतें देती है। तुम लोगों का बढ़िया चल रहा है। हमें भी अगर ऐसी सहूलियतें मिलतीं तो मेरी बेटी ने अपनी जान देने की कोशिश नहीं की होती। वह भी आज पढ़-लिख कर आगे बढ़ती। मैं ग़रीब हूँ। बाला ग़रीब है। वह जूठन माँगकर खाता है। मैं भी जूठन माँगकर जी सकता हूँ। लेकिन मैं जुठन माँग नहीं सकता हूँ न। ऊँची जात का जो हूँ। अगर महार होता तो जूठन माँग लेता। दस घर घूमता। बेटी की सभी इच्छाएँ पूरी करता।

लेकिन मुझे भीख माँगना नहीं आता है। अगर किसी द्वार पर खड़ा हो भी जाऊँ तो कोई भीख नहीं डालेगा। प्रतिष्ठा आड़े आती है। बच्ची ने जान दे दी। अब किसकी ख़ातिर जीना होगा?'' दयाराम पीड़ा से कराह उठा और फफककर रो पड़ा। 'सँभालिये अपने आपको' बनसोडे सर ने केवल इतना ही कहा और वे आगे बढ़ गये। उन्हें दयाराम की फ़िक्र हो रही थी। जब चौपाल से होकर आगे बढ़ रहे थे, लायब्रेरियन जायभाय उनसे टकरा गये। उन्होंने रुककर बनसोडे सर का हाथ अपने हाथ में लिया और स्नेह पगे स्वर में पूछा,

''तबियत ठीक नहीं थी? देशपाण्डे सर बतला रहे थे। दो दीनों से देखा नहीं आपको। आपकी क्लास टेकाडे सर सँभाल रहे हैं। लेकिन उनकी क्लास में बच्चे बैठते नहीं हैं। बड़ा ऊधम मचाते हैं।''

''सोमवार को आ जाऊँगा।'' बनसोडे सर ने कहा। वे आगे निकलना चाहते थे। लेकिन जायभाय कुछ क्षण रुके रहे फिर इधर-उधर देखकर फुसफुसाकर कहा, ''एक बात पूछूँ आपसे? डिप्टी साहब की बेटी ने कुछ ख़त जैसा दिया था आपको। मैंने देखा था। क्या था उसमें? '' बनसोडे सर सकपका गये। फिर कुछ झुँझलाकर उन्होंने कहा–

''लगता है, आपको कोई ग़लतफ़हमी हुई है।'' वे शीघ्रता से आगे बढ़ गये। लायब्रेरियन के सवाल से वे तिलमिला गये थे। जैसे उनकी चोरी पकड़ ली गयी हो। वे क्षुब्ध हो गये थे।

चलते हुए वे नदी की दिशा में बढ़ गये। महारों ने देवताओं की मूर्तियाँ नदी में बहा दीं। क्या वे अभी भी पानी के भीतर हैं या बहकर चली गयीं?' नदी उलाँघकर वे तराई की तरफ़ मुड़ गये।

गंगू कपड़े सुखा रही थी। ''कहाँ जा रहे हैं सर? क्या मठ के लिए निकले हो?'' उसने चिन्ता भरी आवाज़ में पूछा।

''नहीं। सोच रहा हूँ कि आस-पास ही टहल लूँ।'' बनसोडे सर ने कहा।

''कॉलेज रोड़ की तरफ़ घूमने जाया करो सर। इधर मत आया करो। महन्त का भूत पकड़ लेगा। पीछे लगकर कहीं घर तक न आ जाए।'' गंगू की आवाज़ में भय था।

'' तुम कह रही हो तो नहीं जाऊँगा। लौट जाता हूँ।'' बनसोडे सर ने कहा और वे लौट गये। जायभाय के सवाल से वे विचलित हो गये थे। उनका पूछा हुआ जैसे उनके दिमाग़ में हथौड़ा ठोंक रहा था। अचानक उन्हें लगा कि वे एक भीषण

संकट के मुहाने खड़े हो गये हैं। किसी चोटी के किनारे रुके हैं और कभी भी मौत की खाई में धकेले जा सकते है। चिन्ता से घिरे वे सोच में डूबे रहे। तनुजा की आत्महत्या या उनकी अपनी हत्या यही शायद उसके लिखे ख़त का जवाब था।

बनसोडे सर ने भीमनगर का रास्ता पकड़ लिया। बुद्ध की विशाल मूर्ति के सामने ख़ासी भीड़ जुटी थी। भीड़ में बच्चे और स्त्रियाँ बड़ी संख्या में उपस्थित थे। डफलियों की कड़कड़ाहट से महार टोला गूँज उठा था। पोतराज धूप-आरती गा रहे थे। साथ ही नाच-नाचकर जैसे उन्माद में थे। स्त्रियाँ भावुकता से विह्वल होकर पोतराज की गतिविधियों को देख रही थीं। कानी की जान बचे और वह सकुशल घर वापस आये इस हेतु पोतराजों को बुलाया गया था। मलकु और हाजी मलंग पोतराज पर मुरमुरे बिखेर रहे थे। पोतराज सुध-बुध खोकर नाच रहे थे। हलगियों का शोर अपनी उफान पर था। बनसोडे सर ने देखा तो वे वहीं पर ठिठक गये और उल्टे पाँव लौट गये। रास्ते में उन्हें दिलीप दिखाई दिया। उसने बनसोडे सर को नमस्कार किया। बनसोडे सर को जैसे सुध नहीं थी। उनकी हालत बड़ी दयनीय थी। इतने पस्तहाल थे कि नमस्कार का जवाब देने की भी हिम्मत जुटा नहीं पाये। केवल गर्दन हिलाई और आगे बढ़ लिए।

जब घर पहुँचे, उन्होंने देखा कि देशपाण्डे सर उनके घर के सामने खड़े हैं। हाथ में उनके टिफिन था। बनसोडे सर को देखा तो वे लपककर आगे आये और उत्साह से भरकर उन्होंने कहा, ''कहाँ चले गये थे बनसोडे सर? आपके लिए साबूदाने की खीर लाया हूँ। लीजिए, खीर पतेले में लीजिए और जल्द से टिफिन खाली कर दीजिए। मुझे मन्दिर भी जाना है।'' बनसोडे सर ने दरवाज़ा खोला। जल्दी से टिफिन खाली किया और धोकर देशपाण्डे सर को दे दिया। देशपाण्डे सर ने स्नेह से भरकर कहा, ''आज आप आराम ही कीजिए बनसोडे सर। बहुत बाहर निकलना ठीक नहीं है। अपनी तबीयत का ध्यान रखिये। यहाँ पर आपकी चिन्ता करने वाला अपना कोई नहीं है।'' और वे चले गये। कुछ क्षणों के उपरान्त फिर से लौट कर आये और कहने लगे, ''एक बात कहनी थी आपसे। कल लाइब्रेरियन जायभाय मिला था। कह रह था कि डिप्टी की बेटी ने आपको ख़तनुमा कुछ दिया है। आपको सचेत कर रहा हूँ बनसोडे सर। जायभाय गंगाखेड़ के विधायक रावते का रिश्तेदार है। उनकी सिफ़ारिश से ही उसे नौकरी मिली है। डिप्टी की बेटी ने अगर ऐसा-वैसा कुछ लिखकर दिया है तो उसे फाड़कर फेंक दीजिए। अपने पास मत रखना। बड़ी विपदा में फँस सकते हैं। नौकरी भी जा सकती है।

और जानते हैं आप कि नौकरी मिलती नहीं है आसानी से। अगर चाहो तो तबादला करवा लीजिए। मैं मदने मास्टर जी से बात कर लूँगा। यह लड़की-वड़की का ख़याल अपने दिमाग़ से निकाल दीजिए। लड़कियाँ नादान होती हैं इस उम्र में। लेकिन हम तो समझदार हैं। मेरी राय पर ज़रूर सोचना। यह मामला आगे जाकर ख़तरनाक मोड़ ले सकता है।'' देशपाण्डे सर बड़ी गम्भीरता से जैसे उन्हें सचेत कर रहे थे। उनकी आवाज़ में किसी भय की आहट थी। बनसोडे सर कुछ न कह सके। देशपाण्डे सर के चेहरे पर चिन्ता की लकीरें उभरी थीं। बनसोडे सर असहाय-से खड़े थे।

बनसोडे सर की भूख-प्यास ख़त्म हो चुकी थी। बिना खाये ही वे सो गये। उन्हें तनुजा की बहुत फ़िक्र हो रही थी। एक भय की भावना ने उन्हें घेर लिया। लगा कि हत्यारे हाथ में हथियार लिए हुए उनकी ओर दौड़े आ रहे हैं। वे जान भी ले सकते हैं। डिप्टी साहब चुप बैठनेवाले नहीं है। लायब्रेरीरियन पत्र की बात अवश्य सभी को बतायेगा। देशपाण्डे सर जो कह गये हैं, ठीक ही तो कह गये हैं। बनसोडे सर हताशा से सोचने लगे। उन्हें अपनी मौत समीप आती हुई नज़र आने लगी। वे अपना सन्तुलन खो रहे थे।

दूसरे दिन सुबह प्रीति झाड़ू-पोंछा करने आयी। बनसोडे सर ने दरवाज़ा खोला और वे चुपचाप अपने कमरे में चले गये। कुछ देर में ही प्रीति अचानक उनके कमरे में चली आयी और उनके समीप आकर लेट गयी। बनसोडे सर इस अप्रत्याशित घटना से घबड़ा गये। ''मुझे आपके पास सोने दीजिए।'' कहते हुए प्रीति ने उन्हें कसकर पकड़ लिया और वह उनसे लिपट गयी। बनसोडे सर स्तब्ध-विमूढ़ बने रहे। वे चिल्लाना चाहते थे। लेकिन आवाज़ जैसे गले में ही अटकी रही। वैसे ही पड़े रहे। उन्होंने प्रीति को स्पर्श नहीं किया। केवल उसे देखते रहे।

''क्या तुम मुझसे प्रेम करती हो?'' बनसोडे सर ने उससे पूछा।

''मेरे बेटे बड़े हो रहे हैं। अगर वे यह सब जान गये तो मुझे ख़त्म कर देंगे।''

''फिर किसलिए ये सब कर रही हो?''

''मैं विधवा हूँ। आप मेरा दुःख नहीं समझ सकते। लेकिन मैं आपके घर को चौपट नहीं करूँगी।''

''क्या तुमने किसी के साथ संग नहीं किया है?''

''किया था एक दफा... जायभाय के संग। उसकी बीवी बच्चा जनने गयी थी। उसने काम के बहाने बुलाया था। मैं सोयी थी उसके साथ। केवल एक बार।

उस दिलीप की भी नज़र है मुझ पर। वह डिप्टी के निकट का है। मैं उसे पास नहीं करूँगी। मेरे बच्चे पढ़-लिख रहे हैं। उन्हें अपनी माँ पर शर्म हो ऐसा कुछ नहीं करूँगी।''

प्रीति ने उनका चुम्बन लिया और वह चली गयी।

बनसोडे सर दुबारा सवालों के गर्द में घिर गये। कई दीनों से स्कूल नहीं गया हूँ। तनुजा मुझे ढूँढ़ती होगी। वह किस हाल में होगी? एक पीड़ा से वह भी गुज़र रही है। क्या सोचती होगी? उसे लेकर भाग जाये या दोनों मिलकर अपना जीवन ख़त्म कर दे? अगर मैंने इनकार कर दिया और उसने ख़ुद को ख़त्म कर दिया तब क्या होगा? उससे मिलना होगा। बात करनी होगी। लेकिन क्या उसे घर में क़ैद कर रखा है? बनसोडे सर विचारों में उलझे हुए थे, वैसे ही बिस्तर पर पड़े रहे। कहीं पर ढोलकी की गूँज सुनाई दे रही थी। उन्होंने ध्यान देकर सुना। उन्हें प्रतीत हुआ जैसे ढोलक से किसी विरह गीत की रुलाई फूट पड़ी हो। वे काफ़ी देर तक उसी आवाज़ में खोये रहे।

गौतम की बाइक की आवाज़ कानों पर आयी तो वे भान पर आये। चौंक कर उठकर बैठ गये। दरवाज़ा खोलकर उन्होंने देखा तो सामने गौतम ही खड़ा था। उसके चेहरे पर हवाइयाँ उड़ रही थीं। बनसोडे सर घबड़ा गये।

''कानी की लाश को लेकर आये हैं। बौद्ध धर्म के रीति-रिवाज़ों के अनुसार क्रियाकर्म करने वाले हैं। क्या आप चलेंगे?'' गौतम की आवाज़ में गहरी पीड़ा थी। बनसोडे सर ने कुछ न कहा। कपड़े बदले और चुपचाप गौतम के साथ हो लिये।

कानी की लाश को चिता पर रखा गया था। बनसोडे सर ने बुद्ध-वन्दना का पठन किया। सभी उसमें शामिल हुए। फिर चिता को अग्नि के हवाले कर दिया गया। बनसोडे सर ने कानी की मुँदी हुई आँखों को देखा। ''मुझे ख़ूब पढ़ना है क्या आप मुझे पढ़ायेंगे?'' उन्हें कानी का कहा याद हो आया। उनकी आँखें छलछला उठी। प्रेम की ख़ातिर कानी ने अपने जीवन को समाप्त कर दिया था। बनसोडे सर प्रेम की ताक़त को समझ रहे थे। उनका मन तड़प उठा। उन्होंने ख़ूब आदर के साथ कानी की चिता की तरफ़ देखा। समूचे महार टोले पर मातम छाया हुआ था। महार टोले का एक ज़िन्दा स्वप्न चिता पर खाक हुआ जा रहा था। हर कोई दुःख से कराह उठा। अशोक अन्तिम यात्रा में नहीं था। बाला श्मशान में किसी भटके हुए जानवर की मानिंद घूम रहा था। कानी की माँ के आक्रोश से पूरा परिसर तड़प उठा।

अन्तिम संस्कार के बाद लोग घर लौटने लगे। बनसोडे सर भी घर की तरफ़ मुड़ गये। किन्तु मन उनका कानी की चिता के इर्द-गिर्द ही था। वे आकुल हो उठे। कानी के इस तरह से जाने से उन्हें गहरा सदमा पहुँचा था।

जब घर पहुँचे तब जैसे उन्हें किसी तरह की सुध नहीं थी। एक दाहक प्रेमकथा के ऐसे मर्मान्तक अन्त ने उन्हें विचलित कर दिया था। आज उन्हें प्रेम की शक्ति का अहसास हो रहा था। जैसे वे प्रेम करनेवाले इन्सान के मन की ऊँचाइयों से अवगत हो रहे थे। प्रेम की प्रखरता को जान रहे थे। एक बेचैनी ने उन्हें भीतर-बाहर से घेर लिया।

दरवाज़े पर कुछ टकटक हुई तो वे भान पर आये। उन्होंने दरवाज़ा खोला तो सामने तनुजा खड़ी थी। एक आश्चर्य मिश्रित ख़ुशी से वे भर गये। उत्तेजना से उनका रोम-रोम सिहर गया। क्या करे जैसे समझ नहीं पा रहे थे। तनुजा भीतर आकर बैठ गयी। बनसोडे सर को मानो अपनी आँखों पर भरोसा नहीं हो रहा था। अनिमेष नेत्रों से वे तनुजा को ताकते रहे। उसके प्रेम से दीप्त चेहरे की आभा का कोई पार नहीं था। टकटकी लगाये वे केवल उसे देखते रहे। उन्हें लगा, जैसे चाँद जमीन पर उतर आया हो। फिर आगे बढ़कर उन्होंने तनुजा का हाथ अपने हाथों में ले लिया। उसके स्पर्श से जैसे उनके जीवन में उजास भर गया। मन में अथाह ख़ुशी हिलोरे लेने लगी।

''स्कूल किसलिए नहीं आ रहे हैं आप?'' तनुजा ने कोमलता से पूछा। बनसोडे सर के चेहरे पर मुस्कराहट खिल गयी। उन्होंने उसे अपने क़रीब किया।

''आप मेरा स्वीकार करेंगे या नहीं यह पूछने आयी हूँ।'' तनुजा ने दृढ़ स्वर में मन की बात कह दी। उसकी आवाज़ में तूफ़ान-सा बल था। बनसोडे सर की आँखें डबडबा गयीं। तनुजा की आँखें भी भर आयीं। होंठ उसके थरथरा उठे। मन जैसे भावनाओं से लबालब भरकर बहने लगा था। अचानक उसने बनसोडे सर को अपने आलिंगन में भर लिया। बनसोडे सर को उसके साहस पर अचरज हुआ। साथ ही वे उसके प्रति प्रेम से भर गये। उनके मन का निर्धार पक्का होने लगा। मन में समन्दर-सी उमड़-घुमड़ हुई। तनुजा किसी पहाड़ की तरह उनके सामने खड़ी थी, अचल, थिर। उसका चेहरा दमक रहा था। नज़रों में अनूठी चमक थी। बनसोडे सर उसे देखकर चकित रह गये। उनके मिलन के वे अनमोल क्षण थे।

तनुजा ख़ुशी से भरी घर की तरफ़ बढ़ रही थी। उसके ऊपर अब एक नयी ज़िम्मेदारी आ गयी थी। उसका जीवन जैसे एक पवित्र वचन था।

उसे नये स्वप्न मिल गये थे। एक नयी अनुभूति से उसका रोम-रोम खिल उठा था। उसका हर क़दम एक नयी दिशा की तरफ़ बढ़ रहा था। उफनती लहरों की तरह वह भी उफ़ान पर थी।

घर पहुँची तब डिप्टी बैठे हुए थे। उन्होंने तनुजा को गौर से देखा।

''मुँह ऐसा क्यूँ हुआ है? '' डिप्टी ने चिन्ता से पूछा।

''धूप थी न बाबा। शायद इसलिए।''

''अच्छा, सुनो तनुजा। तुमसे एक बात कहनी है। इधर बैठो। गंगाखेड़ के विधायक का फ़ोन आया था मुझे। उन्होंने अपने बड़े बेटे की ख़ातिर तुम्हारा हाथ माँगा है। मुझे यह रिश्ता मंजूर है।''

''नहीं बाबा, मैं आगे पढ़ना चाहती हूँ।'' तानी तड़प उठी।

''तुम्हारे साथ की सभी लड़कियाँ ब्याह होकर अपने ससुराल चली गयी हैं।''

''लेकिन मुझे अपनी पढ़ाई पूरी करनी है।''

''विवाह के बाद भी पढ़ाई पूरी कर सकती हो तनुजा।''

''नहीं। मुझे अभी ब्याह नहीं करना है।''

''क्या यह रिश्ता तुम्हें पसन्द नहीं है?''

''मैंने अभी विवाह का सोचा नहीं है बाबा'' कहते हुए तानी चली गयी। डिप्टी उसके इस रवैये से परेशान हो गये। उसके इनकार को वे समझ नहीं पाये। अच्छा रिश्ता कहीं हाथ से न निकल जाये। विधायक को इनकार कैसे सकते हैं?'' चिन्ता से भरे वे सोच में डूबे रहे।

तभी उन्होंने देखा कि जायभाय आ रहे हैं। डिप्टी ने उनके अभिवादन का स्वीकार किया और पूछा, ''कहो जायभाय, बहुत दीनों बाद? कैसे आना हुआ?''

जायभाय ने हँसते हुए कहा, ''कुछ नहीं जी, बस यूँही।''

कुछ देर उन्होंने इधर-उधर कीं बातें कीं। फिर मुख्य बात पर आते हुए जायभाय ने कहा, ''कल विधायक का फ़ोन आया था। वे तनुजा के बारे में पूछ रहे थे। अपने बड़े बेटे का रिश्ता करना चाहते हैं। मुझसे पूछ रहे थे कि लड़की कैसी है? मैंने कह दिया जी कि लड़की में कोई कमी नहीं है। आँख मूँदकर रिश्ता कीजिए। यह रिश्ता बढ़िया है साहब। लड़की बड़े घर में चली जायेगी। और क्या चाहिए।'' डिप्टी ने सुना तो ख़ुशी से उमड़ गये। बेटी विधायक के घर की बहू बनेगी। वे फूले नहीं समा रहे थे।

शाम के समय विधायक रावते ने फिर से डिप्टी को फ़ोन किया। डिप्टी मारे ख़ुशी के हुलस गये। विधायक बड़े स्नेह से उनसे बातें कर रहे थे, "सी. एम. वाकई में बड़े भले आदमी हैं। लोगों के लिए ख़ूब काम कर रहे हैं। आपके गाँव के ही हैं सो आपको जानते हैं। दो फाइल्स हैं। मुझे उन पर हस्ताक्षर चाहिए। वैसे तो वे मुझे जानते हैं। लेकिन आप साथ रहो तो बेहतर होगा। समय निकालिये। एक दिन जाकर मिलते हैं उनसे।" विधायक खुलकर बातें कर रहे थे।

"जी, जी। हम भी सी. एम. साहब की आने की राह देख रहे हैं। बड़ा समारोह आयोजित होने जा रहा है। धूमधाम से उनका स्वागत होगा। मदने मास्टर जी सब तय करके बतानेवाले हैं। बस, उनकी तारीख़ तय हो जाने दीजिए। फिर यहीं पर हम मिल लेंगे जी।" डिप्टी उत्साह से लबालब भरे थे।

"देखिये, दौरे के बख़त केवल मुलाक़ात हो सकती है। काम नहीं होते हैं। काम की बात करनी है तो मन्त्रालय में ही जाना होगा। आप समय निकालिए।" विधायक रावते ने कुछ सख़्ती से कहा। डिप्टी उन्हें इनकार नहीं कर सके।

"ठीक है। आप जब कहेंगे चलते हैं।" उन्होंने कहा। विधायक रावते ने हँसते हुए फ़ोन रख दिया।

डिप्टी विधायक से बातचीत होने से ही सन्तोष से भर गये थे। बड़े ख़ानदान से रिश्तेदारी में बँधने की कल्पना मात्र से वे रोमांचित हो उठे।

ख़ुशी से भरे हुए ही उन्होंने दिलीप से गाड़ी निकालने के लिए कहा। गाड़ी ने सीधे रम्भा बेगमपुर संगीत पार्टी की तरफ़ रुख़ कर लिया।

बनसोडे सर ने पाठशाला में जाना शुरू कर दिया था। लेकिन तनुजा पर पाठशाला आने के लिए पाबन्दी लगाई हुई थी। बनसोडे सर हर दिन उसकी प्रतीक्षा करते रहे। लेकिन वे तनुजा की कोई ख़बर पा नहीं रहे थे। वे परेशानी से भर गये। उन्हें तनुजा की फ़िक्र होने लगी। कई बार उन्हें लगा कि उसके घर जाकर पता करे। लेकिन साहस नहीं जुटा पाये। उनका हर दिन तनुजा की प्रतीक्षा में बीतने लगा। प्राण जैसे आँखों में उतर आये थे।

जब लायब्रेरी में गये जायभाय बैठे हुए थे। जैसे ही उन्होंने बनसोडे सर को देखा, लपककर उनके पास चले गये, जैसे उनकी ही प्रतीक्षा में थे। तपाक से उन्होंने कहा, "गंगाखेड़ के विधायक रावते ने अपने बेटे के लिए तनुजा का हाथ माँगा है। डिप्टी साहब ने रिश्ते के लिए हामी भर दी है।" बनसोडे को जैसे काठ-सा मार गया। आँखों के सामने अँधेरा छा गया। गला उनका सूखने लगा।

गश खाकर वे कुर्सी पर बैठ गये। जायभाय ने गौतम को बुलवाया। ''सर को ठीक नहीं लग रहा है। उन्हें घर ले जाओ।'' उन्होंने गौतम से कहा। गौतम ने उन्हें हाथ का सहारा देकर उठाया और बाहर ले आया। बनसोडे सर बड़ी कमज़ोरी महसूस कर रहे थे। गौतम ने उन्हें लेकर घर पहुँचा। वे पूरे समय ख़ामोश थे। ज़ुबान को जैसे ताला जड़ गया था। भीतर से बहुत डरे हुए थे।

जब घर में क़दम रखा तो बनसोडे सर को लगा, जैसे रो पड़ेंगे। आँखें उनकी छलछला आयीं। गौतम की तरफ़ वे केवल असहायता से देखते रहे। गौतम ने उन्हें धीरज बँधाया। तभी अचानक दरवाज़े में कुछ हलचल सुनाई दी। बाहर किसी गाडी के रुकने की आवाज़ आयी। गौतम ने बाहर जाकर झाँका। उसे दरवाज़े के सामने पुलिस की गाड़ी दिखाई दी। गौतम को लगा, शायद गाँव में मदने मास्टर जी का क़ाफ़िला आया है। पुलिस उन्हीं के लिए होगी। लेकिन जब उसने देखा कि पुलिस ने बनसोडे के घर का रुख किया हुआ है और उनकी पूछताछ कर रही है तो वह हड़बड़ा गया। वह कुछ समझे इससे पूर्व पुलिस बनसोडे सर के घर में घुस गयी और उसने बनसोडे सर को अपने क़ब्ज़े में ले लिया। धमकाते हुए वह उन्हें धकेलती घर से बाहर ले गयी और उन्हें गाडी में बिठा दिया। देखते-ही-देखते पुलिस वेन बनसोडे सर को लिए हुए निकल गयी।

गौतम खड़ा-खड़ा पुलिस की इस ताबड़तोड़ कार्रवाई को केवल देखता रहा। जैसे-तैसे उसने अपने-आप को सँभाला और भागता-दौड़ता वह देशपाण्डे सर के घर पहुँचा। देशपाण्डे सर व्यस्त थे। उन्होंने गौतम को अनदेखा कर दिया लेकिन गौतम ने साहस जुटाया और वह कुछ क़दम आगे बढ़ा। ''पुलिस बनसोडे सर को ले गयी है सर।'' वह एक साँस में कह गया। देशपाण्डे सर ने सुना तो हड़बडा कर उठ खड़े हुए। जैसे कोई भयावह धमाका हुआ था। वे अवाक् से गौतम को देखते रहे। बनसोडे सर को पुलिस ले गयी है यह ख़बर आग की तरह सभी जगह फ़ैल गयी। देशपाण्डे सर के कार्यालय में भीड़ इकट्ठा होने लगी। हर कोई गौतम से पूछताछ करने लगा। ''विस्तार से बताओ गौतम, आख़िर क्या हुआ था?'' देशपाण्डे सर ने झुँझलाकर पूछा। गौतम ने उसी कहानी को दोहराते हुए कहा, ''पुलिस आयी। बनसोडे सर की पूछताछ करती हुई उनके घर में घुस गयी। उन्हें क़ब्ज़े में लिया और डराते-धमकाते अपने साथ ले गयी। बस, इतना ही '' गौतम ने जो देखा था कह दिया।

‘‘यह बात कई बार कह चुके हो तुम। यह बताओ कि आख़िर किसलिए ले गयी है?’’ देशपाण्डे सर ने लगभग चिल्लाकर पूछा।

‘‘बस इतना ही पता है जी।’’ गौतम ने फिर से इतना ही कहा और बनसोडे सर के घर की चाबी टेबल पर रख दी।

‘‘अच्छा। इसे अपने पास ही रखो। जब वे आयेंगे तब दे देना। ठीक है। अब जा सकते हो तुम।’’ देशपाण्डे सर ने कुछ सौम्य स्वर में कहा। गौतम चला गया तो कई लोग उसके पीछे-पीछे चले गये।

जायभाय देशपाण्डे सर की केबिन में ही डटे थे। ‘‘पता नहीं, क्या माजरा हुआ है ’’ देशपाण्डे सर ने चिन्ता से भरकर जायभाय से कहा। जायभाय निर्लिप्त भाव से बैठे रहे। फिर उन्होंने कहा ‘‘कुछ नहीं जी। पिछलें कई दीनों से परेशान से थे। किसी से बात नहीं करते थे। मिलना-जुलना भी छोड़ दिया था। उन्हें शायद पुलिस के आने का अन्देशा था। इसीलिए तनाव में थे। कुछ तो बड़ी वजह होगी। पुलिस ऐसे ही किसी को गिरफ़्तार नहीं करती है। ज़रूर उसके हाथ कुछ लगा होगा।’’ जायभाय मुस्कुरा रहे थे। देशपाण्डे सर गम्भीरता से बैठे रहे।

‘‘मदने मास्टर जी के कानों पर डालना होगा सारा माजरा।’’ देशपाण्डे सर ने कहा।

‘‘हाँ, फ़ोन कीजिए। बता दीजिए उन्हें। वैसे तो कल अख़बार में ख़बर छप ही जायेगी।’’

देशपाण्डे सर ने मदने मास्टर जी को फ़ोन मिलाया। कुछ झिझकते हुए उन्होंने कहा, ‘‘नमस्कार जी। देशपाण्डे सर बात कर रहा हूँ। एक ज़रूरी बात बतानी थी।’’ देशपाण्डे सर इतना ही कह पाये। बाद में जो कुछ भी हुआ उसे इकतरफ़ा ही कह सकते हैं। देशपाण्डे सर केवल सुन रहे थे। कुछ समय बाद जब उन्होंने रिसीवर नीचे रखा, चेहरा उनका उतरा हुआ था।

‘‘क्या कहा मदने मास्टर जी ने?’’ जायभाय ने उत्सुकता से पूछा।

‘‘मदने मास्टर जी जानते हैं, बनसोडे की गिरफ़्तारी की बात। कार्रवाई से पहले पुलिस ने बात की थी उनसे।’’ देशपाण्डे सर आगे कुछ नहीं कह पाये।

‘‘लेकिन गिरफ़्तारी किसलिए हुई है? कुछ कहा उन्होंने?’’ जायभाय ने कुरेदते हुए पूछा।

''बनसोडे सर को नक्सलवादी घोषित किया है। कहा जा रहा है कि तुका, सुरा, यशा और महन्त की हत्याओं के पीछे उनका हाथ था। पुलिस के हाथ सबूत लगे हैं।'' देशपाण्डे सर ने कहा। जायभाय जैसे उत्साह से भर गये।

''ज़रूर डिप्टी भी जानते होंगे इस बात को। गंगाखेड़ के विधायक रावते भी इस बात को जानते होंगे। पुलिस बनसोडे सर का एनकाउंटर करेगी अब। लिखकर देता हूँ।''

देशपाण्डे सर कुछ न बोले। उठ खड़े हुए और मन्दिर के लिए निकल गये। एक भय ने उन्हें घेर लिया था।

जायभाय लायब्रेरी में चले गये और रजिस्टर में नयी किताबों की सूची बनाने लगे। तभी उन्हें तनुजा नज़र आयी। वह हाथ में किताबें लिए हुए लायब्रेरी के भीतर प्रवेश कर रही थी। उसे देखकर जायभाय उमंग से भर गये। तनुजा ने किताबें वापिस की। ''नयी किताबें आयी हैं? देखना चाहोगी?'' जायभाय ने उल्हसित होकर पूछा।

''नहीं। अपनी किताबें वापिस करने आयी हूँ। मेरा ब्याह तय हुआ है।'' तनुजा ने इतना ही कहा।

''वाह! वाह! यह तो बड़ी ख़ुशी की बात है। हमें भी पत्रिका देना न भूलना। विधायक जी मेरे परिचित हैं।'' जायभाय ने ठिठोली करते हुए कहा।'' ''जी, ठीक है।'' तनुजा ने दो टूक कहा। जायभाय ने इधर-उधर देखा। फिर कहा, ''बनसोडे सर को पुलिस पकड़कर ले गयी है। सुना है कि वे नक्सली गतिविधियों में शामिल थे।'' जायभाय उत्साह से लबरेज थे। तनुजा ने कुछ नहीं कहा। वह चुपचाप लौट गयी। जायभाय दुबारा अपने काम में व्यस्त हो गये।

बनसोडे सर को पुलिस ले गयी है यह बात अब तक छात्रावास के छात्रों के बीच फैल चुकी थी। भीमनगर में खलबली मच गयी थी। सभी की ज़ुबान पर केवल यही बात थी। कोई कह रहा था, 'बनसोडे सर ने छात्रों को बरगलाया। इसीलिए महार सर चढ़ गये हैं।' किसी ने कहा, 'वे सबसे सीनियर और पढ़े-लिखे थे। कल को वे संस्था की छाती पर मूँग दल सकते थे। इसलिए उनका काम तमाम कर दिया।' लोग दबी ज़ुबान में बातें कर रहे थे।

छात्रावास के छात्र गुस्से से भरे थे। उन्होंने सीधे देशपाण्डे सर को निशाने पर ले लिया।

मारुति काम्बले ने एक पत्रक जारी किया– 'बनसोडे सर की गिरफ़्तारी के पीछे देशपाण्डे सर का हाथ है। छात्रावास के छात्रों ने उनके ख़िलाफ़ शिकायत दर्ज की थी। उसी का बदला लिया गया है। बनसोडे सर की वजह से देशपाण्डे सर के क्लासेस बन्द हो गये। यह बात उन्हें खलने लगी थी। यह सब उसी का नतीजा है। बनसोडे सर ने भीमनगर के लोगों के मन जीत लिए थे। वे बौद्ध धम्म का काम सँभालते हैं। कुछ लोगों को इस पर आपत्ति है। देशपाण्डे सर बालाजी मन्दिर का काम सँभालते हैं। लेकिन उन्हें कोई कुछ नहीं कहता है। यह सरासर ग़लत है। भीमनगर के लोगों ने देवताओं की मूर्तियाँ नदी में डुबोई। बनसोडे सर के माथे पर सारा ठीकरा फोड़ा गया। उन्हें छात्रावास के काम से बेदखल कर दिया गया। बनसोडे सर सभी के सीनियर थे। मक्खी की तरह उन्हें बाहर कर निकाला। कई दफा उन्होंने तबादले के लिए अर्ज़ी दी। लेकिन उनकी अर्जी मंजूर नहीं हुई। जाति के नाम पर हर बार उनको प्रताड़ित किया गया। वे सामाजिक बदलाव के हक में बातें करते हैं। किसी हाल में वे नक्सलवादी नहीं हो सकते हैं। उन्हें तुरन्त रिहा कीजिए। वरना मुख्यमन्त्री के सम्मान-समारोह में काले झंडे दिखाकर निदर्शन करेंगे।'

बनसोडे सर की गिरफ़्तारी ने गाँव के माहौल को पूरी तरह से खँगाल कर रख दिया था।

सूरज ढल रहा था। ढलती धूप में अच्छी-ख़ासी तपन थी। लोग छाँव देखकर सुस्ता रहे थे। तभी लोगों ने देखा कि चौपाल की तरफ़ बाघ चला आ रहा है। लोग भय के मारे इधर-उधर भागने लगे। जंगल का बाघ अब सरेआम गाँव में घूमने लगा था। लोग दहशत से भरे बाघ को ख़त्म करने की माँग कर रहे थे। बाघ ने मुस्लिम-गली का रास्ता पकड़ा और वहाँ से गुज़रने लगा। इस गली में प्रीति का घर था। प्रीति अपना काम निबटाकर घर की दहलीज़ पर खड़ी थी। बाघ को देखकर उसके हाथ-पाँव काँपने लगे। आसपास के लोगों ने साहस दिखाया और लाठियाँ लेकर वे बाघ के पीछे दौड़ने लगे। लोगों का शोर सुनकर बाघ जंगल की दिशा में भाग निकला और पलक झपकते ही ग़ायब हो गया। लोग ख़ाली हाथ वापिस लौट आये। वे बहुत आतंकित थे। जिस-तिस के मुँह में बाघ की ही बात थी। हर कोई भीतर से हिला हुआ था।

प्रीति भी हामिद से बाघ के विषय में ही बात कर रही थी। हामिद डरा हुआ था। प्रीति अपने बच्चों को कड़ी मेहनत और मशक्कत से पाल-पोस रही थी। उसने जो कष्ट उठाये थे, उसके बेटों को उसका अहसास था।

‘‘अम्मी, अगर बाघ आप पर हमला करता, तब हम क्या करते? आप हो इसलिए हम हैं अम्मी।’’ कहते हुए हामिद प्रीति से लिपट गया।

‘‘बाघ ख़ुद होकर किसी को तकलीफ़ नहीं देता है बेटे। उसे भी अपनी जान की फ़िक्र होती है। लेकिन अगर भड़क गया तो फिर किसी की कोई ख़ैर नहीं। उसके जबड़े से ज़िन्दा निकलना सम्भव नहीं।’’

‘‘अम्मी, अब की बार मैं मोहर्रम का बाघ बनूँगा। जुलूस में बाघ बनकर नाचूँगा। मुझे बाघ अच्छा लगता है। लोग बाघ से डरते हैं। मुझे मोहर्रम का बाघ बनना है।’’ हामिद ने उछलते हुए कहा।

‘‘ठीक है। ठीक है। बन जाना। मैं पैसे दे दूँगी। रंगारी से रंगवा लेना बाघ।’’ प्रीति ने ममता से उसका माथा सहलाया। ‘‘और वैसे भी तुम मेरे बाघ ही तो हो। जब तुम्हें गुस्सा आता है तब बिल्कुल बाघ लगते हो।’’ प्रीति ने हामिद के गालों को चिकोटी भरकर कौतुक से कहा। हामिद उछलता हुआ खेलने चला गया।

डिप्टी ने फ़ोन करते हुए गाँव के चौपाल में बाघ आने की ख़बर मदने मास्टर जी को दे दी। मदने मास्टर जी ने कहा कि वे वन अधिकारी से बात कर कुछ बन्दोबस्त कर देंगे। मदने मास्टर जी के आश्वासन से डिप्टी सन्तोष से भर गये। ‘विधायक रावते और विधायक मदने मास्टर जी से सीधे सम्पर्क करने की हैसियत है मुझमें।’ इस बात को लेकर वे गुमान से भर गये थे। इसी उल्लास से भरे वे रम्भा की तमाशा पार्टी की तरफ़ निकल पड़े। जेब उनकी गर्म थी। देह से भी गर्मी झर रही थी। मन कुलांचे भर रहा था। उनकी कार नौटंकी पार्टी के डेरे के पास रुकी। भीतर से घुँघरुओं के झंकारने की आवाज़ आ रही थी। ढोलक की गमक गूँज रही थी। हारमोनियम के ताल पर लावणी के गीतों के बोल लहरा रहे थे। रात्रि का लावण्य खिल उठा था। रम्भा प्रसन्न मुद्रा में बैठी थी। नीम-अँधेरे में उसका सौन्दर्य मन को लुभा रहा था। नृत्य और गायन ने रात की मदहोशी को बढ़ा दिया था। रम्भा की मादकता उफान पर थी। डिप्टी रम्भा के निकट जाकर बैठ गये।

वातावरण का ऐसा नशा उन पर चढ़ा कि उन्माद से भरे बड़बोलेपन पर उतर आये। ‘‘मेरी बेटी गंगाखेड़ के विधायक रावते के परिवार की बहू बनने जा रही है।’’ अभिमान से भर कर उन्होंने कहा। बड़े घराने से रिश्ते में बँध जाने से क़दम उनके ज़मीन पर नहीं पड़ रहे थे। आजकल वे हर किसी से इस रिश्ते की बात करने लगे थे। विधायक रावते का नाम सुना तो रम्भा का चेहरा भी खिल गया।

“मेरी रेवती उन्हीं की बेटी है। उन्होंने उसके नाम पर पुणे में फ़्लैट भी लिया हुआ है।” रम्भा ने कहा तो डिप्टी स्तब्ध हो गये। रम्भा और विधायक के बीच के रिश्ते की निकटता जानकर उन्हें ईर्ष्या-सी हुई। उन्होंने अपने गले से सोने की ज़ंजीर उतारी और रम्भा के गले में पहना दी। रम्भा मुस्कुराने लगी। उन्होंने उसका हाथ अपने हाथ में ले लिया। उसका हाथ रेशम की तरह मुलायम था। हथेलियों पर मेहंदी का रंग चढ़ा हुआ था। रम्भा ने कुछ शरमाकर कहा, “मैं विधायक जी की अमानत हूँ। केवल उन्हीं का मुझ पर हक है। आप किसी अन्य लड़की के साथ बैठ जाइए।” रम्भा के स्वर में कोमलता थी। डिप्टी ने लाचार स्वर में कहा, “मेरा मन तुम पर आ गया है रम्भा। मुझे नाराज़ मत करो।”

“माना कि मैं तमाशा की औरत हूँ। लेकिन दग़ाबाज़ नहीं हूँ। मैं केवल उनकी हूँ। जब से नथ उतारी है, वे ही मेरे लिए सब कुछ हैं। उन्होंने मेरा बहुत ख़याल रखा है।” रम्भा ने खुले शब्दों में इनकार कर दिया।

“मैं केवल तुम्हारी ख़ातिर चला आया था। तुम्हारा मन नहीं है तो लौट जाता हूँ।” डिप्टी ने बुझे स्वर में कहा।

“जैसा आप उचित समझो।” रम्भा ने स्नेह से भरकर इतना ही कहा।

फिर अचानक डिप्टी ने अपने जेब से नोटों की गड्डी निकाली और लगभग गिड़गिड़ाकर उन्होंने कहा, “मुझे निराश मत करो रम्भा। कुछ तो करो।” रम्भा ने अपना गाल उनके मुँह के पास कर लिया। उन्होंने उसके गाल चूम लिए और वे उसे अपने आलिंगन में भरने का यत्न करने लगे। रम्भा ने झुंझलाकर ख़ुद को उनसे छुड़ा लिया। वह रोष से भर उठी थी। डिप्टी चुपचाप वहाँ से निकल लिये।

ढोलक की आवाज़ से मादकता झर रही थी। लावणी के बोल मधुर स्वरों के साथ माहौल में गूँज रहे थे। नर्तकियों का पदन्यास और घुँघरुओं की छमछम मन को मोह रही थी। रात निर्वस्त्र यौवना की भाँति अनुपम प्रतीत हो रही थी। डिप्टी निराशा से भरे हुए थे। उन्हें बड़ी ठेस पहुँची थी। जैसे आये, वैसे लौट गये।

डिप्टी की कार की आवाज़ आयी। बहुत देर से उनकी प्रतीक्षा में रत महार आस लिए उठ खड़े हुए। डिप्टी ने कार को जगह पर लगाया और कार से उतरकर घर की तरफ़ चलने लगे। उन्हें देखते ही कानी के माँ-बाप, मलकु और गौतम उनकी अगवानी में आगे बढ़े। कानी की माँ ने ज़मीन पर अपने आँचल को फैलाया और वह डिप्टी के चरणों में झुक गयी। कानी के पिता अपने आँसू रोक नहीं पा रहे थे।

डिप्टी ग़ुस्से से बिफर गये। ''निकलो यहाँ से।'' उन्होंने तमतमाकर महारों से कहा। ''हमारी गुहार सुन लो मालिक।'' देवा महार ने हाथ जोड़ते हुए अजीजी से भरकर कहा।

''मैं डिप्टी सरपंच हूँ। तुम लोग यह तमाशा सरपंच जी के सामने जाकर करो। मुझे बख़्श दो।'' उन्होंने त्यौरियाँ चढ़ाकर कहा।

डिप्टी की चीख़-चिल्लाहट सुनकर तनुजा दरवाज़े में आकर खड़ी हो गयी थी। डिप्टी समझ बैठे थे कि महार बनसोडे सर के बारे में बात करने आये हैं। कानी की माँ की रुलाई फूट पड़ी। मलकु आगे आया और हाथ जोड़कर उसने कहा–

''हमारा कहा कुछ तो सुन लो मालिक। आख़िर हम किसके पास जायेंगे। हम आपसे कुछ माँग नहीं रहे हैं।'' मलकु की आवाज़ थरथरा रही थी।

डिप्टी रम्भा के दुरदुराये जाने से निराशा से भरे हुए थे। कुछ क्षण रुके रहे। फिर महारों के पास जाकर ठण्डी आवाज़ में उन्होंने कहा, ''क्या कहना है कहो। बनसोडे सर के बारे में कुछ मत कहना।''

कानी के पिता ने रुँधी हुई आवाज़ में कहा, ''मेरी बेटी ने ज़हर खा लिया। वह अशोक से प्रेम करती थी। उसने कानी को धोखा दिया। लड़की प्रेम में ठुकरा जाने से निराश हो गयी। उसने ख़ुद को ख़त्म कर दिया। उसका प्रेम सच्चा था। झूठा नहीं था।'' कानी के पिता की हिचकियाँ फूट पडीं।

''यह सब मुझे काहे सुना रहे हो? मेरा इससे क्या लेना-देना है? ''डिप्टी ने झल्लाकर कहा।

देवा महार ने बड़े ही शान्त स्वर में कहा, ''किसी की जान चली गयी है। क्या उसका कोई मोल नहीं है? कम-से-कम बाला को बुलाइये। वह तो पूरे मामले से अछूता बना घूम रहा है। अशोक ने ऊँची शिक्षा हासिल की। बड़ा बन गया। उसका रिश्ता भी बड़े घर में होने जा रहा है। गंगाखेड़ के विधायक के चचेरे भाई की बेटी है। कम-से-कम उन लोगों को सावचेत कीजिये। वह इस लड़की के साथ भी धोखा कर सकता है। हम बड़ी आस लिए आपके पास चले आये हैं।'' देवा की आवाज़ पीड़ा से भर उठी थी।

''अभी रात हो चुकी है। कल आओ। तब तक मैं कुछ सोचता हूँ। मैं गंगाखेड़ के विधायक के कान पर यह बात डाल दूँगा। फ़िलहाल मैं इतना ही कर सकता हूँ। तुम लोग उस अशोक पर मुकदमा दायर कर दो।'' डिप्टी ने दो टूक कहा और वे घर की तरफ़ बढ़ गये। दरवाज़े में तनुजा खड़ी थी। उसे देखा तो वे कुछ खिसिया गये।

रम्भा ने उन्हें दुत्कारा था। क्रुद्ध होकर ख़ुद को उनके आलिंगन से छुड़वा लिया था। दहकती हुई नज़रों से उनकी तरफ़ देखा था। वे बड़े आहत हो उठे थे। उन्होंने कपड़े बदले और हैंगर पर लटका दिये। तभी फ़ोन की घंटी बज उठी। उन्हें लगा विधायक का फ़ोन है। चलो, उनके साथ कुछ गपशप हो जायेगी। लेकिन जब बातचीत शुरू की, समझ गये कि विधायक के तेवर बदले हुए हैं। उन्होंने जमकर शराब पी रखी थी।

''मुझे पता चल चुका है। तुमने उसका हाथ पकड़ा। गले में सोने की ज़ंजीर पहनायी। आलिंगन में लिया। औरत का हाथ मरद ही पकड़ सकते हैं डिप्टी साहब।'' विधायक ने कुत्सित हँसी के साथ कहा। डिप्टी ने सुना तो जगह पर ही जम गये। कुछ बोल न पाये। विधायक रावते ने उनकी दुखती रग पर उँगली रखी थी। काफ़ी देर तक वह कुटिल हँसी उनके कानों में गूँजती रही। लगा, जैसे कलेजे पर कोई धारदार छुरी घुमा रहा है।

बहुत देर तक वे सो नहीं पाये। जब सोये, अजीब से सपनों में घिरे रहे। उन्होंने देखा कि वे वैष्णो देवी की यात्रा पर गये हुये हैं। चारों ओर बर्फ़ गिर रही है। आतंकियों ने धमकियाँ दी हुई हैं। इस वजह से फ़ौज का पहरा लगा हुआ है। तभी बन्दूक़ की गोलियों की आवाज़ होने लगी। एक आतंकी गोलियाँ दाग रहा है। उन्हें वह जाना-पहचाना-सा लगा। वे बनसोडे सर थे। अब डिप्टी ने रास्ते पर पड़ी बन्दूक़ को उठा लिया है और वे निशाना साधे चलने लगे हैं। फिर देखा कि वे मंकी हील, अमराई और तराई में घूम रहे हैं। वे बाघ पर गोली दागना चाहते हैं। लेकिन बाघ का कहीं पता नहीं है। वे बाघ को ढूँढने निकले हैं। तभी उन्हें गंगू दिखाई देती है। वह उन्हें अश्लील इशारे किये जा रही है और लगातार हँस रही है।

डिप्टी की नींद उचट गयी। उन्होंने करवट बदल ली। ईश्वर का स्मरण किया और स्वप्न में रम्भा के दर्शन की आस लिए वे दुबारा गहरी नींद में डूब गये। उन्हें फिर कोई स्वप्न नहीं आया।

सुबह फिर से कुछ लोगों ने बाघ को नदी पर पानी पीते हुए देखा। फिर से गाँव में बाघ की चर्चा छिड़ गयी। दोपहर में वन अफसर चले आये। उन्होंने तराई में पिंजड़ा लगाया। भामा से मेमना ख़रीदा और पिंजड़े में घास आदि की व्यवस्था कर मेमने को पिंजड़े में बाँध दिया।

''बाघ कहीं एक जगह थोड़े ही रहता है? वह तो निरन्तर जगह बदलता रहा है। कहीं और चला गया होगा। मदने मास्टर जी का फ़ोन आया था।

अब सी. एम. साहब का गाँव है। हमने पिंजड़ा लगा दिया है। हमारा काम ख़त्म हो गया। अगर पिंजड़े में फँस गया तो ले जायेंगे और जंगल में छोड़ देंगे। बाघ तो आते रहते हैं। आप लोग सब्र से काम लीजिए। आयेगा और चला जायेगा। अगर शोर मचाओगे तो बिदक जायेगा। हर एक को ज़िम्मेदारी से रहना होगा। बाघ से अधिक भयावह तो इन्सान होता है। उसके लिए कोई पिंजड़ा बना नहीं है।'' वन-अधिकारी ग़ुस्से से भरा बड़बड़ा रहा था। पिंजड़े को देखकर गाँव वाले सन्तोष से भर गये और अपने घरों की ओर लौट गये।

प्रीति और हामिद भी बाघ की ही बात कर रहे थे। ''मैं सुबह गयी थी नदी पर। मुझे बाघ पानी पीता हुआ नज़र आया। फिर मैंने ही लोगों को बताया।'' प्रीति ने हामिद से कहा।

मोहर्रम पास आ रहा था। मोहरम के तुरन्त बाद सी. एम. साहब के लिए एक सम्मान-समारोह का आयोजन होने जा रहा था। मुख्यमन्त्री कार्यालय से तारीख़ का ऐलान हो चुका था। गाँव आयोजन की तैयारियों में जुटा था। मदने मास्टर जी ख़ुद पूरे समारोह की तैयारियों पर निगरानी रखे हुए थे। इधर छात्रावास के छात्र मोर्चे की तैयारी कर रहे थे। फलक बनाने थे। उन पर लिखे जानेवाले ब्यौरे के बारे में सोचना था। काले झंडों का इन्तजाम करना था। उसकी ख़ातिर चंदा जुटाना था। मारुति काम्बले चन्दे की ख़ातिर भीमनगर गया था।

हामिद छात्रावास से घर की तरफ़ निकला था। मुस्लिम गली से होता हुआ वह सँकरी गली में घुस गया। वह अपने घर गया। उसने घर का दरवाज़ा बन्द पाया। दरवाज़े में उसे किसी पुरुष की चपलें दिखाई दी। उसका दिमाग़ चकरा गया। मन में रोष उमड़ पड़ा। वह मवेशियों के बाड़े में चला गया। वहाँ गोबर-पेशाब की गन्ध आ रही थी। मवेशी जुगाली कर रहे थे। काफ़ी देर तक वह जानवरों के पास छुपकर बैठा रहा। कुछ समय बाद दरवाज़े की आहट हुई। दिलीप जूते पहन रहा था।

दिलीप के निकलते ही हामिद घर में चला गया। प्रीति खुले बालों का जूडा गूँथ रही थी। होंठ उसके सूजे हुए थे। फ़र्श पर काँच की चूड़ियों के टुकड़े बिखरे हुए थे। ''जल्दी आ गया रे तू?'' प्रीति ने हामिद से पूछा। फिर वह उठी चेहरे पर पानी के छींटे मारे और हामिद से पूछा, ''खाना खायेगा? चाय बना दूँ?'' वह बहुत सहज थी। आवाज़ में मन की निर्मलता झलक रही थी। हामिद ने कुछ न कहा। फिर प्रीति ने ही कहा, ''नेता जी आ रहे हैं गाँव में। उनकी हवेली की साफ़-सफ़ाई करनी है।

दिलीप वहीं कहने आया था।'' उसने दिलीप को लेकर सफ़ाई-सी दी। हामिद ने भी फिर ग़ुस्सा घूँट लिया। कुछ कहा नहीं।

अम्मी हिन्दू है। मैं मुसलमान हूँ। मुझे सभी हिकारत से देखते हैं। हिन्दू मुझसे ढँग से बात नहीं करते हैं। मुसलमान ठीक से पेश नहीं आते हैं। गौ-रक्षकों ने अब्बा को मार डाला। अम्मी ने कितनी मशक्कत से पाला-पोसा। हामिद को माँ के कष्ट और परेशानियाँ याद हो आयीं। अम्मी की वजह से मैं जी रहा हूँ। पढ़-लिखकर बड़ा हो गया। अगर वह नहीं होती तो हमारा क्या होता? लोग हैं कि उसे भी हिकारत से देखते हैं। वह हँसकर जी लेती है। माँ को लेकर हामिद के मन में सद्भाव जगा। प्रीति ने उसके हाथ में पानी का गिलास रखा तो उसने ले लिया। प्रीति ने उसके लिए चाय बनायी। उसने मना नहीं किया और चाय पी ली। वह भी जैसे सहज होना चाह रहा था। मवेशी बीच-बीच में रँभा रहे थे। उन्हें उसकी आदत थी। मवशियों के बाड़े से उठती गोबर-पेशाब की गन्ध की उन्हें आदत थी। ''तुम छोटे हो। जल्दी से बड़े हो जाओ। काम-धन्दे पर लग जाओ। मुझे अपने साथ ले जाओ।'' प्रीति घर का काम करते हुए कह रही थी। हामिद शान्ति से उसका कहा हुआ सुन रहा था।

हामिद छात्रावास की तरफ़ निकला। मुस्लिम गली से निकलकर वह मस्जिद की तरफ़ बढ़ गया। मस्जिद में मोहर्रम के ताज़िये बिठाये हुए थे। मस्जिद से वह चौपाल की तरफ़ मुड़ गया। चौपाल के पास दिलीप खड़ा था। उसने हामिद को देखा। वह हामिद का पीछा करने लगा। हामिद के साथ-साथ चलने लगा। हामिद की तरफ़ वह आँखें तरेरकर देख रहा था। ग़ुस्से से भरा दाँत-होंठ चबाने लगा। हामिद सिर झुकाये हुए चल रहा था। दिलीप उसका पीछा कर रहा था। हामिद घबड़ाया हुआ छात्रावास के भीतर घुस गया। दिलीप उलटे पाँव लौट गया। हामिद डरा हुआ था। परन्तु उसने किसी से कुछ नहीं कहा। वह छात्रावास में बैठा रहा। उसे दिलीप की ग़ुस्से से भरी आँखें याद आने लगीं। उसने जिस तरह से उसका पीछा किया था, वह याद आने लगा।

शाम के खाने में देशपाण्डे सर, टेकाडे सर और शीरमाली सर साथ में थे। उन्होंने छात्रों की मीटिंग बुलाई थी। देशपाण्डे सर ने छात्रावास के बच्चों के सामने एक भाषण दिया। भाषण के दौरान उन्होंने छात्रावास के छात्रों से उनके ख़िलाफ़ जो शिकायतें की थीं उनको ख़ारिज कर दिया। ''पढ़ाई पर ध्यान दो। अनुशासन में रहो। यहाँ पर नियमों का पालन नहीं किया तो किसी हाल में बख्शा नहीं जायेगा।

जो इस तरह से बर्ताव करेगा उसके ख़िलाफ़ सख़्त कार्रवाई की जायेगी।'' आदि-आदि। देशपाण्डे सर की आवाज़ में कठोरता थी। बैठक के अन्त में हामिद ने मोहम्मद रफ़ी का गाया ''तुम हम को न भुला पाओगे।'' गीत सुनाया। सभी ने तालियाँ बजाई। देशपाण्डे सर उठ खड़े हुए। टेकाडे सर और शीरमाली सर भी खड़े हो गये।

''पढ़ाई करो। संस्था को तुम छात्रों से बहुत अपेक्षाएँ हैं।'' देशपाण्डे सर ने दुबारा कहा। उनकी आवाज़ में चेतावनी साफ़ नज़र आ रही थी। वे छात्रावास के बाहर चले गये। टेकाडे सर और शीरमाली सर भी उनके पीछे-पीछे हो लिये।

मारुति काम्बले ने हामिद को इशारा किया। दोनों छात्रावास के बाहर चले आये और रम्भा की संगीत पार्टी की तरफ़ रुख़ कर लिया। हामिद ने भोलेपन से पूछा, ''क्या वहाँ हमें भीतर जाने देंगे?'' मारुति काम्बले ने बेफ़िक्री से कहा, ''वहाँ मातंग समाज की दो लड़कियाँ हैं। मुझे जानती हैं। नाचती हैं वहाँ पर। चलो।'' हामिद ने मारुति के साथ नदी लाँघ दी। दोनों पुलिया से गुजरने लगे तो उसने पूछा, ''अगर बाघ आ गया तो?'' मारुति काम्बले ने फिर से लापरवाह अन्दाज़ में कहा, ''मैं बाघ का मुक़ाबला कर सकता हूँ। उसके जबड़े में हाथ डालकर ज़ुबान बाहर खींच सकता हूँ।'' हामिद को उसकी बातों पर अचरज हो रहा था। दोनों संगीत-पार्टी के ठिकाने पहुँचे। तम्बू के भीतर नाच-गाना चल रहा था। उन्हें एक तरफ़ डिप्टी की कार खड़ी नज़र आयी।

डिप्टी की कार देखी तो दोनों दबे पाँव लौटने लगे। आगे जाने का उन्हें साहस नहीं हुआ। हामिद इतने भर साहस से रोमांचित हो उठा था। दोनों सीवान से चौपाल की तरफ़ चले आये। चौपाल में दिलीप बैठा हुआ था। उसने दोनों को देखा तो उनका रास्ता रोक कर खड़ा हो गया। हामिद घबड़ा गया। ''कहाँ घूम रहे हो बे?'' दिलीप ने धमकाकर पूछा। हामिद मारुति काम्बले की ओट में हो गया। मारुति काम्बले ने उद्दण्डता से कहा, ''तुम्हें क्या करना है? कौन हो तुम?'' दिलीप सकपका गया। पाँच वर्ष पहले इस लड़के को बाबुराव के मकान से पीटकर हकाल दिया था। आज सीना तानकर खड़ा है। दिलीप खौल उठा। ''छात्रावास का खा-पीकर बाहर मौज मारते हो?'' उसने तमतमाकर पूछा।

मारुति काम्बले ने निर्विकार भाव से अपनी पैंट की चेन को नीचे खींचा। फिर दिलीप के सामने मुँह कर वह सीधा खड़ा हो गया। ''जो उखाड़ना चाहते हो, उखाड़ लो।'' मारुति की धृष्टता देखकर दिलीप जहाँ था वहीं पर जम गया। पीछे हट गया।

मारुति काम्बले और हामिद आगे बढ़ गये। दबे पाँव छात्रवास के भीतर चले गये और जाकर चुपचाप अपने बिस्तर में घुस गये। हामिद के मन में दिलीप को लेकर जो भय था वह ख़त्म हो चुका था। पैर फैलाकर बेफिक्र हो वह सो गया। दूर से ढोलक की गमक सुनाई दे रही थी। उस आवाज़ में कब नींद की आगोश चला गया, पता नहीं चला।

जब हामिद रंगारी के पास पहुँचा तब वहाँ पहले से ही कुछ लोग मौजूद थे। हामिद के आगे दो लोग थे। वह अपनी बारी की राह देखता हुआ आँगन में बैठ गया। कुछ समय बाद वह रंगारी के सामने था। उसने अपने कपड़े उतार दिये। देह पर केवल कच्छा था। रंगारी ने पीली मिट्टी ली और हामिद की पूरी देह तथा मुँह पर पोत दी। फिर उसने उस मिट्टी को मलना शुरू कर दिया। काफ़ी देर तक वह उस पीली मिट्टी को हामिद की देह पर रगड़-रगड़ कर घिसता रहा। कुछ ही समय में हामिद पीला-जर्द नज़र आने लगा। उसके बाद रंगारी ने उसकी आँखें रंगीं। मुँह पर रंग चढ़ाया। बाघ की तरह मूँछें बनायीं। देह पर धारियाँ रँगी। रंग की वजह से उसे शरीर में सिकुड़न महसूस हो रही थी। वह रंगारी के सामने बैठा रहा। रंगारी ने उसकी पीठ, पेट, हाथ-पैर सभी जगह बाघ की तरह धारियाँ चितेर दीं। फिर उसकी कमर से पूँछ कस कर गले में बाघ का मुखौटा डाल दिया और कहा, ''लो, बन चुका बाघ। लेकिन रंग गीला है अभी। अच्छे-से सूखने देना। ध्यान रखना।'' हामिद ने रंगारी के हाथ में रुपये रखे। अपने कपड़े लिए और घर की तरफ़ निकल गया। बाघ की भाँति नज़र आती अपनी देह देखकर उसे बड़ा मज़ा आ रहा था। इतराता हुआ वह घर की तरफ़ चल रहा था।

मोहर्रम का दिन था। प्रीति रसोई में व्यस्त थी। हामिद झुका और बाघ की तरह चलता हुआ दबे पाँव घर के भीतर चला गया। उसने ज़ोर से दहाड़ मारी। प्रीति ने देखा तो घबरा गयी। हामिद हँसता हुआ उठ खड़ा हुआ।

''मैं तो डर गयी थी। लगा, सचमुच का बाघ चला आया है।'' प्रीति ने कहा और हँसने लगी। हामिद नाचने लगा। बाघ के स्वाँग में उसका नाच प्रीति को अच्छा-ख़ासा हँसा गया। हँसते-हँसते वह दोहरी हुए जा रही थी।

मोहर्रम में बाघ बने लड़के अब धीरे-धीरे बाघ की तरह हरकतें करने लगे। बीच में ही ऐसी दहाड़ भरते और झपटने का अभिनय करते कि लोगों का अच्छा-ख़ासा मनोरंजन होने लगा। हलगियों की कड़कड़ आवाज़ पूरे परिसर में गूँज रही थी।

ताज़ियों की सवारी निकल पड़ी थी। लोग हुलसकर तालियाँ पीट रहे थे। सीटियाँ बजा रहे थे। जुलूस चौपाल के सामने आकर रुक गया। मोहर्रम बाघ अपने में मगन नाच रहे थे। उनमें एक उन्माद-सा भरने लगा। वे बड़े आक्रामक तेवर के साथ लोगों के सामने आ रहे थे। बच्चे उनका नाच देखकर घबड़ा गये। हलगियों का शोर अपने उफान पर था।

ताज़िये ढोनेवाले युवा जगह पर ही खड़े नृत्य कर रहे थे। फ़क़ीर ने अपने कटोरे में धूपबत्ती जला दी थी। उसका सफ़ेद धुआँ चारों ओर फैलने लगा। धुएँ की गन्ध नथुनों में जाकर अलग ही प्रसन्नता दे रही थी। वह मोहर्रम बाघों का उछाह बढ़ाने लगा था। लोग ख़ुशी से उन पर सिक्के उछाल रहे थे। सवारी देखने के लिए ख़ासी भीड़ जुटी थी। दिलीप आगे आया। "चलिए, आगे बढ़िए। एक ही जगह पर कितनी देर रुकते हो। चलो, आगे भी बढ़ो।" उसने कहा और धकियाते हुए लोगों को आगे खिसकाने लगा। भीड़ हटने का नाम नहीं ले रही थी। हलगियों का शोर उफान पर था। सवारी पूरे रंग में थी। बाघों का उछाह चरम पर था। ताज़िये ढोनेवाले युवा भी अब उन्माद से भर रहे थे। उनके नृत्य की भावभंगिमा रौद्र रूप धारण करने लगी थी। एक आवेश का संचार उनमें होने लगा था। दिलीप ने बाघों की तरफ़ रुख़ कर लिया और उन्हें आगे जाने के लिए धकेलने लगा। इसी बीच उसने हामिद का हाथ पकड़ लिया था। उसने हामिद को पहचाना नहीं था। हामिद ग़ुस्से से भर गया। दिलीप ने हामिद को आगे की ओर धकेला हामिद पलटा और अगले ही क्षण उसने दिलीप पर छलाँग लगा दी। इस अकस्मात हमले से दिलीप भौचक्का रह गया। हामिद ने पूरी ताक़त से उस पर छलाँग लगाई थी। दिलीप ज़मीन पर गिर गया। हामिद के सामने अम्मी की टूटी चूड़ी घूम गयी। उसके बिखरे बाल याद हो आये। सूजे हुए होंठ आँखों के सामने आये। वह दिलीप की छाती पर सवार हो गया। उसकी पूँछ तनी हुई ऊँची खड़ी थी। थरथरा रही थी। उसके हाथ-पैर की नसें खिंच गयी थीं। दिलीप ने उठने की कोशिश की। वह खड़ा होने के लिए छटपटा रहा था। लेकिन हामिद ने उसकी गर्दन अपने दाँतों के बीच कसकर पकड़ ली। उसके दाँत दिलीप की गर्दन में धँस गये। भीड़ ने इसे नृत्य का ही तमाशा समझ लिया था। लोग उछल-उछलकर बाघ को बढ़ावा दे रहे थे। सीटियाँ मार रहे थे। पैसे उछाल रहे थे। हलगी का शोर अपनी उफ़ान पर था।

दिलीप ने पैरों को झटका दिया। वह छटपटाने लगा। सभी तरफ़ धूप का धुआँ और गन्ध फैला हुआ था। लोग ख़ुशी में बेहोश थे। तभी हामिद ने एक झटके में

दिलीप की गर्दन को पूरी ताक़त के साथ इस तरह से चबाया कि गर्दन से रक्त की धाराएँ फूट पड़ीं। रक्त की बूँदें जमीन पर रिसने लगी। भीड़ में खड़े लोग चिल्लाने लगे। अकस्मात किसी ने ज़ोर से चीख़ भरी। ''अरे यह तो नरभक्षक बाघ है। सचमुच का बाघ। भागोऽऽऽ।'' चारों ओर भगदड़-सी मच गयी। हामिद अब तक उठकर खड़ा हो गया था। उसकी पूरी देह रक्त से सनी थी। फिर से उसने ज़ोर की दहाड़ भरी। लोग जिधर रास्ता मिले, उधर भागने लगे। हर कोई 'बाघ आया, बाघ आया रे' कहता हुआ चीखने-चिल्लाने लगा। मोहर्रम के बाघ भी भाग खड़े हुए। सवारी तितर-बितर हो गयी। हर तरफ़ अफरातफरी का माहौल था।

चौपाल में भयावह सन्नाटा छाया हुआ था। दिलीप की लाश ज़मीन पर पड़ी थी। मोरपंख के चँवर से निकले पंख यत्र-तत्र बिखरे थे। गाँव में हो-हल्ला मच गया। लोग घरों के दरवाज़े बन्द कर भीतर दुबक गये। गली-रास्ते सुनसान हो गये। लोग जमकर बातें कर रहे थे। किसी ने कहा, 'सचमुच का बाघ था।' कोई कह रहा था, 'मोहर्रम का बाघ था वह प्रीति का बेटा हामिद था।'

अब तक डिप्टी को ख़बर लग चुकी थी। दिलीप के मरने की ख़बर से वे सकते में आ गये। उन्होंने दीवार पर टँगी बन्दूक़ हाथ में ली और तमतमाते हुए घर से बाहर निकल गये। डिप्टी को बन्दूक़ थामे चलते देख लोग भी हाथों में लठ-डंडे लेकर रास्ते पर आ गये। सभी डिप्टी के पीछे चलने लगे। फिर तो जिसके हाथ में जो लगा वह लेकर चौपाल में पहुँच गया। डिप्टी बन्दूक़ हाथ में लिए चौपाल में खड़े थे। तभी भीड़ में से गंगु सामने आयी। उसने चिल्लाकर कहा, ''मैंने अपनी आँखों से देखा है। दिलीप को बाघ ने नहीं मारा। मोहर्रम के बाघ ने मारा है। प्रीति का बड़ा बेटा हामिद, उसने मारा है। मैंने देखा था उसे।''

डिप्टी ने चिल्लाकर कहा, ''चलो, उसके घर।''

लोग ग़ुस्से से भरे हुए थे। लठ-डंडे उगेरे वे मुस्लिम गली की तरफ़ बढ़ गये। रास्ते में मस्जिद थी। उन्होंने मस्जिद पर जमकर पत्थरबाज़ी की और आगे बढ़ गये। मुस्लिम गली पहुँचते ही उनकी हलचलें तेज़ होने लगीं। उनके तेज़ क़दमों की आवाज़ें सुनकर मुस्लिम टोला घबड़ा उठा। भीड़ ने प्रीति के घर को घेर लिया। प्रीति दरवाज़ा बन्द किये भीतर बैठी थी। लोगों का शोर अपने चरम पर था। ज़ोर-शोर से वे प्रीति के घर का दरवाज़ा खटखटाने लगे।

प्रीति बदहवास-सी खड़ी थी।

"हामिद, बताओ, क्या किया है तुमने? तुम्हारी ज़ुबान, दाँत ख़ून से रँगे हुए हैं।"

"मुझे उसका डर लगता था। मैं इस डर को ख़त्म कर देना चाहता था।"

"मुझे कहना था पगले।"

"उसने तुम्हारी चूड़ी तोड़ दी। तुमने क्या कर लिया?"

हामिद का गला रुँध गया था। तभी छप्पर के टीन पर पत्थरों के बरसने की आवाज़ आयी। प्रीति ने हामिद को अपने सीने से चिपका लिया। भीड़ बाहर से दरवाज़ा तोड़ने की कोशिश कर रही थी। प्रीति दरवाज़े से सटकर जैसे-तैसे खड़ी हो गयी। बाड़े में बँधे मवेशी भय-कम्पित हो ज़ोर से रँभाने लगे। हामिद स्तब्ध-सा खड़ा था। प्रीति बुरी तरह से घबड़ा गयी थी। कुछ लोग घर के छप्पर पर चढ़ गये। उन्होंने टीन हटा दिये और जलती हुई मशाल घर के भीतर उछाल दी। लोगों ने दरवाज़ा तोड़कर घर के भीतर प्रवेश किया। प्रीति हामिद के शरीर पर औंधी लेट गयी। लोग उन्माद से भरे हुए थे। उन्होंने बड़ी निर्ममता से दोनों पर लाठियाँ बरसानी शुरू कर दीं। प्रीति ने दम तोड़ दिया। हामिद के भी प्राण पखेरू उड़ गये। लोग इतने उन्मादी थे कि उनकी लाश पर टूट पड़े। घर को पूरी तरह से घेरा जा चुका था।

भीड़ ने हामिद की लाश को घसीटते हुए घर से बाहर निकाला। ऐसे प्रतीत हो रहा था, जैसे वे मरे हुए बाघ को घसीट रहे हैं। हामिद की देह अभी भी बाघ की भाँति नज़र आ रही थी। आँखें बाघ की नाईं हिंसक दिखाई दे रही थीं "अच्छी तरह से देखिये। सचमुच का बाघ है या मोहर्रम का बाघ है।" डिप्टी चिल्लाये।

लोगों को लगा कि उन्होंने बाघ को ख़त्म कर डाला है। वे एक अजीब उन्माद से भरे हुए थे। चिल्ला रहे थे। शोर बढ़ चुका था। बाड़े के जानवर घबड़ाकर चिल्ला रहे थे।

मुस्लिम टोला डरा हुआ था। दंगों की आशंका से हर कोई सावचेत हो गया था। मुस्लिम युवा मस्जिद में इकट्ठा हो गये। वे आगे की योजना बनाने लगे। वे प्रतिकार के विचार से भरे हुए थे। गाँव के युवा चौपाल में जमा होकर जमकर नारेबाज़ी कर रहे थे। गंगु भी इसी भीड़ का हिस्सा बनकर लगातार 'शिव शिव' का जाप कर रही थी। दयाराम उलझन में था। "बच्ची ने ख़ुद को ख़त्म कर दिया, ग़रीबी की वजह से।" उसे बेटी की याद हो आयी। वह आकुल हो रहा था। पागल काकी उसके समीप खड़ी उससे पूछ रही थी, "क्या तुम्हें कहीं पर काका दिखाई दिया?" दयाराम ने उसे अनदेखा किया हुआ था।

जीजा पानी का घड़ा माथे पर ढोये हुए भीड़ में से रास्ता निकालती हुई घर की तरफ़ जा रही थी। घड़े से उछलता पानी उसकी ठुड्डी पर से रिस रहा था। दिलीप की माँ दिलीप की लाश पर औंधी होकर विलाप कर रही थी। किसी का उसकी तरफ़ ध्यान नहीं था।

भीमनगर इस पूरे घटना-क्रम से अछूता अपने में मगन था। बूढ़े-बुजुर्ग टीवी के सामने जमे थे। गौतम भी टीवी देख रहा था। आस-पास बच्चे खेलकूद में व्यस्त थे। कोई माँ बच्चे को खाने के लिए बुला रही थी। सबकुछ यथावत चल रहा था। टीवी पर ख़बरें आनी शुरू हो गयीं। ''बनसोडे सर की गिरफ़्तारी की ख़बर नहीं है टीवी पर। मैं रोज़ाना देखता हूँ।'' गौतम ने झुँझलाकर कहा। हितेन्द्र पाटिल के बेटे की बतौर पार्टी के युवा-मंच के अध्यक्ष नियुक्ति की ख़बर चल रही थी। सुनकर हाजी मलंग ने ख़ुशी ज़ाहिर की, ''राजा का बेटा राजा ही तो बनेगा।''

बालाजी मन्दिर से प्रार्थना का घण्टा बज रहा था। बाबुराव रास्ते भर घूमता हुआ लोगों से चिल्ला-चिल्लाकर चेता रहा था, 'घरों के दरवाज़े बन्द कर लो। गाँव में दंगे होनेवाले हैं।'' दुर्गा ने दरवाज़ा लगा लिया। उसके बेटे ने पूछा, ''क्या हुआ।'' ''गाँव में बाघ आया हुआ है।'' दुर्गा ने शान्त भाव से उत्तर दिया। गाँव के घरों के दरवाज़ें फटाफट बन्द होने लगे। सड़कें सुनसान होने लगीं। हैदर जान हथेली पर लिए पगडण्डी से भाग रहा था। लता खेत के मेंड़ पर खड़ी थी। उसने पुकारकर कहा, ''कहाँ भागे जा रहे हो हैदर? इधर-उधर मत भागो। आओ, मेरे घर में आकर बैठो। यहाँ कोई नहीं आयेगा।'' हैदर ने सुना तो राहत से भरा वह दीना के घर में घुस गया और छुपकर बैठ गया।

मोहर्रम के बाघ की लाश ज़मीन पर पड़ी थी। डिप्टी डिंगें हाँक रहे थे। हत्यारे आपस में चुहलबाज़ी कर रहे थे। तभी फिर से बाघ के दहाड़ने की आवाज़ गूँजी। सभी के जैसे होश उड़ गये। डर के मारे हर कोई इधर-उधर भागने लगा। हत्यारे भय से घिर गये। वे समझ नहीं पा रहे थे कि दहाड़ने की आवाज़ कहाँ से आयी है। तराई से? सीवान से या मोहर्रम के बाघ के जबड़े से? सभी की नज़रे मोहर्रम के बाघ पर टिक गयीं। दुबारा बाघ के दहाड़ने की आवाज़ आयी। लोग सकते में आ गये। फिर से भागदौड़ मच गयी।

मोहर्रम के बाघ के शरीर पर के रंग जीवन्त हो उठे थे। हत्यारे चौंक गये थे!

❑❑